JN333864

刑事コンプライアンスの国際動向

刑事コンプライアンスの国際動向

International Trends of Criminal Compliance

甲斐克則・田口守一 編
Katsunori KAI / Morikazu TAGUCHI(Ed.)

総合叢書 19

信山社

編者はしがき

　本書は、グローバル COE 早稲田大学《企業法制と法創造》総合研究所の刑事法グループ（以下本書では「早稲田大学 GCOE 刑事法グループ」という。）が、2009 年から 2013 年にかけて、日本のほか、海外 6 カ国（ドイツ、イタリア、中国、イギリス、アメリカ、オーストラリア）について刑事法的観点から企業コンプライアンスの国際動向を実態調査してまとめた全体の報告書である。それ以前の 21 世紀 COE（2003 年～ 2008 年）のプロジェクトにおいても 2006 年にこのテーマで国際調査をしたが、それは、主として企業コンプライアンスの制度的枠組みを刑事規制も射程に入れてどうつくるか、という視点から行われたものであり、その成果は、甲斐克則・田口守一編『企業活動と刑事規制の国際動向』と題して、2008 年に信山社から刊行されている。したがって、その続編にあたるのが本書である。本書は、企業コンプライアンスが刑事法にいかなる影響を及ぼしているか、という基本的視点のもとに、刑事実体法および刑事手続法の観点から国際調査を行い、それに基づいて比較分析をし、その成果を踏まえて日本の今後の企業コンプライアンスを刑事法とどのように結び付けて考えるべきかを論じたものといえる。かくして、本書の題目は、『刑事コンプライアンスの国際動向』とした。本書の構成は、3 部から成る。

　第Ⅰ部「総括編」は、まさに国際調査の結果を刑事実体法の観点から（第 1 章）、そして刑事手続法の観点から（第 2 章）、それぞれ分析し、若干の比較分析をしたものである。これによって、本書全体の概要が理解できるものと思われる。本来ならば、ここで、より詳細な提言をすべく構想していたが、スペースの関係と時間的関係からそれを果たすことはできなかった。それは、今後の課題である。乗客 106 人と運転士 1 名が死亡した JR 福知山線脱線事故について、大阪高裁平成 27 年（2015 年）3 月 27 日判決は、歴代社長 3 名の過失責任を否定したが、それを契機に、法人処罰をめぐる議論は、ますます高まりをみせるであろう。他方で、経済刑法の分野での司法取引の導入がなされるようであるが、本書では独占禁止法違反についてすでにリニエンシー制度をめぐりかなり掘り下げた調査をしているので、今後の議論の参考になる部分も多いであろう。なお、動きのある領域だけに、執筆は、原則として、2015 年 1 月末現在の資料を参照した。

編者はしがき

　第Ⅱ部は、2010年に実施した日本における企業コンプライアンス調査の結果を刑事法的観点から分析したものである。第1章「日本における企業コンプライアンス調査と刑事法的観点からの分析」は、2004年に実施した第一次調査後、5年を経て、日本の企業コンプライアンス体制がどのように変わったかを、新たな視点を加えてアンケート調査し、クロス集計も取り入れて分析した報告書であり、ある意味で、本書の中核となるものである。これによって、日本における企業コンプライアンスの現状が一定程度理解できるであろう。また、第2章は、そのもとになった調査分析の中間報告を兼ねた2011年6月のシンポジウムの記録である。このシンポジウムは、企業の法務部に関係する方々にも登壇していただき、実に内容のあるものであった。第3章は、それに関するコメントである。しかも、このシンポジウムは、本来は2011年3月12日に開催予定であったが、周知のように、前日の3月11日に東日本大震災が発生し、シンポジウムは延期せざるをえなかった。苦悩の末、同年6月25日に開催した。したがって、本書の刊行には、大震災を乗り越えてでも研究成果を公表しなければならないという使命感のようなものが編者らには込められている。当日参加していただいた方々に、改めて感謝申し上げたい。

　第Ⅲ部は、われわれが委託した海外調査編である。この試みは、おそらく世界で初めてであろう。まず、第1章は、ドイツのマックス・プランク外国・国際刑法研究所のウルリッヒ・ズィーバー（Ulrich Sieber）所長とマルク・エンゲルハルト（Marc Engelhart）博士による「ドイツの経済犯罪の防止のためのコンプライアンス・プログラム——実証的研究」であり、ドイツの企業に対する実態調査に基づく分析である。実は、ドイツは、われわれが最も強力にこのプロジェクトで共同研究を入念に行ってきた相手であった。われわれ編者も調査依頼に何度かフライブルクに赴き、ズィーバー所長も何度か早稲田大学に来られて質問項目等について打合せを行った。もともとズィーバー所長は、本書第Ⅲ部のドイツの報告書で繰り返し述べているように、21世紀COEの時代に早稲田大学との共同研究で企業コンプライアンスに関心を持ち始めたという経緯があるので、長い間、全面的に協力していただいた。そして、今回、ドイツらしい入念な調査をしていただいた。なお、その後、追加調査もなされ、2014年秋にその成果がUlrich Sieber/ Marc Engelhart, Compliance Programs for the Prevention of Economic Crimes; An Empirical Survey of German Companies として英文でマックス・プランク外国・国際刑法研究所から叢書

の形で刊行されている。今回は時間的に本書でそれを盛り込むことはできなかったので、別途紹介したい。第2章は、中国社会科学院法学研究所が中心となって2009年から2010年にかけて実施した「中国企業の社会的責任と法令遵守」である。近年経済成長が著しい中国がコンプライアンスに関心を持つようになったのも、もともとは早稲田大学との共同研究が契機となっている。経済体制が異なることもあり、苦労もあったが、編者らがそれぞれ中国社会科学院法学研究所を訪問して打合せを行い、田禾教授を中心に全面的な協力を得て、中国初でもある貴重な実態調査ができた。第3章は、イギリスのマーク・ワトソン‐ガンディ（Mark Watson-Gandy）教授による「英国における企業関連犯罪」であり、アンケート調査ではないが、イギリスの現状がよく理解できる内容になっている。第4章は、マウロ・カテナッチ（Mauro Catenacci）教授が中心となって実施したアンケート調査に基づく「イタリアにおける経済犯罪防止に向けたコンプライアンス・プログラム」である。イタリア独自の企業刑法の制度のもとでコンプライアンスがどのようになっているか、その動向が示されている。第5章は、シドニーで企業問題を中心に活躍しておられる松浦華子弁護士による「オーストラリアにおけるコーポレートガバナンスの最近の展開」である。アンケート調査ではなく、制度論や判例が中心であるが、実にポイントを衝いた報告書であり、実に興味深いものがある。第6章は、ヘンリー・ポンテル（Henry Pontel）教授とギルバート・ガイス（Gilbert Geis）教授による「アメリカ合衆国における企業行動規範」である。これも、アンケート調査ではなく、制度論や判例が中心であるが、コンプライアンスの発祥の地だけあって、豊富な内容が盛り込まれている。

　以上の内容を有する本書が、企業関係者、研究者、企業活動に携わる法実務家にとって参考になれば幸いである。最後に、本書を刊行するにあたり、これまでアンケート調査・分析、シンポジウム開催、海外調査に協力していただいた方々、そして一貫して苦労を共にしてきた早稲田大学GCOE刑事法グループの面々、特に若手の研究者たち（第Ⅱ部第1章の末尾参照）に心より感謝申し上げたい。また、引き続き本書の刊行を引き受けていただいた信山社の袖山貴社長と編集部の今井守氏に厚く御礼申し上げたい。

　　2015年4月

　　　　　　　　　　　　　　　散りゆく桜を前に

　　　　　　　　　　　　編者　甲斐克則・田口守一

【目　次】

編者はしがき………………………………………………甲斐克則・田口守一… v

〈第Ⅰ部〉
総　括　編

第1章　企業コンプライアンスと刑法をめぐる国際動向の比較分析
　　　……………………………………甲斐克則・芥川正洋・福山好典… 5
　　Ⅰ　序（5）
　　Ⅱ　ド イ ツ（5）
　　Ⅲ　イタリア（7）
　　Ⅳ　イギリス（10）
　　Ⅴ　オーストラリア（12）
　　Ⅵ　ア メ リ カ（15）
　　Ⅶ　中　国（16）
　　Ⅷ　結　語──若干の比較分析（18）

第2章　企業コンプライアンスと制裁手続をめぐる諸問題
　　　……………………………………田口守一・原田和往・松田正照… 21
　　Ⅰ　コンプライアンス調査と時代の動き（21）
　　Ⅱ　2010年アンケート調査（22）
　　Ⅲ　制裁手続における権利保障論の枠組み（30）
　　Ⅳ　刑事制裁手続における権利保障の態様（36）
　　Ⅴ　今後の検討課題（42）

〈第Ⅱ部〉
日本における企業コンプライアンス調査と刑事法的観点からの分析

第1章　日本におけるコンプライアンスの現状と課題
　　　──2010年アンケート調査分析結果…………………甲斐克則… 45
　　は じ め に（45）
　　1　2010年アンケート調査概要（46）
　　2　アンケート結果の概要（47）
　　3　コンプライアンスの課題（86）

目　次

第2章　〈シンポジウム〉コンプライアンスの現状と課題
　　　　　──企業コンプライアンスと法規制のゆくえ
　　　　　……………………………早稲田大学GCOE刑事法グループ…89
　　Ⅰ　基調報告：日本におけるコンプライアンスの現状と課題
　　　　──2010年アンケート調査分析結果
　　　　……………………………………………………甲斐克則…94
　　Ⅱ　コメントと討論（108）
　　Ⅲ　資料：2010年企業アンケートと集計結果（142）
第3章　〈コメント〉企業不祥事への対応のあり方
　　　　──GCOEコンプライアンス調査を踏まえた一考察……松澤　伸…155
　　はじめに（155）
　　Ⅰ　コンプライアンス・プログラムの刑法的評価（156）
　　Ⅱ　刑事制裁と行政制裁の棲み分け（157）
　　Ⅲ　CSRについて（162）
　　Ⅳ　おわりに（163）

〈第Ⅲ部〉

海外6か国の報告書

第1章　ドイツの経済犯罪の防止のためのコンプライアンス・プログラム
　　　　──実証的研究
　　　　……………ウルリッヒ・ズィーバー＝マルク・エンゲルハルト
　　　　　　　　　　　　　　［早稲田大学GCOE刑事法グループ訳］…167
　　まえがき（167）
　　§1　序　論（169）
　　§2　アンケート調査に基づく情報収集の結果（196）
　　§3　DAX 30の企業によって発行されるコンプライアンスに関する
　　　　文書の分析結果（238）
　　§4　概要および結論（241）
　　〈添付文書〉アンケート調査（257）
第2章　中国企業の社会的責任と法令遵守……中国社会科学院法学研究所
　　　　［中国社会科学院法学研究所・早稲田大学GCOE刑事法グループ共訳］…275
　　Ⅰ　概　説（275）
　　Ⅱ　調査概況（282）
　　Ⅲ　中国における企業の社会的責任の取組み（289）
　　Ⅳ　企業の労働保護および職業安全（294）
　　Ⅴ　企業誠信の構築（302）

目　次

　　Ⅵ　企業の環境保護（309）
　　Ⅶ　企業の慈善行為（314）
　　Ⅷ　企業犯罪およびその制裁（320）
　　Ⅸ　関係地方における企業の社会的責任の推進事業（329）
　　Ⅹ　結　論（339）
　〈付録1〉企業の社会的責任・コンプライアンス等に関するアンケート
　　　　　調査（351）
　〈付録2〉「企業の社会的責任・コンプライアンス調査」の調査員用
　　　　　マニュアル（361）
　〈付録3〉「企業の社会的責任・コンプライアンス調査」質問票集計
　　　　　データ（368）

第3章　英国における企業関連犯罪…………マーク・ワトソン-ガンディ
　　　　　　　　　　　　　　　　　　［早稲田大学 GCOE 刑事法グループ訳］…383
　　Ⅰ　概　略（383）
　　Ⅱ　捜査機関と訴追機関（384）
　　Ⅲ　裁判官および陪審員（387）
　　Ⅳ　統計的な動向（392）
　　Ⅴ　法制上の展開（397）
　　Ⅵ　結　語（409）

第4章　イタリアにおける経済犯罪防止に向けたコンプライアンス・
　　　　プログラム ………………チーム：マウロ・カテナッチ
　　　　　　　　　　　　　　　　　マルタ・アゴスティーニ
　　　　　　　　　　　　　　　　　ジュリア・ファロティーコ
　　　　　　　　　　　　　　　　　ステファーノ・マンティーニ
　　　　　　　　　　　　　　　　　フェデリコ・メログラーノ
　　　　　　　　　　　　　　　［早稲田大学 GCOE 刑事法グループ訳］………411
　　Ⅰ　本研究の目的（411）
　　Ⅱ　2001年法によって新たに導入された法人責任（412）
　　Ⅲ　関連する判例（415）
　　Ⅳ　経済犯罪（416）
　　Ⅴ　研究の実施体制：判断基準および前提条件（417）
　　Ⅵ　調査対象企業の選定基準（419）
　　Ⅶ　前提事項（421）
　〈付録1〉セクションA（423）
　〈付録2〉セクションB（425）
　〈付録3〉セクションC（444）

xi

目　次

第 5 章　オーストラリアにおけるコーポレートガバナンスの最近の展開
………………………………………………………………松浦華子
〔早稲田大学 GCOE 刑事法グループ訳〕…457

　Ⅰ　序　論（457）
《パート 1》
　Ⅱ　取締役および監査役の職務と義務（458）
　Ⅲ　職務および義務を負う主体は誰か（462）
　Ⅳ　制　裁（465）
　Ⅴ　JAMES HARDIE 事件判決（470）
《パート 2》
　Ⅵ　経営悪化取引の回避──取締役の義務（476）
　Ⅶ　監査役の義務（480）
《パート 3》
　Ⅷ　規 制 機 関（482）
《パート 4》
　Ⅸ　企業の社会的責任（502）
《パート 5》
　Ⅹ　「企業文化」の概念を通じて法人に刑事責任を帰すること（504）
　Ⅺ　コンプライアンス・プログラム（506）
　Ⅻ　結　語（509）

第 6 章　アメリカ合衆国における企業行動規範
………………………………ヘンリー・N・ポンテル＝ギルバート・ガイス
〔早稲田大学 GCOE 刑事法グループ訳〕…511

　Ⅰ　反トラスト法違反行為（513）
　Ⅱ　外国における契約を確実にするための賄賂（514）
　Ⅲ　企業行動規範は何を規定しているか？（515）
　Ⅳ　量刑ガイドライン（517）
　Ⅴ　タイソン社（TYSON CORPORATION）事件：事例研究（519）
　Ⅵ　サーベンス・オクスリー法（521）
　Ⅶ　訴追者による見方（522）
　Ⅷ　ドッド・フランク規制改革法（The Dodd-Frank Regulatory Reform Act）（524）
　Ⅸ　結　論（525）
　〈補遺 A〉1991 年コンプライアンス・プログラム基準（530）
　〈補遺 B〉2004 年修正コンプライアンス・プログラム基準（533）
　〈補遺 C〉企業倫理・行動規範のサンプル（536）

◇執筆者一覧(掲載順)◇

〔第Ⅰ部・第Ⅱ部〕
甲 斐 克 則　早稲田大学大学院法務研究科教授，広島大学名誉教授
田 口 守 一　信州大学大学院法曹法務研究科特任教授、早稲田大学名誉教授
芥 川 正 洋　早稲田大学法学学術院助手
福 山 好 典　姫路獨協大学法学部講師
原 田 和 往　岡山大学法学部准教授
松 田 正 照　東洋大学法学部専任講師
松 澤　　伸　早稲田大学法学学術院教授

〔第Ⅲ部〕
　〈ドイツ〉
ウルリッヒ・ズィーバー(Ulrich Sieber)　マックス・プランク外国・国際刑法研究所所長
マルク・エンゲルハルト(Marc Engelhart)　法学博士、マックス・プランク外国・国際刑法研究所研究グループ主任、弁護士

　〈中国〉
田　　　禾　中国社会科学院法学研究所法治国情調査研究室　主任教授
呂　艶　濱　中国社会科学院法学研究所法憲法行政法研究室　助教授

　〈イギリス〉
マーク・ワトソン＝ガンディ(Mark Watson-Gandy)　ウェストミンスター大学客員教授、シティ大学カスビジネススクール客員講師

　〈イタリア〉
マウロ・カテナッチ(Mauro Catenacci)　　　　　ローマ第3大学　教授
マルタ・アゴスティーニ(Marta Agostini)　　　　ローマ第3大学　法学博士
ジュリア・ファロティーコ(Giulia Falotico)　　　 ローマ第3大学　法学博士
ステファーノ・マンティーニ(Stefano Mancini)　　ローマ第3大学　法学博士
フェデリコ・メログラーノ(Federico Melograno)　ローマ第3大学　法学博士

　〈オーストラリア〉
松 浦 華 子　豪州三井物産、弁護士

　〈アメリカ〉
ヘンリー・N・ポンテル(Henry N. Pontell)　カリフォルニア大学アーバイン校リサーチ・プロフェッサー・同名誉教授、ニューヨーク市立大学ジョン・ジェイ・カレッジ教授
ギルバート・ガイス(Gilbert Geis)　元カリフォルニア大学アーバイン校名誉教授(2012年11月逝去)

刑事コンプライアンスの国際動向

● 第Ⅰ部 ●

総 括 編

第1章　企業コンプライアンスと刑法をめぐる国際動向の比較分析

甲斐克則・芥川正洋・福山好典

I　序

　企業のコンプライアンスを刑事法的観点から国際比較をすべく，われわれは，早稲田大学グローバルCOE《企業法制と法創造》総合研究所の刑事法グループの研究活動の一環として，海外調査を依頼して実施した（詳細については本書第Ⅱ部参照）。対象国は，ドイツ，イタリア，イギリス，オーストラリア，アメリカ，そして中国であったが，法制度が異なる（中国では経済システムも異なる）にもかかわらず，それぞれの国で企業コンプライアンスを何らかの形で刑法と連動させる動きがあることを確認することができた。そして，それぞれの国の調査から，今後の日本における議論を展開するうえで参考にすべき点が少なからずあることも確認できた。本章では，とりわけ刑事実体法（刑法）の観点から，それぞれの国による調査報告書の概略を抽出し，若干の比較分析を行うこととする。なお，本章では，比較分析の便宜上，第Ⅲ部の配列順序とは異なる順序で叙述することとする。

Ⅱ　ドイツ

　1　日本の経済犯罪に相当する逸脱行為への制裁は，ドイツでは，刑法および秩序違反法（Ordnungswidrigkeitengesetz＝OWiG）[1]が担う。特に重要なのは，後者である。周知のように，ドイツでは，法人自体に対する刑事責任は一般に否定されている。これに対して，秩序違反法30条は，法人の代表権ある機関やその構成員，包括的代理権者，経営において管理的立場にある支配人などが，犯罪または秩序違反行為を行い，それにより法人の義務に違反するか，または，法人が利益を獲得し，もしくは獲得しようとした場合に，法人に対し，行われ

---

[1] 秩序違反法に関する邦語による近時のものとして，さしあたり田口守一「ドイツにおける企業犯罪と秩序違反法」甲斐克則・田口守一編『企業活動と刑事規制の国際動向』（信山社，2008年）157頁以下がある（特に164-168頁参照）。

第Ⅰ部　総　括　編

た犯罪行為が故意の場合は 100 万ユーロ以下，過失の場合は 50 万ユーロ以下の過料（Geldbuße）を課することができる旨を規定しているのである[2]。

　2　ドイツ報告書（本書第Ⅲ部第 1 章）は，きわめて緻密であり，ここで要約することは困難であるので，要点のみを取り上げたい。まず，企業が策定すべきコンプライアンス・プログラムに関する法律上の規定は，多くない[3]。このような事情もあってか，われわれの調査の時点でコンプライアンス・プログラムを策定している企業の割合は，増加しつつあるとはいえ，同じく調査を行ったイタリアや日本に比べて相対的に低く，回答企業の概ね 3 分の 2 にとどまる。さらに，その内容も，汚職行為の防止を挙げる回答が最も多く，他の項目と有意な差を看取することができる。このような動向は，コンプライアンス・プログラムの導入の契機がシーメンス汚職事件[4]に端を発していること[5]と関連していると分析されている。同様の傾向は，捜査対象となった事件の重要性にも表れており，汚職防止を特に重視するというドイツにおけるコンプライアンス・プログラムの特徴を看取することができよう。もっとも，コンプライアンス・プログラムの内容は，必ずしも従業員に刑法および秩序違反法等の遵守のみを求めるものではなく，多くの企業において営業上の倫理の遵守も内容としていることに注目する必要があろう。

---

[2]　ドイツの報告書では，その金額の分布についても触れられているが，多くの事案では 1,000 ユーロ以下の低額にとどまっている。

[3]　例えば，証券取引法（WpHG）33 条 1 項（「証券業者は，……次の各号に掲げる事項を義務として履行しなければならない。1 号　適切な規定を置き，資金を確保し，手続きを整備することで証券業者が自ら，及びその従業員が本法の定める義務を果たす体勢を確保すること。特に一時的でない実効性あるコンプライアンスの機能を，その責務を外部に依存する必要のない形で組織化しなければならない。」（小宮靖毅訳「有価証券取引法」日本証券経済研究所編『新外国証券関係法令集　ドイツ』（2009 年）64 頁に拠った），株式法（AktG）91 条 2 項（「取締役会は，会社の存続を脅かす展開を早く認識できるようにするために，適切な措置を講じ，特に監視制度を設けなければならない。」（早川勝訳「〈資料〉1965 年ドイツ株式会社法（邦訳）」同志社法学 63 巻 6 号（2012 年）200 頁以下に拠った。））がある。

[4]　ドイツのシーメンス社が数十年間にわたり，裏帳簿から外国公務員などに対して賄賂を支払うなど，不正な会計処理が明るみになった事件であり，アメリカおよびドイツで多額の罰金，民事制裁金などが科（課）せられた。詳細については，さしあたり，石川和洋「シーメンス贈賄事件について」JMC JOURNAL 57 巻 10 号（2009 年）24 頁以下参照。ドイツの企業犯罪と刑事コンプライアンスの動向の詳細については，甲斐克則「ドイツにおける企業犯罪と刑事コンプライアンス」曽根威彦先生・田口守一先生古稀祝賀論文集［下巻］』（成文堂，2014 年）289 頁以下参照。

[5]　このことは，シーメンス汚職事件が発覚した 2006 年以降にコンプライアンス・プログラムを導入する企業が急増したことからも裏付けられる。

また，課題としては，従業員による違反行為が行われた場合の手続や制裁内容がコンプライアンス・プログラムに含まれていないことが挙げられている。特に制裁については，個別案件ごとの対応がとられているのが現状である。

　3　さらに，報告書では，コンプライアンス・プログラムが有効なものであるかどうかについて入念な調査・分析が行われている。企業は，現在のコンプライアンス・プログラムは概ね有効（10段階で平均6.9の評価）としているが，一方で，プログラムの具体的内容を規制する法規の導入を期待しており，改善の余地が残されていることが示されている。また，このような法規制について，どのような規制内容であれば企業にインセンティブを与えることができるか，という点について，単に制裁を伴わない法的義務づけが行われた場合と，刑事制裁や民事上の責任追及を伴う場合とでは，企業による有効性の評価に有意な差が生じていることから，法規制により企業にコンプライアンス・プログラムの導入を促すためには，企業に対する適切な制裁（特に刑事制裁の有効性が強調される），または，免責などの恩典を伴う規制を行うべきことが示唆されている[6]。

Ⅲ　イタリア

　イタリアでは，一般に法人処罰は憲法上否定されているものと解されている。一方では，人的非難可能性が法人には存在せず，他方で，仮に機関の行為を理由として法人の刑事責任を肯定するとすれば，他人の行為を理由として処罰されることになり，「刑事責任は個人に属する（personale）[7]。」と規定するイタリア共和国憲法27条1項に違反すると考えられているからである[8]。もっとも，刑法典に法人の責任を肯定するかのように読める規定は存在する。刑法197条は，法人の代表者等が可罰的な行為を行った場合，行為を行った自然人が罰金または科料の支払い能力がないときに限り，法人が罰金または科料の支払いの義務を負わされることを規定している。しかし，これは，法人は直接の刑事罰

---

[6]　この点については，ロタール・クーレン（岡上雅美訳）「ドイツにおけるコンプライアンスと刑法」比較法学47巻3号（2014年）183-184頁をも参照。

[7]　訳については，初宿正典＝辻村みよ子編『新解説世界憲法集　第3版』（三省堂，2010年）136頁〔田近肇訳〕に拠った。「一身専属的である」（初宿正典・辻村みよ子編『新解説世界憲法集　第2版』（2010年）130頁〔井口文男訳〕）などの翻訳例もある。

[8]　邦語の文献として，ジュリオ・デシモーネ（松生光正訳）「イタリア刑法における団体の刑事責任の諸問題」姫路法学20号（1996年）51頁。

を受けるのではなく，補償者して罰金・科料の支払いを義務づけられるのであり，法人処罰を規定したものではないとされている。

このような法状況に変化をもたらしたのが，「法人，会社，社団及び法人格なき社団の行政責任の規律」に関する 2001 年 6 月 8 日の委任立法令[9] 231 号（以下「本法」という。）である[10]。本法は，一定の従業員が企業のために犯罪を行った場合に，金銭制裁や許認可の停止などの禁止制裁，不正に受けた利益の剥奪，判決の公示，会社の強制管理を内容とした制裁を課することを可能とする（5 条[11]，9 条）。同法は，企業に対する金銭制裁（sanzione pecuniaria）をも法効果とするので，法人処罰とも接近しているといえよう。しかし，イタリア刑法典上，（自然人に科される）金銭刑は，罰金（multa：刑法 17 条 1 項。犯罪について科される。）および科料（ammenda：違警罪について科される。刑法 17 条 2 項）のみが規定されており，本法は，少なくとも用語上ではこれらの刑事罰とは区別された制裁を予定[12] しており，法人処罰を肯定したものと理解しない余地はある。もっとも，本法が予定する制裁を基礎づける企業の責任の性質については，刑事責任と見るか，行政不法行為責任と見るか，争いがあるところである[13]。

本法においてさらに注目すべきは，その 6 条および 7 条において，コンプライアンス・プログラムを策定し，かつ，有効に機能させていたことを企業の免責事由として規定している点である[14]。このほかにも，従業員による犯罪が行

9　議会の委任に基づいた政府の立法権限による立法であり，法律と同様の効力を有する（イタリア共和国憲法 76 条，87 条 5 項）。
10　本法については，アッティリオ・ニスコ（甲斐克則・福山好典訳）「イタリア刑法における法人の責任」早稲田法学 90 巻 1 号（2014 年）85 頁以下，吉中信人「イタリア刑法における企業犯罪の法的規制」広島法学 34 巻 3 号（2011 年）192 頁以下に詳しい。本節の記述もこれに拠るところが多い。また，本法の訳についても，これらに依拠した。
11　第 5 条　企業の責任
　　1．企業は以下の者が企業の利益又は便宜のために行われた犯罪によって責任を負う。
　　　a）企業の代表者，管理，指導の職務を担おう者，又は財政上及び機能上の自立性を備えた組織的統一体たる役割を担う者，並びに，事実上企業の管理統制に従事する者
　　　b）前号に規定する内容の一つについて指導又は監督を任せられた者
　　2．前項に掲げられた者が，自分自身又は第三者の利益において行為した場合は，企業は責任を負わない。
12　用語の訳は，法務大臣官房司法法制調査部編『イタリア刑法典』（1978 年）に拠った。
13　この点については，吉中・前掲注(10) 187 頁以下，森下忠『諸外国の汚職防止法制』（2013 年，成文堂）236 頁以下参照。なお，本報告書は，これを刑事責任と解している。

第1章　企業コンプライアンスと刑法をめぐる国際動向の比較分析

われた後でも，被害填補などと共に，コンプライアンス体制を敷くことで制裁を免れることを可能とする規定（17条b号）もある。このことから，コンプライアンス・プログラムの策定と有効な実施は，実利的な面からも，企業にとって重要な意義を有しているといえよう。

　詳細については，本書第Ⅲ部の報告書を参照していただきたいが，このような法状況を背景に，本法を契機として，コンプライアンス・プログラムを導入・改善した企業が多いこと示されている。そして，90％の企業で，同法が要求する水準（6条2項参照[15]）を超えた倫理規定などを含むコンプライアンス体制を構築したようである。その結果として，本法は，企業の倫理的気風を向上させることに効果があったことが指摘されている。

14　第6条　幹部役員と企業の組織規範
　1．犯罪が前条1項に掲げる者によって行われた場合，企業が以下の立証を行うときは責任を負わない。
　　a）経営機関が，事実の遂行前に，行われた犯罪と同種の犯罪を予防するのに適した組織及び管理規範を採用し，有効に実施していたこと。
　　b）規範の機能を監督し，それを最新のものに改訂することを遵守する任務が，率先性と統制において自律的権能を備えた企業の一つの組織体に委ねられていたこと。
　　c）行為者が，詐欺的手段によって組織・管理規範を回避しながら犯罪を遂行したこと。
　　d）b）号に規定される組織体において，監督が懈怠されたり不十分であったりしなかったこと。
　2．委任された権能の範囲及び犯罪遂行のリスクに関して，前項a）号に規定される規範は，以下の要請を満たさなければならない。
　　a）犯罪が行われうる範囲の活動を明らかにすること。
　　b）犯罪予防に関する企業の決定の形成及び施行を策定するための特別の手続きを規定すること。
　　c）犯罪遂行を阻止するに適した財政的資源の管理様式を明らかにすること。
　　d）規範の機能と遵守を監督するために選ばれた組織体に対し，情報提供を行う義務を規定すること。
　　e）規範に示された方策の遵守義務違反を制裁するために適した懲戒制度を導入すること。
　第7条　ほかの管理職役員と企業の組織規範
　1．5条1項b）号に規定された場合において，指導又は監督義務違反によって犯罪遂行が可能になったときは，企業は責任を負う。
　2．いずれの場合において，犯罪遂行前に企業が，行われた犯罪と同種の犯罪を予防するに適した組織，管理及び統制の規範を採用し，有効に実施していたときは，指導又は監督義務違反は排除される。
15　前掲注(10)参照。

第Ⅰ部　総　括　編

Ⅳ　イギリス

1　イギリス報告書は，「概略」，「捜査機関と訴追機関」，「裁判官及び陪審員」，「統計的な動向」，「法制上の展開」，「その他の救済手段」，「結語」から成り，英国における企業関連犯罪の実態とそれに対する法的取組みを明らかにする。このうち，刑事実体法の立場からは，以下の内容が注目される。

2　まず，企業関連犯罪の全貌とそれが英国経済に及ぼす影響は，はっきりしないとされる。イギリス報告書からは，企業関連犯罪を管轄する多種多様な捜査・訴追当局が複雑に混在している現状も，その一因であることが看取できる。

3　つぎに，企業関連犯罪に関する3つの法改正である。なお，イギリスでは，会社も，コモン・ロー上および制定法上の犯罪の主体となりうる。

第1は，2007年法人過失致死罪・殺人罪法である[16]。同法は，コモン・ロー上の犯罪である重過失致死罪を，法人との関係で廃止した。その一方で，同法では，法人その他類似の組織の業務を管理または組織化する行為の態様が，人の死亡をもたらし，当該組織が死亡者に対して負う関連する注意義務の重大な違反に相当する場合には，法人過失致死罪に問われる。ただし，高い地位にある職員が業務を管理または組織化する行為の態様が，当該違反行為の重要不可欠な要素となっている場合に限られる。法人過失致死罪に問われた組織は，罰金刑に処されるほか，矯正命令（組織に対して，組織の方針，体制および運営における労働安全衛生上の不備のうち違反の兆候が認められる事項の是正に向けた具体的措置を命じる）および公告命令（組織に対して，犯罪により有罪判決を受けた旨，犯罪の具体的な内容，課された罰金の額および矯正命令の内容を一定の方式で公告することを命じる）の対象となりうる。両命令は，効果的な再発防止という観点から注目される。

第2は，2006年詐欺法である。従来，イギリス刑事法には「詐欺」という具体的な犯罪類型がなく，窃盗，欺罔による財物・サービスの取得といった様々な犯罪類型により起訴されていた。これに対し，同法は，虚偽表示，情報の非開示，地位の濫用の各態様による一般的な詐欺罪を規定するほか，新たな

16　なお，今井猛嘉「イギリスにおける法人処罰」甲斐・田口編・前掲注（1）69頁以下参照。

第1章　企業コンプライアンスと刑法をめぐる国際動向の比較分析

犯罪類型として，不誠実な態様による便益の取得，詐欺目的で用いられる物の所持，製造および供給，非法人の事業者に適用される詐欺的取引を導入した。同法によれば，会社が犯罪を行った場合には，その会社だけでなく，会社において一定の役割を果たしており，かつ，会社による犯罪行為の実行の当事者であった者，例えば，取締役やマネージャーについても，併せて訴追することができる。

　第3は，2010年贈収賄防止法である。同法は，汚職に関する制定法上およびコモン・ロー上の犯罪をすべて廃止する一方で，外国公務員に関する「能動的」犯罪や，賄賂提供を防止しなかった罪という，法人の刑事責任に関する法規定に対する重要な例外などを導入した。会社は，代理人がその会社の「意思の主導者」である場合には，その代理人による贈賄行為について責任を負うが，会社がそのような行為を防止すべく適切な手続を整備していた場合には，例外とされる。法人の「上級役員」も，会社による犯罪行為の実行に同意またはそれを黙認していた場合には，個人的に責任を負う。民法も，贈収賄行為を思いとどまらせる強力な手段であることを念頭に入れておくことが重要である。賄賂の収受は信認義務違反となる。また，イングランド法上，雇用者は，従業員に対して，不正な利益を会社に戻すよう命じる権利がある。

　4　最後に，その他の救済手段として，取締役の資格停止と没収命令が紹介されている。

　取締役の資格停止は，会社犯罪で有罪判決を受けた者について，その都度裁判所の許可を得ないで，会社取締役への就任や，「方法を問わず直接的又は間接的に会社の設立又は経営に関与又は参加すること」などを禁止するものである。もっとも，何が「経営への関与」に当たるかは，いまだ明らかでないとされる。

　取締役資格停止命令への違反は，それ自体犯罪である。また，その違反者は，所定の期間中に発生した一切の会社債務について個人的に弁済責任（民事責任）を負わされうる。

　なお，2001年，資格停止確約書（裁判所命令に代わる，裁判所に差し入れる法的拘束力ある約束）制度が導入された。この制度は，取締役の面子を保つ点で，資格停止命令より望ましいとされる。これにより，資格停止件数は24％（資格停止確約書による件数は，内57％）増加した。

　没収命令については，取締役資格停止命令への違反により生じた利益をどの

11

ように計算するべきか，という論点が生じた。

5　以上，イギリス報告書は，企業関連犯罪を防止するために，法人過失致死罪や，取締役の資格停止と没収命令という救済手段のような様々な制度・対策を導入してきたイギリス刑法の現状を，それにより生じた新たな問題を含めて浮き彫りにするものであり，示唆に富む。

V　オーストラリア

1　オーストラリア報告書は，「序論」，《パート1》「取締役および監査役の職務と義務」，「職務および義務を負う主体は誰か」，「制裁」，「JAMES HARDIE事件判決」，《パート2》「経営悪化取引の回避——取締役の義務」，「監査役の義務」，《パート3》「規制機関」，《パート4》「企業の社会的責任」，《パート5》「『企業文化』の概念を通じて法人に刑事責任を帰すること」，「コンプライアンス・プログラム」，「結語」から成り，オーストラリアにおけるコーポレートガバナンスの最近の展開を詳細に明らかにするほか，企業の社会的責任や，「企業文化」の概念とコンプライアンス・プログラムについても概観する[17]。このうち，刑事実体法の立場からは，以下の内容が注目される。

2　まず，制裁，特に民事制裁の利用である。オーストラリアでは，会社の取締役その他の役員は，法律上様々な義務を負わされる。そうした義務に関する法規定の多くは，民事的な制裁規定であり，法人が民事制裁規定に違反した場合には，オーストラリア証券投資委員会（ASIC）が民事裁判所に提訴できる仕組みが採られている。実務上，取締役が刑事責任を負わされるケースはあまりなく，むしろ，罰金や資格停止命令といった民事制裁を課されるのが通常であるとされる。

民事上の罰金については，ASICが，20万ドル以下の支払命令を裁判所に申し立てることができる。なお，民事上の罰金は，刑事上の罰金と同様に，違反により生じた損失または利益の額を基準とするのではなく，違反の重大性を勘案して決定されるとされるが，この点については，両罰金の区別という観点から，さらに検討が必要であろう。

また，資格停止については，裁判所が，ASICの申立てに応じ，一定の者の

17　オーストラリアの状況については，甲斐克則「オーストラリアにおける企業活動の規制システム」甲斐・田口編・前掲注（1）255頁以下をも参照。

第1章　企業コンプライアンスと刑法をめぐる国際動向の比較分析

会社経営の資格を，適切と認める期間（20年以下），停止する命令を下すことができる。資格停止命令は，かなり頻繁に利用されているという。資格停止が個人に及ぼす経済的影響は深刻であるとされる。なぜなら，資格停止を受けた者は直ちに取締役の地位を失うため，職務経歴，評判，収入能力を実際に傷つけられるからである。

　これに対し，刑事責任については，2001年連邦会社法184条が，会社の取締役その他の役員に関する犯罪成立要件を規定する。なお，2009年のカルテル関連規定の改正により，初めて刑事罰が導入され，関与した自然人は，10年以下の禁錮刑または22万ドル以下の罰金刑に処せられることになった。また，2010年会社法改正法により，会社によるインサイダー取引規定および市場操縦規定の違反に対する刑事制裁が大幅に強化され，45,000刑罰単位（495万豪ドル），得た利益もしくは免れた損失の3倍に相当する金額，または該当期間中の法人の売上額の10％に相当する金額のうち最も高い金額が罰金の上限となった。

　3　つぎに，企業活動の主な規制機関の取組みである。具体的には，ASIC，オーストラリア証券取引所（ASX），オーストラリア健全性規制庁（APRA），オーストラリア競争・消費者委員会（ACCC）が紹介されている。以下では，前二者を取り上げる。

　ASICは，会社法その他の法令に基づいて，義務違反および経営悪化取引について調査し，民事訴訟・刑事訴訟を提起する権限を有する。オーストラリア報告書は，2009年から2010年のASICの実績を詳しく紹介する。それによれば，ASICは，連邦公訴局長官（CDPP）と協働して23件の刑事訴追を行った。22名が有罪判決を受けた。その内訳は，禁錮刑12名，執行猶予・罰金刑11名である。また，ASICは，さらに30件の民事訴訟を行い，2億8700万ドル以上の損害賠償，費用償還および罰金を得た。資格停止については，ASICの提訴により，90名の取締役が資格停止を受けた。その内訳は，3年以下46名，3年〜5年40名，5年〜10年3名，10年超1名である。また，同年度にASICが得た有罪判決により，さらに22名が当然に会社経営資格を停止された。なお，資格停止を受けた取締役の合計は320名である。

　さらに，ASIC（およびACCC）は，民事的命令の申立てや行政的措置に代えて，「強制執行力ある確約書」を受理することもできる。これは，迅速な賠償やコンプライアンス体制の強化につながるとされる。

第Ⅰ部 総 括 編

　これに対し，ASX は，政府機関でも規制主体でもなく，民間の営利会社であるが，ASX 原則を公表し，それに従わない上場会社について，"if not, why not?"（「やらないなら，理由を説明せよ。」）というユニークなアプローチを採っている。この報告実務は，強固であるが柔軟性に富んだガバナンス開示制度を提供するものとされる。ASX 原則は，多くの非上場企業も利用しているとされる。

　4　最後に，「企業文化」の概念とコンプライアンス・プログラムである。これらは，法人の刑事責任に関連する。

　オーストラリアでは，2001年12月，法人に刑事責任を問うための明示的な制定法規が1995年刑法に導入された。刑法12.3条[18]1項では，該当する犯罪の成立要件として責任的要素（意図，認識または未必的故意）の立証が必要とされる場合で，法人が「当該犯罪の実行を明示的または黙示的に承認または許容した」場合には，その要素は法人に帰せられる。この承認・許容は，同条2項によれば，当該犯罪の実行を指示し，奨励し，認容しまたは主導する「企業文化」があったことが証明される場合，当該犯罪の防止に向けた所定の法令コンプライアンスを義務づけるような「企業文化」を創出し，これを維持していないことが証明される場合にも認められる。

　こうした規定は，会社の正式書類上はコンプライアンスが義務づけられているように見えても，実際にはコンプライアンスに反する行為が期待されていたようなケースを捉えることを狙った趣旨であり，注目に値すると指摘されている。もっとも，刑法12.3条が適用された公表判例は，これまで1件もないとされる。しかし，連邦裁判所は，会社のコンプライアンス文化に大きな比重を置いてきたという見方もあるとされ，量刑の判断要素として「企業文化」に言及する判例などが紹介されている。

　5　以上，オーストラリア報告書は，民事罰金，取締役の資格停止，強制執行力ある確約書，法人の刑事責任，ASIC，ASX その他の様々な規制機関による取組みを通じて，コーポレートガバナンスの強化を目指すオーストラリアの現状を浮き彫りするものであり，示唆に富む。

18　条文の邦訳として，樋口亮介「オーストラリアの法人処罰」甲斐・田口編・前掲注（1）251頁以下。

第1章　企業コンプライアンスと刑法をめぐる国際動向の比較分析

Ⅵ　アメリカ

1　アメリカ報告書は，序文のほか，「反トラスト法違反行為」，「外国における契約を確実にするための賄賂」，「企業行動規範は何を規定しているか？」，「量刑ガイドライン」，「タイソン（TYSON CORPORATION）社：事例研究」，「サーベンス・オクスリー法」，「訴追者による見方」，「ドッド・フランク規制改革法」，「結論」，「補遺A」，「補遺B」，「補遺C」から成り，アメリカ合衆国の企業行動規範について多角的に明らかにする[19]。このうち，刑事実体法の立場からは，以下の内容が注目される。

2　まず，アメリカ合衆国では，近時，企業行動規範の数が激増しているとされる。その主な背景には，従業員の職務上の違反行為があった場合でも，洗練された企業行動規範を定め，それについて従業員に献身的な啓発をしていた企業は，より寛容な処置（起訴猶予，刑罰制裁の軽減，民事制裁金の軽減）を受けると見込まれことがある。かくして，企業行動規範は，仮に従業員が「違法行為に従事するな」という明確な命令を受けていたとしても，ひとたび従業員が法律違反の業務を行えば，企業は刑法上の行為をなしたとして有罪となりうると宣言する合衆国裁判所が提示した「代位責任理論[20]」を骨抜きにする経済界の試みを代弁するものと評価されている。

では，その企業行動規範はどのような事項を規定しているのか。アメリカ合衆国の大企業500社に対する企業法律事務所 Fried Frank の調査によれば，企業行動規範が規定する事項は，利益相反（97％），贈答品（87％），秘密情報の悪用（83％），海外における汚職への関与（83％），政治献金（79％），インサイダー取引（73％），反トラスト法違反行為（64％），労働関係（27％），その他（29％）である。その一方で，企業行動規範において利益相反の注目度はかなり低いという見方もある。特に，非産業系の会社は，伝統的に，会社を直接的に侵害する行為の排除を強調してきたとされる。この点は，わが国の調査結果とも比較検討する価値があろう。

なお，企業行動規範については，自社が企業行動規範に定めた任意の基準が，

19　アメリカの状況については，川崎友巳「アメリカ合衆国における企業犯罪の実態と企業犯罪への刑法上の対応」甲斐・田口編・前掲注（1）5頁以下をも参照。

20　この点を含め，アメリカ合衆国の法人処罰論については，川崎友巳『企業の刑事責任』（成文堂，2004年）156頁以下。

第Ⅰ部　総　括　編

法律上企業に課せられた義務よりも高度の基準であっても，それに違反した場合，虚偽広告・契約違反であるとして責任を問われることがあるとされ，Nike 事件がその実例として詳しく紹介されている。また，この Nike 事件は，企業が CSR を企業行動規範の中に組み入れることを思いとどまらせるおそれを作り出した，という見方も紹介されており，興味深い。

　3　つぎに，量刑ガイドラインである[21]。アメリカ報告書によれば，1991 年に組織の量刑に関する合衆国量刑委員会ガイドラインが導入され，最も重要な減軽要素として「法律違反を回避し，探知する」プログラムの存在が挙げられた。また，同委員会は，十分なコンプライアンス・プログラムを構築する努力に関して，「7 つのステップ」を定めたが（補遺 A），これらの文言は，訴追上・裁判上の判断にとって柔軟で上手な取扱い方法を提供するものであったとされる。その後，2004 年に，同委員会は，量刑ガイドラインの射程を拡張し，「倫理およびコンプライアンスに関するプログラム」と名称変更し，修正を加えた（補遺 B）。新量刑ガイドラインは，例えば，法令遵守に向けた努力の促進とそれに従うに見合うインセンティブ条項を推進した。

　なお，硬直的なガイドラインは，適切な刑罰判断を阻害するとして，多くの判事を憤慨させたようであるが，ボーカー事件（*United States v. Booker*）判決（2004 年）は，量刑ガイドラインを強制的ではなく助言的なものとした。こうして，司法の広範な柔軟性により，企業は，包括的な企業行動規範の進展と導入から利益を得られるようになったとされる。

　4　以上，アメリカ報告書は，アメリカ合衆国における企業行動規範とそれに関連する諸課題を浮き彫りにするとともに，量刑ガイドラインとコンプライアンス・プログラムについても新たな情報に基づいて詳しく紹介するものであり，示唆に富む。

Ⅶ　中　国

　1　中国における法人処罰は，組織体犯罪（単位犯罪）という概念が担っている[22]。中華人民共和国刑法 30 条は「会社，企業，事業体，機関又は団体が，社会に危害を及ぼす行為を行った場合において，その行為が法律に組織体犯罪

21　これについては，川崎・前掲注(20) 386 頁以下。
22　単位犯罪の全体像について，馮軍「新刑法における単位犯罪」西原春夫編『日中比較経済犯罪』（成文堂，2004 年）190 頁以下参照。

として規定されているときは，刑事責任を負わなければならない。[23]」とし，同 31 条は，企業等の組織体に罰金を科し，直接の責任を負う組織体の指導者（主管者）を処罰する旨を規定する。このように組織体の刑事責任を正面から認める以上，組織体の刑事責任を招来するような行為の防止が問題になるように思われるが，かねてから指摘されているように，中国におけるコンプライアンス体制の整備は十分ではなく[24]，本報告書でのアンケート調査でも，法令違反を防止する為の社内教育制度等の設置割合は 50％強にとどまる。もっとも，回答者の所属企業が刑事処分を受けたとの回答は 1.6％にとどまっている[25]から，企業犯罪の現状はさほど深刻ではなく，企業犯罪を抑止する法制度が有効であると分析されている。しかし，アンケート調査からは，企業に対する刑事責任の追及については，資格刑の不存在や刑事訴訟に被害企業が関与できないこと，罰金額が低額に過ぎるいくつかの点で企業が満足していないことが示されるなど，問題も示されており，報告書では，このような問題に対し，資格刑として，営業内容の制限，営業区域の制限，取引相手の制限などの導入，罰金刑を得られた収益との比率で科す制度などの提言が行われている。このほか，違法行為が行われた場合，民事責任の追及や行政制裁が行われることが考えられるが，アンケート調査からは，前者については 49％，後者については 58％の回答者が現状について満足していないと回答しており，企業の意識としては不十分な制度であることが示されている。それぞれの理由について回答が多かった項目は，民事責任の追及に関しては，訴訟コストや権利実現に時間が掛かること，行政処分・調停について，処分までの過程が複雑であることなど，共通して，手続に関わる項目である。このような手続に対する不満は，刑事責任の追及にも見られるものである（現行の刑事制裁に満足しない理由として最も回答が多かった項目は，処罰実現過程の複雑さである）。もっとも，刑事法システムに対する不満は，民事責任の追及や行政処分・調停に対する不満よりも相対的に少なく、42％にとどまる。

2　中国の動向として特に注目に値するのは，一部の地域で推進されている

23　条文訳は，甲斐克則・劉建利編訳『中華人民共和国刑法』（成文堂，2011 年）に拠った。
24　金紅花「中国における企業のコンプライアンス経営（2）」法学論叢 163 巻 1 号（2008 年）104 頁，116 頁。
25　もっとも，これに対し，他者の法令違反によって損害を被ったことがあるとの回答は 24％あった。

先進的取組みである。中国の法制度については，コンプライアンス・プログラムを整備することにインセンティブが少ないことが指摘されるが[26]，煙台市の「企業の社会的責任の考査・評価」の取組みはこれを打開するものである。従来，政府による企業の監督管理は納税額や輸出量などの経済的な指標を基準としてきたが，この新たな取組みは，これらに加えて，法令遵守の内部管理システムの構築を含む企業の社会的責任の履行状況を企業評価[27]の対象とするものである。報告書によれば，従来，政府は企業がもたらした諸問題を後始末することが主であったが，このような新しい取組みによって，企業の違法行為がもたらす社会の対立を初期段階で解決することが可能となり，紛争解決のコストも低減したとされる。

3　企業の社会的責任として，現在，特に重要な問題は，環境保護への取組みであろう。報告書も，企業誠信の構築，労働環境の保全などと並んで環境問題についても企業の社会的責任として取り上げている。しかし，ここで社会的責任として取り上げられている問題は，基本的には競争法制・知財法制や労働法制（会社法も含む），環境保護法制の遵守であり，わが国では，コンプライアンス・プログラムの一内容とされるべき問題であろう。報告書では，それぞれ現状の問題状況が示されているが，これらを顧みるとき，コンプライアンス・プログラムが有効に機能しているかについては，いささかの疑問を禁じえない。問題状況の詳細については，本書第Ⅲ部の報告書を参照されたい。

Ⅷ　結　語——若干の比較分析

以上，6カ国の企業コンプライアンスと刑法に関する調査報告書の概略を述べてきたが，最後に，若干の比較分析をしておきたい。

第1に，①法人処罰を刑法典で正面から認めているイギリス，オーストラリア，アメリカ，および中国，②特殊立法形式で法人の行政法的刑事制裁を認めているイタリア，そして，③法人に対して行政罰（過料）という制裁で対応しているドイツ，という具合に，前提となる法制度が大きく3つに分かれる点を指摘しておきたい。日本の現状は，あえて言えば，法人処罰を刑法典で正面か

26　金紅花「中国における企業のコンプライアンス経営（3・完）」法学論叢163巻2号（2008年）158頁。
27　本報告書では，コンプライアンスは企業の社会的責任の一内容として位置づけられている。

第1章　企業コンプライアンスと刑法をめぐる国際動向の比較分析

ら認めていない点でドイツに近いが，日本の両罰規定の制度は独自のものであり，必ずしもドイツの秩序違反法と同じではない。ドイツでも，近時，法人処罰を正面から認めるべきだという見解も根強く主張されているが，それにもかかわらず，なお秩序違反法を堅持している背景をドイツの報告書からしっかり理解する必要がある。また，比較法的にみて，イタリア法は，「企業刑法」という名称にもかかわらず，行政法とミックスされた独自の性格を有しており，それが報告書でも表れていることがわかる。さらに，法人処罰を正面から認めているとしても，英米法域圏内であっても，イギリスとオーストラリアとアメリカでは，内容は微妙に異なっていることは，実に興味深い。特にオーストラリアは，イギリスとはやや一線を画して独自の制度を形成しつつある。中国の立法形式も，当然ながら，他国とは異なる側面がある。いかなる制裁が妥当か，日本でも議論が始まっているが，比較法的知見を活用して議論を進化させていく必要がある。

　第2に，以上の相違はあるとしても，いずれの国も（日本も含む。），企業犯罪への対応策として，企業コンプライアンスを重視して，それと連動させて制裁を考えている点で共通しているものがあることを指摘することができる（日本については本書第Ⅱ部参照）。しかし，企業コンプライアンスの内実は，必ずしも同じものではなく，社会に深く定着している国（イギリス，オーストラリア，アメリカ）と，まだ定着途上である国（ドイツ，イタリア，中国）とで，刑法上の取扱いも多少の差異があるように思われる。すなわち，形式上，コンプライアンス体制を導入したといっても，それが真に社会に定着していなければ，重大なコンプライアンス違反が企業犯罪として顕在化するのであり，それは，まさに企業コンプライアンスが機能していないことを示すことになるのである。ドイツのシーメンス事件は，そのことを如実に示すものである。中国も，経済発展が急速であったため，企業コンプライアンスの本来の意義がまだ十分に理解されていない側面があるように思われる。したがって，企業法ないし刑法という視点だけでなく，企業の自律的責任という意味での企業倫理とも連動させた対応を考えておかなければ，企業コンプライアンスは機能しないであろう。

　第3に，国際比較調査を通じて，21世紀になり，グローバル社会おいては，企業コンプライアンスは，国境を越えて共に議論していかなければ対応に限界があるということを実感した。もちろん，第2の点で指摘したように，国内での各企業および各国の内部でのコンプライアンス体制を引き続き確立していく

必要があるが，国境を越えて取引が頻繁になされている現状に鑑みると，実態を踏まえた適正なルール作りを各方面と共働して模索して行っていく必要があることを痛感する。

　企業コンプライアンスを刑事法の観点から国際比較調査をした例は，世界で初めてと思われる。本来ならば，さらに徹底して分析・検討を行うべきであるが，本書の紙数を考えると，現時点では，これが限界である。本書第Ⅱ部の日本における調査・分析では，日本の現状がよく示されているので，比較参照することを読者には勧めたい。なお，この問題は，刑事手続との関連性も深いものがあるので，次章の刑事手続の観点からの比較分析も併せて参照すると，全体がより正確に理解できるであろう。

第2章　企業コンプライアンスと制裁手続をめぐる諸問題

田口守一・原田和往・松田正照

I　コンプライアンス調査と時代の動き

　われわれが，企業のコンプライアンス・プログラムの第2次調査を実施したのは2010年であり，その段階では，企業のコンプライアンスに関するアンケート調査においても「手続問題」に関する質問はわずかであった。しかし，その後，わが国においても，事態は急速に展開してきている。2013年（平成25年）の独禁法改正作業の過程では，とりわけ事業者側の「防御権」保障問題が急浮上している。したがって，以下では，2010年調査による企業意識を基本的データとしつつ，諸外国の調査も参考にしながら，2013年までの議論状況を踏まえて，企業犯罪に対する制裁制度における手続問題を整理しておくこととしたい。

　企業犯罪に対する制裁制度における手続問題としては，とりわけ制裁のための調査手続における事業者の権利保障をめぐって様々な問題を指摘することができる。そもそも，企業犯罪とコンプライアンス・プログラムに関わる問題は，大きく，実体法上の問題と手続法上の問題とに区別することができる。実体法上の問題としては，企業がコンプライアンス・プログラムを策定・実施していたにもかかわらず企業犯罪が生じてしまった場合におけるコンプライアンス・プログラムの策定・実施と犯罪の成否（とりわけ過失の有無）に関する問題および犯罪が成立する場合におけるコンプライアンス・プログラムの策定・実施と量刑との関係に関する問題が考えられる。これに対して，手続法上の問題としては，企業犯罪に対する制裁手続として行政手続および司法手続における事業者側の防御権の保障問題，さらには司法手続に移行した場合における企業によるコンプライアンス・プログラムの策定・実施と訴追裁量の問題などが考えられる[1]。以下では，これらの手続問題に関する現状と今後の展望について検討してみることとしたい。

第Ⅰ部　総括編

Ⅱ　2010年アンケート調査

● 1　日本調査の内容[2]

　企業犯罪に対する制裁手続に関するわれわれのアンケート調査における質問事項としては，【問20】，【問21】および【問25】が関係してくる（本書142頁以下質問票参照）。本調査は2010年に実施されたものであるが，後述するように，公正取引委員会における制裁手続の適正化に関する問題意識が浮上してきたのは2009年であり，この時期における企業意識が窺われる調査結果となっている。

　1）【問20】は，リニエンシー制度に対する評価として，「独占禁止法の改正により，企業が自主的に違法行為を申告して調査に協力すれば，課徴金の減免が受けられる課徴金減免制度（いわゆるリニエンシー制度）が導入されましたが（最初の申告会社は全額免除，2番目は50％，3番目は30％減額。立入り調査後も，3社までは30％の減額），この制度について，どのようにお考えですか。」とする質問であった。回答の84％がリニエンシー制度について肯定的評価をしているが，このことは，企業犯罪（差し当たり独占禁止法違反）に対する必罰主義的な捉え方はなされていないことを意味している。むしろ，企業の立場から有効な犯罪予防の重要性と摘発協力に対する反対利益の供与（課徴金の減免）が肯定的に捉えられているといえよう。

　ただし，リニエンシー制度に対する自由記載欄を見ると，「リニエンシー制度の周辺手続の整備（弁護士秘匿特権や申請人保護制度等）が国際基準からみて不十分であり，国際カルテル事業においては，米国・EUとの比較上，多額の損害賠償につながる証拠上のリスクがあり，今後の改善課題である。」との指摘もなされ，また，本調査結果を踏まえたシンポジウムにおいても，「例えば，欧州でリニエンシーをやると，少なくとも証拠開示は全部されます。ところが，日本では必ず開示されるという保証はありません。」，「（審判手続で）弁護士の立会権はありません。自己負罪拒否特権も明確ではありません。特に弁護士の

1　司法手続上の重要問題としては，さらに，①行政手続で収集された証拠の司法手続における利用問題，②行政制裁と刑罰との併科に関する問題，③両罰規定による法人の訴訟行為に関する問題などが考えられるが，本稿では立ち入らない。

2　甲斐克則「日本におけるコンプライアンスの現状と課題」季刊企業と法創造9巻2号（通巻34号）（2013年）97頁以下参照（本書45頁以下参照）。なお，商事法務1975号（2012年）28頁以下は，その速報版である。

第 2 章　企業コンプライアンスと制裁手続をめぐる諸問題

秘匿特権も，アメリカのようなきちんとした制度がないものですから，問題が起きたときに，日本で話してしまうということを実は非常にためらうという問題が出てしまうことが事実ではないか。」といった問題点の指摘もなされた。リニエンシー制度の実体面に比べて手続面の検討が遅れているとの指摘といえよう。

　2）　これに関して，【問 21】では，「独占禁止法による行政調査が行われる場合には，真相究明が優先されておりますが，これに対して弁護士の立会権や秘匿特権あるいは関係者の黙秘権などの権利保障を考える必要があるとの指摘があります。貴社はこれについてどのようにお考えですか。」との質問をした。これに対して，「権利保障を考える必要がある」との回答は 53.8％，「権利保障を考える必要はない」6.9％，「どちらともいえない」34.6％であった。企業の過半数は，行政手続であっても手続の権利保障が必要であると考えているとの実態が明らかである。

　3）　【問 25】では，「法令遵守の配慮と刑事法上の法的効果の関係の評価」を質問し，「企業が刑事告発を受けた場合，法令遵守に配慮していた企業に対して，検察官は両罰規定を適用せずに刑事訴追自体を控えるべきだと思われますか。それとも，両罰規定を適用し刑事訴追をしたうえで，法令遵守に配慮していた点を踏まえて，より緩やかな量刑を行うのが適当と思われますか。」と聞いた。「刑事訴追を控えるべきだ」との回答が 19.2％，「より緩やかな量刑を行うべきだ」の回答が 61.3％であった。「いずれも必要ない」は 12.1％である。企業が犯罪を犯した以上は刑事制裁は当然，とする回答が過半数である。日本企業あるいは日本社会における法あるいは正義の観念が背後にあるとも思われるが，企業犯罪とその制裁制度については何が問題であるかの認識がまだ一般的となっていないのも大きな理由である，と考えられる。

　なお，「刑事訴追を控えるべきだ」との回答を，企業規模でクロス集計をしてみると，興味深い違いが見られる。「刑事訴追を控えるべきだ」という企業のうち，10,000 人以上の規模の企業が 42.9％で最も多く，5,000-10,000 人規模の企業が 28.6％，1,000-5,000 人規模の企業が 24.1％，0-1,000 人規模の企業が 13.1％であった。大企業ほど「刑事訴追を控えるべきだ」という回答が多くなっている。なお，「より緩やかな量刑を行うべきだ」の回答には企業規模による顕著な差別化は見られない。その理由は必ずしも明らかとはいえないが，大企業ほど，コンプライアンスが整備されているので，その努力を最大限

23

第 I 部 総括編

評価してほしいと考え，また，大企業ほど，刑事訴追または刑事制裁という事実のもたらす企業のイメージ・ダウン（「犯罪企業」とのラベリング）を恐れるとの推測が成り立つように思われる。

■2　外国調査の概要

比較法的知見を得るため，われわれは，企業犯罪に対する制裁制度について諸外国の状況を調査した。詳細については本書収録の各報告書に委ねることとし，ここでは手続問題に関連するかぎりで，英米法圏および大陸法圏を中心に調査結果を確認しておこう。

（1）　イギリス・オーストラリア・アメリカ

まず，イギリス調査においては，管轄官庁が細分化・多元化している現状の報告と，この混乱した状態を打破するために，企業関連犯罪対策を一元的に掌握する官庁を創設すべきとの提言がなされている[3]。また，陪審裁判の母国において，重大または複雑な詐欺事件について，その複雑さと公判に要する期間等の事情に鑑み，一定の場合に，訴追側の申立てに基づき，非陪審裁判が行われることを認める規定が創設されている点も注目される[4]。

オーストラリアについては，先の企業活動の規制システムの調査実施後に[5]，入札談合等のカルテルに対する刑事罰の導入等を内容とする法改正が行われ，これによりオーストラリア競争・消費者委員会（ACCC）に対し，令状による捜索・通信傍受等の調査権限[6]，カルテル行為者に対する専属告発が認められる等の手続関連の規定が整備されるに至っている。このうち，上記の手続問題との関係では，ACCC は，カルテル行為が，刑事訴追のために連邦公訴局（DPP）に送致すべきものか否かを判断するにあたって，該当行為の期間の長

---

[3] イギリスの報告書では，「経済犯罪局（Economic Crime Agency）」を創設し，一元的に管轄するとの予想が示されているが，その後，紆余曲折があり，新たに創設された国家犯罪対策庁（Natinal Crime Agency）の一部門（Economic Crime Command）にその役割が期待されているとのことである。*See* Nicholas Ryder, THE FINANCIAL CRISIS AND WHITE COLLAR CRIME（2014），pp 29-30.

[4] 幡新大実「イングランド・ウェールズにおける初の無陪審裁判」季刊刑事弁護62号（2010年）152頁。

[5] 甲斐克則「オーストラリアにおける企業活動の規制システム」甲斐克則・田口守一編『企業活動と刑事規制の国際動向』（信山社，2008年）255頁以下。

[6] 2009年の法改正については，長井真之「オーストラリアにおけるカルテルの刑事犯罪化及びそのエンフォースメント」ビジネスロー・ジャーナル2巻3号（2009年）57頁参照。

さ，市場や消費者に対する影響度等の諸事情を考慮するという仕組みになっている点，コンプライアンス・プログラムの確立義務等を内容とする強制執行力のある確約書の提出・受理という代替的紛争解決手段が整備・活用されている点が注目される。

　アメリカについては，企業行動規範の法的意義について，多角的な調査が実施された。周知のとおり，アメリカでは，①自然人行為者が代理人または従業者で，②違法行為が職務または権限の範囲内であり，③当該行為が法人に利益をもたらすために行われたものである場合，法人の刑事責任が認められるという代位責任の法理が採用されている。そして，当該法理の適用を容易にするため，これらの要件は緩やかに解釈されてきており，例えば，違法行為への関与を禁止する明示の命令があり，犯罪の予防に法人側が誠実に努めていたとしても，命令を無視し従業員が業務に関連する活動を実施していた間に犯罪を実行した以上，当該行為は職務の範囲内にあるとして，法人の責任を認める判断が示されている。しかし，これでは，法人は結果責任を問われているに等しい。調査結果では，まず，企業行動規範をめぐる一連の動きは，こうした厳罰化の傾向に何とか歯止めをかけたいという経済界の試みの顕れであるとの視点が提示されている[7]。

　今回調査対象となっている量刑ガイドラインをめぐる近時の動向もこうした試みの中に位置づけることができるが，手続法の観点から特に注目されるのは，弁護士・依頼人間の秘匿特権の保障のあり方について，激しい議論を引き起こした，企業を起訴するかどうかを判断する際に考慮すべき事情に関する司法省の声明である。今回の調査で取り上げられている声明に先立ち，1999年，当時の司法次官エリック・ホルダー（Eric Holder）は，企業関連犯罪の訴追の判断に際し，連邦検察官が考慮すべき要素を示した（この声明はホルダー・メモと呼ばれる）。それは，大要，①犯罪の性質・重大さ，②経営者の関与の程度など違反行為の企業への浸透度，③企業の違反歴，④適時の自発的な情報開示および積極的な調査協力，⑤コンプライアンス・プログラムの有無・実施状況，⑥是正措置の実施状況，⑦株主等の第三者への影響，⑧民事上・行政上の制裁等の刑罰以外の手段の利用可能性の8つであった[8]。このうち，④に関しては，

---

[7] 川崎友巳「アメリカ合衆国における企業犯罪の実体と企業犯罪への刑法上の対応」甲斐・田口編・前掲注（5）19頁も参照。

第Ⅰ部　総括編

調査協力の程度を評価するにあたって，企業の内部調査の結果等に関する秘匿特権の放棄が重視されるとの注釈が付されていた。しかし，この声明は，これまで不明確であった企業の捜査・訴追に係る判断基準に，ある程度の統一性を持たせることを直接の目的としたものであったため，当時は単なるガイドラインとして受け止められていた[9]。しかし，その後，エンロン事件を契機として，大統領令による企業の不正行為のタスク・フォースが創設されたのを受け，2003年，司法省は新たな声明を公表する。これが今回の調査で取り上げられているトンプソン・メモである。トンプソン・メモは，企業によるコンプライアンス・プログラムの策定・実施に係る事情が，訴追するべきか否かの判断に際して考慮される事情と位置づける等，その基本的な内容は，ホルダー・メモを踏襲するものとなっている。しかし，④積極的な調査協力との関係では，検察官が調査の過程で企業に対し秘匿特権の放棄を期待することが正当であるとの立場から，企業においては秘匿特権等を放棄し積極的に調査に協力することが重要であるという点が強調されており，「企業の捜査協力の真摯性（authenticity）のさらなる強調と精査」という司法省の新たな方針に即した内容に改められている。その後，特権の放棄を迫る方針に対し激しい反論が巻き起こったため，司法省は，検察官による特権放棄の要請を「正当なニーズ」が認められるなど一定の場合に制限する声明（マクナルティ・メモ）を新たに公表した。しかし，調査報告書は，こうした限定によって，特権の放棄を要請する実務に変化が生ずるかは疑わしい，と指摘している。

報告書にあるように，代位責任の法理の拡張的適用を許容する傾向に対し，企業側は，コンプライアンス・プログラムを整備することで歯止めをかけようと試みてきた。その結果，違法行為の疑いがあれば，その有無について内部調査を実施し，違法行為が認められた場合には厳格に対処するという体制が，企業において構築されてきた。しかし，これは，訴追側からみれば，調査着手時点ですでに，事件処理に有用な情報が企業内部で自主的に取りまとめられているということになる。このように整理すれば，司法省が企業関連犯罪の効果的かつ効率的な取締りを目的として，企業に対し秘匿特権を放棄し調査結果の提

8　ホルダー・メモを始めとする司法省の一連の声明のうち，本稿に関連する部分は，次の文献に収録されている。See Katrice Bridges Copeland, *Preserving the Corporate Attorney-Client Privilege*, 78 U. Cin. L. Rev. 1199, 1210（2010）.
9　Copeland, *supra* note 8, at 1210.

供を求めるとの運用を期するのも，代位責任という実体法の法理に端を発する流れの中に位置づけ，理解することができる[10]。そして，上記のアメリカ法の状況は，手続保障のあり方を考える際に基点となる制裁的措置との均衡という点に関して，違反行為に対する措置の重さだけでなく，実体法における代位責任の法理と相関する，当該措置の賦課に係る手続の有り様（コンプライアンス・プログラムの整備状況等）についても考慮する必要性があることを示している，と言えるであろう。

(2) ドイツ・イタリア

a) ドイツにおいても，今日，コンプライアンスと刑法に関する研究が盛んになされているが，実証的研究は今回の調査がはじめてであった。この調査では，刑事法の改善を求めるのではなく，「刑法を刑法よりより良きものに置き換える」という法哲学者ラードブルフ（Radbruch）の夢を背景とするというコンセプトで実施されたことが注目される。調査結果のうち，制裁手続における権利保障およびコンプライアンス・プログラムと制裁との関係という観点からは，以下の3点が注目される。

① 企業不祥事に関する企業内調査と「従業員」との関係について，企業は従業員の協力を期待しているが，調査を受ける従業員への権利告知の要否に関しては，権利告知が必要であるとする回答が27％，必要でないとする回答が27％と拮抗している。また，調査に協力した従業員は会社から制裁を受けないという恩赦制度があると回答した企業は17％であった。さらに，従業員が司法手続の対象となった場合の法的援助の費用を会社が負担するとの回答は13％であった。この評価は難しいが，必ずしも従業員に対する権利保障の意識が一般的となっているとは言えないように思われる。ただし，従業員という切り口での調査がなされたこと自体は，注目すべきであろう。

② コンプライアンス・プログラム確立のためのインセンティブに関して，効果的なコンプライアンス・プログラムがある場合には，企業に対する責任免除または手続猶予があれば効果的であるとする。「コンプライアンス・プログラムの実施には，従業員または上司の刑事・民事責任よりも，企業の刑事責任の方が有効である。最も高いモティベーションは，企業が有効なコンプライア

---

10 片山達「米国における依頼者の秘匿特権をめぐる動向」自由と正義59巻12号（2009年）86頁。

ンス・プログラムを整備している場合の企業の責任免除または手続の停止等の制度である。」とする。コンプライアンス・プログラムの確立のためには刑事制裁あるいは刑事手続のあり方が大きく関連することの指摘として重要である。

③　コンプライアンス・プログラム政策においては，経済犯罪の探知・発見のための手続を重視すべきである。従業員の黙秘権，調査協力など，社内規則で，一部は法律による規律も必要である。詳しい調査はなされていないが，問題点の指摘として重要である。

2）　以上の議論の前提として，ドイツにおける企業犯罪は，刑法では法人の犯罪能力は認められていないことから，秩序違反法（Ordnungswidrigkeitengesetz）により過料（Bußgeld）の制裁を受けることとなっている。第1に注意すべきことは，ドイツの秩序違反法では，捜査機関は，本来的な制裁決定以前に手続を終了し，その際にコンプライアンス・プログラムを顧慮するという可能性はほとんどなく，したがって，刑事訴訟法153a条に基づく刑事手続と異なり[11]，付帯条件と引き換えに手続を停止する可能性は存在しないとされている。ただし，秩序違反法は便宜主義を採用しているので（秩序違反法47条1項1文は，「秩序違反行為の訴追は，訴追官庁の義務に適った裁量において行われる。」とする），例えば，広範囲にわたって効果的なコンプライアンス・プログラムが実施され，企業の責任がわずかであることが判明する場合には，過料が免除される可能性がある，とされている[12]。

第2に，秩序違反法では，過料手続について，刑事訴訟法に準じた詳細な手続が定められ，捜査手続，戒告手続，過料裁定手続などが定められていることである[13]。したがって，弁護権も刑事訴訟法を基準とする（秩序違反法46条1項で，刑訴法137条〔私選弁護人の選任〕以下が準用されている）。また，秩序違反法60条〔弁護〕は，行政官庁の手続にも弁護人の援助が命じられることを

11　ドイツ刑事訴訟法153条aは，一定の賦課事項または遵守事項（例えば，犯罪行為によって生じた損害を回復するために特定の給付を行うこと，公共の施設又は国庫のために金員を支払うこと，被害者との和解に真剣に努力することなど）を条件に，公訴の提起を猶予することができる旨を規定している。

12　マルク・エンゲルハルト（武藤眞朗訳）「コンプライアンス・プログラムを特に顧慮したドイツおよびアメリカ合衆国における企業の制裁」早稲田大学グローバルCOE《企業法制と法創造》総合研究所『企業と法創造』6巻1号（通巻18号）（2009年）148頁以下，154頁以下。

13　田口守一「ドイツにおける企業犯罪と秩序違反法」甲斐・田口編・前掲注（5）157頁，168頁以下参照。

規定している。また，88条〔法人または人的結合体に対する過料手続〕は，法人の場合でも弁護人の手続関与がある旨を規定する。事件がきわめて複雑であるときは，行政官庁は，関係者に（必要的）弁護人を付さなければならない（60条1項で準用される刑訴法140条2項）。日本では行政手続における弁護士の地位をそもそもから議論しなければならないが，ドイツでは少なくとも法律上の根拠は明確であり，この点日本とは事情は大きく異なることに注意しなければならない。

　b）　イタリアでは，2001年法令第231号によって新たな類型の「法人責任」規定が導入されたので，この規定についてコンプライアンス・プログラムの視点から調査を行った。すなわち，会社および犯罪の実行者に対して科す刑罰の法定に加えて，2001年法はさまざまな犯罪行為防止のためのプログラム整備を義務付けている。そして，会社が犯罪を助長したのではなく，防止のための最善の努力を尽くしたことを立証した場合には，刑事責任を免除している（同法令6条，7条）。その場合の会社の立証事項は，①犯罪の実行前に，会社を代理して行動する者の不正行為防止を目的としたコンプライアンス・プログラムを効率的かつ現実に導入していたこと，②独立的権限を有し，コンプライアンス・プログラムの導入と効率的な遵守についてのチェック業務を行う監視機関を設置していたこと，③犯罪の実行者によるコンプライアンス・プログラム違反が詐欺的行為に当たること，および，④監視機関が委任された業務を的確に実施していたこと，である。このようなイタリアの制度は，コンプライアンス・プログラムを実体法で評価するものであり，これを手続法で評価しようとするドイツ法とは対照的である点が興味深い。

(3)　中　国

　中国では，2005年の会社法改正により，「会社が経営活動に従事するにあたっては，法律，行政法規を遵守し，社会の公徳，商業道徳を遵守し，誠実に信用を守り，政府と一般公衆の監督を受け，社会的責任を負わなければならない。」（中国会社法5条）との規定が新設された。そこで，中国調査では，この「社会的責任」（中国語では「社会責任」という）の意義を調査するという趣旨で実施された。

　調査結果として，「社会的責任」の意味内容について，「品質の良い製品の提供」が回答者の約92%，「安全で働きやすい職場の提供」が約46%と上位を占め，児童労働の排除，環境保護の重視などへの関心はまだ低い。他方で，企業

不祥事に対する対応については，民事制裁に対して「満足していない」が58.1％，行政制裁に対して「満足していない」が49.41％となっており，法制度への不満は大きい。コンプライアンス・プログラムを実施していた場合における刑事訴追については，「刑事訴追を控えるべきではない」の回答が43.74％，「刑事訴追を控えるべき」が39.89％，「わからない」16.36％となっている。ただ，中国におけるコンプライアンスの実施状況にはまだ不明な部分も多いので，まだ評価を下す段階ではないようである。しかし，企業の社会的責任の調査を中国において初めて実施することができたということ自体は，画期的であった，と言えよう。

Ⅲ 制裁手続における権利保障論の枠組み

● 1 日本における独占禁止法改革の動向

企業犯罪（特に独占禁止法違反事件）に対する制裁制度のうち行政制裁に関する手続問題が，日本で，とりわけ2009年以降急速な展開を見せている。そこで，以下では，その根底にある権利保障論の根拠に関する考え方を分析するため，その展開を概観しておくこととしよう。

2005年の独占禁止法改正では，課徴金減免制度の導入，犯則調査権限の導入，審判手続等の見直しなどが行われたが，それは独占禁止法の執行力の強化策であった。これに伴って実態解明手続における適正手続問題が浮上することになった。そこで，2005年に内閣府に「独占禁止法基本問題懇談会」が発足し，2007年にはその報告書が公表されたが[14]，①供述調書の写しの提供，②供述録取の際の弁護士の同席，③弁護士秘匿特権のいずれの問題についても消極の意見であった。

これに対して，日本経済団体連合会や日本弁護士会などから強い批判がなされ，制裁手続の適正化が強く主張された。その結果，2009年の独占禁止法改正作業における衆議院経済産業委員会等において，「公正取引委員会が行う審尋や任意の事情聴取等において，事業者側の十分な防御権の行使を可能とするため，諸外国の事例を参考にしつつ，代理人の選任・立会い・供述調書の写しの交付等について，我が国における刑事手続や他の行政手続との整合性を確保しつつ前向きに検討すること。」との附帯決議がなされた[15]。2009年こそ「独

---

14 「独占禁止法基本問題懇談会報告書（平成19年6月26日）」。

占禁止法手続法元年」と言えよう。

　これを受けて，2013年（平成25年）の独占禁止法改正（平成25年法律第100号）では，公正取引委員会が行う審判制度の廃止，排除措置命令等に係る意見聴取手続の整備などが行われたが，その附則16条は，「政府は，公正取引委員会が事件について必要な調査を行う手続について，我が国における他の行政手続との整合性を確保しつつ，事件関係人が十分な防御を行うことを確保する観点から検討を行（う）」として，手続法整備の流れを確認した（傍点は筆者による）。加えて，衆議院経済産業委員会においても，「公正取引委員会が行う審尋や任意の事情聴取等において，事業者側の十分な防御権の行使を可能とするため，諸外国の事例を参考にしつつ，代理人の立会いや供述調書の写しの交付等の実施について，我が国における刑事手続や行政手続との整合性を確保しつつ前向きに検討すること。」との附帯決議もなされた（傍点は筆者による）[16]。

　以上の経緯から，2014年2月，内閣府に「独占禁止法審査手続についての懇談会」が設けられた（以下「懇談会」とする）。その課題は，事業者側の防御権を如何にして保障するかであったが，同時に，公正取引委員会の実態解明機能の確保と調査を受ける者の防御権の確保のバランスこそが課題であるとの指摘もなされた。いずれにせよ，2005年のリニエンシー制度等の導入により，公正取引委員会が実態解明のための武器を揃え，課徴金額も引き上げられており，そうなると，事業者側にはそれらに見合った防御権が必要であるとの問題意識はこの懇談会の基礎となっていた，と言えよう。

　懇談会は，2014年6月に，『独占禁止法審査手続に関する論点整理』[17]を公表し，意見募集に付した。本稿の問題意識との関係では，この『論点整理』のうち，特に，①「弁護士・依頼者間秘匿特権」と，②「供述聴取時の弁護士の立会い」という「論点」が注目される。いずれも，法令上，これを認めるまたは認めないとする明文の規定はなく，実務上は，これを認めていないというのが現状である。この点，同じく「論点整理」で取り上げられている「立入検査時の弁護士の立会い」の場合，直接の規定がない点は共通しているものの，実

15　衆議院経済産業委員会（平成21年4月24日）及び参議院経済産業委員会（平成21年6月2日）における附帯決議である。
16　衆議院経済産業委員会（平成25年11月20日）における附帯決議である。
17　『独占禁止法審査手続に関する論点整理（独占禁止法審査手続についての懇談会のヒアリング結果を踏まえて）』（2014年）（以下『論点整理』として引用する）。

務上，一定の程度，許容されている現状にあることに鑑みれば，①および②に関する議論における主張の隔たりには相当なものがある[18]。

これらに関する議論状況をみると，①「弁護士・依頼者間秘匿特権」ついては，まず，国際的視点から，「日本において秘匿特権が認められていない中で，公正取引委員会からの報告命令・提出命令に応じて情報を提供した場合，外国の競争当局から，秘匿特権を放棄したとみなされるおそれがある」ため，秘匿特権を認めるべきとの積極意見と，「日本では，裁量型課徴金制度や調査妨害に対する強力なサンクション（制裁）がないことから，事業者側に調査に協力するインセンティブが余りな」く，秘匿特権を認めると，公正取引委員会の調査に支障が生じるとの懸念を示す消極意見がみられる。これに対し，同じ消極意見であっても「秘匿特権は様々な分野でこれを認めるべきかを検討すべき課題であることから，独占禁止法においてのみ立法することは問題が大きい」として，国内的視点から他の手続との整合性を理由とするものもみられる。このほか，国際的視点と国内的視点とを併用し「接見交通権が認められている趣旨が，欧米で秘匿特権が認められている趣旨とほとんど重なっており，同じ理は，身柄拘束されていない人にも及ぶと考えられる。」とする積極意見もみられるが，これに対しては，「身柄拘束されている刑事の被疑者又は被告人に係る接見交通権を，行政手続の段階での秘匿特権の導入可能性の議論に持ち込むことは，大きな飛躍がある。」との指摘がなされている[19]。

次に，②「供述聴取時の弁護士の立会い」については，国際的視点から，「外国企業の外国に所在する従業員等に対しては弁護士立会いを認めないので

---

[18] 「立入検査時の弁護士の立ち会い」について，『論点整理』における意見の対立は，立会いの可否・要否ではなく，弁護士の到着を検査開始の要件とするか，立入先の従業員あるいは他の検査先による証拠隠滅等の調査妨害行為の虞への対処如何に関するものが中心になっている。『論点整理』15 頁。

[19] なお，企業の調査協力との関係では，「企業が違反行為の有無について確認するために，弁護士を起用して行った社内調査の結果や法的評価について，公正取引委員会に留置され企業にとって不利な証拠として使用される可能性があるほか，供述聴取時に審査官からの追及の材料とされるおそれがあるとすると，企業としては，弁護士に対して相談することを躊躇せざるを得ない。」との積極意見と，これに対する「現在でも，減免申請を行う場合には当局に報告するという前提で社内調査をしているはずである」との指摘も注目される。『論点整理』16-17 頁。

この点，課徴金減免制度の付与するインセンティブに関しては，裁量型にするなどしてこれを強化する余地はあろうが，いずれにせよ，アメリカ調査で，企業行動規範の整備・内部調査の動機として指摘されている，代位責任法理の適用回避というものに比べれば，動機付けとしては弱いであろう。

第 2 章　企業コンプライアンスと制裁手続をめぐる諸問題

は，外国競争当局の供述録取の実務と異な」り，供述聴取自体が不能になるとの意見に加え，「米国では，弁護士立会いを認めているのに日本よりも厳しい法執行が行われていることからすると，弁護士の立会いを認めても実態解明機能に支障は生じない」とする積極意見がみられる[20]。このうち後者に対しては，「米国では司法取引制度があり，欧州では制裁金の額について競争当局に裁量が認められるなど，事件関係人に競争当局の調査に協力するインセンティブがある」あるいは「米国においては，立会時に弁護士が当局の質問を中断させるようなことがあると法廷侮辱罪になるが，これと同様の制度があって初めて，弁護士の立会いが認められるのではないか」として，同じく国際的視点からの消極的意見も示されている。他方，この論点でも，国内的視点からの意見がみられるが，当時，同様の問題が新時代の刑事司法制度特別部会で審議中ということもあり，刑事手続との比較ないし整合性という視点からの意見が中心になっている。その内容は，「法制審議会での議論においても，被疑者取調べへの弁護人の立会いを認めるべきという意見もあった一方，取調べという供述収集方法の在り方を根本的に変質させて，その機能を大幅に減退させるおそれがあるなどの反対意見もあり，一定の方向性を得るには至らなかった。」と指摘するもの，あるいは「刑事手続においては，自己負罪拒否特権が認められているから弁護士立会いの意義がある」としたうえで，行政手続における立会の意義を疑問視するものなど権利保障の強化に消極的なものになっている[21]。

● 2　権利保障論の根拠

　制裁手続における事業者の権利保障という課題のうち，特に現状との乖離が大きい論点に関する議論を概観したが，そこでの主張の根拠については，以下のように，その特徴を整理することができよう。

　第1は，国際的調和論である。今日のグローバリゼーションの時代において，

20　②に関連する論点である「供述聴取過程の検証可能性の確保」についても，「密室で行われる取調べにおいて，欧米の制度に倣い，取調べの全過程の録音・録画を行うことは，審査の透明性・適正性を確保する上で有効な手段であり，早急に検討を進めるべきである。」との意見がみられる。『論点整理』21 頁。
21　「供述聴取過程の検証可能性の確保」についても，「法制審議会における取調べの可視化の議論の対象は，身柄拘束事件が中心であると認識しているが，公正取引委員会の調査で身柄拘束を行うことは一切なく，監視の必要性は低く，任意性の立証を容易にする必要性も低い。」として，刑事手続との比較による慎重意見がみられる。『論点整理』21 頁。

第 I 部　総　括　編

他国の制度との調和（ハーモナイゼーション）が必要であるとする議論である。欧米の秘匿特権の趣旨と接見交通権の趣旨との共通性に関する指摘や，課徴金減免制度における裁量性や調査妨害に対する制裁に関する指摘はこれに含まれない。というのも，これらは，欧米主要国並みの手続保障という積極論に対し，調査協力に係るインセンティブ・デメリット等の日本と欧米の相違を考慮することなく，秘匿特権という外国の制度の一部を取り上げて事を論ずるべきではないという慎重・消極論であり，比較法的知見の評価一般の枠内に収まるからである。国際的調和論といえるのは，例えば，①「弁護士・依頼者間秘匿特権」に関して，外国の競争当局から秘匿特権を放棄したとみなされる虞があるとの指摘[22]，②「供述聴取時の弁護士の立会い」に関して，外国企業の外国に所在する従業員等との関係で供述聴取自体が不能になるとの指摘である。

　独占禁止法の対象が，ボーダレス化・グローバル化が当然視される市場経済システムであることに鑑みれば，国際的調和という視点は，独禁法の目的・性格と密接不可分の要素といえるであろう。そして，これらが概ね権利保障の強化に積極な結論を導出していることからすれば，国際的調和論は，権利保障強化のための最も強力な政策的根拠といえるであろう。ただし，国際的調和論の示す権利保障強化の必要性が特異である点にも注意を要する。例えば，刑訴法の領域において，取調べにおける被疑者の防御権が議論される場合に，米国のミランダ・ルール等の比較法的知見が用いられることはあっても，米国出身の被疑者・参考人に対する取調べが困難ないし不可能になる等の事実的な事情が，権利保障強化の直接の論拠とされることは，あまり一般的ではない。国際的調和論は，比較法研究一般で示される論拠とは，相当性格が異なっており，それが活用できる場面は限定されることになろう[23]。

　第 2 は，国内的調和論である。独占禁止法などの企業犯罪の制裁手続の領域で，手続の対象となる事業者等の権利保障の強化は，わが国の刑事司法制度あるいは他の行政手続制度と整合性を保つものでなければならないとするもので

22　なお，外国の法執行機関に証拠等を提出した場合に，秘匿特権が放棄されたものとして扱われるかどうかについては，アメリカにおいて確立した先例を欠いている状態にあるといわれている。『「独占禁止法審査手続に関する論点整理」に係る意見・情報の募集結果』69 頁。

23　国際的調和論を突き詰めれば，独自の法体系の放棄という事態にも至る。なお，上杉秋則「国際水準に照らしたわが国独禁法の課題」国際商事法務 41 巻 4 号（2013 年）531 頁。

ある。①「弁護士・依頼者間秘匿特権」に関して，独禁法のみが先行して立法することに対する懸念，あるいは，刑訴法上の接見交通権の趣旨を直接参照することに対する疑念，②「供述聴取時の弁護士の立会い」に関して，刑事法特別部会の審議との整合性に関する指摘などがこれにあたる。

　国内的調和論は，総じて，権利保障の強化には消極的な結論を導いてきた。この点，『論点整理』に示されている公正取引委員会の次の意見が，その原因を端的に示している。「より高い防御権が求められる刑事手続においても認められない防御権を独占禁止法審査手続に導入することは，当然に日本の法体系の在り方にも波及することとなる。」[24]。確かに，手続保障のあり方を考えるにあたっては，違反行為に対する制裁的措置に相応しいか，という視点が基本となろう。そして，制裁的措置が多様化した時代においても，刑罰が最も峻厳な措置であり，刑事手続における手続保障が最も手厚いと考えられることからすると，峻厳さの点で劣る制裁的措置の賦課手続に，刑事手続よりも手厚い権利保障を導入することに慎重になるのも首肯しうるところではある。しかし，制裁の程度に相応しい手続保障という考え方から，非刑事的制裁に係る手続保障を，刑事手続のそれよりも低い程度に抑えることが要請されるわけではない。刑事手続やその他の行政手続における手続保障の現状は，参考にされるべきではあるが，あくまで基準となるのは，当該手続の結果賦課される制裁の程度である。そして，制裁の程度についても，「重さ」に限定する必要はなく，例えば，制裁の根拠となる違法行為の類型・性質，制裁の対象の類型・性質（個人か法人か），証明基準や実体法上の要件等に示される制裁賦課手続の繁雑さや，制裁の実現可能性・頻度等の点も考慮する必要があろう。また，上にみたように，国際的調和の要請が強く働く法分野においては，この点についても特別の配慮が必要になろう[25]。

　また，国内的調和との関係では，権利保障論の法的根拠も問題となる。ここ

---

24 『論点整理』8頁。これに関して，「独占禁止法には，リニエンシー制度など他の分野にはない仕組みが先行して導入されている」との指摘もある。しかし，課徴金減免制度については，刑法上の自首という既存の制度の一類型とみる余地もあろう。導入当時の議論状況について，原田和往「課徴金減免制度の法的性格」田口守一・甲斐克則ほか編『企業犯罪とコンプライアンス・プログラム』（商事法務，2007年）292頁。
25 越知保見『独禁法事件・経済犯罪の立証と手続保障』（成文堂，2013年）520頁は，独禁法・証拠法の審判手続が，刑事裁判と同様に，合理的な疑いを超える証明という証明基準で運用されていると指摘し，その是正の必要性を指摘する。

では2つの手続を区別することができる。1つは，行政制裁を目的とする行政調査手続における権利保障の問題であり，他は，刑事制裁を目指した犯則調査手続および刑事司法としての捜査手続における権利保障の問題である。後者の議論が刑事司法における議論と重なることは明白であるが，前者の議論の根拠が問題となる。この場合，2つのアプローチがある。1つは，行政調査手続も途中から犯則調査手続に移行する可能性があることから，行政調査手続における権利保障の根拠はやはり刑事手続との関連性に淵源するとの立場である。②「供述聴取時の弁護士の立会い」に関して，自己負罪拒否特権が保障される刑事手続と比較し，行政調査手続一般における立会いの意義を疑問視する見解は，この例といえる。他は，純粋に行政制裁を目的とする行政調査手続であっても，例えば，課徴金制度は十分に厳しい制裁制度であり，「制裁的機能が必ずしも刑事法の専管とはいえなくなってきている現行法制において，刑事法に固有の性質の相対的な把握を可能にする契機」[26]を模索すべき時代であるとのアプローチである。この点，判例も，「行政手続は，憲法31条の保障の下にあるが，刑事手続とは異なり，行政目的に応じて多種多様で，行政処分の相手方に事前の告知，弁解，防禦の機会を与えるかどうかは行政処分により制限を受ける権利，利益の内容性質，制限の程度，行政処分により達成しようとする公益内容，程度を総合比較して決定する（要旨）。」[27]として，行政手続それ自体の法益侵害性を問題としていることも考慮すると[28]，今後は後者の途が適切と思われる[29]。

Ⅳ 刑事制裁手続における権利保障の態様

先に述べた通り，2010年アンケート調査におけるコンプライアンス・プロ

---

26 原田和往「課徴金制度における制裁的不利益処分と手続保障のあり方」早稲田大学大学院法研論集117号（2006年）210頁以下，152頁。
27 最大判平成4・7・1民集46巻5号437頁。なお，田口守一・原田和往「制裁の区別と手続保障」甲斐克則編『企業活動と刑事規制』（2008年，日本評論社）119頁以下，129頁参照。
28 公正取引委員会による行政調査手続では，罰則（独禁法94条）により間接的に履行を担保するという間接強制力を持った権限である，立入検査，提出命令，留置，出頭命令および審尋，報告命令等（独禁法47条）のほか，こうした間接強制権限によらない任意の供述聴取，報告依頼，提出依頼等の調査手法が用いられている。これらの手続は，十分に，それ自体として刑事訴訟手続に準ずる性質のものといえよう。なお，公正取引委員会の審査と刑事手続との関係については，志田至郎「独占禁止法違反と刑事手続」丹宗暁信・岸井大太郎編『独占禁止手続法』（有斐閣，2002年）320頁以下参照。

第 2 章　企業コンプライアンスと制裁手続をめぐる諸問題

グラムと訴追裁量・量刑に関する設問に対する回答から，大企業ほど刑事訴追に伴うイメージ・ダウンを恐れていることが窺える。この点で，アメリカでは，すでにみたように，ホルダー・メモやそれを踏襲したトンプソン・メモにおいて，連邦検察官が企業を訴追するか否かを判断する際の考慮要素が示されており，そこにはコンプライアンス・プログラムに関わるものがいくつかある。そこで，まず，わが国における企業犯罪の文脈における訴追裁量について知見を得るために，以上の考慮要素をもとに，アメリカにおける企業のコンプライアンス・プログラムの策定・実施が検察官の訴追裁量権の行使にあたりどのような役割を果たしうるのかをみてみたい。

次に，企業などの組織が関わる犯罪の場合，後で述べるように，その解明にあたっては，その組織の構成員の供述が不可欠な場合が少なくない。しかし，その構成員が自己に対する訴追や刑事処罰を恐れて供述をためらうことが想定される。これに対処するために，これまで，供述を引き出すための手段として，アメリカにおけるような取引的手法や刑事免責[30]の導入が提言されてきたが[31][32]，現在それらが立法化されようとしている。そこで，それらが立法化された場合，企業犯罪の文脈でどのように活用されうるのかもみてみたい。

29　懇談会は，2014 年 12 月 24 日に，検討結果を取りまとめ，「独占禁止法審査手続についての懇談会報告書」を公表した。本稿で取り上げた「弁護士・依頼者間秘匿特権」と「供述聴取時の弁護士の立会い」のいずれの論点ついても，現段階での導入は見送られ，今後の検討課題とされている。報告書の内容については，村上政博「独占禁止法審査手続懇談会報告書（平成 26 年 12 月 24 日）と今後の課題（上）（下）」NBL1042 号（2015 年）50 頁，NBL1043 号（2015 年）50 頁参照。

30　アメリカにおけるホワイトカラー犯罪の文脈での司法取引の活用を指摘するものとして，宇川春彦「司法取引を考える（1）」判例時報 1583 号（1997 年）31 頁以下参照。また，アメリカでは，ホワイトカラー犯罪の捜査の際，大陪審の手続において，連邦検察官は刑事免責を活用しているとされる。酒巻匡「刑事免責（訴追免除）制度について──供述強制制度の立法論的考察」ジュリスト 1148 号（1999 年）246 頁。

31　経済犯罪の解明において，取引的手法の必要性を指摘する最近の文献として，田口守一「企業犯罪に対する刑事手続」田口・甲斐ほか編・前掲注(24)270 頁，越知・前掲注(25)458 頁以下など参照。

32　司法制度改革審議会『司法制度改革審議会意見書』(2001 年) 49 頁は，「刑事免責制度により供述を確保する捜査方法の導入は，組織的犯罪等への有効な対処方策であると認められる」としながらも，「我が国の国民の法感情，公正感に合致するかなどの問題もあり，直ちに結論を導くことは困難であって，多角的な見地から検討すべき課題である」としていた。

第Ⅰ部　総　括　編

● 1　コンプライアンス・プログラムと訴追裁量

　トンプソン・メモにおける，コンプライアンス・プログラムに関わる考慮要素としては，先に示した①適時の自発的な情報開示および積極的な調査協力，②コンプライアンス・プログラムの有無・実施状況，③是正措置の実施状況が挙げられる。

　①について，トンプソン・メモは，企業犯罪の捜査にあたっては，企業側の捜査協力は実行行為者や関連性のある証拠を特定するのに非常に重要である，としている。このことから，連邦検察官は，個人の場合と同様に，「不訴追の合意（non prosecution agreement）（NPA）」——訴追の対象となりうる個人から捜査協力を得るための他の手段（訴因の縮小や証拠の使用免責など）が利用不可能であるか，または効果的でない場合に，連邦検察官は，上席検察官の同意を得て，対象者から捜査協力を得るのと引き換えに対象者と不訴追の合意をすることができる[33]——を参照すべきであるとしている。すなわち，これにより，企業の「適時の捜査協力が公共の利益にとって必要であると思われ，かつ望まれる協力を獲得する他の手段が利用不可能であるか，または効果的でないとき」，企業の捜査協力と引き換えに「不訴追の合意」をすることが可能となるとされている[34][35]。

　次に，②について，トンプソン・メモでは，コンプライアンス・プログラムの存在だけでは，企業を起訴しないことを正当化するのには不十分であるとさ

---

[33] See U.S. Dep't of Justice, U.S. Attorneys' Manual §9-27. 600-650 (2002).
[34] ただし，トンプソン・メモは「企業の捜査協力の提供は自動的に企業に対して訴追免除の資格を与えるものではない」としており，企業の捜査に対する協力の意思は考慮要素の1つに過ぎず，他の要素——企業の違反歴や違法行為における経営者の役割など——と合わせて訴追免除の可否が判断されることになる。
[35] さらに，「訴追猶予の合意（deferred prosecution agreement）（DPA）」という手法も用いられている。これは，「自ら社内の違法行為を把握した企業や捜査対象になった企業が，検察官との間で，違法行為を認めて捜査に協力し，コンプライアンス規程の見直しや役員交代その他の再発防止策の構築等の企業改革を行うことを約束し，一定の猶予期間にわたり外部の独立した第三者によるチェック等を受け入れ，かかる企業改革等の着実な実施が確認されれば，検察官が刑事処罰を見送る」というものである。木目田裕・山田将之「企業のコンプライアンス体制の確立と米国の訴追延期合意——Deferred Prosecution Agreement」商事法務1801号（2007年）43頁。「不訴追の合意」との違いは，「訴追猶予の合意」の場合は，検察官は裁判所に起訴状と合意内容の書面を裁判所に提出し，企業が猶予期間内に合意内容を遵守していたことを確認すれば，訴追を取り下げるのに対し，「不訴追の合意」の場合は，そもそも裁判所に起訴状等が提出されることはないという点にある。

第2章 企業コンプライアンスと制裁手続をめぐる諸問題

れており，コンプライアンス・プログラムが，従業員等による違法行為を抑止・発見するのに最も有効なものとして策定されたものであるかどうかという点が強調されている。したがって，連邦検察官は，具体的には，「企業の従業員がコンプライアンス・プログラムについて十分に情報を与えられており，かつ企業の同プログラムへの積極的な取り組みについて十分に知らされていたかどうか」を判断することになる。

最後に，③について，トンプソン・メモは，企業の是正措置として，従業員の懲戒や損害賠償の支払いのほか，効果的なコンプライアンス・プログラムの履行や既存のプログラムの改善も連邦検察官による考慮の対象となるとしている。すなわち，企業が既存のプログラムに欠陥があったことを迅速に認めて，それを改善する努力が，考慮されることになるのである。

このように，アメリカでは，コンプライアンス・プログラムの策定・実施が連邦検察官による訴追裁量権の行使において重要な要素とされている[36]。連邦検察官は，捜査に対する企業の協力，策定されたコンプライアンス・プログラムの十分性および違法行為発生後の是正措置（同プログラムの改善を含む）を考慮することになるが，このことは日本の企業犯罪の文脈においても参考となると思われる。すなわち，検察官は企業を起訴するか否かを判断する際に，企業がその属性に応じた，違法行為を抑止・発見するための十分かつ適切なコンプライアンス・プログラムを策定・実施していた場合は，それを「犯罪の情状」として，また企業側の捜査協力があったり，または企業が是正措置を行った，もしくは行っている場合には，それらの事情を「犯罪後の情況」として，それぞれ企業に有利な事情として考慮することも可能であろう[37][38]。

---

[36] この点で，エンゲルハルト・前掲注(12)154 頁以下は，アメリカにおける企業の訴追について，次のように述べている。すなわち，「〔検察官の〕行為の裁量が大きいことは，とりわけ，企業の刑事訴追における現在の手続実務では，検察官がおびただしい数の手続をまったく起訴にもちこまず，手続を停止していることに示されている。つまり，有罪判決を受ける企業の数がわずかであることは，検察官の手続停止実務によって説明することができる。手続停止の裁量を行使するにあたって，コンプライアンス・プログラムは重要な役割を果たす。実務がある程度示している傾向は，効果的なコンプライアンス・プログラムを備えていない企業だけが起訴されるということである」と。

[37] 田口・前掲注(31)287 頁以下，神山敏雄ほか編『新経済刑法入門』（成文堂，2013年）153 頁〔斎藤司執筆〕参照。

第Ⅰ部　総　括　編

● 2　企業犯罪の発見・摘発と新たな供述獲得手段の必要性

　企業などの組織がかかわる犯罪の場合，個人による通常の犯罪の場合と比べて，その発見・摘発が困難な事情が認められる。すなわち，①直接的な被害者が存在しない行為類型が少なくないこと，また②仮に発覚したとしても，それを示す客観的な証拠が残っていないか，もしくは，巧妙にそれが隠蔽されている場合がほとんどであること，③企業の構成員のうちで，実際に犯罪行為を行った者が誰であるかを特定するための捜査のほかに，組織の上部にいる者がそれにどう関与したか，そして法人処罰規定が存在する場合には，個人のみならず企業についても刑事責任を追及しうるか否かを明らかにするための捜査が必要となること，④その反面，企業活動については，その内部の意思決定過程がそもそも明確でない場合があり，それゆえ，責任の主体を確定することが相対的に困難であることなどが挙げられる[39]。

　こうした事情から，組織犯罪については，文書等の客観的な証拠の収集とともに，それに関与した者の供述をいかにして得るかということが重要となるのである[40]。

　先に述べた通り，現在，取引的手法と刑事免責制度が立法化されようとしている。すなわち，2011年6月設置の法制審議会新時代の刑事司法制度特別部会において，①「捜査・公判協力型協議・合意制度」（以下，「協議・合意制度」とする）と②「刑事免責制度」の導入が示されており，審議結果がすでに公表されている[41]。「協議・合意制度」においては，「検察官は，必要と認めるときは，被疑者・被告人との間で，被疑者・被告人が他人の犯罪事実を明らかにするため真実の供述その他の行為をする旨及びその行為が行われる場合には

38　なお，これまでみてきたことは公正取引委員会の告発裁量を検討するうえでも参考になるのではないかと思われる。独占禁止法89条から91条までの罪については，公訴提起には公正取引委員会の刑事告発が必要であるが（独禁法96条），検察当局と公正取引委員会の告発問題協議会で，検察当局の了解が得られない限り，告発は行われないのが実情のようである。金井貴嗣ほか『独占禁止法〔第4版〕』（弘文堂，2013年）578頁。このことからすると，告発裁量と訴追裁量は連動しているといえよう。
39　川出敏裕「経済犯罪と取引的捜査手法」ジュリスト1228号（2002年）133頁以下。
40　川出・前掲注(39)133頁。
41　法制審議会新時代の刑事司法制度特別部会『新たな刑事司法制度の構築についての調査審議の結果【案】』（2014年）（以下，『調査審議の結果』とする），及び別添の「要綱（骨子）」参照。なお，この「要綱（骨子）」に沿って，「刑事訴訟法等の一部を改正する法律案」が作成され，国会での審議を経て，「協議・合意制度」と「刑事免責制度」が制度化される見込みである。

第2章　企業コンプライアンスと制裁手続をめぐる諸問題

検察官が被疑事件・被告事件について不起訴処分，特定の求刑その他の行為をする旨を合意することができる」とされ，その対象犯罪の中には，企業犯罪としてしばしば問題となる贈賄罪などの刑法犯のほか独占禁止法などを含む「財政経済関係犯罪」が挙げられている[42]。このように，これまで解明が困難とされてきた，企業などの組織がかかわる犯罪の真相を明らかにするために，取引的手法を用いることが可能になろうとしている。これにより，例えば，贈賄の共犯者が，不起訴や軽い求刑といった有利な扱いを受ける見返りとして，情報提供をするなどして他の共犯者の捜査に協力することにより，犯罪の発見・捜査がこれまでよりも容易になることが期待されている[43]。また，独占禁止法などの両罰規定がある犯罪の場合，被疑者・被告人である企業の構成員からしてみれば，企業は「他人」であるので，その犯罪事実に関する供述を得るのと引き換えに，検察官は不起訴・軽い求刑といった有利な扱いを当該構成員に対してなすことが可能となろう[44]。

そして，②「刑事免責制度」においては，「検察官は，証人尋問の請求に当たり，必要と認めるときは，裁判所に対し，当該証人尋問を次に掲げる条件により行うことを請求することができる」とされ，その条件として「その証人尋問によって得られた供述及びこれに由来する証拠は，原則として，当該証人に不利益な証拠とすることができないこと」，および「その証人尋問においては，自己が刑事訴追又は有罪判決を受けるおそれのある証言を拒否することができないこと」が挙げられている[45]。これによれば，数社による談合において，比較的地位の低い会社の代表者や従業員に「刑事免責」を与えて，「大企業」の犯罪に関する供述義務を負わせることが可能となろう[46]。

---

42 『調査審議の結果』3頁以下，別添の「要綱（骨子）」3頁以下も参照。
43 木目田裕・平尾覚「日本版司法取引が企業犯罪に与える影響」商事法務2052号（2014年）29頁以下参照。大澤裕ほか「座談会『新たな刑事司法制度』の構築に向けて——法制審議会答申の検討」論究ジュリスト12号（2015年）20頁〔上野友慈発言〕も参照。
　　この点で，木目田・平尾・前掲30頁は，共犯者間における捜査協力の「競争」がおきうるとし，そのような場合においては，捜査開始の時間的先後でそれぞれの共犯者の扱いに不均衡が生じないように，検察官の慎重な検討が求められるとしている。
44 この点で，企業も「協議・合意制度」の主体となることができるとすれば，企業が，「他人」である，その構成員の犯罪行為の捜査に協力するのと引き換えに，不起訴や軽い求刑などの有利な扱いを企業に対してもなすことが可能になるとの見方もある。木目田・平尾・前掲注（43）31頁以下。
45 『調査審議の結果』4頁，別添の「要綱（骨子）」8頁も参照。

第Ⅰ部　総　括　編

Ⅴ　今後の検討課題

　企業犯罪に対する行政制裁あるいは刑事制裁は，その違反行為に対する正当な法的評価であるだけでなく，将来に対する違法行為の有効な予防効果をももつものでなければならない。そのためには，企業犯罪に対する行政制裁あるいは刑事制裁は，国家による一方的な制裁制度ではなく，企業自身による違法行為の予防・発見および国家による調査活動に対する協力活動と有機的に連携した官民一体化の協働体制を構築する必要がある。企業のコンプライアンス・プログラムの充実とその実施はそのための有力なアプローチである。

　企業犯罪に対する行政手続あるいは司法手続は，単に実態解明機能をもつだけでなく，同時に企業の違法行為を予防する機能をも果たすことが肝要である。そのためには，企業自身による調査活動および国家的実態解明活動への協力をシステムに組み込んだ協働体制を構築することが課題である。企業犯罪に対する制裁手続における権利保障の質を高めるとともに，リニエンシー制度についても，企業の調査協力のインセンティブを高めるために裁量的な課徴金減免制度も検討すべきであろう。

　このようにして，企業自身によるコンプライアンス・プログラムの充実と，その企業努力を十分に考慮する行政制裁および刑事制裁の制度を構築することで，法的な基盤を備えた確かな企業社会を展望することができよう。企業犯罪の予防と制裁のあり方を，企業のコンプライアンス・プログラムの視点からとらえ直すことは，今日の社会国家の重要な課題である。

46　この点で，「協議・合意制度」は対象犯罪が限定されている上，それに該当する場合であっても，被疑者・被告人が協議・合意に応じないことが考えられ，そのような場合に，「刑事免責制度」を用いる意味があるとする指摘がある。川出敏裕「協議・合意制度および刑事免責制度」論究ジュリスト・前掲注（43）69頁。

第Ⅱ部

日本における企業コンプライアンス調査と刑事法的観点からの分析

第 1 章　日本におけるコンプライアンスの現状と課題
——2010年アンケート調査分析結果

甲 斐 克 則

はじめに

　2010年の秋から年末にかけて，われわれ早稲田大学グローバルCOE《企業法制と法創造》研究所刑事法グループは，企業アンケート調査を実施した。実は6年前の2004年にも同様のアンケートを実施したことがある。今回のアンケート調査の問題意識は，2004年の調査以後，この5〜6年間で，法制度，企業のあり方，コンプライアンス，および企業の社会的責任（CSR）の内実が随分と変わってきたのではないか，そして，この変化をフォローすることにより，2004年の調査結果がそのまま今も通用する部分ともはや通用しない部分を分析しておく必要があるのではないか，という学問的関心にあった。もちろん，実践的な課題からしても，今，日本の企業が置かれているコンプライアンスなりCSRは海外と比較してどういう位置にあるのか，ということも正確に把握しておかないと，グローバル社会においておそらく太刀打ちできない状況になるであろうという危機感もあって，このたびアンケート調査を新たに実施した次第である。

　特に独占禁止法の改正（2005年）と金融商品取引法の誕生（2006年）は，確かに，大きな効果，様々な効果を企業および市場に対して生み出してきた。しかし，このことが企業の現場でどのように受け止められているのか，という評価もしておかなければならない。それから，今回のアンケート調査によって，新たな課題もおそらく浮かび上がるであろう，とも考えた。法制度が変わったからすべてコンプライアンス体制も変わったといえるか，あるいは良くなったかというと，これはまだわからない。適正な評価をして，そこから一定の課題も抽出しなければならず，そしてその中から（刑事）法規制のあり方も探っていこうというのが，今回の調査の目的であった。したがって，随時2004年のアンケート調査結果との比較も盛り込みながら，以下，論じていくことにする。

　なお，これまでのわれわれのプロジェクトの成果としては，田口守一ほか編

第Ⅱ部　日本における企業コンプライアンス調査と刑事法的観点からの分析

『企業犯罪とコンプライアンス・プログラム』（商事法務・2006年），甲斐克則・田口守一編『企業活動と刑事規制の国際動向』（信山社・2008年），甲斐克則編『企業活動と刑事規制』（日本評論社・2008年），田口守一ほか著『刑法は企業活動に介入すべきか』（成文堂・2010年），ウルリッヒ・ズィーバー（甲斐克則・田口守一監訳）『21世紀刑法学への挑戦——グローバル化情報社会とリスク社会の中で——』（成文堂・2012年）がある。本報告では，それらを踏まえて，クロス集計も取り入れながら，今回の調査の結果を分析し，コンプライアンスの現状と今後の課題を明らかにすることとしたい。そして，これは，同時に本プロジェクトが共同で実施してきたドイツ，イタリア，中国，アメリカ合衆国，イギリス，そしてオーストラリアとの比較研究の元になるものでもある。

　なお，本稿の本文については，同一題目でほぼ同内容のものを商事法務1975号（2012年9月5日号）28頁以下に掲載したが，本稿は，それに微修正を加え，さらにクロス集計を含む分析結果の図表を取り入れた最終報告書である［本書に収録するにあたり一部追加微修正した］。質問票および単純集計結果については，企業と法創造33号（2012年）144頁以下［本書142頁以下］に掲載しているので参照していただきたい。

1　2010年アンケート調査概要

　今回の調査は，2010年11月から12月にかけて郵送方式で行った。2,496社に質問票を送付して，448社から回答を得た（回収率17.95％）。内訳は，別添のアンケート用紙2頁に表でまとめているとおり，商業の小売業，商業の卸売業，一般機械，電気機器，化学，建設といった順で，まんべんなくいろいろな業種の企業から回答を得た。非常に貴重なデータであり，協力いただいた企業の方々に謝意を表したい。

　全体の配列について述べておくと，2004年に実施したときには，むしろCSRにウエイトがあり，その内容が先に来ていたが，今回は，コンプライアンスについて先に尋ねる順番になっている。質問内容も，今回の方がかなり細かく聞いているところに特徴がある。もちろん，2004年に調査したときと今回とで，どこかどう変わったかと比較するためには，2004年の調査の項目もなければいけないというわけで，一定の重要項目は残している。それから，今回は差し障りのない範囲で自由記載欄を随分活用した。

2　アンケート結果の概要

■ Ⅰ　コンプライアンスについて

まず，第Ⅰ部は，ずばり「コンプライアンスについて」と題して尋ねた。

問1は，「コンプライアンスの防止対象事項」である【図1参照】。多い順に挙げると，「下請代金の支払遅延」，「守秘義務の徹底」，「欠陥品の製造・販売」，「監督機関への報告義務違反」，「商品・役務内容等の虚偽表示」というのがベスト5である。2004年の調査では，「贈収賄」が1番で，2番が「下請代金の支払遅延」，3番が「特許権侵害」，4番が「欠陥品の製造・販売」，5番が「商品・役務内容等の虚偽表示」という順番であった。今回比較してみると，随分順番が変わった。変わっていないのも若干あるが，トップであった贈収賄の順番が大きく変わったことは，おそらくその数が減ったということでもあろうが，企業の努力が看取され，非常に興味深い。

それから，今回の調査で6番目に挙がっているのが，「利益相反の回避」である。これは，前回まったく項目に挙げていなかったものであるが，今回37.1％とかなり関心が高かったということに，私は個人的に興味を引かれた。以上から，企業内部でかなりいろいろな取組みがなされているということが看取できる。

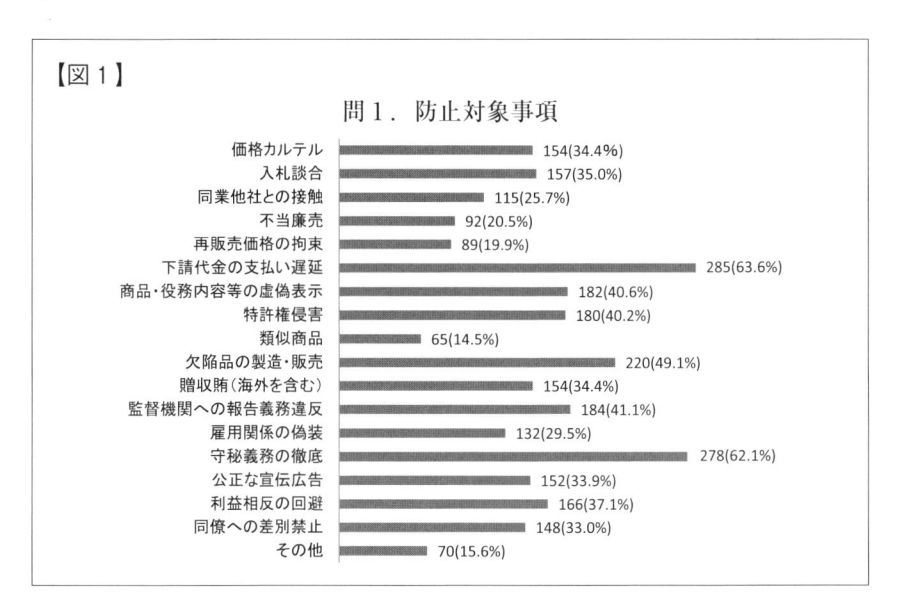

【図1】

問1．防止対象事項

項目	件数（割合）
価格カルテル	154 (34.4%)
入札談合	157 (35.0%)
同業他社との接触	115 (25.7%)
不当廉売	92 (20.5%)
再販売価格の拘束	89 (19.9%)
下請代金の支払い遅延	285 (63.6%)
商品・役務内容等の虚偽表示	182 (40.6%)
特許権侵害	180 (40.2%)
類似商品	65 (14.5%)
欠陥品の製造・販売	220 (49.1%)
贈収賄（海外を含む）	154 (34.4%)
監督機関への報告義務違反	184 (41.1%)
雇用関係の偽装	132 (29.5%)
守秘義務の徹底	278 (62.1%)
公正な宣伝広告	152 (33.9%)
利益相反の回避	166 (37.1%)
同僚への差別禁止	148 (33.0%)
その他	70 (15.6%)

第Ⅱ部　日本における企業コンプライアンス調査と刑事法的観点からの分析

　問2は,「社内教育」についてである。社内教育は随分進んでおり,どの企業も大半が実践している。90.1%が年に1度以上は実施しており,問題がかなり解消されつつあると思われる【図2参照】。社内教育開始時期についても,だいたい21世紀に入ってからという企業が多く,2006年以降まで入れると,81.5%になる。コンプライアンスの分野で随分早くから活動している企業は,17.9%が2000年以前から社内教育を実施している。したがって,21世紀に入って社内教育はだいたい一般化していると考えてよい【図3参照】。

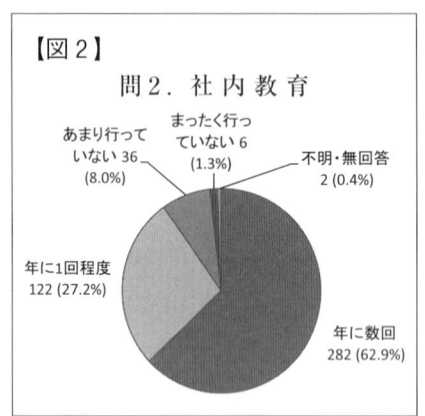

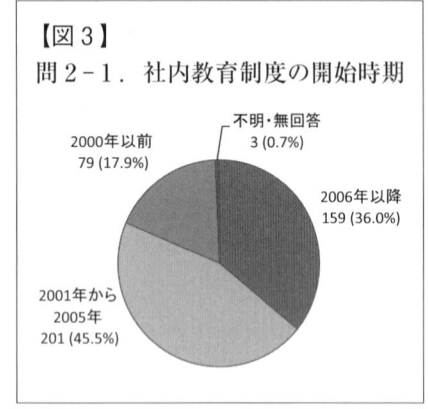

【図2】
問2．社内教育
あまり行っていない 36 (8.0%)
まったく行っていない 6 (1.3%)
不明・無回答 2 (0.4%)
年に1回程度 122 (27.2%)
年に数回 282 (62.9%)

【図3】
問2-1．社内教育制度の開始時期
2000年以前 79 (17.9%)
不明・無回答 3 (0.7%)
2006年以降 159 (36.0%)
2001年から2005年 201 (45.5%)

　問3は,「周知徹底方法」である【図4参照】。これもかなり定着しており,「人事研修」と「社内セミナー」が82.6%,「イントラネットへの掲載」や「メール」が70.5%,こういうものがかなり定着してきていることが明らかで,これは4〜5年前の2004年の調査と比べても,あまり変化がない。むしろ,ますます充実してきている,と言える。

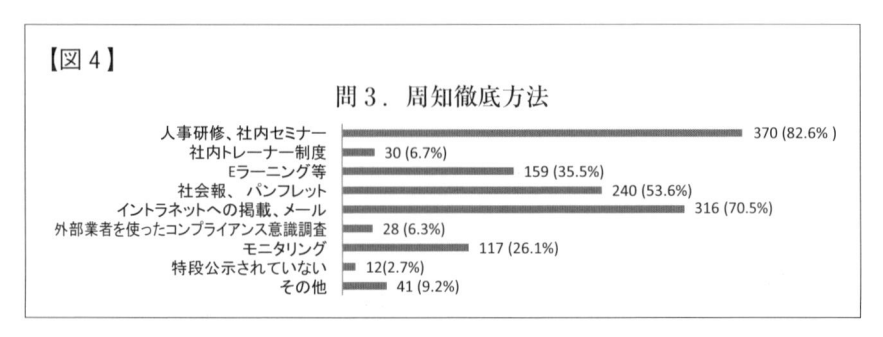

【図4】
問3．周知徹底方法
人事研修、社内セミナー　370 (82.6%)
社内トレーナー制度　30 (6.7%)
Eラーニング等　159 (35.5%)
社会報、パンフレット　240 (53.6%)
イントラネットへの掲載、メール　316 (70.5%)
外部業者を使ったコンプライアンス意識調査　28 (6.3%)
モニタリング　117 (26.1%)
特段公示されていない　12 (2.7%)
その他　41 (9.2%)

　問4は,「投資家への周知徹底方法」である【図5参照】。実はこの項目は,

第1章　日本におけるコンプライアンスの現状と課題

2004年にはなかった。むしろ企業内部だけで徹底しても十分ではないという認識から、今回この項目を設けた次第である。特にこの中で興味深いものとして、「ホームページ」(55.6%)が最も多いのは当然として、2番目に「有価証券報告書」(52.7%)、そして注目されるのが3番目に「コーポレートガバナンス報告書」が48.7%を占めている点が挙げられる。半分くらいの会社では「コーポレートガバナンス報告書」の中で投資家に周知しているということは、注目に値する。したがって、ますます情報開示が進んでいる、と理解できる。

【図5】
問4．投資家への周知徹底方法

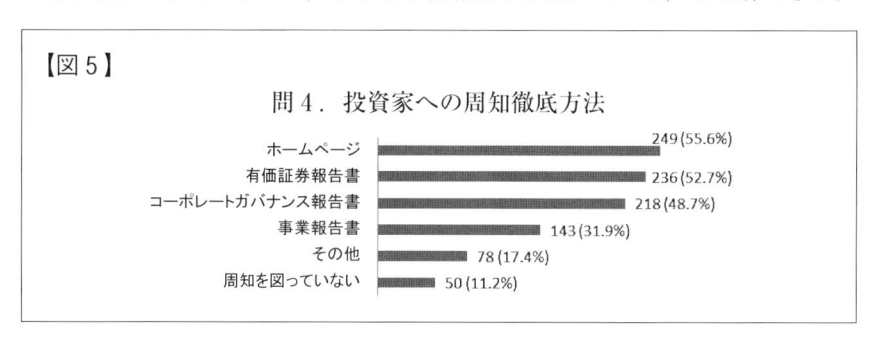

- ホームページ 249 (55.6%)
- 有価証券報告書 236 (52.7%)
- コーポレートガバナンス報告書 218 (48.7%)
- 事業報告書 143 (31.9%)
- その他 78 (17.4%)
- 周知を図っていない 50 (11.2%)

では、「消費者に対する周知方法」についてはどうか、というのが問5である【図6参照】。今度は逆で、消費者に対しては、「ある程度周知を図っている」というのが36.6%で、「十分に図っている」(6.7%)という回答を入れても、半数に満たないというところである。逆に、「あまり周知を図っていない」(35.7%)あるいは「まったく周知を図っていない」(19.2%)という2つの回答を入れると、むしろ54.9%と半数を超える。したがって、課題がここから浮かび上がってくる。消費者に対してコンプライアンスも含めきちんと

【図6】
問5．消費者に対する周知

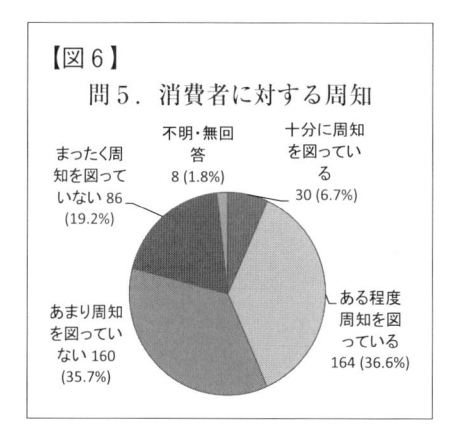

- 不明・無回答 8 (1.8%)
- 十分に周知を図っている 30 (6.7%)
- ある程度周知を図っている 164 (36.6%)
- あまり周知を図っていない 160 (35.7%)
- まったく周知を図っていない 86 (19.2%)

【図7】
問6．第三者評価制度の有無

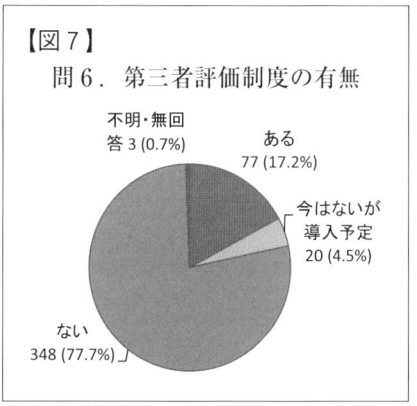

- 不明・無回答 3 (0.7%)
- ある 77 (17.2%)
- 今はないが導入予定 20 (4.5%)
- ない 348 (77.7%)

49

【図8】
問7．違反行為察知・防止システムの有無

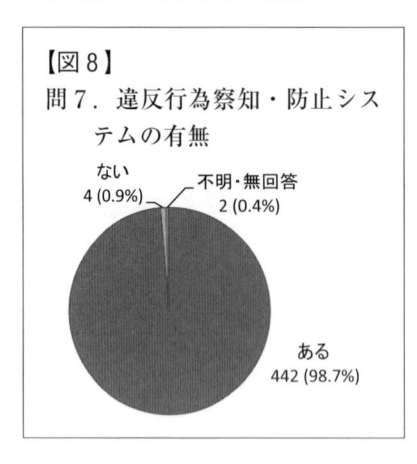

ない 4 (0.9%)
不明・無回答 2 (0.4%)
ある 442 (98.7%)

知ってもらうという意味での情報提供をどうするか，ということがひとつの課題として残ることが，ここで判明する。

問6は，「第三者評価制度」についてである【図7参照】。これも，実は不十分である。大学も含め，いろいろなところで第三者評価制度が導入されてきている。ところが，私は，企業ではもっとこの制度の導入数が多いのではないかと個人的には期待していたのだが，この数値を見るかぎりでは，そういった「制度がない」という回答が77.7％，「導入予定」が4.5％であるから，現実に「ない」というものが8割を超すということは意外であった。この原因はなぜであろうか。第三者評価というのは，やはり企業にはなじまないのかどうなのか。これについては，検討の余地がある。

問7の「違反行為察知・防止システムの有無」については，ほぼ大半の企業に当たる98.7％が「ある」という回答なので，これ自体は問題ない【図8参照】。むしろ問題は，問7-1の「相談窓口」である【図9参照】。社内でいろいろな不祥事があった場合，どこに相談するかという質問である。ベスト3を挙げてみると，1番目はコンプライアンス関連部署であり，273社で，61.5％である。これを見るかぎりでも，2004年の調査のときには，まだこういう部門がある会社はそれほど多くなかったので，この5～6年に随分充実した，といえよう。それから2番目が社外弁護士で54.1％，これは予測されたところである。その他，法務部とか，コンプライアンス部門の中に法務部があるところもあるし，逆の場合もあるが，とにかく法務部が多い。したがって，企業では，コンプライアンス関連部署と法務部がかなり活動しており，社外弁護士も活動している，と言える。

ところが，社内弁護士についても，実は，私は個人的には大変注目していた。ロー・スクール時代になったので，ロー・スクール修了生が社内弁護士として活躍するのではないかということも，当時議論があったが，わずか4社，0.9％で，1％にも満たないというのは意外であった。せめて10％くらいはあるのではないか，と思っていたので，これは予想外であった。したがって，企

第1章　日本におけるコンプライアンスの現状と課題

業にとって、やはり社内弁護士を雇用するのはあまりプラスにならないのか、ロー・スクールを抱えている大学としては大変気になるところである。今後の動向を注視したい［2013年あたりから増加しつつある：筆者追記］。

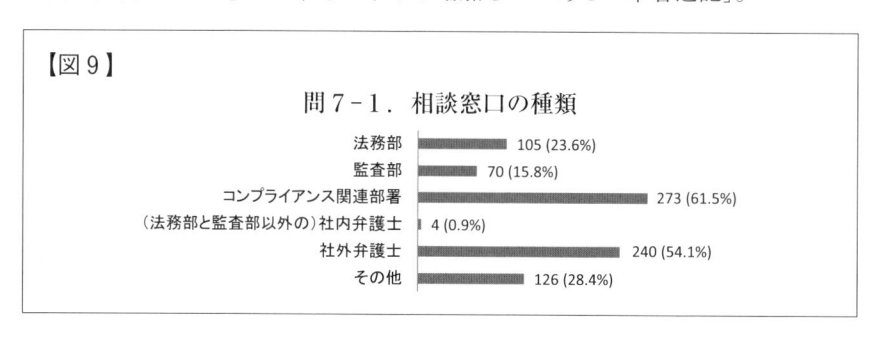

【図9】
問7-1．相談窓口の種類
- 法務部　105 (23.6%)
- 監査部　70 (15.8%)
- コンプライアンス関連部署　273 (61.5%)
- （法務部と監査部以外の）社内弁護士　4 (0.9%)
- 社外弁護士　240 (54.1%)
- その他　126 (28.4%)

問7-2は、「通報システムの設置時期」について尋ねたものである【図10参照】。これについては、大半が「今世紀に入ってから」という回答である。厳密に分析すると、「2006年以降」が48.2％で、「2001年から2005年」が46.4％であった。したがって、この10年間というのは、日本の企業にとって、いわゆる不祥事の通報システムがかなり普及した時期であるが、その背景には、言うまでもなく、問7-3にあるとおり、公益通報者保護法の成立・施行がやはり大きな影響を及ぼしているという事情がある【図11参照】。2004年のアンケートのときには、ちょうどこの法律ができたころであり、2006年に施行された。したがって、それと呼応関係あり、「システムの構築ができたのは、やはりこの法律ができたからだ」と回答している企業が多かったというのは、当然といえば当然の結果であった。

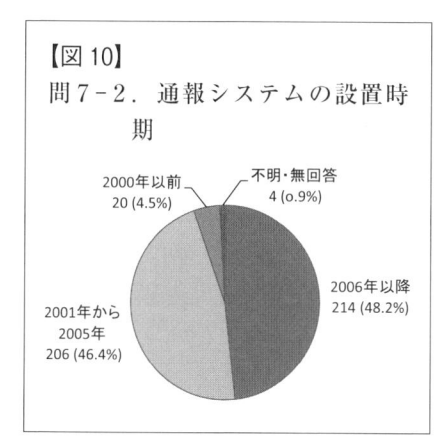

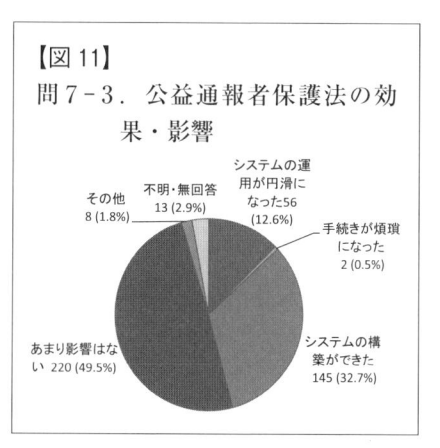

【図10】
問7-2．通報システムの設置時期
- 2000年以前　20 (4.5%)
- 不明・無回答　4 (0.9%)
- 2006年以降　214 (48.2%)
- 2001年から2005年　206 (46.4%)

【図11】
問7-3．公益通報者保護法の効果・影響
- その他　8 (1.8%)
- 不明・無回答　13 (2.9%)
- システムの運用が円滑になった　56 (12.6%)
- 手続きが煩瑣になった　2 (0.5%)
- システムの構築ができた　145 (32.7%)
- あまり影響はない　220 (49.5%)

51

【図12】
問8．通報の処理手続の定型化の有無

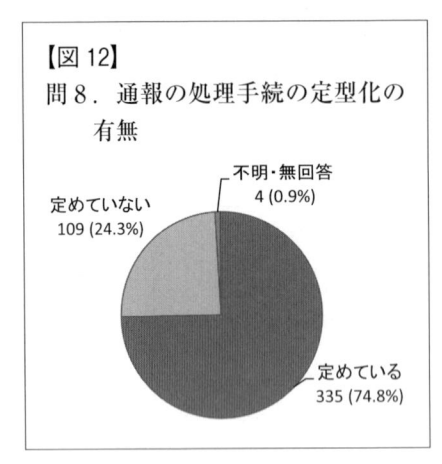

不明・無回答 4 (0.9%)
定めていない 109 (24.3%)
定めている 335 (74.8%)

【図13】
問9．地位に応じた処理手続の有無

不明・無回答 9 (2.0%)
ある 89 (19.9%)
ない 350 (78.1%)

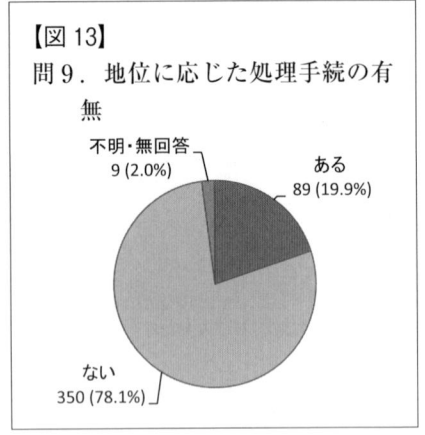

　問題は，それがどのように実施されているか，運用されているかという点である。これを問うたのが**問8**であり，74.8％，335社が通報の処理手続をきちんと定めている。したがって，かなりの普及率である【図12参照】。しかも**問9**で「地位に応じた処理手続の有無」という問いを立てたところ，地位に応じた処理手続を有しているところは少なく（19.9％），逆に「ない」というと企業の方が78.1％で，かなり多い結果となった。したがって，総じて企業は，比較的定型的に不祥事を処理していると理解してよいと思われる【図13参照】。
　その具体例を**問9－1**で問うたところ，コンプライアンス統括部門，コンプライアンス委員会も含めると，コンプライアンス関係部門が中心になっている。ここでも，実践的にコンプライアンス体制が社内でかなり確立していることが窺える。
　問10は，法令違反行為防止システム構築方法についての質問である【図14参照】。「各企業が独自に構築する」という回答が69.2％であった。これは，「想定外」と言った方が正確かもしれない。むしろ「業界レベルで」とか，もう少し広いレベルで考えるのではないか，と思っていたが，「各企業が独自に構築する」という選択がかなり多い，と感じる。これは，視点を変えれば，各企業の自律性がやはりなお強いということであり，これは良い面にも評価できる。他方，同業種間での連携はどうなっているか，ということも検討の余地がある。自分の会社だけで限界がある場合には，やはり業種ごとにいろいろルールをつくるなり，あるいは業界外にいろいろサポートを求めるという手もあると思われるが，クロス集計をみても，今回の調査では，むしろ「各企業が独自

第1章　日本におけるコンプライアンスの現状と課題

に構築する」傾向が強く出ているのが特徴だと言えよう。しかし，過去5年間の行政処分違反をみると，大企業による違反が多く（問23およびそのクロス集計表参照），各企業に任せきることには限界があると言えよう。

問11は，コンプライアンス・プログラムの特徴点についての質問である。これは，自由記載の回答であったので，目立ったものを書き抜いてみると，例えば，①会社の経営危機事象（違法行為，災害，事故等）を定め，従業員等の誰もが当該事象を覚知した場合，通報を義務づける制度を運用，②グループ関連会社を含めたコンプライアンス委員会を設置し，定例会を開催，③海外子会社を含め展開，④事業部別の対応，⑤半年毎の教育時の資料もコンプライアンス委員会で作成し，教育管理簿の提出義務づけ，といったように，多様な取組みがなされているようである。したがって，コンプライアンス・プログラムというものも，なお課題もあるとはいえ，かなり実践的な，効力のあるものになりつつあると思われる。

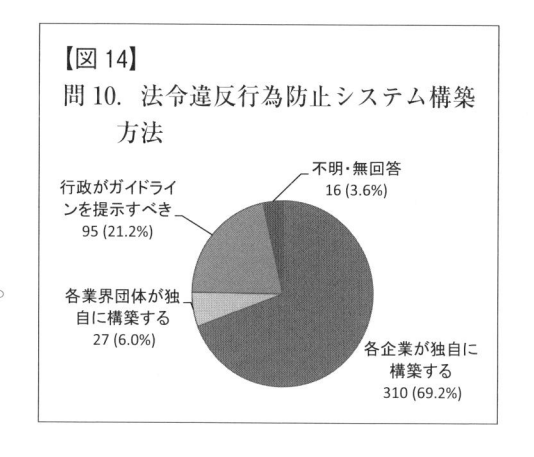

【図14】
問10．法令違反行為防止システム構築方法

- 行政がガイドラインを提示すべき　95 (21.2%)
- 不明・無回答　16 (3.6%)
- 各業界団体が独自に構築する　27 (6.0%)
- 各企業が独自に構築する　310 (69.2%)

■II　企業の社会的責任（CSR）

さて，第II部は，「企業の社会的責任（CSR）」である。これは，2004年のアンケート調査ではトップの項目として設定していたものであるが，今回は，このように第II部に組み入れた。

問12は，CSRとして重視する項目3つ挙げていただいた【図15参照】。その趣旨は，企業としてCSRに関心はあるとして，何がいったい会社にとってCSRになると考えているのか，これを知りたかったからである。①「地球環境への負荷軽減」が420点，②「事業と密接な関係を有する製品・サービスの安全確保」も418点と圧倒的に多く，この2つが突出していたことが注目される。②が多かったのは，企業である以上当然のことであるが，①の「地球環境への負荷軽減」は，昨今の環境問題への取組みが企業にもかなり重視されてきているということの表れであると思われ，これは評価してよいであろう。その

第Ⅱ部　日本における企業コンプライアンス調査と刑事法的観点からの分析

ほかでは③「情報開示」が232点ということから，これもかなり進んできたといえるであろう。それから④「地域貢献」についても，212点とかなりの点数があり，また，⑤「反社会的勢力との接触禁止」は，190点で，おそらく今後もずっと続くことであろうことから，だいたいこういう位置を想定していた。

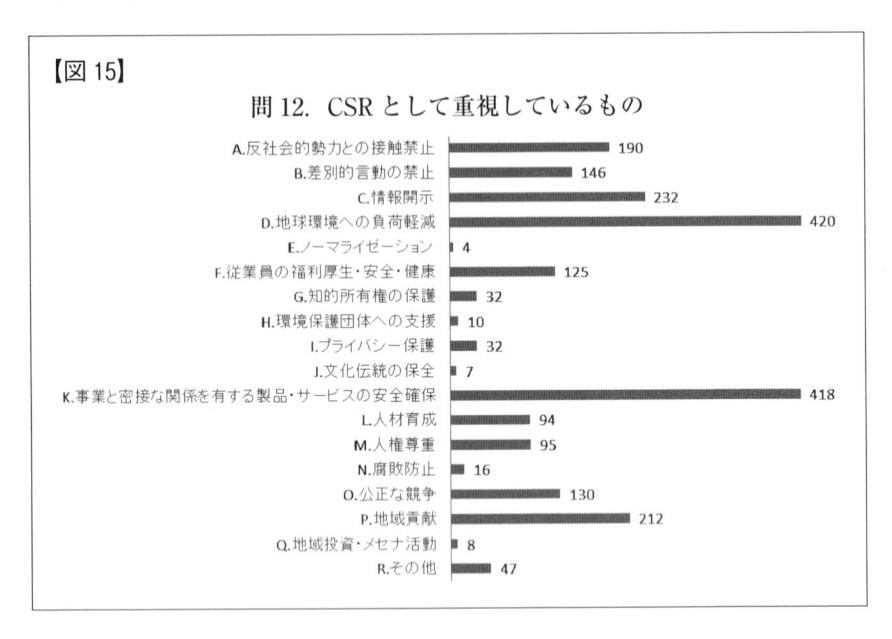

【図15】

問12．CSRとして重視しているもの

- A. 反社会的勢力との接触禁止　190
- B. 差別的言動の禁止　146
- C. 情報開示　232
- D. 地球環境への負荷軽減　420
- E. ノーマライゼーション　4
- F. 従業員の福利厚生・安全・健康　125
- G. 知的所有権の保護　32
- H. 環境保護団体への支援　10
- I. プライバシー保護　32
- J. 文化伝統の保全　7
- K. 事業と密接な関係を有する製品・サービスの安全確保　418
- L. 人材育成　94
- M. 人権尊重　95
- N. 腐敗防止　16
- O. 公正な競争　130
- P. 地域貢献　212
- Q. 地域投資・メセナ活動　8
- R. その他　47

ちなみに，2004年の調査の段階では，CSRのトップ3は，1番目が「企業倫理，法令遵守」，2番目が「公正な証券取引」，3番目が「自由・公正・透明な取引・競争」であった。したがって，2010年の調査と比較すると，CSRについての意識がかなり変化していることが確認できる。2004年当時は，アンケートを作成するときも，アンケート調査結果を見ても，いったいコンプライアンス・プログラムとCSRはどういう関係だろうかと，皆が混沌としている中でイメージだけが先行していたという印象があった。ところが，今回の調査を通じて，「企業倫理なり法令遵守はコンプライアンス・プログラムの問題であって，CSRはそれとは少し違った意味での企業の社会的責任だ」という自覚がきちんと出ているように思われる。その他，④地域貢献（212点）なども，今回の調査では注目される。

問13は，「海外企業とのCSRの照会」の有無を問うたものである【図16参照】。これは，2004年にも調査したので，今回も比較してみたいと思い，項目

第1章　日本におけるコンプライアンスの現状と課題

として挙げた。「常に行っている」と「ある程度行っている」の割合が合計で28.8％とそれほど多くはない。これに対して、「あまり行っていない」と「まったく行っていない」を合計すると、67.2％である。したがって、海外取引との関係では、CSRの照会は、業種にもよるであろうが、まだまだ一般化しているとまでは言い難い。

【図16】
問13．海外企業とのCSRの照会
- 不明・無回答 18 (4.0%)
- 常に行っている 23 (5.1%)
- ある程度行っている 106 (23.7%)
- まったく行っていない 147 (32.8%)
- あまり行っていない 154 (34.4%)

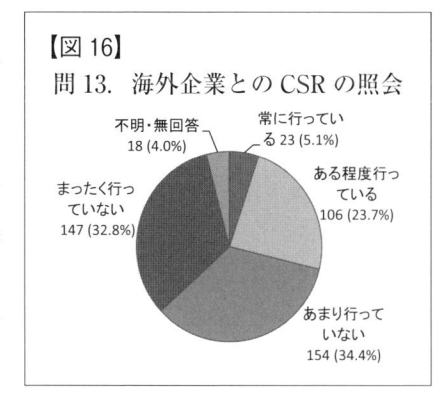

問13-1では、海外企業に対していかなることをCSRの照会項目としているのか、というその中身を問うてみた【図17参照】。まずは当然ながら、①「事業と密接な関係を有する製品・サービスの安全確保」が97点（34.3％）で1番、次いで②「地球環境への負荷軽減」が94点（33.2％）で2番、それから③「反社会勢力との接触禁止」が91点（32.3％）で3番、以上がベスト3であった。2004年の調査と比較すると、2004年の調査では、①「環境負荷軽減、省エネ」、②「企業倫理、法令遵守」、③「健康、安全」がベスト3であったので、これも若干、変動していると思わ

【図17】
問13-1．照会する際に重視する事項
- A.反社会的勢力との接触禁止 91 (32.3%)
- B.差別的言動の禁止 21 (7.4%)
- C.情報開示 65 (23.0%)
- D.地球環境への負荷軽減 94 (33.2%)
- E.ノーマライゼーション 5 (1.8%)
- F.従業員の福利厚生・安全・健康 36 (12.7%)
- G.知的所有権の保護 61 (21.6%)
- H.環境保護団体への支援 5 (1.8%)
- I.プライバシー保護 24 (8.5%)
- J.文化伝統の保全 3 (1.1%)
- K.事業と密接な関係を有する製品・サービスの安全確保 97 (34.3%)
- L.人材育成 11 (3.9%)
- M.人権尊重 46 (16.3%)
- N.腐敗防止 30 (10.6%)
- O.公正な競争 68 (24.0%)
- P.地域貢献 22 (7.8%)
- Q.地域投資・メセナ活動 2 (0.7%)
- R.その他 15 (5.3%)

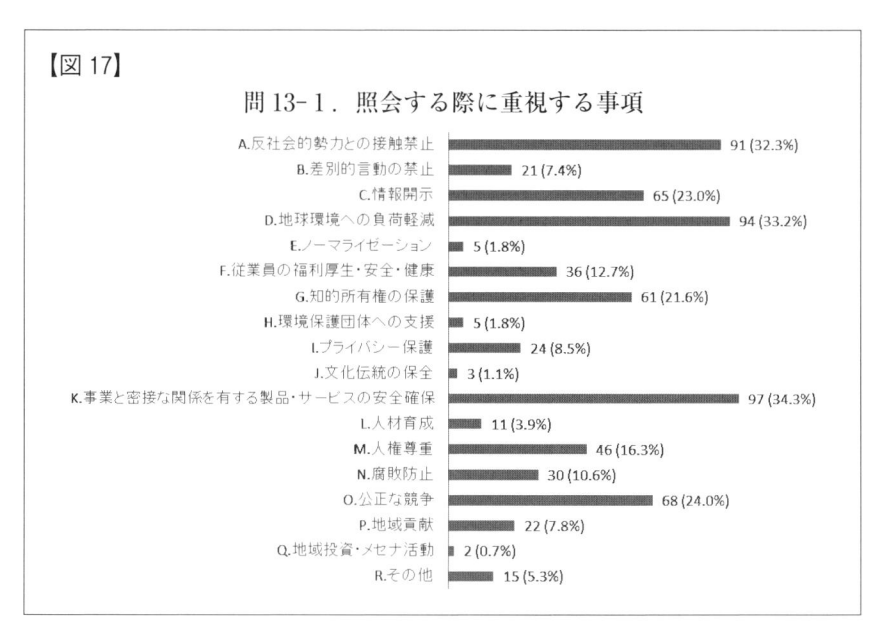

第Ⅱ部　日本における企業コンプライアンス調査と刑事法的観点からの分析

れる。

　今回の調査では，以上のことを前提に，**問14**では，「CSRの特徴点」について自由記載していただいた。全部を取り上げることはできないが，めぼしいものだけを取り上げてみると，「環境マネジメントシステム」，「環境保全と地域貢献」，「環境経営と環境金融→エコ・ファースト企業」など，環境に関するものが多かった。やはり企業にとっては，長期的な視点でのCSRを自覚している点に特徴がある。したがって，環境という側面が，当然ながら重視されるわけである。それから地域貢献もかなり多い。地域貢献の中にも，災害復旧——これは大震災の前であったが——，建設業などでも「災害復旧等の地域貢献」を挙げているところもあって，多様化していると思われる。あるいは「誠実な経営＝ステークホルダーの立場に立った経営」が挙げられていることも興味深かった。

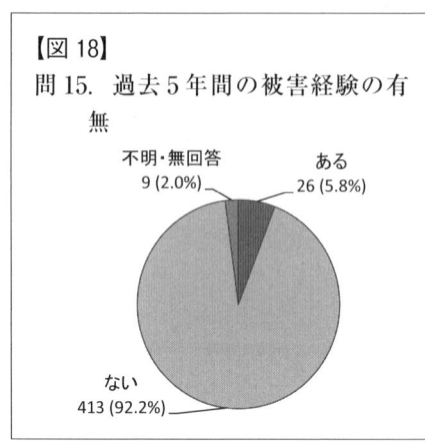

　いずれにせよ，各企業がCSRについて自覚的に「何が自分の企業としてできるか」という姿勢で一生懸命取り組んでいるのが，今回は強く看取できた。

● Ⅲ　被害経験について

　第Ⅲ部は，「被害経験について」である。**問15**「過去5年間の被害

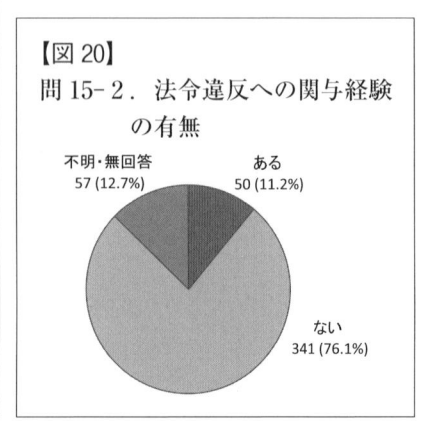

【図18】
問15．過去5年間の被害経験の有無
不明・無回答　9 (2.0%)
ある　26 (5.8%)
ない　413 (92.2%)

【図19】
問15-1．加害企業の国内外の別
両方　6 (23.1%)
国内企業　13 (50.0%)
海外企業　7 (26.9%)

【図20】
問15-2．法令違反への関与経験の有無
不明・無回答　57 (12.7%)
ある　50 (11.2%)
ない　341 (76.1%)

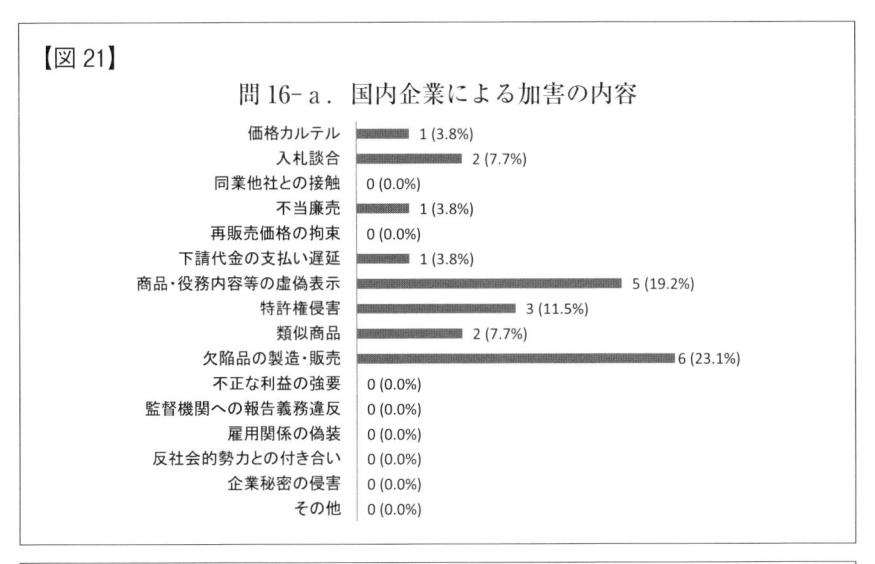

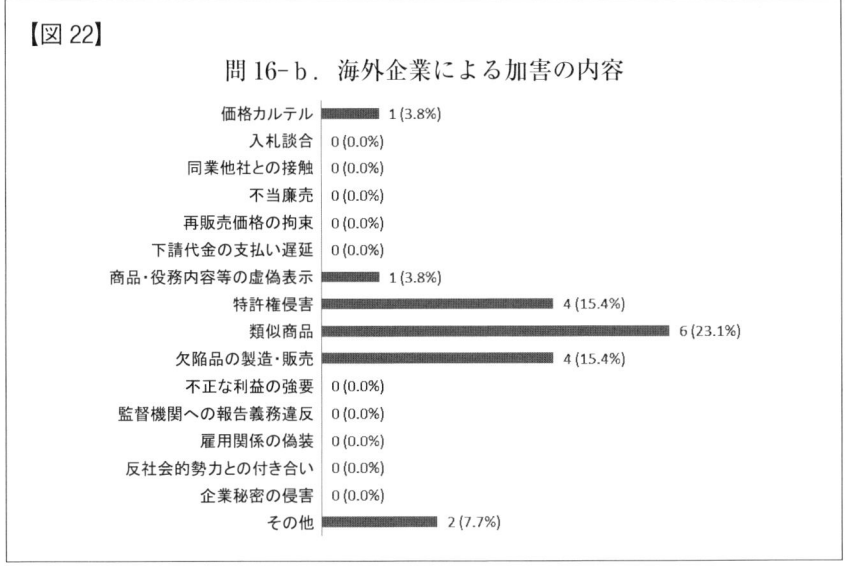

第1章　日本におけるコンプライアンスの現状と課題

【図21】

問 16-a．国内企業による加害の内容

- 価格カルテル　1 (3.8%)
- 入札談合　2 (7.7%)
- 同業他社との接触　0 (0.0%)
- 不当廉売　1 (3.8%)
- 再販売価格の拘束　0 (0.0%)
- 下請代金の支払い遅延　1 (3.8%)
- 商品・役務内容等の虚偽表示　5 (19.2%)
- 特許権侵害　3 (11.5%)
- 類似商品　2 (7.7%)
- 欠陥品の製造・販売　6 (23.1%)
- 不正な利益の強要　0 (0.0%)
- 監督機関への報告義務違反　0 (0.0%)
- 雇用関係の偽装　0 (0.0%)
- 反社会的勢力との付き合い　0 (0.0%)
- 企業秘密の侵害　0 (0.0%)
- その他　0 (0.0%)

【図22】

問 16-b．海外企業による加害の内容

- 価格カルテル　1 (3.8%)
- 入札談合　0 (0.0%)
- 同業他社との接触　0 (0.0%)
- 不当廉売　0 (0.0%)
- 再販売価格の拘束　0 (0.0%)
- 下請代金の支払い遅延　0 (0.0%)
- 商品・役務内容等の虚偽表示　1 (3.8%)
- 特許権侵害　4 (15.4%)
- 類似商品　6 (23.1%)
- 欠陥品の製造・販売　4 (15.4%)
- 不正な利益の強要　0 (0.0%)
- 監督機関への報告義務違反　0 (0.0%)
- 雇用関係の偽装　0 (0.0%)
- 反社会的勢力との付き合い　0 (0.0%)
- 企業秘密の侵害　0 (0.0%)
- その他　2 (7.7%)

経験」については，企業として被害経験のあったところはそれほど多くはなく，わずか26件（5.8%）であった【図18参照】。また，問15-1「相手の企業」は，国内企業が13件（50.0%），海外企業が7件（25.9%）であった【図19参照】。さらに，問15-2「法令違反に関与させられそうになった経験」がある企業は，50件（11.2%）であった【図20参照】。

第Ⅱ部　日本における企業コンプライアンス調査と刑事法的観点からの分析

　その「被害経験の内容」を問うたのが，**問 16** である。加害者が国内企業の場合のベスト3は，1番目が「欠陥品の製造・販売」で6件（23.1%），2番目が「商品・役務内容等の虚偽表示」で5件（19.2%），3番目が「特許権侵害」で3件（11.5%）であった【図21 参照】。加害者が海外企業の場合には，1番目が「類似商品」で6件（23.1%），2番目が「特許権侵害」で4件（14.4%），3番目が「欠陥品の製造・販売」で4件（15.4%）ということで，おおむね項目としては似たところがある【図22 参照】。

　ただ，それがトラブルになった場合，法的対応は十分か，ということが問題となる。**問 17** は，「被害に遭遇した場合の法的対応の満足度」について尋ねたものである。国内の法的対応では，回答いただいた企業の半分（50%）に当たる13の企業が「ある程度満足」ということであったが，「やや不満」が3件（11.5%），「不満」が3件（11.5%）と，不満を感じている企業も一定数ある。全体として，法的対応はまだ不十分ではないか，と思われる【図23 参照】。海外の法的対応になると，「やや不満」が5件（19.2%），「不満」が1件（3.8%），他方，「ある程度満」が4件（15.4%），「かなり満足」が1件（3.8%）という具合に拮抗している【図24 参照】。

　問 17-1 では，「不満の具体例」を自由記載で書いていただいた。10個ほど挙げてみると，「被害者側の立証責任が大きい（国内）」，「訴訟提起の負担（金銭を含む）が大きい（海外）」，「海外の法制度の違い，一部の国の法制度の不透明さ」，「間接的な被害（売上返上・減少）」，「業務停滞に伴う，補填賠償を求めることができない点」，「弁護士費用，訴訟手続の過程で生じる費用（例：米国

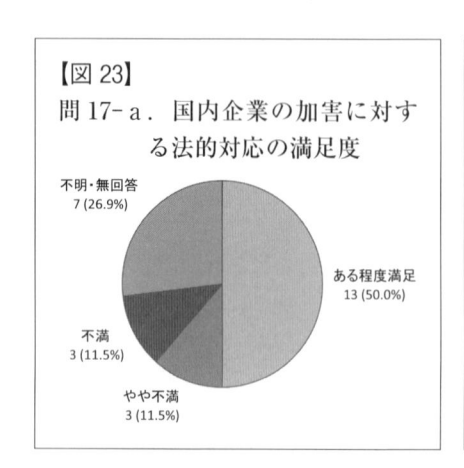

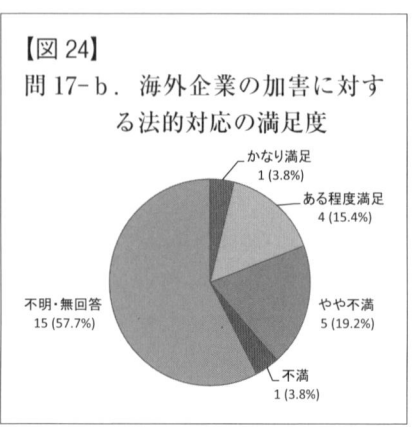

【図23】
問 17-a．国内企業の加害に対する法的対応の満足度

不明・無回答　7（26.9%）
ある程度満足　13（50.0%）
不満　3（11.5%）
やや不満　3（11.5%）

【図24】
問 17-b．海外企業の加害に対する法的対応の満足度

かなり満足　1（3.8%）
ある程度満足　4（15.4%）
やや不満　5（19.2%）
不満　1（3.8%）
不明・無回答　15（57.7%）

【図25】
問18．刑事告訴・告発検討の有無

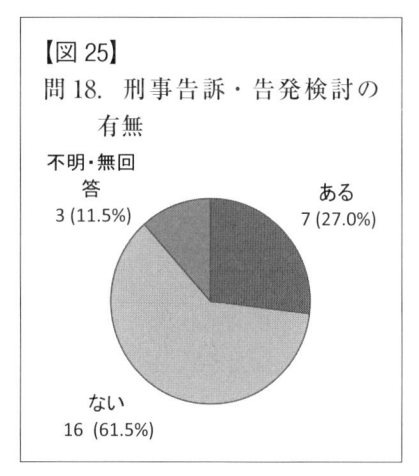

- ある 7 (27.0%)
- ない 16 (61.5%)
- 不明・無回答 3 (11.5%)

【図26】
問18-1．社内の告訴・告発基準の有無

- ある 2 (7.7%)
- ない 10 (38.5%)
- 不明・無回答 14 (53.8%)

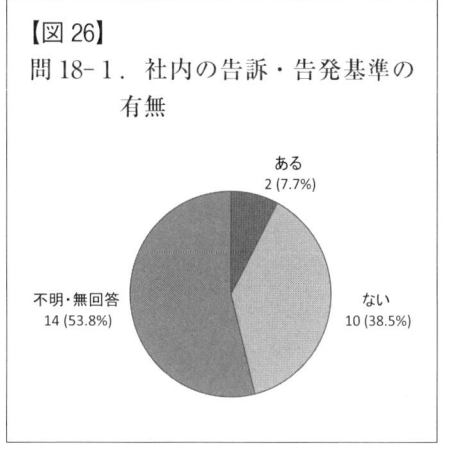

でのディスカバリー手続対応費用)，執行手続費用が大きく，権利行使しても十分な損害回復困難」，「自国保護主義（中国）」，「司法手続と行政手続の機能・権限分配・手続そのものが不明確（中国）」，「損害賠償は事後救済であり，立証困難で泣寝入りになることあり」，「風評被害の金銭算定が困難」という例が記載されていた。いろいろな国があるので，それぞれの取引慣行や法制度などの違いから取引においてトラブルが発生するが，十分な解決をするのが難しいと感じている企業が多いようである。

　問題は，そこから先である。問18では，「被害に遭遇した場合の刑事告訴・告発の検討」について尋ねた【図25参照】。刑事法を専門とするわれわれとしては，この点に関心があったわけであるが，意外と企業は動かない傾向があり，何と「告訴・告発を検討しない」が16社（61.5％）であり，「告訴・告発を検討する」の7社（11.5％）を大きく上回った。

　これと関連して，問18-1で，「社内の告訴・告発基準の有無」を尋ねたところ，「不明・無回答」が14社（53.3％）となぜか多かったが，理由はわからない【図26参照】。また，「ない」と回答した企業10社（38.5％）が，「ある」と回答した企業2社（7.7％）を大きく上回った。したがって，被害を受けたのだけれども，どう対応してよいかわからない，というのが現状ではないかと思われる。つまり，もどかしさというか，「被害を受けたことはわかっているけれども，そこから先にさらに進めるには，法制度も不十分だし，手続も不十分で，何か面倒くさいな」という状況があるのかもしれない。

　問18-2「告訴に対する当局の対応」も，「ある程度満足」と回答したのは

第Ⅱ部　日本における企業コンプライアンス調査と刑事法的観点からの分析

【図27】
問18-2．告訴に対する当局の対応への満足度

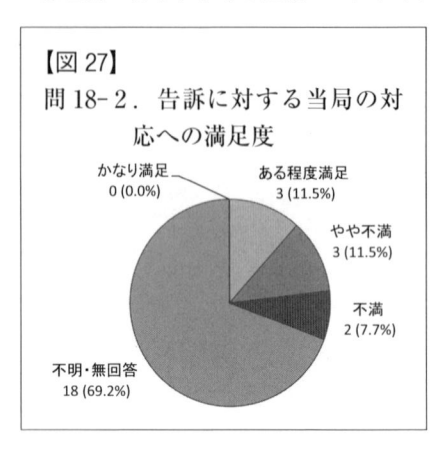

かなり満足　0 (0.0%)
ある程度満足　3 (11.5%)
やや不満　3 (11.5%)
不満　2 (7.7%)
不明・無回答　18 (69.2%)

3社（11.5%）にすぎず，これに対して，「不満」が2社（7.7%），「やや不満」が3社（11.5%）であった【図27参照】。また，「不明・無回答」が18社（69.2%）と多いことをどう捉えてよいのか，迷うところであるが，この数値は評価しにくい。要するに，どう対応してよいかわからない，というのが正直なところではないかと推測する。

なお，問18-3「不満を感じる具体例」としては，「この種の事案で当局の対応を信用しない」，「対応が遅い（中国，台湾）」，「告訴人から多大な働きかけが必要（台湾）」，「調査能力がない（台湾）」，「手続が不明確（台湾）」，「実質的に機能せず，対応も遅い」といった内容が寄せられている。総じて，近隣諸国も含めて「対応が遅い」ということが指摘できる。あるいは「告訴しても，そこから先，多大なエネルギーが必要だ」とか「調査能力がない」とか「手続が遅い」ということから，結局，「何かしようとしても当局が機能しない」，ということになるように思われる。これについては，今後，国際的に何らかの働きかけをしないと効果がなく，各企業に委ねたのでは不十分だと考えられる。

Ⅳ　制裁制度のあり方について

さて，第Ⅳ部は，「制裁制度のあり方」について問うている。特に2005年の独禁法改正により，課徴金が引き上げられた。これも大変興味深いところであり，各企業がどう受け止めているのか，関心がある。

問19「独禁法改正に伴う課徴金の引上げ」について尋ねたところ，「高額すぎる」と回答した企業が15.2%であったが，「相当な額である」と回答した企業が77.5%もあり，予想以上の支持をしている【図28参照】。企業としては高額すぎて厳しいのではないか，と私は予測していたが，かなりの企業が「この程度でよいのではないか」という評価をしていることが判明した。クロス集計をしても，業種・資本金額・従業員数にかかわらず，課徴金額について総じて高い支持をしている。

問19-1でその「理由」を自由記載していただいた。まず，いくつかの肯定

的回答をピックアップしておこう。

①「法令順守の徹底の面からも厳罰傾向はある程度やむをえない」、②「欧米と比較すると低すぎるという議論もあるが、抑止力としては十分である」、③「法令順守を最優先とする会社方針（社長言明）は浸透しており、万一違反行為の発生が判明した場合、速やかな申出により減免適用を選択する用意がある」、④「税引き後の当期純利益率の平均を考えると、この課徴金額は、カルテル等の違法行為に手を染めることが割に合わないことを十二分に知らしめるものといえる」、⑤「課徴金が、違反行為をした企業への制裁という意味合いや、不当利得の剥奪という要素があることは理解できるし、例えば、大企業であれば、売上額の10％という課徴金が課されることは、企業にとって大きな金銭的負担となるため、十分制裁という機能を果たす」、⑥「米国、EU等との比較において、わが国の競争法制の国際的ハーモナイゼーションの視点から、ようやく標準的な課徴金レベルに近づけることができたものと評価できる」。

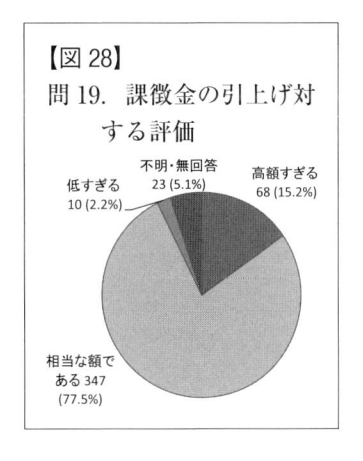

【図28】
問19. 課徴金の引上げ対する評価
- 不明・無回答 23 (5.1%)
- 低すぎる 10 (2.2%)
- 高額すぎる 68 (15.2%)
- 相当な額である 347 (77.5%)

以上のような好意的な評価がある反面、以下のような批判的回答もあった。

①「デフレ経済下で利益率の低減が見られる」、②「企業・業種により利益率が異なる」、③「何をもって売上高の10％なのか根拠不明」、④「日本の場合、欧米（特にEU）に比べてカルテル・談合に対する課徴金の額が小さすぎ、経営者が違反を本気で食い止めるインセンティブが起こりにくい（談合で得た利益の方が課徴金額より大きい）」、⑤「利益率と比較して高すぎ、課徴金が会社の生命を絶つ可能性がある」、⑥「課徴金は本来、違反行為によって得られた利益を取り上げようとするものであったが、利益率はそれほど高くない（10％）」、⑦「売上で決めるのではなく、利益で算定すべきではないか」、⑧卸売業の利益率は1％を超えている企業が少ない中で、2％は、いかがなものか」、⑨「抑止効果を求めるにしても過大である」、⑩「独禁法の適用自体が基準不明確」、⑪「企業の存続に影響を及ぼしかねず、金商法と比較しても高額にすぎる感がある」、⑫「カルテル等は厳格に取り締まるべきだが、規制を強化することで企業活動が萎縮する危険もある」、⑬「自社の利益率から判断す

第Ⅱ部　日本における企業コンプライアンス調査と刑事法的観点からの分析

【図29】
問20. リニエンシー制度に対する評価

- まったく評価できない 5 (1.1%)
- 不明・無回答 20 (4.5%)
- あまり評価できない 45 (10.0%)
- 十分に評価できる 131 (29.2%)
- やや評価できる 247 (55.1%)

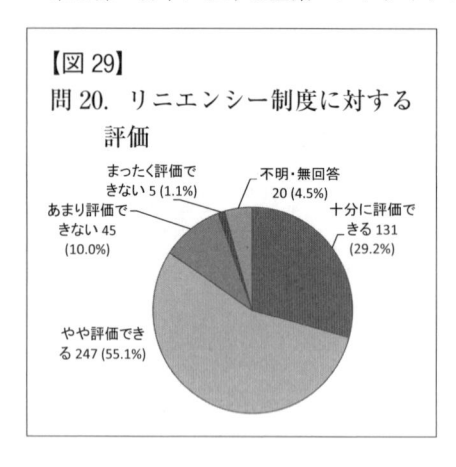

ると非常に大きく感じる」、⑭「事実上の刑罰とも言えるほどの高額になる事例もあり、裁判を経ないで徴収するのは無理がある」。

以上のように、評価は分かれたが、全体としては、課徴金の引上げに肯定的な回答が多かった一方で、特に利益率に対する批判が多かったように思われる。

問20では、リニエンシー制度について尋ねた【図29参照】。これには、われわれも随分関心を持ってきた。2004年に調査を実施したとき、ちょうどリニエンシー制度を導入するかどうかという時期であった。その後2005年にこの制度が導入されて以来、いったいどのように定着したのか、大変興味があった。課徴金であるから、本来の正式な刑事手続に則った刑事制裁というわけではなく、正確に言えば、行政制裁・行政手続の範疇であるけれども、自ら違反したことを通報して課徴金の額を下げてもらう、あるいは免除してもらうという法制度が、日本の企業風土・企業文化になじむのか、こういうことを含めてわれわれは、随分関心を持ってきた。「十分に評価できる」という回答が29.2%、「やや評価できる」という回答が55.1%であった。「やや」というのがどういう意味合いか、質問の仕方が悪かったのかもしれないが、「諸手を挙げて良いとは言わないけれども、効果ということで考えたらやむをえないので、評価する」ということではないかと推測する。これは、自由記載から看取される。なお、「あまり評価できない」は10.0%、「まったく評価できない」は1.1%であるから、総じて84.3%が評価しており、11.1%の批判的回答を大きく上回っている。クロス集計をしても、業種・資本金額・従業員数にかかわらず、リニエンシー制度について80%以上の高い支持を得ている。

問20-1でその「理由」を自由記載形式で問うている。これは、今回、このアンケートの目玉の1つでもあったが、自由記載欄に挙がった意見を、肯定的回答、否定的回答、そして課題呈示、の3つに分けてみよう。結構熱心に書いていただいた。私も今回、自由記載欄をボロボロになるまで読み尽くしたが、このように丁重に回答していただいて本当にありがたいと思っている。

第1章　日本におけるコンプライアンスの現状と課題

　まず，肯定的回答として以下のものが挙げられる。①「法律の本来の意義とズレがある気がするが，1つの試みとして，実態を把握する意味では評価できる」，②「現実に制度導入によって結果が出ている」，③「抑止効果を期待でき，独禁法の性格からしても内部通報的措置はある程度必要」，④「日本社会に適するか，という問題はあったが，実績は上がっている」（複数），⑤「カルテル等の防止・公正な競争の確保に役立つ」（複数），⑥「法の下の平等に反する面はあるが，違法行為を減らすための一手法・インセンティブとして評価できる」（複数），⑦「不正の隠蔽が困難になり，抑止効果が高まっている」（多数），⑧「コンプライアンス意識の発露として有用」，⑨「経済的損失を軽減でき，事業活動を継続でき，協力により事件の早期解決もでき，隠蔽体質がなくなる」。

　つぎに，批判的回答として以下のものが挙げられた。①「違法行為の当事者が，他社（業界）を巻き込んでおきながら，いち早くリニエンシーを行い，マッチポンプ的に罪を免れるようなことが起きる」，②「リニエンシー手続をしなかったことで株主代表訴訟が提起されている会社があるが，本末転倒」，③「日本の企業風土には時期尚早」，④「告発者を促し，真相解明のために有効な手段と考えるが，節操のない世の中になる」，⑤「社長がリニエンシーを拒否すれば申告できない」，⑥「金額免除は企業による『やり逃げ』を助長しかねない」（複数），⑦「減額基準の根拠が不明」，⑧「談合において主導的役割を果たした大企業が真っ先に減免を受けられるのは，本来の法の趣旨ではない」，⑨「2番目以降の減額は公取の手間を省くためのものではないか」。

　さらに，課題を呈示する回答として以下の3点が挙げられた。①「制度の濫用の懸念があり，公取のガイドラインの一層の明確化が望まれる」，②「改善点として，(1)首謀者にもリニエンシーを認めている点，(2)1番通報者と2番通報者との差異が大きく，実質的に不公平である点，が挙げられる」，③「リニエンシー制度の周辺手続の整備（弁護士秘匿特権や申請人保護制度等）が国際基準から見て不十分であり，国際カルテル事業においては，米国・EUとの比較上，多額の損害賠償につながる証拠法上のリスクがあり，今後の改善課題である」。

　以上のように，正直な感想がこの自由記載欄に出ているのではないかと思われる。「日本の企業には時期尚早ではないか」という意見も一定数あったが，全体としては，よい効果が上がっている部分もある。リニエンシー制度の本来

第Ⅱ部　日本における企業コンプライアンス調査と刑事法的観点からの分析

【図 30】
問 21. 行政調査に対する権利保障の必要性

- 権利保障を考える必要がある　241 (53.8%)
- 権利保障を考える必要はない　31 (6.9%)
- どちらともいえない　155 (34.6%)
- 不明・無回答　21 (4.7%)

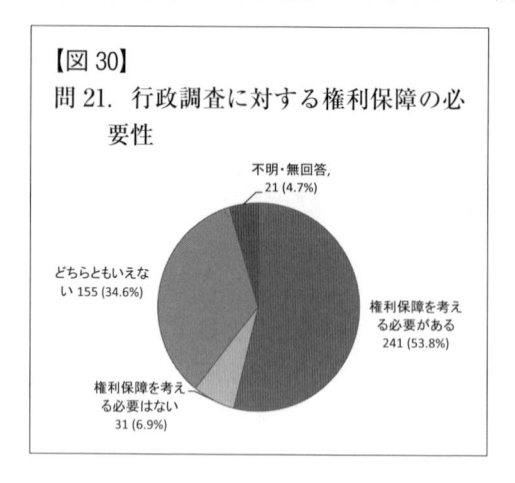

の目的を達成するためには，ただ単にこの制度を駆引きのために使うのではなく，やはり再発防止との関係から，早く原因を解明して対策を練るという点にウエイトを置いた方がよいということではないかと推測する。なお，「制度の濫用の懸念もあるので，やむをえないけれども公取のガイドラインをもっと明確にしてくれ」という意見もあったように，公正取引委員会の側がこれをどう受け止めるか，これも興味深いところである。また，「リニエンシー制度の周辺手続の整備」であるが，これは専門的観点から大変興味深い意見であり，「弁護士秘匿特権や申請人保護制度というものも考えないと国際基準から見るとやはり不十分ではないか。特に国際カルテル事業においては，米国や EU と比較すると，多額の損害賠償につながる証拠法上のリスクがあるので，今後，こういうものをクリアしないといけない」，と私も思う。これは，大変貴重な指摘である。業種にもよるとは思われるが，国際レベルでこれがどうなっているか，今後の検討課題である。

それから，問 21 は，これと関係するが，「行政調査に対する権利保障」についての問いである【図 30 参照】。刑事手続ではないとはいえ，行政調査においてもやはり権利保障が必要ではないか，ということを問う趣旨である。これについては，「権利保障を考える必要がある」と回答した企業が 53.8％あった。これは，「考える必要がない」という回答（6.9％）と比べると，圧倒的に多く，それだけ問題意識がはっきりしてきている。クロス集計をしてみると，「権利保障を考える必要がある」と回答した企業のうち，0-1000 人規模の企業が 42.6％であり，資本金が 0-50 億円規模の企業が 43.7％と，予想以上に小規模の企業に賛同者が多いのが注目される【図 31 参照】。おそらく，調査に伴うリスクがより大きいことを実感するからであろう。

第1章 日本におけるコンプライアンスの現状と課題

【図31】
問21 行政調査に対する権利保障の必要性の評価
　従業員数クロス
　　回答数

回答	0-1000人	1000-5000人	5000-10000人	10000人-	Total
権利保障を考える必要がある	86	103	27	24	240
どちらともいえない	78	62	6	8	154
考える必要はない	19	10	2	0	31
Total	183	175	35	32	425

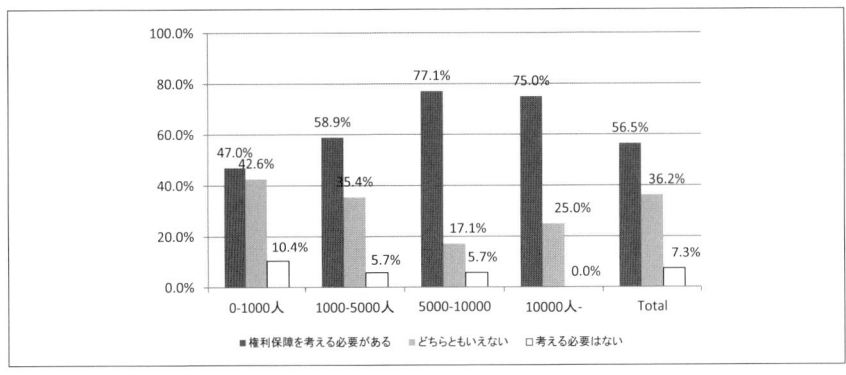

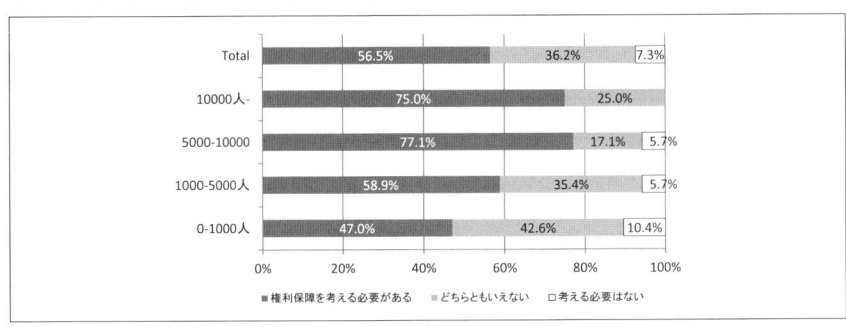

　資本金クロス
　　回答数

回答	0-50億円	50-100億円	100-500億円	500-1000億円	1000億円-	Total
権利保障を考える必要がある	70	45	75	21	29	240
どちらともいえない	66	29	48	5	7	155
考える必要はない	15	5	11	0	0	31
Total	151	79	134	26	36	426

65

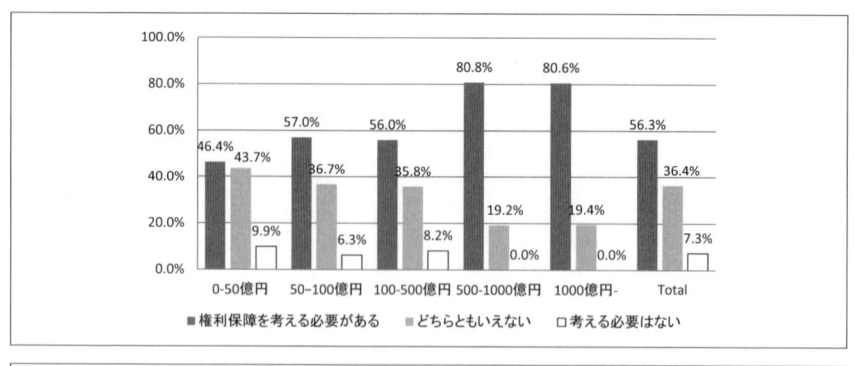

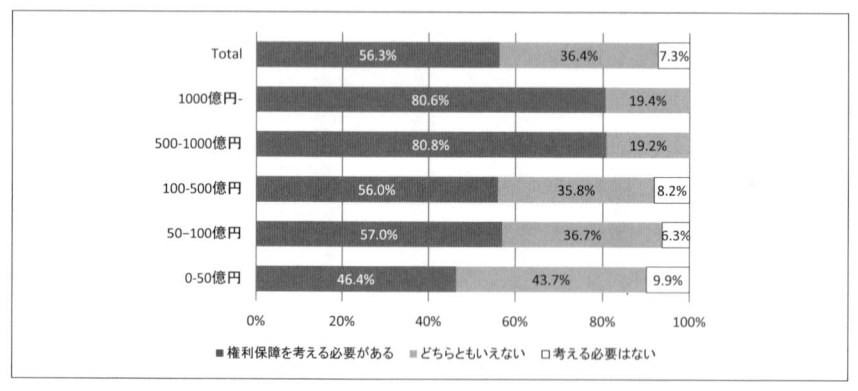

第Ⅱ部　日本における企業コンプライアンス調査と刑事法的観点からの分析

【図32】
問22．法令違反行為の自主公表の基準

不明・無回答　15 (3.3%)
はい　204 (45.5%)
いいえ　3 (0.7%)
決めていない　226 (50.4%)

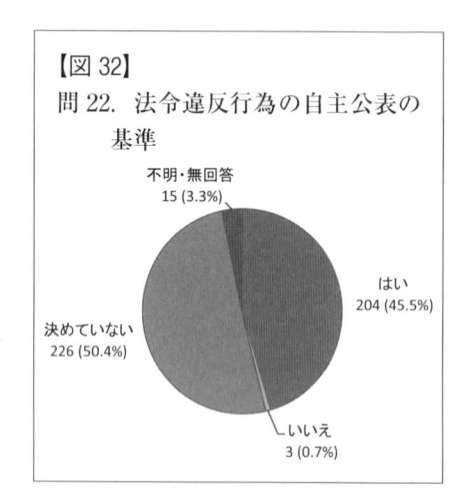

● Ⅴ　法的処分に係る経験について

第Ⅴ部は，「法的処分に係る経験について」問うものである。これも，刑事法的観点から，われわれの関心が高いところである。

問22は，「法令違反行為の自主公表の基準」について尋ねたものである【図32参照】。基準があると回答した企業が45.5％であるが，50.4％がまだ決めていないということである。これも，ジレンマに陥るところであるが，やはり何らかの対応を迫られるのではないかと思われる。不利益なものについても情報開示をしていく

第1章　日本におけるコンプライアンスの現状と課題

ということが，過剰な制裁を取り込まないという意味でも，逆に企業が率先して認めると効果が上がるという考えも一方ではあるので，それとの関係が今後の課題ではないかと思われる。クロス集計で特徴を拾うと，電気・ガス業が75%，金融・保険業が64.3%となっている。おそらく一定の基準に基づいて法令違反を積極的に自主公表し，信頼回復に早く務める姿勢があるものと推測する【図33参照】。

【図33】
問22　法令違反行為の自主公表の基準
　　業種クロス
　　　回答数

回答	製造	建設	商業	不動産	運輸情報通信	電気ガス	サービス	金融保険	Total
はい	95	16	41	3	14	6	8	18	201
いいえ	3	0	0	0	0	0	0	0	3
決めていない	131	15	37	4	17	2	8	10	224
Total	229	31	78	7	31	8	16	28	428

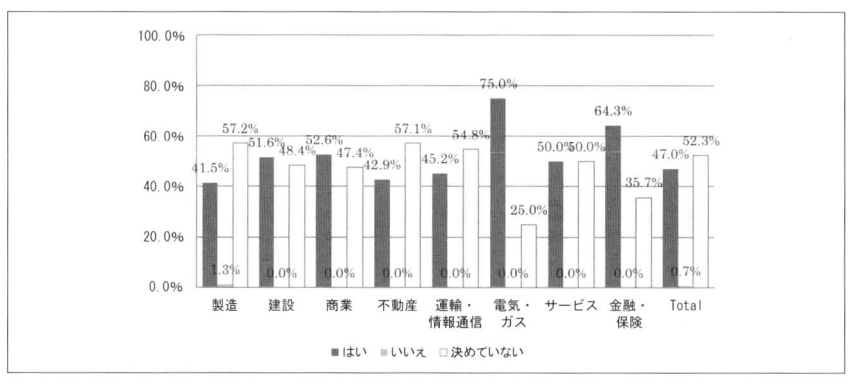

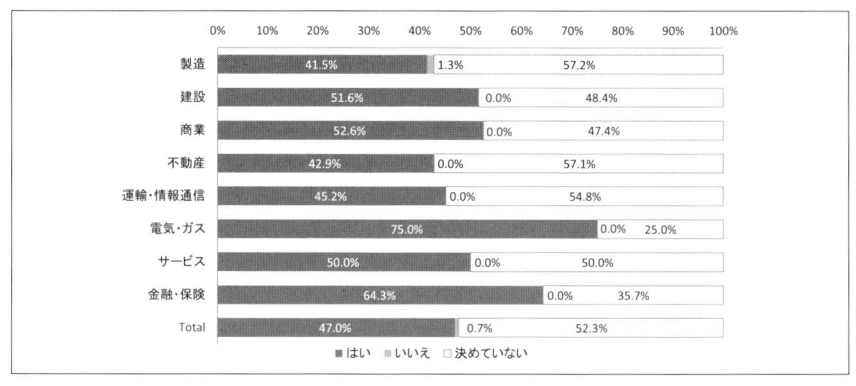

第Ⅱ部　日本における企業コンプライアンス調査と刑事法的観点からの分析

　問 22-1 は，それとの関係で，「公表・開示基準をどのように意思決定しているのか」を自由記載形式で尋ねたものである。多くの企業が，やはり取締役会を挙げている。この中には，コンプライアンス委員会とか管理本部を経たうえで最終的には取締役会が決めるところが多いようである。また，緊急時には社長が決裁をする企業もある。その他，開示委員会，社内基準，危機管理委員会，コンプライアンス委員会も挙がっている。興味深いのは，「東証上場基準」を挙げている企業がかなりあったことである。これが示す課題は何かというと，今回，われわれが調査したのは，2004 年の場合と同じく東証の第一部上場企業が中心であったことから，それ以外の中小の企業になると，逆にこの基準が適用されなくなるということでもあるので，広く企業にコンプライアンスなり一連の法令違反の防止を要求する場合には，東証の上場基準だけでよいかどうか，検討の余地がある，ということである。したがって，もう少し一般化して何かインパクトのある基準が設定できるかということが，課題として浮かび上がったように思われる。その他，「外部設置のホットライン」なども以前に比べると活用されているようである。

　なお，「違反」といっても，さまざまなレベルがあり，一方で，行政処分をすべて開示している会社もあったが，他方で，重大なものに限定している会社もあった。したがって，今後は，会社の自主判断ではあろうが，どの程度公表すれば納得してもらえるのかという詰めが必要だと思われる。

　さて，**問 23** は，「2006 年以降の行政処分経験」を尋ねたが，「ある」という企業が 18.3% であった【図 34 参照】。したがって，今回の調査対象は優良企業が多いのか，「ない」という企業が 74.8% とほとんどであった。

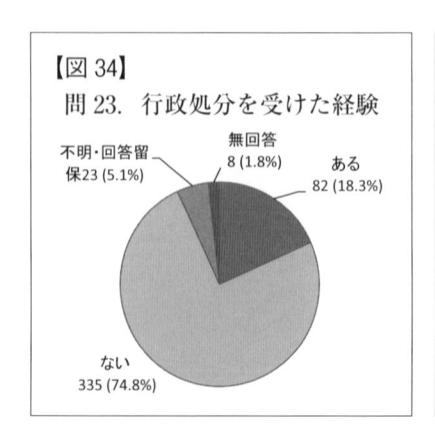

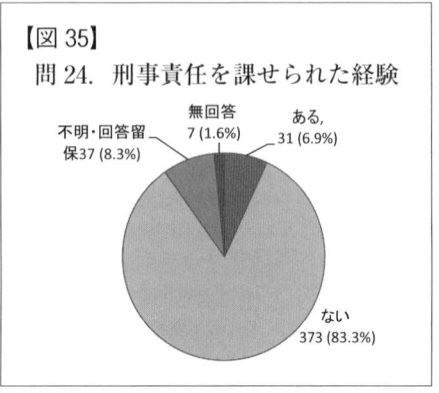

【図 34】
問 23. 行政処分を受けた経験
- 不明・回答留保 23 (5.1%)
- 無回答 8 (1.8%)
- ある 82 (18.3%)
- ない 335 (74.8%)

【図 35】
問 24. 刑事責任を課せられた経験
- 不明・回答留保 37 (8.3%)
- 無回答 7 (1.6%)
- ある 31 (6.9%)
- ない 373 (83.3%)

第1章　日本におけるコンプライアンスの現状と課題

　問23-1では，行政処分を受けた経験が「ある」と回答した企業に，「行政処分内容」を自由記載方式で尋ねた。法令名だけでまとめてみると，やはり独禁法違反による排除措置命令・課徴金納付命令が29件とトップであった。続いて，建設業法違反7件，下請法違反4件，欧州競争法違反3件，競争法違反2件，景表法違反による排除勧告2件，さらには，貨物自動車運送事業法違反，外為法違反，個人情報保護法違反，宅地建物取引業法65条違反，保険業法違反，有価証券法違反，ガス事業法保安規定違反，金融商品取引法違反，労災法違反，関税法違反，安全衛生法違反が，それぞれ1件であった。こうしてみると，独禁法は，企業に対してやはり有力な規制根拠となる法律になっているということが一目瞭然である。

　問24は，「刑事責任を課された経験」を尋ねたものである【図35参照】。刑事法グループとしては，当然ながら，これについても大変関心が深かったわけであるが，刑事責任を課せられた経験が「ある」という企業は，わずか6.9%で，「ない」という企業は83.3%であった。やはり今回協力していただいた企業は，全体としては優良企業が多かったということであろう。

　それでは，いかなる処分内容だったか，「刑事処分の内容」を自由記載方式で尋ねたのが，問24-1である。数少ない貴重な経験なので，列挙してみると，入札談合罪（独禁法違反）5件，交通事故2件，窃盗罪2件，詐欺罪2件，横領罪2件，ほかは，業務上過失傷害罪（ガス漏れ事故），競売入札妨害罪，あっせん利得処罰法違反，外為法違反，食品衛生法違反，政治資金規正法違反，贈賄罪，談合罪（刑法96条の6第2項），水質汚濁防止法違反，関税法違反，道路交通法違反がそれぞれ1件であった。やはり予測どおり，独禁法違反，特に入札談合罪が目立つ。回答したもともとの数値が少ないので件数が多いとは言えないが，その中でも独禁法違反の入札談合罪が目立つ。あとは，企業組織に起因する犯罪と従業員の個別事情に起因する犯罪に分かれる。

　問24-2は，「懲戒処分決定の段階」について尋ねたものである【図36参照】。換言すると，「従業員等が何か違反をした場合，どのような懲戒処分手続になっ

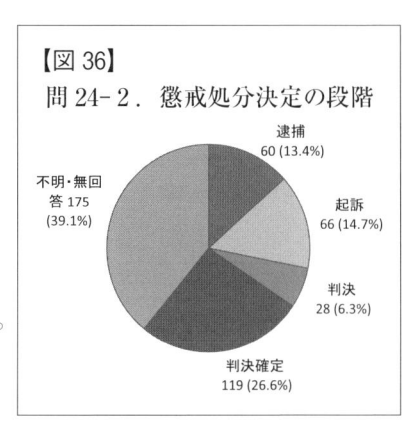

【図36】
問24-2．懲戒処分決定の段階

逮捕　60 (13.4%)
起訴　66 (14.7%)
判決　28 (6.3%)
判決確定　119 (26.6%)
不明・無回答　175 (39.1%)

69

第Ⅱ部　日本における企業コンプライアンス調査と刑事法的観点からの分析

【図37】
問25．法令遵守の配慮と刑事法上の法的効果の関係の評価

不明・無回答 38 (8.5%)
いずれも必要ない 54 (12.1%)
刑事訴追を控えるべき 86 (19.2%)
より緩やかな量刑を行うべき 270 (60.3%)

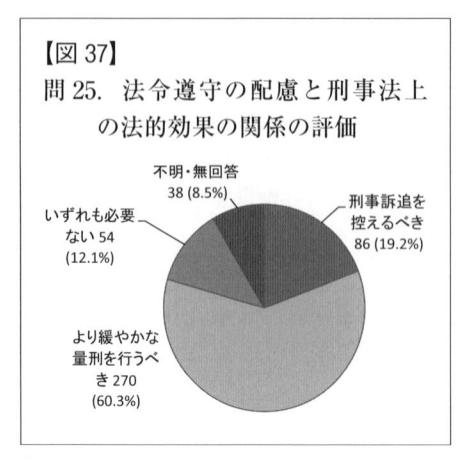

ていますか」という問いを立てた次第である。企業の法務部の方は，この点に関心が深いと思いと思われる。これは，回答が分かれた。「逮捕の段階」が13.4％，「起訴の段階」が14.7％，「判決の段階」が6.3％，「判決確定の段階」が26.6％であった。ということは，企業としては，不祥事を行った従業員に対して懲戒処分をする際に，できるだけ公的な判断，特に司法の判断を待つ傾向が強いということが，調査から看取できる。もちろん，そうでないと，不利益処分を課すわけであるから，より慎重にならざるをえないことは明らかであるが，逆に言うと，司法判断というものがそれだけ重みを増すということを，司法関係者は受け止めなければならないのではなかろうか。

問25は，「法令遵守の配慮と刑事法上の法的効果の関係の評価」についての質問である【図37参照】。「刑事訴追を控えるべきだ」という企業が19％に対して，「より緩やかな量刑を行うべきだ」という企業が61％という結果であった。法令遵守をしなかったがためにどういう結果になるかということを考えた場合，緩やかな量刑を望む企業が61％もあったのは，予想以上に多かったように思われる。この原因は，実は企業の方もいろいろ錯綜しておられる部分があるからではないか。これは，刑罰の種類にもよるかもしれない。

クロス集計をしてみると，「刑事訴追を控えるべきだ」という企業のうち，10000人以上の規模の企業が42.9％で最も多く，5000-10000人規模の企業が28.6％。1000-5000人規模の企業が24.1％，0-1000人規模の企業が13.1％であった。資本金の規模でみても，1000億円以上の規模の企業が47.1％で最も多く，以下，500-1000億円の規模の企業が44.0％，100-500億円の規模の企業が21.4％，0-50億円の規模の企業が15.4％，50-100億円規模の企業が11.8％であった。この結果，大企業ほど「刑事訴追を控えるべきだ」という姿勢が鮮明である。なお，業種別では，電気・ガス業が33.3％，言論・情報通信が31.3％であった。

これに対して，「より緩やかな量刑を行うべきだ」という企業のうち，

第1章 日本におけるコンプライアンスの現状と課題

0-1000人の規模の企業が68.9％で最も多く，以下，5000-10000人の規模の企業が68.6％，1000-5000人規模の企業が64.8％，最も少ないのが10000人以上の規模の企業で53.6％であった。この傾向は，資本金規模で比較してもほぼ同様である【図38参照】。

【図38】
問25　法令遵守の配慮と刑事法上の法的効果の関係の評価
業種クロス
回答数

回答	製造	建設	商業	不動産	運輸情報通信	電気ガス	サービス	金融保険	Total
刑事訴追を控えるべき	42	8	14	1	10	2	2	5	84
より緩やかな量刑を行うべき	149	17	50	5	21	4	9	12	267
いずれも必要ない	27	5	10	3	1	0	2	6	54
Total	218	30	74	9	32	6	13	23	405

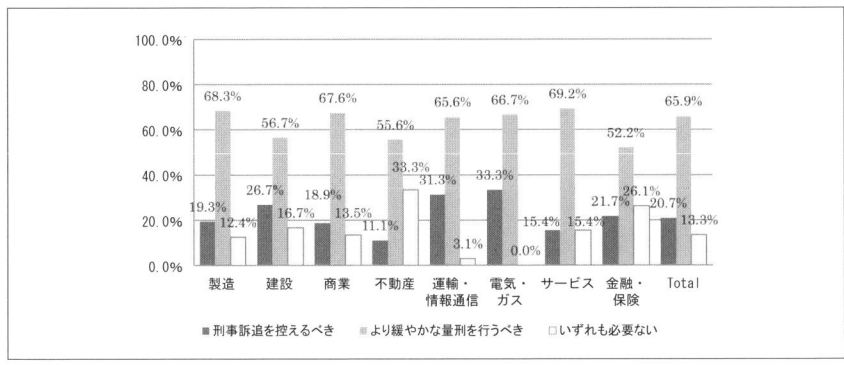

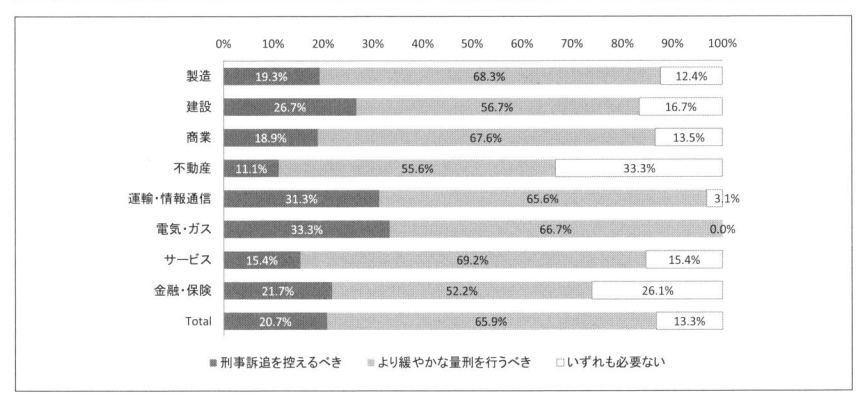

第Ⅱ部　日本における企業コンプライアンス調査と刑事法的観点からの分析

資本金クロス

回答数

回答	0-50億円	50-100億円	100-500億円	500-1000億円	1000億円-	Total
刑事訴追を控えるべき	23	9	27	11	16	86
より緩やかな量刑を行うべき	107	53	81	14	15	270
いずれも必要ない	19	14	18	0	3	54
Total	149	76	126	25	34	410

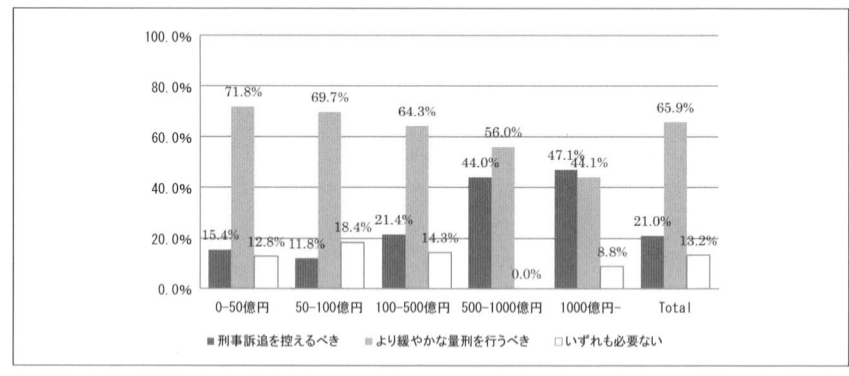

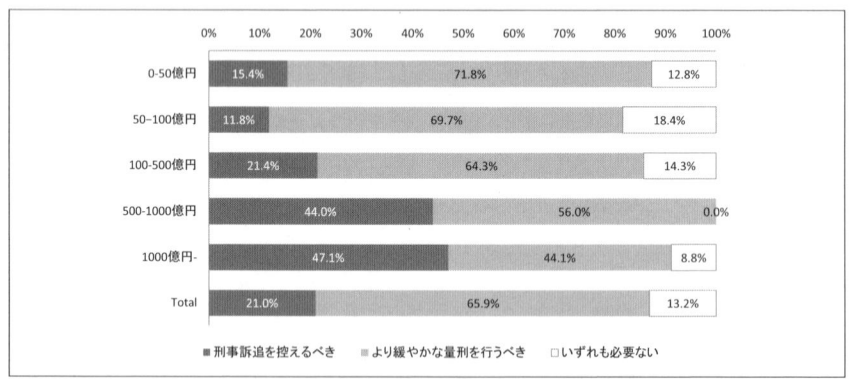

従業員クロス

回答数

回答	0-1000人	1000-5000人	5000-10000人	10000人-	Total
刑事訴追を控えるべき	24	39	10	12	85
より緩やかな量刑を行うべき	126	105	24	15	270
いずれも必要ない	33	18	1	1	53
Total	183	162	35	28	408

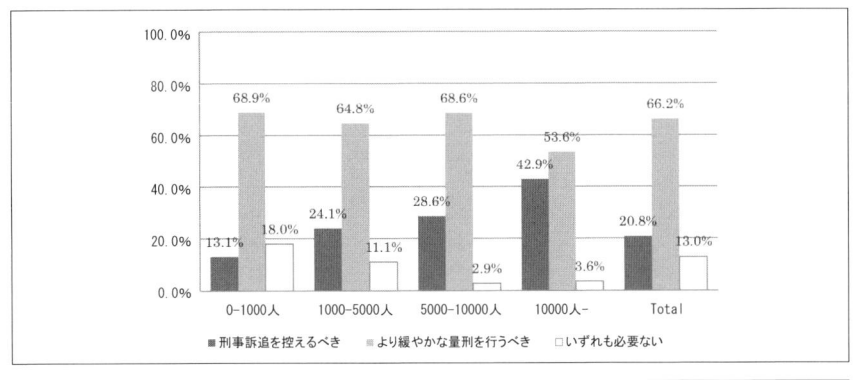

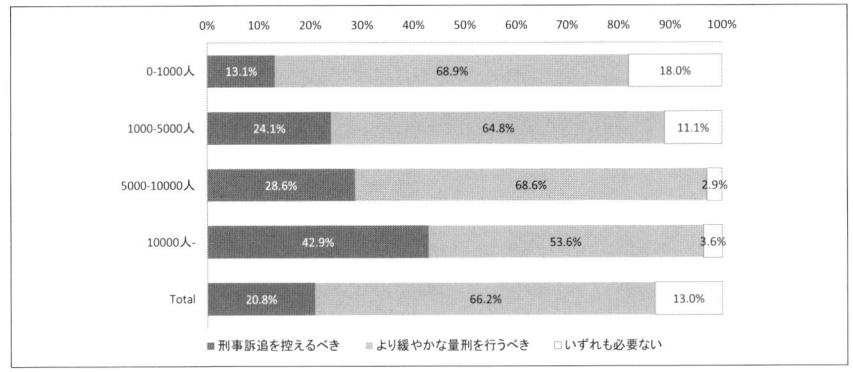

第1章　日本におけるコンプライアンスの現状と課題

(グラフ：従業員規模別「刑事訴追を控えるべき／より緩やかな量刑を行うべき／いずれも必要ない」)

規模	刑事訴追を控えるべき	より緩やかな量刑を行うべき	いずれも必要ない
0-1000人	13.1%	68.9%	18.0%
1000-5000人	24.1%	64.8%	11.1%
5000-10000人	28.6%	68.6%	2.9%
10000人-	42.9%	53.6%	3.6%
Total	20.8%	66.2%	13.0%

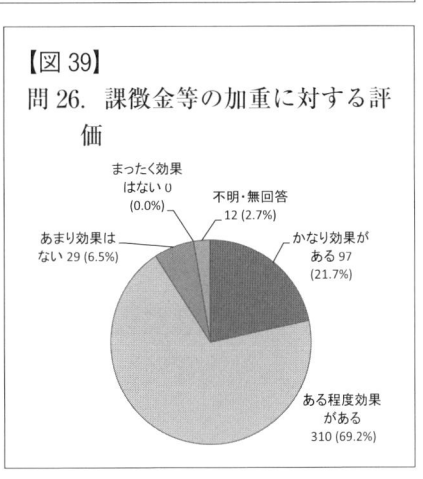

　以上のことは，例えば，行政制裁としての課徴金と対比してみるとわかりやすい。問26は，「課徴金等の加重に対する評価」について尋ねたものである【図39参照】。これについて，「かなり効果がある」と回答した企業が22％，「ある程度効果がある」と回答した企業が69％で，これらを合わせると90％を超える割合になる。したがって，むしろ課徴金という制度の方が効果があるというふうにも読める。クロス集計を元にしてみると，従業員規模や資本金規模，さらには業種間では大きな開きはない【図40参照】。

【図39】
問26. 課徴金等の加重に対する評価

- まったく効果はない 0 (0.0%)
- 不明・無回答 12 (2.7%)
- あまり効果はない 29 (6.5%)
- かなり効果がある 97 (21.7%)
- ある程度効果がある 310 (69.2%)

第Ⅱ部　日本における企業コンプライアンス調査と刑事法的観点からの分析

【図40】
問26　課徴金等の加重に対する評価

従業員数クロス
　回答数

回答	0-1000人	1000-5000人	5000-10000人	10000人-	Total
かなり効果がある	36	45	8	8	97
ある程度効果がある	140	121	25	22	308
あまり効果はない	16	10	2	1	29
全く効果はない	0	0	0	0	0
Total	192	176	35	31	434

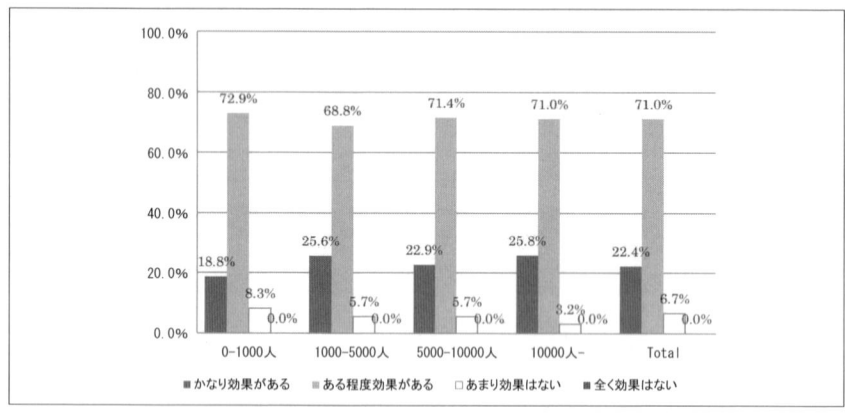

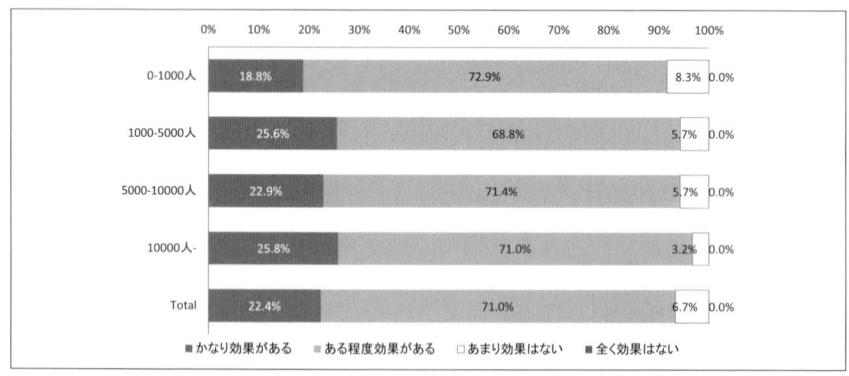

資本金クロス
　回答数

回答	0-50億円	50-100億円	100-500億円	500-1000億円	1000億円-	Total
かなり効果がある	33	15	35	4	10	97
ある程度効果がある	110	65	89	23	22	309

74

第1章　日本におけるコンプライアンスの現状と課題

あまり効果はない	15	1	9	1	3	29
全く効果はない	0	0	0	0	0	0
Total	158	81	133	28	35	435

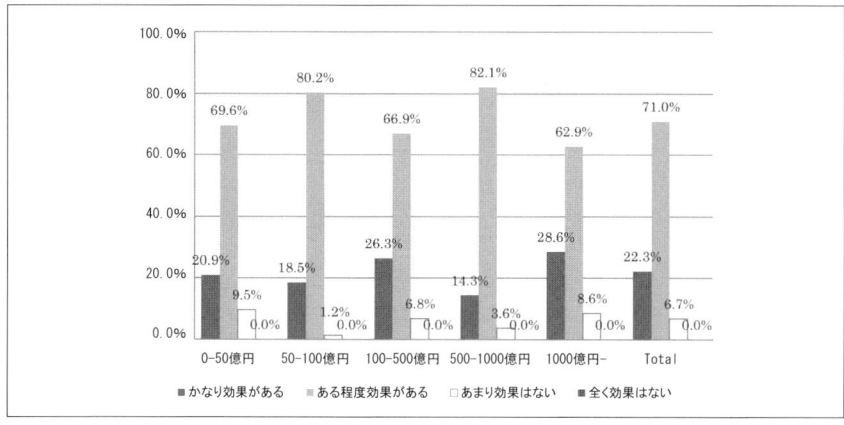

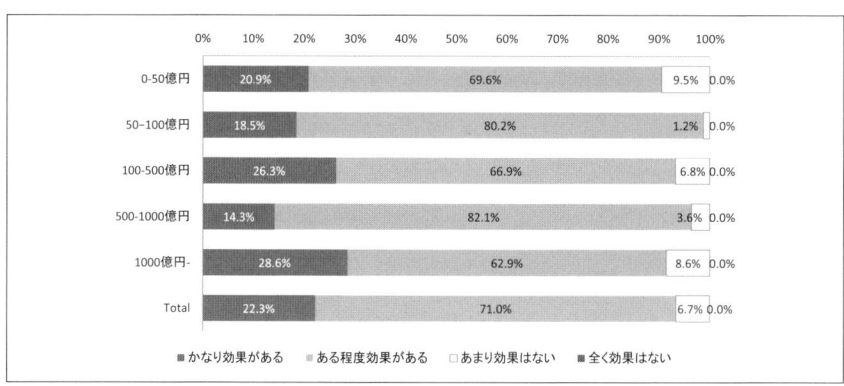

業種クロス

回答数

回答	製造	建設	商業	不動産	運輸情報通信	電気ガス	サービス	金融保険	Total
かなり効果がある	56	9	10	1	8	0	3	10	97
ある程度効果がある	160	19	65	7	22	5	12	16	306
あまり効果はない	15	4	2	1	2	2	1	1	28
全く効果はない	0	0	0	0	0	0	0	0	0
Total	231	32	77	9	32	7	16	27	431

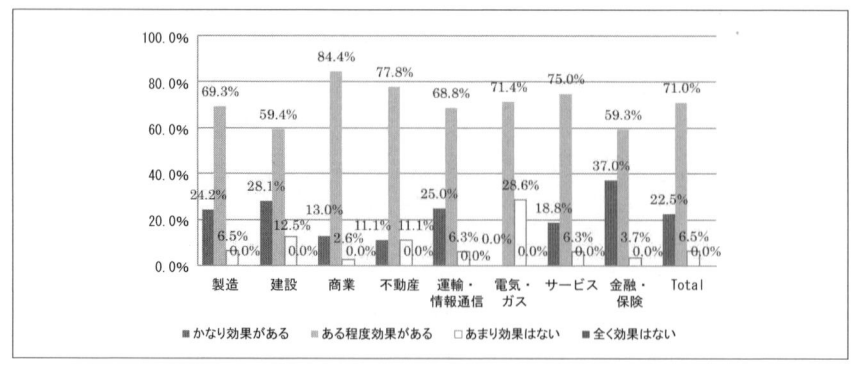

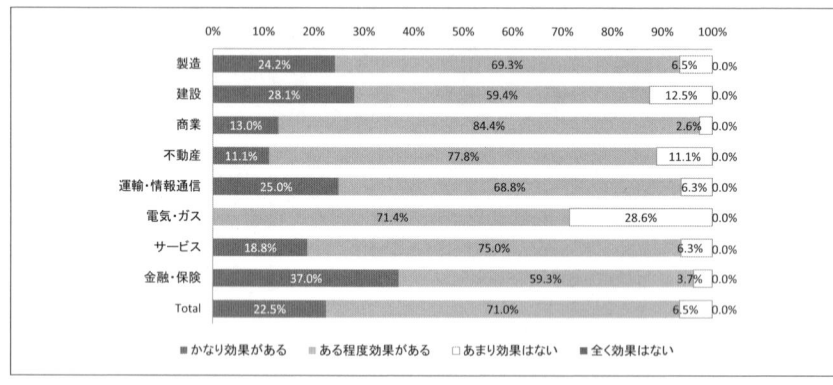

第Ⅱ部　日本における企業コンプライアンス調査と刑事法的観点からの分析

【図41】
問27. 企業に対する刑事制裁のあり方

- 不明・無回答　31 (6.9%)
- 罰金刑だけでよい　185 (41.3%)
- 「企業名の公表」、「企業の保護観察」、「企業の入札等からの排除」等も刑事制裁に加える (51.8%)

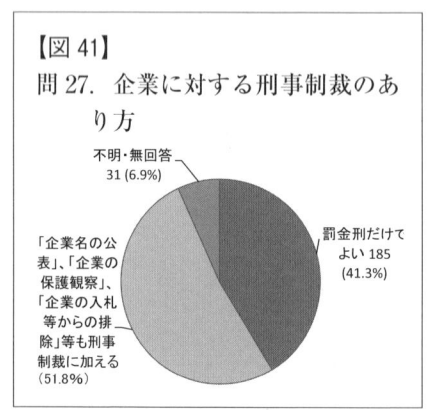

他方，それと関連して「企業に対する刑事制裁のあり方」を問27で尋ねたところ，「罰金刑だけでよい」と回答した企業が41.3％であった【図41参照】。罰金刑は，現行法でも存在する。ところが，それ以外の刑事制裁として，「企業名の公表」，「企業の保護観察」，「企業の入札からの排除」等を導入したらどうかという回答が実は51.8％と半数以上に上ったというのが，刑法学者としては大変関心が持たれたところである。なぜなら，逆に言うと，現在の刑事制裁システムには満足していない企業が半数以上あると推測できるからである。ただ単に罰金を科すというレベルでは，先ほどの課徴金と比べると，要はお金の問題であるから，同じであるが，

それよりも効き目があるのは，やはり「企業名の公表」といったような制裁ではないかという推測もつく。

クロス集計をすると，「罰金刑だけでよい」と回答した企業のうち，10000人以上の規模の企業が65.5％で最も多く，以下，5000-10000人の規模の企業が60.0％，0-1000人規模の企業が40.9％，1000-5000人規模の企業が40.6％であった【図42参照】。資本金規模でみても，若干の順位の変動はあれ，概ね同じ傾向にある。これに対して，新たな刑事制裁が必要か，という点では，1000人規模の企業が59.4％と最も多く，以下，0-1000人規模の企業が59.1％，5000-10000人規模の企業が40.0％，10000人以上の規模の企業は34.5％であった。資本金の規模でみても，50-100億円規模の企業が60.8％，100-500億円規模の企業が60.6％，0-50億円規模の企業が58.7％，そして1000億円以上の規模の企業は30.3％であった。このことから，大企業ほど，金銭に余力があるためか，罰金で済ませたいという傾向があり，規模が小さいほど新たな別の刑事制裁を希望する傾向があるように思われる。しかし，このような実態をみると，罰金刑だけで十分かは疑問があり，企業名の公表やプロベーション等，何らかの新たな刑事制裁を考える必要があるように思われる。

【図42】
問27　企業に対する刑事制裁のあり方
　　従業員数クロス

回答	0-1000人	1000-5000人	5000-10000人	10000人-	Total
罰金刑だけでよい	76	67	21	19	183
刑事制裁が必要	110	98	14	10	232
Total	186	165	35	29	415

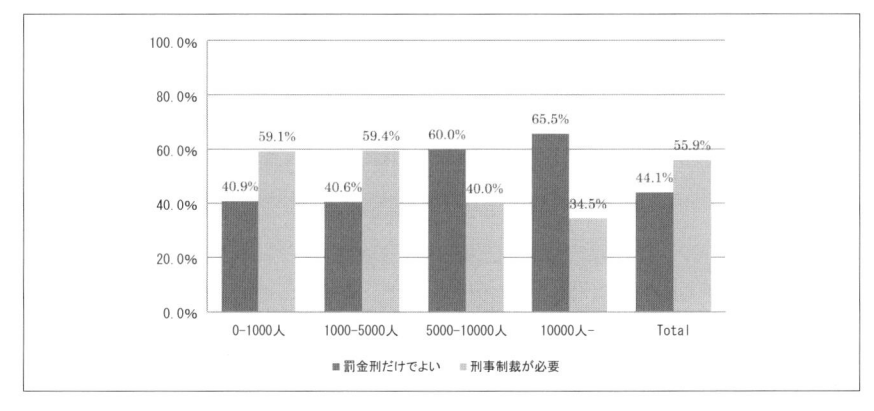

第Ⅱ部　日本における企業コンプライアンス調査と刑事法的観点からの分析

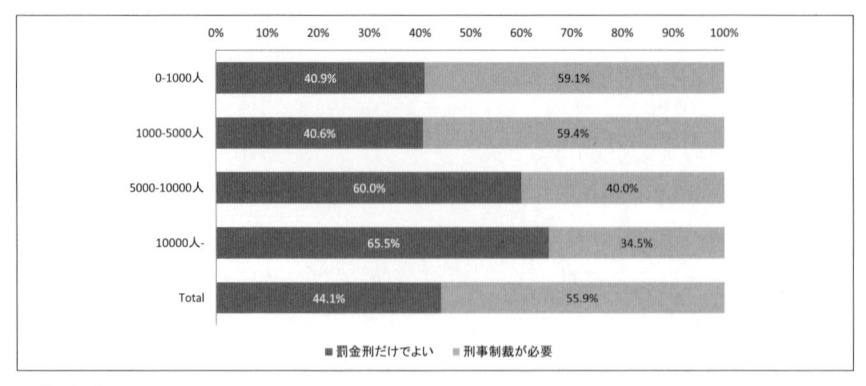

資本金クロス
　回答数

回答	0-50億円	50-100億円	100-500億円	500-1000億円	1000億円-	Total
罰金刑だけでよい	62	31	50	19	23	185
刑事制裁が必要	88	48	77	9	10	232
Total	150	79	127	28	33	417

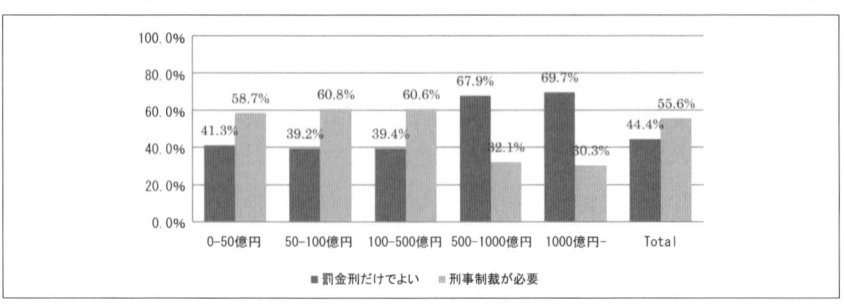

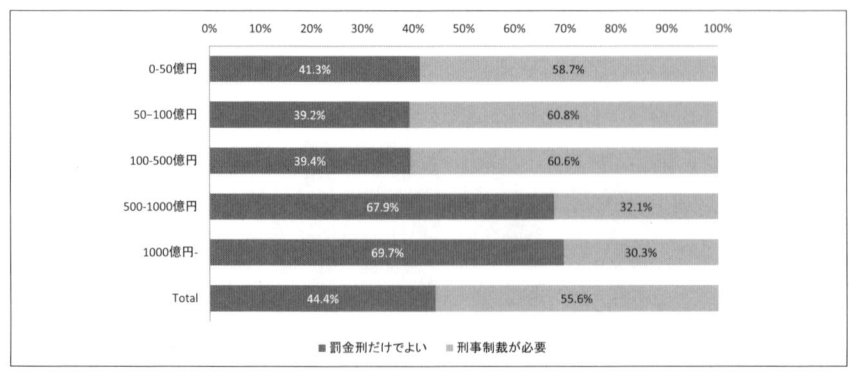

問27-1は,「その他の制裁・企業犯罪類型創設」について自由記載方式で尋ねたものである。「強制解散等,社会から退場させる仕組み」,「親告罪の排除」,「企業名の公表」,「入札からの排除」,「ネット犯罪」,「マスコミの無責任な報道の規制」という提言が記載されていた。もちろん,表現の自由,報道の自由との関係が出てくるという問題も含んでいるので,慎重な検討を要する部分もある。

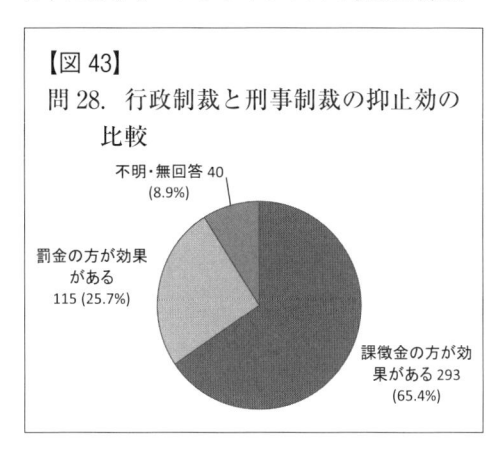

【図43】
問28. 行政制裁と刑事制裁の抑止効の比較
- 不明・無回答 40 (8.9%)
- 罰金の方が効果がある 115 (25.7%)
- 課徴金の方が効果がある 293 (65.4%)

さて,問28は,「行政制裁と刑事制裁の抑止効の比較」について尋ねたものである【図43参照】。先ほどの罰金と課徴金の関係に関する問題意識がここにつながっているわけである。多くの企業(65.4%)が「課徴金の方が効果がある」と回答しており,「罰金の方が効果がある」という回答(25.7%)の倍以上あり,課徴金の方に軍配を上げている。おそらく,これは,課徴金の方が金額が大きいという事情もあるのであろう。それから,罰金については刑事制裁であることから,逆に企業としては「有罪」というレッテルを貼られるラベリング効果を恐れているということもあるのかもしれない。クロス集計を分析すると,「課徴金の方が効果がある」と回答した企業のうち,10000人以上の規模の企業が80.0%を占めており,業種別では電気・ガス業が100%と突出している。この効果の比較は大変難しいものがあり,今後の検討課題である【図44参照】。

【図44】
問28 行政制裁・刑事制裁の別と抑止効の関係に対する評価
従業員数クロス
回答数

回答	0-1000人	1000-5000人	5000-10000人	10000人-	Total
課徴金の方が効果がある	132	117	23	20	292
罰金の方が効果がある	52	46	12	5	115
Total	184	163	35	25	407

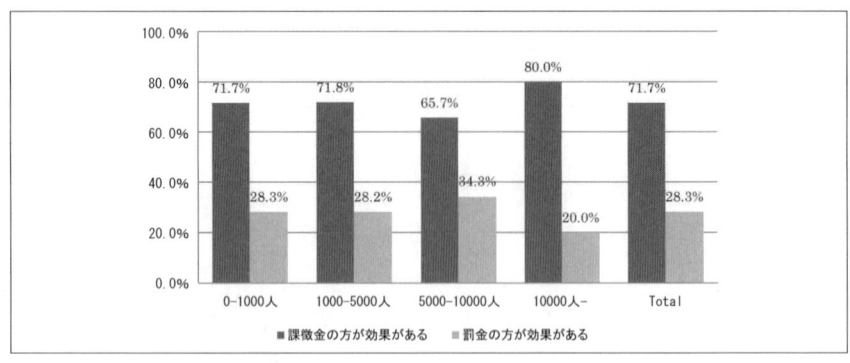

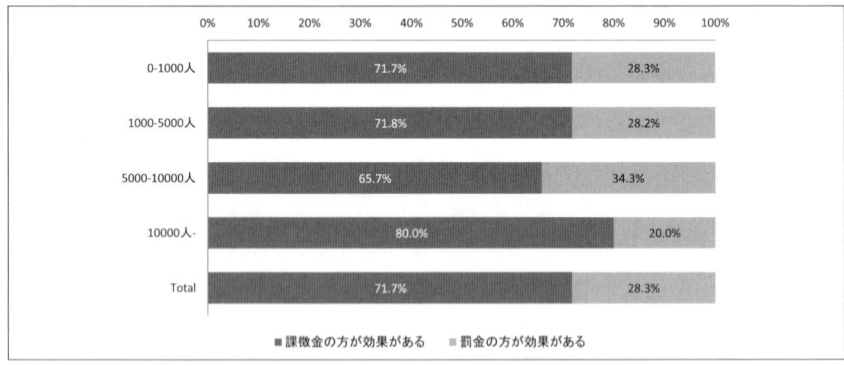

第Ⅱ部　日本における企業コンプライアンス調査と刑事法的観点からの分析

業種クロス
　回答数

回答	製造	建設	商業	不動産	運輸情報通信	電気ガス	サービス	金融保険	Total
課徴金の方が効果がある	157	26	50	4	17	6	13	18	291
罰金の方が効果がある	62	4	24	5	13	0	1	4	113
Total	219	30	74	9	30	6	14	22	404

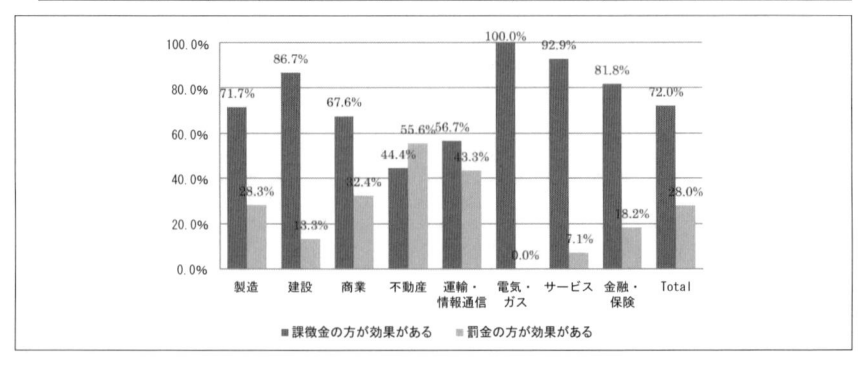

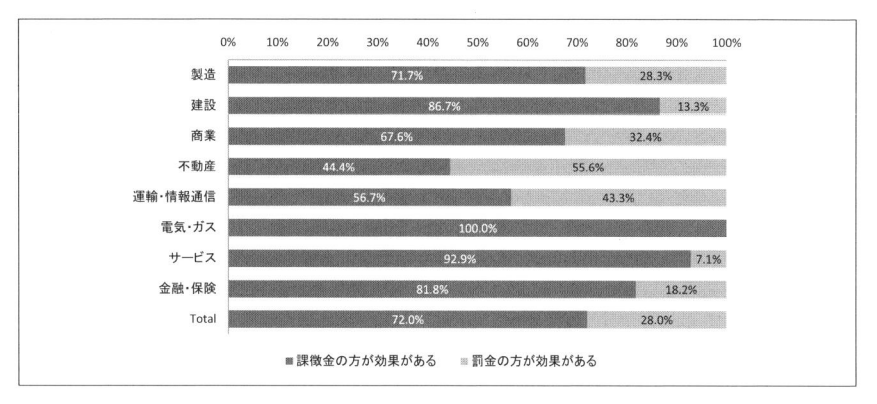

第1章　日本におけるコンプライアンスの現状と課題

[図：業種別 課徴金と罰金の効果比較]

業種	課徴金の方が効果がある	罰金の方が効果がある
製造	71.7%	28.3%
建設	86.7%	13.3%
商業	67.6%	32.4%
不動産	44.4%	55.6%
運輸・情報通信	56.7%	43.3%
電気・ガス	100.0%	—
サービス	92.9%	7.1%
金融・保険	81.8%	18.2%
Total	72.0%	28.0%

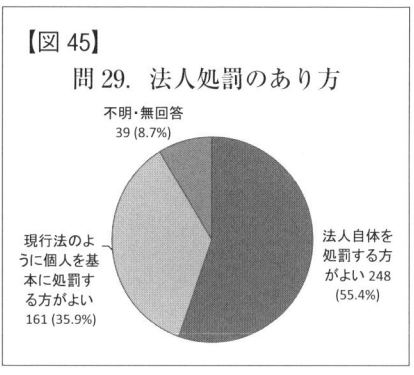

問29は,「法人処罰のあり方」について尋ねた【図45参照】。これも,われわれ刑法学者としては大変関心があるところで,刑法学でもずっと議論が続いているところである。ヨーロッパやアメリカをはじめ,先進国で法人処罰を一般に肯定する国が増えてきた。ドイツのように,秩序違反法という法律で対応している国もあるが,多くの

【図45】
問29. 法人処罰のあり方

- 不明・無回答　39 (8.7%)
- 法人自体を処罰する方がよい　248 (55.4%)
- 現行法のように個人を基本に処罰する方がよい　161 (35.9%)

先進国では,法人が犯罪行為一般を行いうるということで,法人の犯罪能力を一般に認めて刑法典の中に組み入れている国もあるし,イタリアのように「企業刑法」という新たな法律を独自に設けている国もある。日本は今後どうなるのか,「今後のゆくえ」を探ることは,重要なテーマになる。今回の調査によると,回答企業の55.4％が「法人自体を処罰する方がよい」と回答し,35.9％が「現行法のように個人を基本に処罰する方がよい」と回答している。したがって,半数以上の企業が法人を処罰してもよいという考えをもっていることになる。クロス集計をすると,「法人自体を処罰する方がよい」と回答した企業のうち,0-1000人規模の企業が65.4％と最も多く,以下,5000-10000人規模の企業が62.9％,1000-5000人規模の企業が59.9％であり,10000人以上の規模の企業は32.1％にとどまった。これは,資本金の規模でみてもほぼ同様の傾向があり,ここから,大企業ほど法人処罰の導入に消極的であり,規模が小さいほどこれに積極的であることがわかる。業種別では,不動産業が

81

第Ⅱ部　日本における企業コンプライアンス調査と刑事法的観点からの分析

88.9％で最も高く，以下，電気・ガス業85.7％，サービス業78.6％と続く【図46参照】。

【図46】

問29　法人処罰のあり方

従業員数クロス

回答数

回答	0-1000人	1000-5000人	5000-10000人	10000人-	Total
法人自体を処罰する方がよい	119	97	22	9	247
現行法のように個人を基本に処罰する方がよい	63	65	13	19	160
Total	182	162	35	28	407

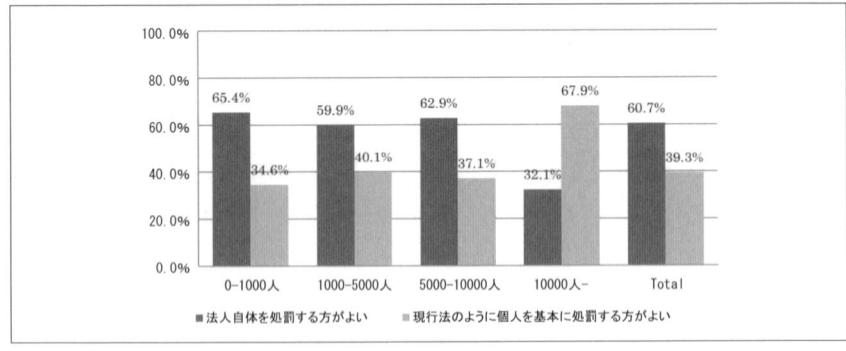

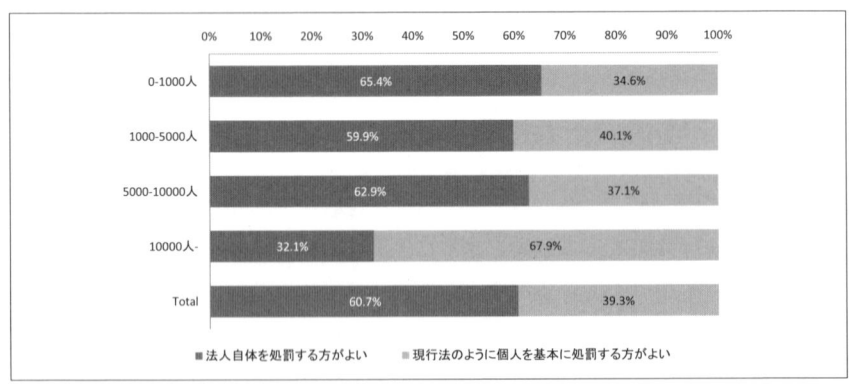

資本金クロス

回答数

回答	0-50億円	50-100億円	100-500億円	500-1000億円	1000億円-	Total
法人自体を処罰する方がよい	99	50	72	17	10	248

第1章　日本におけるコンプライアンスの現状と課題

現行法のように個人を基本に処罰する方がよい	52	26	51	10	22	161
Total	151	76	123	27	32	409

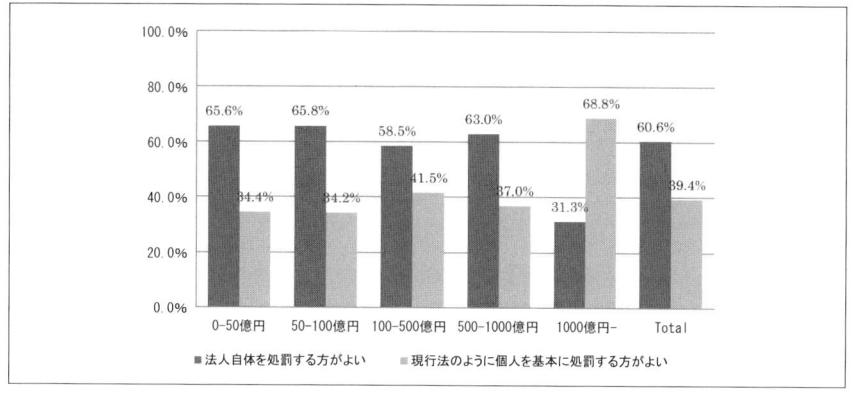

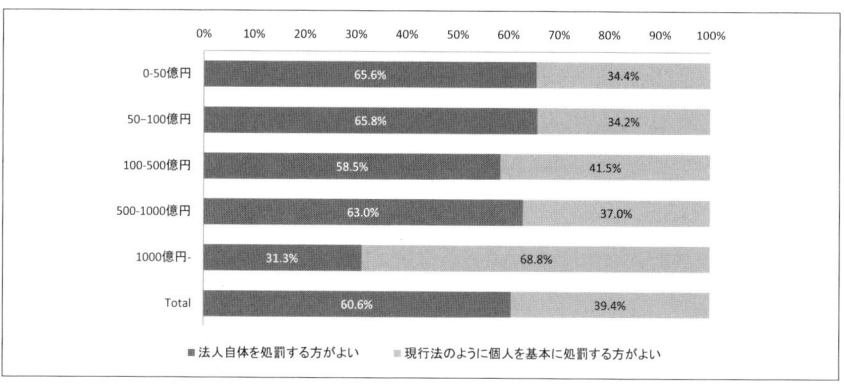

業種クロス

回答数

回答	製造	建設	商業	不動産	運輸情報通信	電気ガス	サービス	金融保険	Total
法人自体を処罰する方がよい	125	20	47	8	17	6	11	12	246
現行法のように個人を基本に処罰する方がよい	93	8	28	1	13	1	3	12	159
Total	218	28	75	9	30	7	14	24	405

第Ⅱ部　日本における企業コンプライアンス調査と刑事法的観点からの分析

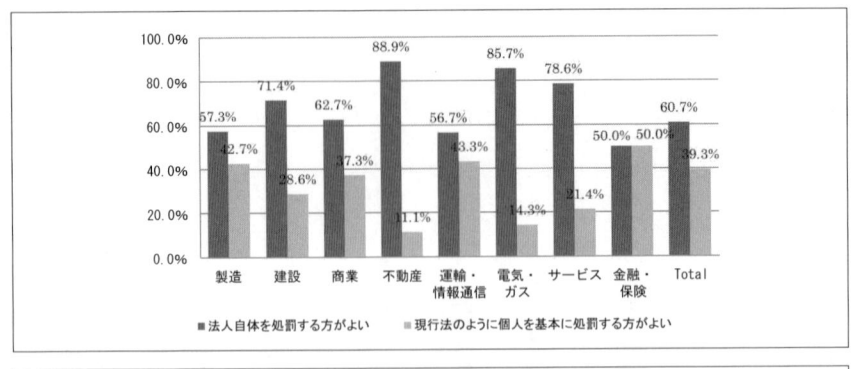

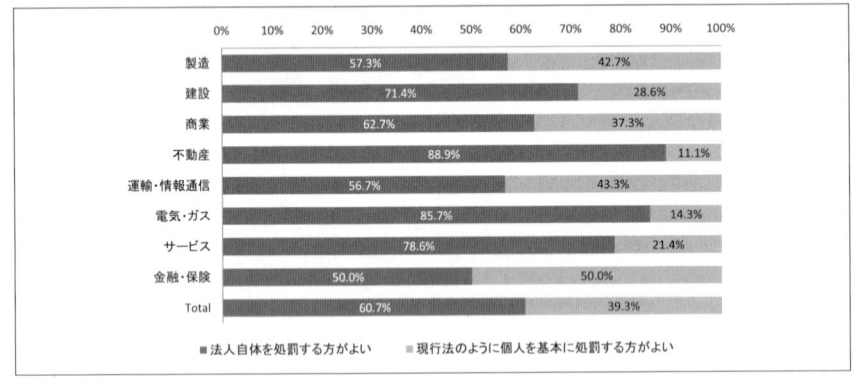

業種	法人自体を処罰する方がよい	現行法のように個人を基本に処罰する方がよい
製造	57.3%	42.7%
建設	71.4%	28.6%
商業	62.7%	37.3%
不動産	88.9%	11.1%
運輸・情報通信	56.7%	43.3%
電気・ガス	85.7%	14.3%
サービス	78.6%	21.4%
金融・保険	50.0%	50.0%
Total	60.7%	39.3%

　かりにそうであっても，課題は，この法人処罰の中に何を盛り込むか，ということであろう。前述の罰金と課徴金の関係を考えると，法人を処罰するとして罰金だけで済むかというと，罰金よりは課徴金の方が効果があるということなので，それとの整合性をどう捉えるのか，これも，今回のアンケートで浮き彫りになってきた。したがって，新たな制度を設けて，「企業名の公表」とか，その他，新たな類型を設けるのか，検討を要する。

●Ⅵ　その他（自由記載）

　最後が，「その他（自由記載）」であり，自由記載欄に相当の意見が寄せられた。これも全部挙げることはできないが，まず，複数挙がったものを中心にまとめてみると以下のとおりである。

　①「営業職に対するコンプライアンス教育において，どこまで研修を施せばよいか」（3件）。つまり，コンプライアンス教育が大事であることはわかるけれども，何をどこまで実施すればよいかということに悩んでいる企業もあった。

第1章　日本におけるコンプライアンスの現状と課題

　また，②「中小企業においても，コンプライアンスの重要性を啓発し，法による統制も必要」という意見（2件），③「些細なコンプライアンス違反についてどのように対処すべきか，悩ましい」という意見（2件），④「コンプライアンスという概念が単なる法令順守という狭い範囲で社内外で捉えられがちだが，法令も含めた広く社会の要請に応えることが本来的意味」という意見（2件）もあった。

　つぎに，単発的ながら，積極的意見としては，「日頃より社員全員の意識啓発，モチベーションの維持と健康管理が大切」，「日弁連や業界団体を通して，さらなる啓蒙活動推進を望む」，「会社法の中で取締役就任の際にコンプライアンス違反をしないよう誓約書提出を義務付ける」，「日本企業の競争力アップ，海外投資家からの投資増加のため，コンプライアンス重視はますます求められる」，「コンプライアンス向上のためには，ステークホルダーの期待，支持，圧力，評価といった活動を通じて企業の基礎的要件として取り込まれるべきだ」，「コンプライアンスの評価については企業毎の特性に合わせて企業毎に自律的に制度設計すべきという原則からは，単に表面上の規律を厳しく定めるのではなく個々の企業固有の事情に照らしその実効性と妥当性から判断すべきだ」という意見が注目される。

　他方，消極的な意見として，「社内教育をしても内部統制の効果は限定的なので，あまり過大な期待をしない方がよい」，「企業に対する要求レベルが高まり続ける一方で，企業を構成する個人の意識向上には限界がある」，「『コンプライアンス』という言葉が，その定義について社会的コンセンサスが得られる前に流行してしまったため，社内でも，『何だかわからないけどコンプライアンスの問題』と捉えられる事例が多い」，「制裁をむやみに重くすることで活力が低下する」という意見が参考になる。また，「日本企業のコンプライアンス，特にカルテル・談合の領域は，経営幹部・従業員とも建前と本音（業界の共存秩序のためにはやむをえない必要悪）の乖離がいまだに大きく，人事面でも，後者を優先する会社が多い」という意見も傾聴に値する。

　それ以外の意見を見てみると，結局は，社内教育等を通じて個人の意識啓発，意識を高めるということが大事で，コンプライアンスあるいは法規制ということばかりを強調しすぎても，不祥事問題をすべて解決することにはならないと考えている企業も多いことがわかる。そういう意味では，自由記載欄の意見は，本音を書いていただいただけに大変参考になる。何でもかんでも「ルール，コ

ンプライアンス」ということになると，萎縮効果をもたらすということも指摘されているので，「いったいこの状況でどういうコンプライアンスが重要なのか」，ということを見極めることも今後の課題と言える。

3　コンプライアンスの課題

　以上の分析から今回の調査の総括をしてみよう。第1に，2004年のアンケート結果と比較すると，コンプライアンスとCSR，それから公益通報者保護法は相当定着してきたといえる。以前は議論が混同していたものも，その後うまく切り分けられて，それぞれ企業自身もコンプライアンスの意義とCSRの意義をしっかりと受け止めて，各企業で努力していることが看取できる。

　第2に，特に，コンプライアンスという概念が単なる法令遵守という狭い範囲で捉えられる傾向にあるが，そうではない点も再確認すべきである。コンプライアンスというのは，法令違反ももちろん含むけれども，広く社会の要請に応えること，要するに広い意味での企業倫理というものも入るのだということを自覚する必要がある。ごく最近のいろいろな不祥事などをみても，そういうふうに捉えているかどうか，なお企業間でギャップがあると思われる。あるいは中小企業にこれをどのように理解してもらうかということなども含めて，課題はある程度浮かび上がったように思われる。それから，コンプライアンスの具体的内容については，業種や規模によりなお理解に差があるということも判明した。これは，自由記載欄からも看取できたし，クロス集計でもそういう傾向が一部看取できる。これをどのように解消していくかも，重要な課題である。

　第3に，リニエンシー制度については評価が分かれている。好意的評価がやや多いとはいえ，今後これを維持するのか，それとも少し修正するのか，この動向に注目する必要がある。

　第4に，法規制・法的制裁については，一方で課徴金の効果に期待しながらも，他方で法人処罰を望むというように，企業自身でもなお動揺が見られるところがある。この点については刑法学者の間でも意見が分かれるところであり，幅広い観点から今後も議論を継続して，いかなる制裁が有効かということを，刑事制裁の限界も含めて議論する必要がある。特に刑事制裁のあり方については，現行法の枠組みを維持するのか，思い切って法人処罰の方向へいくのか，重要な課題となっている。

　第5に，国際レベルでどのようにハーモナイゼーションを進めていくか，と

第1章　日本におけるコンプライアンスの現状と課題

いう点も重要な課題である。実はわれわれも，本来は 2011 年 9 月にこのテーマで国際シンポジウムを行う予定であったが，東日本大震災とその後の一連の原発事故問題などもあり，やむなく中止になった。しかし，国際調査は実施しているので，それらを踏まえて国際レベルでもなお検討していきたい。

[謝辞] 本調査および分析に際しては，以下の方々に特にお世話になった。特記して謝意を表したい。企画全体について，社団法人商事法務研究会理事・氷室昭彦氏，同研究調査部次長・田口佳代氏，内閣府経済社会総合研究所，アンケート作成・調査結果分析協力メンバーとして，財団法人日本興亜福祉財団　社会老年学研究所主席研究員・片桐恵子氏，株式会社東芝法務部長・島岡聖也氏，プリマハム株式会社常務執行役員・第二管理本部長・辰口久氏，高砂香料工業株式会社法務・特許部長・加藤ひとみ氏，丸紅株式会社法務部長・池辺吉博氏，ユニリーバ・ジャパン・ホールディングス株式会社取締役・北島敬之氏，旭硝子株式会社執行役員・法務室長・柳沢英介氏，山梨学院大学法学部・鈴木優典准教授，名城大学法科大学院・二本柳誠准教授，清和大学法学部・小野上真也専任講師，東洋大学法学部・松田正照専任講師，ドイツ・フライブルクのマックス・プランク外国・国際刑法研究所・伊藤嘉亮助手，早稲田大学《企業法制と法創造》総合研究所 GCOE 刑事法グループ・企業コンプライアンス調査研究チームの田口守一教授，松澤伸教授，芥川正洋助手，富山大学経済学部・辻本淳史専任講師，日本学術振興会特別研究員・福山好典氏，RA・大庭沙織氏，GCOE 商学学術院・永山晋助手。

[初出：企業と法創造 34 号（2013 年）]

第 2 章 〈シンポジウム〉コンプライアンスの現状と課題
——企業コンプライアンスと法規制のゆくえ

早稲田大学 GCOE 刑事法グループ
(2011(平成 23)年 6 月 25 日　於：早稲田大学)

開会の辞　甲斐克則教授（早稲田大学）
挨　　拶　上村達男教授（早稲田大学グローバル COE《企業法制と法創造》総合研究所所長）
　　　　　田口守一教授（早稲田大学）
〈Ⅰ　基調報告〉　甲斐克則教授（早稲田大学）
　「日本におけるコンプライアンスの現状と課題——2010 年アンケート調査分析結果」
〈Ⅱ　コメントと討論〉
〈コメント〉　松澤伸教授（早稲田大学）
　「企業不祥事への対応のあり方—— GCOE コンプライアンス調査を踏まえた一考察」
〈討論〉
　司会：甲斐克則教授（早稲田大学），田口守一教授（早稲田大学）／コメント：島岡聖也氏（株式会社東芝　法務部長），辰口久氏（プリマハム株式会社　常務執行役員・第二管理本部長），加藤ひとみ氏（高砂香料工業株式会社　法務・特許部長），松澤伸教授（早稲田大学　内閣府経済社会総合研究所研究員）
閉会の辞　甲斐克則教授（早稲田大学）　　　〔所属・肩書は 2011 年 6 月当時のもの〕

――――〈開会の辞〉――――

◇甲斐克則　お待たせいたしました。定刻になりましたので，ただいまから「コンプライアンスの現状と課題 ——企業コンプライアンスと法規制のゆくえ」と題しましてシンポジウムを開催したいと思います。私は本日の司会を担当します早稲田大学の甲斐と申します。

　開催に先立ちまして，ひと言申し上げます。実は，本来このシンポジウムは，本年〔2011 年〕の 3 月 12 日に開催するはずでした。ところがご承知のとおり，3 月 11 日に東日本大震災が起きました。おそらく関係者の方で被災に遭われた方もおられるかもしれません。そういうこともありまして，最初に 1 分間だけ黙祷を捧げて，始めたいと思います。ご協力お願いいたします。着席で結構です。それでは黙祷。
（1 分間の黙祷）

　どうもありがとうございました。お手元の受付で配布された袋の中に本日のプログラムと配布資料一式が入っているかと思います。アンケートの生データ，私が基調報告で行いますパワーポイントのレジメ，これらが入っておりますので，随時参考にしていただきたいと思います。

　まず最初に，早稲田大学グローバル COE《企業法制と法創造》総合研究所

第Ⅱ部　日本における企業コンプライアンス調査と刑事法的観点からの分析

の所長をしておられます上村達男先生から、ひと言ご挨拶をいただきたいと思います。上村先生、よろしくお願いいたします。

――――〈挨　拶〉――――

◇上村達男　ただいまご紹介いただきました、早稲田大学の上村でございます。この企画を主催しておりますグローバルCOE《企業法制と法創造》総合研究所の所長をしております。われわれの研究は、基礎法も憲法も刑法も、あらゆる法分野は、企業、市場、そして市民社会、この3つの言葉を共有して研究していこう、これによって、例えば、私が専門にしております会社法制や金融資本市場法制にほかの分野での成果が吸収されると同時に、それぞれの分野が今のキーワードに特化して研究をすることで、それぞれの分野がまた内的に発展していき、そして全体として日本の法律学が大きく発展して、21世紀の法律学をわれわれが担うんだという気持ちで始めた企画でございます。もちろん、例えば、憲法と会社法を一緒にやるとか、刑法と会社法を一緒に勉強するというようなことは、それまでまったくなかったと言ってもよいことでございます。民法と商法ですら、一緒にやることは、日本私法学会で何年かに1回あるかないかというようなことでございますので、なかなか難しい面もありますけれども、しかし刑事法の分野は、われわれのプログラムの中では最優等生といいましょうか、最も成果が期待される、あるいは上がっている分野でございます。

今日、お話のあります国内の企業アンケートと、ドイツとかイギリスとか中国とか、国際的な企業アンケート、いくつもの国のアンケートをやっておりますが、特に中国などは、どうなっているのかよくわからないことを無理やり答えさせるような、そういうことで、大変社会的な注目も集めているということで、優良プロジェクトでございます。もちろん、お金もいっぱいかかっているのですが。21世紀COEからグローバルCOEを合わせて、今、9年目になりますが、最終的には素晴らしい成果が発表されるだろうということは、今日のシンポジウムでもおそらく皆さま方が実感されることだろうと思います。

10年前ですと、刑法の先生が金融とか犯罪の話をしますと、むしろ保護法益は何かということについて、金融資本市場法の保護法益ということよりは刑法の視点だけで考える傾向がなくもなく、必ずしも議論がかみ合わないことが多かったのですが、今は非常にかみ合っております。刑法の先生は、何かというと「罪刑法定主義」と言って、「それでおしまい」みたいなところがありましたが、今やこういうシンポジウムをやり、それからさまざまなコンプライアンスの多様な手法も分析対象にしていくということで、われわれ、会社法や企業法の研究者にとっても大変素晴らしい研究成果ですけれども、刑事法自体にとっても新しい世界が生まれつつあるのではないか、と考えております。本日はおそらくその一端がご説明されて、そして、刑事法の将来図というものまで見えてくることを期待しております。

これにつきましては、商事法務研究会のご支援をいただいておりまして、また、内閣府の社会経済総合研究所のご支援もいただいているところでございまして、その2カ所の方々にも心より感謝申し上げます。本日はよろしくお願いいたします。

甲斐　上村先生、どうもありがとうございました。それでは、引き続きまして、この刑事法グループをずっと率いてこら

第 2 章 〈シンポジウム〉コンプライアンスの現状と課題

れました田口守一教授に，企画の趣旨も含めましてご挨拶をお願いしたいと思います。よろしくお願いします。

──────〈挨　拶〉──────

◇田口守一　刑事法グループの責任者を務めております田口と申します。最初にひと言ご挨拶を申し上げます。

　甲斐先生から最初にお話がありましたように，このシンポジウムは当初本年〔2011年〕3月12日に予定しておりましたが，前日の11日に東日本大震災が発生いたしました。11日の夜は，この建物の向かいの大隈講堂も宿泊施設になるという状況で，11日の夜のうちにシンポジウムの中止を決定いたしまして，参加登録の方々にお知らせをさせていただきました。それにもかかわらず連絡が行かなかった方もおりまして，12日の当日には，本日もいらっしゃるかもしれませんが，シンポジウムに来てくださった方もおりまして，その熱心さに感激したところであります。そのようなことで，このシンポジウムに対する再開の希望といいましょうか，そういう声もわれわれは耳にいたしまして，甲斐先生ともご相談いたしまして，本日，6月になりましたけれども，当初のシンポジウムを予定どおり開催するということで公示させていただきました。こういった世の中の状況でもありますので，定員を150名に限定させていただきました。ところが，昨日までの登録者が200名を超えておりまして，今日も見たところ，随分多くの方がご出席くださいまして，大変感激しているところであります。お忙しいところ，2度のシンポジウムの企画に対してご参加くださった皆さま方に，まずもって厚く御礼を申し上げます。ありがとうございます。

　さて，本日は，私どもの行ったコンプライアンス調査の報告をベースにシンポジウムを開くということになっています。ご案内のように，コンプライアンスの調査につきましては，これまでいくつも行われておりますし，公の機関でも行われております。ただ，その多くを見ますと，コンプライアンスあるいはコンプライアンス・プログラムの整備，あるいはコンプライアンスの実効性，そういうものを問題としておりますけれども，当然のことかもしれませんが，必ずしも法律家的な視点といいましょうか，あるいは法律的観点からの調査ではなかったように思います。私どもの調査項目には，これもご案内かと思いますけれども，行政法あるいは刑事法の観点からの質問事項も含まれております。そこに，今回私どもの行った調査の1つの特色があろうかと思っております。そのようなことから，コンプライアンスの問題と法律との関係について，上村先生から「今まで会社法と刑法なんて一緒にやったことがない」というご指摘がありましたけれども，法律の観点からコンプライアンスをどう見るかということについて，非常に大きな論点ですけれども，2点だけ指摘しておきたいと思います。

　まず第1点は，「企業経営や経済社会のあり方という問題が，今日，法律的観点を抜きにしては考えられない」という点であります。つい最近，ドイツのあるシンポジウムのテーマで，「法律による社会経済の構築」というのが目につきました。経済学や政治学が社会や経済を決めていくこと，これはよくわかりますけれども，それだけではなくて，法律学も社会や経済を決めていくのだということであります。法律学は，従来，いわば紛争が起きた後の事後処理の学問という位置づけであったと思いますけれども，今日，それにはとどまらないということかと思います。そしてまた，このようなこ

第Ⅱ部　日本における企業コンプライアンス調査と刑事法的観点からの分析

とは，かなり「世界的な」といいましょうか，あるいは「グローバルな」現象のように思われます。法令を遵守する会社経営，あるいは会社の社会的責任（CSR）といった問題は，以前は，経営者あるいは従業員の方々の心構えとかモラルとか努力目標とか，そういう問題であったのだろうと思いますが，今や，これを文章化する，あるいは客観化するという形で文字にするわけですけれども，それによる1つのメリットは，多くの人がそれを読むことによって共有することができるということにあるのではないかと考えます。

コンプライアンス・プログラムのメリットというものは，いろいろな考え方があろうかと思いますが，私が勝手に列挙してみますと，まず①企業の不祥事や事故を事前に防止することに有益である，それから②事故が起きた場合に，どこに原因があったかという原因究明にも有益である，③将来に向けて再発防止の策を立てるためにも有益である，そして最後に，④これらのことを前提にして，事故の法的責任ということを問題にする場合でも，その責任判断を客観的あるいは透明性をもって行うことができる，このようなメリットがあるのではなかろうかということであります。こういうことを考えますと，法律家であるわれわれがコンプライアンス問題に関わるということにも，大きな必然性があるのではないか。これが第1点であります。

第2点ですけれども，今の責任判断と関係して，コンプライアンス・プログラムにおいても制裁（サンクション）の観点が不可欠な構成要素であるということであります。例えば，商品の虚偽表示について尋ねておりますけれども，商品に虚偽表示があった場合には，その虚偽という事実をどう発見するか，それを内部でどう処理するか，それから，そういう事実を外部にどう情報開示していくか，そして，もちろん，再発防止をどうするか，というようなことがすべて企業にとって大きな課題であろうと思います。しかし，このような取組みに企業が緊張感を持つ，あるいはそういった取組みにインセンティブを持つということは，言うまでもなく，このような不祥事とか事故とかいうものが行政や司法というものと関係を持ってくるからであろうかと思います。すなわち，行政制裁にせよ刑事制裁にせよ，制裁によって企業は場合によりその存亡に関わることになります。それは，企業内で関係者が懲戒を行うという効果を超えているわけであります。課徴金というのは行政制裁ですけれども，過日のある新聞報道によりますと，2010年度の課徴金納付命令額は約720億円だそうであります。対象の会社は156社でありまして，これは過去最高であると報じられております。その背後には，本日もおそらく話題になると思いますけれども，課徴金の減免制度の定着があるのではないかと思います。

要するに，コンプライアンス・プログラムも，究極的には制裁論というものにリンクせざるをえないわけであります。周知のことですけれども，アメリカのいわゆる量刑基準，センテンシング・プログラムなどは，その典型かと思います。私どもの調査でも，質問の最後のほうで，行政制裁や刑事制裁に関する質問もさせていただいております。このようにして，コンプライアンス・プログラムの法律問題も，究極的には制裁の観点を抜きにして考えることはできないというのが，われわれが関わる理由の第2点であります。もっとも，コンプラインアスと言われるものは，いろいろな側面を持って，いろいろな顔を持っているわけであります。したがって，このような法律的観点に絞って議論をする必要もないだろうと思

第2章 〈シンポジウム〉コンプライアンスの現状と課題

います。コンプライアンスあるいはCSRという問題は，今日，インターナショナルな，グローバルな問題となっています。インターナショナル・スタンダードということも問題になっているような時代であります。

　本日は，そういうことで，コンプライアンスをめぐって広い視野からご議論いただければありがたいと願っております。何とぞご協力のほど，よろしくお願い申し上げます。最後に今一度，ご参加くださった多くの方々に御礼を申し上げて，私の最初のご挨拶とさせていただきます。ありがとうございました。

第Ⅱ部　日本における企業コンプライアンス調査と刑事法的観点からの分析

―――――――――― Ⅰ　基調報告 ――――――――――

日本におけるコンプライアンスの現状と課題
――2010年アンケート調査分析結果

――――――――――――――――――――――――――――甲斐克則

はじめに

2010年の秋から年末にかけまして，私どもは，企業アンケート（後掲資料参照）を実施したわけでございますが，実は6年前の2004年にも実施しております。今回，このアンケートで何を目的としたかというと，私どもの問題意識は，この5～6年間，法制度なり企業のあり方，それからコンプライアンス，企業の社会的責任（CSR），これらが随分と変わってきたので，この変化をフォローしないと，2004年に実施したアンケート結果がそのまま今も通用するか少し疑問ではないのか，という学問的関心にあったわけでございます。もちろん，実践的な課題からしても，今，日本の企業が置かれているコンプライアンス，CSR，これらは海外と比較してどういう位置にあるのか，これもきちんと掴んでおかないと，グローバル社会においておそらく太刀打ちできない状況になるであろうという危機感もありまして，このたびアンケートを新たに実施したわけでございます。

特に独占禁止法の改正（2005年）や金融商品取引法の誕生（2006年），こういうものが，確かに大きな効果，いろいろな効果を企業に対して生み出してきました。これがどういうふうに受け止められているのか，という評価もしておかなければいけないわけです。それから，今回のアンケートによって，新たな課題もおそらく浮かび上がるであろう，と考えました。法制度が変わったからすべてコンプライアンス体制も変わったか，良く

なったかというと，これはまだわからないです。適正な評価をして，そこから一定の課題も抽出しなければいけないだろうということ，そしてその中から法規制のあり方というものも探っていこうというのが，今回の調査の狙いでございます。したがいまして，随時2004年のアンケート調査結果との比較も盛り込みながら，以下，報告させていただきます。

なお，これまでのわれわれの成果としましては，会場の入口に見本として置いておきましたけれども，田口守一ほか編『企業犯罪とコンプライアンス・プログラム』（商事法務・2007年）ほか，4冊ほどを世に問うております。関心がある方は，過去のこういう成果も比較していただくと，ありがたいと思います。今日はそれらを踏まえて，今回の調査はいったいどうであったか，という実態報告です。ただし，クロス集計がまだ十分終わっておりませんので，より正確には中間報告という性格であるということもまた，事前にご了解いただきたいと思います。

1　2010年アンケート調査概要

さて，今回のアンケート調査は，2010年11月から12月にかけて郵送方式で行いました。2,496社に質問表を送付しまして，448社から回答を得ました。内訳は，お手元のアンケート用紙の2ページ〔企業と法創造33号（2012年）144－145頁（本書142－153頁）参照〕に表で書いておりますので，ご覧いただきたいと思うのですが，だいたい商業の小売

第2章 〈シンポジウム〉コンプライアンスの現状と課題

業，商業の卸売業，一般機械，電気機器，化学，建設といった順で，まんべんなくいろいろな業種の方々から回答をいただきました。非常に貴重なデータだと思っています。ご協力いただいた企業の方々には本当に感謝申し上げます。

全体の配列ですけれども，2004年に私どもが実施したときには，むしろCSRというところにウエイトがありましたので，その内容が先に来ておりましたけれども，今回はまさに，ずばりコンプライアンスについて先に聞くという順番になっております。内容も今回のほうがかなり細かく聞いているというところに特徴があります。もちろん，2004年に調査したときと今回とで，どこがどう変わったかと比較するためには，2004年の調査の項目もなければいけないというわけで，一定のものは残しております。それから，今回は自由記載欄を随分活用しまして，お手元にも差し障りのない範囲でだいぶ書き抜いておりますので，随時参照していただきたいと思います。

2　アンケート結果の概要
I　コンプライアンスについて

さて，「コンプライアンスについて」というのが第I部でございます。

問1は，「コンプライアンスの防止対象事項」です。多い順に挙げますと，「下請代金の支払遅延」，「守秘義務の徹底」，「欠陥品の製造・販売」，「監督機関への報告義務違反」，「商品・役務内容等の虚偽表示」というのがベスト5という結果になっております。2004年の調査では，「贈収賄」が1番で，2番が「下請代金の支払遅延」，3番が「特許権侵害」，4番が「欠陥品の製造・販売」，5番が「商品・役務内容等の虚偽表示」という順番でした。今回と比較してみると，随分順番が変わったと思います。変わっていないものも若干ありますけれども，トップであった贈収賄の順番が大きく変わったことは，おそらくその数が減ったということでもあるのでしょう。これは，非常に興味深いところです。

それから，今回の調査で6番目に挙がっているのが，「利益相反の回避」です。これは，前回まったく項目に挙がっていなかったのですが，今回37.1％とかなり関心があったということに，私は個人的に興味を引かれたところであります。以上から，企業内部でかなりいろいろな取組みがなされているということがうかがい知れます。

問2は，「社内教育」です。社内教育は随分進んでおりまして，どの企業も大半が実践しているようです。90.1％が年に1度以上は実施しているということで，問題がかなり解消されつつあるだろうと思います。開始時期につきましても，総じて「21世紀に入ってから」という企業が多く，2006年以降まで入れますと，この2つで81.5％になります。この分野で随分古くから活動している企業は，17.9％が2000年以前から社内教育を実施しています。したがいまして，今世紀に入って社内教育はだいたい一般化していると考えて結構かと思います。円グラフを見ても，それが一目瞭然であります。

問3は，「周知徹底方法」です。これもかなり定着していまして，「人事研修」と，「社内セミナー」が82.6％，「イントラネットへの掲載」や「メール」が70.5％，こういうものがかなり定着してきていることが明らかで，これは6年前の2004年の調査と比べても，あまり変化がありません。ますます充実してきていると言えると思います。

問4は，「投資家に対する周知方法」です。実はこの項目は，2004年にはありませんでした。むしろ企業内部だけで徹底しても十分ではないという認識から，今回この項目を設けた次第です。特にこ

第Ⅱ部　日本における企業コンプライアンス調査と刑事法的観点からの分析

の中で興味深いものは,「ホームページ」(55.6%)が最も多いのは当然として,2番目に「有価証券報告書」(52.7%),そして注目されるのが3番目に「コーポレートガバナンス報告書」が48.7%ですから,半分くらいの会社では「コーポレートガバナンス報告書」の中で投資家に周知しているということが特徴として挙げられます。したがいまして,情報開示が進んでいる,と理解できます。

では,「消費者に対する周知方法」についてはどうかというのが**問5**です。今度は逆で,消費者に対しては,「ある程度周知を図っている」という企業が36.6%で,「十分に図っている」という回答を入れましても,半数には行かないというところです。逆に,「あまり周知を図っていない」あるいは「まったく周知を図っていない」という2つの回答を入れると,むしろ半数を超えます。したがいまして,課題がここから浮かび上がってきます。消費者に対してコンプライアンスも含めてきちんと知ってもらうという意味での情報提供をどうするか,ということが1つの課題として残ることが,ここで判明いたします。

問6は,「第三者評価制度」についてです。これも,実はよく図を見てみますとわかるとおり,不十分であります。大学も含め,いろいろなところで第三者評価という制度が入ってきております。ところが,私は,企業ではもっとこの制度の導入数が多いかな,と個人的には期待していたのですが,この数値を見るかぎりでは,そういった「制度がない」という回答が77.7%,「導入予定」が4.5%ですから,現実に「ない」という企業が8割を超すということは意外でありました。これはなぜでしょうか。第三者評価というのは,やはり企業にはなじまないのかどうなのか。これについては,後からまた議論していきたいところです。

問7の「違反行為察知・防止システムの有無」ですが,ほぼ大半の企業に当たる98.7%が「ある」という回答ですので,これ自体は問題ないのですが,むしろ問題は,**問7-1**の「相談窓口」でありましょう。社内でいろいろな不祥事があった場合,どこに相談するか,ということです。ベスト3を挙げてみると,1番目はコンプライアンス関連部署で,273社,61.5%です。これを見るだけでも,2004年の調査のときには,まだこういう部門がある会社はそれほど多くなかったので,この5～6年の間に随分充実したな,という気がします。それから2番目が社外弁護士で54.1%,これは予測されたところであります。その他,法務部とか,コンプライアンス部門の中に法務部があるところもあるし,逆の場合もあるでしょうが,とにかく法務部が多いです。したがいまして,企業では,コンプライアンス関連部署と法務部がかなり活動しており,社外弁護士も活動しております。

ところが,社内弁護士についても,実は,私は個人的には大変注目しておりました。ロー・スクールの時代になりましたので,ロー・スクール修了生が社内弁護士とかで活躍するのではないかということも,当時議論がありましたけども,わずか4社,0.9%で,1%にも満たないというのが意外でした。10%くらいはあるのかな,と思っていましたので,これは予想外でした。したがいまして,企業にとって,やはり社内弁護士を雇うというのはあまりプラスにならないのか,という気がして,ロー・スクールを抱えている大学としては大変気になるところであります。これも,もし余裕があれば,後で議論していただければと思います。

それから**問7-2**は,「通報システムの設置時期」です。これについては,大半が今世紀に入ってからです。厳密に分析

第2章 〈シンポジウム〉コンプライアンスの現状と課題

しますと、そこに書いてあるとおり、「2006年以降」が48.2％で、「2001年から2005年」が46.4％でした。したがいまして、この10年間というのは、日本の企業にとって、いわゆる不祥事の通報システムがかなり普及したのですが、その背景には、言うまでもなく、問7-3にありますとおり、公益通報者保護法の成立・施行がやはり大きな影響を及ぼしているだろうということです。2004年に私どもがこのアンケートを実施したときには、ちょうどこの法律ができたころでした。2004年にこの法律が成立して2006年に施行されました。したがいまして、それと呼応関係にありまして、「システムの構築ができたのは、やはりこの法律ができたからだ」と回答している企業が多かったというのは、当然といえば当然であります。

問題は、それがどういうふうに実施されているか、運用されているかという点です。これが、問8でございまして、74.8％、335社が通報の処理手続をきちんと定めているようでした。したがいまして、かなりの普及率があるという気がいたします。しかも問9で「地位に応じた処理手続の有無」という問いを立てたところ、地位に応じた処理手続を有しているところは少なく（19.9％）、逆に「ない」という企業のほうが78.1％とかなり多い結果となりました。したがいまして、総じて企業は、比較的定型的に処理していると理解してよいかと思います。

その具体例を問9-1で問うたところ、結果をご覧になっていただければわかるとおり、コンプライアンス統括部門、コンプライアンス委員会も含めますと、コンプライアンス関係部門が中心になっています。ここでも、実践的にコンプライアンス体制が社内でかなり確立して活動していることがうかがえるかと思います。

問10は、法令違反行為防止システムの構築方法についてです。このデータを見るかぎりでは、「各企業が独自に構築する」という回答が69.2％ありました。これは、「想定外」と言ったほうが正確かもしれませんが、私はむしろ「業界レベルで」とか、もう少し広いレベルで考えるかな、と思ったのですが、各企業が独自に構築するという選択がかなり多いな、と感じました。これは、よく見ると、各企業の自律性がやはりなお強いということであり、これは良い面にも評価できると思います。他方、同業種間での連携はどうなっているか、ということも少し気になりまして、これも後で議論していただければ、と思います。自分の会社だけで限界がある場合には、やはり業種ごとにいろいろと工夫してルールをつくるなり、あるいは業界外にいろいろサポートを求めるという手もあるかと思うのですが、今回の調査では、むしろ「各企業が独自に構築する」傾向が出ているのが特徴だと思われます。

問11は、コンプライアンス・プログラムの特徴点についてです。これは自由記載の形で書いていただきましたので、目立ったものを書き抜いております。例えば、①会社の経営危機事象（違法行為、災害、事故等）を定め、従業員等の誰もが当該事象を覚知した場合、通報を義務づける制度を運用、②グループ関連会社を含めたコンプライアンス委員会を設置し、定例会を開催、③海外子会社を含め展開、④事業部別の対応、⑤半年毎の教育時の資料もコンプライアンス委員会で作成し、教育管理簿の提出義務づけ、といったように、多様な取組みがなされているようです。したがいまして、コンプライアンス・プログラムというものも、かなり実践的な、効力のあるものになりつつあるという気はいたしました。もちろん、なお課題もあるものと思われます。

第Ⅱ部　日本における企業コンプライアンス調査と刑事法的観点からの分析

Ⅱ　企業の社会的責任（CSR）

さて，第Ⅱ部は，「企業の社会的責任（CSR）」です。これは，2004年のアンケートではトップの項目として設定していたものですけれども，今回は，このように第Ⅱ部に組み入れました。

問12では，CSRとして重視する項目3つを挙げていただきました。その趣旨は，企業としてCSRに関心はあるとして，何がいったい会社にとってCSRになると考えているのか，これを知りたかったわけです。①「地球環境への負荷軽減」が420点，②「事業と密接な関係を有する製品・サービスの安全確保」も418点と圧倒的に多く，この2つが突出していたことが注目されます。②が多かったのは，企業ですから当然のことですが，①の「地球環境への負荷軽減」は，昨今の環境問題への取組みが企業にもかなり重視されてきているということの表れであると思われ，これは評価してよいのではないかと思います。そのほかでは③「情報開示」が232点ですので，これもかなり進んできたな，という気がします。それから④「地域貢献」についても，212点とかなりの点数があります。⑤「反社会的勢力との接触禁止」は190点で，おそらく今後もずっと続くことでありましょうから，だいたいこういう位置を想定していました。

ちなみに，2004年の調査の段階では，CSRのトップ3は，1番目が「企業倫理，法令遵守」，2番目が「公正な証券取引」，3番目が「自由・公正・透明な取引・競争」ということでした。したがいまして，2010年の調査と比較すると，CSRについての意識がかなり変化していることが確認できます。2004年当時は，アンケートを作成するときも，アンケート調査結果を見ても，いったいコンプライアンス・プログラムとCSRはどういう関係だろうかと，みんな混沌とし

ている中でイメージだけが先行していたという印象がありました。ところが，今回の調査を通じて，「企業倫理なり法令遵守はコンプライアンス・プログラムの問題であって，CSRはそれとは少し違った意味での企業の社会的責任だ」という自覚がきちんと出ているように思います。その他，④地域貢献（212点）なども，今回の調査では注目されるところであります。

問13は，「海外企業と取引する際のCSRの照会の有無」を問うたものです。これは，2004年段階でも調査しました。今回も比較してみたいと思い，項目として挙げたものです。この円グラフを見ていただければわかるとおり，「常に行っている」と「ある程度行っている」の割合が合計で28.8％とそれほど多くはありません。これに対して，「あまり行っていない」と「まったく行っていない」を合計しますと67.2％です。したがいまして，海外取引との関係では，CSRの照会というのは，業種にもよるのでしょうが（まだクロス集計をとっていませんのでわかりませんが），まだまだ一般化しているとまでは言い難いという気がするわけであります。

問13-1では，海外企業に対してどんなことをCSRの照会項目としているのか，というその中身を問うてみました。まずは当然ながら，①「事業と密接な関係を有する製品・サービスの安全確保」が97点（34.3％）で1番，次いで②「地球環境への負荷軽減」が94点（33.2％）で2番，それから③「反社会的勢力との接触禁止」が91点（32.2％）で3番，以上がベスト3でした。2004年の調査と比較すると，2004年の時には，①「環境負荷軽減，省エネ」，②「企業倫理，法令遵守」，③「健康，安全」というのがベスト3でしたので，これも若干，変動しています。

第2章 〈シンポジウム〉コンプライアンスの現状と課題

今回の調査では，以上のことを前提に，問14では，「CSRの特徴点」について自由に記載していただきました。全部を取り上げることはできませんが，めぼしいものだけを取り上げてみましょう。「環境マネジメントシステム」，「環境保全と地域貢献」，「環境経営と環境金融→エコ・ファースト企業」など，環境に関するものが多かったです。やはり企業にとっては，長期的な視点でのCSRを自覚している点に特徴があります。したがいまして，環境というのが，当然ながら重視されるわけです。それから地域貢献もかなりあります。地域貢献の中にも災害復旧，これは大震災の前でしたけれども，建設業などでも「災害復旧等の地域貢献」を挙げているところもございまして，多様化しているという気がしました。あるいは「誠実な経営＝ステークホルダーの立場に立った経営」を挙げていることも興味深かったところであります。

いずれにせよ，各企業がCSRについて自覚的に「何が自分の企業としてできるか」という姿勢で一生懸命取り組んでいるのが，今回は強くうかがわれた次第であります。

Ⅲ　被害経験について

第Ⅲ部は，「被害経験について」です。問15「過去5年間の被害経験」については，企業として被害経験のあったところはそれほど多くはなく，わずか26件(5.8％)でした。問15-1「相手の企業」は，国内企業が13件(50.0％)，海外企業が7件(25.9％)でした。問15-2「法令違反に関与させられそうになった経験」がある企業は，50件(11.2％)でした。

その「被害経験の内容」を問うたのが，問16です。加害者が国内企業の場合のベスト3は，1番目が「欠陥品の製造・販売」で6件(23.1％)，2番目が「商品・役務内容等の虚偽表示」で5件(19.2％)，3番目が「特許権侵害」で3件(11.5％)です。加害者が海外企業の場合には，1番目が「類似商品」で6件(23.1％)，2番目が「特許権侵害」で4件(14.4％)，3番目が「欠陥品の製造・販売」で4件(15.4％)ということで，おおむね項目としては似たところがあるかな，という気がいたします。

ただ，それがトラブルになった場合，法的対応は十分か，ということが問題となります。問17は，「被害に遭遇した場合の法的対応の満足度」について尋ねたものです。国内の法的対応では，回答いただいた企業の半分(50％)に当たる13の企業が「ある程度満足」ということですけれども，「やや不満」が3件(11.5％)，「不満」が3件(11.5％)と，不満を感じている企業も一定数あります。全体として，法的対応はまだ不十分ではないか，という気がします。海外の法的対応になりますと，「やや不満」が5件(19.2％)，「不満」が1件(3.8％)，他方，「ある程度満足」が4件(15.4％)，「かなり満足」が1件(3.8％)という具合に拮抗しています。

問17-1では，「不満の具体例」を自由記載で書いていただきました。10個ほど挙げてみると，「被害者側の立証責任が大きい(国内)」，「訴訟提起の負担(金銭を含む)が大きい(海外)」，「海外の法制度の違い，一部の国の法制度の不透明さ」，「間接的な被害(売上返上・減少)」，「業務停滞に伴う，補填賠償を求めることができない点」，「弁護士費用，訴訟手続の過程で生じる費用(例：米国でのディスカバリー手続対応費用)，執行手続費用が大きく，権利行使しても十分な損害回復困難」，「自国保護主義(中国)」，「司法手続と行政手続の機能・権限分配・手続そのものが不明確(中国)」，「損害賠償は事後救済であり，立証困難で泣寝入りになることあり」，「風評被害

の金銭算定が困難」という例が記載されていました。いろいろな国がありますので、それぞれの取引慣行や法制度などの違いから取引においてトラブルが発生しますが、十分な解決をするのが難しいと感じている企業が多いようです。

問題は、そこから先です。問 18 では、「被害に遭遇した場合の刑事告訴・告発の検討」について尋ねました。刑事法を専門とするわれわれとしては、この点に関心があったわけですが、意外と企業は動かない傾向があり、何と「告訴・告発を検討しない」が 16 社（61.5％）であり、「告訴・告発を検討する」の 7 社（11.5％）を大きく上回りました。

これと関連して、問 18-1 で、「社内の告訴・告発基準の有無」を尋ねたところ、「不明・無回答」が 14 社（53.3％）と、なぜか多くありました。理由はわかりません。また、「ない」と回答した企業 10 社（38.5％）が、「ある」と回答した企業 2 社（7.7％）を大きく上回りました。したがいまして、被害を受けたのだけれども、どう対応してよいかわからないというのが現状ではないかと思われます。つまり、もどかしさといいましょうか、「被害を受けたことはわかっているけれども、そこから先にさらに進めるには、法制度も不十分だし、手続も不十分で、何か面倒くさいな」という状況があるのかもしれません。これについては、あとからディスカッションでご教示賜りたいと思います。

問 18-2「告訴に対する当局の対応」も、「ある程度満足」と回答したのは 3 社（11.5％）にすぎず、これに対して、「不満」が 2 社（7.7％）、「やや不満」が 3 社（11.5％）です。また、「不明・無回答」が 18 社（69.2％）と多いことをどう捉えてよいのか、迷いますが、この数値は評価しにくいところであります。要するに、どう対応してよいかわからな

い、というのが正直なところではないか、と思います。

なお、問 18-3「不満を感じる具体例」としては、「この種の事案で当局の対応を信用しない」、「対応が遅い（中国、台湾）」、「告訴人から多大な働きかけが必要（台湾）」、「調査能力がない（台湾）」、「手続が不明確（台湾）」、「実質的に機能せず、対応も遅い」といった内容が寄せられています。総じて、近隣諸国も含めて「対応が遅い」ということが指摘できます。あるいは「告訴しても、そこから先、多大なエネルギーが必要だ」とか「調査能力がない」とか「手続が遅い」ということから、結局、「何かしようとしても当局が機能しない」ということになるように思われます。これについては、今後、国際的に何らかの働きかけをしないと効果がなく、各企業に委ねたのでは不十分だと考えられます。

Ⅳ 制裁制度のあり方について

さて、第Ⅳ部は、「制裁制度のあり方」について問うております。特に 2005 年の独禁法改正により、課徴金が引き上げられました。これも大変興味深いところであり、企業の方はどう受け止めているのだろうか、関心があります。

問 19 で「独禁法改正に伴う課徴金の引上げ」について尋ねたところ、「高額すぎる」と回答した企業が 15.2％でしたけれども、「相当な額である」と回答した企業が 77.5％もあり、予想以上の支持をしています。企業としては高額すぎて厳しいのではないか、と私は予測していましたが、かなりの企業が「この程度でよいのではないか」という評価をしていることが判明しました。

問 19-1 でその「理由」を自由に記載していただきました。まず、いくつかの肯定的な回答をピックアップします。①「法令順守の徹底の面からも厳罰傾向はある程度やむをえない」、②「欧米

第2章 〈シンポジウム〉コンプライアンスの現状と課題

と比較すると低すぎるという議論もあるが，抑止力としては十分である」，③「法令順守を最優先とする会社方針（社長言明）は浸透しており，万一違反行為の発生が判明した場合，速やかな申出により減免適用を選択する用意がある」，④「税引き後の当期純利益率の平均を考えると，この課徴金額は，カルテル等の違法行為に手を染めることが割に合わないことを十二分に知らしめるものといえる」，⑤「課徴金が，違反行為をした企業への制裁という意味合いや，不当利得の剥奪という要素があることは理解できるし，例えば，大企業であれば，売上額の10％という課徴金が課されることは，企業にとって大きな金銭的負担となるため，十分制裁という機能を果たす」，⑥「米国，EU等との比較において，わが国の競争法制の国際的ハーモナイゼーションの視点から，ようやく標準的な課徴金レベルに近づけることができたものと評価できる」。

以上のような好意的な評価がある反面，以下のような批判的回答もありました。①「デフレ経済下で利益率の低減が見られる」，②「企業・業種により利益率が異なる」，③「何をもって売上高の10％なのか根拠不明」，④「日本の場合，欧米（特にEU）に比べてカルテル・談合に対する課徴金の額が小さすぎ，経営者が違反を本気で食い止めるインセンティブが起こりにくい（談合で得た利益のほうが課徴金額より大きい）」，⑤「利益率と比較して高すぎ，課徴金が会社の生命を絶つ可能性がある」，⑥「課徴金は本来，違反行為によって得られた利益を取り上げようとするものであったが，利益率はそれほど高くない（10％）」，⑦「売上で決めるのではなく，利益で算定すべきではないか」，⑧卸売業の利益率は1％を超えている企業が少ない中で，2％は，いかがなものか」，⑨「抑止効果を求めるにしても過大である」，⑩「独禁法の適用自体が基準不明確」，⑪「企業の存続に影響を及ぼしかねず，金商法と比較しても高額にすぎる感がある」，⑫「カルテル等は厳格に取り締まるべきだが，規制を強化することで企業活動が萎縮する危険もある」，⑬「自社の利益率から判断すると非常に大きく感じる」，⑭「事実上の刑罰とも言えるほどの高額になる事例もあり，裁判を経ないで徴収するのは無理がある」。

以上のように，評価が分かれましたが，全体としては，課徴金の引上げに批判的な回答が多く，特に利益率に対する批判が多かったように思います。この点についても，後からいろいろとサジェスチョンをいただければありがたいと思っております。

問20では，「リニエンシー制度」について尋ねました。これには，私どもも随分関心を持ってきました。2004年に調査を実施したとき，ちょうどリニエンシー制度が導入されるかどうかという時期でした。その後，2005年にこれが導入されて以来，いったいどのように定着したのか，大変興味がありました。課徴金ですから，本来の正式な刑事手続に則った制裁というわけではなく，正確に言えば，行政制裁の範疇でしょうけれども，自ら違反したことを通報して課徴金の額を下げてもらう，あるいは免除してもらうという法制度が，日本の企業風土・企業文化になじむのか，こういうことを含めて私どもは，随分関心を持ってきました。「十分に評価できる」という回答が29.2％，「やや評価できる」という回答が55.1％でした。「やや」というのがどういう意味合いか，質問の仕方が悪かったのかもしれませんが，「諸手を挙げて良いとは言わないけれども，効果ということで考えたらやむをえないので，評価する」ということではないかと推測

101

第Ⅱ部　日本における企業コンプライアンス調査と刑事法的観点からの分析

します。これは，自由記述からうかがえる次第です。なお，「あまり評価できない」は10.1％，「まったく評価できない」は1.1％です。総じて84.3％が好意的に評価しており，11.1％の批判的回答を大きく上回っています。

問20-1でその「理由」を自由記載形式で問うています。今回のこの質問は，このアンケート調査の目玉の1つでもあったのですが，自由記載欄に挙がった意見を，肯定的回答，否定的回答，そして課題呈示，の3つに分けてみましょう。結構熱心に書いていただきました。私も今回，自由記載欄をボロボロになるまで読み尽くしまして，こんなに丁重に回答していただいて本当にありがたいと思っております。

まず，肯定的回答として以下のものが挙げられました。①「法律の本来の意義とズレがある気がするが，1つの試みとして，実態を把握する意味では評価できる」，②「現実に制度導入によって結果が出ている」，③「抑止効果を期待でき，独禁法の性格からしても内部通報的措置はある程度必要」，④「日本社会に適するか，という問題はあったが，実績は上がっている」（複数），⑤「カルテル等の防止・公正な競争の確保に役立つ」（複数），⑥「法の下の平等に反する面はあるが，違法行為を減らすための1手法・インセンティブとして評価できる」（複数），⑦「不正の隠蔽が困難になり，抑止効果が高まっている」（多数），⑧「コンプライアンス意識の発露として有用」，⑨「経済的損失を軽減でき，事業活動を継続でき，協力により事件の早期解決もでき，隠蔽体質がなくなる」。

つぎに，批判的回答として以下のものが挙げられました。①「違法行為の当事者が，他社（業界）を巻き込んでおきながら，いち早くリニエンシーを行い，マッチポンプ的に罪を免れるようなことが起きる」，②「リニエンシー手続をしなかったことで株主代表訴訟が提起されている会社があるが，本末転倒」，③「日本の企業風土には時期尚早」，④「告発者を促し，真相解明のために有効な手段と考えるが，節操のない世の中になる」，⑤「社長がリニエンシーを拒否すれば申告できない」，⑥「金額免除は企業による『やり逃げ』を助長しかねない」（複数），⑦「減額基準の根拠が不明」，⑧「談合において主導的役割を果たした大企業が真っ先に減免を受けられるのは，本来の法の趣旨ではない」，⑨「2番目以降の減額は公取の手間を省くためのものではないか」。

さらに，課題を呈示する回答として以下の3点が挙げられました。①「制度の濫用の懸念があり，公取のガイドラインの一層の明確化が望まれる」，②「改善点として，(1)首謀者にもリニエンシーを認めている点，(2)1番通報者と2番通報者との差異が大きく，実質的に不公平である点，が挙げられる」，③「リニエンシー制度の周辺手続の整備（弁護士秘匿特権や申請人保護制度等）が国際基準から見て不十分であり，国際カルテル事業においては，米国・EUとの比較上，多額の損害賠償につながる証拠法上のリスクがあり，今後の改善課題である」。

以上のように，正直な感想がここの自由記述欄に出ているのではないかと思います。「日本の企業には時期尚早ではないか」という意見も一定数ありましたが，全体としては，よい効果が上がっている部分もあるようです。リニエンシー制度の本来の目的を達成するためには，ただ単にこの制度を駆け引きのために使うのではなく，やはり再発防止との関係から，早く原因を解明して対策を練るという点にウエイトを置いたほうがよいということではないか，と推測します。なお，「制度の濫用の懸念もあるので，やむを

第2章 〈シンポジウム〉コンプライアンスの現状と課題

得ないけれども公取のガイドラインをもっと明確にしてくれ」という意見もありました。公取の方がこれをどう受け止めるか，これも興味深いところです。また，「リニエンシー制度の周辺手続の整備が国際的観点から見て不十分」という回答は，専門的観点から大変興味深いご意見で，「弁護士秘匿特権や申請人保護制度というものも考えないと国際基準から見るとやはり不十分ではないか。特に国際カルテル事業においては，米国やEUと比較すると，多額の損害賠償につながる証拠法上のリスクがあるので，今後，こういうものをクリアしないといけない」と私も思います。これは，大変貴重な指摘だろうと思います。業種にもよるとは思いますが，国際レベルでこれがどうなっているか，今後の検討課題として一緒に考えたいと思います。

それから，問21は，今のことに関係しますが，「行政調査に対する権利保障」についての質問です。刑事手続ではないとはいえ，行政調査においてもやはり権利保障が必要ではないか，ということを問う趣旨です。これについては，「権利保障を考える必要がある」と回答した企業が53.8％ありました。これは，「考える必要がない」という回答（6.9％）と比べると，圧倒的に多く，それだけ問題意識がはっきりしてきているわけであります。

V 法的処分に係る経験について

第V部は，「法的処分に係る経験」について問うものです。これも，刑事法的観点から，われわれの関心が高いところです。

問22は，「法令違反行為の自主公表の基準」について尋ねたものです。「基準がある」という企業が45.5％ですが，50.4％がまだ決めていないということです。これも，ジレンマに陥るところだろうとは思いますが，やはり何らかの対応を迫られるのではないかと思います。不利益なものについても情報開示をしていくということが，過剰な制裁を取り込まないという意味でも，逆に企業が率先して認めると効果が上がるという考えも一方ではありますので，それとの関係が今後の課題ではないかと思います。

問22-1は，それとの関係で，「公表・開示基準をどのように意思決定しているのか」を自由記載形式で尋ねたものです。多くの企業が，やはり取締役会を挙げています。この中には，コンプライアンス委員会とか管理本部を経たうえで最終的には取締役会が決めるところが多いようです。また，緊急時には社長が決裁をする企業もあります。その他，開示委員会，社内基準，危機管理委員会，コンプライアンス委員会も挙がっております。興味深いのは，「東証上場基準」を挙げている企業がかなりあったことです。これが示す課題は何かというと，今回，われわれが調査したのは，2004年の場合と同じく東証の第一部上場企業が中心でしたので，それ以外の中小の企業になりますと，逆にこの基準が適用されなくなるということでもあります。広く企業にコンプライアンスなり一連の法令違反の防止を要求する場合には，東証の上場基準だけでよいかどうか，検討の余地があるかと思います。もう少し一般化して何かインパクトのある基準が設定できるかということが，課題として浮かび上がった気がします。その他，「外部設置のホットライン」なども以前に比べると活用されているようです。

なお，「違反」といっても，さまざまなレベルがありまして，行政処分をすべて開示している会社もありましたが，重大なものに限定している会社もありました。したがいまして，今後は，会社の自主判断ではありましょうけれども，どの程度公表すれば納得してもらえるのか，

第Ⅱ部　日本における企業コンプライアンス調査と刑事法的観点からの分析

という詰めが必要かと思います。

さて，問23は，「2006年以降の行政処分経験」を尋ねていますが，「ある」という企業が18.3％でした。したがいまして，今回の調査対象は優良企業が多いからでしょうか，「ない」という企業が74.8％とほとんどでした。

問23-1では，行政処分を受けた経験が「ある」と回答していただいた企業に，「行政処分内容」を自由記述方式でお尋ねしました。法令名だけでまとめましたけれども，やはり独禁法違反による排除措置命令・課徴金納付命令が29件とトップでした。続いて，建設業法違反7件，下請法違反4件，欧州競争法違反3件，競争法違反2件，景表法違反による排除勧告2件，さらには，貨物自動車運送事業法違反，外為法違反，個人情報保護法違反，宅地建物取引業法65条違反，保険業法違反，有価証券法違反，ガス事業法保安規定違反，金融商品取引法違反，労災法違反，関税法違反，安全衛生法違反が，それぞれ1件でした。こうしてみると，独禁法は，企業に対してやはり有力な規制根拠となる法律になっているということが一目瞭然です。

問24は，「刑事責任を課された経験」を尋ねたものです。刑事法グループとしては，当然ながら，これについても大変関心が深かったわけですが，刑事責任を課せられた経験が「ある」という企業は，わずか6.9％で，「ない」という企業は83.3％でした。やはり今回協力していただいた企業は全体としては優良企業が多かったということでありましょう。

では，どういう処分内容だったか，「刑事処分の内容」を自由記載方式でお尋ねしたのが，問24-1です。数少ない貴重な経験ですので，列挙しますと，入札談合罪（独禁法違反）5件，交通事故2件，窃盗罪2件，詐欺罪2件，横領罪2件，ほかは，業務上過失傷害罪（ガス漏れ事故），競売入札妨害罪，あっせん利得処罰法違反，外為法違反，食品衛生法違反，政治資金規正法違反，贈賄罪，談合罪（刑法），水質汚濁防止法違反，関税法違反，道路交通法違反がそれぞれ1件でした。やはり予測どおり，独禁法違反，特に入札談合罪が目立ちます。回答したもともとの数値が少ないので多いとは言えないのですが，その中でも独禁法違反の入札談合罪が目立つということです。あとは，企業組織に起因する犯罪と従業員の個別事情に起因する犯罪に分かれます。

問24-2は，「懲戒処分決定の段階」についてお尋ねしたものです。換言しますと，「従業員等が何か違反をした場合，どういう懲戒処分手続になっていますか」という問いを立てた次第です。企業の法務部の方は，この点に関心が深いと思います。これは，回答が分かれました。「逮捕の段階」が13.4％，「起訴の段階」が14.7％，「判決の段階」が6.3％，「判決確定の段階」が26.6％でした。ということは，企業としては，不祥事を行った従業員に対して懲戒処分をする際に，できるだけ公的な判断，特に司法の判断を待つ傾向が強いということが，調査からうかがえます。もちろん，そうでないと，不利益処分を課すわけですから，より慎重にならざるをえないことは明らかですけれども，逆に言うと，司法判断というものがそれだけ重みを増すということを，司法関係者は受け止めなければいけないと思うわけであります。

問25は，「法令遵守の配慮と刑事法上の法的効果の関係の評価」についての質問です。「刑事訴追を控えるべきだ」という企業が19％に対して，「より緩やかな量刑を行うべきだ」という企業が61％という結果でした。法令遵守をしなかったがためにどういう結果になるかということを考えた場合，緩やかな量刑を

第2章 〈シンポジウム〉コンプライアンスの現状と課題

望む企業が61％もあったのは，予想以上に多かったように思います。この原因は，実は企業の方もいろいろ錯綜しておられる部分があるからではないか，と思います。これは，刑罰の種類にもよると思います。

これは，例えば，行政制裁としての課徴金と対比して見るとわかりやすいと思います。問26は，「課徴金等の加重に対する評価」についてお尋ねしたものです。これについて，「かなり効果がある」と回答した企業が22％，「ある程度効果がある」と回答した企業が69％で，これらを合わせますと90％を超える割合になるわけです。したがいまして，むしろ課徴金という制度のほうが効果があるというふうにも読めます。

他方，それと関連して「企業に対する刑事制裁のあり方」を問27でお尋ねしたところ，「罰金刑だけでよい」と回答した企業が41.3％でした。罰金刑は，現行法でもあるわけです。ところが，それ以外の制裁，つまり刑事制裁として「企業名の公表」，「企業の保護観察」，「企業の入札からの排除」等を導入したらどうかという回答が実は51.8％と半数以上に上ったというのが，刑法学者としては大変関心が持たれたところであります。と申しますのも，逆に言うと，現在の刑事制裁システムには満足していない企業が半数以上あると推測できるからであります。ただ単に罰金を科すというレベルでは，先ほどの課徴金と比べるとお金の問題ですから，同じですが，それよりも効き目があるのは，やはり企業名の公表といったような制裁ではないかという推測もつくわけです。これも，あとから議論して取り上げたいと思います。

問27-1は，「その他の制裁・企業犯罪類型創設」について自由記載方式でお尋ねしたものです。「強制解散等，社会から退場させる仕組み」，「親告罪の排除」，「企業名の公表」，「入札からの排除」，「ネット犯罪」，「マスコミの無責任な報道の規制」という提言が記載されていました。もちろん，表現の自由，報道の自由との関係が出てくるという問題も含んでいますので，慎重な検討を要する部分もあります。

さて，問28は，「行政制裁と刑事制裁の抑止効の比較」についてお尋ねしたものです。先ほどの罰金と課徴金の関係に関する問題意識がここにつながっているわけです。多くの企業（65.4％）が「課徴金のほうが効果がある」と回答しており，「罰金のほうが効果がある」という回答（25.7％）の倍以上あり，課徴金のほうに軍配を上げております。おそらくこれは，課徴金のほうが金額が大きいという事情もあるのだろうと思います。それから，罰金については刑事制裁であることから，逆に企業としては「有罪」というレッテルを貼られるラベリング効果を恐れているという事情もあるのかもしれません。この効果の比較は大変難しいものであり，これについても，あとから議論しておきたいところです。

問29は，「法人処罰のあり方」についてお尋ねしました。これも，私ども刑法学者としては大変関心があるところで，刑法学者の間でもずっと議論が続いているところです。ヨーロッパ，アメリカをはじめ，先進国で法人処罰を一般に肯定する国が増えてきました。ドイツのように，秩序違反法という法律で対応している国もありますが，多くの先進国では，法人が犯罪行為一般を行いうるということで，法人犯罪を刑法典の中に組み入れておりますし，イタリアのように「企業刑法」という新たな法律を独自に設けている国もあります。日本は今後どうなるのか，今回のテーマは，「法人処罰の今後のゆくえ」を見定める意味で重要なテーマになりました。調査によると，

105

第Ⅱ部　日本における企業コンプライアンス調査と刑事法的観点からの分析

55.4％が「法人自体を処罰するほうがよい」と回答し，35.9％が「現行法のように個人を基本に処罰するほうがよい」と回答しております。したがいまして，半数以上の企業が法人処罰してもよいという考えを持っています。

課題は，この法人処罰の中に何を盛り込むかということでしょう。先ほどの罰金と課徴金の関係を考えると，法人を罰するとして罰金だけで済むかというと，罰金よりは課徴金のほうが効果があるということですので，それとの整合性をどう捉えるのか，これも，今回のアンケートで浮き彫りになってきたと思います。したがいまして，新たな制度を設けて，企業名の公表とか，その他，新たな類型を設けるのか，これについては，あとで松澤伸教授から指摘していただけるのではないかと思っております。

Ⅵ　その他（自由記載）

最後が，その他（自由記載）であり，自由記載欄に相当の意見が寄せられています。これも全部挙げることはいたしませんが，まず，複数挙がったものを中心にまとめてみます。

①「営業職に対するコンプライアンス教育において，どこまで研修を施せばよいか」（3件），つまり，コンプライアンス教育が大事であることはわかるけれども，何をどこまで実施すればよいかということに悩んでいる企業もありました。また，②「中小企業においても，コンプライアンスの重要性を啓発し，法による統制も必要」という意見（2件），「些細なコンプライアンス違反についてどのように対処すべきか，悩ましい」という意見（2件），「コンプライアンスという概念が単なる法令順守という狭い範囲で社内外で捉えられがちだが，法令も含めた広く社会の要請に応えることが本来的意味」という意見（2件）もありました。

つぎに，単発的ながら，積極的意見としては，「日頃より社員全員の意識啓発，モチベーションの維持と健康管理が大切」，「日弁連や業界団体を通して，さらなる啓蒙活動推進を望む」，「会社法の中で取締役就任の際にコンプライアンス違反をしないよう誓約書提出を義務づける」，「日本企業の競争力アップ，海外投資家からの投資増加のため，コンプライアンス重視はますます求められる」，「コンプライアンス向上のためには，ステークホルダーの期待，支持，圧力，評価といった活動を通じて企業の基礎的要件として取り込まれるべきだ」，「コンプライアンスの評価については企業毎の特性に合わせて企業毎に自律的に制度設計すべきという原則からは，単に表面上の規律を厳しく定めるのではなく個々の企業固有の事情に照らしその実効性と妥当性から判断すべきだ」という意見が注目されます。

他方，消極的な意見として，「社内教育をしても内部統制の効果は限定的なので，あまり過大な期待をしないほうがよい」，「企業に対する要求レベルが高まり続ける一方で，企業を構成する個人の意識向上には限界がある」，「『コンプライアンス』という言葉が，その定義について社会的コンセンサスが得られる前に流行してしまったため，社内でも，『何だかわからないけどコンプライアンスの問題』と捉えられる事例が多い」，「制裁をむやみに重くすることで活力が低下する」という意見が参考になります。また，「日本企業のコンプライアンス，特にカルテル・談合の領域は，経営幹部・従業員とも建前と本音（業界の共存秩序のためにはやむをえない必要悪）の乖離がいまだに大きく，人事面でも，後者を優先する会社が多い」という意見も傾聴に値します。

それ以外の意見を見てみると，結局は，社内教育等を通じて個人の意識啓発，意

第 2 章 〈シンポジウム〉コンプライアンスの現状と課題

識を高めるということが大事で，コンプライアンスあるいは法規制ということばかりを強調しすぎても，不祥事問題をすべて解決することにはならないと考えている企業も多いことがわかります。この点についても，あとからコメンテーターの方にいろいろご意見をいただけるのではないかと思います。そういう意味では，ここに書かれている自由記載欄というのは，本音を書いていただきまして大変参考になるわけであります。「何でもかんでもルール，コンプライアンス」ということになると，萎縮効果をもたらすということも指摘されておりますので，いったいこの状況でどういうコンプライアンスが重要なのか，ということを見極めるのが今後の課題と言えましょうか。

3 コンプライアンスの課題

以上の分析からとりあえずの総括をしてみます。第 1 に，2004 年の時のアンケート結果と比較すると，コンプライアンスと CSR，それから公益通報者保護法は相当定着してきたと言えます。以前は議論が混同していたものも，その後うまく切り分けられて，それぞれ企業自身もコンプライアンスの意義，CSR の意義をしっかりと受け止めて，各企業で努力していることがうかがえます。

第 2 に，特に，コンプライアンスという概念が単なる法令遵守という狭い範囲で捉えられる傾向にありますけれども，そうではない点も再確認すべきです。コンプライアンスというのは，法令違反もちろん含むのですけれども，広く社会の要請に応えること，要するに広い意味での企業倫理というものも入るのだということを自覚する必要があります。ごく最近のいろいろな不祥事などを見ても，そういうふうに捉えるかどうか，なお企業間でギャップがあると思います。あるいは中小企業にこれをどういうふうに理解してもらうかということなども含めて，課題はある程度浮かび上がったかと思います。それからコンプライアンスの具体的内容については，業種や規模によりなお理解に差があるということです。これは，自由記載欄からもうかがえましたし，今やろうとしているクロス集計でもそういうものが一部うかがえます。これをどのように解消していくかも重要な課題です。

第 3 に，リニエンシー制度については評価が分かれていまして，好意的評価がやや多いとはいえ，今後これを維持するのか，あるいは少し修正するのか，この動向を注目する必要があります。

第 4 に，法規制・法的制裁については，一方で課徴金の効果に期待しながらも，他方で法人処罰を望むというように，企業自身でもなお動揺が見られるところがあります。この点については刑法学者でも意見が分かれるところですので，幅広い観点から今後も議論を継続して，いかなる制裁が有効かということを，刑事制裁の限界も含めて議論していただきたいと思います。特に刑事制裁のあり方については，現行法の枠組みを維持するのか，思い切って法人処罰の方向へいくのか，これも先ほど指摘したとおり，課題となっているところです。

第 5 に，国際レベルでどのようにハーモナイゼーションを進めていくか，も重要な課題です。実は私ども，本来は本年（2011 年）9 月に国際シンポジウムを行う予定でしたけれども，東日本大震災とその後の一連の原発事故問題などもありまして，やむなく中止になりました。しかし，国際調査は行っていますので，それらを踏まえて国際レベルでもなお検討していきたいと思います。

第Ⅱ部　日本における企業コンプライアンス調査と刑事法的観点からの分析

Ⅱ　コメントと討論

(1) コメント

甲斐　それでは，ここでコメントをいただきたいと思います。4人の方にコメントをお願いしております。まずトップバッターは，東芝の法務部長をしておられます島岡聖也様にお願いしたいと思います。よろしくお願いいたします。

島岡聖也　ただいまご紹介いただきました，東芝の法務部におります島岡でございます。実は企画段階から先生方にご協力を差し上げるチャンスもございまして，また今日もコメントをさせていただく機会を与えていただきまして，大変ありがたく思っております。それでは，お時間もございますので，さっそく私からのコメントをさせていただきます。

端的に申し上げまして，今回の調査は5年前の調査と比較してどういう点が変わってきているのだろうかというところもございますけれども，むしろ私ども企業実務をやっている立場から見まして，企業法務から見ると今回の調査の意義がどういうところにあるかという点につきまして，全部はとてもコメントできませんけれども，いくつかご指摘をさせていただければと思っております。

5つほどお話をしたいと思います。第1に，先ほど甲斐先生からご指摘がありましたように，コンプライアンスとCSRというのは，いったい企業実務ではどう捉えているのだろうか，という点でございます。

第2に，コンプライアンスと広い意味でのリスク管理あるいは内部統制の関係というのも企業としてはどう捉えられているか，という点でございます。

第3に，当然時代が変わり，さまざまな環境が変わり，経営の方針もよりコンプライアンス経営ということを意識するようになっているのは間違いないと思いますが，コンプライアンスの重点というものがどう移ってきているのだろうか，という点でございます。

第4に，特に私どもが申すまでもなく，国際競争が非常に激化する中で，ルールをグローバルに統一していくこと，つまり，ハーモナイゼーションをどのようにするか，という点もあります。それによって，日本の企業が置かれている問題点や課題のようなものが逆にクローズアップされる，と思います。これは，日本の企業の問題でもありますけれども，日本の制度の問題でもありうるということをご指摘申し上げたいと思います。

第5に，いずれにしましても，ゴールは，企業不祥事をいかになくすかということなのですが，その意味で，甲斐先生からもお話のありました刑事の規制，民事の規制，あるいは別の言い方をしますと，ハードローがよいのかソフトローでよいのか，いろいろな組合わせがあると思います。そのあたりについて若干コメントを申し上げたいと思います。

恐縮ですが，今日は東芝の見解を代表して申し上げるというポジションではございませんので，個人的な見解ということでご了承を賜りたいと思います。

第1に，CSRの問題です。先ほどの調査結果にもありますように，地球環境が今回は非常に大きく出ており，その他の問題として，特に前回の調査から比べるとコンプライアンスというところがなんとなく見えなくなっているけれども，これはどういうことなのか，ということです。

釈迦に説法のようなお話で恐縮ですが，おそらく私の理解では，CSRが体系的に整備をされて話が出てきたのは，1999年の国連のグローバル・コンパクトから

第2章　〈シンポジウム〉コンプライアンスの現状と課題

です。当時，アナン事務総長が，人権・労働・環境・腐敗防止を提唱されました。その当時の環境は，南北問題がありまして，特に格差からくる問題をむしろ先進国側で対処すべきであり，それがCSRなんだ，という発想で始まったものではないか，と思います。ですから，必ずしもコンプライアンスではなかったような印象でございます。

現在よく言われますのは，CSRというのは経済的側面と環境問題と社会的側面があり（トリプルボトムライン），いずれにしても目標は，企業が持続的に成長していくことで（サステナビリティ），これを追求するためにはどうしても必要な要素であるということです。そのベースにあるのが，実は法令遵守であり，ガバナンスであり，リスクの問題あるいは内部統制の問題である，というように整理するのが今の考え方のようでして，CSRというのは，社会と環境の両面の配慮を企業が自主的にやることで，しかもそれを，事業を通してやるのであり，特別な問題ではない，というわけです。昔，メセナやフィランソロフィーと言われた時代は，なんとなくお金で善意を売っているというような，ややうさんくさい印象を確かに社会に与えたのではないかと思いますが，今は，そういう意味では，法的要請や契約上の義務を超えた自主的な企業の責任であるというふうに捉えているようであります。その意味で，先ほど甲斐先生からお話がありましたように，コンプライアンスの問題とCSRの問題というものは，すでにある程度棲み分けができていますが，ただ，それは一体のものであり，ベースにあるものはコンプライアンスで，さらにその上に積んでいるものがCSRであるというイメージになっているのではないか，と思います。

経団連が同じような調査をしていまして，2005年の調査ですと，最も高いところにありますのは，やはりコンプライアンスと法令遵守でした。それが2009年の調査では，やはり間違いなく環境がトップに出ておりまして，85％の会社が「CSRといえば環境だ」というふうに見ているようです。これは，先ほどからご説明しましたものが企業に定着してきている証拠ではないか，と思います。

株価という問題で考えたときに，よく社会的責任投資ということで，CSRに熱心な会社をアナリストが取り上げて評価してくれるということが最近非常に出てきております。ダウンサイドを避けるというのは，もちろん，企業価値の毀損を防衛する意味では，リスクやコンプライアンスの問題でしっかり守るべきであって，アウトパフォームサイド（プラスの企業価値）というのはCSRの問題だというふうに，どうも株価という意味で捉えているようであります。CSRについては以上でございます。

第2に，内部統制とか，広い意味でのリスク管理の中で，コンプライアンスの位置づけをどう考えるか，ということであります。今回の調査の中で，特に社内にコンプライアンスの姿勢を周知徹底することは当たり前ですが，なぜ社外に周知徹底をしていくのか，という観点から申し上げます。自分できちんとコントロールしていればそれで済むはずなのですが，むしろ今の企業姿勢としては，きちんと努力していることを，従業員だけではなく，さまざまなステークホルダー（株主，お客さま，一般の投資家）にもきちんと説明をしていくべきだと思います。消費者に対してもそうです。しかも，第三者評価も，少ないですがやっていくということで，常にベースになりますコンプライアンスやリスクという問題に，いかに真正面から取り組んでいるか，ということを説明するために非常に重要だ

第Ⅱ部　日本における企業コンプライアンス調査と刑事法的観点からの分析

という意識が，経営者には当然あるわけです。その意味で，かつてのリスク・コンプライアンスの考え方とは違ってきているのではないか，というのが今回の結果からの印象であります。

それから，従来のコンプライアンス・プログラムがどう変わってきているか，ということですが，特にグループのグローバル化を，どう親会社がコントロールするか，ということが非常に大きな課題になっているということが今回の調査からも見えます。それを少し細かく説明申し上げたいと思います。

これは会社法の関係の話で，今日は直接関係ない話ですが，ご承知のとおり，会社法施行規則の100条では，損益の危険の管理，いわゆるリスク・コンプライアンス体制を整えること，それから，使用人の職務の執行が法令や定款に適合するということ，これを倫理規程とか行動基準とかいろいろなマニュアルを整備して，まず自社についてやるということと同時に，3番目ですが，企業グループとして当然これをやっていくということが親会社としての一種の義務である，という規定ができまして，特に上場会社については，この点に大変な労力と時間をかけてやってきている実態がございます。

どういうステップでやるかというと，だいたいどこの会社もグループ経営理念やビジョンがありまして，トップマネジメントが関与していろいろな委員会をつくります。最低限，グループに何を共有させるかということで，さまざまなプログラム，ルール，そしてトップがメッセージを出します。それから，個別の施策については，いわゆるPDCAと言いますが，それぞれの施策を半年なり1年で計画して，やらせて，フィードバックを受けて，本当にできているのかどうかということを繰り返しやらせます。さらに，内部通報もそうです。教育もそうです。監査もそうです。意識調査をしてフィードバックを受けるわけです。こういったことに本当にまじめに取り組んでいくことが求められる時代になってきている，ということだと思います。

当社の例でご説明します。トップのマネジメントという意味では，社長以下，当社の場合には技術・生産とか営業とかリスク，それから特に大きな個別リスクはコーポレート危機管理委員会，海外安全については海外安全委員会，大きな訴訟は訴訟委員会があり，品質問題はコーポレートCPL（社内用語ですが）という品質問題の委員会を置きまして，くまなく上げてきてもらって，早く決断をしてリスクを避けるという仕組みを持っております。こういうことをやる1つの理由は，ご存知のとおり，アメリカの量刑ガイドラインでも，実はコンプライアンス・プログラムがどうあるべきか，ということを端的に言っているわけで，「コンプライアンス・プログラムには上級幹部が必ず関与しろ」，「権限委譲を適切にやれ」，「教育研修をやれ」，「監視・報告の仕組みをつくれ」，「処罰をきちんとする」，「監査もする」という要素を入れたプログラムでないと，国際的な評価を受けえない傾向がどんどん強くなってきているという点に求められます。

その意味で，特に，この7月1日にイギリスの贈収賄法が施行されますが，ご存知だと思いますが，イギリスの贈収賄法の特徴は，域外適用です。「イギリスで商売したければ，うちの会社の子会社がどこの国であっても贈収賄のリスクをあらかじめスクリーニングして，適切な手続を定めろ。それをやらないかぎり，子会社で起きた問題でも，イギリスの法律に従って親会社が処罰される」という，大変厳しい法律が7月に施行されることになっております。それを考えた場合，どういうリスクがあって，そのリスクを

第 2 章 〈シンポジウム〉コンプライアンスの現状と課題

評価して，優先度の高いリスクを出して，それに対する手続を決めていくということを全世界がやっていくという，大変頭の痛い問題が待ち構えておりまして，もう数日で施行されてしまうという問題が目の前にはございます。

当社では，こういったことにも対応するために事業行動基準というものを全世界のかなりの国に，15 カ国語で 18 バージョンで翻訳をして，各地で教育をし，採択し，監査をするということをやっております。なかなか徹底が非常に難しい問題ではありますが，一生懸命努力をしているところであります。

第 3 に，コンプライアンスの要点がどのように変わってきているか，ということです。私の意見ですが，国内と海外で事情が多少違うな，ということはありますけれども，まず国内については，会社法とか金商法とか独禁法とか，それから法律以外の事実上のソフトローというのでしょうか，それが上場規則であったり，CSR についても ISO26000 というものが定められまして，CSR のあり方が規定されております。あるいは業界ルールというものが網の目のごとくありまして，これを全部守っていくことで，コンプライアンスの要請は，法律だけではなく，より広い社会からの要請に応えていくということが明確化してきているということです。それから，一般的には事後規制で，事前にはコントロールしないという以上，企業としては，むしろ予防をしっかりやらなければいけません。しかも，どういう問題がないかということを見極めて，自分で防止システムをつくることが重要となります。当然，マスコミや市場からの圧力もありますので，こういうことを考えていかなければいけません。海外については，国際競争と規制のハーモナイゼーションを考えなければいけません。これについては，あとで申し上げます。

こういった問題に対処するための方法としては，もちろん，経営者がしっかりモノを言う，従業員に教育するということをやらなければいけないわけですが，実はそのドライバーとなっているのは，ほかの調査でも示されているように，法務部門の役割が非常に大きくなってきていることである点を指摘したいと思います。

海外の話ですけれども，グローバルなリスクについては，独禁法だ贈収賄だ，いろいろなことが各地にあることはご覧いただいているとおりでありますけれども，法務部門は，こういったリスクガバナンスについて全体的に見極めて，体制をつくり，事業なりトップをサポートしていき，CSR 経営の中での位置づけをはっきりさせるという努力が当然必要であります。

経営法友会の第 10 次法務部門調査というのがありますが，その結果が公表されておりますので，引いておきます。これは，トップから何を要求されているかということですけれども，一番たくさん要求されている 88.3％は，重大な法的リスクあるいは内部統制の問題である，ということになっています。

過去 5 年間に法務部門が主に何に取り組んでいるか，ということは，会社法が実は一番上の 62％になりまして，これは仕事柄仕方がないのですが，それ以下のところで言いますと，社内の法務教育が 44％，個人情報が 43％，企業倫理規範が 42％，下請法が 38％，だいたい今回の調査とほぼ符合する内容で，やはり社内での法務部門に対する期待なり要求が出ていることがわかります。

つぎが教育・研修で，これもだいたい似ている数字ですが，81.8％が教育・研修を求めています。その中身を見ますと，役員，管理職，中間社員，新入社員を含

第Ⅱ部　日本における企業コンプライアンス調査と刑事法的観点からの分析

めまして，赤字で書いてあるものはまったく企業倫理ばかりがトップに出ております。このように，教育も企業倫理というものに非常に特化する時代になってきているということと，それから，社内における法務部門の評価というか認識も，あまり大きく変わっておりませんけれども，何回かの調査を経て非常に重要視されている，あるいは期待をされているという姿が見えます。

4番目に，国際競争，国際圧力とコンプライアンスのあり方が変わっている，ということを簡単に申し上げます。リニエンシーについては，先ほど甲斐先生のご指摘もありまして，日本の実務として一定の評価はあるのだろうなと思います。日本の文化に合うか合わないかという議論はありましたけれども，制度としてある以上は仕方がないということも含めて，むしろ違法行為の発見，取り締まる側の執行の効率向上，抑止力，経営に対する警鐘という意味で効果がないとはいわないということが，一般的な受け取りではないかと思います。

ただ，この点で1点だけ，欧米諸国の基礎的な制度と日本の制度が大きく違うことによって，いろいろな問題が起きています。というのは，令状で強制開示を求めるかどうかは，行政手続ですから，そこはいろいろな考え方があるといえばそうかもしれませんが，例えば，欧州でリニエンシーをやると，少なくとも証拠開示は全部されます。ところが，日本では必ず開示されるという保証はありません。それから，ご存知のとおり，審判手続で，日本の場合には調べる人と判断する人が基本的に今はまだ同じでして，審判手続はなくなると言っていますが，政治状況もありまして，今のところ先が見えておりません。弁護士の立会権はありません。自己負罪拒否権も明確ではありません。特に弁護士の秘匿特権も，アメ

リカのようなきちんとした制度がないものですから，問題が起きたときに，日本で話してしまうということを実は非常にためらうという問題が出てしまうことが事実ではないかと思います。

第5に，刑事と民事の規制のあり方です。今後，間違いなく国際規制は厳しくなりますし，不祥事に対するコントロールというのは，事後規制は，そういう社会が市場社会なのだという言い方をしますが，むしろ企業にとっては，ますます内部統制やリスク管理をしっかりやらなければいけないという時代に入るのではないか，と思います。ただ，その際に刑事がすべてかといいますと，必ずしもそうではなくて，先ほどから申し上げておりますように，民事，あるいはいろいろなソフトロー，業界・団体の自主規制，そういうものでかなりの部分が実際に決定力・影響力を持っているのではないか，と思っております。その意味で，企業の自主性や国際競争力を一方で考えていただきながら，刑事規制というものもバランスよく考えていただきたいということが，企業側の受取り方ではないかな，と思います。

以上でございます。

甲斐　島岡様，ありがとうございました。引き続きまして，プリマハム株式会社の常務執行役員，第二管理本部長をしておられます辰口久様にお願いしたいと思います。どうぞよろしくお願いいたします。

辰口久　プリマハムの辰口でございます。どうぞよろしくお願いいたします。

いま，東芝の島岡さんから非常に体系的・専門的な有意義なお話をちょうだいしたあとに，非常にしゃべりにくいのでございますけれども，アンケートの分析も甲斐先生のほうから詳細にしていただきましたので，私のほうからは，複数の企業でコンプライアンスを担当しCSRも若干担当しておりました私自身の経験

第2章 〈シンポジウム〉コンプライアンスの現状と課題

から、共通して日ごろ感じていたことを1つだけお話しさせてもらおうかと思います。

それは、「制度・仕組み」と「意識」の問題ということでございます。コンプライアンスに関する制度・仕組みにつきましては、コンプライアンス・プログラムの策定をはじめ、相当程度深化されたのではないか、ということが今回のアンケート調査でも明らかになったと思われ、私もそのように感じております。

一方、制度・仕組みが進んだのに、不祥事を含めたコンプライアンス関連事案が、減少はしてきているものの、どうしてなくならないのか、という素朴な疑問があるわけです。やはり制度・仕組みと、もう1つは役員や従業員1人1人の意識の問題にかかっているのではないか、と思います。制度・仕組みと、個人の意識の問題というところが、常に悩んでいるテーマです。

企業で不祥事やコンプライアンス関連の事案が発生しますと、その事案が不正だったのか、あるいは、たまたま個人の過失で生じたのか、仮に不正であれば、どういう目的でやられたのか等々、1件1件分析して、それを再発防止につなげるといった作業を各企業でやられるのだと思います。だいたい1つ何か起きますと、それに対する再発防止ということで、またチェック項目が増えたり、その都度基準が厳しくなっていく傾向にどこの会社もあるのではないか、と思います。制度的には内部統制とかいろいろな仕組みも近年増えてきて、非常にたくさんの社内での規制といいますか、モニタリングや監査を含めて重装備になってきているかと考えられます。日ごろ感じるのは、何か不祥事が発生したから、都度、また改めて新しい再発防止策を立てたり、その強化策を図らなければいけないのではないかという、若干義務感といいますか、強迫観念というと言いすぎですけれども、そういう側面でどんどん規制等が増えていっているのではないかな、と思うのです。

今回のアンケート調査を見ても、制度・仕組みはそろそろ限界に来ているのではないか、と私は感じております。コンプライアンス・プログラムやそれに基づく社内のいろいろな制度、その他内部統制等を含めまして、これ以上制度・仕組みの強化に力点を置くと、やむをえない面もあるのでしょうが、会社の組織運営、経営にマイナスにすらなっていくのではないか、という危機感を実は持っております。

そうしますと、冒頭で言いましたように、どうして不祥事はなくならないのかというと、今回のアンケート調査の最後のほうで教授も説明されておられましたが、やはり個人の意識の問題ということになるのではないか。そう言ってしまいますと身もふたもない話になってしまって、「じゃあ、何で日ごろ法務部、コンプライアンス部門、その他いろいろな部門を含めて一生懸命活動しているのかわからなくなって、どういうことだ」という話にもなりかねません。もちろん、意識の向上あるいは意識の徹底という目的で、コンプライアンス・プログラムで諸々の制度・仕組みを回しているという面もあるのですが、堂々巡りになって、どうも実際に企業の中で担当していると、腑に落ちないことが実は多いのです。

そういった観点から感じるのは、意識の徹底・意識の向上ということからしますと、コンプライアンスという1つの切り口も大事なわけですが、もっと広い視点で、例えば、現在の人事業績評価制度でよいのかとか、あるいは適材適所に人材配置がなされているのかとか、あるいはコミュニケーションが縦横それなりに働いているのかとか、ローテーションが

113

第Ⅱ部　日本における企業コンプライアンス調査と刑事法的観点からの分析

きちんとなされているのかとか，さまざまな側面があろうかと思うのです。そういったいろいろな要素を総合的に捉えて，コンプライアンスの意識の徹底・向上を図る，ということが非常に大切だと，実務を担当してみて感じております。

仮に企業内での制度・仕組みの整備に限界があるとした場合，どうも限界がありそうな感じはしているのですが，そういう前提に立ちますと，今日のテーマである制裁論や法人処罰の一般化などは，企業人という立場だけでなく，一市民という視点からしても，非常に大事なテーマではないか，と思っております。会社の中で個人と組織という問題は常に付きまとう大きなテーマであります。個人に対する刑法上の罰則とのバランスからいっても，法人に対する可罰性に関する従来の考え方でよいのか，個人的には非常に疑問を持っているところであります。もちろん，あまりよろしくない例ですけれども，死刑の廃止論についてよく議論されますが，死刑があっても殺人罪は当然なくならないように，先ほどの話にもありましたが，罰則強化ということで企業の不祥事がなくなるという単純な話ではない，ということはよく理解しておりますし，私もそうは思っております。

今後の考え方としましては，やはり法人に対する処罰をどう考えるかということが１つのキーポイントではないのか，と思っております。したがって，ぜひ今後，学界においても，そういった制裁論，法人処罰一本化についての議論が深まるように非常に期待しているところであります。

とりとめのない話でありましたけれども，ありがとうございました。

甲斐　辰口様，どうもありがとうございました。続きまして，高砂香料工業株式会社の法務・特許部長を務めておられます加藤ひとみ様にコメントをいただきます。加藤様は2004年のアンケート調査の時にもお世話になりましたが，また今回もよろしくお願いいたします。

加藤ひとみ　ただいまご紹介にあずかりました高砂香料の加藤と申します。甲斐先生からお話がありましたように，2004年の時のアンケート調査にも参加させていただきまして，今回と同じようにパネラーとして若干意見を述べさせていただきました。本日は，両方に関与した者として，2004年と今回のアンケート結果の比較と，先ほどの先生のパワーポイントの資料に対するコメントを述べさせていただき，最後に，企業法務の実務としてこれをどう考えるかという点に関して若干意見を述べさせていただきたいと思います。

それから，本日のテーマは刑法による制裁についてですが，現在，経産省の知的財産政策室というところで不正競争防止法の改正作業が行われておりまして，そちらに多少お手伝いをさせていただいております。不競法のほうは最近，刑事罰が強化されまして，構成要件が変わっています。その背景は，日本国内の経済的事情だけではなく，欧米諸国とのハーモナイズの観点から刑事罰の強化が図られたという，今回のテーマに一歩先んじているような法改正だと思っていますので，そちらのほうも若干ご紹介させていただきたいと思います。

前回の2004年のアンケート結果と今回のアンケート結果は，先ほど甲斐先生からも分析がありましたが，「非常に変わった」と思いました。前回は，公益通報者保護法の施行の直後だったので，各企業がどのようなガイドラインをつくっていけばよいかというところに力点を置いた経営法友会ガイドラインの作成にも関わりましたので，経営法友会のガイドライン作成に至る過程についてご紹介させていただきました。前回分析では，公

第2章 〈シンポジウム〉コンプライアンスの現状と課題

益通報者保護法により，各企業は「こういう制度ができたのだから，わが社でも真剣に取り組まなければいけない」という気持ちになり，多くの企業で社内ルール作成の機運が高まった時期でした。

今回のアンケート結果にもそういったところが表れておりますので，企業として，いろいろな法的要請に対する社内ルール化の機運は引き続き高まっていると思います。先ほどプリマハムの辰口さんからお話がございましたように，企業としてのコンプライアンスとか，そういったところの制度化というのは，かなり進んでいます。ただし，大企業を中心としてとの限定付きではありますが，社内システムとしては進んでいます。それは，いろいろな法律が整備されたことに後押しされて，企業側の独自のルールの整備も進んできたということだと思います。それから，ボーダーレスな経済環境になってきましたので，こと日本だけではなく海外企業とのビジネスを行うと，海外（特に欧米）に比較して日本の取組みが遅れている，もしくは不十分な点を穴埋めしなければいけないので，海外からのプレッシャーもあり，必要に迫られて社内ルールの整備が進んできている，と感じています。

その特徴的なところが，アンケートの回答に現れています。「コンプライアンスで何を一番重要視していますか」と2004年に聞いた時は，贈収賄についてというのが確か第1位だったと思うのですが，今回のアンケートでは環境・エコというのが第1位になっています。それから，当然，下請けに対する取組みというのも非常に強い印象を持って企業が受け止めているというところを見ますと，前回とはかなり変わってきているな，と感じます。

先ほどグローバルと申し上げましたが，私どもの企業も海外の企業とさまざまなビジネスを行っていますので，海外からのプレッシャーを感じることがあります。1例を挙げますと，環境意識の高まりです。特にヨーロッパの企業は非常に環境に対する意識が高く，EU挙げてのいろいろなルール・規制があるので，取引相手に対して「エコ企業じゃないと取引しない」と言ってくることが多いです。日本企業の中でも特にグローバルな展開をしている企業は，エコに対する取組み，それからISOの問題ですとか，エコサートとか，いろいろな評価機関があるのですが，それぞれの機関の求めに応じた社内のルール化というものを企業として取り組んでいますから，環境に関してはEUの影響が非常に大きいと思います。

贈収賄の点については，特に米国企業における国家公務員に対する賄賂などに対する規制が非常に大きくて，われわれの企業に対しても米国の企業からよくアンケートが来ます。欧州企業からは環境に対するアンケートが来るのですが，アメリカからは贈収賄に対するアンケートが多いです。例えば，どういうことかと言いますと，「あなたの会社では国家公務員に対して食事を供することがありますか」，「その時におみやげを持たせることがありますか」，「いくらぐらいまで持たせますか」という細かい部分まで質問事項があります。米国企業は国家公務員に対する賄賂などに対する締付けが非常に厳しいという印象あります。このようなアンケートに日々答えていますと，日本を取り巻く経済環境がどうなっているか，世界が何に力点を置きつつあるかということを非常に強く感じます。

つぎに，甲斐先生のパワーポイントに沿いながらコメントをさせていただきます。先ほど「法令違反行為防止システム構築方法」のところで，業界としての連携はないのでしょうかというお話がありましたが，これについては，このアンケー

第Ⅱ部　日本における企業コンプライアンス調査と刑事法的観点からの分析

トの聞き方が，個別にシステムをつくるのか，それとも業界としてシステムをつくるのかのどちらを質問されているのかわかりづらく，回答者としては迷ってしまったのではないかと感じました。つまり「業界として大枠のルールをつくりながら，個別企業として，この枠にとらわれることなく個別企業のオリジナリティーを持たせたシステムを構築する」ということなので，どちらに丸をつけていいかわからないので，こういう結果になったのかな，と思います。あえて言えば，業界としての連携はある程度とれているが，個別企業としてのルール化はまだ未完成ということを回答したかった企業が多かったのではないか，と想像できます。なぜなら，日本企業が横並び企業だからです。

それから，先ほどEUとの取引のところで申し上げましたけれども，化学会社の例を挙げますと，化学物質をつくったときに，それが環境にどのような負荷をかけるか，ということを大変気にします。具体的に言えば，海上輸送時の事故により万が一化学品が海に放出されたときの影響ですとか，その分解性ですとか，そういったものに対するEU発のREACH規制は厳しいため，EU諸国と取引をするときには，社内のルール化が強く求められています。

つぎに，アンケートの「被害経験の内容」の項目の「加害者が海外企業の場合」という部分について申し上げます。申し上げにくいのですが，やはり中国企業の問題が大きいです。われわれの場合，中国企業による特許権侵害がありますが，実際に侵害だと思っても，化学企業の場合は混ぜてしまうとわからなくなるという状況があるので，その加害企業のところに行って，現物を指して「模倣品だ」ということは困難です。証拠を出しづらいので，訴訟等の法的手段はとりづらい

ということがあります。それから，発展途上国（中国はもう発展途上国ではないと思いますが）の自国主義的なところの法の壁に阻まれて外国企業としては非常にやりづらい面があるので，ハーモナイゼーションするのであれば，中国もぜひ頑張ってほしいと個人的には思っています。

それから，刑事告訴・告発をする企業が少ないのではないかというお話がありました。これについては，実は告訴，告発をしたいと思っても，日本の社会，経済上の歴史的な背景から二の足を踏んでしまわざるをえない環境にあることをご理解いただきたいと思います。平成2年に公正取引委員会が企業の実態調査をし，大々的なアンケートを行ったことがありました。私は一時期その研究をしていたことがあるのですが，公取は日本の企業の特徴を「固定された縦型の取引社会である」と断定しています。この状況は現在でも大きく変わっていないと思いますが，そうすると，ある企業が「これは許せない」と考えて相手方を刑事告発・告訴をしようとしても，固定された縦型の取引社会なものですから，そこでそういったことをしてしまいますと，「あの会社はすぐ法的手段に訴える」というレピュテーションの低下が否めず，他のビジネスに影響が及んだり，容易に他の取引先には入り込みにくいという状況にあるので，結果として諦めてしまうというのが実態ではないかと思います。

また，のちほど不正競争防止法の観点と絡めて申し上げたいと思っていたのですが，刑事告訴をしてしまいますと，刑事裁判は公開が原則ですので，自社の営業秘密が公開法廷に持ち出されて開示されてしまう点で，刑事裁判をやりづらいということも言えます。

さらに，罰金・罰則ですが，その企業にとっては，いったんラベリングされて

第2章 〈シンポジウム〉コンプライアンスの現状と課題

しまうと，今後の営業などが非常にやりづらいということもあるのですが，実はそれ以上にわれわれが脅威に思っていますのは，風評被害です。何かネタがありますとマスコミの方がワッと押し寄せてきて，白黒わからないうちに新聞紙上などで取り上げられてしまって，最終的には白だった場合であっても，マスコミが報道する段階で大きな社会的制裁を受けることがあります。企業の経営陣の間では，マスコミに取り上げられることのほうを非常に気にかける傾向があると思います。ですから，第一義的には，マスコミにどう取り上げられるか，どんなセンセーショナルな取り上げられ方をするかということが，いの一番に気になるところではないか，と思います。罰金が決まった時点では，メディアのセンセーショナルな取上げは収束していることも多いからです。ただし，法人処罰に加えて経営者個人の責任も問われるということになれば，罰金が存在することによる抑止力は今以上に働くと思います。

それでは，時間もありませんので，先ほど申し上げた不正競争防止法の話を若干させていただきます。先ほど，マスコミに取り上げられることのほうが抑止力効果はあると申し上げましたが，罰金に抑止力がないと言っているわけではありません。私としては，刑事罰などの制裁が社会的にきちっとルール化されているということは，国の信頼性について大きな役割を担っているのではないか，と思います。2004年にお話をさせていただいた時に，大変申し訳ないのですけれども，民法，会社法の分野ならわかるのですが，企業のことに刑法の先生方がこれだけ関心を持つのかということが実はあまりよくわかりませんでした。でも，不正競争防止法の改正に若干ながら関与させていただいて，刑法が大事だということがわかりました。

というのは，不正競争防止法の場合は，中国も，韓国も，その他の欧米諸国も，法的整備がされていたのですが，日本だけが比較的「ざる」だったのです。どこが「ざる」かといいますと，規制法としてはしっかり成立していたのですが，罰則規定が緩かったのです。例えば，不正競争の目的でなければ法の対象外です。となると，何が起きるかといいますと，企業から営業秘密を持ち出した人が，不正競争ではない外国の政府に採用されたり，外国の大学に行ってしまったり，当然日本の大学もそうなのですが，競争の相手方（コンペティター）ではないところに行ってしまいますと，営業秘密を持ち出された企業は，確実に損害を被っているにもかかわらず，持ち出した従業員に対する営業秘密侵害罪が成り立たないという状況にありました。それから，日本の場合は営業秘密を使用・開示しないと刑事罰の対象にならず，持っているだけでは処罰の対象にはなりませんでした。一方，外国では，取得だけでも刑事罰の対象になります。どういうことかというと，会社のデータベースにアクセスして不正に取得したということが証明できたとしても，その人がそれを使用・開示した事実が証明されないと処罰の対象ではありませんでした。企業が国際的にビジネスをしていくときに，コンペティターだけが営業秘密の開示先ではないので，われわれとしては困った状況に陥っていました。それから，外国の企業と共同研究をしますが，外国企業は，自社の営業秘密の保護について大きな関心を持っています。日本の法律は罰則が不十分なので抑止力が働きにくく，日本の会社には重大な営業秘密は開示しづらい，と主張される等のデメリットも生じたので，今般の改正になりました。

ところが，法律が整ったとしても，先ほど申し上げましたように，公開法廷の

第Ⅱ部　日本における企業コンプライアンス調査と刑事法的観点からの分析

原則がありますので，営業秘密が公開の場でおおっぴらにされてしまいますと，競業者が傍聴に来られるリスクもあり，裁判の場で営業秘密が開示されてしまう結果となることから，結局，絵に描いた餅になるのではないか，ということになりまして，今回，刑事訴訟法の改正にも連なっています。そういったことから，刑事法上の制裁の強化を検討するに当たっては，ぜひ刑事訴訟法も含めて実態を考慮したパッケージの見直しが必要なのではないか，と思います。

結論としましては，2004 年のアンケートから 6 年後の今に至って，企業の内部の取組みというのは成熟して変わってきたと思います。これらの成熟した取組みを後押しする要因は，コンプライアンス・マインドが向上・醸成してきたということもあるのですが，ボーダーレスの経済環境にあって社会的な要請によるグローバルな観点からの後押し，それから各国ごとの法制度のハーモナイゼーションの進展が挙げられます。このような複合的な後押しおよび必要性から，企業の取組みというのは一段と進んでいます。それを後押ししてくださるような法整備といったものが今後ますます重要になってくるのではないか，と思います。

今回，このアンケートの分析に 2 回も関わらせていただいて，非常にありがたいと思っています。今後もお役に立ちたいと思いますので，よろしくお願いいたします。以上です。

甲斐　どうもありがとうございました。それでは，最後に早稲田大学教授であります，同僚の松澤伸教授にお願いしたいと思います。松澤教授は，内閣府経済社会総合研究所の研究員もしております。

松澤伸　ただいまご紹介いただきました松澤でございます。どうぞよろしくお願いいたします。

私は，刑法の専門で，研究者の立場と

いうことで，ここでコメンテーターとして加えていただいているのだと思いますけれども，コンプライアンス・プログラムと刑事法の理論的な関係といった観点からコメントさせていただきたいと思います。甲斐先生のご報告と重なる部分も多いかと思いますけれども，確認の意味も含めましてお聞きいただければと思います。

大きく 2 点に分けてコメントをしたいと思います。1 つは，コンプライアンス・プログラムの刑法的な評価の問題です。すなわち，犯罪成立要件との関係および量刑との関係ということです。もう 1 つは，企業犯罪に対する刑事制裁のあり方についてです。

まず 1 番目に，コンプライアンス・プログラムの刑法理論的な評価ということで考えてみたいと思いますが，これにつきましては 2 段階あろうかと思います。1 つは，犯罪が成立するか否か，端的に言えば，有罪になるか否か，という点に，コンプライアンス・プログラムを実施していたということが影響するのかどうか，という問題です。これは，刑法学の言葉で言いますと，違法性の阻却，責任の阻却といったことが認められるのか，あるいはコンプライアンス・プログラムの実施に正当化もしくは免責の機能があるのか，ということです。これは，結局，コンプライアンス・プログラムを実施していたということを過失認定の資料として用いることができるかどうか，という問題です。伝統的な見解によりますと，過失は責任要素といわれてますので，免責機能が認められるかということでまとめてしまってもよいかもしれません。

もう 1 つの段階というのは，コンプライアンス・プログラムを実施していたことが量刑に影響するのかどうか，ということです。アメリカで連邦量刑ガイドラインなどがありますけれども，こういっ

第2章 〈シンポジウム〉コンプライアンスの現状と課題

たことを参考にしまして，コンプライアンス・プログラムを実施していたということが一律に量刑に反映させることができるかどうか，ということです。

前者の問題につきましては，刑法学者にとっては興味深い問題でありまして，前回のシンポジウムでも問題となりました。これにつきましては，コンプライアンス・プログラムへの取組みに温度差があるということ，それから，企業や業種によってコンプライアンス・プログラムの内容が多様であるということ，それから，コンプライアンス・プログラムの実施が常に事故を防ぐわけではないということなどを理由として，過失判断の参考にはなっても，コンプライアンス・プログラムを実施していたので一律に過失がなくなる，免責されるという形で理解することはできない，というのが当時のシンポジウムの時も一般的であったと思いますし，現在も一般的だと思います。

これに対して，量刑につきましては，コンプライアンス・プログラムの実施を反映させることについては好意的な理解が多いように思います。今回，アンケートの結果を見てみますと，企業の意識もこれに近いように思われます。問25がこれに関わる質問だと思いますが，コンプライアンス・プログラムを実施していた場合に，「刑事訴追を控えるべき」という回答が20％程度であるところ，「緩やかな量刑を行うべきだ」という回答が60％を占めています。一部の企業は，コンプライアンス・プログラムの実施に免責というものを期待しているのかもしれませんが，一部にとどまっていると言えるかと思います。

このことは，問10においても裏打ちされるかと思います。「法令違反行為防止システム構築方法」ということですが，これは，各企業が独自に構築することを期待している企業が非常に多いということ

とであります。これが70％ぐらいを占めているわけですけれども，コンプライアンス・プログラムの実施と過失判断を直結させることになりますと，コンプライアンス・プログラムの内容がかなりの程度一致していなければならないということが要請されると思うのですが，企業のアンケートを見ますと，「独自に構築すべきである」という回答が70％に及んでいることを見ますと，各企業はコンプライアンスの統一ということを求めていないのではないか，ということがうかがわれるわけです。

そういうことが前提となりますと，今後もコンプライアンスを遵守していたから過失判断に影響を及ぼされるという議論は進まないのではないか，ということが予想されるところでありまして，その面で刑法学者もいろいろこの点については考えているわけで，理論構成について迷ったり逡巡したりしているわけですが，あるいはこの点については徒労に終わってしまうかもしれないという印象を受けたところです。これは，アンケートの分析がクロス集計等まだ終わっていないということで，今後いろいろ分析していきますと，業種によっては統一的なコンプライアンス・プログラムというものができているかもしれません。この点の評価についてはもう少し待たなければいけない部分もあるかもしれませんが，現時点ではそういったことが言えるかと思いました。

もう1つの量刑の問題ですけれども，コンプライアンスの量刑基礎づけの機能につきましては，従来からこれは肯定的に捉えられてきたところでありまして，一般的にはそれを認めてもよいと思われるのですが，以上のようにコンプライアンス・プログラムが統一されていないという現状を見ますと，一律の形で認めること，非常に整理した形で，明快な形で

第Ⅱ部　日本における企業コンプライアンス調査と刑事法的観点からの分析

それを認めていくことは難しいかな，という感じを受けます。これが量刑に影響するにしても，個別的に影響していくことになるのではないか，という印象を受けました。

2番目に，「制裁のあり方について」です。企業犯罪に対する制裁のあり方につきまして，ここでは3点ほど申し上げたいと思います。まず最初に，行政制裁と刑事制裁をどのように棲み分けさせるか，という問題です。刑法学者の立場ですと，企業犯罪に対していかに刑事罰を科して統制していくかということを考えていくといった視点になりがちですけれども，社会一般から見ますと，究極的にはどういった形であっても企業の不祥事を防止するということが大事な視点であろうかと思います。そう考えていきますと，不祥事を防止する手立ては刑事罰だけではなく，行政罰ということも考えられますし，あるいは民事制裁といったようなことも考えられるかと思います。特に刑事制裁というのは，効果の強い劇薬にたとえられるものでありまして，その行使には細心の注意が必要とされています。また，処罰のための要件や手続が厳格ですので，その行使についても自ずと限界があるところです。そのため，行政制裁を有効に利用することが重要であると思いますけれども，その点で今回のアンケートで興味深い質問は，問28です。これは甲斐先生のご報告でも特に取り上げられていた問だと思いますけれども，課徴金制度につきまして，低額の罰金よりも高額の課徴金，高額の行政制裁のほうが抑止効果があるという答えが多く，65％程度あったという，そういった意味を考える必要があるかと思います。

「企業というのはコストで動いている」というような指摘がされることがあります。つまり，刑事罰が科されるということもコストとして計算に入れて動い

ているということになりますと，刑事罰というのはスティグマの付加の機能がある，つまり烙印を付加するという機能がそこにあるわけですけれども，実際にはそういった機能よりもコストがかかることを嫌がるという結果にもある程度納得がいくように思います。そうであるとしますと，刑事罰につきましては，先ほど言いましたようないろいろな問題もありますので，謙抑的に使っていくべきであって，むしろ行政制裁の積極活用が考えられてよいのではないか，と思います。

それから，制裁における新しい試みへの評価はどうか，という問題です。まず独禁法につきまして課徴金の引上げ（問19），それからリニエンシー制度の導入がありますが（問20），これにつきましては企業の方々からの高い評価がうかがえまして，また，課徴金や罰金の額を重くすることの抑止効果についても（問26），効果があるとする回答が多く行われています。こういったことから，最近の企業犯罪に対する制裁のあり方につきましては，おおむね企業の方々から理解が得られているのではないか，という印象を受けました。また，これからの企業に対する刑事制裁として，罰金刑に加えて多様な制裁を考えるということにつきましても（問27），好意的な回答が多いようです。こういった新しい試みを行うに当たって，好意的な雰囲気が企業の方々の間に存在していることが見受けられるわけですけれども，そうしますと，刑罰以外の領域でも，例えば，近時議論されている裁量的な課徴金の制度といったようなものにつきましても，あるいは積極的な導入なども見込めるかもしれない，という印象を持ちました。

最後に，先ほどから話題に上がっております法人処罰，法人自体を処罰する制度を導入すべきかどうかという問題です。法人処罰につきましては，わが国では両

第2章 〈シンポジウム〉コンプライアンスの現状と課題

罰規定という形で行われているのみで，法人自体，法人のみの処罰というのは行われていないことが現状でありますが，調査を見ますと，法人処罰についても積極的な結果が出ていることは，先ほどからご紹介のあるところです。問29でそういった結果が出ています。学説上，法人処罰につきましては肯定的な考え方と否定的な考え方とが分かれていますけれども，企業の方の側からしますと肯定的に捉えることが可能のような印象を受けました。

実際に企業の中の誰か1人を処罰する，個人を処罰するというよりも，実際に不祥事が起こってしまったということを考えてみますと，個人にその原因が由来するというよりも，むしろ組織全体に原因が由来する場合が多いのではないかということは，しばしば言われるところです。そういったことから考えていきますと，たまたまそこにその人がいたので処罰されることになりましたが，むしろ問題は組織全体にあるということになるのであれば，個人の処罰というよりも法人を処罰する，個人の処罰をあきらめて法人の処罰のほうにシフトするという考え方もありうると思います。したがいまして，立法論ということになるわけですけれども，私自身は，法人処罰を肯定するという立法があってもよいのではないか，と思っています。

そのように考えていきますと，今度問題となってくるのは，法人の故意や過失をどのように認定するか，ということです。この問題は困難な問題ですけれども，少なくとも過失については，組織全体に所属している人たちのうち，組織が全体として，同一人ではなくても，それを認識して予見して回避措置をとることができる状況にあった場合については，過失の認定ができるのではないか，と思います。さらに加えて，私自身の考えですけれども，場合によっては企業につきましては，個人についての過失認定については，予見可能性は具体的でなければならないというようなことがいわれるわけですけれども，企業ということに限って予見可能性を抽象化していく，さらに過失さえいらない場合，無過失責任，これは英米法などで厳格責任（strict liability）と言われているものですけれども，そういったものも考えられるのではないか，と思っています。

法人処罰が認められない法人処罰否定説の根拠として，従来「法人には刑罰の感銘力がない」あるいは「道義的な非難を科せられない」，「無意味である」ということが言われることがありました。責任は，非難の側面があると同時に予防といった側面があるかと思うのですが，非難の側面がなくなってくれば，予防の側面が中心になってくるわけです。予防の側面を中心に考えていくと，認定が緩やかにされる過失責任（処罰される側としては厳格ですが）というもの，あるいは無過失責任といったものについても，一般予防効果があるということになりますと，これは，かなり大胆な主張になるかもしれませんが，諸外国，例えば，北欧などにおきましては，私の専門は北欧の刑事法ですけれども，企業に対する厳格責任の考え方というものが存在していますので，まったくありえないというわけでもないのではないか，と考えるところであります。

以上，大変雑ぱくではありますけれども，そういった感想・コメントでございます。

甲斐 松澤先生，ありがとうございました。

(2) 討論

甲斐 それでは後半部分に入りたいと思います。後半は討論の部でございまして，

第Ⅱ部　日本における企業コンプライアンス調査と刑事法的観点からの分析

まずは指定発言を若干名、お願いしております。指定発言の方、それぞれ簡潔に、ご意見を賜りたいと思います。まず丸紅の法務部長、池辺吉博様からお願いいたします。池辺様も以前からいろいろご協力をいただいておりまして、今回もまた指定発言をお願いしたいと思います。よろしくお願いいたします。

――――― 指定発言 ―――――

池辺吉博　丸紅の池辺です。企業法務でコンプライアンスに携わる者にとって、今回まとめていただきました資料は非常に役に立つものであり、大変感謝しております。特に自由記載の部分につきましては、日ごろ私が思っているところと意見を同じくする部分が多々あり、共感を持ちました。また、コメンテーターの皆さま方の発言も大変参考になりました。プリマハムの辰口様が「もうコンプライアンスの制度・仕組みは限界に来ているのではないか」と話されていましたが、私もまさにそのとおりだなと思った次第です。私からは、甲斐先生がまとめられました第Ⅱ部第1章の資料に基づきまして、若干意見を申し上げさせていただき、加えて質問をさせていただきます。

まず、問1の防止対象事項の一番上に「下請代金の支払い遅延」が来たということにつきまして、私もびっくりしました。数年前から中小企業の保護という潮流の中で、公正取引委員会や中小企業庁が大手企業に対して下請業法についてのアンケート調査を実施しており、当社もその対象になりました。その際、改めて社内を調査したところ、「法律の不知」によって違反している事例が結構あることがわかりまして、下請法違反の改善につながりました。当社と同様のことが他社にもあって、上のほうにランクされたのかな、と思っています。なお、行政当局がアンケート調査を企業に対して行うという手法で法令遵守を図るということは、非常に良い試みだと評価します。

それから、問3のEラーニングです。前回はEラーニングの回答が少なかったようですが、その後のパソコンの普及とコンテンツ作成のコストの低下に加え、Eラーニングの特性として、いつでも受講できることや受講対象者が受講済みかどうかを把握できることなどから、Eラーニングによる研修は、今後のトレンドになろうかと思います。

問6の「第三者評価制度の有無」という質問に対して、「ない」という回答が78％であったことについて、甲斐先生は「若干意外だ」というコメントをなされていらっしゃったかと思います。当社は外部機関に依頼して、意識調査という形でモニタリングを4年前から行っていますが、それなりのコストが掛かり、また、専門の業者も少ないことが、回答が少なかった理由ではないでしょうか。

問7の「相談窓口」については約99％という非常に高い数字が出ており、ほとんどの企業が相談窓口を持っているようですが、制度としては存在しても、その利用実績や、どのようなテーマでの相談が多いのか、また、報告・相談制度を利用できる対象者は顧客まで広げているのかなどについて、できればコメンテーターの方にお話を伺いたいと思います。これに加えまして、社内リニエンシー制度について何か意見をお持ちであれば、併せてお伺いしたいと思います。

つぎに、問23以降に独禁法絡み、あるいは金商法絡みの違反というものがあります。どの企業にも共通して適用されるこういった法律への対策はどの企業でも取っているでしょうが、これに対して、いわゆる業法とか規制法とか呼ばれている罰則を伴う法律があります。知らないでは済まされないのですが、中には社員

第 2 章　〈シンポジウム〉コンプライアンスの現状と課題

が知らず知らずのうちに違反してしまうようなものもあります。このような法律について，どのように社員に知らしめ，どのように遵守させていくのかということについて頭を悩ませています。本日のコメンテーターの方はメーカーの方が多いこともあり，もし何か良いご提案があれば，聞かせていただければと思っております。

それから問28です。先ほど松澤先生も触れていらっしゃいました課徴金と罰金に関してです。巨額の課徴金支払請求を受けると新聞に大きく出ますので，レピュテーションの低下という点では，罰金と課徴金との差がそれほどないのではないかということから，このような結果になっているのではないか，と想定しました。

甲斐　ありがとうございました。回答はあとからまとめてということで，引き続き第2の指定発言者として，神奈川大学教授で，以前に公正取引委員会に務めておられました細田孝一様にお願いしたいと思います。よろしくお願いいたします。

細田孝一　神奈川大学の細田でございます。本日はアンケート調査を伺いまして，また，コメンテーターのさまざまなコメントがございまして，私にとって非常に役に立つものであり，少し認識を新たにしたというところでございます。私は，長年，独占禁止法の執行に関わってきた者として，その立場から少しコメントさせていただきます。

まず1つは，このアンケート調査，特に独占禁止法に関係したアンケート調査を拝見して，企業がコンプライアンスに取り組む本気度というのが，私が想像していたよりもはるかに高い，という印象を受けました。例えば，課徴金の引上げについて，私はむしろ高すぎるという意見が多いのではないかと思っていたわけですけれども，抑止効果という観点から

言えばこれぐらいが適当である，というようなご意見が多数ありまして，結果的に相当であるという回答が77.5％ですから，非常に高いと思います。それから，課徴金減免制度について，いくつか問題点を的確にして指摘されているところがありましたけれども，ある程度欠点も備えている制度ですので，「もう少し積極的な評価が低いかな」と思っていたのですが，それも非常に高い，しかも，その中の個別の答えとして，コンプライアンス徹底という観点から言えば，これは当然という形で，やはり独禁法を遵守する意識が非常に強い，と感じました。

正直，私は，カルテル事件や談合事件を次々審査していまして，「コンプライアンス体制は非常につくっているけれども，本気度というのは低いのではないのか。形だけつくっているという要素が結構強いのではないか」と思っていた時期もあるわけですけれども，そうではなく，企業全体としての取組みや本気度が非常に高い，と感じました。しかしその一方で，なかなかカルテルや入札談合が減らないところもあるわけですけれども，そのうちの何割かは，カルテルの要件，それも，どういうものがカルテルになるのかということが，もしかすると十分わかっていない事業者あるいは個人もいるのかな，と先ほどの議論を聞きながら少し思ったところです。つまり，価格カルテルは，「話し合って価格を決めることがカルテルだ」と教科書的には書いてありますけれども，「自分自身だけで，単独で価格を上げるリスクを，何らかの情報交換でそういうリスクを避ける」，それがカルテルの本質です。そうしますと，ヨーロッパ等で非常に厳しく規制されているというのは，実はそちらが本筋で，むしろ日本の解釈というのが少し厳しすぎるというのが，長年実務を行ってきた者の感想です。そういう本質をもう少し

123

第Ⅱ部　日本における企業コンプライアンス調査と刑事法的観点からの分析

理解することによって，避けられる部分もあるのではないか，と感じていたところです。

それから刑事罰，刑法の分野については，私は，最後の2年間は犯則審査部で刑事告発の担当をしていましたけれども，決して刑法理論の専門家ではありませんので，それについてはあくまでも自分の経験上，あるいは感じたところから2～3点，申し上げておきたいと思います。

まず，両罰規定というところです。これについて私が理論的に提言することは控えたいと思いますけれども，実際問題，告発事件を担当しますと，そこで告発される個人というのは決して自分の利益を図ったわけでもありませんし，あるいは前任者から引き続いて談合の担当者になったという場合があるわけです。そうしますと，そもそも独禁法違反行為の主体というのは，本来は事業者，企業ですので，私どもが告発をしたい本当のターゲットは企業なわけです。しかし，理論上，どうしても個人をまず告発しなければいけないという制度上の問題があります。そういう点は，やや個人的ですけれども，ちょっと割切れなさを感じるな，ということです。それから，常に個人が告発されることになりますと，間接的にカルテルの課徴金減免制度についても，例えば，企業が通報しようと思っても，あるいは個人レベルで少し躊躇すると，そういう企業の利害と個人の利害が衝突する場面もあるわけです。そうしますと，課徴金減免制度の運用についても若干間接的に悪影響を及ぼす面も否定できない，と思っています。

ですから，議論はさておき，理想的には企業だけを直接処罰するというか，そういうものがあったほうが，実務としてはやりやすいという気がします。ただ，それによって，先ほど松澤先生がおっしゃいましたけれども，故意をどうするか，過失をどうするか，そういうところで非常に立証が難しくなるということになると，また別の問題が生じますので，そこは何とも私は申し上げられない，と思っています。

それから，刑事罰の効果と課徴金の効果です。課徴金のほうが圧倒的に高いということで，要するに，計算といいますか，コストということで企業は考えているのではないか，とアンケート調査からは出ているわけですけれども，実感として刑事告発事件の審査をしますと，それに対する企業側のさまざまな抵抗といいますか，「何とか刑事罰を極力避けたい」というものを非常に強く感じます。ありとあらゆる手段を使って何とか逃れようとするという実感を持っていまして，そういう点では，単に金銭的に評価できないものを企業は感じているのではないか，と思います。そういう点でいえば，実際，刑事罰を受けた企業にとっての見方というのは，課徴金と罰金とで，単なる金額以上のものを感じているのではないか，という印象を持っています。

それから，今まで議論が出ておりませんでしたけれども，課徴金と刑事罰の両方というのはいかがなものか，という議論がよくなされます。これは，私の個人的な考えですけれども，今の課徴金制度をまったく本質的に変えて，いくらでも高額にできる，例えば，アメリカなりヨーロッパ並みの金額にできるということであれば，また別ですけれども，それは，おそらく無理であろうと思います。おそらくレベル的には10％というところで説明できる理屈というのはほとんど尽きているような気がします。これ以上金額を上げるのは，なかなか難しくなります。そういうことを考えますと，トータルで，もちろん刑事罰というのは例外的にしか科されないわけですけれども，場合によっては刑事罰の発動というもの

第2章 〈シンポジウム〉コンプライアンスの現状と課題

があることによって，はじめて欧米と比べてバランスがとれるのではないか，という印象を持っています。

以上でございます。

甲斐 どうもありがとうございました。それでは，第3の指定発言者として，冒頭にご挨拶をいただきました早稲田大学の上村達男教授にご意見をいただきたいと思います。よろしくお願いいたします。

上村達男 私は会社法，金融市場法制という観点から，グローバルCOEの所長としては横断的にコメントさせていただきます。

まず最初に，CSRとかステークホルダーとか，いろいろお話が出てきました。会社法の基礎理論を私的な世界で構成する，つまり，会社というのは株主のものであり，経営者は株主の代理人であり，企業価値というのは株主価値の最大化であり，配当は1円でも多くするのが会社の目的であり，株価は1円でも高ければよいというきわめて私的な世界で会社というものを捉えれば捉えるほど，実はそれ以外の要素，ステークホルダーとかCSRとか，それが非常に課題になってくるということがあります。欧米のように，ヨーロッパですと株主も投資家も個人であり，アメリカでも機関投資家は個人の方ですので，大半は個人です。そうした中で，成熟した市民社会と一体になって企業が運営されていくところでは，会社の目的というのは，私的な世界というよりは，これは私の理解ですけれども，会社がそれぞれの会社の目的やミッションを最大に実現することで，国民の経済生活に必要な消費財や生産財やサービスや雇用をよりよく提供します。それによって，国民生活が豊かになるというわけです。それが，資本主義市場経済の目的であります。各企業が持っているミッションを最大に実現するために一生懸命やっていれば，まずはこれにすぎる社会的責任はないということです。私的な世界で理解すれば，何でも社会的責任に見えますけれども，まずそれがあります。

ただし，ヨーロッパでCSRといった場合には，それを超えた，先ほど説明がありましたけれども，例えば，人権とか南北問題とか環境とか，そういう問題は，一企業の意識を超えた問題ですから，そこでCSRが盛んに言われています。日本では，本来の企業の目的を正しく理解しないにもかかわらず，「CSR」と言ったり「メセナ」と言ったりしている向きが結構あるのではないか，という感じがしています。その意味では，私は会社法の専門家ですから，企業価値とは何か，ということについての基礎理論を明確にすべきだということが，ステークホルダーやCSRといった事柄を理解する前提なのではないか，ということが1点目です。

もう1つ，今日は独禁法の話がたくさん出てきましたが，金商法の話はきわめて少ないです。例えば，アメリカのSECや日本の証券取引所のホームページを見ると，処分事例がこれでもかというぐらい出てくるわけです。しかも証券会社との紛争は，証券仲裁に行って処理されますから，その全体の紛争の量といったら驚くほどで，それを日々現場で司法取引などをしながら着実に処理しています。そういう状況を想定しますと，何で独禁法ばかりの話になるのか，と思います。これは，独禁法がいけないというのではなく，金商法のエンフォースメントのレベルが低すぎるということではないか，と私は思っています。

皆さん，ご記憶にあるかと思いますけれども，例えば，損失補てんが問題になったときは，独禁法違反ではないとされましたが，でも直後に違法になりました。それから，「飛ばし」も，あのときは違法ではないとされました。その後，

125

第Ⅱ部　日本における企業コンプライアンス調査と刑事法的観点からの分析

「飛ばし罪」というのはないですけれども，違法だという認定になっています。ライブドアのときも，ToSNet（トストネット）取引は違法ではないとされましたが，その直後に違法になりました。それから，「一万分割」も違法ではないとされましたが，その後，取引所の規定で，今は違法になっています。村上ファンドの「公開対策」も，やったときは違法ではないとされ，その直後に違法になっています。

つまり，現在進行形で法というものが機能していません。ですから，コンプライアンスをやる場合に一番困るのは，裁判所や行政が「違法ではない」と言ったことも，直後に違法になるということです。それにいったいどう対応すればよいのか，ということになると思います。ですから，やはり日本はマーケットの話などにあまり慣れていないこともありまして，根本的な法の考え方とか，エンフォースメントの考え方とか，エンフォースメントの体制とか，そういうものの弱さのゆえに，何とか今はもっているけれども，「実は明日・明後日はわからないよ」ということがたくさんあるのではないか。そういうことにはいったいどのようにコンプライアンスしていけばよいのかというと，当座しのぎでは駄目なので，やはり物事を本質論的に考えて，本質論のレベルで対応していくことしかないのかな，と感じました。

例えば，先ほどの課徴金の話でも，経済財政諮問会議では，裁量的制裁的準司法機能を持つ課徴金を課すべきだという提言がなされています。あれはどうなったかというと，金融庁は裁量的制裁的というのをやろうとしたらしいのですが，ところが法制局へ持っていくと，「これは準司法機能だから，今のように一番上に大臣がいるような組織ではできない」ということになりまして，結局，公取の

ような三条委員会というのでしょうか，結局この話をすると，今の証券取引等監視委員会の組織のあり方が問題なのではないか，という話になりそうなので，すぐやめてしまった，という経緯があると思います。

それから，法人処罰の点ですけれども，私は，お話を聞いていて，やはり民事よりも刑事のほうが話は進んでいるな，と思いました。といいますのは，企業責任ということは公害事件のようなときに随分議論されました。例えば，水俣病で患者を将来にわたって救済していくためには，企業が責任を取らなければ救済できないわけです。ところが，代表訴訟などで問題になるような事件というのは，例えば，「1,000億円，損しちゃいました」とか「500億円や400億円，損しちゃいました」という話ですので，「あなたは800億円の責任ですよ」と言ってもどうせ払えないわけです。1億円と言われても払えない。そうすると，裁判所はどうするかというと，「あなたは800億円の責任ですよ」と言うわけで，つまり，将来負う責任については企業責任を論じながら，過去に起きた責任については，もう負ってしまったのだからということで，何もその理論的な手当てをしないで，全部が個人の責任だということにします。

ところが，実際払えませんから，それでは誰が負担しているかというと，企業が負担するわけです。そうだとすれば，そこには自己責任というのがあるはずで，刑事の問題で，法人の刑事責任の問題の話もありましたけれども，私は，むしろ民事での過去に負った責任についての企業責任の問題がおそまつであるということが，むしろ浮き彫りになったのではないか，という感じがしています。所有権とか財産権というのは，個人の生活，個を守るためにヨーロッパで認められた概念です。ところが，法人というのは，そ

第 2 章 〈シンポジウム〉コンプライアンスの現状と課題

の財産権や所有権を個人のレベルの100倍や1,000倍もの規模で持つところなので，ある意味では個人の1,000人分〜何万人分の財産の規模を動かすところです。ですから，それを動かす主体が，個人や市民のために，法人というものが常に動いていなければいけない。そういう命題が必ず課せられているはずでありまして，それがなされないということになれば，法人が罰せられることは，私は「当たり前」かと思っております。

最後にひと言ですが，コンプライアンスは，法律だけではありません。ソフトローもそのとおりですけれども，ソフトローの意味には，私は2種類あると思っていまして，制定手続がソフトだということと，規範の中身がソフトであるということです。つまり，規範の中身が法規範として制定されるという意味でソフトかというと，例えば，イギリスのセーフティーのコードとか，イギリスの自主規制というのは，2006年の会社法で全部法令と同じだということになりましたけれども，何も変化がないわけです。だから，「今日から法令ですよ」と言われても，何も変化がないということは，昨日まで法令並みの権威があったか，あるいは法令以上の権威があった，ということです。

ですから，そういう意味では，自主規制やソフトローといったときに，「制定法なんていう低次元の話じゃなくて，もっと高いレベルなんですよ」という意味で言っているソフトローなのか，そうではなくて「制定法は立派で，それより落ちるのがソフトローだ。制定法を補完するのがソフトローの1つである」という意味でソフトローという言葉を使っているのかで大きな違いがあります。私は，ヨーロッパの自主規制は，制定法ではとても及ばないほどの権威がある場合があると思っていますので，日本の感覚で「制定法よりも下なんだ」というような感覚で受け止めると危ないのではないかな，という感想を持っています。長くなりまして申し訳ございません。

――――――総合討論――――――

甲斐　上村先生，どうもありがとうございました。以上で指定発言を終わります。今後は，今まで出されたご意見などをひっくるめて，質問を含めて討論をしていきたいと思っております。お手元に論点表を配布しております。必ずしもこの順序で進めるわけではございませんけれども，参考にしていただければと思います。今までいただいたご意見は，おおむねここに挙げております大きな1・2・3の論点のうちのいずれかに関わる論点だと思われます。

特に1番目，2010年アンケートの調査結果の分析を2004年と比較した場合にどうか，という点から内容的に整理していったほうがわかりやすいと思います。これについては，前回のアンケートから関わっていただいた加藤さんのほうから，2004年段階での調査と，今回作成の私の分析も踏まえてご意見をいただきました。その中で，コンプライアンスとCSRの棲み分けがはっきりしてきたという指摘をいただきました。この点では認識が一致したと思っています。それから，公益通報者保護法についても重要な点であります。特に私が参考になりましたのは，環境重視がCSRの中身としてクローズアップされた背景に，特にヨーロッパの企業の影響があるのだということでした。これは，私も分析したときに，おぼろげながら感じていましたが，本日具体的な話をお聞きしまして，やはりヨーロッパは今回の原発事故での対応を見てもわかるとおり，かなり対応は早いほうです。したがいまして，それだけに

第Ⅱ部　日本における企業コンプライアンス調査と刑事法的観点からの分析

とどまらず，環境問題というのはヨーロッパの考えがかなり日本の企業に影響を及ぼしているということがはっきりしました。

他方，教わった点は，贈収賄の規制です。これはアメリカの影響ということですが，これだけアメリカの企業が贈収賄に過敏であるという点は，私が想像している以上のものでした。加藤さんのお話をお聞きしているかぎりでは，これは今後，日本でもさらに影響を受け続けて，より重要な要因になっていくと理解した次第です。本当にありがとうございました。

それから，企業不祥事防止のルールの点です。加藤さんからのご指摘のとおり，企業独自のものもつくるのだけれども，業界でも工夫をしているということ，おそらく両輪だというお話がありまして，これも，アンケート分析では，われわれからはっきりわからない側面が理解できたということで，ご指摘ありがとうございました。

アジアの企業による特許権侵害等，いくつかの例が挙げられましたけれども，これはアンケートでも出ていましたし，今後すぐにはハーモナイゼーションがうまくいかないところがあるかもしれませんが，これについて日本からもきちんと発信していく必要があると思っている次第です。「法の壁」と言われましたけれども，これを破るには，今回，中国でもコンプライアンスの調査もしていただきましたので，いずれその報告書を双方で分析し合って，何らかの提言をこちらからもしたいと思っています。

ほかにもありましたが，全部答えている時間がありませんので，風評被害という点について述べます。これは，2004年段階でもありまして，マスコミによる社会的制裁が先行してしまうということです。この社会的制裁に対して，やはりこういった苦悩を訴え続けることは重要かと思います。マスコミの方にも，こういう会合にどんどん出ていただいて，理解していただくことが重要だと思っていますし，マスコミに対していろいろな発信もしていく必要があると思います。これは，何も企業犯罪だけに関わることではないです。私は医療問題も専門に研究していますが，そういうところでもよくマスコミによる社会的制裁の話を伝え聞くところであります。したがいまして，共通の問題があるかと思います。

それから，今回のアンケートでは不正競争防止法について特に詳しく取り上げることができなかったのですが，これは新たな知見として非常に貴重で，加藤さん自身が「なぜ刑事法の人がコンプライアンスに関心を持つのか」といみじくもおっしゃいましたけれども，5～6年前に比べて，加藤さん自身が今回この法改正に携わって，意義がわかったとおっしゃっていただいたことは，大変勇気づけられました。私どもも，刑事法が出ていく場面は少ないと思うのですけれども，やはり関心を持つということは非常に重要で，こういうところでは刑事法が目を光らせておいて対応をして，言うべきことはきちんと言うべきである，と考えます。ただし，刑事法の守備範囲を間違えないようにすること，出番を間違えないようにするということ，その限界づけが，手続法も含めて大事です。したがいまして，今後もこのアンケート調査を踏まえて，さらに問題点をフォローしていきたいと思っています。これも貴重なご提言で，ありがたく拝聴いたしました。

さて，前回のアンケートとの関係では，松澤教授も指摘されたところであり，これは共通するところがありますので重複は避けますけれども，2004年の段階に比べると，コンプライアンスの法的位置づけと言いましょうか，刑事法的な位置

第2章 〈シンポジウム〉コンプライアンスの現状と課題

づけについて、まだ踏み込みが足りないと思うのです。企業についてもコンプライアンス・プログラムを遵守していたらどういう効果があるか、刑が軽くなるという量刑のもっと前の段階、すなわち、そもそも犯罪、特に過失認定にどう影響するか、という問題があります。この議論がなお継続していて、学界でも議論されていますが、企業の方も関心を持っていただいている、と私も思いまして、今後もこれについては議論を続ける必要がある、と思っています。アメリカのようにきちんと量刑ガイドラインに反映するようになるかどうか、これは今後の検討にかかっている、と思います。

ただ、課題としては、松澤教授も指摘されましたし、2004年段階でも議論がありましたけれども、コンプライアンス・プログラムがどの程度業界で統一的なものか、先ほどの加藤さんのご指摘にもありましたけれども、業界でも一応、共通の枠組みを模索している、あるいはつくっているということが、われわれには見えるところと見えないところがあるのです。企業の方が、もしそういうものをどんどん発信していただけると、「この業界ではこんなコンプライアンスがあって、これは業界共通です。しかし、この会社は、それにプラスしてこんなところが特徴的に別途考えたコンプライアンスです」ということがわかってきて、「では、最低限、法的枠組みとしては共通のルールとして、ここまでは考えていける」というものが抽出できるのではないか、ということが、先ほどのご意見を聞いて判明した次第です。

そのことは、行政制裁と刑事制裁についても同様でありまして、これは何人かの方が言われましたが、特に課徴金と罰金との関係にも言えることで、多面的に検討しなければいけません。特に松澤教授が抑止力とコストということに着目さ

れましたし、池辺さんのご意見も、第三者評価についてもコストとの関係があるだろうということですし、ほかの点についてもコストとの関係があるということです。このあたり、どういうコストがどのようにかかっているのか、ということに刑事法学者は疎いので、こういうものは真剣に分析しなければいけないということが課題としてわかった次第です。

私ばかり回答してもよくないので、今までの指定発言者のご意見を聞いて、先にコメンテーターの方々にご意見をいただければ、と思うのですが、フロアからペーパーもいただいております。全体に関わるものとして、私のところには2つ来ております。これはアンケートの前提の問題ということで、お名前が書いてありますが、それは伏せて、質問だけ取り上げさせていただきます。

「アンケート送付会社2,496社、回収数448社、つまり17.95%でしたけれども、これは自由回答であり、やむをえない回答内容についての分析も十分値打ちがあると考えられるが、回答しなかった企業（回収率が低かったということもありましょう）のほうが多数で、一般論であって、こういう企業のコンプライアンスのレベルについて、どのように推測すべきと考えますか」という、大変難しいご質問です。つまり「回答した企業はコンプライアンス・レベルについて、ある程度以上に自信がある企業か、苦労している企業と考えるべきだと思います」というご質問です。

なかなか推測というのは難しいわけですが、今回は質問の内容がかなり細かいということもあって、回収率がこの程度になったとも思われますし、企業の方は、あれこれ調査もあって、回答するのが煩雑であるということもあったのではないか、と推測します。回答されなかった企業も、ここに表れた回答してくれた企業

129

第Ⅱ部　日本における企業コンプライアンス調査と刑事法的観点からの分析

から，われわれがこの範囲で推測するしかないので，これをすべて一般化するつもりはありませんけれども，およその傾向の一端はうかがえるという程度で理解せざるをえません。こういうふうに回答するほかはない，と思います。

　それから，同じような問題をもう1件いただいておりまして，「国内主要企業アンケートの2,496社を選んだ基準はどのようなものか。17.95％の回収率は低いように思うのですが，いかがなものか」というご質問をいただきました。これも同じようなことで，今回選んだ企業は，2004年にアンケートをお願いした企業で，特に回答していただいた企業などを中心に選んだということであります。商事法務から出しております私どもの『企業犯罪とコンプライアンス・プログラム』に詳細が書かれていますけれども，以前は内閣府の協力がより前面に出たということと，はじめての調査であったということもありまして，回収率が38.4％でした。今回の回収率が下がったのは，先ほど申し上げたとおりでして，低いと思います。20％くらいは目標にしていましたけれども，やや下がりました。しかし，この忙しい中，この程度の率になってしまいましたけれども，私どもとしては当たり前だと思っておりまして，分析するには有意な率としてよいだろうということで，一応分析をした次第です。

　田口　同じ質問に対する私の考えです。今回のアンケートは，東証一部上場の企業に送らせていただきましたが，先ほどもお話ししましたように，日本以外に6カ国の調査をやっています。各国すべて一流企業と言いましょうか，企業法務を持っているような企業を対象にして調査をしています。これは，私の理解からしますと，日本企業の中のいわば上澄みのような部分になることは確かであろうと思います。その下にはたくさん中小企業があると思いますけれども，コンプライアンスの問題を考えるについて，そういう調査は不可能ではないかもしれませんが，どこまで意味があるか。これは，考え方にもよると思いますけれども，そういうことを考えますと，企業法務があって，コンプライアンスについて一応の取組みをしている会社にターゲットを絞って調査をせざるをえないし，そのほうが意味がある，と理解しています。

　質問票を見ていただくと，かなり突っ込んだ法律的なことも聞いていますので，甲斐先生が言われたように，多少回答するのにおっくうなクエスチョネアになっている，と思います。そういうことで，かなり回収率も低くなったと思いますけれども，もともとコンプライアンスの議論というのは，現在の世界なり日本なりの段階からいって先行グループといいましょうか，先行しているコーポレーションの考え方が，下請けの企業であるとか，グループの下のほうにずっと浸透していくというような議論の流れではなかろうか，と理解しています。そういうことで，かなり突っ込んで議論をしまして，その結果，ある程度の低い回収率になったということもやむをえないかな，という気はしています。

　甲斐　島岡さんにいくつか質問が来ておりますので，可能な範囲でご回答をお願いします。

　島岡　それでは，私に対する質問をまず申し上げます。「コンプライアンスの体制づくりで，外部の専門家の方々，例えば，コンサルタント，弁護士，会計士との協調は，今しているか。今後はどうするのか。なかなか会社の中では大変ではないでしょうか。」というご趣旨です。

　私ども，現在は，先ほどご説明したような体制をつくる際に，コンサルタントに一部相談しまして，自分で工夫をしながらいろいろなことをやっていますけれ

第2章 〈シンポジウム〉コンプライアンスの現状と課題

ども，一応，今のところ年に1回，顧問弁護士にレビューをしてもらって，レポートをもらい，改善点があるかどうかとか，特に最近は不祥事があったときの開示の問題というのが非常に頭が痛くて，そのあたりは弁護士とも相談をしながらやっています。

　もう1点が，「アンケートにも出てきましたけれども，コンプライアンス・プログラムの1つとして，会社の経営危機現象，いろいろなリスクを必ず報告させるという制度をつくった場合，そういうことを報告してくれたら，自分が当事者であっても罪責等を免じる，いわゆる社内リニエンシーというものを認めるべきかどうかという点や，その他，リスクそのものを早く経営陣がつかめる工夫をどのようにしているか。」という大変難しくて良いご質問だと思います。

　私どもでは，2つの方向で考えています。まず，経営のリスクになるようなものは，キーワードが，例えば，人権の問題であったり，安全の問題であったり，隠蔽であったり，だいたい新聞に出るようなテーマを社内である程度決めていまして，これがあったら，必ず組織長の責任として，ある一定のルールでやりなさいということは，どちらかというと業務の筋で報告をさせるということが，まずベースにあります。ただ，なかなかそれでは出てこない問題を，私どもは，「相談ホットライン」と言ってみたり，いわゆる内部通報制度ですけれども，できるかぎりそれで出してほしいということは，常々PRをしています。

　もともと内部通報そのものは，匿名でもできますし，それを出してもらったことで不利益な扱いをしないということ，これは徹底してそういう扱いをしていますので，本人にそれがあったから直ちに不利だということはないのですが，一番頭が痛いのは，本人が当事者で，しかも首謀者であるという場合が一番困るわけです。一応，ルール上は，「できるかぎり配慮はする」となっていますが，首謀者がとにかく自分だけ逃げようと思って，持ってきたら全部罪を免れるというのもちょっとどうか，という観点もありまして，一律に免除するというわけにはいきませんが，「できるかぎり配慮はする」という扱いでPRをしています。

　それからもう1つ，「グローバルな国内外のグループ会社を含めたコンプライアンスの徹底に当たって，どういうことをやっているのか。それから，国によったり，あるいは特に買収先のようなケースでなかなか徹底ができない，温度差があるということに対してどのように取り組んでいるのか。」という，これも大変難しいご質問です。結局，今日もお話が出ていますけれども，アメリカのリスクでわれわれが一番大きいと思っているのは，今のところ独禁法とFCPAです。あるいは差別問題などいろいろありますけれども，地域によってローカルのロイヤーの責任者を決めて，そこでリスクの評価を常々年2回はやってもらって，どういう施策をやっているかということを相談しながらやっています。先ほど少しご説明しましたけれども，リスクの評価をして，そのリスクの濃淡に応じて適切な手続がとられているかどうかということは，本社でやはり見るのだという考え方でやってもらいます。M&Aが起きたときに，なかなか言うことを聞いてくれないというのは，非常に頭の痛い問題でして，これは，時間をかけて一生懸命やるしかない，と考えています。以上でございます。

甲斐　ありがとうございました。それでは，以下，順番にお願いします。

辰口　1つご質問をいただいております。「コンプライアンスについては総合的なアプローチが必要だという発言をさせ

第Ⅱ部　日本における企業コンプライアンス調査と刑事法的観点からの分析

もらったわけですが，マネジメントの観点から具体的な施策を貴社でやっておりますか。」という難しい質問です。残念ながら，そこまで行っていない状態ですのでお答えになりませんが，2つ，印象的なことになりますけれども申し上げます。

　1つは，社長なり経営者がコンプライアンスのトップメッセージを発することが大事ではあるのですが，発し方が「従業員のために」という心が通じないと，先ほど申しました意識のところまでなかなか行きません。「会社に迷惑をかけるな」とか「何かやったらすぐ懲戒処分する」とかいうような心持ちで発すると，ちっとも通じないなということで，「従業員のため」という視点でトップマネジメントはコンプライアンスについても考えなければいけないな，と感じています。

　もう1つは，個別具体的なことですが，何か1つ不祥事が生じた場合，多分どこの会社も法務部とかコンプライアンスとか，あるいは処分に行く場合は人事部とかでいろいろ原因を追究したり対処したりするわけです。私が前の会社にいたときの経験でいきますと，1つの比較的大きな事案が発生した場合，原因追究なり対応をなるべく多くの関係部署が集まって対応することがきわめて大事ではないか，と思っています。これは，大企業を想定した話なので，すべて通用しないかもしれませんけれども，直接関わる部署だけで対応しますと，どうも真の原因が見えないとか，あるいはその後の対応のキーポイントが少しずれたりする場合がありますので，やはり個別事案を対応するときは，広くいろいろな関係部署が集まって，いろいろな知恵を出し合ってやることが大事ではないか，と思っています。

　お答えになっておりませんけれども，申し訳ございません。

甲斐　どうもありがとうございました。加藤さんはいかがでしょうか。ちなみに加藤さんは，2004年のシンポジウムの時には「仏をつくって魂を入れず。これではコンプライアンスがよくならない。」という名文句を残されましたが，いかがでしょうか。

加藤　魂が入っているかどうか，まだわからないのですが。私には質問がなくてちょっと寂しいので，全体として気づいた点を追加で申し上げたいと思います。

　先ほど上村先生のほうから「独禁法の話はいっぱい出るのに金商法の話が出ない」というご指摘があったのですが，いわゆる企業の中での取組み方の差ではないか，と思っています。金商法のほうは，アメリカのSOX法を受けてJ-SOXとして大々的に取り上げられました。かなりの費用をかけて社内中を巻き込んで，時間をかけてやりましたので，社内隅々いろいろなセクションのところでシステムができあがっていますので，金商法について特別コンプライアンスという言い方をしなくても，組織的な抑止力と従業員側にも心の抑止力というものができあがっているのではないか，と思っています。

　一方で，独禁法については，知る人ぞ知る法律で，ほとんど関係のない部署も多いものですから，こういったところで問題にするときに，独禁法についてコメントできる人とできない人が極端に分かれてくるので，むしろこういうアンケートのところで大きく浮き上がってくるのは，独禁法のように全員に関係しない法律なのだろうな，と思っています。

　ただ，こういう法律が企業の中で担当者にとっては非常に大きな要素で，企業全体の利益，それからレピュテーションに対する大きなインパクトを与えます。特に私どもは，欧米の企業と一緒にいろいろなことをやりますが，営業担当者で

第2章 〈シンポジウム〉コンプライアンスの現状と課題

すとか、そういった方たちは、まず一番はじめには、「コスト削減をどうしたらいいか」という、現実的な論点から話が始まり、どんどん進んでいきます。その流れで「じゃあ、みんなで組んで何かやりましょう」とか「価格をこういうふうに棲み分けしましょうか」という議論に陥りやすいのです。何が、どこから独禁法の禁止行為に当たるかについて、きちんとした教育を受けてないとチェックが働かず、どんどん話が進んでしまうことがあります。私どもの会社では、グローバルな商材を扱う部署に対しては、ビジネスの相談を受けるときに独禁法についても突っ込んで触れてOJTで教育できるようにしています。

実際に、私自身も、日米欧三極の独禁法専門の弁護士と会議をすることもあります。また、営業が国外の競業者と会議をすることもありますが、欧米の競業者が集まって話をするとき、彼らはロイヤーを同席させることが多く、そこで生産調整や価格の話になりかけるとロイヤーからストップがかけられるそうです。ストップをかけるのは、日本のロイヤーというよりは欧米のロイヤーのほうが多い、とも聞いています。もちろん、課徴金が莫大だというところもあるのですが、彼らのほうがまだちょっと意識が高いのかな、と思っています。

それから、課徴金の話で、抑止力としては課徴金のほうが、金額が大きいので利益を追求する企業としてはこちらのほうが効果的なのではないか、というお話もあり、実際にそうだ、と思います。その一方、刑事罰を受けて判例集や教科書に載ってしまうと、後々まで「○○事件」として記録に残るために、思わぬところで心が痛む場面に遭遇することがあります。刑事罰というのは、それだけ歴史的に痛みを引きずる罰則なので、その運用に関しては慎重に配慮しなければいけないと思うと同時に、それがあるがゆえに、「こういうことを今後してはいけない」というような教育にも使えますので、罰則も、長期的に見れば企業にとっては非常にインパクトが大きいものだな、と思います。以上です。

甲斐 どうもありがとうございました。それでは、松澤先生も、今までの議論を聞いて、言い足りなかったことを追加でお願いします。

松澤 私のところにもご質問がございませんでしたので、気がついたところを少しコメントさせていただきたい、と思います。まず、罰金と課徴金の違いが意識されなくなっているのではないか、という点につきましては、私の発言したところと少し関係していたと思いますので、それについてお話ししたい、と思います。今、加藤さんのお話を伺うまでは、課徴金というものが比較的世間的には各新聞報道などで出て「課されました」ということになると、企業に対しては非常にダメージもあったり、国民の側からすると、それによって処罰されているという感じが非常に強くて、刑罰との違いがあまりなくなってきているのかもしれないかな、と思っていたのですが、やはりそれなりに刑罰と行政罰には違いがあるというような今のお話でしたので、その部分については、やはり違いがあるのかな、という感じもします。先ほど、マスコミや風評被害の話もありましたけれども、一般的に報道などを見る側にとりましては、新聞に出てしまうと、実際にそれがまったく何も問題のないことと最終的にわかったとしても、企業のダメージは大きいことがあります。そういった点からすると、大きな額の課徴金というものは、実は企業の側からすると刑罰と同じか、それ以上のダメージだという現実がもしかしたらあるのかもしれないな──自分の中ではどちらのほうなのかよくわから

ないのですが——，といった印象を持っているところです。

あと1点，先ほどのアンケートの回収率の話ですが，こちらに前回の分がありましたので見てみましたら，前回は30.3％ぐらいで，今回は17.95％です。前回の調査をまとめた本とかを見てみますと，予想を上回る回収率だったというようなことが書かれていまして，もともと25％ぐらいを期待していたのかもしれません。今回は若干そこから低くなっていますけれども，もともと期待していたところから前回は若干高くて，今回は若干低かったぐらいの感覚（なんか言い訳がましいのですが）なのかもしれない，という感じがします。この程度のものは結構回収が難しいということで，社会調査などでも難しくて，おそらく20％に近づいていること自体，もしかすると喜ぶべき回収率なのかもしれない，と思うところです。とりあえずはそんなところです。

甲斐 島岡さんに追加の質問が来ておりますので，併せてお願いします。

島岡 「一種の想定事例ですけれども，自社で談合していたことが判明して，リニエンシーをするかしないかということを担当役員に確認したら，たまたま反対されてしまってできなかったとします。それで公訴時効が迫っている場合には何もしないということで，その役員の責任もないし，何もなくなってしまう。それがあとでたまたま事件化すると，代表訴訟でその人だけではなくて，ほかの人にも迷惑がかかってしまう。こういうような，結果が同じなのに場合によって責任が変わってしまうことについて，会社はどう判断すべきか。」という，非常に難しいご質問をいただいております。こういう想定事例がないものですから，今ちょっと考えてはいたのですが，できれば上村先生に後でコメントをいただければ，と思います。

私は，経営判断になじむ問題かどうかというところのぎりぎりの線かもしれない，と思っています。つまり，法的な判断を伴って事件が立件できるかできないか，まず争えるかどうか，という問題と，今リニエンシーをすれば得か損か，という判断と，両方あるわけです。「この種の判断は役員であっても自分でやっては駄目です」ということを言うべきではないかな，と個人的には思っていますので，きちんとした専門家に相談をして，結論はそれに従うという方向で考えるしかないかな，と思っています。私どものリニエンシーの考え方も，経営判断の範囲というのは基本的にあまりない，と感じていまして，専門家の意見をよく聞くということが中心になるのではないか，と思います。振って申し訳ないのですが，上村先生，いかがでございましょうか。

上村 その前に，加藤さんから先ほどコメントがあったのですが，私は金商法，内部統制の話をした覚えはないので，金商法全部の執行力の話をしたので，そのことだけ申し上げておきます。

私は，リニエンシーにしても，例えば，アメリカですと，司法取引とか，おとり，盗聴まで，刑事の場合はあります。なぜなのかというと，やはり大量に不正が起きますので，現場で早めに処理しなければいけないという要請，つまり，マーケット犯罪から来る要請が大きいのではないかな，と思います。そうではなくて，会社法的な経営判断ということになれば，それによって情状酌量の余地はあるかもしれませんけれども，違法性や責任の評価が変わることはないのではないかな，と思っております。お答えになってないかもしれませんが。

甲斐 ありがとうございました。さて，今日フロアにはいろいろな分野の方が来られております。ペーパーで質問を出し

第 2 章 〈シンポジウム〉コンプライアンスの現状と課題

ていただいた方もおられましたけれども，書く時間がなかったとか，あるいは口頭で質問をしたほうがよいという方もおられるかもしれません。もしございましたら，挙手をしていただければ幸いです。ご所属を名乗りたい方はどうぞ，そうでない場合でも結構ですが，もしおられましたら。

フロア1　所属は川崎医療福祉大学です。いつもずっとGCOEの方の，それから去年の早稲田大学のほうの関連の公開講座「刑法は企業活動に介入すべきか？」に参加させていただいていました。それで，今日，松澤先生のお話は，すごく流れがよくわかって，ありがとうございました。刑法のことは，甲斐先生と田口先生のご編著『刑法は企業活動に介入すべきか？』（2010年・成文堂）を読ませていただいて，それで先生のお話とかも全部読ませていただいていて，だいたい理解できました。だけど，いつもそこに私が帰ってくるのは，個人責任の原則という刑法の責任論のところで，個人責任といったとき，企業・団体責任の部分の責任をどこにかけるか，という点です。犯罪の部分ですね。そこにいつも帰ってきて，その妥当な処理というか，仕方というのが，どうもそこでいつもしどろもどろに頭の中でなってしまうのです。そこのところをお教えいただけたら，と思って質問させていただきました。

甲斐　それでは松澤先生，お願いいたします。

松澤　ご質問，ありがとうございます。ここで，私が，例えば，法人処罰，組織体処罰といったときには，法人そのものに対する処罰ということを考えていまして，だいたい個人責任か団体責任かといったときには，団体として最終的にはそこに所属している個人が処罰されるわけです。その人のやった部分について責任を負わされるという意味での団体責任かと思うのですが，今回の場合は組織体が処罰されるということで，法人が処罰されるということだ，と思います。そういった意味では，個人責任と団体責任といった文脈とは違った意味での組織体の責任といったようなことになる，と思います。組織体の責任ですので，そこにいる人を刑務所に入れるとか自由刑を科すだとか懲役を科すというようなことはできなくて，その刑罰の方法としても，罰金刑あるいは保護観察といったことができるのかどうか，という議論がありますけれども，保護観察，あるいはその企業にこれからそういった活動をしないように解散させてしまうとか，いろいろな方法はあるかと思いますけれども，個人に科される刑罰ではないし，また別の刑罰を考えるということになっているか，と思います。それでよろしいでしょうか。

甲斐　この問題は，かなり刑法理論的になるので，刑法の専門以外の方は，ややわかりにくいところがあるかもしれませんが，私も少し申し上げましたけれども，世界ではいろいろな制度があるわけです。日本の刑法は，基本的には個人責任ですから，個人処罰ですが，両罰規定という観点からいくと，一部法人処罰も認めているわけです。そういうスタイルの国と，イギリス，オーストラリア，デンマーク，オランダなど，多くの国が刑法典の中で正面から法人の刑事責任を認めています。これは，個人とは違った非難というのがおそらく背景にあるだろう，と思います。あるいは非難という言葉を使わないところもあるかもしれません。北欧などは少し違うようですね。したがいまして，いろいろ枝分かれをしていくわけです。ドイツは，先ほど来言っておりますとおり，個人責任の原則を維持しながら秩序違反法という独自の法律で対応していまして，これは，日本から見ると行政制裁のように見えるけれども，ドイツの学者による

第Ⅱ部　日本における企業コンプライアンス調査と刑事法的観点からの分析

と、「小さな刑法」という人もいるくらいで、日本がどの方向に行くかという議論は、今もまだ続いているところです。学説の中には「徹底して故意犯の場合も過失犯の場合も法人の刑事責任を認めよ」という主張も出てきたところです。

その中で、日本がいったいどの道を今後選択していくかというのは、今日の議論からも多様な考えが窺えました。イタリアのように、それこそ「企業刑法」という名前はつくのですが、制裁は民事、手続は刑事訴訟法、名前は刑法という国も登場しています。したがいまして、いろいろな選択肢が現段階ではありうるので、すぐこの場で結論が出ないと思いますし、これ自体が日本刑法学の大きなテーマになっています。ご指摘は大変ありがたく、今後も検討を続ける必要がある、と思っています。ただし、ベースは個人責任です。それを超える場合には、企業責任を認めることで何が従来の体系と変わるのかということをはっきりさせたうえで行動する必要がある、と思います。ありがとうございました。

ほかにいかがでしょうか。本日は、浜辺陽一郎先生も来られているので、コンプライアンスの専門家のご意見を拝聴したいと思います。浜辺先生は、早稲田大学法科大学院在職時、5年前のシンポジウムにも参加していただきました。

浜辺　青山学院大学の浜辺です。ありがとうございます。非常に参考になりました。聞いていて感じたことをお話しします。今日の議論の中で少し気になったのは、今、日本の企業は、かなりコンプライアンス・プログラムの推進で、制度の仕組みはかなり進んだというご報告がありました。そのとき、上場企業ではJ-SOXのこともありまして、仕組みとしてはかなり真摯にやっている、という指摘がなされました。仕組みをつくるには限界に来ているのではないか、これか

らは意識の問題だ、と言われました。そういう面も確かにあろうかと思うのですが、だからといって制度・仕組みをこれでストップしてよいということには当然ならないわけです。確かに、量的な問題というよりも、質的な面での改善の余地というのはまだまだあるのではないか、と思います。例えば、何か不祥事が起きたら、再発防止を考えなければいけない。再発防止をするために、またチェック項目がどんどん増えていくというような、ただ単に量だけが増えていくというのは、確かに、問題だと思います。なぜそういうことが起きたのか、という原因をよく究明して、その原因の中には、やり方が違うということがあるかもしれません、つまり、チェックのポイントを間違えていることもあるかもしれません。そうしますと、そのあたりの量を増やすということを言っているのではなくて、質的な改善を図るという余地は、まだまだあってしかるべきではないか、と思いますし、そのうえで、当然、意識の問題があります。これは、そのとおりだ、と思うのですが、ただ、個人の意識の問題というのは、昔の「結局、個人の心がけの問題だよね」ということで、「だから組織は何もしなくていいんだ」ということでは困るわけでして、やはり制度の仕組みと個人の意識をどう変えていくのかという、その辺は制度・仕組みと併せてセットで考えていかなければいけないのではないか、と思いました。

それで、今日のアンケートの中で私が「おや？」と思ったことは、14ページ、問7-3「公益通報者保護法の効果・影響」ですが、「あまり影響がない」というのが半分です。この意味がどう取れるかわからないのですが、一説によると、公益通報者保護法については、別の調査では、「あまり知られていない」とか「あまりどうとも思っていない」とか、

第2章 〈シンポジウム〉コンプライアンスの現状と課題

あるいは「公益通報者保護法があるにもかかわらず，通報者に対して不利益な取扱いがなされる企業が多い」とか，あるいは「裁判所もほとんど仲裁していない」とか，逆に変なことになっているものがあったりして，そういうことで，ちょっとどうなのかな，と思いました。この辺は，まだ改善の余地があるところなのではないか，と思います。この14ページによると，一応，仕組みとして半分ぐらいは形ができて，まあまあそれがよかったかな，ということはあるようですが，結局，これも99％制度はつくっています。そういう意味では限界ということなのかもしれないのですが，ただ，やはりその中身が問題で，内部通報システムがあるのが98％だけれども，そのあとの「処理手続の定型化の有無」は，「定めていない」のが4分の1ある，ということです。「じゃあ，この4分の1の会社は何を考えているのだろう？」という疑問があるわけでして，やはりまだまだやることがあるのではないか。今回は，東証一部の上場企業が対象でした。やはり二部もあるし，ほかの新興市場もあるし，新興市場は今本当に不安なわけでして，さらには中小企業もあるわけで，中小企業の中には結構大きな会社もあります。ですから，そういうところも視野に入れると，東証一部の上場企業というのは，ある意味では日本企業の模範をしていただきたい会社として，どんどん階段を進めていただければな，と思いました。

そんなわけで，前進はしているのだけれども，今日の話を参考にして，いろいろとまた考えていきたいと思います。どうもありがとうございました。

甲斐 貴重なご意見，ありがとうございました。最後に岡山大学の神例康博先生，わざわざ遠路はるばる来られているので，ひと言，感想でも結構ですのでどうぞ。

神例 ありがとうございます。岡山大学の神例と申します。質問でよろしいでしょうか。加藤さんのご報告に対してお聞かせいただきたいところがあります。規制のハーモナイゼーションといいますか，各国間で規制・制裁というものを使っているという場合，例えば，日本で，「個人に対する制裁というのは非常に厳格にしていますが，しかしながら，法人に対する制裁はあまり行われておりません」といった場合に，やはり外国から見たら，この国の市場は信頼できない，ということになりませんか。この国を相手に取引するのは危険である，という形になってしまうのか。もしそうなってきた場合に，日本のほうでも法人に対する制裁を置くという場合に，それが課徴金であることと罰金であることの間には，それほど差がないといってよいのか。やはり「刑事罰を置いています」というメッセージを発することが，日本の市場に対する外国からの信頼を勝ち取る際に重要なファクターになるという印象を感じておられるのか，を教えていただければと思います。

加藤 最終的には，刑事罰があるということが，そういった問題に対して配慮できる成熟した社会なのだ，と思われるのではないでしょうか。それを受け入れる土壌があるということが評価され，信頼の証しになるので，各国のハーモナイゼーションが進めばよい，と思います。ただ，残念ながら，そのような環境の整わない状況でもビジネスはあります。ビジネスチャンスを失うわけにはいきませんので，「法的サンクション制度は完璧ではありませんが，企業として独自に○○という約束をします。それに違反した場合にはサンクションを受けても構いません」というような，いわゆるアグリーメントの形での対応をします。でも，それが何回も続きますと，相手企業からは

137

第Ⅱ部　日本における企業コンプライアンス調査と刑事法的観点からの分析

社会としての法規範整備がまだ未成熟ではないか，と思われがちなので，多少恥ずかしい気もします。そういった意味で，形を整えるだけでなく，法律上有効に働く規制というのは必要ではないか，と思っています。

甲斐　ありがとうございました。では，最後ということで，簡潔にお願いします。

フロア2　今日は貴重なご意見，ありがとうございました。大変勉強になりました。アンケート調査の問4・問5に，「コンプライアンス・プログラムの存在と内容について投資家や消費者に対して周知を図っていますか」とか，「第三者評価を受けていますか」というような質問があります。情報開示というのは，CSRには非常に大事な要素だという結果が出ているのですが，内部統制，報告制度というのは，かなり上場企業は力を入れたわけですが，コンプライアンス・プログラムの推進状況に対して，パネラーの企業の方は，どういった意識で情報開示をされているのか。単に「こういう制度を持っていますよ」というだけなのか，さらに「こういったところに特化して推進しているんだ」というふうに踏み込んで情報開示を世界に発信されているのか。その辺の取組みの実情について，ご参考までにお教えいただければと思います。

甲斐　それでは企業のお三方のうち，どなたかお願いします。

島岡　プログラムの制定だけではなくて運用状況，あるいは，はっきり言いますと，決まっているのだけれども違反行為があったというケースについても，私の知るかぎりにおいては，最近のISO27000，CSRの報告書で基本的に何を求めているかというと，公正な事業慣行という項目の中で，できればそういうことを説明したほうがよいというレベルの話はあるようです。私どもも，開示をどこまですべきかというのは常に悩んでおり，弁護士とも相談をしますけれども，結局，どこまで何をやるかというのは，実はいまのCSRレポートを特にご覧いただくと，どの企業もKPI（Key Performance Indicator）というのがありまして，結局，「毎年ここまで僕らはやるんです」ということを先に宣言しているのです。それができなかったら「できない」とか，「できた」とかいうことまでやるのが，今のCSRレポートのあり方なので，その中で何を目標に立てるかによりますけれども，「できた」，「できない」という自己評価と第三者評価をもらって，それを出す。あるいはその中で問題があれば，それはその範囲で言わざるをえないというのが，少なくともCSRの業界での，理屈の問題というよりも，実務に近いものだと理解していますが，もし違っていれば，どなたか訂正いただければと思います。以上でよろしいでしょうか。

甲斐　それでは，最後に田口教授から総括をしていただきまして終わりたいと思います。田口先生，よろしくお願いします。

(3) 総　括

田口　時間が超過しておりますので簡潔にいたしますが，内容が多岐にわたっており，総括できるかな，という感じもいたしまして難しいのですが，暫定的に私のメモに従って，6点ほど指摘しておきたいと思います。

第1点は，本日のシンポジウムの標題になっております，コンプライアンスの「現状」ということですが，ひと言でいうと，キーワード的には「定着」というようなことがベースにあった，と理解しました。6年前の2004年のシンポジウムの時には，「社長が急にコンプライアンス室をつくって配属になったけど，コンプライアンスって何ですか？」という

第 2 章 〈シンポジウム〉コンプライアンスの現状と課題

質問も実際あったわけで，それがまさにまだ 6 年前の話なのです。そこから比べますと，この 5～6 年間に，中身はともかく，コンプライアンス・プログラムというものがわが国の企業社会に定着したということは，かなりスピード感があるという印象を受けました。もっとも，最後にも話題になりましたように，コンプライアンスのルールというのは限界に来ているのではないか，というような問題提起もありましたし，先ほどお話がありましたように，限界といっても量的な話で，質的なブラッシュアップというものは残っているのではないか，というようなご指摘も受けました。そういうわけで，コンプライアンスの何というか「WHAT」というのは終わって，コンプライアンスの中身というか「HOW」という段階に入っているということが「現状」と言えるのではないか，というのが第 1 点です。

第 2 点として，その延長線上で，今日の話の中で問題提起があったのは，いくらルールをつくっても，先ほどの「魂を入れず」ではないですけれども，やはりトップなり経営者なりの意識の問題が最後に決め手になるのではないか，という問題提起もありまして，不祥事を防ぐというのは，ルールをつくれば不祥事がなくなるというものではない，という指摘が，やはり基本的というか根本的なご指摘だったのではないかと思います。これは，コンプライアンスの問題というか，やはり企業倫理，あるいはその他の広い問題につながるだろうと思いますが，こういう問題は，今後，コンプライアンスの問題と一線を画して考えていくべきではないか，と思います。

その問題と少し場面が違いますけれども，コンプライアンスが定着したとは言いながら，1 つの問題提起としては，それは上場企業の話であって，つまり一部の会社の話であって，中小企業と言いましょうか，多くの企業には関係ないのではないか，というような指摘もありました。それに対して，私も，個人的には意見を申し上げて，中小企業のコンプライアンス・プログラムというものが徐々に下請けのほうに浸透してくるというのが望ましい，と言いましたけれども，それは 1 つの想定でして，本当にそうなるかということは，今後の残された課題であります。したがいまして，今申し上げた第 2 ポイントは，コンプライアンス・プログラムは定着したといえるけれども，新しい問題も次々とその先には見えるということが言えるのではないか。以上が第 2 点です。

第 3 点は，CSR との区別です。CSR というのがキーワードになっているということで，島岡さんから CSR についての詳しい説明もありました。確かに，2004 年段階と比べますと議論はかなり深まっている，あるいはグローバル化しているという印象を受けます。その中で，1 つ重要なキーワードというか前面に出てきたものは「環境」という言葉でして，「企業と環境」を考えないと企業もやっていけない時代なのかな，と思います。先ほど島岡さんの話からは出てきませんでしたけれども，われわれのアンケートを見ると，意外と「地域」という言葉もかなり上のほうにランクしていますので，これは日本の現象なのかどうかはわかりませんが，地域社会との関係というものも問題なのかな，という感じを受けました。こういうことになりますと，日本の企業についても「質的」と言いますか，「クオリティーの変化」というものが静かに進行しているという印象を受けました。以上が第 3 点です。

第 4 点として，制裁の話に入ります。1 つ，やはり非常に大きく前面に出てきたものは，リニエンシーですが，これに

139

第Ⅱ部　日本における企業コンプライアンス調査と刑事法的観点からの分析

については賛否両論ありましたけれども，だいたい定着したという評価であろうか，と思います。問題は，そのプロセス・手続の問題であって，特に行政調査等についての問題が指摘されましたけれども，制裁全体もそうかもしれませんが，1つのキーワードは，やはりハーモナイゼーション（調和）ということでしょうか。諸外国とハーモナイズすることが，今日，日本の企業にも求められているということです。先ほどもややショッキングな話が出まして，同じようなトラブルがあったときに，日本では供述したくないというような指摘がありましたけれども，それは，日本における権利保障が遅れているということかもしれないと思います。弁護士立会いであるとか，秘匿特権であるとか，あるいは自己負罪拒否特権であるとか，いろいろあるようですけれども，そういった問題については，まだほとんど手つかずの現状でして，今後の問題点であるということがわかってきたということです。ハーモナイゼーションということで，今後日本が取り組まなければならない「プロセスの問題」と言ってよいかと思います。

第5点目は，われわれのほうの本来の刑事制裁の話です。いくつかの論点がありました。簡単に言いますと，アンケートの中でコンプライアンス・プログラムを遂行していたことをどう評価するかという問題について，起訴してほしくないということなのか，それとも刑を軽くしてほしいということなのか，こういうようなことを松澤先生からも分析いただきました。多くの企業の方は，量刑問題ということで，はっきり言って有罪はやむをえないという前提でモノを考えていくことが現状である，というご意見である，と見受けられます。ただ，立法論的には，このアンケートはなかなか面白くて，罰金以外に企業の保護観察とか，あるいは

企業名の公表とか，そういった諸外国にあって日本にないようなサンクションを考えてもよい，というご意見が50％を超えているわけです。この点については，企業に対する制裁のあり方に関する国民的合意を形成していくことが必要である，と思いました。最後に議論になりました理論的な問題ですが，法人自体に刑事罰を科すのか，という問題です。組織に対する罰というのは，ドイツや日本では今まで拒否されてきた考え方であり，英米では逆に受け入れられている考え方なのですが，そういうような問題に，いよいよ正面から向き合う必要があるのかな，ということかと思います。以上が刑事制裁に関する第5点です。

最後の第6点は，国際的な問題です。コンプライアンス・プログラムに関しても，今申し上げたような，最終的には国際的なハーモナイゼーションという波が押し寄せています。そういう点で，日本としてもいくつか考えなければならない問題があるということが明らかになった，と思います。中国の関係が話題になりましたけれども，われわれの調査では，アメリカ・イギリス・オーストラリア・ドイツ・イタリア・中国という6カ国の調査をやりました。特に中国については，先ほども紹介いただきましたけれども，もちろん中国でもはじめての調査ですから，世界ではじめてということで，貴重な情報だろうと思っています。先ほど紹介くださったように，本年〔2011年〕9月の国際シンポを中止せざるをえなくなりました。ただ，われわれのもとには，すでにこれらの国々のレポートが届いていますので，これらをわれわれとしても，シンポジウムは開きませんけれども，分析して，何らかの形で図書として出版をしたいと考えています。経済の世界ではグローバル化というのは当然のことかもしれませんけれども，それがコンプライ

第2章 〈シンポジウム〉コンプライアンスの現状と課題

アンス・プログラムという形で反射していく。そしてまた制度的にもハーモナイゼーションという形で，さらに積極的な波が押し寄せている。果たして答えが出せるかどうかわかりませんけれども，われわれとしては，そういった国際比較を踏まえた何らかの提案ができればよい，と思っています。以上が国際問題についての総括です。

　以上，急ぎ足で総括を試みました。非常に課題も多いということも明らかになったと思いますので，今後，さらに皆さま方にはご協力をいただきまして，さらに研究を進めていきたいと思っています。今後ともご指導，ご協力をお願いしたいと思います。

　最後に，甲斐先生のパワーポイントの最後にも挙がっておりますけれども，今回の調査に全面的にご協力くださいました社団法人商事法務研究会，氷室昭彦理事もご出席いただきましたけれども，そのほか多くの方にご協力を得ましたので，この場を借りて感謝を申し上げたいと思います。また，本日のシンポジウムは，コメンテーターの方々から非常に有意義なご意見をお聞きすることができて，本当にありがたかったと思いますので，あらためて私からも御礼申し上げたい，と思います。ありがとうございました。以上が私の総括であります。

──────〈閉会の辞〉──────

甲斐　長時間ありがとうございました。若干時間が超過しましたけれども，無事に本日のシンポジウムを終えることができました。今回のシンポジウムの開催に際しては，いろいろな方にお世話になりました。

　それでは，これで本日のシンポジウムを終わりたいと思います。本当に長時間，ありがとうございました。

第Ⅱ部　日本における企業コンプライアンス調査と刑事法的観点からの分析

Ⅲ　資料：2010年企業アンケートと集計結果

〔企画〕早稲田大学グローバル COE《企業法制と法創造》総合研究所
〔調査実施〕　　　　　　　　　　　社団法人 商事法務研究会
〔協力〕　　　　　　　　　　　　　内閣府経済社会総合研究所

提出期限　平成22年12月20日

※ご回答いただきました調査票の取扱いについては、万全を期し、秘密を厳守します。また、集計結果の公表の際には企業名を特定されることのないよう、十分な対策を講じます。ご回答いただきました調査票につきましては、企業名と切り離して処理し、「○○という回答が何パーセント」というように数字としてまとめますので、ご回答内容やお名前が外部に出ることは一切ございません。また、ご提供くださったご回答については当研究所が責任をもって厳重に管理し、データは学術研究の目的以外で用いることはありませんので、ご迷惑をおかけするようなことは一切ございません。

記入上の注意
1　太枠の□についてはその内容を記入し、番号欄については該当する番号（1，2，3，……）を○で囲んでください。なお、回答は単体でお願いいたします。
2　質問によっては、回答していただく企業を特定している項目もありますが、その項目以外は全企業がご回答ください。

会　社　名		記入担当者	部　課	
所　在　地 （調査票を作成 した事務所）	〒		連絡先 （電話・E-mail）	

資　本　金(n=448)						
50億円未満	50億円以上 100億円未満	100億円以上 500億円未満	500億円以上 1,000億円未満	1,000億円以上	不明・無回答	
159(35.5%)	81(18.1%)	138(30.8%)	28(6.3%)	40(8.9%)	2(0.4%)	

第 2 章 〈シンポジウム〉コンプライアンスの現状と課題

従業員数(n=448)					
1,000 人未満	1,000 人以上 5,000 人未満	5,000 人以上 10,000 人以上	10,000 人未満	不明・無回答
193(43.1%)	181(40.4%)	36(8.0%)	35(7.8%)	3(0.7%)

主たる業種（一つだけお選びください。）(n=448)

1. 食料品	21(4.7%)	2. 繊維製品	14(3.1%)	3. パルプ・紙	5(1.1%)
4. 化学	32(7.1%)	5. 医薬品	10(2.2%)	6. 石油・石炭	2(0.4%)
7. ゴム製品	5(1.1%)	8. ガラス・土石	7(1.6%)	9. 鉄鋼	6(1.3%)
10. 非鉄金属	8(1.8%)	11. 金属製品	9(2.0%)	12. 一般機械	34(7.6%)
13. 電気機器	33(7.4%)	14. 輸送用機器	20(4.5%)	15. 精密機器	8(1.8%)
16. その他製造	20(4.5%)	17. 水産・農林	0(0.0%)	18. 鉱業	0(0.0%)
19. 建設	32(7.1%)	20. 商業(卸売業)	38(8.5%)	21. 商業(小売業)	41(9.2%)
22. 不動産	9(2.0%)	23. 陸運	3(0.7%)	24. 海運	1(0.2%)
25. 空運	0(0.0%)	26. 倉庫・運輸	7(1.6%)	27. 情報・通信	21(4.7%)
28. 電気・ガス	9(2.0%)	29. サービス	18(4.0%)	30. 銀行業	17(3.8%)
31. 証券・商品先物	2(0.4%)	32. 保険業	1(0.2%)	33. その他金融業	9(2.0%)
不明	6(1.3%)				

I　コンプライアンスについて

21 世紀に入り、コンプライアンスの重要性がより主張されるようになってきました。そこで、コンプライアンスに関する以下の質問にお答えください。なお、この調査票において、コンプライアンスは、法令遵守のほか、一定の企業倫理の維持をも含むものとします。また、コンプライアンス・プログラムとは、コンプライアンスのルールのほかに、たとえば、教育や監査も含むものとします。

問 1．下記の項目の中から、貴社の規定において、とくに防止対象として注意している事項をすべて選び、該当する番号を○で囲んでください。適当な項目がない場合は「その他」にお書きください。(n=448)

1. 価格カルテル	154(34.4%)	2. 入札談合	157(35.0%)
3. 同業他社との接触	115(25.7%)	4. 不当廉売	92(20.5%)
5. 再販売価格の拘束	89(19.9%)	6. 下請代金の支払い遅延	285(63.6%)
7. 商品・役務内容等の虚偽表示	182(40.6%)	8. 特許権侵害	180(40.2%)
9. 類似商品	65(14.5%)	10. 欠陥品の製造・販売	220(49.1%)
11. 贈収賄（海外を含む）	154(34.4%)	12. 監督機関への報告義務違反	184(41.1%)
13. 雇用関係の偽装	132(29.5%)	14. 守秘義務の徹底	278(62.1%)
15. 公正な宣伝広告	152(33.9%)	16. 利益相反の回避	166(37.1%)

第Ⅱ部 日本における企業コンプライアンス調査と刑事法的観点からの分析

17. 同僚への差別禁止	148(33.0%)	18. その他	70(15.6%)

※○がついたもの数及び割合

問2．貴社において、コンプライアンスのための社内教育（たとえば、Eラーニング、新人研修、役員研修等も含む）を行っていますか。（n=448）

1. 年に数回	282(62.9%)	2. 年に1回程度	122(27.2%)
3. あまり行っていない	36(8.0%)	4. まったく行っていない	6(1.3%)
不明・無回答	2(0.4%)		

問2-1．問2において1から3に回答された企業におうかがいします。その社内教育制度等はいつ開始されましたか。（n=442）

1. 2006年以降	159(36.0%)	2. 2001年から2005年	201(45.5%)
3. 2000年以前	79(17.9%)	不明・無回答	3(0.7%)

問3．すべての企業におうかがいします。貴社のコンプライアンス・プログラムの内容については、どのような方法で周知・徹底が図られていますか。下記の項目の中から、該当する番号を○で囲んでください。適当な項目がない場合はその他にお書きください。（n=448　複数回答可）

1. 人事研修、社内セミナー	370(82.6%)	2. 社内トレーナー制度	30(6.7%)
3. Eラーニング等	159(35.5%)	4. 社内報、パンフレット	240(53.6%)
5. イントラネットへの掲載、メール	316(70.5%)	6. 外部業者を使ったコンプライアンスの意識調査	28(6.3%)
7. モニタリング	117(26.1%)	8. 特段公示されていない	12(2.7%)
9. その他	41(9.2%)		

※○がついたもの数及び割合

問4．貴社のコンプライアンス・プログラムの存在と内容について、投資家に対してどのように周知を図っていますか（n=448　複数回答可）。

1. ホームページ	249(55.6%)	2. 有価証券報告書	236(52.7%)
3. コーポレートガバナンス報告書	218(48.7%)	4. 事業報告書	143(31.9%)
5. その他	78(17.4%)	6. 周知を図っていない	50(11.2%)

※○がついたもの数及び割合

問5．貴社のコンプライアンス・プログラムの存在と内容について、消費者に対し周知を図っていますか。（n=448）

第 2 章 〈シンポジウム〉コンプライアンスの現状と課題

1．十分に周知を図っている	30（ 6.7%）	2．ある程度周知を図っている	164(36.6%)
3．あまり周知を図っていない	160(35.7%)	4．まったく周知を図っていない	86(19.2%)
不明・無回答	8（ 1.8%）	平　　均	2.69

問 6．貴社のコンプライアンス・プログラムの有効性を確認するための、社外の第三者を入れた評価制度はありますか。（n=448）

1．あ　る	77(17.2%)	2．今はないが導入予定	20（ 4.5%）
3．な　い	348(77.7%)	不明・無回答	3（ 0.7%）

問 7．すべての企業におうかがいします。公益通報者保護法が 2006 年に施行されて数年経ちますが、貴社において、社員の行為ないしは企業体としての活動がコンプライアンスに違反する可能性が生じた場合に、それをいち早く察知して防止するためのシステム（たとえば、社内、社外問わず匿名で通報できる相談窓口の設置やその後の処理手続等）は存在しますか。（n=448）

1．あ　る	442(98.7%)	2．な　い	4（ 0.9%）
不明・無回答	2（ 0.4%）		

「ある」と回答された企業におうかがいします（問 7-1 から問 7-3 までお答えください）。

問 7-1．通報できる相談窓口は、いかなるものですか（複数回答可）。（n=442）

1．法務部	105(23.6%)	2．監査部	70(15.8%)
3．コンプライアンス関連部署	273(61.5%)	4．（1 と 2 以外の）社内弁護士	4（ 0.9%）
5．社外弁護士	240(54.1%)	6．その他	126(28.4%)

問 7-2．また、その通報システムはいつ設置されましたか。（n=442）

1．2006 年以降	214(48.2%)	2．2001 年から 2005 年	206(46.4%)
3．2000 年以前	20（ 4.5%）	不明・無回答	4（ 0.9%）

問 7-3．その通報システムの運用における公益通報者保護法の効果・影響について、どのようにお考えですか。（n=442）

1．システムの運用が円滑になった	56(12.6%)	2．手続が煩頊になった	2（ 0.5%）
3．システムの構築ができた	145(32.7%)	4．あまり影響はない	220(49.5%)
5．その他	8（ 1.8%）	不明・無回答	13（ 2.9%）

第Ⅱ部　日本における企業コンプライアンス調査と刑事法的観点からの分析

問8．すべての企業におうかがいします。貴社のコンプライアンス・プログラムでは、社員から、コンプライアンス違反の可能性があるケースについて通報があった際の処理手続（たとえば、聴聞手続等）を定型化したものとして定めていますか。（n=448）

1．定めている　335(74.8%)	2．定めていない　109(24.3%)	不明・無回答　4(0.9%)

問9．法令違反の可能性があるケースについて通報があった際の処理手続は、その行為をした者の地位（一般の社員、当該行為に係る決定権者、役員、代表取締役等）に応じて、異なった処理手続（対応部署が異なる等）がありますか。（n=448）

1．ある　89(19.9%)	2．ない　350(78.1%)	不明・無回答　9(2.0%)

問9-1．また、その処理手続について、差支えのない範囲で、ご説明いただけますか。

問10．企業の法令違反行為を防止するシステムは、どのように構築されるのが望ましいと思われますか。（n=448）

1．各企業が独自に構築する　310(69.2%)	2．各業界団体が独自に構築する　27(6.0%)
3．行政がガイドラインを提示すべき　95(21.2%)	不明・無回答　16(3.6%)

問11．貴社のコンプライアンス・プログラムについて、特徴的な点がある場合には、その点をご説明いただけますか。

Ⅱ　企業の社会的責任（Corporate Social Responsibility: CSR）について

　ここからは、コンプライアンスに限らず、広く企業の社会的責任（Corporate Social Responsibility（以下、CSRと略称））についておうかがいします。

問12．下記の項目の中から、貴社がCSRとして、重視しているものの上位3つにつ

第2章 〈シンポジウム〉コンプライアンスの現状と課題

いて順位をつけて選んでください。(n=448)

A．反社会的勢力との接触禁止	190点	B．差別的言動の禁止	146点
C．情報開示	232点	D．地球環境への負荷軽減	420点
E．ノーマライゼーション	4点	F．従業員の福利厚生・安全・健康	125点
G．知的所有権の保護	32点	H．環境保護団体への支援	10点
I．プライバシー保護	32点	J．文化伝統の保全	7点
K．事業と密接な関係を有する製品・サービスの安全確保	418点	L．人材育成	94点
M．人権尊重	95点	N．腐敗防止	16点
O．公正な競争	130点	P．地域貢献	212点
Q．地域投資・メセナ活動	8点	R．その他	47点

※1位を3点，2位を2点，3位を1点とした累積点

問13．貴社は、海外の企業と取引等を行うに当たって、CSRについて照会を行っていますか。(n=448)

1．常に行っている	23(5.1%)	2．ある程度行っている	106(23.7%)
3．あまり行っていない	154(34.4%)	4．まったく行っていない	147(32.8%)
不明・無回答	18(4.0%)	平　　均	2.98

問13-1．また、照会を行っている場合は何を中心に照会されていますか。下記の項目の中から、該当するものを○で囲んでください。(n=283)

A．反社会的勢力との接触禁止	91(32.2%)	B．差別的言動の禁止	21(7.4%)
C．情報開示	65(23.0%)	D．地球環境への負荷軽減	94(33.2%)
E．ノーマライゼーション	5(1.8%)	F．従業員の福利厚生・安全・健康	36(12.7%)
G．知的所有権の保護	61(21.6%)	H．環境保護団体への支援	5(1.8%)
I．プライバシー保護	24(8.5%)	J．文化伝統の保全	3(1.1%)
K．事業と密接な関係を有する製品・サービスの安全確保	97(34.3%)	L．人材育成	11(3.9%)
M．人権尊重	46(16.3%)	N．腐敗防止	30(10.6%)
O．公正な競争	68(24.0%)	P．地域貢献	22(7.8%)
Q．地域投資・メセナ活動	2(0.7%)	R．その他	15(5.3%)

※○がついたもの数及び割合

問14．貴社のCSRについて、特徴的な点がある場合には、その点をご説明いただけますか。

第Ⅱ部　日本における企業コンプライアンス調査と刑事法的観点からの分析

Ⅲ　被害経験について

他社の法令違反等によって、被害を受けた経験についておうかがいします。

問15．貴社は、過去5年間（2006年以降）に、他社の法令違反等によって被害（1社当たり1億円以上）を被ったことがありますか。(n=448)

| 1．ある | 26(5.8%) | 2．ない | 413(92.2%) | 不明・無回答 | 9(2.0%) |

問15-1．「ある」と回答された企業におうかがいします。それは、国内企業によってですか、海外企業によってですか。(n=26)

| 1．国内企業 | 13(50.0%) | 2．海外企業 | 7(26.9%) |
| 3．両　　方 | 6(23.1%) | | |

問15-2．貴社は、他社の法令違反に関与させられた経験、あるいは関与させられそうになった経験がありますか。(n=448)

| 1．ある | 50(11.2%) | 2．ない | 341(76.1%) | 不明・無回答 | 57(12.7%) |

問16．問15で「ある」と回答された企業におうかがいします。下記の項目の中から、該当する番号すべてを〇で囲んでください。また、適当な項目がない場合には「その他」として、その内容を簡単に記載してください。加害者が国内企業の場合、海外企業の場合とで分けてご回答ください。(n=26)

【加害者が国内企業】

1．価格カルテル	1(3.8%)	2．入札談合	2(7.7%)
3．同業他社との接触	0(0.0%)	4．不当廉売	1(3.8%)
5．再販売価格の拘束	0(0.0%)	6．下請代金の支払い遅延	1(3.8%)
7．商品・役務内容等の虚偽表示	5(19.2%)	8．特許権侵害	3(11.5%)
9．類似商品	2(7.7%)	10．欠陥品の製造・販売	6(23.1%)
11．不正な利益の強要	0(0.0%)	12．監督機関への報告義務違反	0(0.0%)
13．雇用関係の偽装	0(0.0%)	14．反社会的勢力との付き合い	0(0.0%)
15．企業秘密の侵害	0(0.0%)	16．その他	0(0.0%)

※〇がついたもの数及び割合

第2章 〈シンポジウム〉コンプライアンスの現状と課題

【加害者が海外企業】

1．価格カルテル	1(3.8%)	2．入札談合	0(0.0%)
3．同業他社との接触	0(0.0%)	4．不当廉売	0(0.0%)
5．再販売価格の拘束	0(0.0%)	6．下請代金の支払い遅延	0(0.0%)
7．商品・役務内容等の虚偽表示	1(3.8%)	8．特許権侵害	4(15.4%)
9．類似商品	6(23.1%)	10．欠陥品の製造・販売	4(15.4%)
11．不正な利益の強要	0(0.0%)	12．監督機関への報告義務違反	0(0.0%)
13．雇用関係の偽装	0(0.0%)	14．反社会的勢力との付き合い	0(0.0%)
15．企業秘密の侵害	0(0.0%)	16．その他	2(7.7%)

※○がついたもの数及び割合

問17．問15で「ある」と回答された企業におうかがいします。被害に遭遇した場合、現行法による対応（損害賠償等）に満足されていますか。(n=26)

【国　内】

1．かなり満足している	0(0.0%)	2．ある程度満足している	13(50.0%)
3．やや不満である	3(11.5%)	4．不満である	3(11.5%)
不明・無回答	7(26.9%)	平　均	2.47

【海　外】

1．かなり満足している	1(3.8%)	2．ある程度満足している	4(15.4%)
3．やや不満である	5(19.2%)	4．不満である	1(3.8%)
不明・無回答	15(57.7%)	平　均	2.55

問17-1．不満に感じられる点があったとすれば、海外の事例も含めて、具体的にご説明いただけますか。

問18．問15で「ある」と回答された企業におうかがいします。被害に遭遇した場合、刑事について、告訴・告発を検討したことがありますか。(n=26)

1．ある	7(11.5%)	2．ない	16(61.5%)	不明・無回答	3(11.5%)

問18-1．「ある」と回答した企業におうかがいします。社内に告訴・告発に関する基準・考え方がありますか。(n=26)

1．ある	2(7.7%)	2．ない	10(38.5%)	不明・無回答	14(53.8%)

第Ⅱ部　日本における企業コンプライアンス調査と刑事法的観点からの分析

問18-2．告訴に対する当局の対応に満足していますか。(n=26)

1．かなり満足している	0(0.0%)	2．ある程度満足している	3(11.5%)
3．やや不満である	3(11.5%)	4．不満である	2(7.7%)
不明・無回答	18(69.2%)	平　　均	2.86

問18-3．不満に感じられる点があったとすれば、具体的にご記入ください。

Ⅳ　制裁制度のあり方について

ここからはまたすべての企業におうかがいします。以下の質問は、最近の独占禁止法や金融商品取引法などの関連法規の改正をめぐる動向とも密接に関連していますが、貴社のお考えをおうかがいします。

問19．独占禁止法の改正により、課徴金の額が引き上げられましたが（大企業は、原則として売上額の10%、小売業は3%、卸売業は2%、中小企業は、原則として売上額の4%、小売業は1.2%、卸売業は1%）、この課徴金の金額について、どのようにお考えですか。(n=448)

1．高額すぎる	68(15.2%)	2．相当な額である	347(77.5%)
3．低すぎる	10(2.2%)	不明・無回答	23(5.1%)

問19-1．その理由がある場合にはお書きください。

問20．独占禁止法の改正により、企業が自主的に違法行為を申告して調査に協力すれば、課徴金の減免が受けられる課徴金減免制度（いわゆるリーニエンシー制度）が導入されましたが（最初の申告会社は全額免除、2番目は50%、3番目は30%減額。立入り調査後も、3社までは30%の減額）、この制度について、どのようにお考えですか。(n=448)

1．十分に評価できる	131(29.2%)	2．やや評価できる	247(55.1%)
3．あまり評価できない	45(10.0%)	4．まったく評価できない	5(1.1%)
不明・無回答	20(4.5%)	平　　均	1.82

問20-1　上記の回答の理由がある場合にはお書きください。

問21．独占禁止法による行政調査が行われる場合には、真相究明が優先されておりますが、これに対して弁護士の立会権や秘匿特権あるいは関係者の黙秘権などの権利保障を考える必要があるとの指摘があります。貴社はこれについてどのようにお考えですか。(n=448)

1．権利保障を考える必要がある　241(53.8%)	2．権利保障を考える必要はない　31(6.9%)
3．どちらともいえない　155(34.6%)	不明・無回答　21(4.7%)

Ⅴ　法的処分に係る経験について

最後に貴社の法的処分に係る経験についてお聞きします。

問22．貴社が法令違反により法的な処分（行政または刑事処分）を受けることになった場合、当該事実を自主的に公表することにされていますか。(n=448)

1．は　い　204(45.5%)	2．いいえ　3(0.7%)
3．決めていない　226(50.4%)	不明・無回答　15(3.3%)

問22-1．「はい」と回答した企業におうかがいします。公表・開示に関する基準およびその意思決定はどのようになっていますか。

問23．2006年以降において、貴社が行政処分（たとえば、営業停止処分、入札参加停止処分、業務改善命令、課徴金等）を受けたことはありますか。(n=448)

1．あ　る　82(18.3%)	2．な　い　335(74.8%)
3．不明・回答留保　23(5.1%)	無回答　8(1.8%)

問23-1．また、貴社が行政処分を受けた事案の概要、適用された法律、処分名および処分の内容を差支えのない範囲でお書きください。

第Ⅱ部　日本における企業コンプライアンス調査と刑事法的観点からの分析

問24．2006年以降において、貴社または貴社の社員が業務に関して刑事責任を課せられたことはありますか。（n=448）

1．ある	31(6.9%)	2．ない	373(83.3%)
3．不明・回答留保	37(8.3%)	無回答	7(1.6%)

問24-1．また、貴社または貴社の社員が業務に関して刑事責任を課せられた事案の概要、適用された法律、罪名、刑罰の種類と程度について、差支えのない範囲でお書きください。

問24-2．業務に関して、社員個人の刑事責任に関連し、社員を懲戒処分するに当たって、下記のどの段階で確定されていますか。（n=448）

1．逮捕	60(13.4%)	2．起訴	66(14.7%)
3．判決	28(6.3%)	4．判決確定	119(26.6%)
不明・無回答	175(39.1%)		

問25．企業が刑事告発を受けた場合、法令遵守に配慮していた企業に対して、検察官は両罰規定を適用せずに刑事訴追自体を控えるべきだと思われますか。それとも、両罰規定を適用し刑事訴追をしたうえで、法令遵守に配慮していた点を踏まえて、より緩やかな量刑を行うのが適当と思われますか。（n=448）

1．刑事訴追を控えるべき	86(19.2%)	2．より緩やかな量刑を行うべき	270(60.3%)
3．いずれも必要ない	54(12.1%)	不明・無回答	38(8.5%)

問26．金融商品取引法の誕生により、インサイダー取引等、不公正な取引に対して課徴金および罰金の額が重くなっていますが、企業の法令違反行為に対する抑止効果について、どのようにお考えですか。（n=448）

1．かなり効果がある	97(21.7%)	2．ある程度効果がある	310(69.2%)
3．あまり効果はない	29(6.5%)	4．まったく効果はない	0(0.0%)
不明・無回答	12(2.7%)		

問27．企業に対する刑事制裁は、日本では罰金刑だけですが、これからの企業に対する刑事制裁のあり方として、貴社はどのようにお考えですか。（n=448）

1．罰金刑だけでよい	185(41.3%)

第 2 章 〈シンポジウム〉コンプライアンスの現状と課題

2．「企業名の公表」、「企業の保護観察」、「企業の入札等からの排除」等も刑事制裁に加える必要がある	232（51.8%）
不明・無回答	31（6.9%）

問 27-1．その他の制裁や新たな企業犯罪類型の創設（商業贈収賄罪等）が必要であるとお考えの場合、その内容をお書きください。(n=448)

問 28．企業にとって行政制裁と刑事制裁をどのように評価されますか。たとえば、10 億円の課徴金［行政制裁］と 1 億円の罰金［刑事制裁］とでは、どちらが企業の法令違反行為を抑止する効果があると思われますか。(n=448)

1．課徴金の方が効果がある	293（65.4%）	2．罰金の方が効果がある	115（25.7%）
不明・無回答	40（8.9%）		

問 29．外国では、法人自体を処罰する規定が増えています。他方、日本では（両罰規定を除いて）法人自体を処罰する規定はありません。法人自体を処罰する規定を日本に導入することについて、どのように評価されますか。(n=448)

1．法人自体を処罰する方がよい	248（55.4%）	2．現行法のように個人を基本に処罰する方がよい	161（35.9%）
不明・無回答	39（8.7%）		

Ⅵ　その他

問 30．その他、企業のコンプライアンス等に関して、日頃感じておられる点がございましたら、ご自由にお書きください。

　　　ご多忙のところ調査にご協力いただき、ありがとうございました。
　　　記入済み調査票は平成 22 年 12 月 20 日（月）までにご返送ください。

［初出：企業と法創造 33 号（2012 年）］

第3章　〈コメント〉企業不祥事への対応のあり方
──GCOE コンプライアンス調査を踏まえた一考察

松澤　伸

はじめに

　本稿は，早稲田大学 GCOE 刑事法グループが 2010 年に実施したわが国のコンプライアンス・プログラムに関する実態調査結果をもとに，企業不祥事に対する制裁のあり方を考察するものである。調査結果については，すでに公表されており，また，甲斐克則教授による詳細な分析も加えられているところである[1]。これに対して，本稿が付け加えるものは限られていると思われるが，甲斐教授の分析が企業不祥事の現状に対する総合的な分析になっているのに対して，本稿は，企業不祥事に対する制裁について，現在行われている議論に加えて，実態調査から見えてくる現状を加味した場合にどのように考えるべきなのか，刑法理論的な視角をベースに置きつつ，考察しようとする点で，若干の独自性をもつものである。

　アンケートによる実態調査結果の詳細については，前述した甲斐教授の論稿に譲り，本稿では分析に必要な限度で言及するにとどめるが，その内容は，2010 年現在における日本のコンプライアンス・プログラムの現状が非常に鮮明に浮き彫りになっており，企業関係者にも大いに参考になる調査結果である。刑法学者は，現状を正確に把握したうえで，解釈論・立法論を展開すべきであることが要請されるが，特に企業犯罪のような，先端的な領域においては，そのことは，他の分野以上に重要であって，その点において，大変参考になるものである。

---

[1] 甲斐克則「日本におけるコンプライアンスの現状と課題──2011 年アンケート調査分析結果──」商事法務 1975 号 28 頁以下。同・企業と法創造 34 号（2013 年）掲載の調査結果分析では，さらに，調査データの詳細が掲載されているが［本書第Ⅱ部第 1 章参照］，公刊時期の関係で参照できないため，本文では，前記文献を引用する。なお，本文で，問○○としているのは，本アンケートにおける質問番号を示すものである。

第Ⅱ部　日本における企業コンプライアンス調査と刑事法的観点からの分析

　この調査結果を踏まえ，本稿では，およそ以下の3つ点から，検討を加えることにしたい。第一は，コンプライアンスの刑法的評価である。これは，コンプライアンス・プログラムの実施が犯罪の成否・量刑に影響を与えるのか，そうであるとした場合，その程度はどの程度になるか，といった問題である。第二は，刑事制裁と行政制裁の棲み分けをどうするのか，という問題である。ここでは，刑罰の本質，刑法学の方法論にも関わる議論にも多少言及する。第三は，CSRについてである。ここでは，比較法的観点から，早稲田大学GCOE北欧グループが行った北欧における実態調査結果を参考として，若干の検討を加えることにしたい。

Ⅰ　コンプライアンス・プログラムの刑法的評価

　コンプライアンス・プログラムの刑法理論からみた評価としては，2つの段階がある。ひとつは，犯罪が成立するか否か，端的に言えば，有罪になるか否かという点に，コンプライアンス・プログラムを実施していたことが影響するのかどうか，という問題である。すなわち，違法性阻却・責任阻却が認められるのか，あるいは，コンプライアンス・プログラムに，正当化・免責機能があるのか，ということである。これは，結局，コンプライアンス・プログラムの実施を，過失認定の資料として用いることができるか，という問題である。伝統的見解によれば，過失は責任要素であるから，免責機能が認められるか，ということでまとめてしまってもよいかもしれない。もうひとつの段階は，コンプライアンス・プログラムを実施していたことが，量刑に影響するか，ということである。アメリカの連邦量刑ガイドラインなどを参考に，コンプライアンスの実施を一律に量刑に反映させることができるか，ということである。

　前者の問題は，われわれ刑法学者にとっては興味深い問題で，従来からよく議論されてきた問題である。これについては，①コンプライアンス・プログラムへの取組みに温度差があること，②企業・業種によってコンプライアンスの内容が多様であること，③コンプライアンスの実施が常に事故を防ぐことにはならないこと，などを理由として，過失判断の参考にはなっても一律に実施即免責，という形で理解することはできない，という理解が現在も一般的だと思われる。これに対し，量刑については，コンプライアンスの実施を反映させることには好意的な理解が多いように思われる。

　今回，アンケート調査結果を見てみると，企業の意識もこれに近いようであ

る。問 25 はこれに関わる質問である。「法令遵守の配慮と刑事法上の法的効果の関係の評価」について，「刑事訴追を控えるべきだ」という回答が 20 パーセント程度であるところ，「ゆるやかな量刑を行うべきだ」というものが 60 パーセントを占める。一部の企業は，コンプライアンスに免責機能を期待しているが，一部にとどまっているといえよう。

　このことは，問 10 においても裏打ちされる。問 10 は，「法令違反行為防止システムの構築方法について」の質問である。コンプライアンスの実施と過失判断を直結させるには，コンプライアンスの内容がかなりの程度統一されることが必要であるが，コンプライアンスのシステムについて，「各企業が独自に構築する」べきとする回答が 70 パーセントにも及び，企業は，コンプライアンスの統一を求めていないことが窺われる。これは，甲斐教授の分析によれば，「想定外」[2]の回答であり，私もそう感じるところである。これを言葉のまま受けとれば，今後も，コンプライアンスの実施と過失判断を関連付ける議論は進まないことが予想されるようにも思われる。しかし，甲斐教授の分析にあるように，「過去 5 年間の行政処分違反を見ると，大企業による違反が多く，各企業に任せきることには限界がある」[3]とすれば，同業種間のコンプライアンスの連携は必要であると思われる。仮に，その点が今後充実してくるのであれば，あるいは，われわれ刑法学者にも，理論構成を迷い，逡巡することの価値があるのかもしれない。

　一方，コンプライアンスの量刑基礎づけ機能は，従来からも肯定的にとらえられてきたし，一般論としては認めてもよいと思われる。しかし，以上のようにコンプライアンスが統一されてこない現状を見ると，一律な形で認める（ガイドラインを作って明快にする）ことは依然として難しいように思われる。ただ，これに関しても，今後，同業種間のコンプライアンスの連携が進んでくれば，状況は変わりうるであろう。

II　刑事制裁と行政制裁の棲み分け

● 1　総論的考察

　次に，企業不祥事の領域において，刑事制裁と行政制裁をどのように棲み分

2　甲斐・前掲注（1）31 頁。
3　甲斐・前掲注（1）31 頁。

第Ⅱ部　日本における企業コンプライアンス調査と刑事法的観点からの分析

けさせるのか，という問題である。この点は，本稿の中核的部分であって，その法律学的分析は，重要な意味を持つと考えられる[4]。

われわれ刑法学者は，企業犯罪に対していかに刑事制裁を科し，また，統制するか，という視点になりがちであるが，社会一般から見れば，究極的には，企業不祥事を防止することが大事である。そこで考えると，不祥事を防止する手立ては刑事罰だけではなく，行政罰も考えられるし，懲罰的損害賠償のような民事制裁もありうる。

刑事制裁は，効果の強い劇薬にたとえられるものであり，その行使には細心の注意が必要である。また，処罰のための要件や手続が厳格であるから，その行使もおのずと限界がある。そのため，行政制裁を有効に利用するのが重要であると思われるが，その点で，今回のアンケートで興味深いのは，問28である。問28は，「行政制裁と刑事制裁の抑止効の比較」について尋ねたものであるが，課徴金制度について，低額の罰金よりも高額の行政制裁の方が抑止効果がある，という答えが多かった（65パーセント）意味を考える必要がある。よく，企業活動というのはコストで動いている，と言われる。刑事制裁もコストとして計算に入れて動いている，ということであれば，刑事制裁のスティグマ賦課の機能＝烙印賦課の機能よりも，実際のコストがかかる方を嫌がるという結果にもある程度の納得がいく[5]。また，自らが処罰される可能性を考えると，企業関係者は，刑事制裁は望ましくないと考えているのかもしれない。甲斐教授は，この問いについて，「課徴金の方が金額が大きいという事情もあるのであろう」としつつ，「罰金については刑事制裁であることから，逆に企業としては『有罪』というレッテルを貼られるラベリング効果をおそれているということもあるのかもしれない」と分析している。

私は，この分析に加えて，もうひとつ，企業不祥事に対しては，非難の契機が後退しているのかもしれない，という可能性を指摘したい。もちろん，企業不祥事は望ましいことではない。国民もこれを注視している。国民の側からは，刑罰も含め，厳正に対処してほしいという意見も多い。しかし，それは，企業

4　佐伯仁志『制裁論』（有斐閣，2009年）、田山聡美「刑法と民商法の交錯」甲斐克則編『企業活動と刑事規制』（日本評論社，2008年）40頁以下等が近時の貴重な業績である。

5　田山・前掲注（4）49頁以下は，行政制裁が企業にとって刑罰以上の打撃となる可能性を指摘する（田山准教授は，さらにそこから，行政制裁の活用を説く）。

第3章 〈コメント〉企業不祥事への対応のあり方

に対して「けしからん」という非難を向けたいのではなく、経済活動の停滞化を憂慮するという理由が第一なのではないか。その結果が、「額の少ない刑事罰ではなく、額の大きい課徴金」という結果なのではなかろうか。また、被害経験についてのアンケート結果もこれを補強するように思う。問18は、「被害に遭遇した場合の刑事告訴・告発の検討」についての質問であるが、「刑事告訴・告発を検討しない」という回答が60パーセントを超えたところ、「告訴・告発を検討する」という回答は、11パーセントを占めるにすぎなかった。被害を受けながらこれを刑事制裁に委ねないというのは、予防できなかったときにさらに非難を求めることはしない、というようにも読み取れる。

　ここで、刑事制裁と行政制裁の性格を再度確認しよう。行政制裁は行政上の義務違反に対して課されるもので、行政システムの不都合を回避するためのものであり、基本的に、非難ではない。これに対し、刑事制裁は、法益侵害またはその危険を生じさせた者に対して課されるもので、基本的に、非難であり、予防的効果はあっても、二次的なものと理解されることが多い。そして、刑事制裁を受けたという結果は、社会的にスティグマとして機能し、企業の信頼を失墜させる強力な副作用を持つが、行政制裁の場合は必ずしもそうとは言いきれない。

　以上は理念型であるが、刑事制裁においても予防的考慮を強く働かせるべきだとする見解もあるし、行政制裁においても規制緩和が働く現在、事後的チェックを中心とするべきだとする意見もある。また、刑事制裁について非難の契機を極力排除して予防中心に構成する見解[6]があるし、行政制裁においても非難の要素をなくすことは不可能であるという指摘がある[7]。ただ、このような理念型には、理論的思考を進めるうえで、一定の意味があると思われる。

　この点に関連して、従来の刑法理論（＝犯罪論）との関係を少し検討しておきたい。従来、わが国の刑法理論においては、違法性の本質に関して、結果無価値論と行為無価値論の対立があった。社会倫理規範違反を含めるか否かという対立ととらえられたこともあったが、現在は、①行為規範中心の事前統制か、②制裁規範中心の事後統制か、というとらえ方も可能である（むしろ、それが

6　特に外国においてはそのような見解・立法例がある。たとえば、ドイツにおけるギュンター・ヤコブス（Günther Jakobs）の見解や、スウェーデンの刑法典（Brottsbalken）がこれである。我が国でも、堀内捷三教授は、予防中心の責任論を構築する。

7　佐伯・前掲注（4）18頁。

第Ⅱ部　日本における企業コンプライアンス調査と刑事法的観点からの分析

実態にあっている）。予防を前面に押し出して考えるのであれば①，事後処理を念頭に置くのであれば②，ということになろう。企業の不祥事防止のための刑法の活用＝企業の行動規制，ということを考えるなら①，という視点に至るようにも思われる。

　また，責任をどう考えるか，つまり，非難なのか予防なのか，という側面も，この場面と関連するように思われる。つまり，非難責任であれば企業刑法は後退，予防責任であれば企業刑法を投入，というつながりが，上で述べたことと同じように考えられうる[8]。

　このように見てくると，刑法の基本的理解が，刑事制裁と行政制裁の関係の基礎となるようにも思われる。しかし，—ここまで述べてきた内容を根底から覆すようでもあるが—，規制対象が何であるかということから，どの制裁を用いるのかが変わってくる，という議論もありうる。すなわち，企業活動を統制する場合と，自然人の一般的な活動を統制する場合とで，刑法の役割を分けて考える，ということである。

　たとえば，企業活動を統制する場合は，自然人の一般的な活動を統制する場合と比較して，予防目的の考慮が前面にでてくるべきだから，事後的非難を中心とする刑事制裁ではなく，事前的な予防を中心とする行政制裁で十分ではないか，という議論も考えられよう。また，刑法において行動規制が大事であるとしても，企業活動における行動規制は，自然人の一般的な活動を統制する場合とは異なる生活領域への介入であるから，刑法による制裁ではなく，行政制裁に期待するということになるのならば，刑法は撤退して行政制裁に任せる，という考え方もありうる。逆に，刑事制裁においては非難の側面と予防の側面があるが，企業活動を統制する場合には予防の側面が前面にあらわれるため，非難の前提となる責任主義を若干緩めて，刑事制裁を活用しようという考え方もありえよう。

　私自身は，企業活動に対する統制であっても，自然人個人を対象として刑事制裁が発動する場合には，刑法の基本原則は堅持されなければならないのは当然として，自然人個人を対象とした行政制裁の場合も，その効果が刑事罰と同様のものである場合（行政刑罰）はもちろん，それ以外の制裁の場合（秩序罰

8　ただ，この点については，刑事罰における非難は展望的なものである（展望的非難）という理解もあり得るし，刑罰の目的は威嚇を背景とした予防である（抑止刑）という理解もあり得る。この点の検討は，別にまた考えることにしたい。

＝過料，反則金，許可の取り消し・停止等）についても，刑法の基本原則は維持されるべきであると考える[9]。これに対し，法人を対象として刑事制裁を発動する場合は，予防目的が前面に出るため，責任主義をはじめとした基本原則は若干緩められてよいと思う。特に，英米や北欧に見られる法人に対する厳格責任は検討に値するといえよう[10]。

2 各論的考察
（1） 刑事制裁と権利保障

行政制裁を活用する場合，刑事的な保障をどの程度確保するか問題となる。ここでは，たとえば，捜査方法，罪刑法定主義，二重処罰の禁止等の論点が出てくることになる。アンケート調査の**問22**では，「行政調査に対する権利保障の必要性」について問うている。これについて，「権利保障を考える必要がある」という回答が54パーセントを占めた。特に，資本金の少ない企業では，賛同者が多い。

この点，行政刑罰の場合は，刑法・刑事訴訟法の適用があるため，問題はない。問題は，それ以外の場合である。そこで，行政制裁を刑事制裁と同様なプロセスに載せて統制していくとすると，今度は，刑事制裁と行政制裁の性格付けがあいまいになってくる。逆に，刑事プロセスと行政プロセスを分離し，行政プロセスにおける権利保障を弱くすると，刑事制裁への期待が高まるであろう。理論的には，そのさじ加減が問題となるように思われる。

資本金の少ない企業で賛同者が多いことは興味深いのであるが，ここには，企業の特殊な性格が表れているとも考えられよう。すなわち，「個人―中小企業―大企業」という関係性の中で，大企業は個人とはまったく異なる原理で活動し・責任を負うのであって，中小企業は，個人レベルと近いところに原理をもち，活動し・責任を負う，とも考えられる。単に企業活動の統制といっても，実は，かなり様々な局面があることが理解できる。つまり，行政制裁の活用を考える際，企業の規模に応じた罰則・規制もありうるように思われるのである。

---

9 佐伯・前掲（4）18頁は，自然人を対象とする場合に限定することなく，この趣旨を述べる。
10 この趣旨を述べたものとして，松澤伸「企業犯罪の現状と企業刑法の構想」田口守一ほか著『刑法は企業活動に介入すべきか』（成文堂，2010年）43，44頁。

（2） 企業への制裁の種類について

　問27では，「新たな制裁の形式の必要性」について，質問している。罰金だけでよいとする企業も多いが，新たな刑事制裁があった方がよいとする回答もかなり多い。

　企業不祥事を防止しようとする場面では，刑罰（効果論）から犯罪（要件論）を考えることも，特に予防効果を考えるのであれば，必要であろうと思う。その際，考えるべきなのは，「刑罰」という単純な＝単一的・まとまった効果ではなく，「刑罰の種類」まで考慮に入れた「刑罰の効果」とそれにみあった犯罪とはなにか，という問題である。

　法人の場合，刑罰は，基本的に罰金である。しかし，今回のアンケートの回答結果では，企業関係者は，自由記載欄において，多様な制裁の導入を提案している[11]。これらが何を求めているのか，さらに調査・分析のうえ，この制裁ならこの要件・この犯罪・あるいはこの範囲まで処罰されうる，という立法論・解釈論としての議論は，今後，ありうるのではないかと思われる。

Ⅲ　CSRについて

　今回のアンケートでは，CSRについては，2004年に実施したアンケート調査[12]と比較して，やや引いた形で質問している。つまり，2004年の調査では，CSRについての質問を最初にもってきたのであるが，今回は，後半になってから問うている。これは，わが国においてはコンプライアンスが最重要になったことに起因するが，実際にも，その内容は大きく変わっている。

　今回のアンケート調査における問12は，CSRとして重視する項目を3つ挙げてもらうというものである。調査結果では，①環境，②製品・サービスの安全確保，③情報開示，④地域貢献，⑤反社会勢力との接触禁止が上位を占めた。甲斐教授は，この結果について，「『企業倫理なり法令遵守はコンプライアンス・プログラムの問題であって，CSRはそれとは少し違った意味での企業の社会的責任だ』という自覚がきちんと出ているように思われる」[13]と分析され

11　その内容については，甲斐・前掲注（1）38頁参照。
12　2004年の調査は，現早稲田大学GCOEの前身にあたる早稲田大学21世紀COEにおいて実施したものである。その内容と分析結果については，田口守一ほか編『企業犯罪とコンプライアンス・プログラム』（商事法務，2007年）参照。
13　甲斐・前掲注（1）31頁。

ているが、確かに、そのような方向性は見えるにしても、これらの内容には、依然として、コンプライアンスと関連するものもある。

　私は、昨年、早稲田大学 GCOE 北欧グループによる調査として、北欧における CSR について実態調査してきたが[14]、そこでの CSR の法律的な定義は、国際的な原則、すなわち、国連グローバル・コンパクト（The United Nations Global Compact、略して、UNGC とも表記される）に基づいていた。国連グローバル・コンパクトというのは、各企業・団体が責任ある創造的なリーダーシップを発揮することによって、社会の良き一員として行動し、持続可能な成長を実現するための世界的な枠組み作りに参加する自発的な取り組みであるとされている。その基本分野は、以下の4つ、すなわち、人権、労働基準、環境、腐敗防止、である。

　国連グローバル・コンパクトは、EU においてはかなり常識的なものとなっているようであるが、日本では、ほぼ知られていない。また、デンマークには、2009 年に制定された、CSR の内容を報告することを要請する法律があるが、それもほぼ知られていない状況にある。この法律は、年に一度、CSR レポート（決算書＝財務諸表のひとつを構成する）を、主に上場企業に対して、提出することを求める。CSR レポートは、その作成については任意であるものの、レポートを作成しない場合には、その理由について説明をしなければならないため、実際にはどの企業も作成しているのが現状である。その中身は、企業自身で決めることができるが、先ほどの4項目（人権、労働基準、環境、腐敗防止）が中心となる。

　わが国では、アメリカに倣って、コンプライアンスに重点が置かれがちである。日本の企業は、CSR について努力していることが見られるにしても、コンプライアンスは当然で、続いて CSR まできちんと行う、というところまで進んでいくとよいのではないか。いずれにせよ、ヨーロッパ流（EU 流）の CSR にも、より意識が向けられるとよいのではないかと思う。

Ⅳ　おわりに

　以上、雑駁ながら、コンプライアンス調査の理論的分析から帰結される刑事

14　これについては、松澤伸ほか「デンマークとスウェーデンにおける CSR と法人処罰」企業と法創造 32 号（2012 年）137 頁以下。

第Ⅱ部　日本における企業コンプライアンス調査と刑事法的観点からの分析

制裁のあり方について検討してみた。いずれもきわめて試論的な内容にとどまっており，議論の素材を思いつくままに提示した程度のものにすぎず，今後の詳細な検討が必要である。

ただ，ここで私があらためて指摘したいのは，この種の議論を行うにあたっては，現状認識に基づいて，その効果が最適になるように解釈・立法せよ，という機能主義のテーゼが最大限尊重されるべきである，ということである。これは，誤解されがちであるが，企業活動に対する刑法の介入を最大限にせよ，とか，刑法の基本原則を無視して取り締まりを強化すべきであるといった主張ではない。刑法の介入が適切である領域においては，刑法を最大限活用し，企業不祥事という望ましくない事態を避けるべく配慮せよ，という主張である。

本稿の分析が，この要請に十分に応えたものであるかどうかについては自信はないが，アンケート調査結果は，すべての研究者・実務家に開かれている。さらなる分析・検討がなされ，企業不祥事に対する対応のあり方について，実態に即した理論的な枠組みが構築されることを期待したい。

　　　　　　　　　　　　　　　　　［初出：企業と法創造36号（2013年）］

● 第Ⅲ部 ●

海外6か国の報告書

〈第1章　ドイツ〉
〈第2章　中　国〉
〈第3章　イギリス〉
〈第4章　イタリア〉
〈第5章　オーストラリア〉
〈第6章　アメリカ合衆国〉

第 1 章　ドイツの経済犯罪の防止のための
　　　　　コンプライアンス・プログラム
　　　　　──実証的研究

　　　　ウルリッヒ・ズィーバー，マルク・エンゲルハルト
　　　マックス・プランク外国・国際刑法研究所〔2013 年 2 月 20 日〕
　　　　　　　　［早稲田大学 GCOE 刑事法グループ訳］

まえがき

　2004 年に立ち上げられたマックス・プランク外国・国際刑法研究所の刑法分野の研究プログラムは，グローバルなリスク・情報社会において広く見られる犯罪および刑事法の変化をテーマとしている。リスクやリスク認識の世界的な変化の他，特にテロリズム，組織犯罪およびホワイトカラー犯罪の分野における刑事法や刑事政策に焦点を当てている。こうした根源的な課題によって従来の刑法は領域および機能上の限界に押しやられ，刑事法の伝統的な「標準レパートリー」を超えた新たな形の社会統制が必要となっている。

　このことは，21 世紀の新しい形の経済犯罪が与える経済市場への世界的脅威において明確に見ることができる。経済犯罪の防止や訴追において，国家は，種々の努力に加え，民間人や企業に犯罪防止への協力を義務付けることによって，その制御の喪失を補おうとしている。こうした官民連携に用いられる方法の一つが，コンプライアンス方式のような「規制された自主規制」である。この変化に関わる根本的なパラダイムシフトは，犯罪規制の民営化へのさらなる一歩であるのみならず，何よりも，自主および共同規制の新たな規範システムによる国家の法の部分的代替なのである。このため，過去 10 年間において，コンプライアンス・プログラムの発達は，刑事政策の代替措置に向けた最も興味深いアプローチの一つとなった。

　2004 年以来，マックス・プランク外国・国際刑法研究所のコンプライアンス体制研究は，東京の早稲田大学グローバル COE《企業法制と法創造》総合研究所刑事法グループとの密接な協力関係のもとに展開してきた。2005 年，マックス・プランク外国・国際刑法研究所は，早稲田大学の「企業犯罪国際シ

ンポジウム：企業の法的責任とコンプライアンス・プログラム」にドイツの国別レポートを提供した。この会議において早稲田大学は，コンプライアンスに関する第1回目のアンケート調査の結果を紹介した。その後，マックス・プランク研究所は，東京とフライブルクで開催された様々な会議において，この協力関係を強化する機会に恵まれた。2009年には早稲田のグローバルCOEとの共同協力でコンプライアンス措置に関する第2回目のアンケートを作成し，これは両研究所や他の提携グループによるさらなる実証的研究に利用された。

　この第2回目のアンケートに基づき，本調査では，2012年，ドイツにおけるコンプライアンス・プログラムの範囲および内容，有効性の他，同プログラムが経済犯罪の防止と訴追に関する新規立法に与えうる影響の可能性について分析した。2013年には，この調査と日本，中国，イタリアでの並行調査およびオーストラリア，イギリス，アメリカ合衆国からの（実証的研究は含まない）報告が比較分析の基盤となって，将来の刑事政策提言のための実証的で規範的な基礎が築かれるだろう。この今後の調査の比較段階において，われわれは，世界的な経済犯罪の課題に対する新たな対応を見いだし，早稲田大学とマックス・プランク研究所の間の共同協力を今以上に強化することを望んでいる[1]。

　本報告を発表するに当たって，われわれは，素晴らしいご協力および数多くの貴重な意見交換の機会をいただいた，この国際プロジェクトの創始者，早稲田大学の田口守一教授と甲斐克則教授に特に感謝の意を表したいと思う。ドイツ国内では，本調査のアンケートを仕事上の関係先に送付し，十分な数の回答

1　コンプライアンスに関する両研究所の現在までのプロジェクトおよび共同研究の結果，日本とドイツにおいて，以下のような複数の出版物が生まれている。Morikazu Taguchi et al. (eds.), Corporate Crimes and Compliance Programs, Tokyo: Shojihomu, 2006; — Katsunori Kai/Morikazu Taguchi (eds.), International Trends in Corporate Activities and Criminal Legislation, Tokyo: Shinzansha, 2008; — Katsunori Kai (ed.), Corporate Activities and Criminal Legislation, Tokyo: Nippon Hyoron Sha, 2008; — Ulrich Sieber, Compliance-Programme im Unternehmensstrafrecht, in: Ulrich Sieber et al. (ed.), Strafrecht und Wirtschaftsstrafrecht, Festschrift für Klaus Tiedemann 2008, pp. 449-484; — Morikazu Taguchi et al., Should Criminal Law Intervene in Corporate Activities? Tokyo: Seibundoh, 2010; — Ulrich Sieber, Taking on the Challenge of 21st Century Criminal Jurisprudence, translation supervised by Katsunori Kai and Morikazu Taguchi. Tokyo: Seibundoh, 2012; — Katsunori Kai, Unternehmenstätigkeit und strafrechtliche Sanktionen, Zeitschrift für Japanisches Recht, Sonderheft 6 (2012), pp. 85-105; — Marc Engelhart, Sanktionierung von Unternehmen und Compliance, 2nd edn. 2012.

第 1 章　ドイツの経済犯罪の防止のためのコンプライアンス・プログラム

が得られるようにしてくださったグライス・ルッツ（Gleiss Lutz）弁護士事務所とコンサルタント会社のデロイト（Deloitte）（ドイツ）に特に感謝しなければならない。またわれわれは，数多くの援助の手にも感謝している。そうした援助なしではこの研究報告は可能とはならなかっただろう。特にオンライン調査の実施において技術支援をしてくれたマックス・プランク研究所の IT 部門，およびアンケートと最終報告書の編集をしてくれたマックス・プランク研究所の出版・翻訳ユニットには感謝している。データ分析を支援してくれたマリア・ツィリムパリ（Maria Tsilimpari）とビョルン・バウマン（Björn Baumann）にも特別に感謝する。

2013 年 2 月

ウルリッヒ・ズィーバー，マルク・エンゲルハルト

§1　序　論

●A．本調査の目的
Ⅰ．研究テーマとしてのコンプライアンス

　過去 10 年の間に，企業は，法規制に対するより高いコンプライアンスを達成し，個々の違反を探知しやすくするためのプログラムの導入を進めてきた。こうした「コンプライアンス・プログラム」に加えて，より広範な種々の目的を持つプログラムも存在する。特に倫理的価値（「企業倫理」）を促進するプログラム，企業の社会活動（「企業の社会的責任」）に関するプログラムや，優良かつ透明な社内体制（「コーポレートガバナンス」）に関するプログラムなどである。

　法的問題に関しては，犯罪の防止および探知を支援するコンプライアンス・プログラムが特に興味深い（いわゆる刑事コンプライアンス）[2]。これは単に犯罪を減らし企業の評判を向上することを約束するだけではない。特定分野においては法律によって義務づけられているし，従業員が法規定に違反（企業犯罪）した場合に，企業の刑事責任を排除または軽減することができるため，法律的にも意味のあるものになりつつあるのである。したがって，コンプライアンスは，世界のリスク社会における法的アプローチに関する新たな議論の一部をな

---

[2]　See Bock, Criminal Compliance (2011); Engelhart, Sanktionierung, p. 497 et seq.; Sieber, in: Festschrift Tiedemann, p. 475 et seq.; Tiedemann, Wirtschaftsstrafrecht, p. 4 et seq.

しており，そこでは，（国境を越えた）経済犯罪に対する取組みを強化するために官民の領域がより密接に融合しているのである[3]。

コンプライアンスは実務において非常に重要性が増しており，これは，コンプライアンスの本国であるアメリカ合衆国だけではなく，アジア，特に日本や，ドイツなどのヨーロッパでも同様である[4]。しかし，実務におけるそうしたコンプライアンス・プログラムや関連活動の範囲や効果に関しては，健全かつ検証可能な犯罪学的手法に基づいた正確な実証的研究はほとんどない。特に，こうしたコンプライアンス・プログラムが企業における規則違反（特に経済犯罪）を効果的に減らすことができるのかどうか，あるいは企業は主として評判の向上から利益を得るためにこれを設けているのか，または単に上辺の飾りとして維持しているだけなのかは明らかではない。このため，多くの国の立法者が，こうしたプログラムの実施を促進すべきかどうか，また，どんな方法で促進すべきなのか，という問いに直面している[5]。

II．コンプライアンスの定義

コンプライアンスは，法規制（の欠如）との関連において明確に定義されていない[6]。以下では，コンプライアンス（*Compliance*）は，法規制の遵守として理解される。刑事コンプライアンス（*Criminal Compliance*）とは，総合的な意味での刑事法の遵守であり，ドイツでは「刑事刑法（Kriminalstrafrect）」と「秩序違反法（Ordnungswidrigkeitenrecht）」[7]の双方の遵守を含む。コンプライアンス・プログラム（*Compliance Program*）とは，法規制の遵守を確保するための措置の総体である。コンプライアンス措置（*Compliance measure*）とは，大抵の場合，総合的なコンプライアンス・プログラムの中の各個の措置をいう。

● B．研究の現況

本報告の中で分析される問いは，企業犯罪（I.），従来の刑事法によるその

3　以下を参照：Sieber, ZStW 119, p.1 (35 et seq.); Sieber, in: Festschrift Tiedemann, p.475; Sieber, Rechtstheorie 41 (2010), p.151 (189).
4　See Bock, Criminal Compliance (2011); Engelhart, Sanktionierung (2nd edn. 2012); Görling et al. (eds.), Compliance (2010); Hauschka (ed.), Corporate Compliance (2nd edn. 2010); Moosmayer, Compliance (2nd edn. 2012).
5　See also Bock, Criminal Compliance, p.131.
6　See e.g. Engelhart, Sanktionierung, p.40 et seq.
7　この2つの制裁法システムの区別については，以下の§1 B. II. 1 and 2参照。

第1章　ドイツの経済犯罪の防止のためのコンプライアンス・プログラム

防止および訴追（Ⅱ.）ならびにコンプライアンス・プログラムによるその防止および探知（Ⅲ.）という3つの主要課題の三角形の中に位置づけられるものである。

Ⅰ．経済犯罪の射程

コンプライアンス・プログラムは犯罪の防止および探知を目指すのであるから、最初の問いは、経済犯罪、特に企業犯罪は実際にどれぐらい存在するのかということである。答えを出すに当たっての1つの問題は、1949年にサザーランド（Sutherland）がホワイトカラー犯罪に関する本を出版して以来、議論されていることであるが、経済犯罪の定義が不明確なことである[8]。もう1つの問題は、ドイツには経済犯罪の分野における実証的社会研究の幅広い伝統がないことによる研究の欠如である[9]。それゆえ、経済犯罪の範囲や関連性に関する最新情報は、非常に限られたものしか存在しない[10]。このことは、企業犯罪に関する健全なデータについては特にそうである。

1．犯罪学的研究

a）研究機関による調査　経済犯罪に関する犯罪学的調査は部分的にしか存在しない。この分野の初期の主な研究事業の1つが、マックス・プランク外国・国際刑法研究所が1974年から1985年に行った「統一基準に基づく経済犯罪の全国調査（Bundesweite Erfassung von Wirtschaftsdelikten nach einheitlichen Gesichtspunkten）」であった[11]。この調査の結果によると、経済犯罪の80％が事業活動に関連して企業内で発生していた[12]。しかし、この調査は、企業の役割やその責任ではなく、個人の義務違反に非常に大きな注意を向けていた[13]。1970年代にやはりマックス・プランク外国・国際刑法研究所が行った別の主要な研究努力は、企業内における内部制裁規定（いわゆる「企業司法（Betriebsjustiz）」に集中していた[14]。この調査は経済犯罪に焦点を当てたものではなかったが、企業の内部措置はごく一般的であるものの、事案毎に個別に適用

8　See Tiedemann, Wirtschaftsstrafrecht, p. 15 et seq.
9　See Bannenberg, Korruption, p. 61.
10　See also Achenbach, FS-Tiedemann, p. 47 (52 et seq.); Boers, MschrKrim 84 (2001), p. 335 et seq.; Bussmann, MschrKrim 86 (2003), p. 89 (90); Schneider, in: Löhr/Burkatzki (eds.), Wirtschaftskriminalität, p. 135.
11　Cf. Liebl, Wirtschaftsstraftaten (1984) as well as Liebl, wistra 1988, p. 83.
12　Cf. Liebl, Wirtschaftsstraftaten, p. 135 et seq.
13　See Ziegleder, Wirtschaftskriminalität, p. 26.
14　Kaiser/Metzger-Pregizer, Betriebsjustiz (1976).

されており，ほとんど定式化されていないことを示していた。

　その他の（一部はより新しい）調査は，特定の犯罪類型に焦点を当てたものであった。1960年代のEU補助金詐欺に関するもの[15]，1970年代のコンピュータ犯罪に関するもの[16]，1980年代・1990年代の環境犯罪に関するもの[17]，1990年代以降の汚職や組織的経済犯罪に関するもの[18]などである。しかし，こうした特定的な調査は経済犯罪の範囲について特定分野に固有な限定的な状況しか示していない。また，これらの調査も犯罪行為や個人の責任に大きく集中しており，法人の領域はほとんど考慮されていないものとなっている。

　b）警察の統計　ドイツの経済犯罪に関する最も包括的で最新の情報は，警察が提供している。連邦刑事局（Bundeskriminalamt — BKA）は，「警察犯罪統計（Polizeiliche Kriminalstatistik）」を毎年発表している。この統計は，唯一の法的定義（ドイツの裁判所構成法（GVG）第74c条）に従って経済犯罪を定義している。この条項は，経済犯罪について第1審裁判所の専門部の管轄を規定するものである。

　この定義は，経済犯罪に関する統計を作成するために当局がよく利用するものである。社会学上の定義（犯罪者の社会的地位に着目する）やビジネス上の定義（企業犯罪の観点に着目する）および刑法的な定義（個人を超えた保護法益に着目する）とは異なり，この定義では事件審理上の必要性が重視されている。規定は次のとおりである。

第74c条

(1) 以下の刑事犯罪につき，事件を審理するために事業運営やビジネス慣行に関する特別な知識が必要とされる場合には，刑事部が経済犯罪部として管轄を有する。

　1．特許法，実用新案法，半導体保護法，植物品種保護法，商標法，意匠法，著作権法，不正競争防止法，破産法制，株式会社法，特定企業およびグ

15　Tiedemann, Subventionskriminalität in der Bundesrepublik: Erscheinungsformen, rsachen, Folgerungen (1974) より新しい実証的調査については，Sieber, ZStrR 1996, p.357 et seq. 参照。

16　See Sieber, Computerkriminalität und Strafrecht, 1st edn. 1977, 2nd edn. 1980.

17　Meinberg, NJW 1990, p.1273 が報告する Max Planck Institute による調査参照。

18　汚職については，Bannenberg, Korruption (2002); Vahlenkamp/Knauß, Korruption (1995) 参照。組織化された経済犯罪については，Sieber/Bögel, Logistik der Organisierten Kriminalität (1993) 参照。

第 1 章　ドイツの経済犯罪の防止のためのコンプライアンス・プログラム

　　ループの財務諸表に関する法律，有限責任会社法，商法，SE 実施法，欧州経済利益団体（EEIG）に関する理事会規則（EEC）実施法，協同組合法，SCE 実施法および会社変容法に定める犯罪。
2．銀行業界，証券の保管および取得，株式取引および信用システムを管理する諸法律，ならびに保険会社監督法，支払サービス監視法および証券取引法に定める犯罪。
3．1954 年経済犯罪法，外国貿易支払法および外国為替管理法制，ならびに政府専売，租税および関税法に定める犯罪（他の法律によりその刑事規定が準用される場合を含むが，同じ行為が麻薬法に基づく刑事犯罪を構成する場合を除き，また自動車税に関する財政犯罪も除く）。
4．ワイン法および食品法制に定める犯罪。
5．補助金詐欺，投資詐欺，信用詐欺，破産犯罪，簿記義務違反，債権者の優遇および債務者の優遇に関する犯罪。
5 a．入札公告における競争の制限における合意やビジネス取引における賄賂の授受に関する犯罪。
6．a）詐欺，コンピューター詐欺，背任，給料の保留および横領，高利貸し，利益収受，賄賂収受，利益供与，賄賂供与に関する犯罪。
　　b）労働者派遣法および隠れ労働対策法に定める犯罪。

　長年，この基準で集められたデータは類似したパターンを示していた。件数の点では，下の図に示すとおり（図1），記録される全犯罪に占める経済犯罪の割合は小さなものにすぎない。

　ところが，下の図2は，この割合の小さい経済犯罪が，犯罪によって生じた損害全体の大きな割合を占めていることを示している。

　この情報はかなり示唆的ではあるが，それでもこれは，警察に届け出られた

【図1】　警察に通報された経済犯罪事件の割合（2000 年から 2011 年の平均）

【図2】　警察に通報された経済犯罪事件の損害（2000 年から 2011 年の平均）

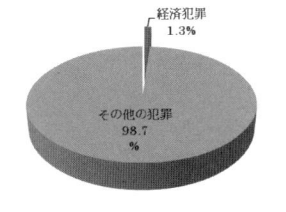

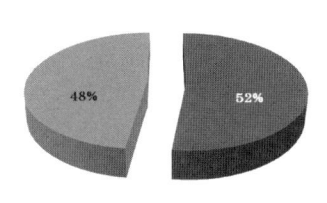

173

犯罪に限定されており，経済犯罪の分野ではかなり高いと推定される暗数はカバーしていない[19]。さらに，生じた損害の多くは統計で表すことができない。例えば，市場の混乱[20]や経済システムに対する信用の喪失は数値化できないのである[21]。

2．経営コンサルタント会社による調査

近年，コンサルタント会社は，特にコンプライアンスとの関連で経済犯罪のテーマを取り上げている。その調査において，経済犯罪は広範に定義されていて，基本的に企業における犯罪に関連するあらゆる側面を包含している[22]。こうした調査は，主として顧客に情報を提供し，コンサルタント会社のサービスを売り込むことが目的である。古典的な研究手法（インタビューやアンケート）が用いられることが多く，そのため少なくとも一定の科学的水準を満たしている。こうした調査には次のようなものが含まれる[23]

プライスウォーターハウスクーパース（PricewaterhouseCoopers）（以下「PwC」という。）による調査[24]。
— 経済犯罪調査 2011 [25]
— コンプライアンスと企業文化 2010 [26]
— 経済犯罪調査 2009 [27]
— 経済犯罪の動機 2009 [28]
— 経済犯罪調査 2007 [29]

---

19 See Boers, MschrKrim 84 (2001), p.335; Wallat, NJW 1995, p.3236.
20 See Sieber, Crime, Law and Social Change 30 (1998), p.1 (15).
21 See Montenbruck/Kuhlmey/Enderlein, JuS 1987, p.713 (717 et seq.).
22 See Ziegleder, Wirtschaftskriminalität, p.26.
23 より古い調査（1997-2001）については，Bussmann, MschrKrim 86 (2003), 89 (92) による引用を参照。
24 "Economic Crime Study 2011", "Compliance and Corporate Culture 2010", "Economic Crime Study 2009", "Economic Crime Study 2007", "Economic Crime in Banks and Insurances 2006", "Economic Crime Study 2005" といった調査は，Bussmann (University Halle-Wittenberg) がサポートした。The Motives of Economic Crime 2009 は，Hochschule Pforzheim がサポートした。
25 PwC, Wirtschaftskriminalität 2011 (2011).
26 PwC, Compliance und Unternehmenskultur (2010).
27 PwC, Wirtschaftskriminalität 2009 (2009).
28 PwC, Wirtschaftskriminalität. Eine Analyse der Motivstrukturen (2009).
29 PwC, Wirtschaftskriminalität 2007, Sicherheitslage der deutschen Wirtschaft (2007); see also Bussmann/Salvenmoser, CCZ 2008, 192 et seq.

第 1 章　ドイツの経済犯罪の防止のためのコンプライアンス・プログラム

― 銀行および保険会社における経済犯罪 2006 [30]
― 経済犯罪調査 2005 [31]
― 経済犯罪調査 2003 [32]
― 欧州経済犯罪調査 2001 [33]

KPMG による調査。
― 経済犯罪調査 2012 [34]
― 詐欺行為に関する調査 2011 [35]
― 経済犯罪調査 2010 [36]
― 経済犯罪調査 2006 [37]
― 経済犯罪調査 2003 [38]

オイラー・ヘルメス（Euler Hermes）による調査。
― 経済犯罪調査 2008 [39]
― 経済犯罪調査 2003 [40]

エルンスト・アンド・ヤング（Ernst & Young）による調査。
― コンプライアンス調査 2012 [41]
― 経済犯罪調査 2003 [42]

こうした調査は，経済犯罪が蔓延していて多大な損害を引き起こしていることを示している[43]。それによると，経済犯罪を犯す個人の過半数が会社組織の 1 員であり，したがって，犯罪者は，内部から生じることが多いのである[44]。

30　PwC, Wirtschaftskriminalität bei Banken und Versicherungen (2006).
31　PwC, Wirtschaftskriminalität 2005, Internationale und deutsche Ergebnisse (2005); see also Bussmann/Salvenmoser, NStZ 2006, 203 et seq.
32　PwC, Wirtschaftskriminalität 2003, Internationale und deutsche Ergebnisse (2003).
33　PwC, Europäische Umfrage zur Wirtschaftskriminalität 2001 (2001).
34　KPMG, Wirtschaftskriminalität in Deutschland 2012 (2012).
35　KPMG, Who is the typical fraudster? (2011).
36　KPMG, Wirtschaftskriminalität in Deutschland 2010 (2010).
37　KPMG, Studie 2006 zur Wirtschaftskriminalität in Deutschland (2006).
38　KPMG, Wirtschaftskriminalität in Deutschland 2003/04 (2003).
39　Euler Hermes, Wirtschaftskriminalität ― Die verkannte Gefahr (2008).
40　Euler Hermes, Wirtschaftskriminalität ― das diskrete Risiko. Die erste repräsentative Untersuchung für den Mittelstand (2003).
41　E&Y, Enabling Compliance ― Welche Rolle spielt Technologie? (2012).
42　E&Y, Wirtschaftskriminalität in Deutschland ― Nur ein Problem der anderen? (2003).

内部の犯罪者の大多数は中間層や経営陣レベル以外のレベルの者である[45]。一般に単独犯は少ない[46]。これらの調査の１つによると，その大多数は男性で，すでに長期にわたって雇用されており，年齢はおよそ50歳であった[47]。よって，これら典型的な犯罪者は，行為者の所属する企業に対する罰金賦課の根拠となり得るOWiG（秩序違反法）第30条の規定するカテゴリーのいずれにも当てはまらないのである（下記§１ B.Ⅱ.２参照）。これらの調査では，経済犯罪を犯す主な動機は，自らの違法行為についての洞察の欠如，経済的利益および不十分な監督にある，と考えられている[48]。

3．まとめ

ここで述べた調査やデータは，経済犯罪は特に生じる損害が大きいために深刻な問題であることを示している。金融危機のような事件は，経済セクターの不法な行為によって経済，社会および法律制度がいかに深く影響されるかを例示している。このことによって，犯罪の訴追だけではなく積極的な防止も，こうした現象を扱う際の重要な要素であることが明らかとなる。

Ⅱ．刑事司法による経済犯罪の訴追

1．経済犯罪の訴追

経済犯罪に関する法律は，ドイツ刑事法における全犯罪の相当数を構成して

---

43 See, e.g. KPMG, Wirtschaftskriminalität in Deutschland 2012, p.11 et seq.; PwC, Wirtschaftskriminalität 2011; KPMG, Wirtschaftskriminalität in Deutschland 2010; PwC, Compliance und Unternehmenskultur (2010); PwC, Wirtschaftskriminalität 2009; PwC, Wirtschaftskriminalität 2007, p.10 et seq.; KPMG, Studie 2006 zur Wirtschaftskriminalität in Deutschland, p.11; Euler Hermes, Wirtschaftskriminalität — Die verkannte Gefahr (2008), p.6 et seq.; KPMG, Wirtschaftskriminalität in Deutschland 2003/04, p.12.

44 See KPMG, Wirtschaftskriminalität in Deutschland 2012, p.14; KPMG, Wirtschaftskriminalität in Deutschland 2010, p.9; PwC, Wirtschaftskriminalität 2011 (2011), p.62; PwC, Wirtschaftskriminalität 2009, p.29; Euler Hermes, Wirtschaftskriminalität — Die verkannte Gefahr, p.10 et seq.

45 See KPMG, Wirtschaftskriminalität in Deutschland 2012, p.14; Euler Hermes, Wirtschaftskriminalität — Die verkannte Gefahr, p.11; PwC, Wirtschaftskriminalität 2007, p.39; E&Y, Wirtschaftskriminalität in Deutschland — Nur ein Problem der anderen?, p.18.

46 KPMG, Who is the typical fraudster? p.8.

47 PwC, Wirtschaftskriminalität 2009, p.43; see also KPMG, Who is the typical fraudster?, p.3 et seq.

48 KPMG, Wirtschaftskriminalität in Deutschland 2012, p.14; PwC, Wirtschaftskriminalität 2007, p.39 et seq.

いる。最も重要なものは刑法典の中で規制されているが，大多数は，多数の種々の法律に規定されている[49]。近年，立法者が経済問題の規制を刑事的解決策に頼ることが多かったため，経済犯罪に関する法律の数は大幅に増えた。

こうした犯罪の多くの捜査や訴追には特別な技能が必要である。これは，帳簿やバランスシートを分析しなければならないとか，例えば，破産犯罪や環境犯罪またはサイバー犯罪などの個別トピックに関する専門知識が必要である場合に特に重要な問題となる。立法者は，すでに1970年代以降，特に経済犯罪を扱う専門の警察や検察局および裁判部を創設することによって，こうした専門化に対する需要に対応してきた[50]。ところが，この専門化によっても，多くの分野において，経済犯罪の捜査や訴追は，時間や資源が多大にかかる任務であるという問題を解決することはできなかった。

その結果，事件数の多さや多岐にわたる犯罪分野および困難な専門的捜査の問題によって，経済犯罪を担当する捜査局や検察局および裁判所に多大なプレッシャーがかかるようになった。これは，刑事訴訟法（StPO：Strafprozessordnung）第152条第2項のドイツ「起訴法定主義」が，刑事司法制度は犯罪の疑いのあるすべての事件を捜査しなければならない，と義務づけている事実にも根差している。加えて，特に事件が裁判所で扱われる場合，刑事司法制度へのプレッシャーは，ドイツ刑事法における多くの法的権利保障規定によって増大する。こうした権利保障規定は，裁判所にさらなる負荷をかけることになるが，利用することができる。例えば，ドイツ法の下ではあらゆる場面で従われなければならないとされている証拠法に基づき，より多くの証拠の取調べを行うよう申立てを行うことなどである。

ドイツの刑事司法制度は，刑事訴訟法第153a条を広く，時には過剰に利用することで，こうした問題の解決策にしようとしている。この条項は，被疑者の「責任の重大性」に照らし適当でない場合を除いて，被疑者に一定の条件や指示を出すかわりに起訴をしないこと認めている[51]。実務において行われているが基本法上疑義のある別の方法は，被告人が事実を認めることを条件として刑罰を一定の範囲に限定し，訴訟手続を短縮する「取引」に合意するものであ

---

[49] See Sieber/Engelhart, Strafrechtskodifikation, RW 2012, p. 383 et seq.
[50] 例えば，上で引用したGVG第74c条を参照。1970年代の改革の詳細についてはTiedemann, Gutachten für den 49. Juristentag, p. C 3 et seq. 参照。
[51] See Meyer-Goßner, Strafprozessordnung, §153a para. 1.

る[52]。こうした手段は法的に問題があり、適切でない状況を生み出す。すなわち、事件が経済犯罪を担当する専門的ではあるが負担のかかりすぎた裁判所に提起されると、犯罪者は一般部で審理される場合より有利な扱いを受けることが多いのである。また、刑事訴訟法第153ａ条の多用は、「大金持ちのための条項」であると批判されてきた。さらに、裁判所は弁護側からの「強要」（証拠採用申立を認容するよう数多くの請求を申し立てると裁判所を脅す）について不満を言うし、弁護側は裁判所による不当な圧力について不満を言う。こうして、ドイツは住民に対する裁判官の割合がヨーロッパで最も高い国の１つであるという事実にもかかわらず[53]、経済犯罪の訴追は、理想的とは程遠いのである。この状況は、経済犯罪行為（特に軽微なもの）に多く適用される「秩序違反（Ordnungswidrigkeiten）」または取締法違反と呼ばれる軽い犯罪行為に対する審理において認められているより柔軟な手続の運用によっては、ある程度しか改善されない。

２．経済取締規則違反（「秩序違反」の訴追）

「刑事刑法」の意味での刑法のほか、ドイツの法制度は、第２の制裁制度である「秩序違反法（Ordnungswidrigkeitenrecht）」（「規則違反法」または「行政刑法」）を認めている。「秩序違反」、つまり規則違反は、刑事犯罪と対をなすものと見られており、主として軽微な違反行為用のものである。しかし、一定の限度内であれば、法令違反について立法者がこの２つの制裁制度のどちらを選択するかは、自由である。経済犯罪に加えて多数の経済規則違反の罪が存在する[54]。

秩序違反法は、過料と軽減措置のみを規定しており、拘禁は規定していない。「刑事刑法」とは異なり、こうした過料について、大半の学者や裁判所は、社会倫理的非難を帯びたものとはみなしていない[55]。刑事制裁は裁判所が課さな

---

52 2009年以降、取引および個々の最低保障措置の手続は sec. 257c StPO によって規制されてきた。この規定は現在、ドイツ憲法裁判所において異議申立が行われている。Altenhain et al., NStZ 2007, p.71; Engelhart, Sanktionierung, p.465, 765; Fischer, ZRP 2010, p.249; Hettinger, Juristenzeitung (JZ) 2011, p.292; Schünemann, ZRP 2009, p.104, 並びに、コンプライアンス・プログラムの関連では、Engelhart, Sanktionierung, p.465, 765 参照。

53 ドイツでは一般司法制度（民事裁判所と刑事裁判所で構成される）において仕事をする判事の数が住民100,000人当たり18.4名である。
https://www.destatis.de/2100100117004.pdf?__blob=publicationFile 参照。

54 前掲注49参照

第1章　ドイツの経済犯罪の防止のためのコンプライアンス・プログラム

ければならないのに対し，過料は行政当局の処分によることができる。こうした違いはさておき，秩序違反制度は，特に被告人のための権利や保障に関しては刑事制度に非常によく似ている。処分を受けた者が行政当局の決定に対し不服を申し立てれば，事件は刑事事件と同様の方法で管轄権のある刑事裁判所によって扱われる。

　秩序違反法（*Ordnungswidrigkeitengesetz*― OWiG」）は法人向け罰金も規定しているが（秩序違反法第30条），ドイツ法は法人の刑事責任を認めていないため，これは，非常に重要である。秩序違反法第30条は，会社での指導的立場を悪用する従業員による（刑法または規則）違反を根拠にしている。多くの学者は，同規則は，コモンローにおける同一視理論に相当する[56]，帰属モデルに従っているとみなしている[57]。ティーデマン（Tiedemann）は，秩序違反法第30条は組織責任（"Organisationsverschulden"）に基づくことを提案している[58]。実際，犯罪を防止するための組織的措置を怠ったこと（これは秩序違反法第130条に定める監督義務違反に当たりうる）は，企業責任の追及のための最も重要な根拠の1つである[59]。

　とはいえ，秩序違反法第30条の文言は，監督の欠如も会社組織の欠陥も必要とはしていない。このため組織責任論だけでは秩序違反法第30条の性質を説明することができない。この規定は，従業員の違反行為と企業環境の両方の要素を考慮に入れてはじめて完全に説明できるのである。つまり，秩序違反法第30条には二重の性質があることになる。従業員の違反行為を組織に帰属するものと考え，かつ当該違反行為を企業に典型的なものとする要素を要求することによって組織への帰属を制限するのである[60]。主な焦点は，従業員の違反

55　詳細および反対意見については，Engelhart, Sanktionierung, p. 630 et seq. 参照。

56　Böse, in: Basedow et al. (eds.), German National Reports to the 18th International Congress of Comparative Law, 2010, p. 651 (655).

57　See e.g. Bohnert, Ordnungswidrigkeitengesetz, 2nd edn. 2007, §30 para. 1; Ransiek, Unternehmensstrafrecht, p. 111; Rogall, in: Senge (ed.), Karlsruher Kommentar zum Ordnungswidrigkeitengesetz, §30 para. 8. sec. 30 OWiG のその他の解釈については ee Engelhart, Sanktionierung, p. 375 et seq. 参照。

58　Tiedemann, NJW 1988, p. 1169 (1172); Tiedemann, Wirtschaftsstrafrecht, 2nd edn. 2007, p. 244; Engelhart, Sanktionierung, p. 378 et seq.; see also Sieber, in: Festschrift Tiedemann, p. 449 (463 et seq.).

59　See Engelhart, Sanktionierung, p. 403 et seq.; Rogall, in: Senge (ed.), Karlsruher Kommentar zum Ordnungswidrigkeitengesetz (3rd edn. 2006), §30 para. 75; Tiedemann, NJW 1988, p. 1169 (1172).

第Ⅲ部　海外6か国の報告書

表1：OWiG 第30条に基づく罰金（ユーロ）

年度	新しい罰金	300未満	300から1,000	1,000から5,000	5,000から20,000	20,000から50,000	50,000を超す	罰金数の合計
2000	3,295 (100%)	486 (14.7%)	1,357 (41.2%)	962 (29.2%)	339 (10.3%)	90 (2.7%)	61 (1.9%)	12,124
2001	4,067 (100%)	669 (16.4%)	1,610 (39.6%)	1,343 (33.0%)	364 (9.0%)	0 (0%)	81 (2.0%)	40,086
2002	2,286 (100%)	608 (26.6%)	914 (40.0%)	547 (23.9%)	162 (7.1%)	24 (1.0%)	31 (1.4%)	42,365
2003	4,745 (100%)	817 (17.2%)	2,488 (52.4%)	922 (19.4%)	375 (7.9%)	91 (1.9%)	52 (1.1%)	23,329
2004	2,804 (100%)	562 (20.2%)	1,356 (48.4%)	708 (25.2%)	137 (4.9%)	28 (1.0%)	13 (0.5%)	24,250
2005	1,911 (100%)	491 (25.7%)	661 (34.6%)	561 (29.4%)	115 (6.0%)	39 (2.0%)	44 (2.3%)	20,663
2006	2,222 (100%)	410 (18.5%)	884 (39.8%)	791 (35.6%)	92 (4.1%)	29 (1.3%)	16 (0.7%)	19,250
2007	2,487 (100%)	514 (20.7%)	929 (37.4%)	884 (35.5%)	106 (4.3%)	30 (1.2%)	24 (1.0%)	19,801
2008	2,483 (100%)	456 (18.4%)	1,147 (46.2%)	727 (29.2%)	95 (3.8%)	36 (1.4%)	22 (0.9%)	17,539
2009	2,617 (100%)	405 (15.5%)	1,143 (43.7%)	850 (32.5%)	136 (5.2%)	42 (1.6%)	41 (1.6%)	19,623
2010	2,871 (100%)	412 (14.4%)	1,297 (45.2%)	893 (31.1%)	164 (5.7%)	30 (1.0%)	75 (2.6%)	23,355
Ø	2,890 (100%)	523 (18.1%)	1,254 (43.4%)	835 (28.9%)	191 (6.6%)	43 (1.5%)	43 (1.5%)	23,853

行為に当てられている。企業に関する要素はむしろ少なく，企業環境については大まかな描写しかない。このため，批判は企業環境をより考慮することに焦点を当てていることが多い[61]。

60　See Engelhart, Sanktionierung, p.378 et seq.; see also Sieber, in: Festschrift Tiedemann, p.449（467）.

61　See Böse, in: Basedow et al.（eds.）, German National Reports to the 18th International Congress of Comparative Law, 2010, p.651（672）; Pieth, ZStrR 119（2001）, p.1（11 et seq.）; Schünemann, Unternehmenskriminalität und Strafrecht, p.254.

第1章　ドイツの経済犯罪の防止のためのコンプライアンス・プログラム

この規定の適用や，企業の刑事責任に関する数多くの外国法と対応についてのデータはほとんど存在しない。1つの例外は，秩序違反法第30条に基づく法人に対する過料に関する情報を提供する中央企業登記局（"Gewerbezentralregister"）である[62]。このデータは，毎年登録される過料および登録された過料の合計件数に関する情報を提供している。また，過料の金額についてもある程度基本的な情報を提供している。

【図3】　OWiG第30条に基づく制裁（ユーロ）

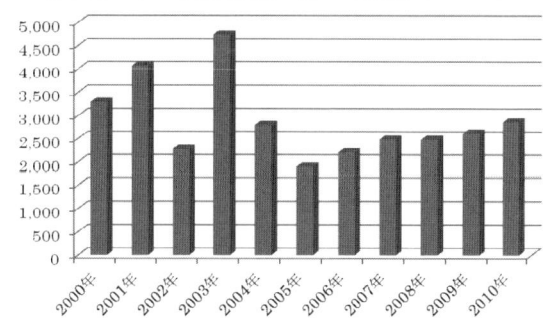

【図4】　OWiG第30条に基づく制裁（ユーロ）

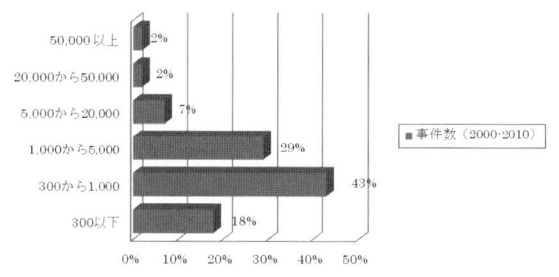

データは，2000年以降，秩序違反法第30条に基づき制裁を受けた会社の数が年間2,000から5,000の間であったことを示している。この数は，年によってかなり違っていて，特に明確な上昇または下降傾向はない。唯一明白な傾向は，2005年以降数が増えていることであるが，2003年や2001年の最高値に再び到達することはなかったということである。

9割以上の場合において過料は5,000ユーロ未満である。3分の2は1,000ユーロにも満たない。2007年と2008年のシーメンスに対する数百万ユーロの制裁は，稀な例外である[63]。アメリカでは，シーメンスは350百万米ドルと450百万米ドルの2件の罰金を支払わなければならなかった。このかぎりにおいて，ドイツとアメリカの例外的に高い過料・罰金は比較可能である。

62　See Federal Office of Justice (Bundesamt für Justiz), Übersicht über die Eintragungen im Gewerbezentralregister. Teilregister für juristische Personen und Personenvereinigungen (2000-2010). この発表は，2006年以降，http://www.bundesjustizamt.de のオンラインで入手可能である。

63　詳細については，Engelhart, Sanktionierung, p. 2 et seq. 参照。

第Ⅲ部　海外6か国の報告書

3．概要およびその結果として生じた質問

　ドイツは，1970年代以来，特に捜査，訴追および裁判の特別部署をすでに創設することにより，その経済犯罪分野の刑事司法制度を改善してきた。さらに，手続的権利の濫用を防止する法律を制定した[64]。しかし，経済犯罪を規定する法の拡大，事件数の増大および被疑者・被告人に認められる手続的保障の多さにより，刑事司法制度は限界にあり，さらなる負担軽減策が求められている。加えて，経済犯罪分野における刑事司法制度は，その抑止機能とその有効性に関する学問上の論争に直面している[65]。

　その結果，新たな改革案が議論されている。現在，こうした案では，上述した秩序違反法に定める企業に対する過料制度を，アメリカや他の多くの国々で規定されているような企業に対する真の刑事法制度によって改正する（または置き換える）ことに焦点が当てられている[66]。しかし，企業に対する制裁の純粋な再分類や格上げ（のみ）によって，抑止や探知，捜査および訴追の分野に多く横たわる現在の問題を実質的に解決しうるかどうかは，疑問である。

　他の多くの国々でも同様のこうした状況下において，自主規制によるコンプライアンス制度への期待は，誘惑的である。これは，企業が（いわゆるコンプライアンス調査によって）自ら必要な調査を行い，結果を当局に提出することを当局が期待する場合に特にそうである[67]。しかし，この非常に楽観的なアプローチとは対照的に，コンプライアンス・プログラムは会社側がその評判を上げるための単なる上辺の飾りにすぎないと評価する学者もいる[68]。法律研究者

---

[64] 刑事訴訟法第249条第2項参照。この規定は，当事者がすでに文書を読む機会があった場合に，裁判所がこうした文書の読み上げを省略することを認めている。刑事訴訟法第33a条，第311a条をも参照。この規定は，訴訟関係者の権利の侵害について後段階の審問手続で審理することを裁判所に認めている。See Meyer-Goßner, Strafprozessordnung, §33a para. 1, §249 para. 16 et seq.

[65] Critical, e.g. Hefendehl, ZStW 119 (2007), 816 (826 et seq.). However — more balanced — Dölling et al., Soziale Probleme 2006, p. 193.

[66] 近年の数ある出版物のうち，例えば，以下を参照のこと。Böse, FS-Jakobs, p. 15 ff.; Engelhart, Sanktionierung, p. 599 et seq.; Kelker, FS-Krey, p. 221; Kirch-Heim, Sanktionen (2007); Ransiek, NZWiSt 2012, p. 45; Trüg, StraFO 2011, p. 471. その他の参照文献については，Engelhart, Sanktionierung, pp. 346, 749 参照。

[67] See Engelhart, Sanktionierung, p. 756 et seq.; Reeb, Internal Investigations, p. 7 et seq. See also Hamm, NJW 2010, p. 1332 (1334 et seq.); Knierim, in: Rotsch (ed.), Compliance- Diskussion, p. 77 et seq.

[68] See e.g. Hefendehl, JZ 2006, p. 119 (125); Schünemann, in: Hefendehl (ed.), Brennpunkte, p. 349 (361 et seq.).

第1章　ドイツの経済犯罪の防止のためのコンプライアンス・プログラム

の中には，コンプライアンス・プログラムの実施に関連して企業の刑事責任を導入するための建設的な改革案を提案または策定する者もいる[69]。この意見の分かれた状況から，「コンプライアンス・プログラムとは何であるか？」，「それはこうした期待にどこまで応えられるのか？」，また「それは将来の刑事政策においてどのように利用でき，また組み込むことができるのか？」という本調査の決定的関心事項が導かれるのである。

Ⅲ．コンプライアンス・プログラムの出現
1．現　状

a）**コンプライアンス・プログラムの登場**　コンプライアンスの一般に認められた定義は存在しないので，ドイツにおける現在のコンプライアンス・プログラムの存在や範囲について判断するのは難しい[70]。ドイツ企業，特に株式公開会社のウェブサイトを見ると，大企業の企業イメージにおいてコンプライアンスは一般的なものとなっていることがわかるが，個別の問題はコーポレート・ガバナンスや企業の社会的責任といった関連テーマの中で公表されていることが多い[71]。また，専門誌には企業のコンプライアンス・プログラムが紹介されることが多くなり，定期的にこのテーマが扱われている[72]。外部の専門家の多くも，その専門知識を提供している[73]。このように，コンプライアンスは，ドイツにおいて一般的となっており，企業の間でよく知られている。

b）**科学的実証的調査**　上述の事実はコンプライアンスの重要性を示しており，過去数年の間に複数の学者がこのテーマを取り上げている[74]。しかし，このテーマに関して行われた実証的研究は，あまり多くない[75]。

69　詳しい立法案については，Engelhart, Sanktionierung, p. 680 et seq., 720 参照。
70　See also Sieber, in: Festschrift Tiedemann, p. 449（452）．
71　See Sieber, in: Festschrift Tiedemann, p. 449（454）．
72　See e.g. Bayer AG, zfo 2008, p. 150; Köhler/Marten/Schlereth, DB 2009, p. 1477（1484 et seq.）; Moosmayer/Sölle/Toifl, in: Petsche/Mair（ed.）, Handbuch Compliance, p. 403; Puls, in: Löhr/Burkatzki（ed.）, Wirtschaftskriminalität, p. 205 on the German Railroad company（Deutsche Bahn AG）．
73　例えば，犯罪科学捜査サービス提供業者については，Eiselt/Uhlen, ZCG 2009, p. 176 参照。
74　See Kölbel, MschKrim 91（2008）, p. 22 et seq.; Krause, StraFO 2011, p. 437（439）; Pape, Compliance, p. 154 et seq.; HWSt（3rd edn.）-Rotsch, I 4 para. 46; Theile, ZIS 2008, p. 406.
75　See Schneider, in: Kempf et al.（eds.）Handlungsfreiheit, p. 61（79）．See Schneider, in: Kempf et al.（eds.）Handlungsfreiheit, p. 61（79）．

第Ⅲ部　海外6か国の報告書

コーポレート・ガバナンスに関する複数の調査が，ドイツのコーポレート・ガバナンス準則の実施について分析している[76]。企業はこの準則を遵守しているか否かについて毎年情報を公開しなければならないため，個別データが容易に利用できるのである。ところが，コンプライアンス・プログラムについてはそのようになっていないため，分析はずっと困難である。

企業のコンプライアンス・プログラムに関する数少ない実証ベース調査の1つがティークレーダー（*Ziegleder*）の研究で[77]，2004年から2007年にブスマン（*Bussmann*）のチームが，PwCと協力して集めたデータを利用している[78]。同氏は，公的措置に加えて，また公的措置と共に，経済犯罪に対する企業の公式的および非公式な戦略を分析している[79]。そのデータには，75件のインタビューや219の行動規範の分析，社内の予防戦略に携わる613名の従業員の電話調査が含まれている[80]。インタビューは，構造化されたアンケート調査を用いて，30分から120分にわたって行われた。電話調査は，調査機関のEMNIDによって行われた。この調査の平均継続時間は示されていない。

c）**コンサルタント会社の調査**　この他のほとんどの調査は，前述したコンサルタント会社によるものであり，企業犯罪研究に関連するものが多い[81]。こうした調査の主な目的は，コンプライアンスに関する企業の認識を高め，コンサルタント会社がコンプライアンスの分野で提供するサービスの利用を促すことである。こうした調査の存在自体が，すでに，コンプライアンスの重要度の高さやその市場の大きさを示唆している[82]。ほとんどの場合，その基礎となる情報収集の方法（および特に個々のアンケート調査）は，公表されていない。とはいえ，これらの調査は，コンプライアンスの発展を他のどの文献よりも詳細に示しているため，実証的証拠として価値があるものである。ドイツに関す

76　特に以下の定期報告書を参照のこと。v. Werder/Böhme, DB 2011, pp. 1285-1290 (part 1) und pp. 1345-1353 (part 2) v. Werder/Talaulicar, DB 2010, p. 853; DB 2009, p. 689; DB 2008, p. 825; DB 2007, p. 869; DB 2006, p. 849; DB 2005, p. 841; DB 2004, p. 1377; DB 2003, p. 1857. See also Drobetz/Schillhofer/Zimmermann, ZfB 2004, p. 5; Nowak/Rott/Mahr, ZÖGR 2005, p. 252.

77　Ziegleder, Wirtschaftskriminalität (2010). 以下の本文に示すPwCが公表した調査をも参照のこと。

78　Ziegleder, Wirtschaftskriminalität, p. 55.

79　Ziegleder, Wirtschaftskriminalität, p. 32. Ziegleder, Wirtschaftskriminalität, p. 32.

80　Ziegleder, Wirtschaftskriminalität, p. 55.

81　See supra § 1 B. I. 1. c. (p. 6).

82　See Bussmann, MschrKrim 86 (2003), p. 89 (92); Engelhart, Sanktionierung, p. 516.

第 1 章　ドイツの経済犯罪の防止のためのコンプライアンス・プログラム

る主な調査には，次のようなものがある。[83]

PwC による調査。
── 経済犯罪調査 2011 [84]
── コンプライアンスと企業文化 2010 [85]
── 経済犯罪調査 2009 [86]
── 経済犯罪調査 2007 [87]
── 経済犯罪調査 2005 [88]
── 経済犯罪調査 2003 [89]

KPMG による調査。
── 経済犯罪調査 2012 [90]
── 詐欺行為に関する調査 2011 [91]
── 経済犯罪調査 2010 [92]
── 株式公開会社のコンプライアンスに関する調査 [93]
── 経済犯罪調査 2006 [94]
── 経済犯罪調査 2003 [95]

オイラー・ヘルメスによる調査。
── 経済犯罪調査 2008 [96]

83　概要については，Krause, StraFO 2011, p. 437（439 et seq.）をも参照のこと。
84　PwC, Wirtschaftskriminalität 2011（2011）. See also Bussmann, in: Festschrift für Hans Achenbach, p. 57.
85　PwC, Compliance und Unternehmenskultur（2010）. See also Bussmann, in: Bannenberg/Jehle（eds.）, Wirtschaftskriminalität, p. 57.
86　PwC, Wirtschaftskriminalität 2009（2009）.
87　PwC, Wirtschaftskriminalität 2007, Sicherheitslage der deutschen Wirtschaft（2007）; see also Bussmann/Matschke, wistra 2008, p. 88; Bussmann/Salvenmoser, CCZ 2008, 192 et seq.
88　PwC, Wirtschaftskriminalität 2005, Internationale und deutsche Ergebnisse（2005）; see also Bussmann/Salvenmoser, NStZ 2006, 203 et seq.
89　PwC, Wirtschaftskriminalität 2003, Internationale und deutsche Ergebnisse（2003）; see also Bussmann, zfwu vol 5/1（2004）, p. 35.
90　KPMG, Wirtschaftskriminalität in Deutschland 2012（2012）.
91　KPMG, Who is the typical fraudster?（2011）.
92　KPMG, Wirtschaftskriminalität in Deutschland 2010（2010）.
93　KPMG, Compliance-Management in Deutschland. Ergebnisse einer EMNIDumfrage（2007）.
94　KPMG, Studie 2006 zur Wirtschaftskriminalität in Deutschland（2006）.
95　KPMG, Wirtschaftskriminalität in Deutschland 2003/04（2003）.

第Ⅲ部　海外6か国の報告書

― 経済犯罪調査2003[97]

エルンスト・アンド・ヤングによる調査。

― コンプライアンス調査2012[98]

― 経済犯罪調査2003[99]

アルバレス・アンド・マーサル（Alvarez & Marsal）による調査。

― 経済犯罪調査2011[100]

これらの調査は，防止策とコンプライアンス調査に特に重点を置いている[101]。違法行為のリスクは企業にとって主要な事業リスクであるとみなされることが多いため[102]，企業がどんな特別措置をとり，事件をどのように調査しているかという問題を扱っているものが多い。これらの調査の結果は，それが本報告の主要な論点を扱い十分な情報を提供している場合には，本報告書の結果に関する以下の記述において適宜考察する[103]。

2．一般的な法的および自主規制的コンプライアンスの枠組み

a）法 規 制　ドイツにはコンプライアンスに関する一般法はないが，経済犯罪の防止および探知に関し，特定の分野に限定されたコンプライアンスに関する法律は種々存在する。証券取引法は，明確にコンプライアンスを扱う唯一の法律で，証券取引を行う金融機関に対しコンプライアンス・プログラムの実施を義務づけている[104]。連邦金融監督庁は，2010年にガイドラインを発行し，この法的枠組みをどのように実施し，コンプライアンス・プログラムをい

96　Euler Hermes, Wirtschaftskriminalität ― Die verkannte Gefahr (2008).
97　Euler Hermes, Wirtschaftskriminalität ― das diskrete Risiko. Die erste representative Untersuchung für den Mittelstand (2003).
98　E&Y, Enabling Compliance ― Welche Rolle spielt Technologie? (2012).
99　E&Y, Wirtschaftskriminalität in Deutschland ― Nur ein Problem der anderen? (2003).
100　Alvarez & Marsal, Compliance. Studie zur Strategie und Organisation 2011 (2011).
101　See PwC, Wirtschaftskriminalität 2007, Sicherheitslage der deutschen Wirtschaft (2007), p. 30 et seq., 45; KPMG, Studie 2006 zur Wirtschaftskriminalität in Deutschland (2006), p. 17; E&Y, Wirtschaftskriminalität in Deutschland ― Nur ein Problem der anderen? (2003), p. 30 et seq.
102　See e.g. E&Y, Strategic Business Risk 2008. The top 10 risks for business (2008).
103　See infra § 2.
104　See sec. 33 Securities Trading Act（Wertpapierhandelsgesetz ― WpHG）; Engelhart, Sanktionierung, p. 503 et seq.; Engelhart, ZIP 2010, p. 1832; Lösler, NZG 2005, p. 104; Lösler, WM 2008, p. 1098; Vogel, in: Festschrift für Günther Jakobs, p. 731 (743 et seq.).

かに設計するかについて詳細な助言を与えている[105]。こうしたガイドラインは，正式には証券取引のみに適用されるが，その他の事業分野において営業する企業にとっても一般的な助言を提供している。

この例外の他，明確に「コンプライアンス」と呼称していないが，犯罪の防止および探知のために類似の対策を講じることを企業に義務づけるいくつかの法律がある。不正資金洗浄防止法の中の不正資金洗浄に関する規則は，まさにその一例である。この規則によると，企業は，組織的な手続的措置を通じて，自社の事業が不正資金の洗浄やテロリズムへの資金提供に利用されないようにしなければならない[106]。こうした措置により，企業は，犯罪の存在の可能性を示す証拠を見いだすことが可能となるが，探知したときには，これを当局に報告しなければならないのである[107]。

官民共同規制であるドイツのコーポレート・ガバナンス準則[108]は，コンプライアンスを企業の義務の一環とみなしている[109]。ところが，ドイツのコーポレート・ガバナンス準則の意味におけるコンプライアンスは，優良な企業構造や経営義務を目指すより一般的なコーポレート・ガバナンスの議論に結び付いている。この準則は，主として，ドイツのコーポレート・ガバナンスについての規則を国内および国際投資家の両方にとって透明なものすることで，ドイツ企業の経営に対する信頼を強化することを目指すものであって，経済犯罪の防止を目的としていないのである。

b）自主規制：コンプライアンスの一般監査基準　　法律は概してコンプライアンスの問題について寡黙であるため，民間団体がコンプライアンス・プログラムやその評価に関する基準を定め始めている。最も重要なものは，ドイツ

105　See Birnbaum/Kütemeier, Wertpapier-Mitteilungen（WM）2011, p. 293; Engelhart, ZIP 2010, p. 1832; Lösler, WM 2010, p. 1917; Niermann, ZBB 2010, p. 400; Schäfer, BKR, p. 45, 187; Sturm/Möller, ZCG 2010, p. 177; Zingel, BKR 2010, p. 500.
106　Sec. 9 GwG.
107　See Vogel, in: Festschrift für Günther Jakobs, p. 731（745）；新たな刑法モデルについて論じている。
108　同準則は，連邦法務省が提案し，経済の専門家や実務家が開発したもので（改正も担当する），官庁機関誌において公表され，株式会社法（株式法（Aktiengesetz―AktG）第 161 条）に言及されている。これによると，企業は，同準則を遵守しているか否か宣言しなければならず，遵守していない場合はその理由を説明しなければならない。このため，同準則は公法でも民間規則でもないものとなっている。独特の規則集である。
109　準則は，http://www.corporate-governance-code.de. で入手できる。

公認監査士協会によるコンプライアンス・プログラムの監査基準で，2011年4月に発表されたものである[110]。これは，企業のコンプライアンス制度を確認するために監査人らが利用している。その結果出される監査報告書は，コンプライアンス・プログラムにおいて，原則および対策に関する記述が十分になされているか否か，また，こうした原則や対策が，個々の規則の違反を探知し防止するために合理的な確実性をもって適切であるか否かを確認するものである。これによって企業は，自社の制度を外部の「権威」によってチェックしてもらうことができる。これは，コンプライアンス・プログラムを評価することが可能でありうることを示すもので，コンプライアンス・プログラムのアプローチを法的概念にさらに組み込んでいくために重要なことである。

　c）「コンプライアンスと刑事法」に関する学術論議　　コンプライアンス・プログラムを経済犯罪の防止や訴追の包括的制度に組み込むこと（従来の刑事法アプローチを含む）に対する立法者やその他の関係者の自制振りとは対照的に，コンプライアンス・プログラムの法的側面に関する広範な議論が，近年，ドイツの学界の学術文献に出現している[111]。この議論は，アメリカ，日本，イタリア，スペイン及びその他の国々における個々の議論に大きく影響され，また相互に関係しあってきたし，現在も同じ状況にある。

　早稲田大学とマックス・プランク外国・国際刑法研究所との共同協力はその出発点であり，2008年の，ズィーバー（Sieber）による，コンプライアンス・プログラムの存在および性質，経済犯罪の防止におけるその効果ならびにドイツの規制体制や将来の刑事政策へのその統合について分析した論文（クラウス・ティーデマン（Klaus Tiedemann））（ドイツの経済刑法の第一人者）記念論文集掲載）執筆に対する重要な刺激となった[112]。この日独協力やアメリカの研究の影響は，今までで最も綿密なドイツの研究であるEngelhart（2010年第1版，2012年第2版）の企業責任とコンプライアンス・プログラムに関する著作

110　Institut der Wirtschaftsprüfer e.V.（IDW），Grundsätze ordnungsgemäßer Prüfung von Compliance-Management-Systemen, IDW EPS 980; see Balk/Schulte/Westphal, ZCG 2010, p.242; Eisolt, BB 2010, p.1843; Gelhausen/Wermelt, CCZ 2010, p.208; Görtz, CCZ 2010, p.127; Görtz/Rosskopf, CCZ 2011, p.103; Horney/Kuhlmann, CCZ 2010, p.192; Liese/Schulz, Betriebs-Berater 2011, p.1347; Rieder/Jerg, CCZ 2010, p.201; Willems/ Schreiner, CCZ 2010, p.214.

111　議論の要旨は，BockがRotsch（ed.），Compliance Diskussion, p.63で示している。

112　Sieber, in: Festschrift Tiedemann, p.449.

第1章　ドイツの経済犯罪の防止のためのコンプライアンス・プログラム

に見ることができ，この中で同氏は，アメリカとドイツのコンプライアンス・プログラムと刑事法の非常に詳細な比較分析を提供しており，こうした問題に関する新たなドイツでの立法に対する具体的で十全に体系立てられた提案となっている[113]。

スペインとアメリカの議論の影響は，ティーデマン（*Tiedemann*）記念論文集の中のニート（*Nieto*）による根本的な論文に明らかで，社会的責任と規制された自主規制および企業責任の間の関連に焦点が当てられている[114]。コンプライアンス・プログラムと刑事法を結び付けるイタリアモデルは，例えばカスタルド（*Castaldo*）が論じている[115]。刑事コンプライアンスの分野は，ボック（*Bock*）による分析の中で描かれており，特に監督義務に関して個人の刑事責任の側面に注意が向けられている[116]。コンプライアンスと刑法に関する議論の教義的側面についてもロッチュ（*Rotsch*）が扱っており[117]，同氏は，さらにドイツおよびヨーロッパにおける展開のさらなる側面についての書籍刊行の編集も行った[118]。イーメ・ロクシン（*Imme Roxin*）記念論文集には，コンプライアンス調査に焦点を当てた刑事コンプライアンスに関する数々の論文が含まれている[119]。この分野で刊行された最新の書籍は，2013年にクーレン（*Kuhlen*）他が編集したもので，監督義務や従業員の権利，コンプライアンス担当役員の法的地位，内部調査および企業に対する制裁等に関連する解釈論上の問題を扱ったドイツやスペインの著者による一群の論文が記載されている[120]。

さらに，多くの書籍（ハンドブックを含む）や論文が，コンプライアンス措置の実施に関する企業向けの実用的な指針を掲載している[121]。こうした論文

113　Engelhart, Sanktionierung, p. 720.
114　Nieto Martin, in: Festschrift Tiedemann, p. 485; スペインの議論については以下も参照のこと；Bacigalupo, in: Rotsch (ed.), Compliance-Diskussion, p 135; Carbonell Mateu, ZStW 123 (2011), S. 331; Ortiz de Urbina, in: Kuhlen et al (eds), Compliance und Strafrecht, p. 227.
115　Castaldo, wistra 2006, p. 361.
116　Bock, Criminal Compliance (2011).
117　Rotsch, FS-Samson, p. 141; Rotsch, ZIS 2010, p. 614.
118　Rotsch (ed.), Wissenschaftliche und praktische Aspekte der nationalen und internationalen Compliance-Diskussion (2012).
119　See Schulz (ed.), Festschrift für Imme Roxin, p. 453-554.
120　Kuhlen/Kudlich/Ortiz de Urbina (eds.), Compliance und Strafrecht (2013).
121　See e.g. Moosmayer, Compliance (2nd edn. 2012); Görling et al. (eds.), Compliance (2010); Wecker/van Laak (eds.), Compliance (2nd edn. 2009).

に加えて，2008年には，「企業コンプライアンス」に関する新たな学術誌が刊行され，企業や弁護士，監査人に向けてコンプライアンス措置の実際的な重要性を説明している[122]。つまり要約すると，最近数年間は，学術論議の場における「コンプライアンスと刑法」問題の勝利の行進の始まった時期と特徴づけることができ，この新たな概念について決断をするよう立法者に圧力をかけるであろう新しい考え方を生み出しているのである。

3．未解決の諸問題

コンプライアンス・プログラムが経済犯罪の防止，探知，そしていずれは訴追まで至る重要な手段となるとすれば，「コンプライアンスと刑事法」に関する数々の問題が解決されなければならない。このことは，コンプライアンス体制と従来の法体制が1つの有効なまとまった制度へと統合され，その中で法律制度がコンプライアンス体制を強化し，コンプライアンス体制が法律制度をサポートしてその負荷を軽減しようとするのであれば，特にそうである。加えて，この2つの規制体制の間の対立や矛盾が回避されなければならない。他の官民協力において見られるように，こうした規範的対立のない統合システムは，並行する2つのシステムを単純に加算するよりずっと強固なものとなりうるのである[123]。

このような理由から，経済犯罪の防止，探知および訴追のための効果的なコンプライアンス体制の構築は，多様な分野に困難な研究課題を提起する。

- 経済および経営管理に関する研究は，経済犯罪の防止，探知および訴追を最もよくサポートしうるコンプライアンス・プログラムの様々な要素を特定しなければならない[124]。
- 犯罪学の研究は，経済犯罪の防止，探知および訴追におけるコンプライアンス・プログラムの（そして特にコンプライアンス・プログラムの異なる要素

---

[122] See CCZ — Corporate Compliance Zeitschrift: Zeitschrift zur Haftungsvermeidung im Unternehmen.

[123] 2つのシステムの相関及び統合については，Sieber, in: Festschrift Tiedemann, p. 449 (474 et seq.) 参照。追加の参照文献も含まれている。

[124] 例えば，効果的なコンプライアンス・プログラムをいかに構築するかという問題等については，Engelhart, Sanktionierung, p. 163 et seq. and 711 et seq.; Inderst, in: Görling et al. (eds.), Compliance, p. 103; Moosmayer, Compliance, p. 31; Pieth, Anti-Korruptions-Compliance, p. 63. 参照。

第1章　ドイツの経済犯罪の防止のためのコンプライアンス・プログラム

の）有効性について分析し，評価しなければならない[125]。
- **法の理論**は，この2つの規範システムを結合する選択肢や問題に並行して，（国家ベースの）法律制度と（民間の）自主規制システムの間の関係や，そのインターフェースについて分析しなければならない[126]。
- **現行刑法**は，現行法下での企業に対する法的制裁に対するコンプライアンス・プログラムの妥当性や，コンプライアンス制度の法的限界（従業員の尋問や個人データの収集および照合等に関して）について判断しなければならない[127]。
- **刑事政策**は，企業がコンプライアンス・プログラム，特にその防止，探知および訴追に関する諸要素を導入するよう法律が強制または奨励できるための様々な選択肢について分析しなければならない[128]。

こうした問題の解決には，健全な実証的基盤を備えた学際的な研究手法が必要であることは明らかである。本調査は，国家および民間の規制の間の境界線に関するこうした研究に実証的要素を提供することを目指している。

経済犯罪を防止するための新しいまとまったシステムを探求するという本調査の根本的な目標は，より厳しい犯罪規制を求める単なる願望ではない。刑事法学者にとって，この努力は，単に刑法を改善するのではなく，「刑法を刑法より良きものに置き換える」ことを望んだ[129]ドイツの法哲学者ラートブルフ（Radbruch）の夢も背景にして考えるべきものである。刑法の完全な置換えは現実的ではないが，経済犯罪をより良く防止すると共に，伝統的な刑法の部分的置換え，改正および改善を行うことは可能なように思われる。

125　See Kölbel, MschKrim 91 (2008), p. 22 (33); Sieber, in: Festschrift Tiedemann, pp. 449 (474 et seq.) with further references.
126　See Kuhlen, in: Kuhlen et al. (eds.), Compliance und Strafrecht, p. 1 (12 et seq.); Rotsch, FS-Samson, p. 141 et seq.; Sieber, in: Festschrift Tiedemann, pp. 449 (460 et seq.); Sieber, Rechtstheorie 41 (2010), p. 151.
127　See Engelhart, Sanktionierung, p. 776 et seq.; Maschmann, in: Kuhlen et al. (eds.), Compliance und Strafrecht, p. 85 et seq.; Sieber, in: Festschrift Tiedemann, pp. 449 (474 et seq.).
128　Engelhart, Sanktionierung, p. 649 et seq.; Sieber, in: Festschrift Tiedemann, p. 449 (473).
129　Gustav Radbruch, Einführung in die Rechtswissenschaft, p. 115: "Das unendliche Ziel der strafrechtlichen Entwicklung […] bleibt […] nicht die Verbesserung des Strafrechts, sondern der Ersatz des Strafrechts durch Besseres".

第Ⅲ部　海外6か国の報告書

●C．本調査の目標および方法

Ⅰ．研究目標

　本プロジェクトは，ドイツにおける上述の研究の隙間を埋めることに貢献するよう設計されている。その具体的な目標は，以下のとおりである。

1．堅固な実証的研究に基づき，実際のコンプライアンス・プログラムの発生および特にその内容を分析する。
2．経済犯罪の防止，探知および訴追に関するコンプライアンス・プログラムおよびその様々な構成要素の有効性に関する関連情報を収集する。
3．効果的なコンプライアンス・プログラムおよびその様々な構成要素を（企業の刑事責任または行政刑事責任の新たな規制との関連において特に立法者が）どのように規定または促進することができるか，を調査する。

Ⅱ．研究方法

　これらの目標を達成するために必要な研究は，次の2つの方法に基づくものである。（1．）ビジネスの専門家からのアンケートに基づく情報収集，および（2．）DAX30指数の対象企業がインターネット上で公表しているコンプライアンス文書の分析。

1．ビジネスの専門家からのアンケートに基づく情報収集

　a）アンケート調査の構成　　本調査の主な方法は，ビジネスの専門家からのアンケートに基づく情報収集である。この情報収集に使われたアンケート調査は3部構成となっている。第1部は，回答者とその会社に関する基本情報を提供するものである。第2部は，その会社における状況，特にコンプライアンス・プログラムの存在やその構成要素およびこうした会社で観察される不正行為の程度に関する状況を分析する。第3部は，回答者に対し，コンプライアンス・プログラムとその構成要素を評価し，コンプライアンス制度を導入するインセンティブ（動機づけ）として法的，倫理的またはその他の根拠によってコンプライアンスを促進するための将来とりうる方法について意見を述べることを求めている。

　1つ目の研究目的であるコンプライアンス・プログラムの発生と内容に関する調査は，アンケート調査のパートBに基づいている。既存のコンプライアンス・プログラムの構成要素を尋ねる各質問は，こうしたプログラムには少なくとも次の4つの具体的構成要素が含まれるとの仮定に基づいている。(1)情報伝達および教育の措置（コンプライアンス・マニュアルなど），(2)不規則または非

第 1 章　ドイツの経済犯罪の防止のためのコンプライアンス・プログラム

倫理的行為を探知する措置（内部告発制度など），(3)違反行為に対する組織的措置および内部制裁，ならびに(4)経営陣による模範的行為の実例と同僚からの圧力が倫理的行動を促進する風土を生み出すような価値の文化を個々の企業において育てる措置，である。これらの構成要素について，アンケートの参加企業におけるその存在や重要性について聞き出すだけではなく（アンケート調査パートB），こうした構成要素の犯罪防止における効果についてアンケートを受けた専門家に対し主観的評価をするよう促した（アンケート調査パートC）。アンケートは，企業のコンプライアンス構成要素と犯罪の発生率との間の相関関係も見いだそうとしている（アンケート調査パートBで要請）。このため，アンケートは，企業が従業員の不正行為によってどれほど影響を受けているか，およびコンプライアンス調査に関連する措置をどの程度実施してきたかについての情報も求めている。

　2つ目の目的であるコンプライアンス・プログラムおよび特にその特定の構成要素の効果に関する研究は，企業のコンプライアンス構成要素の評価を求めるアンケート調査パートCへの専門家の回答に基づいている。

　3つ目の研究目的，つまりインセンティブ（動機づけ）及び特に法律によるコンプライアンス・プログラムの促進に関する研究も，アンケート調査パートCへの回答に基づいている。

　b）回答者の選定および連絡方法　　アンケート調査を送付するドイツ企業は，以下の4つの基準に関し多様な背景を有する企業が含まれるように配慮して選定された。

— 多様な規模（大企業ほどコンプライアンス措置を実施しているとの仮定に基づく）。
— 多様な事業分野（特定の事業分野（銀行や保険部門など）の方がコンプライアンス措置を実施しているとの仮定に基づく）。
— 多様な法的企業形態（株式市場に上場している会社の方が家族経営の会社よりも措置を実施しているとの仮定に基づく）。
— 多様な所在地（（汚職事件を捜査する検察の機動力がミュンヘンでは強い可能性がある[130]といった）地域固有の慣行の影響を軽減するため）。

合計でドイツ全土の5,734社がサンプルとなった。様々な事業分野のあらゆる規模とあらゆる法的形態の企業が含まれるようにするため，宛先の選択は次

193

の3つの情報源に基づいて行われた。(1) DAX インターナショナル 100 指数および DAX インターナショナル・ミッド 100 指数[131]の構成企業，(2)コンサルタント会社のデロイト（ドイツ）の連絡先データおよび(3)弁護士事務所のグライス・ルッツの厳選された顧客の連絡先データ。顧客の職業上の秘密やプライバシーを保護するために，デロイトとグライス・ルッツは当研究所のアンケートを自ら送付し，顧客の個人データが第三者に渡らないようにした。デロイトとグライス・ルッツは，理想主義的理由により，当研究所の科学研究をサポートするためにこのサービスを提供してくれた。デロイトおよびグライス・ルッツも，また当研究所も，相手方にいかなる金銭的報酬を提供していない。

アンケート調査は，2012年の下半期にこれら企業に送付された。企業には主に電子メールで連絡し，アンケート調査はPDFファイルとして添付された。電子メールには，マックス・プランク研究所のウェブサイトにある同アンケートのオンライン版へのリンクも記載した。回答者は，紙版を使って返送することもオンラインで記入することもできた。DAX インターナショナル 100 指数および DAX インターナショナル・ミッド 100 指数の構成企業には郵便で連絡をとり，紙版のアンケート調査を送付したが，オンラインでアンケートに記入することもできた。すべての過程において，匿名が認められ，保障された。

現在までのところ，当研究所は88通の記入済みアンケート調査を受け取っている。これは回答率1.5%である。この低い回答率は，近年，多くの企業が既に多数のアンケート調査を受け取っていて，すべての依頼に応えるリソースがなくなっており，また，記入するのに約45分が必要である。しかし，ビジネスパートナーであるデロイトやグライス・ルッツから連絡を受けたドイツ企業なしには，回答率はさらに低いものとなったであろう。

匿名性は主な懸案事項ではなかった。アンケート調査に匿名で答えた企業は，約50%しかなかった。

---

130 See OECD, Germany: Phase 3, Report on the Application of the Convention on Combating Bribery of Foreign Public Officials in International Business Transactions and the 2009 Revised Recommendations on Combating Bribery in International Business Transactions (March 2011), p.36 et seq.; available at: <http://www.oecd.org/dataoecd/5/45/47416623.pdf>.

131 これらの上場銘柄は，フランクフルト証券取引所に所属する (http://www.boersefrankfurt.de)。See DAX International 100, ISIN: DE000A0S3CB2; DAX International Mid100, ISIN: DE000A0S3CH9.

第1章　ドイツの経済犯罪の防止のためのコンプライアンス・プログラム

c）分析の実施　　分析には以下の規則が適用された。

パーセンテージは，すべて一般規則に従って四捨五入した。したがって，四捨五入が原因で合計が100％を上回ったり下回ったりしている場合がある。

質問によっては，回答者が複数回答を行うことが認められた。複数回答が認められている場合，パーセンテージは回答数ではなく，回答者の数に対して計算されているため，合計が100％を超えることがありうる。図表の添書きに複数回答が認められたかどうかが，示されている。

いくつかの質問では，回答者は特定の措置の効果や重要性を評価することが求められた。回答者は当該措置を1から10の尺度でランク付けするよう要請された。報告では，回答の平均値が示されている。加えて，平均に比べてかなりの差異がある場合は，中央値[132]が示されている。

2．インターネット上で公表されているコンプライアンス文書の分析

アンケートに加えて，DAX30指数の構成会社がインターネット上に公表している主なコンプライアンス文書が分析された。この分析は，2012年12月1日から2012年12月15日までの期間中にオンラインで入手できたコンプライアンス文書に基づいて行われた。これは，フランクフルト・アム・マインのドイツ証券取引所に上場している大手企業30社のコンプライアンスの受容度及びその公表や，テーマおよび措置について調べることが目標である。この分析は，こうした会社が規模の小さい企業や非上場企業とは異なる措置を採用したか否かの比較をすることも目標としている。

Ⅲ．以下の報告書の構成

本研究の対象，目標および方法に関するこの序論（§1）に続く以下の報告では，アンケート調査に基づく情報収集の実証結果（§2）およびDAX30指数の構成会社がインターネット上で公表しているコンプライアンス文書の分析（§3）を紹介する。最終章（§4）では，こうした研究結果の短い要約を示し，こうした実証結果から推論できる企業犯罪に対する刑事政策について，いくつかの仮説を立てる（§4）。本調査に用いたアンケート調査と参考文献一覧は，付録に掲載する。

---

[132]　中央値は，サンプルの高い方の半分と低い方の半分の境目となる数値である。

第Ⅲ部　海外6か国の報告書

§2　アンケート調査に基づく情報収集の結果

以下に示すのは，上述のアンケート調査に基づく専門家からの情報収集の結果である。まず，調査対象企業と回答者について概観する（A）。その後，研究目的に従い，本調査は，ドイツにおけるコンプライアンス・プログラムの現状（B）ならびにコンプライアンス措置の有効性の評価（C）に焦点を当てる。

● A．アンケート対象企業および回答者
Ⅰ．アンケート対象企業

【図5】　企業の法的形態[133]

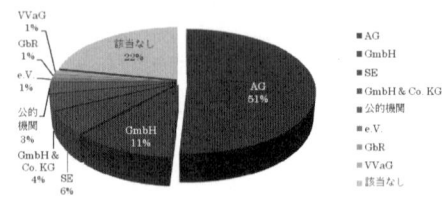

回答数：69

【図6】　株式市場に上場している企業[134]

回答数：88

【図7】　主要な活動分野[135]

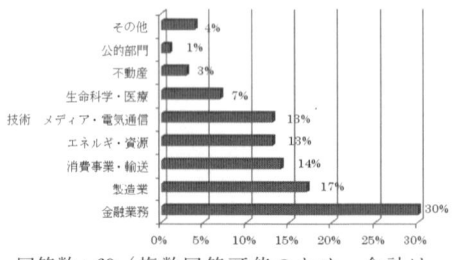

回答数：69（複数回答可能のため，合計は100％以上となりうる）

参加企業の過半数は，株式会社（Aktiengesellschaft, AG）である。2番目に大きなグループは，有限責任会社（Gesellschaft mit beschränkter Haftung, GmbH）で，欧州会社（Societas Europea, SE），および個人責任を負う社員が有限会社である特殊な形態の合資会社（Kommanditgesellschaft, KG）（いわゆる GmbH & Co. KG）がこれに続く（図5）。

企業は株式市場に上場している方が一般の注目を集めることから，これらの会社には株式市場に上場しているかどうかについても質問した。ドイツでは，会社が株式会社（Aktiengesellschaft）または欧州会社（Societas Europeas）の形態で設立されていれば，そうした上場が可能である。41％の会社が

133　See no. 1 (questionnaire)/no. 1 (online questionnaire).
134　See no. 1 (questionnaire)/no. 2 (online questionnaire).

第1章　ドイツの経済犯罪の防止のためのコンプライアンス・プログラム

上場している，と答えた。これは，参加した「株式会社（Aktiengesellschaften）」と「欧州会社（Societas Europeas）」の大部分が上場し，株式市場で取引されていることを意味する（図6）。

参加企業の過半数は，銀行や保険会社など金融サービスを提供している。2つ目に大きなグループは製造業で，そのすぐあとに「消費者事業および運輸」，「エネルギーおよび資源」ならびに「技術，メディアおよび電気通信」が続く（図7）。

これらの会社は，ドイツの他，欧州諸国および非欧州諸国でもほぼ同等に活動している。過半数の会社は，海外でも事業を行っているため，ドイツの法制度の下で経営するのみでなく，その他の国の法秩序の影響も受けている（図8）。

50％超の会社が世界全体で1,000人を超える従業員を擁している。ほぼ3分の1は5,000人を

【図8】　市　場[136]

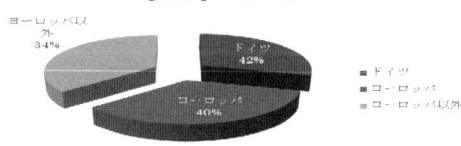

回答数：88（複数回答可能のため，合計は100％以上となりうる）

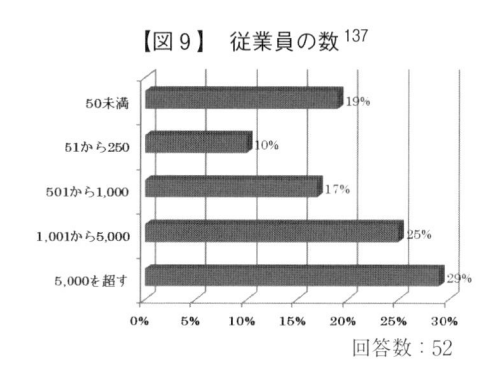

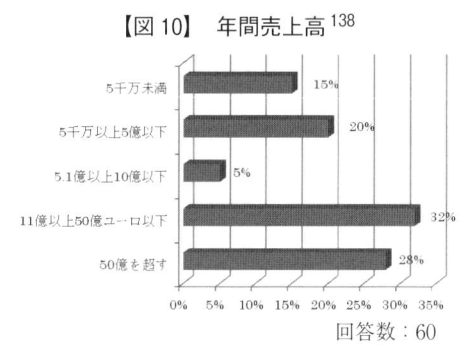

【図9】　従業員の数[137]

回答数：52

【図10】　年間売上高[138]

回答数：60

超える従業員を擁している。しかし，本調査では，ほとんどの既存調査ではまだ網羅されていなかった従業員数250人以下の小規模な会社も多数参加した（図9）。

50％超の会社は年間売上高が10億ユーロを超えており，4分の1は50億

135　See no.1 (questionnaire)/no.3 (online questionnaire).
136　See no.1 (questionnaire)/no.4 (online questionnaire).
137　See no.1 (questionnaire)/no.5 (online questionnaire).
138　See no.1 (questionnaire)/no.6 (online questionnaire).

197

第Ⅲ部　海外6か国の報告書

ユーロすら超えている。しかし，3分の1の会社では売上高は5億ユーロ以下で，15%は5000万ユーロ以下にすぎない。したがって，売上高は，会社の規模の大小について従業員数におけると同様の分布を示している（図10）。

【図11】回答者の役職[139]

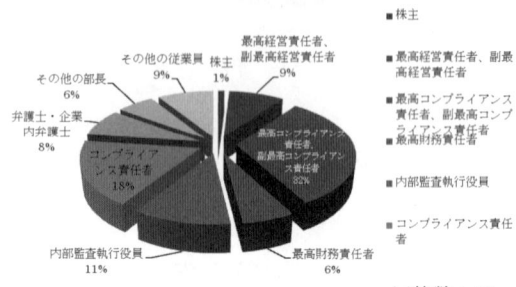

- 株主
- 最高経営責任者，副最高経営責任者
- 最高コンプライアンス責任者，副最高コンプライアンス責任者，最高財務責任者
- 内部監査執行役員
- コンプライアンス責任者
- 最高財務責任者
- 弁護士・企業内弁護士
- その他の従業員
- その他の部長
- 株主

株主 1%
最高経営責任者，副最高経営責任者 9%
最高コンプライアンス責任者，副最高コンプライアンス責任者，最高財務責任者 32%
最高財務責任者 6%
コンプライアンス責任者 18%
内部監査執行役員 11%
弁護士・企業内弁護士 8%
その他の部長 6%
その他の従業員 9%

回答数：66

【図12】回答者が所属する部署[140]

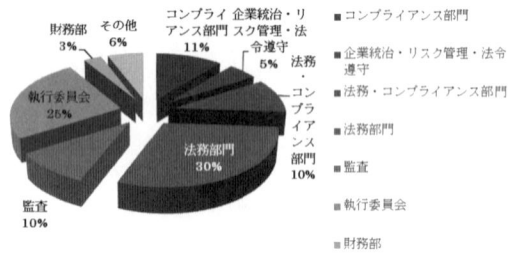

- コンプライアンス部門
- 企業統治・リスク管理・法令遵守
- 法務・コンプライアンス部門
- 法務部門
- 監査
- 執行委員会
- 財務部
- その他

コンプライアンス部門 11%
企業統治・リスク管理・法令遵守 5%
法務・コンプライアンス部門 10%
法務部門 30%
監査 10%
執行委員会 25%
財務部 3%
その他 6%

回答数：60

【図13】回答者が報告する部署[141]

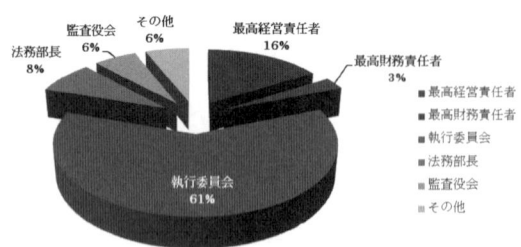

- 最高経営責任者
- 最高財務責任者
- 執行委員会
- 法務部長
- 監査役会
- その他

最高経営責任者 16%
最高財務責任者 3%
執行委員会 61%
法務部長 8%
監査役会 6%
その他 6%

回答数：67

Ⅱ．回 答 者

アンケートは，主に執行役員会所属役員か（副）最高コンプライアンス責任者（CCO）によって回答された（58%）。回答の26%は，コンプライアンス責任者，会社の法務担当役員または弁護士（「企業内弁護士」）によるものであった。このように，回答は，コンプライアンスについてトップレベルで責任を負う者か，またはコンプライアンスの問題について実施または助言を担当する者によって寄せられた（図11）。

多くの場合，回答者は，執行役員会かコンプライアンスまたは法務部門に所属し，これは上述の肩書に一致している。コンプライアンス部門の名称や法務部門からの独立の程度に関する会社内の組織構造は様々である（図12）。

80%の場合において，回答者は執行役員会，最高経営責

139　See no. 2 (questionnaire)/no. 7 (online questionnaire).
140　See no. 2 (questionnaire)/no. 8 (online questionnaire).
141　See no. 2 (questionnaire)/no. 10 (online questionnaire).

第1章　ドイツの経済犯罪の防止のためのコンプライアンス・プログラム

任者または最高財務責任者に報告する。8％（主にコンプライアンス責任者や企業内弁護士）は法務部長に報告し，6％（主に最高経営責任者）は監査役会に直属している（図13）。

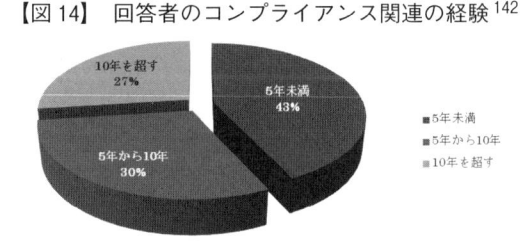

【図14】　回答者のコンプライアンス関連の経験[142]

回答数：67

平均で，回答者のコンプライアンス関連の経験は8.7年であった（中央値：7年）。27％は経験が10年を超えていた。したがって，平均的回答者はこのテーマに精通しており，経験豊かであると考えられる（図14）。

● B．コンプライアンス・プログラムの内容

分析の最初の部では，ドイツ企業内のコンプライアンスの現状とその実施について扱う。まず，コンプライアンス・プログラムの基本的な種類やテーマについて説明し（Ⅰ.），つぎに，プログラムに対する組織的責任（Ⅱ.）およびその個々の要素（Ⅲ.）について述べる。部を改めて，企業界における犯罪の蔓延具合を含め，コンプライアンス調査について検討する（Ⅳ.）。

Ⅰ．コンプライアンス・プログラムの基本的な種類と対象テーマ
　1．プログラムの種類
　　a．調 査 結 果　アンケート調査の第1部は，各企業が設けたプログラムの種類について尋ねている。コンプライアンスは唯一の新たな展開ではなく，企業の社会的責任やコーポレート・ガバナンスが同様に一般的テーマとなっている。企業倫理に関する問題も，そのルーツは1970年代まで遡るものではあるが，同様に取り上げられている。そういうわけで，企業には，これらの4つの側面のすべてに回答することが求められた。アンケート調査においては，「コンプライアンス」とは法規制のことであり，「倫理」とは法的要件を超えた規範，「企業の社会的責任」とは社会活動や慈善事業支援，「コーポレート・ガバナンス」とは透明な会社組織や企業の管理機構のことである。

3分の2の会社にコンプライアンス・プログラムがあり，ほぼ同数に倫理規定がある。57％にコーポレート・ガバナンスに関する具体的対策がある。

142　See no. 2 (questionnaire)/no. 9 (online questionnaire).

199

第Ⅲ部　海外6か国の報告書

【図15】　プログラムの種類[143]

企業の社会的責任　44%
企業統治　57%
倫理規程　63%
コンプライアンス・プログラム　66%

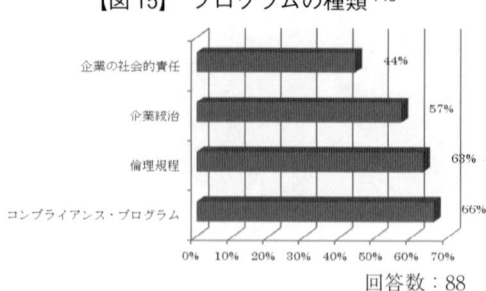

回答数：88

これら57％は参加企業中の「株式会社」および「欧州会社」であった。企業の社会的責任に関するプログラムのある会社は44％にすぎず，これは，会社の規模に相関している。規模の小さな会社ほど，この分野の活動はあまり行われていない（図15）。

b．これまでの調査との比較　上述したコンサルタント会社による調査でも，法規や倫理に関する様々な種類の措置について企業にある程度質問していた[144]。これらの調査の結果によると，企業は2000年代の初期に経済犯罪に対する防止策に着手して始めている[145]。KPMGによる2006年の調査やPwCによる2007年の調査は，かなりの数の企業がすでに防止策を実施していたことを明らかにした[146]。以来，この数は増加している。PwCによる2009年の調査は，73％の会社に倫理規定があり（2007年：67％），44％がコンプライアンス・プログラムを擁している（2007年：41％）ことを示した[147]。PwCによる2011年の調査では，コンプライアンス・プログラムを持つ企業の数はすでに52％に増加していた[148]。

66％の会社にコンプライアンス・プログラムがあるという本調査結果は，コンサルタント会社の調査結果と一致しており，PwCの2011年調査以来これがますます一般的になっていることを示している。

これらの調査とは対照的に，倫理規定の数は少ない。これは，サンプルの種類が異なるからかもしれない。というのも，以下のDAX30指数構成企業の分

143　See no. 3 (questionnaire)/no. 11 (online questionnaire).
144　これらの調査は，上記§1 B I. 2. (p. 13 et seq.) に挙げている。
145　See E&Y, Wirtschaftskriminalität in Deutschland 2003, p. 30 et seq.
146　See KPMG, Studie 2006 zur Wirtschaftskriminalität in Deutschland, p. 17; PwC, Wirtschaftskriminalität 2007, p. 30 et seq., 45.
147　See PwC, Wirtschaftskriminalität 2009, p. 56; see also PwC, Wirtschaftskriminalität 2007, p. 31.
148　See PwC, Wirtschaftskriminalität 2011, p. 40; 同様に，KPMG, Wirtschaftskriminalität in Deutschland 2010 (2010), p. 18参照。2010年には，調査対象となった企業の74％がコンプライアンス体制を置いていた。2006年には，これは16％にすぎなかった。

第1章 ドイツの経済犯罪の防止のためのコンプライアンス・プログラム

析ではずっと高い割合であることが明らかになっているからである[149]。この違いは，倫理問題が含まれるコンプライアンス・プログラムの数が増えていることにもよる可能性がある。

2．対象テーマ

a．調査結果

ドイツの議論において，コンプライアンスはシーメンスの汚職事件と結び付けられることが多く，汚職とコンプライアンスはワンセットとなっているようである。このため，アンケートでは，コンプライアンス・プログラムがどのテーマをカバーしているかについて企業に尋ねた。予想どおり，3分の2の会社が汚職を挙げ，言及が最も多かった。次いで詐欺行為，そして消費者保護ではなく会社自身の保護を目的とした会社資産の保護，特に放漫な使用や窃盗からの保護が続いている。データ保護が4位で，欧州連合の多額の罰金を考えると驚くべきことに，競争法や独禁法は第5位であった（図16）。

【図16】 コンプライアンス・プログラムがカバーしているテーマ[150]

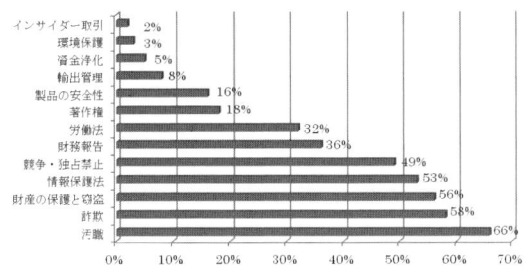

インサイダー取引 2%
環境保護 3%
資金浄化 5%
輸出管理 8%
製品の安全性 16%
著作権 18%
労働法 32%
財務報告 36%
競争・独占禁止 49%
情報保護法 53%
財産の保護と窃盗 56%
詐欺 58%
汚職 66%

回答数：69（複数回答可能のため，合計は100％以上となる）

【図17】 コンプライアンス・プログラムに含まれている最も重要なテーマ[151]

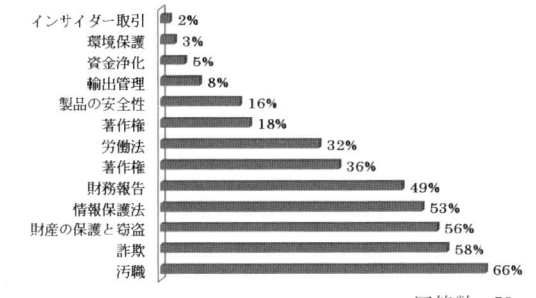

インサイダー取引 2%
環境保護 3%
資金浄化 5%
輸出管理 8%
製品の安全性 16%
著作権 18%
労働法 32%
著作権 36%
財務報告 49%
情報保護法 53%
財産の保護と窃盗 56%
詐欺 58%
汚職 66%

回答数：59

アンケートは，企業に対し，自社コンプライアンス・プログラムがカバーする最も重要な3大テーマを挙げることも求めた。これによって，こうしたテーマの持つ企業にとっての重要性を評価することができた。その際，汚職は再び第1位であったが，今回は他のテーマを明確に引き離していた，競争法および

---

149 See infra under §3 I. (p. 96).
150 See no. 4 (questionnaire)/no. 12 (online questionnaire).
151 See no. 4 (questionnaire)/no. 13 (online questionnaire).

独禁法は2位であった。企業は独禁法遵守の重要性を認識しているようであるが，すべての会社がこれをコンプライアンス・プログラムに含めているわけではなかった（図17）。

　　b．これまでの調査との比較　　コンサルタント会社の調査でも，コンプライアンス・プログラムが最も一般的にカバーしている分野の分析が行われている[152]。PwCによる2011年の調査によると，こうしたプログラムが最も重点を置いていたのは，不正資金洗浄（83%）企業秘密保護／データ保護（81%），詐欺行為（77%），横領（77%）および汚職（69%）であった[153]。2010年のPwC調査は，コンプライアンス・プログラムの最重要要素として，企業秘密保護／データ保護（85%），汚職（85%），不正な利益収受（85%），詐欺行為（85%），会社の一般倫理原則（85%）および利益相反（85%）を特定している[154]。

　KPMGによる2012年の調査では，経済犯罪分野で最も高いリスクについて企業に質問した。窃盗またはデータ濫用および著作権法違反が最も高いリスクとみられている。重要性が最も低いのは，不正資金洗浄および財務報告であった[155]。アルバレス・アンド・マーサルが2011年に実施した調査は，金融サービスと非金融サービスを区別している。金融サービスに関しては，データ保護と不正資金洗浄が最も重要な側面である。非金融サービスでは，汚職と独禁法違反が最も重要である。非金融サービスにおいて最も重要度が低いのは，不正資金洗浄である[156]。この調査は，DAX30指数構成会社にとって最も重要なコンプライアンス分野も示している。これらの会社は，汚職とデータ保護を基も重要性の高いテーマとみなしている。最も重要度が低いのは，不正資金洗浄とインサイダー取引である[157]。

　以上をまとめてみても，これらの調査では，企業がカバーする最重要テーマについて明確で一貫性のある実態は示されていない。しかし，ある程度の傾向

152　これらの調査は，上記§1 B I. 2.（p. 13 et seq.）に挙げている。
153　PwC, Wirtschaftskriminalität 2011, p. 44. コンプライアンス・プログラムのない企業は，不正資金洗浄（83%），データ保護（81%），詐欺行為および横領（77%）を最重要分野とみなしている。see PwC, Wirtschaftskriminalität 2011, p. 45
154　PwC, Compliance und Unternehmenskultur（2010）, p. 21.
155　KPMG, Wirtschaftskriminalität in Deutschland 2012, p. 16.
156　Alvarez & Marsal, Compliance. Studie zur Strategie und Organisation 2011, p. 20.
157　Alvarez & Marsal, Compliance. Studie zur Strategie und Organisation 2011, p. 36.

は見ることができ，これは，本調査と一致している。詐欺行為，企業秘密保護／データ保護および汚職が企業にとって最も重要な懸念事項である。これに対し，不正資金洗浄は，金融サービス部門にとってのみ重要なようである。競争法／独禁法に関しては，明確な傾向は見られない。PwC による 2001 年調査は，競争法／独禁法違反の訴追の数が増えているにもかかわらず，これらは重要なテーマとはみなされていないことを指摘している[158]。本調査も，同様の入り混じった結果を示している。このテーマに対応している会社は半分もないが，2大重要テーマの1つとみなされているのである。企業は，特に（おそらく高額な課徴金の事例が多く一般に報道されているため）独禁法を重要テーマとみなしているが，自社のコンプライアンス・プログラムにはこれを含めていない，と説明できるかもしれない。

3．コンプライアンス・プログラムが遵守させようとする規則

各社は，さらに，自社のコンプライアンス・プログラムが遵守させようとするのはどの法制度であるか，を質問された。刑事法，秩序違反（秩序違反法），民事上の損害を規定する民事法規定，行政法規定および倫理規則の5つのカテゴリーが呈示された。80％の会社がコンプライアンス・プログラムに刑事法規定を取り入れ，78％の会社が倫理を含めていた。3分の2は規則違反も考慮に入れ，半分の会社の規則が民事上の損害賠償法に基づいている。コンプライアンス・プログラムに行政法規定を利用しているのは，22％にすぎない（図18）。

【図18】 遵守させようとする規則の種類[159]

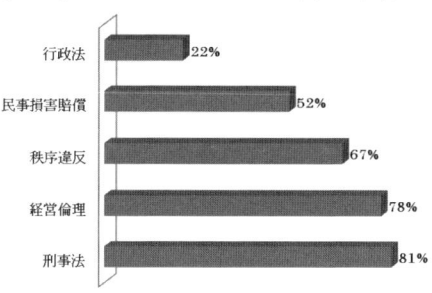

- 行政法　22%
- 民事損害賠償　52%
- 秩序違反　67%
- 経営倫理　78%
- 刑事法　81%

回答数：58（複数回答可能のため，合計は100%以上となりうる）

Ⅱ．コンプライアンス・プログラムに対する組織的責任

1．調査結果

コンプライアンス・プログラムの実施や管理は，既存のコンプライアンス部門か法務部門のどちらかが主に担当している。内部監査機構が関与する場合もある。執行役員会自体がその実施を担当することは稀である。これは，ほぼす

158　PwC, Wirtschaftskriminalität 2011, p. 44.
159　See no. 5（questionnaire）/no. 14（online questionnaire）.

【図19】 コンプライアンス・プログラムに対する組織的責任[160]

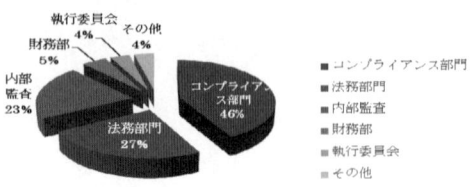

- コンプライアンス部門 46%
- 法務部門 27%
- 内部監査 23%
- 財務部 5%
- 執行委員会 4%
- その他 4%

回答数：63（複数回答可能のため，合計は100％以上となりうる）

【図20】「コンプライアンス部門」が報告する際の報告先[161]

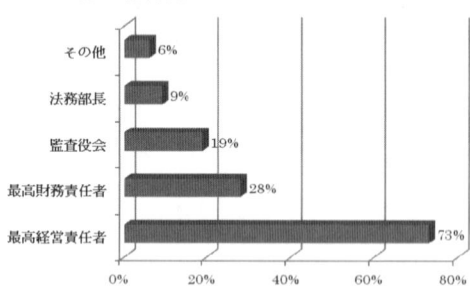

- 最高経営責任者 73%
- 最高財務責任者 28%
- 監査役会 19%
- 法務部長 9%
- その他 6%

回答数：64（複数回答可能のため，合計は100％以上となりうる）

【図21】「コンプライアンス部門」での従業員の数[162]

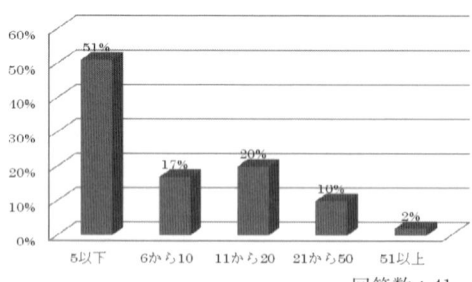

- 5以下 51%
- 6から10 17%
- 11から20 20%
- 21から50 10%
- 51以上 2%

回答数：41

べての会社において，この職務は日常的にコンプライアンスを扱える部署に委譲されていることを意味する（図19）。

ほぼ4分の3の会社のコンプライアンス・プログラムの実施・管理担当部門が最高経営責任者に直属しており，最高経営責任者に対して責任を負う。これより，ずっと少数の会社が最高財務責任者に報告する体制を敷いている（28％）。驚くべきは，こうした部署がコンプライアンス問題について直接監査役会（Aufsichtsrat）に報告を行う会社が多いことである。監査役会は，ドイツの企業構造においては日常的に経営問題には関与しないのに，である（図20）。

「コンプライアンス部門」で働く従業員の数は，割と限定的である。50％超の会社で，常勤職は5人以下しか存在しない。88％の場合において，コンプライアンス部門で働く人は20人以下である（図21）。

2．これまでの調査との比較

こうした結果は，他の調査の結果と一致している。PwCによる2010年調査によると，自前のコンプライア

---

[160] See no. 6 (questionnaire)/no. 15 (online questionnaire).
[161] See no. 6 (questionnaire)/no. 16 (online questionnaire).
[162] See no. 6 (questionnaire)/no. 17 (online questionnaire).

ンス部門を持つ会社は29％にすぎないが，63％がコンプライアンス責任者を置いている[163]。多くの場合，その他の部門がコンプライアンスに関する責任を掌握している[164]。専任のコンプライアンス部門は，大企業においてより一般的である[165]。約46％の会社が専任のコンプライアンス部門を持つという本調査の結果は，コンプライアンスの考え方が今も拡大中であることの結果である可能性がある。

PwCの2010年調査によると，コンプライアンス責任者は数人のみの会社が多く，大多数は10人以下である[166]。PwCの2011年調査によると，この数は，調査が行われる前の数年で減少していた[167]。68％の会社でコンプライアンス担当職が10名以下であるという本調査の結果においては，大きな変化は観察されない。

Ⅲ．コンプライアンス・プログラムの要素

各企業は，既存のコンプライアンス・プログラムの要素の詳細について質問を受けた。質問は，情報伝達および教育の措置（Ⅰ.），不規則または非倫理的行為を探知する措置（Ⅱ.），違反行為が探知されたあとの組織的措置および制裁（Ⅲ.），経営陣の関与（Ⅳ.），文化および倫理の重要性（Ⅴ.）ならびにこれらのカテゴリーに含まれないその他の要素（Ⅵ.），を対象とするものであった。

1．情報伝達および教育の措置

a．措置の種類

ａａ．調査結果　ほとんどの企業は，コンプライアンスの問題について従業員に情報伝達し，その研修を行う様々な措置を持っている。3分の2の企業に文書化された行動基準があり，（オフラインの）セミナーや研修を提供し，コンプライアンスの話題について上司などを通して個別に伝達している。Eラーニング（オンライン・スクールやEメール，CD-ROMなど）は，約半分の企業で用いられている。一般的でないのは，具体的なコンプライアンス・マニュアルである（図22）。

---

[163]　See PwC, Compliance and Unternehmenskultur (2010), p. 22.
[164]　See PwC, Compliance and Unternehmenskultur (2010), p. 22.
[165]　See KPMG, Compliance-Management in Deutschland (2007): DAX30指数の構成会社のほとんどが別個のコンプライアンス部門を有する。
[166]　See PwC, Compliance and Unternehmenskultur (2010), p. 23. See also KPMG, Compliance-Management in Deutschland (2007), p. 5. 65％の企業で10名以下である。
[167]　PwC, Wirtschaftskriminalität 2011 (2011), S. 52

【図22】 情報や教育についてのコンプライアンス措置[168]

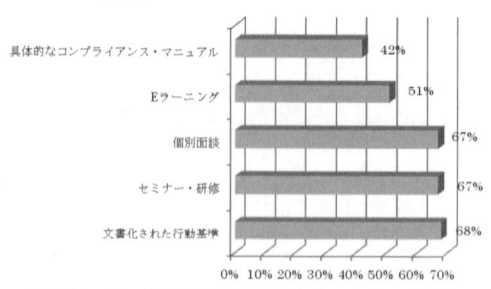

具体的なコンプライアンス・マニュアル 42%
Eラーニング 51%
個別面談 67%
セミナー・研修 67%
文書化された行動基準 68%

回答数：88（複数回答可能のため，合計は100%以上となりうる）

【図23】 コンプライアンス措置の重要視[169]

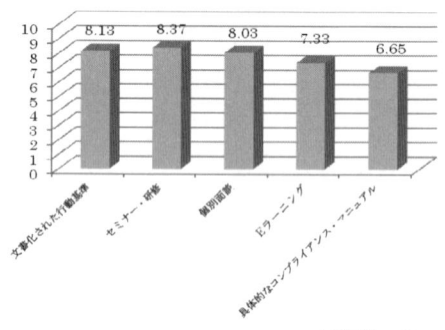

文書化された行動基準 8.13
セミナー・研修 8.37
個別面談 8.03
Eラーニング 7.33
具体的なコンプライアンス・マニュアル 6.65

回答数：60

こうした措置の重要性について1から10までの尺度（「重要ではない」から「きわめて重要である」まで）で尋ねたところ，最も一般的な措置がやはり最も重要なものとされることが回答から確認された。セミナーや研修は，コンプライアンスについて伝達する最も重要な方法であると見られている。文書化された行動基準も多数の回答者が支持している一方，コンプライアンス・マニュアルは，あまり重要視されていない（図23）。

　ｂｂ．これまでの調査との比較

　コンサルタント会社による過去の調査は，文書化したガイドラインが犯罪やその他の規則違反の防止のためのコンプライアンス・プログラムの最も一般的な要素の1つであることを示している。KPMGの2012年調査によると，76％の企業に行動基準があり[170]，PwCの2011年調査によると，82％の企業が倫理ガイドラインを利用している[171]。さらに古い調査でも，こうしたガイドラインはそこまで一般的ではないものの，最重要措置の1つであったことが示されている[172]。PwCが2011年調査で調査した企業のうち79％が，セミナーおよび研修についても自社コンプライアンス・プログラムの

168　PwC, Wirtschaftskriminalität 2011 (2011), S. 52.
169　See no. 7 (questionnaire)/no. 18 (online questionnaire).
170　Cf. KPMG, Wirtschaftskriminalität in Deutschland 2012, p. 22.
171　Cf. PwC, Wirtschaftskriminalität 2011, p. 54, 70.
172　See e.g. KPMG, Wirtschaftskriminalität in Deutschland 2010 (2010), p. 19 (2010: 74%; 2006: 57%); PwC, Wirtschaftskriminalität 2009 (2009), p. 56 (2009: 72%; 2007: 67%); E&Y, Wirtschaftskriminalität in Deutschland (2003), p. 31.

第1章　ドイツの経済犯罪の防止のためのコンプライアンス・プログラム

中核要素であるとしている[173]。この調査によると，87％の企業がセミナーや研修を実施している[174]。

　本調査において示されたコンプライアンス・プログラムの中心的要素としての文書化された行動基準やセミナーおよび研修の重要性は，前述の各調査に重なるものである。しかし，これら過去の調査の方が，こうした措置を実施している企業の割合がずっと高いことを示している。これは，本報告に含まれているサンプルの違いによるものかもしれない。小規模な企業は，特に総合的措置は講じていないのである。

　b．外部の専門家の利用　ほとんどの企業は，従業員への情報伝達や研修を自前で準備している。しかしながら，30％の企業は，コンプライアンスの問題について外部の専門家の助言を求めている（図24）。

　外部の助言を仰ぐことについては，主要な理由が3つ挙げられている[176]。1つ目は，例えば，独禁法や汚職，データ保護などの分野について，特に諸外国の法律に関する具体的な法律知識を「仕入れる」というものである。2つ目の理由は，研修教材やコースの作成を支援するというもので，研修教材等の社外での開発や，トレーナーの資格認定が含まれる。3つ目の理由は，データバンクの更新やEラーニング教材の開発といった技術支援である。したがって，関与する主な専門家は弁護士事務所で，コンサルタント会社や監査会社，IT専門家がこれに続く。外部の専門家の費用を明記した企業は少なかった（18社）[177]。こうした企業のほとんどでは，コンサルタント会社や監査会社またはIT専門家に費やした金額は，年間50,000ユーロ未満であった。ところが，弁護士事務所からの法律上の助言については，50,000ユーロあるいは100,000ユーロを超える額でも支払う用意があった（図25）。

【図24】　外部専門家の関与[175]

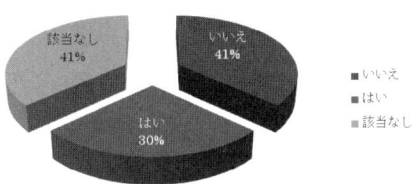

回答数：88

（該当なし41％／いいえ41％／はい30％）

173　PwC, Wirtschaftskriminalität 2011, p. 46.
174　PwC, Wirtschaftskriminalität 2011, p. 49.
175　See no. 7 (questionnaire)/no. 19 (online questionnaire).
176　See no. 7 (questionnaire)/no. 20 (online questionnaire).
177　See no. 7 (questionnaire)/no. 22 (online questionnaire).

第Ⅲ部　海外6か国の報告書

c．教育手法　従業員研修の中心的部分は，法規制の内容および限界を扱う。大部分の企業は単に関連規則を紹介するだけではなく，こうした規則について職場への適用も併せて説明する。80％を超える企業が，従業員の職場から引き出された実例やモデル群を題材にしている。70％が規則の内容や限界を紹介している一方，法律の本文そのものに言及するのは，9％にすぎない。このことは，各企業が最新の指導方法を用いていることを示しており，これも外部の専門家の関与の効果なのかもしれない（図26）。

【図25】　外部専門家の種類[178]

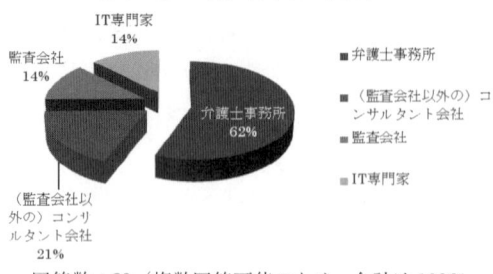

- 弁護士事務所　62％
- （監査会社以外の）コンサルタント会社　21％
- 監査会社　14％
- IT専門家　14％

回答数：29（複数回答可能のため，合計は100％以上となりうる）

【図26】　法規制の内容を指導する方法[179]

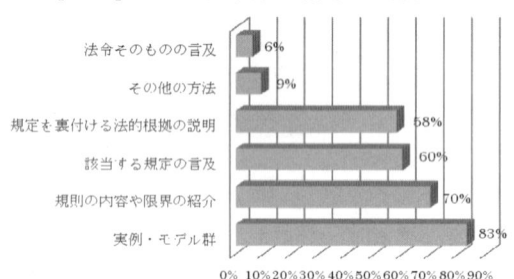

- 法令そのものの言及　6％
- その他の方法　9％
- 規定を裏付ける法的根拠の説明　68％
- 該当する規定の言及　60％
- 規則の内容や限界の紹介　70％
- 実例・モデル群　83％

回答数：65（複数回答可能のため，合計は100％以上となりうる）

コンプライアンス・マニュアルやその他の関連文書を持つ企業のほぼ4分の3は，従業員がマニュアルや文書を読んで理解したかどうかを確認する措置を採用している。一般的な方法は，テスト（アンケート，自己査定など），文書や署名による確認，または学習成果についての調査や面接である[180]。電話相談からのリクエストやトレーナーからのフィードバックを評価するところもある。1社では，証明書を出している（図27）。

【図27】　学習成果のための管理措置[181]

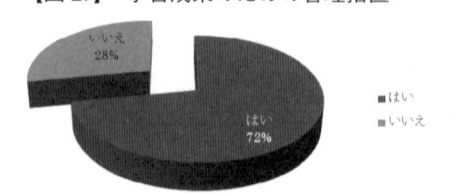

- はい　72％
- いいえ　28％

回答数：57

178　See no. 7 (questionnaire)/no. 21 (online questionnaire)
179　See no. 7 (questionnaire)/no. 23 (online questionnaire).
180　See no. 7 (questionnaire)/no. 25 (online questionnaire).
181　See no. 8 (questionnaire)/no. 26 (online questionnaire).

第1章　ドイツの経済犯罪の防止のためのコンプライアンス・プログラム

2．不当行為または非倫理的行為を探知するための措置
a．措置の種類

ａａ．調査結果　企業に不当行為（特に犯罪行為）を探知するためにどのような措置が取られているか尋ねた。内部監査が最も重要な取組みであり、企業の70％が実施している。約3分の2は、コンプライアンス責任者またはコンプライアンス部門が重要と考えている。このことは、最近のコンプライアンスをめぐる議論の影響を示していると思われる。3番目が、外部監査である。企業の半数は、不当行為の匿名の、すなわち制裁のない機密通報を保証している。ほぼ同じ数が、従業員が内密に連絡できる特別な人物（オンブズマン）や従業員が不当行為を通報するための特別な専用ホットライン（通称「内部告発（ホィッスルブローイング）ホットライン」）を設けている。企業の30％は関連情報に対して報酬を提供している（図28）。

【図28】　探知のための措置[182]

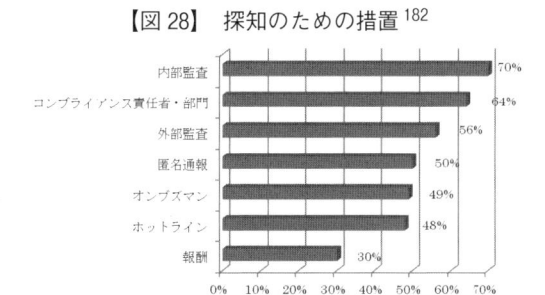

内部監査	70%
コンプライアンス責任者・部門	64%
外部監査	56%
匿名通報	50%
オンブズマン	49%
ホットライン	48%
報酬	30%

回答数：88（複数回答可能のため、合計は100％以上となりうる）

これらの措置の重要度について尋ねたところ、その順番は若干異なっていた。コンプライアンス責任者またはコンプライアンス部門が最も重要と見なされ、続いて内部監査が挙げられている。外部監査は、明らかに重要性が少ないと見られている。匿名の通報の保証は、内部告発ホットラインの存在より重要と考えられている。情報に対する報酬は、ほとんど重要と思われて

【図29】　探知措置の評価[183]

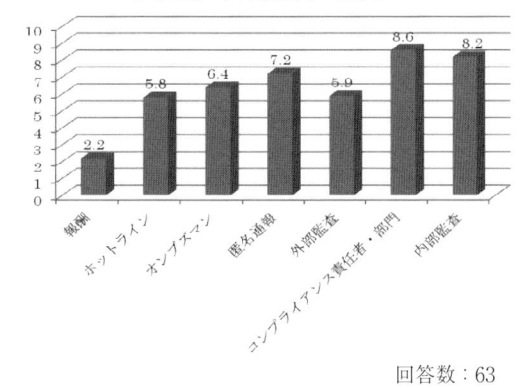

報酬	2.2
ホットライン	5.8
オンブズマン	6.4
匿名通報	7.2
外部監査	5.9
コンプライアンス責任者・部門	8.6
内部監査	8.2

回答数：63

182　See no. 8 (questionnaire)/no. 26 (online questionnaire).
183　See no. 8 (questionnaire)/no. 26 (online questionnaire).

いない（図29）。

　これらの措置の他，企業は追加の統制措置を導入している[184]。その中には，標準化された業務手続や工程管理等の組込管理，重要なプロセスのための承認手続またはコンプライアンス責任者による支社への訪問等がある。人事施策には，コンプライアンスに関する従業員との特別なインタビュー（コンプライアンス面談）や自己診断のためのアンケート調査が含まれる。

　ｂｂ．これまでの調査との比較　コンサルタント会社の調査によると，事案発見のためには内部監査が最も頻繁に使用され，重要な措置の１つであることを示している。KPMG の 2012 年の調査によれば，内部監査は，経済犯罪（事件の40％）を探知する最も重要な構造的措置である[185]。同様に，PwC による 2011 年の調査結果では，企業の87％が経済犯罪を探知または抑制するために，内部監査をコンプライアンス措置として使用している[186]。2011 年にエルンスト・アンド・ヤングによって行われた調査では，内部統制制度を通じたチェックは最も重要（企業の70.5％）とされ，続いて内部監査（52.5％）との結果が出ている[187]。KPMG が 2012 年に行った調査によると，例えば，従業員との面談（企業の83％）または身元調査（60％）のような他の内部統制メカニズムも使用されている[188]。

　ホットラインについては，2008 年のオイラー・ヘルメスのデータによると，企業の15％未満しか匿名の通報システムを有していない[189]。2008 年の過去の調査でも[190]，同様の結果が出ていた。これとは対照的に，PwC の 2011 年の調査によると，企業の41％がすでに機密通報のためのホットラインを整備している[191]。アルバレス・アンド・マーサルの 2011 年の調査によると，最も重要な措置は，内部告発ホットラインや相談窓口の存在である[192]。（企業の規模

184　See no. 8 (questionnaire)/no. 27 (online questionnaire).
185　KPMG, Wirtschaftskriminalität in Deutschland 2012, p. 18. 偶然の発見や従業員からの情報のみがより重要であった。
186　PwC, Wirtschaftskriminalität 2011, p. 69.
187　E&Young, Enabling Compliance. Welche Rolle spielt Technologie? (2011), p. 25.
188　KPMG, Wirtschaftskriminalität in Deutschland 2012, p. 19.
189　Euler Hermes, Wirtschaftskriminalität — Die verkannte Gefahr, p. 20.
190　See e.g. E&Y, Wirtschaftskriminalität in Deutschland (2003), p. 31; KPMG, Studie 2006 zur Wirtschaftskriminalität in Deutschland, p. 27; KPMG, Wirtschaftskriminalität in Deutschland 2003/04, p. 17.
191　PwC, Wirtschaftskriminalität 2011, p. 70.

第1章　ドイツの経済犯罪の防止のためのコンプライアンス・プログラム

に応じ）企業の約35％から80％以上が，内部告発ホットラインを整備している。

　これらの調査の結果においては，犯罪を探知するためには，内部監査が最も重要な措置の1つであるという点において，本調査の結果判明した点と同様の傾向が示されている。通報のためのホットラインは，近年，ますます一般的になってきた。今回の結果は，企業のほぼ半数が通報システムを有することにおいて，過去の調査結果と同じような傾向が看取できる。アルバレス・アンド・マーサルの調査で示された大企業におけるホットラインの設置率の高さは，下記のDAXの30社の分析によって裏づけられており，同分析によると通報システムを有するのは，65％であった。

　b．通報された事件　　1年ごとの事件通報件数について尋ねたところ，企業の約5分の1は，事件が起きていない，と回答した。4分の1の企業は，10件以下と回答した。わずか13％が11件以上探知された，と回答した（図30）。

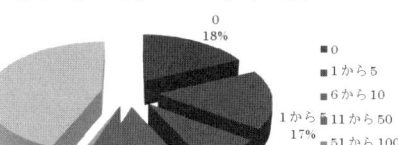

【図30】　通報された事件の数[193]

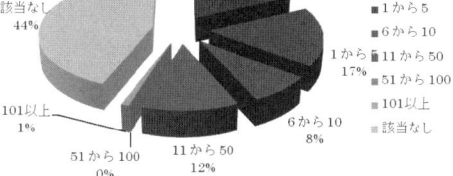

0　18％
1から5　17％
6から10　8％
11から50　12％
51から100　0％
101以上　1％
該当なし　44％

100％：88社

　さらに，企業は通報された事件のうち，何件の事件が企業の利益のために行われたかが問われた。数字を挙げた企業はわずかだったが，回答の大半は，その通報された事件は企業にとって有益でなかった，と明確に示している（図31）。

【図31】　企業にとって利益があった事件数[194]

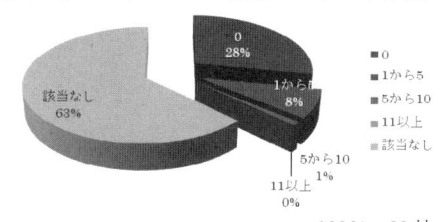

0　28％
1から5　8％
5から10　1％
11以上　0％
該当なし　63％

100％：88社

3．違反行為の場合の組織的措置と内部制裁

　a．組織的措置　　企業に，従業員が法規制に違反した場合，どのような組

192　Alvarez & Marsal, Compliance. Studie zur Strategie und Organisation 2011, p.16.
　　Alvarez & Marsal, Compliance. Studie zur Strategie und Organisation 2011, p.16.
193　See no.8 (questionnaire)/no.28 (online questionnaire).
194　See no.8 (questionnaire)/no.29 (online questionnaire).

織的措置を取るかについて尋ねた[195]。この質問に対する回答は，圧倒的多数の企業においてはこのような事件に対処するための標準手順が定められておらず，個別案件ごとに対応が決定されていることを明確に示した。企業が手順を踏むとしたら，多くの場合その手順は，コンプライアンス・プログラムに含まれていない。以下の側面が回答において示された。

第1段階の対応として，担当部署に報告し，事件の調査を開始することが挙げられる。具体的な情報の連絡手順が存在し，事件を通報するための手段が存在する場合もある。多くの場合，コンプライアンス部門，従業員の上司や経営陣に加え，内部監査人，法務部門，人事や警備部門にも通知される。一部の企業は，特別なタスクフォースを設置し，外部の法的助言が必要であるかどうかを確認する。この過程を通じ，企業は事件について政府当局に報告する必要性があるのか，従業員に対する制裁を与えるべきなのかも検討する。

さらに，企業は，事件の原因がコンプライアンス・プログラムの構造的欠陥にある場合，そのプログラムの見直しを行う。これには，統制手段のプロセスおよび構成の見直しも含まれる。必要があれば，プログラムは修正される。さらにこの段階では，事件に対応するために研修内容を修正すると共に，責任ある従業員自身が適切な研修を受けることを確保する措置を取ることも含まれている。

以上をまとめると，一般的に受け入れられており，包括的なコンプライアンス概念に統合されているような共通の手順は存在しないように思われる。むしろ，回答によれば，事件への一貫とした対応制度の整備は，まだ初期段階にあるという印象を受ける。

b．制　裁

ａａ）制裁の種類

調査結果　回答者に対し，従業員が法規制に違反した場合，どのような内部制裁が課されるかを尋ねた[196]。回答によれば，企業は，わずかな場合においてのみ，コンプライアンス制度に組み込まれている標準手順を整備しているということが示された。しかしながら，組織的措置と対照的に，企業は，大体同じような制裁制度を適用している。この理由は，従業員による不正行為が生じた場合に雇用者が適用可能な非常に複雑な対応制度を発展させてきたドイ

195　See no. 9 (questionnaire)/no. 30 (online questionnaire).
196　See no. 9 (questionnaire)/no. 31 (online questionnaire).

第 1 章　ドイツの経済犯罪の防止のためのコンプライアンス・プログラム

ツの労働法にある,と思われる。

　ドイツの労働法の下で,下記の措置が含まれている[197]。
- 内部措置：私的な対話,「口頭注意」("*Ermahnung*"),コンプライアンス・セミナーや研修への参加,評価なしの従業員の人事記録への記載
- 損害賠償請求または求償請求
- 制裁：「厳重注意」("*Abmahnung*"),罰金,内部の特典からの除外,異動（従業員の仕事の場所,時間帯および／または種類や範囲の変更）,（契約に含まれている場合）契約上の課徴金,報酬の減少（一部の場合にのみ適用可能）,停職,年金給付の差控え,解約の合意,解雇。

　多くの企業が,制裁は個別案件ごとにしか対応することができないとして,一般的なルールは適用されない,と強調していた。一部の企業は,重大な違反に対しは,「ゼロトレランス」（どんな小さな違反も容赦しない考え方）のアプローチをとることを強調した。比較的軽い措置として挙げられたのは,従業員への通知,研修,方針についての注意喚起を含む一般的な口頭注意および人事記録に記載する厳重注意である。より厳格な制裁には,ボーナスの減給,昇進の停止,事件の公表,損害賠償の請求が含まれている。究極の制裁は,従業員の解雇であるが,これには,任意の退職の形式による場合も含まれている。ここに挙げられた手段は,前述の法的な手段に該当する。

　これまでの調査との比較　　これらの結果は,他の調査で裏づけられている。そのうち 2010 年の PwC の調査によると,企業の 83％がコンプライアンス違反への対応については個別の事件に応じて判断する,としている[198]。66％は,「ゼロトレランス」の方針に従う。KPMG が行った 2012 年の調査によると,大半の企業は,雇用法（64％）,続いて刑事法（49％）,次に民事法（39％）の措置を考慮に入れている[199]。エルンスト・アンド・ヤングによると,コンプライアンス違反後の社内措置として最も多く行われたのは,該当する従業員を対象とするセミナーや研修（45％）であり,続いてソフトウェアへのアクセス許可等に関する技術手順の変更（39.1％）や「4 つの目の原則」（2 人以上で判断をすること）（29％）のような管理の拡大であった[200]。2011 年の PwC の調査

197　See e.g. Böhm, Non-Compliance und Arbeitsrecht, p. 241; Mengel, Compliance und Arbeitsrecht, chap. 5 para. 1 et seq.; Schaub, Arbeitsrechtshandbuch, § 52 para. 5.
198　PwC, Compliance und Unternehmenskultur (2010), p. 29.
199　KPMG, Wirtschaftskriminalität in Deutschland 2012, p. 20.
200　E&Y, Enabling Compliance. Welche Rolle spielt Technologie? (2011), p. 23.

において，経済犯罪への対応について具体的に尋ねたところ，内部者による犯行の場合には解雇（83％），第三者による経済犯罪の場合には，取引関係の打切り（70％）と答えた企業が最も多かった[201]。全般的に，種々の幅広い措置が使用されている。

ｂｂ）各種制裁の重要度

調査結果　企業は，また，10段階の評価（10が「きわめて重要である」で1は「重要ではない」のランク付け）で，内部制裁の重要度を評価するように求められた[202]。平均値が7.4（中央値：8）であった。制裁は，重要視されているが，最も重要な事項でないように思われている。

同じく，企業は，10段階の評価（10が「つねに行っている」で1が「まったく行っていない」のランク付け）で，従業員による刑事法の違反について警察や検察当局に通報するか否か，を尋ねられた[203]。平均値が6.6（中央値：7）であった。したがって，企業はすべての事件を通報するわけではないが，通報しないよりは通報する傾向にあると思われる。

これまでの調査との比較　この調査結果は，他の調査結果と似た傾向を示している。2012年にKPMGが行った調査によると，49％の事件において，企業は刑事的措置を利用している[204]。PwCが2011年に行った調査によると，53％の企業は内部犯行者に対し，刑事責任を追及する措置を取り，60％の企業は，第三者の加害者に対し刑事責任を追及する選択をした[205]。2010年の調査では，69％の企業が加害者に対して刑事責任を追及した，と報告している[206]。アルバレス・アンド・マーサルの調査によると，コンプライアンス違反に対処するための最も一般的な措置は，法執行当局への通報の他，解雇または警告である[207]。

4．経営陣によるコミットメント（責任をもって取り組む姿勢）

コンプライアンス措置の策定や促進活動への経営陣の関与は，多くの場合最

201　PwC, Wirtschaftskriminalität 2011, p. 67.
202　See no. 9 (questionnaire)/no. 32 (online questionnaire).
203　See no. 9 (questionnaire)/no. 33 (online questionnaire).
204　KPMG, Wirtschaftskriminalität in Deutschland 2012, p. 20. KPMG, in Deutschland 2012, p. 20.
205　PwC, Wirtschaftskriminalität 2011, p. 67.
206　PwC, Compliance und Unternehmenskultur (2010), p. 29.
207　Alvarez & Marsal, Compliance. Studie zur Strategie und Organisation 2011, p. 23.

第1章　ドイツの経済犯罪の防止のためのコンプライアンス・プログラム

良なコンプライアンス・プログラムの重要要素の1つと見られている。そこで，企業は，経営陣の関与につき，10段階の評価（10が「非常に関与している」で1が「まったく関与していない」のランク付け）で評価を求めた[208]。平均値は，7.1（中央値：8）であった。したがって，経営陣は，実質的に関与していると思われるが，もっと関与する余地がある。

さらに，回答者に対して，10段階の評価（10が「非常に明白である」で1が「まったく明白ではない」のランク付け）で，コンプライアンス措置に対する経営陣による個人的な取組みが，従業員一般に明白になっているか否か，について尋ねた[209]。平均値は同じく7.1（中央値：8）であった。多くの場合，回答してきた回答者は経営陣であり，明らかに，コンプライアンスへの取組みは従業員の間で広い範囲で周知され，認識されていると思っている。

コンプライアンスに関する経営陣の個人的な活動について尋ねたところ，企業は，様々な活動に言及した[210]。最も重要な側面は，経営陣によるコミュニケーションである，と思われている。これは，まず，コンプライアンスに関する明確なメッセージ（ミッションステイトメント）を伝えることを意味している。「経営陣の基本姿勢」として，企業にとってのコンプライアンスの重要性や企業の経営陣からのコンプライアンスへの真剣なサポート（コンプライアンスの積極的な推進）の強調も含まれている。もう1つの側面は，イベントでの講演，2次管理レベルとの定期的協議や他の従業員との定期的な協議等，経営陣自身のコミュニケーション活動などである。

コミュニケーションに続く2点目は，予防対策における経営陣の関与である。これは，研修過程への個人的な関与，コンプライアンスに関する報告書の作成，コンプライアンス委員会への参加，監督委員会や社内の他の部署との情報交換，およびコンプライアンス基準の策定と改訂を含むものである。

3点目は，統制と制裁の過程における経営陣の関与である。これは，定期又は不定期の統制，内部監査の結果の検討やフォローアップ，プロトコール手順の監視，事件の調査の監督と重大な違反の場合の制裁の実施を含む。

5．文化と価値観

a．文化と犯罪　　従業員の文化や価値観は，企業風土に影響を与える。し

208　See no. 10 (questionnaire)/no. 34 (online questionnaire).
209　See no. 10 (questionnaire)/no. 35 (online questionnaire).
210　See no. 10 (questionnaire)/no. 36 (online questionnaire).

【図32】 贈与額の上限設定[213]

はい：52%
いいえ：18%
該当しない：30%

100％：88社

たがって、今回のアンケートでは、汚職、詐欺、窃盗や企業による「贈与」の取扱いに対する考え方についても尋ねた。回答者に対して、10段階の評価（10が「まったく許容しない」で1が「許容する」のランク付け）で、大半の従業員は、どの程度の贈与や少額の賄賂（例えば、500ユーロ）を企業のために許容するのか、または明確に拒否するのかを尋ねた[211]。平均値は8.7（中央値：10）であった。同じ基準を使用し、回答者に対し、企業に対する少額の窃盗や詐欺（例えば、500ユーロ）の許容度についても尋ねた[212]。平均値は9.4（中央値：10）であった。したがって、回答者たちは、一般従業員が企業のための犯罪行為を控え、また、個人的な利益のための犯罪行為により企業へ損害を与えることも控えるであろう、と想定しているのである（図32）。

　企業に、従業員に対する贈与の額に上限を設定しているのかを尋ねた。企業の半数以上がこのような上限を設けていた（図32）。

　企業の大半は、贈与の受領に関する明確な制限を定めていた。ごく少数の企業が、「ゼロトレランス」の方針を有するにとどまり、大半（63％）が50ユーロまでの贈与を許容していた。一部の企業は、一定の制限はない代わりに、金額により、報告義務のある贈与（報告のみで済むもの）と許可が必要な贈与を区別している。他の企業では、贈与の受領が許容されるかは従業員の給料の額により決められていた。例えば、ある会社は、総月給の1％の限度まで贈与を許可し、別の会社は非課税対象の限度まで許可していた。一部の企業は、これらよりも価値のある贈与の受領も可能であるが、許可を必要とすると回答した（図33）。

　一定の贈与が許可されるか否か確認できる特定な手続の有無について尋ねたところ、企業のほぼ半数が、このような制度を設けている、と回答した。これらの企業は、ほとんどが、贈与の受領の限度額を定めている企業であった（図

211　See no. 11 (questionnaire)/no. 37 (online questionnaire). See no. 11 (questionnaire)/no. 37 (online questionnaire).

212　See no. 11 (questionnaire)/no. 37 (online questionnaire).

213　See no. 11 (questionnaire)/no. 38 (online questionnaire).

34)。

b．社会的価値と活動 企業に適用される法令や会社の利益達成の目標について考慮する他に,「道徳的」規範や価値観(例えば,海外子会社における児童労働の防止,差別禁止の規則の実施や環境保護)の促進がどの程度重要性を有するかついても,質問された。企業に対して,10段階の評価(10が「きわめて重要である」で1が「重要ではない」のランク付け)で,そのような目的の重要性について尋ねた[216]。平均値は,7.7(中央値:8)であった。

【図33】 贈与受領の許容限度[214]

回答数:44

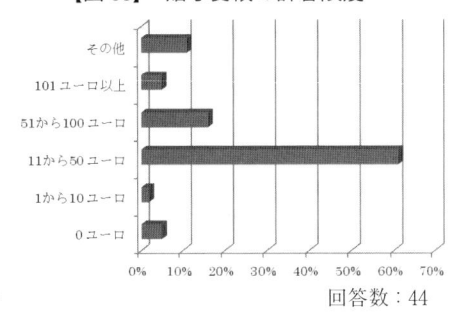

【図34】 可能な贈与授受の確認手続[215]

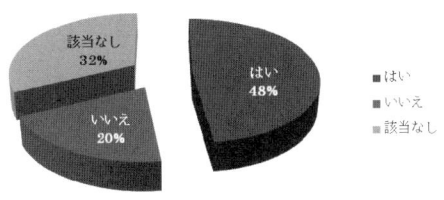

100%:88社

企業が行っているそれぞれの行動について尋ねたところ,企業は様々な活動に言及した[217]。最も一般的なものは,企業の行動規範や企業マニュアルにこれらの課題を組み込むことであった。いくつかの企業は,国連グローバル・コンパクト[218],BME[219],BSCI[220]等のパートナーである。いくつかの企業は,ISO14001またはOHSAS18001によって認証されている。加えて,従業員は,これらの分野で研修を受け,経営陣は目標や価値観をトップダウンで体現する役割を果たす。ある会社は,経営陣に最新の行動規範に定期的に署名させることとしている。

---

214 See no. 11 (questionnaire)/no. 39 (online questionnaire).
215 See no. 11 (questionnaire)/no. 40 (online questionnaire). See no. 11 (questionnaire)/no. 40 (online questionnaire).
216 See no. 11 (questionnaire)/no. 41 (online questionnaire).
217 See no. 11 (questionnaire)/no. 42 (online questionnaire).
218 See the website of the initiative: http://www.unglobalcompact.org.
219 See the website of the BME (Bundesverband Materialwirtschaft, Einkauf und Logistik — Association Materials Management, Purchasing and Logistics): http://www.bme.de/
220 2003年にForeign Trade Association (FTA) により立ち上げられたBusiness Social Compliance Initiative (BSCI) のウェブサイトを参照:http://www.bsci-intl.org.

いくつかの企業は，供給業者に対しても措置を講じている。これには，本問題について供給業者に十分に理解させ研修を受けさせること，供給業者による企業の価値観の受入れを取引の前提条件として定めること，第三者のデュー・ディリジェンス（法令遵守調査）を定め，さらに，規則が守られているか否か確認するため供給業者の施設に監視システムを置くことが含まれる。多く企業では，環境問題に対し特別な関心が払われている。行われている活動には，エネルギー管理の改善，建物のエネルギー近代化とCO_2の管理がある。

【図35】 企業による社会福祉への貢献[221]

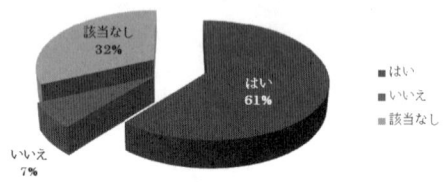

該当なし 32%
はい 61%
いいえ 7%

■はい
■いいえ
■該当なし

100％：88社

さらに，企業に対して，社会福祉（例えば，学校や社会活動への寄付など）への特別な貢献を行っているのかを尋ねた。60％以上が社会的貢献をしていた（図35）。

企業によって行われた活動について尋ねたところ，多種多様な活動を挙げ[222]，最も一般的な活動は，慈善団体や協会（"Vereine"）への寄付であった。多くの場合，これは，次の5つの分野，つまり社会福祉，教育，文化，環境およびスポーツ，の活動に関連している。活動には，会社のそれぞれの業務に関連がある場合もあるが，多くの場合，緊密な関係はない。企業が大きいほど，活動を行うために自社で固有の協会，財団，基金を設立している可能性が高くなる。

社会福祉の分野での主な活動は，社会的な組織や機関（多くの場合，児童に関連している）に対する支援である。これには個別のプロジェクト（例えば，児童による，または児童のための演劇）や継続的なプロジェクト（例えば，障害児の幼稚園への統合サポートや高齢者の社会への統合サポート），または学校や病院関連のプロジェクトへの支援が含まれる。資金提供の他に，機器（例えば，パソコン等）がしばしば提供され，あるいは従業員が勤務時間中にプロジェクトのために時間を割くことも許されている（社会活動のための時間休）。いくつかの企業は，一定の社会活動を行う従業員を援助する。ある企業は，顧客にクリスマス・プレゼントを渡す代わりに，慈善団体に寄付をしている。

221　See no. 11 (questionnaire) /no. 43 (online questionnaire).
222　See no. 11 (questionnaire) /no. 44 (online questionnaire).

活動の2つ目の分野（教育）は，特定のグループの社会的統合よりは，学習を可能にすることに重点を置いている。それらは，博物館や大学への支援や，障害者のためのプログラムを提供する団体への支援を含む。3つ目の分野は，すべての一般的なプロジェクトや研究教育機関（特に芸術や音楽に関するもの）のサポート等の文化活動を含む。4つ目の分野は，環境保護を具体的に取り扱う活動で構成され，最後の分野は，個別のイベント（特に競技会）やスポーツ団体の長期的プロジェクト等のスポーツに関するものである。

最後に，企業に特に政治献金により政党を支援しているかを尋ねた。回答は，非常に明確であった。わずか5％が政党を支援していたにすぎないのに対して，64％は政党の支援を控えていた。したがって，企業は，社会を支援するために，数多くの活動を行っているが，大半にとって，政党への貢献は許容されないか，または賢明ではない，と思われていることが看取できる（図36）。

【図36】 企業による政党への貢献[223]

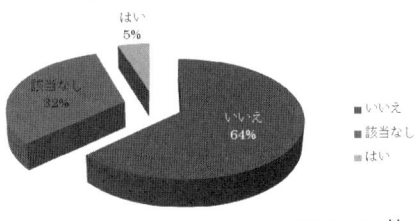

100％：88社

6．他のコンプライアンス・プログラムの内容

企業に，アンケートに取り上げられていない他のコンプライアンス措置を実施しているかを尋ねた[224]。回答は，主に統制対策，リスク分析，内部情報および実施体制を挙げていた。

次の追加的な統制措置が挙げられている。

— 内部統制システム（IKS）へのコンプライアンスの統合[225]。
— 従業員による該当する国際ルール（例えば，テロリストのリスト，経済禁輸など）への遵守を確認する電子システムの確立や使用。
— 一般的な「4つの目の原則」。
— チェックリスト。
— M&A活動におけるビジネス・パートナーの選別等の微妙な問題における

---

223 See no.11（questionnaire）/no.45（online questionnaire）.
224 See no.12（questionnaire）/no.46（online questionnaire）.
225 コンプライアンスを内部統制制度の一部と見なす art. 46 of the Solvency II — Guideline（2009/38/EG）参照。

特有な手順の確立。
— 取引の特定な事業拠点と取引の種類（例えば，代理店契約，コンサルティング業務契約，入札）についての，コンプライアンス委員会，主任コンプライアンス責任者，またはローカル・コンプライアンス責任者をによる承認マニュアル。
— 第三者によるデュー・ディリジェンス（法令遵守調査）。

リスク分析についての回答は，広範囲なコミュニケーション活動を伴う，具体的なコンプライアンス・リスク分析のプロセスが確立されていることを示している。また，回答は，その企業特有のリスクの特定（リスク評価）および明らかとなった結果の追跡調査も強調している。これは，特有のコンプライアンス上のリスクに関してのすべての事業部門の系統的な見直しを含んでいる。

内部情報と実施体制に関する回答には，次の回答が含まれている。

— コンプライアンスについての継続的議論の実施および従業員の意識の向上。
— 毎年の経営陣との「面談」（"*Personalgespräch*"）における従業員の「業績評価」（"*persönliche Zielerreichung*"）の一部として，コンプライアンス要件の充足度の評価。
— 中間管理者の姿勢。
— リーダーシップ育成におけるコンプライアンスの統合性。
— 行動規範の遵守の年1回の確認。

【図37】 従業員による年間違反数[227]

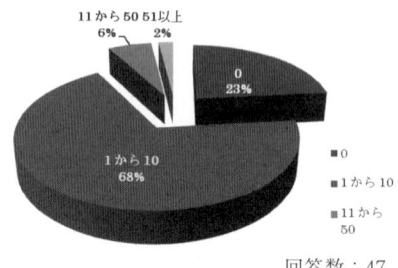

11から50 6%
51以上 2%
0 23%
1から10 68%

■ 0
■ 1から10
■ 11から50

回答数：47

ある企業は，同じような行為を行う模倣者を阻止するために事件についてメディア等外部に伝えている。

Ⅳ．コンプライアンス調査
1．被　害
　a．会社の被害　　まず，企業に対して，1年間に詐欺等犯罪の被害に遭ったことが判明した件数について尋ねた[226]。従業員による犯罪（図37）

226　See no. 13 (questionnaire)/no. 47, 48 (online questionnaire).

第1章　ドイツの経済犯罪の防止のためのコンプライアンス・プログラム

と第三者による犯罪（図38）の区別を求めた。約4分の1においては、従業員による犯罪の報告はなく、3分の1の企業では、第三者による犯罪の報告さえなかった。大半の企業は、年に1～10件の事件（68％は従業員による犯罪で58％は第三者による犯罪）に対応しなければならなかった。年間、数件の事件を報告したのはわずかの企業であった。例外として、保険証券所持者による10万件以上の詐欺の可能性のある事件を報告した保険会社があった。

犯罪別で見ると、最も一般的な犯罪は窃盗と不法領得（刑法第246条）であり、続いて詐欺であった。独占禁止法違反や汚職は、全事件のわずかな割合を占めるにすぎなかった。従業員以外は実行できない横領、背任（刑法第266条）等の犯罪を除けば、従業員による犯罪（図39）と第三者による犯罪（図40）にさほど違いは見られなかった。

b．第三者の被害　企業に、企業自体が被害者であった事件の数だけではなく、従業員が犯した他の企業、消費者、または国に対する犯罪（例えば、取引先への贈賄または詐欺行為など）の年間数についても尋ねた。回答した企業の69％はそのような事件はなかったと報告し、29％は10件以下の事件があっ

【図38】　第三者による年間違反数[228]

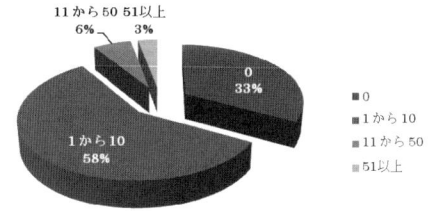

回答数：36

【図39】　従業員による違反の種類[229]

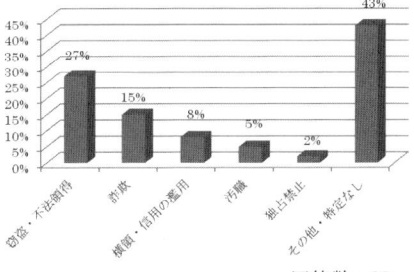

回答数：33

【図40】　第三者による違反の種類[230]

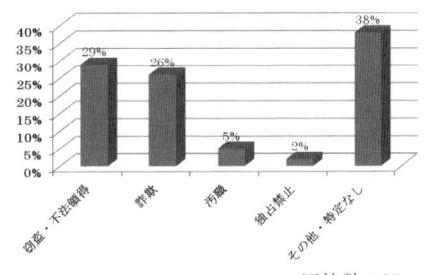

回答数：25

227　See no. 13 (questionnaire)/no. 47 (online questionnaire).
228　See no. 13 (questionnaire)/no. 47 (online questionnaire).
229　See no. 13 (questionnaire)/no. 48 (online questionnaire).
230　See no. 13 (questionnaire)/no. 48 (online questionnaire). See no. 13 (questionnaire)/no. 48 (online questionnaire).

221

第Ⅲ部　海外6か国の報告書

【図41】　第三者に対する犯罪[231]

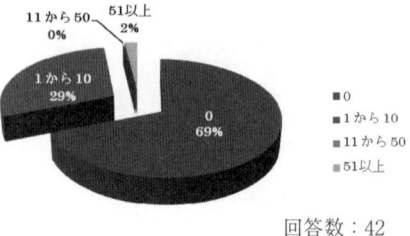

- 0：69%
- 1から10：29%
- 11から50：0%
- 51以上：2%

回答数：42

た，と報告した（図41）。

これらの数字は，企業に帰せられる犯罪行為（そして秩序違反法等30条に従って，制裁を課される可能性を残す行為）は，企業が従業員や第三者による犯罪行為の被害者になる例よりはるかに少ないことを示している。

c．これまでの調査との比較　PwCが収集したデータによると，上記の結果は，2010年の調査結果と似た傾向を示している[232]。会社内で実行された犯罪のうち，32％が財産権侵害であり，17％は特許権や商標権の侵害であった。不正な会計勘定（"Falschbilanzierung"）は3％で，資金洗浄は5％にすぎなかった[233]。会社にとって最も有害な事件は，産業スパイ活動や競争法違反事件であった[234]。

2012年からのKPMGによる調査に基づくと，窃盗や不法領得は最も頻繁に報告された事件（65％）であり，その次が詐欺や横領（37％）であり，次はデータの窃盗や悪用（31％）であった。報告が最も少なかった事件は，資金洗浄（3％）と不正な財務報告（3％）であった[235]。企業にとって最も重大な犯罪は，窃盗または不法領得と詐欺または横領であった。企業として最も重大ではない犯罪は，不正な財務報告であった[236]。

これらの調査や本調査は，経済犯罪による企業の被害のほとんどが，窃盗や不法領得等，財産権侵害から生ずることを示している。これとは対照的に，これまで資金洗浄に対処しなければならなかった企業は，ごく一部しかない。

2．コンプライアンス捜査の実施

コンプライアンスの範囲を確認するため，企業に対して過去5年以内に犯罪捜査または行政犯則調査の対象となったことがあるかを尋ねた（図42）[237]。28％の企業のみが，そのような捜査の経験を報告した。平均では，10.1件が

231　See no. 14 (questionnaire)/no. 49 (online questionnaire).
232　PwC, Compliance und Unternehmenskultur (2010), p. 41.
233　PwC, Wirtschaftskriminalität 2011, p. 17.
234　PwC, Wirtschaftskriminalität 2011, p. 22 et seq.
235　KPMG, Wirtschaftskriminalität in Deutschland 2012, p. 11.
236　KPMG, Wirtschaftskriminalität in Deutschland 2012, p. 12.
237　See no. 15 (questionnaire)/no. 50 (online questionnaire).

第1章　ドイツの経済犯罪の防止のためのコンプライアンス・プログラム

報告されたが，1社で150件の報告があったため，中央値はわずか2にすぎなかった。この点から，企業が犯罪により影響を受けているとして，（中央値に基づき）統計的に見ると約2年半でおよそ1件に対処している形になる。

大半の事件における捜査は，汚職や窃盗（各17%）に関連し，わずかな差で独占禁止法事件（14%）が続いた（図43）。

アンケートは，企業に対し，捜査を受けた中で上位3位までの重大な事件は何かを尋ねた（図44）。これは，企業にとっての重大性に従った評価を可能とするためであった。この点に関し，汚職が1位で，独占禁止法は2位であったが，本質問においては両犯罪とも他の犯罪とは明らかな差が見られた。本質問に対する回答結果は，企業のコンプライアンス・プログラムに導入されている課題の重要性についての企業の回答（図17）に類似している。

企業に，10段階の評価（10が「非常に支えている」で1は「まったく支えていない」のランク付け）でコンプライアン

【図42】　企業においてのコンプライアンス捜査の数[238]

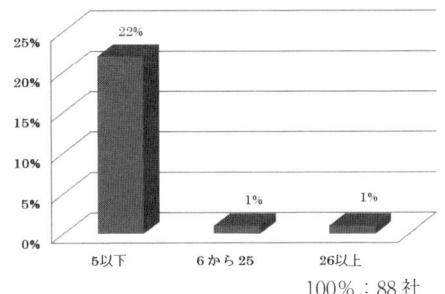

100%：88社

【図43】　企業において捜査対象になった事件の種類[239]

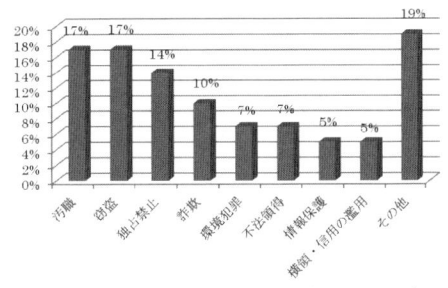

回答数：23（複数回答可）

【図44】　捜査対象になった事件の重要性[240]

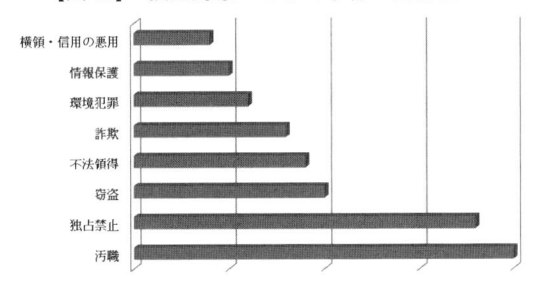

企業にとっての重大性
回答数：23

238　See no.15 (questionnaire)/no.51 (online questionnaire).
239　See no.15 (questionnaire)/no.52 (online questionnaire).
240　See no.15 (questionnaire)/no.52 (online questionnaire).

ス・プログラムがどの程度効果的に捜査を支えていたか尋ねた[241]。平均値は，6.6（中央値：7）であった。さらに，企業にプログラムのどの点が役に立ったかを尋ねた[242]。役立った3つの主要な点は，(1)プログラムは，捜査において責任を明確にすることにより，捜査および協力を促進することができた，(2)文書化したことによって捜査の手助けになった，(3)明確なコンプライアンス規程および基準は，それぞれの責任分担を確定し，規程の違反を証明するのに役立った，ということであった。

しかしながら，ほとんどの回答は，コンプライアンス・プログラムの大半は違反事件における明確なルール，責任および手続を定めてないことを示していた。これらのプログラムは，防止を目的とし，系統的に事件を調査するという意味ではあまり効果的ではない，と思われる。これが，プログラムが捜査を効果的に支えることに関して高い評価を受けていない理由の1つと言える。

しかしながら，企業の大半は，コンプライアンス・プログラム以外の特定の規則および／または手続を定めていた。回答者に対し，コンプライアンス調査を実施する人物や方法について規則があるかを尋ねた[243]。55％は，そのような規則がある，と認めた。調査は，主に社内の職員によって行われた。企業の約5分の1は，外部の弁護士事務所や監査人に対しても調査の実施を依頼するか，調査への協力を要請している（図45）。

【図45】 コンプライアンス調査の実施主体[244]

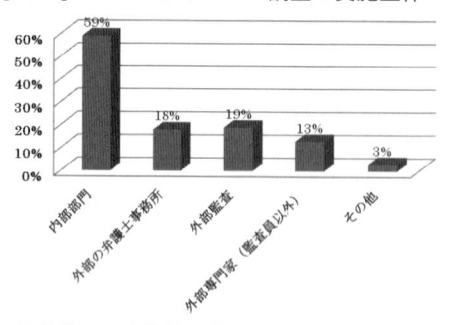

回答数：88（複数回答可能のため，合計は100％以上となりうる）

内部部門が調査を実施する際，ほとんどの場合，内部監査部門が担当する。約半数の企業では，コンプライアンス部門が調査を指揮し，グループ企業では，親会社のコンプライアンス部門が大体担当している。法務部門は，関与する場合もあるが，主要な役割を果たしていない（図46）。

---

241 See no. 15 (questionnaire)／no. 53 (online questionnaire).
242 See no. 15 (questionnaire)／no. 54 (online questionnaire).
243 See no. 15 (questionnaire)／no. 55 (online questionnaire).
244 See no. 15 (questionnaire)／no. 56 (online questionnaire).

第1章　ドイツの経済犯罪の防止のためのコンプライアンス・プログラム

外部の専門家を関与させる主要な理由として，より高い専門知識の存在が挙げられている（57％）。多くの場合，企業は，必要な内部資源も不足している（49％）。多くの企業にとって，外部の調査員の優れた客観性が理由の1つでもある（40％）。企業へのより優良なイメージの醸成や国家当局が外部の専門家を関与させることを期待しているということは，外部専門家を関与させる主要な基準とはなっていない（図47）。

さらに，アンケートは，この過去5年における外部の助言にかかった費用を数字で挙げることを求めた[247]。わずか15社のみしか回答しなかったため，ここでは傾向しか挙げることができない。主な費用は，法的助言により生じて

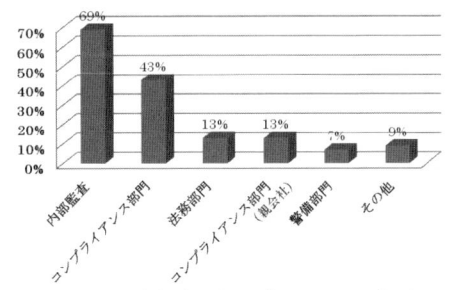

【図46】　調査を担当する内部部門[245]

回答数：54（複数回答可能のため，合計は100％以上となりうる）

【図47】　調査における外部の助言を必要とする理由[246]

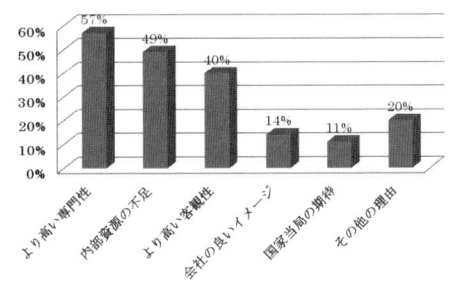

回答数：35（複数回答可能のため，合計は100％以上となりうる）

いた。多くの場合，少なくとも数十万ユーロかかり，100万ユーロを超える費用も珍しくはない。監査会社および他のコンサルタント会社のための費用はもっと低く，ほとんどの場合，数万ユーロであり，いくつかの案件に関しては10万ユーロを超える費用がかかった。

3．従業員と調査

コンプライアンス調査を成功させるには，従業員の協力が主要な要素である。もちろん，従業員が違法行為に関与している場合，その従業員は，個人的な利益と会社の利益の間にはさまれている。したがって，企業に対して，従業員が完全に調査に協力することを期待しているのかを尋ねた[248]。企業の61％は，

245　See no. 15（questionnaire）/no. 57（online questionnaire）.
246　See no. 15（questionnaire）/no. 58（online questionnaire）.
247　See no. 15（questionnaire）/no. 59（online questionnaire）.

そのような協力を期待している，と回答した。驚いたことに，協力を期待していないと回答する企業はなかった。（39％の企業はただ回答を控えた。）

【図48】 従業員の面談における予防措置[250]

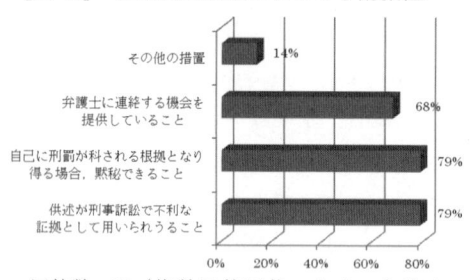

回答数：28（複数回答可能のため，合計は100％以上となりうる）

　a．従業員の保護　　従業員に違法行為への個人的関与を認めさせる場合に，従業員に対し権利の告知を行ったかという質問に対し，27％の企業は肯定の回答を，27％は否定の回答をした[249]。権利の告知を行っていた企業の約80％は，従業員に対し，その供述が刑事訴訟で不利な証拠として用いられることや，自己に刑罰が科される根拠となりうる場合，黙秘できることを告知している。68％が，弁護士に連絡する機会を提供している（図48）。

　b．恩典制度　　回答者に対し，過去5年間コンプライアンス調査が行われた場合，協力した従業員のための恩典制度（amnesty program）を確立していたかを尋ねた。恩典制度というのは，積極的に事件の調査の手助けや会社に協力することによって会社からの制裁を受けないことを保証するものである[251]。17％の回答企業は，そのような制度を設けている，と回答した（図49）。

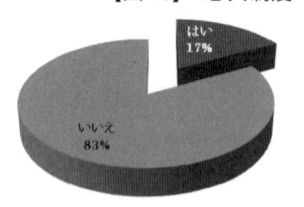

【図49】 恩典制度[252]

回答数：69

　c．法的助言の費用　　企業に，内部調査において従業員の法的助言について発生した費用を負担するか否か，について尋ねた。負担すると回答したのは13％で，負担しないと回答したのは26％であった。費用を負担すると回答したすべての企業は，役員の分を負担し，費用を負担する企業の73％（全

248　See no. 15 (questionnaire)/no. 60 (online questionnaire).
249　See no. 15 (questionnaire)/no. 61 (online questionnaire).
250　See no. 15 (questionnaire)/no. 62 (online questionnaire).
251　See e.g. Kahlenberg/Schwinn, CCZ 2012, pp. 81; Moosmayer, Compliance, p. 100 et seq.
252　See no. 15 (questionnaire)/no. 63 (online questionnaire).

第1章　ドイツの経済犯罪の防止のためのコンプライアンス・プログラム

企業の9％）は，役員でない従業員のための費用も負担している（図50）[253]。

4．保　険

企業に，法規制の違反に備えて保険に加入しているかを尋ねた。57％の企業は役員のための会社役員等賠償責任保険に加入し，33％は役員でないコンプライアンス責任者のために会社役員等賠償責任保険に加入していた。あまり一般的でないのは，刑事法関連の法的費用保険（"StrafRechtsschutz-versicherung"）であった。24％はそのような制度を役員のため，18％は役員でないコンプライアンス責任者のため，13％は他の従業員のために設けている。企業の20％が金銭的損害賠償責任保険（"Vermögensschadenshaftpflichtversicherung"）に加入していた（図51）。

【図50】　会社による費用負担[254]

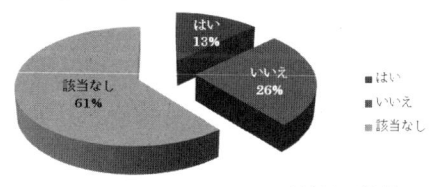

100％：88社

【図51】　保　険[255]

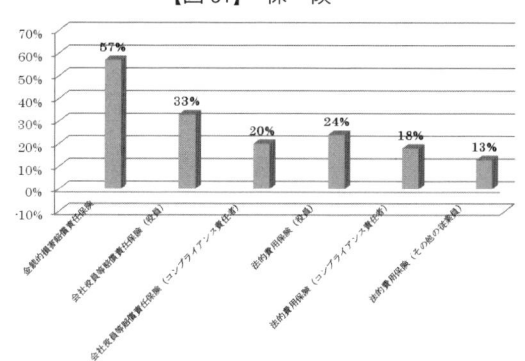

回答数：88（複数回答可能のため，合計は100％以上となりうる）

●C．コンプライアンス措置の評価

Ⅰ．犯罪防止のための法規制の有効性

実務家と学者は，どのような措置が企業における法的・倫理的規則の遵守を促進することができるか，についてつねに論争している。それゆえ，企業に，法制度や社内における次のような既存の措置がどの程度従業員の違法行為を防止するのに効果的と感じるのかを尋ねた。

---

[253] See no.15 (questionnaire)/no.65 (online questionnaire). おそらく，企業は，企業のために犯した違反行為に関しては法的助言の費用を負担する，と思われ，企業に対して犯した違法行為に関しては負担しないと思われるが，アンケートにおいて詳細を尋ねなかったため，この質問の明確な答えはない。

[254] See no.15 (questionnaire)/no.64 (online questionnaire).

[255] See no.15 (questionnaire)/no.66 (online questionnaire).

アンケートは，10段階の評価（10が「効果的である」で1が「効果的ではない」のランク付け）で従業員の違法行為を防止するための既存の法的措置の効果の評価を求めた。結果は，純粋な法規制全般はあまり効果的ではないと思われていることを示した。個人に対する制裁を伴う法規制の方が，より効果的である，と

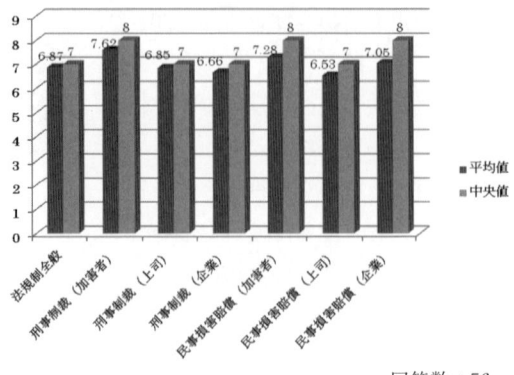

【図52】 法的措置の有効性の評価[256]

回答数：56

見なされていた。加害者に対する刑事法の制裁が最も効果的な措置であり，続いて加害者に対する民事損害賠償の規定が効果的である，と思われていた。企業に対する民事損害賠償（企業に対する刑事制裁より明らかに効果的と見られている）が，3番目に位置している。また，企業に対する刑事制裁は，不十分な監督をしていた従業員の上司に対しての刑事制裁よりも効果が低いと見られている。回答者によると，最下位は，不十分な監督をしていた従業員の上司に対しての民事損害賠償であった（図52）。

II．犯罪防止を目的としたコンプライアンスの活動に関する有効性

アンケートは，各企業のコンプライアンス・プログラムを説明することおよびその措置に関する有効性を評価することを求めた。

1．コンプライアンス措置の実施および修正

ほとんどの企業は，2001年以降コンプライアンス・プログラムを展開している。展開の最初のピークは2005年であり，第2回目のピークは2009年であった。最初のピークは，エンロン（Enron）およびワールドコム（Worldcom）の不祥事のあと，アメリカ合衆国を発端として行われるようになったコンプライアンスに関する議論に影響されているものと思われる。ただ，この状況がヨーロッパにおいて完全に認識されるためには，ある程度の時間が必要であった。第2のピークは，おそらくシーメンス（Siemens）社における汚職事件に起因している可能性がある。この事件によって，ドイツにおけるコンプラ

---

[256] See no. 16 a. (questionnaire)/no. 67 (online questionnaire).

第1章　ドイツの経済犯罪の防止のためのコンプライアンス・プログラム

イアンスの巨大な「波」が引き起こされたのである（図53）。

企業に，そのコンプライアンス・プログラムをいつ実質的に改善したか，また改善の頻度，について尋ねた。回答した企業の中の6％は，そのプログラムを永続的に改善しているという理由から，特定の年度が定められない，と回答した。企業の40％は，プログラムの確立以降において，1回改善した，と回答し，8％は，2回にわたり改善し，12％は，3回にわたり改善した，と述べた。ほとんどの修正は，過去2年以内において実施されている（図54）。

コンプライアンス・プログラムを修正する主要な理由は，法規制の改正であった（64％）。さらに，他の重要な理由として，企業自体に対する捜査（36％），または，これとほぼ同様の頻度で，他の企業に対する捜査（33％）が挙げられた。多くの場合において，外部からの助言も修正のきっかけとなった（36％）。コンプライアンスが一般市民の間で話題のトピックになってきたため，公開討論も，修正の動機に貢献している（33％）。当企業のイメージを改善した

【図53】　コンプライアンス・プログラムが確立された年度[257]

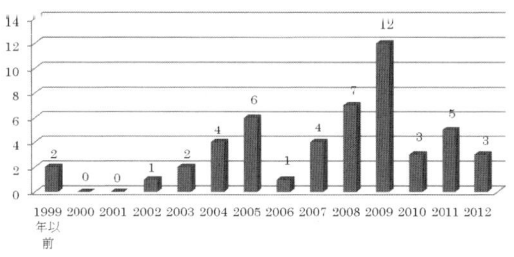

回答数：50

【図54】　コンプライアンス・プログラムが実質的に改善された年度[258]

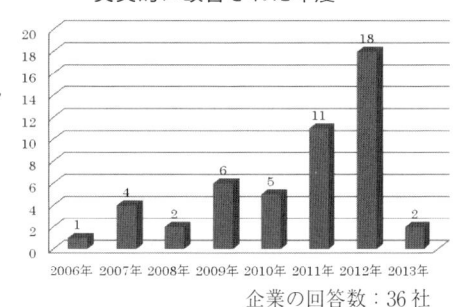

企業の回答数：36社

【図55】　改善の理由[259]

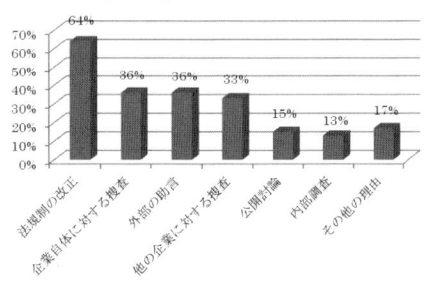

回答数：39件（複数の回答可能のため，合計は100％以上となりうる。）

---

[257] See no.17 (questionnaire)/no.69 (online questionnaire).
[258] See no.17 (questionnaire)/no.70 (online questionnaire).
[259] See no.17 (questionnaire)/no.72 (online questionnaire).

いとの希望（15％）または内部審査の結果（13％）は，重要な要因とは見られない（図55）。

　これらの結果は，他の調査結果と多少相違している。PwCによる2007年の研究によれば，企業の55％は，外部からの助言の結果としてコンプライアンス・プログラムを導入したのであり，その企業の43％のみが国内の立法を理由として，コンプライアンス・プログラムを導入したのである。

　そして41％はマスメディアによる圧力を理由として，さらに29％は捜査を理由として，コンプライアンス・プログラムを導入したのである[260]。さらに，PwCによる2010年の研究は，株式公開企業が他の企業よりも高い頻度でコンプライアンス・プログラムを導入したことを示している。さらに，ドイツのみならずアメリカ合衆国においても株取引が実施される場合，この数値はさらに高くなる[261]。

【図56】　違反行為の防止および探知に関するプログラムの評価[262]

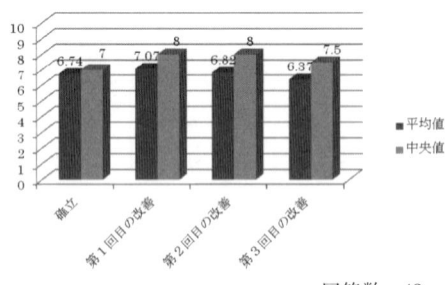

回答数：43

　最後に，企業に，10段階の評価（「ほとんど変化なし」から「大きく変化した」まで）で，コンプライアンス・プログラムの確立または修正が，企業内における違法行為の防止および探知の改善に役立ったかどうかの評価を求めた。調査結果は，プログラムの実施および修正が，何らかの変化をもたらしたと考えられていることを示唆しているが，回答は，完全に肯定的な評価をすることをためらっているようであり，明確な変化が生じた，とは述べていない（図56）。

2．コンプライアンス措置の有効性

　a）調査結果　企業に，10段階の評価で（「効果的ではない」から「効果的である」まで），従業員等の違法行為の防止におけるコンプライアンス措置の有効性についての評価を求めた。

　コンプライアンスの問題への経営陣の関与（「経営陣の基本姿勢」）は最も効果的な措置である，と判断されており，次に，協力者および経営陣によって支

260　See PwC, Wirtschaftskriminalität 2007, p. 34.
261　See PwC, Compliance und Unternehmenskultur (2010), p. 14.
262　See no. 17 (questionnaire)/no. 71 (online questionnaire).

第1章　ドイツの経済犯罪の防止のためのコンプライアンス・プログラム

えられた企業内における倫理基準の確立が位置している。法規制および制裁措置に関する従業員への周知徹底は，これらに続く効果的な行動として回答に挙げられている。

内部監査および管理は第4番目に位置しており，次にコンプライアンス職員の選任，コンプライアンスに関する研修セミナー，社内の制裁措置システム，法規制の背後にある倫理的な根拠についての従業員へのが続いている。

つぎに，効果的であるが，他の措置に比して明確に効果

【図57】　コンプライアンス措置に関する有効性の評価（概略—平均値）[263]

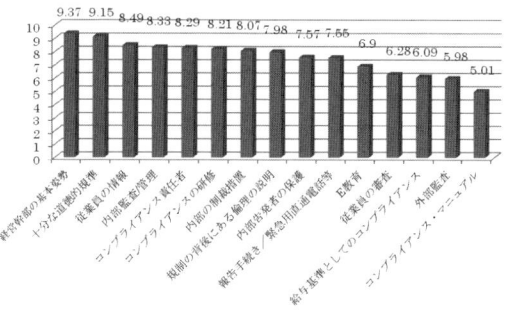

回答数：57

が劣ると考えられている措置があった。内部告発者の特別な保護（氏名等の保護を含む）や，不正行為および問題状況の報告に関する（例えば，ホットライン）などの措置である。対照的に，電子的教育（例えば，CD-ROM，電子メール，オンラインでの研修等），雇用前の段階での従業員の審査，給与上の優遇（賞与等）の基準の1つとしてコンプライアンスを考慮することなどは，それほど効果的な措置であると見なされていない。最後に，外部監査および総合的なコンプライアンス・マニュアルは，最も効果的ではない措置である，と判断されている（図57）。

統計上の平均値および中央値の関係は，評価された項目の上位と下位においては，同様の結果を示している。しかしながら，中間に位置する措置の中には，高い中央値を示すものがあり，調査を受けた企業の間において評価に関し意見が一致していないことを示唆している。1つの例は，従業員に対して法規制の背後にある倫理的な理由を説明することが，どのように評価されているか，という項目が挙げられる（平均値：7.98；中央値：9）。この現象は，企業におけるこのような措置の実施方法・程度に大きな相違があることが原因である可能性がある（図58, 59）。

回答者は，10段階の評価で（「効果的ではない」から「きわめて効果的である」

---

[263] See no. 16 b. (questionnaire)/no. 68 (online questionnaire).

【図58】 コンプライアンス措置に関する有効性の評価
（詳細Ⅰ―平均値／中央値）[264]

回答数：57

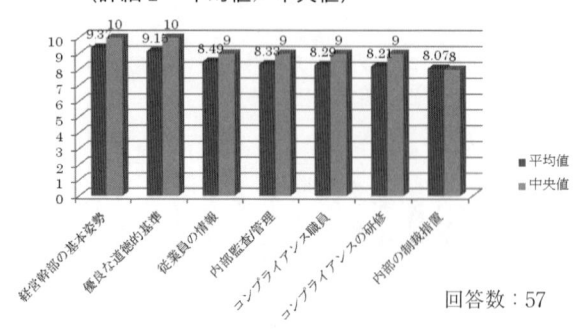

【図59】 コンプライアンス措置に関する有効性の評価
（詳細Ⅱ―平均値／中央値）[265]

回答数：57

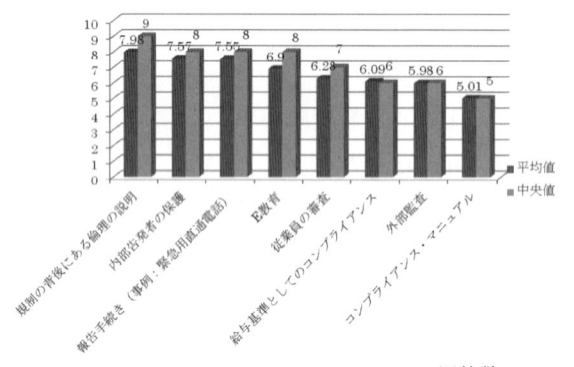

まで），犯罪の防止および探知を目的とした現在のコンプライアンス・プログラムの全体的な有効性について評価するよう求められた[266]。平均的な評価は，6.9（中央値：7）であった。したがって，回答者は，このプログラムを相当に効果的である，と考えているが，きわめて効果的である，とは評価していない。

b）これまでの調査との比較　コンサルタント業者による上記の調査は，コンプライアンス・プログラムの有効性について部分的に取り扱っている。PwCによる2007年の調査によると，汚職禁止プログラムを実施している企業の80％は，コンプライアンス・プログラムを効果的である，と判断している[267]。

類似した評価は2003年のエルンスト・アンド・ヤングによる調査によって示されており，同調査において，企業の74％がその経済犯罪に対する防止活動が効果的であると判断していると述べた[268]。

これらの自己評価のほか，ブスマンによる監督の下で行われたPwCの調査

264　See no. 16 b. (questionnaire)/no. 68 (online questionnaire).
265　See no. 16 b. (questionnaire)/no. 68 (online questionnaire).
266　See no. 17 (questionnaire)/no. 73 (online questionnaire).
267　See PwC, Wirtschaftskriminalität 2007, p. 30 et seq., 45.
268　E&Y, Wirtschaftskriminalität in Deutschland (2003), p. 32.

第1章　ドイツの経済犯罪の防止のためのコンプライアンス・プログラム

は，良好な企業文化を持っている企業は，適切な防止措置を有していることが多く，このような企業文化および措置を有していない企業と比較して，経済犯罪によって影響を受けることが少ないことを示している[269]。しかしながら，企業内において探知される犯罪の件数によって有効性を評価する際には，コンプライアンス措置に熱心な企業の方が，そうでない企業よりも，多くの件数の犯罪に対処しなければならないということもありうるということを念頭に置かなければならない。対策に熱心な企業では，暗数が減少するし，ほかにも複雑な算出上の要因がある[270]。

しかしながら，以上のように留意すべき点はあるが，コンプライアンス・プログラムが全体的に有効であることについては確認されており，これは本調査におけるコンプライアンス措置に対する基本的に肯定的な評価と一致している。これらの研究が個別的な措置を評価しなかったという理由から，個別的措置の調査との比較は不可能である。

3．コンプライアンス・プログラムの変更の予定

a）調査結果　企業に，コンプライアンス・プログラムを変更する予定があるかどうかについて尋ねた[271]。回答者の8％は，プログラムを常に発展させていると報告している。参加企業の他の30％は，プログラムを改善する予定がある。

プログラムを改善する措置には，特に下記の事項が含まれている[272]。

— 従業員の研修の改善。
— 電子的な構成要素の改善（例えば，ITコンプライアンス，電子的な内部告発システム）。
— さらに効果的な管理機構。
— 文書化システムの改善。
— 内部管理システムおよび経営管理システムに対するコンプライアンス措

269　PwC, Compliance und Unternehmenskultur (2010), p. 40 et seq.; PwC, Wirtschaftskriminalität 2007, p. 30. See also Bussmann, in: Löhr/Burkatzki (eds.), Wirtschaftskriminalität, p. 111 (125 et seq.); Bussmann/Salvenmoser, Der Wert von Compliance und Unternehmenskultur, CCZ 2008, pp. 192-196.
270　See PwC, Wirtschaftskriminalität 2007, p. 37.
271　See no. 17 (questionnaire)/no. 74 (online questionnaire).
272　See no. 17 (questionnaire)/no. 75 (online questionnaire).

第Ⅲ部　海外 6 か国の報告書

置の統合。

b）これまでの調査との比較　　PwC による 2011 年の研究も，企業がコンプライアンス制度の改善を予定していることを示している。コンプライアンス・プログラムを有している企業の 79％は，その研修およびセミナーをさらに発展させることを意図しており，70％はリスク管理の改善を希望し，62％は監視および審査を改善する，と述べている[273]。PwC の研究によれば，変革を計画している企業の比率は，現在の調査よりも高い数値である。多数の企業が 2011 年および 2012 年にプログラムをすでに改善しているという理由から，その後の改善の速度が減速してしまった可能性がある。

Ⅲ．コンプライアンス・プログラムの確立につながりうるインセンティブ（動機づけ）

アンケート調査の最後の部分は，法規制および自主規制の問題を扱い，動機の評価および統制的または非統制的な手段に関する様々な類型の評価を目的とした。とりわけ，この最終部は，企業がコンプライアンス・プログラムを確立しようとする際に，どの手段（動機，制裁，報酬）がこれを動機づけるのかを確認することを目的とした。

1．コンプライアンス・プログラムを確立する際の一般的考慮事項

コンプライアンス・プログラムの確立を目的とした下記の一般的な考慮事項の重要性について尋ねたところ，企業は，ほとんど同等の比率によって，下記の事項が重要である，と判断した。すなわち，倫理的な考慮（63％），企業の評判（63％），ビジネス・パートナーの期待感（61％），市場の期待感（61％）および株主の期待感（60％）である。しかしながら，これらの事項の重要性について尋ねたところ，

【図 60】　コンプライアンス・プログラムの確立を目的とした一般的考慮[274]

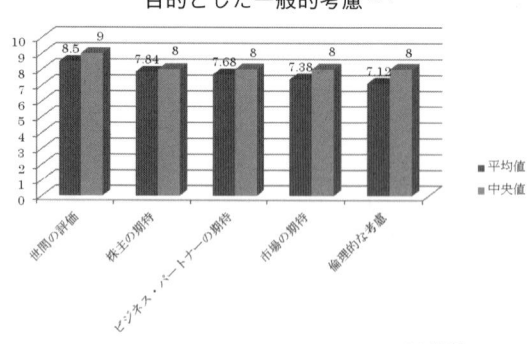

回答数：55

273　PwC, Wirtschaftskriminalität 2011, p. 51.
274　See no. 18 a.（questionnaire）/no. 76（online questionnaire）.

第 1 章　ドイツの経済犯罪の防止のためのコンプライアンス・プログラム

その回答を見てみると，より大きな相違が明らかになった。企業に対する世論の評判が最も重要であり，それに比べると倫理的な考慮は，平均して重要ではない，と判断されている。倫理に関連した中央値は，株主の期待感，ビジネス・パートナーの期待感および市場の期待感（ちょうど8）に関する中央値と同じであるのに，平均値が低いということは，倫理に関する事項に対する各企業の評価が，予想に反して，他の事項に関するものよりもずっと意見が分かれているということを明示しているのである（図60）。

2．コンプライアンスの義務による直接的執行

企業に，コンプライアンス・プログラムを設置する種々の法令が，このプログラムを実施しようとする企業のモチベーション（動機づけ）に対してどのような重要性を持ちうるか，について質問をした。最も低いインセンティブ（動機づけ）の効果しか有しないのは，コンプライアンス・プログラムを設置する法的義務はあるが，その懈怠に対する特別な制裁を欠くというシステムである。これと比較して，制裁を伴う法的義務は，明白に説得力があるであろう（図61）。

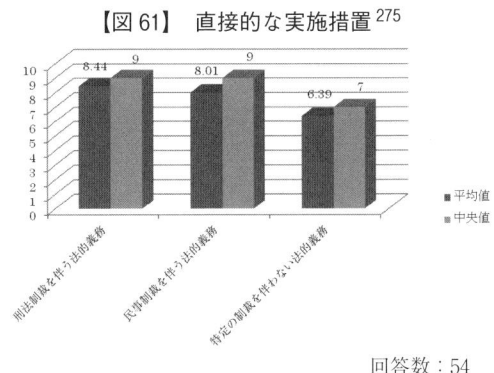

【図61】　直接的な実施措置[275]

回答数：54

民事制裁と刑事制裁の相違点は，大きくはないが，一般的に刑事制裁のほうが，僅かに「より説得力がある」ものと見なされている（図61）。

3．犯罪行為に対する制裁による間接的執行

回答者は，立法者がコンプライアンス・プログラムの創設を強制する規定を立法しない場合，企業によるコンプライアンス・プログラムの実施を動機づける可能性のある種々の間接的な執行措置の有効性について，10段階で（「低いモチベーション」から「高いモチベーション」まで）評価するよう求められた（図62）。これらの間接的な執行措置は，従業員の犯罪行為に対し様々な制裁を科すという警告に基づいている。つまり，回答者は，そのような制裁に対して3

275　See no. 18 b. (questionnaire)/no. 77 (online questionnaire).

【図62】 コンプライアンス・プログラムのための間接的な執行措置[276]

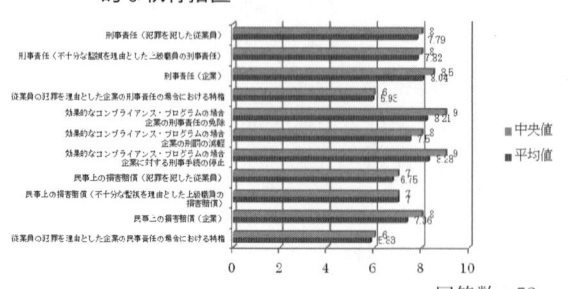

つの相異なるシステムを評価しなければならなかった。その最初のシステムは、実際に犯罪を犯した従業員本人、その上司（不十分な監視を理由とする）、または従業員の犯罪を理由とした企業の刑事責任についての規制に関するものである。第2のシステムは、企業の刑事責任についてのものであるが、コンプライアンス・システムが存在する場合に、従業員の犯罪に関する企業の責任について有利な取扱いをするものである。

コンプライアンスの存在に基づく企業に対する優遇措置には、企業の刑事責任の免責、当該企業に対する刑罰の軽減、当該企業に対する刑事手続の猶予などである。これは、従業員の犯罪を理由として企業が刑事責任を問われうる場合に優遇的な措置をとるものであるが、企業が効果的なコンプライアンス・プログラムを有していることを条件とする。第3の部類のシステムは、犯罪を犯した従業員本人の民事責任および不十分な監視を理由とした従業員の上司の民事責任、あるいは従業員の犯罪を理由とした企業の民事責任についての規制に関連している。

回答は、3つの主要な側面を示している。すなわち、(1)刑事責任：従業員、その上司、あるいは企業の刑事責任であるかどうかにかかわらず、刑事責任は、民事責任以上に企業を動機づけるものと考えられている。(2)企業責任：刑事・民事を問わず、企業責任は従業員本人、さらには、不十分な監督を理由とした上司の責任追及以上に、より企業を動機づけるものと考えられている。(3)最も有効なモチベーション（動機づけ）は、従業員の犯罪を理由とした企業の刑事責任に関する規定の中に見いだされるが、それは効果的なコンプライアンス・プログラムが存在する、企業の責任を除外するか刑事手続を猶予する機会を伴っていることを条件とする。

企業は、効果的なコンプライアンス・プログラムの確立に資する、他のモチ

---

276 See no. 18 c. (questionnaire)/no. 78 (online questionnaire).

第1章　ドイツの経済犯罪の防止のためのコンプライアンス・プログラム

ベーション（動機づけ）について言及する機会を与えられた[277]。以下のような回答があった。

— 企業に対する公的圧力。
— 不十分なコンプライアンス・プログラムを理由とする，企業の代表者，とりわけ，監査役会（「Aufsichstrat」）の責任の拡大。
—「健全な」商取引関係の促進。

Ⅳ．法規制および自主規制

企業に，コンプライアンス・プログラムに関する規則がよりわかりやすいものであることをどのぐらい望んでいるか，について尋ねた。50％以上の企業は，自主規制の余地を残した一般的な基準が導入されることを希望している。20％は，ほとんどの自主規制の余地のない精密かつ詳細な規制を希望さえした。27％の企業のみが，規制のない状態（または精密かつ詳細な規制のない状態）を希望している。これは，約3分の2の企業は，コンプライアンス・プログラムを創設し，また実施するための見本がないという現在の状況に満足していない，ということを意味している（図63）。

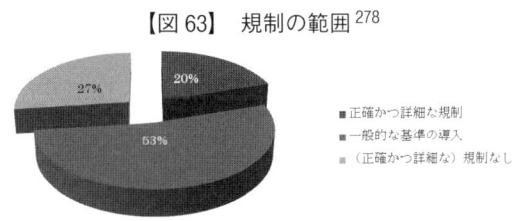

【図63】　規制の範囲[278]

27％／20％／53％
■ 正確かつ詳細な規制
■ 一般的な基準の導入
■ （正確かつ詳細な）規制なし

回答数：54

Ⅴ．他の側面

最後に，アンケート調査は，コンプライアンス・プログラムの改善および／または実施に関し，ほかに考えはないかと尋ねた[279]。回答されたアイデアは少数であり，以下のようなものがあった。

— 事件に関する匿名の報告に対する法的な保護（内部告発者の保護）。
— 社内の監査部門の分立および独立組織（会社の特定の規模に関連する）。
— 入札，株式発行，会計処理に対する明確な規則。
— 一定の職務の雇用についての強制的な身元・背景調査。

277　See no. 18 c (questionnaire)/no. 79 (online questionnaire).
278　See no. 19 (questionnaire)/no. 80 (online questionnaire).
279　See no. 20 (questionnaire)/no. 81 (online questionnaire).

第Ⅲ部　海外6か国の報告書

§3　DAX 30の企業によって発行されるコンプライアンスに関する文書の分析結果

アンケート調査に基づいた報告に加えて，ドイツ証券株式取引所（DAX）に上場されている30の主要な企業（以下「企業」という。）によってインターネット上で公開されているコンプライアンスの文書が分析された。分析は，5つの側面に焦点を当てた。すなわち，コンプライアンス問題のオンラインでの提出，対象となる法律上の問題，対象となる倫理的な問題，情報および報告の構成，ならびにコンプライアンスに関する研修である。この分析は中心的な文書に焦点を当てたので，他の箇所において企業によって実施されている他の措置は，下記分析結果の中では取り上げていない。

A．コンプライアンスとオンライン上の提示

【図64】　インターネット上の公表および文書

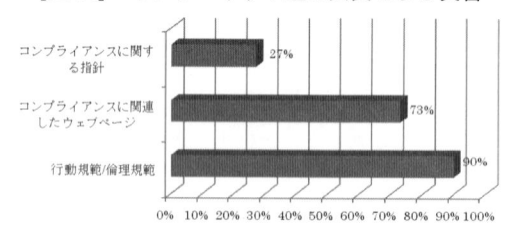

コンプライアンスに関する指針	27%
コンプライアンスに関連したウェブページ	73%
行動規範/倫理規範	90%

まず，本調査は，企業が，インターネット上に公開された文書において，そもそもコンプライアンスの問題を取り上げたのか，取り上げたとして，どの程度詳細に扱っているのか，について分析した。企業の約4分の3は，コンプライアンス問題に特化した個別のウェブページを有している。ほとんどの場合に置いて，このページは簡単にアクセスできるし，目立つ場所に置かれている。しかしながら，いくつかの企業においては，このページは（依然として）見つけにくく，他の問題と一緒に扱われている（図64）。

企業の27％のみが，「コンプライアンス」という専門用語を明示的に使用した指針を有している。他の企業は，ウェブサイト上でコンプライアンスについて言及し，この問題について抽象的かつ短い説明をするにとどまっていることが多い。コンプライアンスに関する指針を有しているものの，コンプラインストは異なる名称をつけている企業もある。「コンプライアンスに関する指針」という表現のほかに，下記の表現が使用されている。

　── 行動規範（Verhaltenskodex）。
　── 行動指針（Verhaltensrichtlinie）。

第 1 章　ドイツの経済犯罪の防止のためのコンプライアンス・プログラム

── 倫理規範（Ethikkodex）。
── 廉潔的行動指針（Richtlinien für Integres Verhalten）。
── 企業規範（Unternehmenskodex）。
── 行動規範（Code of Conduct）。
── 倫理規範（Code of Ethics）。
── 商取引行為に関する指針（Business Conduct Guidelines）。

　これらの企業の約50％がドイツ語による用語を利用している一方で，他の50％は，英語による用語を利用している。企業の90％は行動規範などの文書を有している。コンプライアンスに関する指針を有している企業には，このような文書も有しているところがあるからである。2社のみが，コンプライアンスの基準のみならず，これに類する文書も有していなかった。これに関連して，専門用語の混乱が多少生じているが，実質的にコンプライアンスは，主要な企業の中でほとんど普遍的な存在となっている。

B．対象とされる法律上の問題

　第2段階として，コンプライアンス文書は，対象とされる法律分野または問題に関して分析された。あらゆる企業によって取り上げられた最も顕著な問題は，汚職である。さらに，多くの企業は，利益相反（93％），インサイダー取引（90％），競争法／反トラスト法（87％）および労働法（87％）を取り扱っている。資金洗浄（40％），輸出規制（37％），詐欺（30％）およびテロ資金供与（20％）の問題は，それほど重要な役割を与えられていない。分析の結果，「コンプライアンス」の用語の下で，刑事法，民事法および行政法の分野の種々の側面が一緒に取り扱われていることが看取できるが，このうちでは刑事法が明確に重要と見られている（図65）。

【図65】　対象とされる法律上の問題

テロの資金調達　20％
詐欺　30％
輸出管理/外国貿易法　37％
不正資金浄化　40％
製品の安全性　47％
真実の文書/報告　50％
著作権法　57％
情報保護法　80％
企業資産の保護　80％
労働法　87％
競争法/独占禁止法　87％
インサイダー取引　90％
利益相反　93％
汚職　100％

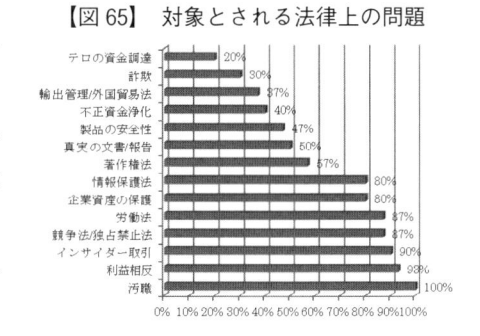

C．対象とされる倫理的問題

　コンプライアンスに関する文書は，対象とされる法律的な問題に加えて，どの程度まで他の側面を扱っているかが分析された。その結果，法規制を伴うコンプライアンスが，対象とされる唯一の側面では到底ないことが示された。企

第Ⅲ部　海外6か国の報告書

【図66】　対象とされる倫理的問題

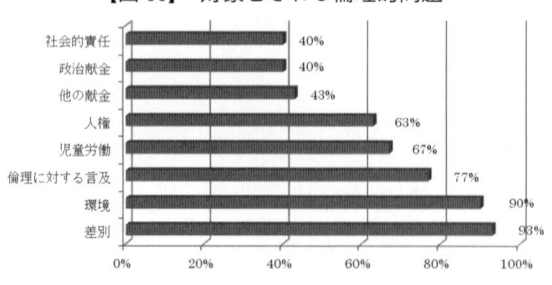

- 社会的責任　40%
- 政治献金　40%
- 他の献金　43%
- 人権　63%
- 児童労働　67%
- 倫理に対する言及　77%
- 環境　90%
- 差別　93%

業等の圧倒的な大多数は，差別（93％）および環境の保護（90％）の問題を扱っている。倫理問題に関しては，77％の企業が扱っている。企業の3分の2は，児童労働および人権の問題について取り上げている。（政治）献金およびその他の社会的責任とされるものについては，それほどの重要性を有していない。

D．情報および報告体制

関連するコンプライアンスの規則および内容に関する説明に加えて，コンプライアンスの文書は，従業員がさらなる情報を取得し，事件を報告することができる方法について扱っている。企業の27％は，何らかの種類のオンブズマンを備えている。オンブズマンは，一定の限度においては，コンプライアンスの問題に関するさらなる情報取得を目的として連絡を受けるが，主に事件の報告を目的として連絡を受けるのである。これらの企業の37％は，さらなる情報を獲得するために従業員によって利用される情報伝達体制を確立している。とりわけ，従業員が，一定の行動が許されるどうかについて疑問を抱いた際，この体制を利用して情報を得ることができる。さらに，これらの企業の約3分の2は，事件が報告される緊急用直通電話あるいは電話相談サービスを実施している。ほとんどすべての場合において，報告がなされたことは秘密にされる

【図67】　情報および報告に関する構造

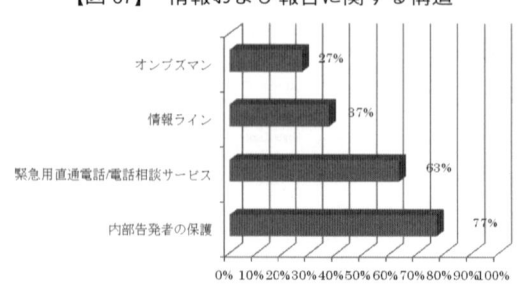

- オンブズマン　27%
- 情報ライン　37%
- 緊急用直通電話/電話相談サービス　63%
- 内部告発者の保護　77%

し，匿名で行うことが可能な場合もある。企業等の77％は，内部告発者の保護に関する問題について取り組んでおり，少なくとも内部告発者に対して報復が許されないことは，明確にされている（図67）。

E．コンプライアンスに関する指導

最後に分析さたのは，研修および指導の範囲である。企業等の87％は，研

240

第1章　ドイツの経済犯罪の防止のためのコンプライアンス・プログラム

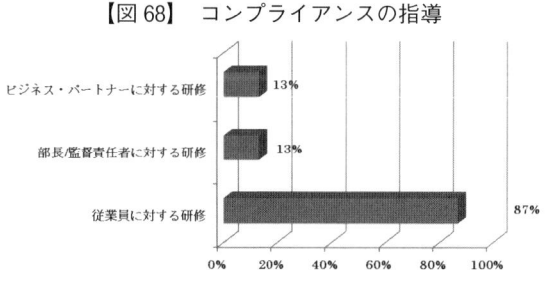

修等の対象グループが通常の従業員だとしている。指導上の措置は，情報に関する会合，コンプライアンスの指針／行動規範の配布，特別な便覧または冊子の配布などである。いくつかの

【図68】　コンプライアンスの指導

ビジネス・パートナーに対する研修　13%
部長/監督責任者に対する研修　13%
従業員に対する研修　87%

企業において，従業員に対して定期なニュースレターが発行されている。対面的な研修は，ウェブによる研修や電子学習プログラム等と同じように，きわめて一般的である。従業員の特別なグループ，とりわけ，新規に雇用された従業員に対する特別な研修がしばしば存在する。いくつかの企業は，特定の期間（例えば，3年間）ののち，いわゆるリフレッシュ研修を提供している。さらに，複数の企業は，学習の達成状況を確認する目的で，アンケート調査などの調査を実施している。

コンプライアンスに関する文書の13%のみが，管理職レベルにおける研修について特に言及している。ただし，新しい管理職員に対する特別な研修コースは別である。従業員を指導する管理職の責任が，ときどき付随的に言及されている。また，企業等の13%が，ビジネス・パートナー，とりわけ，供給業者に対する研修を実施している。これらは，ワークショップ方式の研修のみならず，ウェブに基づいた研修も含んでいる。

文書およびウェブサイトは研修措置を詳細には扱っていないが，コンプライアンスの研修が，主として（上級）管理職レベル以下の大多数の従業員等のために設計されていることは，明確となっている（図68）。

§4　概要および結論

●A．調査における現在の状況および研究のアプローチ

コンプライアンス・プログラムと類似のシステムは，ドイツにおける大企業および中小企業で普及している。コンサルタント会社の研究および他の経済文献の研究は，企業犯罪の予防から企業の評判の向上までの様々な目的のための幅広い制度の活用を示している。最近の画期的な学術研究では，経済犯罪に対する新しい刑事政策の中でこれらのプログラムを活用できるようバランスの良

241

い概念を構築した。

　しかしながら，ドイツおよびヨーロッパの立法者は，今までこれらの概念の提案を取り上げていなかった。この事実の主な理由は，プログラムの構造および重要な部分と，企業犯罪の防止および探知のためのプログラムの機能や価値に関する立法者への事実情報の不足があった。加えて，数多くの問題がまだ未解決である。例えば，これらのプログラムは，経済犯罪の防止および探知における新しい効果的なアプローチへのパラダイムシフトを示し，従来の国による訴追を改定する新しい自主規制規範の制度を示唆しているのか。それとも，単に企業にとって「上辺の飾り」の役割を果たし，コンサルタント会社にとって，細かい統計情報を含む鮮やかな研究資料を提供する新しい手段を通じた収入源なのだろうか。最終的に，この民間企業のコンプライアンスへの新しいやり方は，刑法と組み合わせた企業に対する規制による制裁措置の制度によって，従来の犯罪を実行した加害者とその管理責任のある上司に対し公訴を提起する国による訴追の制度にどのように取り入れるのか，が課題である。

　本調査は，ドイツにおいて，はじめての独自の実証的な科学研究プロジェクトであり，コンプライアンス・プログラムの状況および内容を分析するのみならず，経済犯罪に関する防止と訴追に対する効果，さらに，従来の刑事司法制度への統合について分析している。この調査は，詳細なアンケート調査を伴う実証的調査に基づいており，5,000社以上の企業にアンケートが送付され，分析によって精査された88社による回答が得られた。さらに，この調査結果は，日本，中国およびイタリアにおいて国際的な学者のネットワークが行った並行調査の文献にも統合されるほか，オーストラリア，英国およびアメリカ合衆国における追加の研究にも統合されているのである。

● B．実証的調査の結果
　Ⅰ．ドイツにおけるコンプライアンス・プログラムの状況
　この実証的調査・研究により，ドイツにおけるコンプライアンスが経済部門において明確に前進していると示されている。下記の主要な特徴は，コンプライアンスの現在の状況を表している。

　1．コンプライアンスは，大企業，特に株式公開会社にとって経済活動の一般的な一部となっている。これらの企業が問われているのは，コンプライアンスに投資するかではなく，どのように投資するか，ということである。他の企

第1章　ドイツの経済犯罪の防止のためのコンプライアンス・プログラム

業に関しては，平均で66％の企業がコンプライアンス・プログラムを設けているため，問題点はもっと多様化している。企業が小さいほど，コンプライアンス・プログラムを有している可能性が低くなる。最近，コンプライアンス・プログラムを有する企業の多くは，そのプログラムを改善している。

　2．企業のコンプライアンス・プログラムに含まれている分野は，かなり限定されている。最も一般的かつ重要視されている分野は，汚職，競争法／独占禁止法，および窃盗，詐欺等からの企業資産の保護である。これにより，企業にとってコンプライアンスは，主に「刑事コンプライアンス」を意味するということが看取できる。しかしながら，これらのプログラムは，単に法規制に触れるのだけではなく，同時に倫理的な側面も含んでいる。したがって，コンプライアンスは，企業倫理に対して密接な関連性も持っている。

　コンプライアンス・プログラムのために選ばれたテーマは，過去10年間の間に起きた有名な事件で明白になった独占禁止法および汚職の分野における実質的な制裁を課せられるリスクの高いものが基本として取り上げられている。しかしながら，この基本として取り上げられたコンプライアンスのテーマの選択は，一般企業において現実的に重要な法的リスクが含まれているのか，疑問である。したがって，実際問題として，コンプライアンスは，企業におけるすべての種類の法違反に対して，防止および探知する全般的なアプローチではないのである。

　3．多くの国において，コンプライアンスは，特にコンプライアンス部門の確立またはコンプライアンス責任者の任命等，組織対策によって実施されている。コンプライアンスのテーマに関連する業務に従事する従業員の人数は，もちろん，企業の規模にもよるが，けっして多いというわけではないのである。しかしながら，真剣にコンプライアンスを企業全体に効果的な仕組みとして実施すると理解するのであれば，少数の従業員で実施が可能であるかどうか，懸念するところである。

　4．企業は，コンプライアンスを説明するための様々な措置を講じているが，その中で研修やセミナーが最も重要な説明方法である。コンプライアンス・プログラムを有する企業の半数は，外部の専門家，特に弁護士等を含み，プログラムに対しての相当な費用を投資する心構えがある。研修方法の多くは，学習成果をもたらすテクニックを含む最新の教育基準に適合している。

　5．企業は，法令違反の探知のための様々な措置を講じ，その中で最も一般

的で重要なのは，内部監査である。約半数の企業は，匿名の通報を目的とするホットライン制度を設けている。これまでの調査と比較して，この措置に対する受入れは増加傾向にある，と捉えられる。

6．事件の調査（コンプライアンスに関する調査）を目的として，大半の場合，企業は，コンプライアンス・プログラムの一部として標準化された手続に対する規則を設けていない。しかしながら，一定の企業は，調査の実施に関する規則を設けでおり，個別案件ごとに判断しているわけではない。多くの調査は，社内の部署によって実施され，その調査の69％に関しては，内部の監査部門によって実施されている。さらに，事件の約4分の1については，外部の専門家が関与しているのである。

Ⅱ．コンプライアンス・プログラムの実施

本調査が示すところによれば，多くの企業が自社のコンプライアンス・プログラムは，すでに効果的に機能していると感じているが，改善の余地がある，と考えている。コンプライアンスの実施を強化できるすべての法的措置のうち，企業の刑事責任が最も効果的な措置と思われている。

1．コンプライアンス・プログラムについて尋ねられた際，企業は，自社のコンプライアンス・プログラムは全般的に見てきわめて効果的なものとして断定するには消極的である。その一方で，個々のコンプライアンス措置は高く評価されている。「経営陣の基本姿勢」および良き道徳的基準は，最も効果的な措置として捉えられている。次に，コンプライアンスに関する研修と統制措置が効果的だと思われている。これに関連して，十分な研修と統制措置を有するトップダウンによる良き倫理の文化の促進は，有効なコンプライアンス・プログラムにとっての手掛がかりのようである。

2．既存の法的措置のうち，違法行為をした従業員の刑事責任が，企業における法的および倫理的な規則を伴うコンプライアンスの促進を目的とする最も有効的な措置と見なされ，加害者に対する民事上の損害賠償が次に効果的な措置と見なされている。企業に対する民法上の損害賠償が第3位であり，規則違反に基づいた既存の対応方法よりも，明らかに効果的と評価されている。

3．立法者によっての刑事法アプローチは，コンプライアンス・プログラムを実施するための高いモチベーションと見なされている。これは，コンプライアンス・プログラムの実施が強制的な義務であるため，直接的な解決策に該当する。この義務に刑事制裁が伴うほうが，制裁のない解決方法または民事法の

第1章　ドイツの経済犯罪の防止のためのコンプライアンス・プログラム

制裁より高いモチベーションをもたらすことになる。上記の考えは，間接的に実施させる解決策に対しても同様に言える。コンプライアンス・プログラムの実施の志をもっと容易にさせるには，企業の刑事責任の方が従業員または上司の刑事責任や民事法上の解決策よりも効果的である。

　最も高いモチベーションを起こさせるためには，企業がすでに効果的なコンプライアンス・プログラムを整備している場合は，企業責任を免除する，または法的手続の停止を許可する等，企業の刑事責任の規定を設けることが必要である。

　4．企業の約4分の3は，コンプライアンス措置に関する法規制を歓迎している。大半の企業は，一般的な基準の導入を希望し，一定の企業はさらなる詳細な規制を希望している。

●C．刑事政策に関する仮説
Ⅰ．実証的調査の限界

　この実証的調査は，企業犯罪に対してのコンプライアンスの考えに基づいた刑事政策の発展につながる事実を提供することを目的とした。一定の事実および専門家の個別的な意見を上回る解釈は，この研究から推測されてはならない。それにはいくつか理由がある。まず，実証的に実施された企業内の専門家に対するアンケート調査のみを基礎としてコンプライアンスの考えに基づいた新しい刑事政策に関する決定をすることはできず，様々な分野からのより多くの情報および価値観に基づいた決定が必要とされる。さらに，この調査の回答者として抽出された標本数は比較的少なかったうえ，回答の結果，解釈および結論について，回答者との個別面談による検討がいまだなされていない。

　しかしながら，この調査結果は，様々な企業を含む幅広い標本およびビジネス界を代表する88名の深い造詣を有しかつ地位の高い調査対象者の専門知識に基づいている[280]。そのため，彼らの回答は，将来の立法政策において，一定の仮説を支持する（または反対する）貴重な根拠になりうる。そして，この仮説は，本調査が将来行う比較研究フェーズや，調査に回答して下さった方と

---

[280] 調査を受けた企業等の選択に関しては，図5-10を参照。回答者の役職に関しては，図11-13を参照。図表13によると，回答者の約80％が，執行役員会，最高経営責任者または最高財務責任者に対して報告している。平均して，回答者は，コンプライアンスのトピックに関して8.7年の経験を有している。（図14）

の個別面談(今後実施する予定),それに,法律家,経済学者,犯罪学者および法律関係の政治家等との学際的な対話を通して分析されていかなければならない。本実証的調査で得られた仮説の一部として,下記の10の推定(太字で記載され,続いてそれぞれの論拠,特にアンケート調査に対する回答における情報源)が挙げられている。

II. 法政策のための実証に基づいた推定

1. **コンプライアンス・プログラムは,経済犯罪の防止および探知において重要な手段となりうる。**

a) 本分析は,まず,最近の実務においてコンプライアンス・プログラムが幅広くかつ数多く適用されているという結果を通して,同プログラムの重要性を明らかにした。回答企業の3分の2は,コンプライアンス・プログラムを有している[281]。企業は,主に法律の改正に適応するため,これらの(コンプライアンス)システムを変更しているが,これは,このシステムを重要視している証拠でもある[282]。これに加え,これらのプログラムに対する投資は,巨額とはいえないものの,相当額に上っている[283]。さらに,コンプライアンスに関する指導方法は,先進的であり,その内容の水準は管理されている[284]。担当部署の約78%は最高経営責任者に対して報告し,28%は最高財務責任者に対して報告し,19%は(さらに)監査役会に対して直接に報告している。これにより,回答企業にとってのコンプライアンス・システムの重要性がさらに示されている[285]。回答企業がコンプライアンス・プログラムを導入している割合(66%)は,倫理規範の導入(63%),企業統治規範の導入(57%)及び企業の社会的責任の制度の導入(44%)の割合を上回っている[286]。

コンプライアンス・プログラムは,刑事法(81%)の規定の遵守の確保を目的とするものが特に多く,そのあとに,倫理の規則(78%),秩序違反法(67%),民事上の損害賠償の規定(52%)そして行政法(22%)の遵守を目的とするものが続いている[287]。これらのプログラムは,汚職および独占禁止法

---

281 See figure 15
282 See figures 54, 55.
283 外部の研修専門家に対する費用に関しては,図表24,25参照。
284 See figure 22, 23, 26, 27.
285 See figure 20.
286 See figure 15.
287 See figure 18.

第1章　ドイツの経済犯罪の防止のためのコンプライアンス・プログラム

の分野において，実質的な制裁措置が課されるリスクを重視した内容になっている[288]。犯罪の防止および探知を目的とするプログラムは，そのような措置を取る法的な義務が課されていることが，その導入のモチベーション（動機）となっていることが多い[289]。10段階（10が「高いモチベーション」で1は「低いモチベーション」のランク付け）でこれらのプログラムの導入のための一般的な要因の重要性を評価する際，企業は，特に企業の評判（8.5），株主の期待感（7.8），ビジネス・パートナーの期待感（7.7），市場の期待感（7.4）および，倫理的価値観（7.1）[290]に焦点を合わせている。しかしながら，コンプライアンス・プログラムの導入に関してこれらの追加的な目的が挙げられているといっても，企業犯罪の防止および探知が本プログラム導入の本来の目的であることに変りはない。

b）さらに，企業は，コンプライアンス・プログラムの改善が，違法行為の防止および探知によい変化をもたらしたか否かについて，10段階（10が「かなり変化した」）で1は「あまり変化していない」のランク付け）で評価を求められた際，多少肯定的（6.7）な評価をした[291]。10段階の評価（10が「かなり効果的」）で1は「あまり効果的ではない」のランク付け）で犯罪の防止および探知におけるコンプライアンス・プログラムの総合的な有効性に関しての回答者の評価は，6.9の平均的な評価を得た[292]。しかしながら，この評価を解釈する際，考慮に入れるべき点は，回答者は，有効性を評価する際に，一般的で「理念的な」コンプライアンス・プログラムの有効性を評価したのではなく，抽象的な制度に比べて評価が容易な自社の具体的な制度の有効性を評価したということである。また，回答した企業の38％は，このプログラムをさらに改善する意向であった[293]。

犯罪の防止および探知のための具体的なコンプライアンス措置に対して肯定的な評価がなされているが，この点は，10段階の評価（10が「非常に重要」で1は「重要ではない」のランク付け）において，回答者が，企業の情報や教育についての措置（特に，セミナー（8.4），文書化された行動基準（8.1）および個別

---

[288] See figure 17.
[289] See figure 61.
[290] See figure 60.
[291] See figure 56.
[292] 図表59の下の原文を参照
[293] See supra §2 C II. 3. a).

面談（8.0）等）の重要性を高く評価していたことで証明されている[294]。また、特にコンプライアンス責任者やコンプライアンス部門（8.2）または匿名の通報（7.2）による犯罪の探知に対しても同様のことが言える[295]。他の回答によると、いくつかの特定のコンプライアンス措置の有効性（例えば、評価9.4の「経営陣の基本姿勢」または評価9.2の優良な道徳的基準等）は、一定の法的制裁（例えば、企業に対する刑事法制裁の措置〔評価6.7〕、または加害者に対する民事上の損害賠償〔評価7.3〕）よりも高く評価されている[296]。したがって、コンプライアンス・プログラムとその様々な内容の有効性に対する高い評価は、犯罪の防止に対する既存の法的措置の有効性に匹敵するものとなっている[297]。

2．経済犯罪の防止および探知に対する有効性が特に高い特有なコンプライアンス措置を特定および定義することが可能であり、それゆえ、法律上のコンプライアンスの概念に盛り込むこともできる。

コンプライアンス・プログラムが立法政策の概念において用いられる場合、ある程度（法律上果たす機能に従い）定義されなければならない。この調査は、その定義が可能であることを示している。

企業のコンプライアンス措置が従業員による違法行為の防止について有する有効性について10段階で評価するよう求めた質問に対する回答は、効果的な措置および施策が存することを示す説得力のある実例を提示した。これらは、「経営陣の基本姿勢」(9.4)、優良な道徳的基準 (9.2)、従業員に対する通知 (8.5)、内部監査 (8.3)、コンプライアンス責任者 (8.3)、コンプライアンスの研修 (8.2)、内部制裁の措置 (8.1)、倫理の説明 (8.0)、内部告発者の保護 (7.6) およびホットラインなどの通報手続 (7.6) であった[298]。

同時に、経済犯罪のための探知措置のランク付けでは、次のとおりの結果が出た。コンプライアンス部門の設置 (8.6)、内部監査 (8.2)、匿名の通報 (7.2)、オンブズマン (6.4)、外部監査 (5.9) およびホットライン (5.8) である。一方では、報酬は効果的であると見なされておらず、その評価は、わずかな2.2であった[299]。

---

294 See figure 23.
295 See figure 29.
296 See figures 52, 57 and infra.
297 後者に関しては、6以下および10、さらに図52を参照
298 詳細については、図57-59参照
299 See figure 29.

第 1 章　ドイツの経済犯罪の防止のためのコンプライアンス・プログラム

　企業は，自らの実務においては，特に内部監査（70％），コンプライアンス部門（64％），外部監査（54％），匿名の通報（50％），オンブズマン（49％），ホットライン（48％）および報酬（30％）を利用している[300]。このように，これらの措置をより深く分析し，さらに重要なことであるが，一般化することにより，これらの概念を法的概念に適用し，インセンティブ（動機づけ）または義務づけを伴う措置にどのようなものが必要かを判断する一助とすることができる。

　3．経済犯罪に対する将来のコンプライアンスに基づいたプログラムおよび刑事政策においては，従業員の保護に関する規則も含めて，探知手続をより重視するべきである。

　企業が10段階の評価で，コンプライアンス・プログラムは違法行為探知のための調査に効果的であったかについて尋ねられた際，平均値はわずか6.6であった[301]。同時に，ほとんどの回答は，多数のコンプライアンス措置が法令違反の事件に対して明確な規則，責任および手続を含んでいないことを示していた。これが，上記の質問において，探知措置に対する評価が低いことの理由なのかもしれない。しかしながら，企業の55％は，コンプライアンス・プログラム以外の場で，この点に関する特別な規則および／または手続を有している，と回答した。

　社内調査の場合，企業の約80％は，従業員に対し，その供述が刑事訴訟で不利な証拠として用いられうることや，自己に刑罰が科される根拠となりうる場合，黙秘できることを告知している[302]。企業の61％は，従業員は完全に調査に協力する，と期待していた（その一方で，企業の39％は回答を回避した。）。関連企業による企業犯罪の探知および調査を改善するためには，関連する手続は，会社の規則によって規律されるべきである。そして，コンプライアンス措置に関する法的なインセンティブ（動機づけ）の場合には，法律による規律も必要である。

　4．可能なかぎり，立法者は，コンプライアンス措置に関し，各企業が自主規制できる余地を残して，一般的な規範の形で規定を制定するべきである。

　立法者がコンプライアンス・プログラムの導入を目的とする法的義務または

300　See figure 28.
301　図 45 と関連した原文参照
302　See figure 48.

インセンティブ（動機づけ）を導入するとした場合，回答者は，下記のような様々な実施方法の有効性を次のように評価した[303]。まず，企業の50％以上は，自主規制を可能とする一般基準の導入を希望した。

企業の20％は，自主規制の可能性の余地のない明確で詳細な規定の方が良い，とさえ回答した。27％の企業のみが，明確で詳細な規定を必要しない，と述べた。したがって，企業の約3分の2は，コンプライアンス・プログラムの導入と実施のための明確な法的枠組みが存在しないという理由から，現在の状況に不満を抱いている。

5．コンプライアンス措置を効果的に実施するためには，自由意思や単純な法的義務だけに頼らず，コンプライアンス違反のための制裁および／または効果的なコンプライアンス・プログラム導入に対する「報酬」等，インセンティブ（動機づけ）も伴わなければならない。

措置の実施を確保するメカニズムが必要であると考えられているという仮定は，以下の調査結果に基づいている。すなわち，コンプライアンス・プログラムを導入すべき単純な法的な義務は，回答者による10段階の評価（10が「高いモチベーション」で1は「低いモチベーション」のランク付け）で，6.4の評価であったのに対して，民事上の制裁措置を伴う法的義務は8.0，刑事制裁の措置を伴う法的義務は8.4と評価されたのである[304]。

6．企業に対して，具体的なコンプライアンス措置の導入する法的義務を課し，コンプライアンス違反の場合，民事制裁または刑事制裁を課すことは，企業においてコンプライアンス・プログラムを実施する最も有効な手段であるが，同時に企業に対してかなりの負担を押し付けることになる。

10段階の評価（10が「高いモチベーション」で1は「低いモチベーション」のランク付け）でコンプライアンス・プログラムを導入するための法規制の重要度の評価を求めた際の回答によると，コンプライアンス措置の導入を目的とした最も高いモチベーションは，コンプライアンス措置の直接的な導入を強制させる法的義務で，コンプライアンス違反において民事制裁および刑事制裁を伴っているものによって与えられる，と考えられている。上記のとおり，民事上の制裁措置を伴う法的義務は8.0として評価され，刑事制裁の措置を伴う法

---

303 See figure 63.
304 See figure 61.

第1章　ドイツの経済犯罪の防止のためのコンプライアンス・プログラム

的義務は8.4として評価されている[305]。

　これは，上記の単純な法的義務の評価（評価6.4）よりもはるかに高い数値であり，以下の7および8において言及される間接的な実施措置よりもわずかに高い数値となっている。

　しかしながら，同時に，コンプライアンス措置に関する様々な構成要素についての回答は，効果的なコンプライアンス・プログラムの確立が簡単な作業ではないことを示しており，特に経済界の幅広い分野で要請される場合は，かなりの負担となる[306]。そのため，上記に挙げられた回答者による明確な法的義務の希望にもかかわらず，企業に幅広い法的義務を課すことが適当か否かを，規範に関する基準（比例原則等）に照らして検討する必要がある。

　この検討に際して，コンプライアンス・メカニズムを実施するために，より強制的・制裁的でない他の類似した効果的なシステムが存在するのかどうか，を知る必要がある。さらに，このような類似したシステムは，刑事制裁を伴う具体的なコンプライアンス措置の導入の法的義務づけが，様々な業務内容やリスクを背負っているあらゆる形態の企業に適用されることとなった場合，刑法の明確性の原則（罪刑法定主義）に反することとなることから，このような義務づけができない場合，代替措置として重要であるかもしれない。

　したがって，コンプライアンス措置が欠けていることが不十分な対応につながったと証明され，かつ，企業側の組織的監督の不十分さによって従業員の犯罪が犯された場合にのみ制裁を課すという，もっと寛大かつ柔軟なシステムをも整備するのが好ましいのではないか。

　7．a）間接的な執行措置とは，従業員が犯罪を犯した場合にかぎり，企業のコンプライアンス・プログラムの欠如に制裁を課するという意味である。そのため，これらの間接的な執行制度は，すべての企業に対して同じように拘束力を有している直接的な執行措置よりも制裁的でなく，より柔軟性なものである。

　b）従業員によって犯罪が犯された場合における制裁のリスクは，コンプライアンスの管理体制の確立に対する強力な（「間接的な」）インセンティブ（動機づけ）である。このような間接的な執行に対する最も強力なインセンティブ

305　See figure 61.
306　See above no. 2 and figures 28 and 29.

第Ⅲ部　海外6か国の報告書

（動機づけ）は，従業員が犯罪を実行した場合に当該企業の刑事責任を追及するという威嚇によって生じる。

　拘束力を有する規則による直接的執行と対照的に，間接的執行措置（従業員が犯罪を犯した場合のみ，コンプライアンス措置の欠如に制裁を課すこと）は，対象企業に対し，より高い柔軟性を提供し，違反行為と調査の件数をコンプライアンス・プログラムの欠如の結果，犯罪が引き起こされた事案のみに限定することができる。したがって，間接的な執行メカニズムは，制裁措置を伴う直接的な執行措置よりも侵害的ではないのである。

　回答者は，様々な種類の間接的執行措置の有効性を，その性質および対象者によって種類ごとに評価した[307]。回答によると，10段階の評価（10が「高いモチベーション」で1は「低いモチベーション」のランク付け）で，最も高いモチベーションは，企業の刑事責任の制度（8.0），次に，違法行為を行った従業員及びその上司を罰する刑事責任の制度（両方とも7.8）であった。コンプライアンス・プログラムにおいて有効性が低いとされた間接的な執行の制度は，企業に対する民事上の損害賠償（7.4），上司に対する民事上の損害賠償（7.0）および違法行為を犯した従業員に対する民事上の損害賠償（評価6.8）であった。

　しかしながら，この結果は，図62に示されているように，コンプライアンス・プログラムへのモチベーションに資する措置の中で企業の刑事責任を追及する制度が首位を占めているということが，図52で挙げられている回答と矛盾しているのではないか，と疑問を抱かせる。図52によると，企業に対する刑事制裁は，法令および倫理的規則の遵守を確保するには，企業に対する民事上の損害賠償，または犯人に対する刑事制裁ほど効果的ではないと考えられている。しかしながら，これらの結果は，矛盾するものではない。その理由は，（質問62の対象である）企業は，コンプライアンス・プログラムへの責任を有しており，そのため，それぞれの義務や制裁の第1の対象者になる一方で，法的および倫理的な規則に従うことが求められているのは，実際に行為を行う（質問52の対象である）従業員だからである。これに加えて，図52における低い評価は，「本来の意味での」企業の刑事責任制度が存在しないという現在の状況を示している。

　したがって，図62における（刑事制裁の）高い得点は，秩序違反法第30条

307　See figure 62.

第1章　ドイツの経済犯罪の防止のためのコンプライアンス・プログラム

による既存の企業に対する過料制度が，新しい刑事制裁の制度やより高額な過料制度に比べて効果的でない，と考えられていると解釈することが可能である。

8．刑事制裁，とりわけ，企業の刑事責任の追及制度によるコンプライアンス・プログラムの間接的執行は，効果的なコンプライアンス・プログラムを確立した企業に対する明白な優遇措置が刑事法規定に伴っていれば，かなりの増加が見込まれる。

　本調査は，適切なコンプライアンス・プログラムの確立に対するモチベーションの強化が，優遇の種類および対象者に関連していることを示している。コンプライアンス・プログラムのための最も効果的な間接的執行制度は，下記のとおりである。

　コンプライアンス・プログラムのための最も効果的な間接的実施制度は，下記のとおりである。刑事手続の猶予と組み合わされた企業に対する刑事責任追及制度（評価8.3）または適切なコンプライアンスの管理体制がある場合，企業に対する刑事責任から除外（評価8.2）[308]。この組合わせには，刑事制裁の措置と併用した直接的な実施規定に関する上記措置（6を参照）と類似する評価（8.4）がなされた。

　企業に対して言い渡す刑罰の減軽（7.5），企業の刑事責任についての一般的な形態で定められた「優遇措置」，または企業の「民事責任の場合についての優遇措置」（5.8）は，それほど効果的ではない，と見なされた[309]。

9．適切なコンプライアンス制度を有する企業に対する優遇は，企業の刑事責任に対してのみ規定されるべきである。この優遇措置は，違法行為を実行した従業員の刑罰に対し適用されるべきではない。これと比較して，従業員の上司は，刑事法の一般規範に従い，効果的なコンプライアンス・プログラムから自動的に恩恵を受ける。

　この調査では，効果的なコンプライアンス・プログラムを有する企業における活動する従業員の優遇措置のあり方に関し，具体的な質問をしていない。しかしながら，加害者に対する刑事制裁の有効性に関する回答者の高い評価（7.6）を考えると[310]，加害者に対する刑事法の抑止効果は，うまくいっているコンプライアンス・プログラムを有する環境において実行された犯罪行為に対

308　See figure 62.
309　他のオプションとして図62参照
310　See figure 52.

し優遇措置を与えることによって軽減されてはならない，ということが明確である。従業員に対する優遇措置を設けないとするこの結論は，規範的な根拠によっても正当化される。コンプライアンス・プログラムで設けられた犯罪防止のための安全保障の措置を回避してまで犯罪を犯したという事実は，加害者により多くの「罪を犯すエネルギー」があったことを示し，刑罰の軽減よりも，むしろ加重を正当化するのである。

管理責任者である上司の優遇措置に関しても，本調査は，特に質問を設けなかった。しかしながら，コンプライアンス・プログラムにより可能となりうる減軽効果は，実は，一般的な法規範の原則の適用により，必然的にもたらされるものなのである。なぜならば，上司の刑事責任は，具体的な従業員による違法行為に関する監督不足および組織による防止策の整備不足の理由を根拠とするものであるから，コンプライアンス・プログラムが（内容が一般的であるにせよ）存在するという事実自体が，明文の規定はなくても，上司の刑事責任の成立に直接的影響を及ぼしうるのである。

この肯定的な効果は，さらに明文の規定の有無にかかわらず，企業においてコンプライアンス・プログラムを実行しようとする管理責任者のモチベーションを強化する。

10. 結論として，経済犯罪に対する最も効果的な管理体制は，下記の事項の集積である。

(a) 上述の，企業の刑事責任に対するコンプライアンスに基づいた優遇と組み合わせた，企業の刑事責任追及制度，

(b) 行為者の刑事責任に関する伝統的制度，および

(c) 管理義務を果たさなかったことによって従業員による犯罪が生じた場合の，上司の刑事責任の追及制度

6で言及されたように，本調査は，コンプライアンス・プログラムの確立のためのものだけでなく，不法行為の防止を目的とした様々な法的な管理体制の有効性を評価した。10段階の評価（10が「効果的」で1は「効果的ではない」のランク付け）で責任に関する様々な管理体制が評価された[311]。これにより，加害者に対する刑事制裁の措置に関する有効性の評価（7.6），上司に対する刑事制裁の措置に関する有効性の評価（6.9），および企業に対する刑事制裁の措置

---

311 See figure 52.

第1章　ドイツの経済犯罪の防止のためのコンプライアンス・プログラム

に関する有効性の評価（6.7）が得られた。加害者に対する民事上の損害賠償は7.3として評価され，上司に対する民事上の損害賠償は6.5として，さらに企業に対する民事上の損害賠償は7.1として評価されている。これらの位置づけは，措置を組み合わせることによって，同時にコンプライアンス・システムに対する優遇措置を確立することによって向上する可能性がある。これらの措置を集積して利用することに対する一般的規範における異議（理論的な問題）は存在しないし，これらの相異なる責任の枠組みのそれぞれの体制は，それぞれに特有な正当化理由を有しているものであるから，これらのシステムすべてを組み合わせて利用することも可能である。

Ⅲ．結　論：仮説の概略

本実証的研究および多少の理論的検討は，経済犯罪に関するコンプライアンスに基づいた政策に関して，以下の仮説について実証的な理由づけがなしうることを示している。この仮説は，3本の柱から成る。

1．特定の危険および特定のコンプライアンスの施策を要する経済犯罪の特定の分野（例えば：資金洗浄の分野）に関して，法律は，特別または一般的な規範（自主規制の余地を残す）によって必要なコンプライアンス措置を直接に規定し，その措置を取るよう要求するべきであり，さらに，この規範が十分な明確性を有する場合には，行政罰または刑事罰を伴う法的義務を課すべきである。

2．特別な規制のほか，企業に対する一般的なコンプライアンスに基づいた制裁措置のシステムを，できるかぎり企業の刑事責任を伴ったうえで確立する必要がある。このシステムは，従業員の犯罪に対する責任を企業に負わせる帰責性に基づいていなければならないし，追加的な要件として，当該企業の組織的な義務の懈怠にも基づかなければならない。後者の要件の論理的な帰結として，このシステムは，適切なコンプライアンス・システムがある場合，当該企業に対する制裁措置を免除するか，もしくは軽減する特別な規定を有するべきである。さらに，この優遇制度は，各種コンプライアンス措置について一般的に規定していなければならない（自主規制の余地を残す）。つまり，この優遇制度は，適切なコンプライアンス制度の確立に向けたインセンティブ（動機づけ）として，当該企業等に対して伝達されなければならないのである。

3．この企業の刑事責任の枠組みは，実際に行為をする従業員の刑事責任を追及し，加えて，組織上の義務を怠った場合には，その上司の刑事責任を追及するという，刑事法の伝統的な概念を修正しなければならない。企業の刑事責

任に関する適切なコンプライアンス・システムの優遇措置は，従業員本人の刑事責任のみならず，民事法に基づいた責任をも免除するものであってはならない。しかしながら，上司の刑事責任は，防止措置を取ることを怠ったことに基づいて構成されるのであるから，本優遇措置は，上司の責任を軽減することも可能にする。

［訳文中の傍点部分は，原文ではイタリック体である：編者］

第1章　ドイツの経済犯罪の防止のためのコンプライアンス・プログラム

〈添付文書〉アンケート調査

　ご回答いただきます質問票は，本調査を目的として，書面版およびオンライン版の両形式にて作成されております。
　─　アンケート調査の書面版はドイツ語による翻訳であり，その英語の原文は（A）に添付されています。
　─　オンライン版も，ドイツ語で記述されています。本オンライン版は，書面版に基づいて作成されていますが，質問は適切なオンライン・デザイン（B）を可能にするために調整されており，本調査は，「ライムサーベイ」[312]のソフトウェアを利用することにより，データを収集および分析しております。

312　詳細に関しては，ウェブサイト：www.limesurvey.org 参照

第Ⅲ部　海外6か国の報告書

A．アンケート調査（書面版）

経済犯罪の防止に関するコンプライアンス・プログラム

──実証的研究に対するアンケート調査──

　下記のアンケート調査は，コンプライアンス・プログラムとその様々な項目における実施，内容および効果を分析する国際ビジネスの調査を基盤としています。この調査は，東京／日本の早稲田大学およびフライブルク／ドイツのマックス・プランク外国・国際刑法研究所によって実施されます。

　アンケート調査は，氏名，企業名の記載をせず匿名で記入することが可能です！

A．調査を受ける企業および調査を受ける回答者に関する記載

1．企業に関する記載

　法律上の形態（例：株式会社，有限責任会社等）：＿＿＿＿＿＿＿＿＿＿＿＿

　該当する場合，貴社は証券取引所に上場されていますか。

　　□　はい　　□　いいえ

　活動の主要部門（例：医薬品等）：＿＿＿＿＿＿＿＿＿＿＿＿＿＿＿＿＿＿

　市場（下記の該当する□の1箇所にチェックマークを入れてください。）

　　□　主に国内　　□　主にヨーロッパ　　□　主にヨーロッパ以外

　従業員の概算人数（推定でかまいません。）
　　― 国内：＿＿＿＿＿＿＿＿＿＿＿＿＿＿＿＿＿＿＿＿＿＿＿＿＿＿＿＿＿
　　― 海外：＿＿＿＿＿＿＿＿＿＿＿＿＿＿＿＿＿＿＿＿＿＿＿＿＿＿＿＿＿

　現地通貨における概算売上高（推定でかまいません。）
　　― 国内：＿＿＿＿＿＿＿＿＿＿＿＿＿＿＿＿＿＿＿＿＿＿＿＿＿＿＿＿＿

第1章　ドイツの経済犯罪の防止のためのコンプライアンス・プログラム

── 海外：＿＿＿＿＿＿＿＿＿＿＿＿＿＿＿＿＿＿＿＿＿＿＿＿＿＿＿＿

２．調査を受ける回答者の職務

　　現在の職務／業務＿＿＿＿＿＿＿＿＿＿＿＿＿＿＿＿＿＿＿＿＿＿＿

　　所属している部署＿＿＿＿＿＿＿＿＿＿＿＿＿＿＿＿＿＿＿＿＿＿＿

　　コンプライアンスの問題に取り組んでいる現在の職務および他の職務における経験：
　　　＿＿＿年

　　報告先（法務部など，監督部門）：＿＿＿＿＿＿＿＿＿＿＿＿＿＿＿

Ｂ．調査を受ける企業におけるコンプライアンス措置に関する記載

３．プログラムの種類
　　貴社は，下記のプログラムまたはそれらの手続を設けていますか。（複数回答可）

　　☐ 法規定の厳守を目的として従業員を指導すること
　　　（通称「コンプライアンス・プログラム」）

　　☐ 法的要件を超えた倫理的な基準を適用すること
　　　（通称「倫理規範または商業倫理規範」）

　　☐ 社会活動および慈善活動に従事すること（学校への支援など）
　　　（通称「企業の社会的責任」）

　　☐ 貴社に関する企業の構造およびその管理機構を企業以外の一般人，特に株主等に対して説明し，透明にすること
　　　（通称「コーポレート・ガバナンス」）

４．コンプライアンス・プログラムの対象分野
　　従業員による違法行為または非道徳的な行為を防止するプログラムが確立されている場合，どの分野を対象としていますか。

　　☐ 資産の保護および窃盗

　　☐ 汚職

　　☐ 詐欺

　　☐ 競争，特に独占禁止法の違反行為

　　☐ 製品の安全確保

　　☐ 著作権

第Ⅲ部　海外6か国の報告書

☐ 財務報告

☐ 労働法

☐ データ保護法

その他（具体的にご記入ください）： _____

最も重要な3つの分野をお答えください。（実務的な重要性の順に沿って，上位3位までの分野を列挙してください。）

1. _____ 2. _____ 3. _____

5．コンプライアンス・プログラムが遵守させようとする規定

　従業員による違法行為または非道徳的な行為を防止するプログラムが確立されている場合，どの種類の規定を遵守させようとしていますか。

☐ 刑法

☐ 行政刑法

☐ 民法の規定（民事上の損害賠償を行うこと）

☐ 行政規制

☐ 倫理規則

6．コンプライアンス・プログラムに対する組織的な責任

　従業員による違法行為または非道徳的な行為を防止するプログラムが確立されている場合，これらのプログラムの実施および管理に対して責務を担うのはどの部署ですか。

☐ コンプライアンス専門部門

☐ 法務部

☐ 監査部

☐ 財務部

☐ その他（具体的にご記入ください）： _____

責務を担う部署の報告先はどこですか。

☐ 最高経営責任者

第1章　ドイツの経済犯罪の防止のためのコンプライアンス・プログラム

☐　最高財務責任者

☐　監査役会（「Aufsichtsrat」）

☐　法律顧問

☐　その他（具体的にご記入ください）：_____

コンプライアンス部門が確立されている場合の従業員数（正社員）をお答えください。

☐　本社：_____

☐　他の事務所：_____

7．情報および教育に関する措置

従業員による違法行為または非道徳的な行為を防止するプログラムが確立されている場合，これらの手続を社内で公開するためにどのような方法を使用していますか。またその重要度についてお答えください。

☐　特別なコンプライアンス・マニュアル

重要ではない	1	2	3	4	5	6	7	8	9	10	きわめて重要である

☐　文書化された行動基準

重要ではない	1	2	3	4	5	6	7	8	9	10	きわめて重要である

☐　セミナーまたは企業研修

重要ではない	1	2	3	4	5	6	7	8	9	10	きわめて重要である

☐　Eラーニング（CD-ROM，電子メール，オンライン等）

重要ではない	1	2	3	4	5	6	7	8	9	10	きわめて重要である

☐　個別面談（例えば，上司によるもの）

重要ではない	1	2	3	4	5	6	7	8	9	10	きわめて重要である

貴社の研修には外部の専門家は関与していますか。

☐　はい　　☐　いいえ

仮に，「はい」と回答した場合，研修のどの部分において専門家が関与していますか。

_____

その際，どのような専門家が関与していますか。

☐ 弁護士事務所

☐ 監査会社

☐ （監査会社以外の）コンサルタント会社

☐ その他（具体的にご記入ください）：

仮に，「はい」と回答した場合，その費用（年間費用）を教えていただけますか。

☐ 弁護士事務所に対する費用：

☐ 監査会社に対する費用：

☐ （監査会社以外の）コンサルタント会社に対する費用：

☐ その他に対する費用：

該当する法規定を貴社の従業員に対してどのように説明していますか。

☐ 単に該当する規定（例：贈収賄）についての言及

☐ 該当する法規定を含むすべての原文の引用

☐ 規定に関する内容や限界についての紹介または説明

☐ 特定の仕事場において生ずる可能性がある事例および／またモデル群の提供

☐ 規定を裏付ける法的根拠の説明（例：開発途上国における贈収賄の効果等）

☐ その他の方法（具体的にご記入ください）：

従業員がコンプライアンス・マニュアルまたは他の文書を読んで理解したか把握する措置を取っていますか。

☐ はい　☐ いいえ

仮に，「はい」と回答した場合，どのような措置を取っていますか。

8．違法行為または非道徳的行為を探知するための措置

違法行為（特に犯罪）を探知するために，下記の項目の中でどの措置を取っているかおうかがいします。さらに，貴社においてこれらの措置の重要度についてお答えください。

第 1 章　ドイツの経済犯罪の防止のためのコンプライアンス・プログラム

☐ 内部監査

重要ではない	1	2	3	4	5	6	7	8	9	10	きわめて重要である

☐ 外部監査

重要ではない	1	2	3	4	5	6	7	8	9	10	きわめて重要である

☐ 従業員が内密に連絡できる特別な人物（オンブズマン）の選定

重要ではない	1	2	3	4	5	6	7	8	9	10	きわめて重要である

☐ 従業員が違法行為を通報するための特別な専用ホットライン（通称「内部告発（ホィッスルブローイング）ホットライン」）の確立

重要ではない	1	2	3	4	5	6	7	8	9	10	きわめて重要である

☐ 匿名での違法行為通報，すなわち制裁のない秘密通報の保証

重要ではない	1	2	3	4	5	6	7	8	9	10	きわめて重要である

☐ 重要な情報に対する報酬

重要ではない	1	2	3	4	5	6	7	8	9	10	きわめて重要である

☐ コンプライアンス責任者またはコンプライアンス部門

重要ではない	1	2	3	4	5	6	7	8	9	10	きわめて重要である

☐ その他（具体的にご記入ください）：

重要ではない	1	2	3	4	5	6	7	8	9	10	きわめて重要である

☐ その他（具体的にご記入ください）：

重要ではない	1	2	3	4	5	6	7	8	9	10	きわめて重要である

貴社において，毎年どれぐらいの事件が従業員によって任意的に報告されていますか。

約＿＿＿＿＿＿＿＿＿＿件

これらの違反行為のうち，何件が貴社に対して利益をもたらすものでしたか。

約＿＿＿＿＿＿＿＿＿＿件

9．違法行為の場合における組織的な措置および社内の制裁措置
従業員が法規定を侵害したとき，どのような組織的措置を取っていますか。

第Ⅲ部　海外6か国の報告書

従業員が法規定を侵害したとき，どのような内部制裁が課されますか。

☐ 貴社においての内部制裁の重要度についてお答えください。

重要ではない	1	2	3	4	5	6	7	8	9	10	きわめて重要である

☐ 従業員による刑事法の違反について，警察または検察に通報しますか。

めったに通報しない	1	2	3	4	5	6	7	8	9	10	つねに通報する

10. 経営陣の特別なコミットメント

貴社における経営陣は，コンプライアンスの問題の策定または促進に対して個人的に関与していますか。

まったく関与していない	1	2	3	4	5	6	7	8	9	10	非常に関与している

コンプライアンスの問題における経営陣の個人的なコミットメントは，社内の従業員に対してどのぐらい明白ですか。

まったく明白ではない	1	2	3	4	5	6	7	8	9	10	非常に明白である

コンプライアンスの分野において，経営陣が個人的に行う活動はどのようなものがありますか。

1　　　　　　　　　　　　　　　　　　　　　　　　　　　　　　　　
2　　　　　　　　　　　　　　　　　　　　　　　　　　　　　　　　
3　　　　　　　　　　　　　　　　　　　　　　　　　　　　　　　　

11. 文化および価値

貴社において，下記の行為は従業員によってどの程度許容され，または明確に拒否されますか。

貴社利益のために，贈与すること，または少額の賄賂を渡すこと（例：500ユーロ）

許容される	1	2	3	4	5	6	7	8	9	10	まったく許容されない

貴社に対する軽度の窃盗または詐欺（例：500ユーロ）

許容される	1	2	3	4	5	6	7	8	9	10	まったく許容されない

第 1 章　ドイツの経済犯罪の防止のためのコンプライアンス・プログラム

従業員によって受領される贈与に関して，貴社はその贈与の特定の上限を設定していますか。

□　はい　□　いいえ

仮に，「はい」と回答した場合，その贈与受領の許容限度額はどれくらいですか。

……………ユーロ

一定の贈与が許可されるか否か確認できる特別な手続はありますか。

□　はい　□　いいえ

貴社に適用される法令や貴社の利益達成の目標について考慮する他に，「道徳的」規範や価値観（例：海外子会社における児童労働の防止，差別禁止の規則の実施や環境保護）の促進はどの程度重要視されますか。

重要ではない	1	2	3	4	5	6	7	8	9	10	きわめて重要である

貴社においてこの側面が重要視されている場合，それら目的達成のために利用される具体的な手段はどのようなものがありますか。

――――――――――――――――――――――――――――――――――――
――――――――――――――――――――――――――――――――――――

貴社は，社会福祉への特別な貢献を行っていますか。（例：学校や社会活動への寄付など等）

□　はい　□　いいえ

仮に，「はい」と回答した場合，具体的な活動をご記入ください。

――――――――――――――――――――――――――――――――――――
――――――――――――――――――――――――――――――――――――

貴社は，（特に政治献金等により）特定の政党を支持していますか。

□　はい　□　いいえ

12.　他のコンプライアンス・プログラムの内容

違法行為または非道徳的な行為の防止に対するコンプライアンス・プログラムは，下記の事項を含むことができる。
（1）　情報に関する措置
（2）　違法行為または非道徳的な行為を探知する措置
（3）　企業等による内部措置
（4）　コンプライアンスの問題に関する経営陣側における特別な責任

(5) 個別的な企業等において価値の文化を助長する措置

貴社は，コンプライアンス及び犯罪の防止を促進するために，上記の事項で特に質問されていない他の追加的措置を取っていますか。

_____
_____

13. 犯罪による企業の被害

過去数年間において貴社が詐欺等の犯罪の被害にあった事件の件数はどれくらいですか。

従業員によって行われた犯罪：1年につき約_____件
外部者によって行われた犯罪：1年につき約_____件

貴社はどのような犯罪によって特に影響を受けますか。

従業員によって行われた犯罪：
1 _____
2 _____
3 _____

外部者によって行われた犯罪：
1 _____
2 _____
3 _____

14. 第三者の被害（例：他の企業，消費者，国等）

貴社の従業員が他の企業，消費者または国等に対して違反行為をした事件（例：取引先への贈賄または詐欺行為等）で，この過去数年間において認識している事件数をお答えください。

1年につき約_____件

15. 貴社における捜査および貴社に対する捜査／コンプライアンスの捜査

過去5年間にわたり，貴社は，刑事捜査または行政犯則調査の対象になったことはありますか。

☐ はい　☐ いいえ

過去5年間にわたり，貴社における刑事捜査または行政犯則調査は何件ありましたか。

約_____件

第1章　ドイツの経済犯罪の防止のためのコンプライアンス・プログラム

それはどのような種類の事件でしたか。（例：贈収賄等）

（実務的な重要性の順に沿って，上位3位までの事件を列挙してください。）

1. _____
2. _____
3. _____

刑事捜査または行政犯則調査が貴社において実施された場合，貴社のコンプライアンス・プログラムは，捜査を効果的に支えましたか。

全く支えていない	1	2	3	4	5	6	7	8	9	10	非常に支えている

どのような点で，コンプライアンス・プログラムは役立ちましたか。

_____

_____

貴社は，（コンプライアンスの）調査を実施する人物や方法についての特別な手続／特定の規則を備えていますか。

☐ はい　☐ いいえ

どなたが調査を実施していますか。

☐ 内部部門

☐ 外部の弁護士事務所

☐ 外部監査

☐ 外部の（監査会社以外の）コンサルタント会社

☐ その他（具体的にご記入ください）：_____

（さらに）調査が社内で実施される場合，どなた／どの部門が調査を実施しますか。

_____

外部専門家が調査を実施する場合，関与する理由はどのようなものがありますか。

☐ より高い専門性

☐ より高い客観性

☐ 内部資源の不足

☐ 会社の良いイメージ

第Ⅲ部　海外6か国の報告書

☐ 国家当局の期待

☐ その他（具体的にご記入ください）：＿＿＿＿＿＿＿＿＿＿＿＿＿＿＿

過去5年間にわたり調査を実施した外部の専門家に対する費用は，ユーロによる金額でいくらになりますか。

☐ 弁護士事務所に対する費用：＿＿＿＿＿＿＿＿＿＿＿＿＿＿＿

☐ 監査会社に対する費用：＿＿＿＿＿＿＿＿＿＿＿＿＿＿＿

（監査会社以外の）コンサルタント会社に対する費用：＿＿＿＿＿＿＿

☐ その他の費用：＿＿＿＿＿＿＿＿＿＿＿＿＿＿＿

捜査において十分に捜査に協力するように従業員に期待していますか。

☐ はい　☐ いいえ

従業員に違法行為への個人的関与を認めさせる場合に，何らかの予防措置を講じていますか。

☐ はい　☐ いいえ

仮に，「はい」と回答した場合，どのような予防措置を講じていますか。

☐ 従業員に対し，その供述が刑事訴訟で不利な証拠として用いられうること。

☐ 自己に刑罰が科される根拠となりうる場合，黙秘できること。

☐ 弁護士に連絡する機会を提供していること。

☐ その他の措置（具体的にご記入ください）：＿＿＿＿＿＿＿＿＿＿

過去5年間にわたり，貴社においてコンプライアンスの調査があった場合，協力した従業員のための恩典制度を確立していましたか。

☐ はい　☐ いいえ

内部調査において従業員の法的助言に関して費用が発生した場合，その費用を負担しますか。

☐ はい　☐ いいえ

仮に，「はい」と回答した場合，この措置はどの従業員に対して適用しますか。

☐ 役員

第1章　ドイツの経済犯罪の防止のためのコンプライアンス・プログラム

☐（役員以外の）他のすべての従業員

貴社で，コンプライアンス責任者を配置している場合，下記の保険に加入していますか。

☐ 役員に対する D&O（会社役員等賠償責任保険）

☐ 役員でないコンプライアンス責任者に対する D&O（会社役員等賠償責任保険）

☐ 金銭的損害賠償責任保険

☐ 役員に対する刑事法関連の法的費用保険

☐ 役員に該当しないコンプライアンス責任者に対する刑事法関連の法的費用保険

☐ （役員およびコンプライアンス責任者以外の）他の従業員に対する刑事法関連の法的費用保険（"Straf-Rechtsschutzversicherung"）

C．コンプライアンス措置の評価

16．コンプライアンス・プログラムの項目に関する有効性

実務家と学者は，どのような措置が企業における法的・倫理的規範の遵守を促進することができるかについてつねに論争しています。法制度や社内における次のような既存の措置がどの程度従業員の違法行為を防止するのに効果的と感じますか。

a）法的措置
法規制全般

効果的ではない	1	2	3	4	5	6	7	8	9	10	効果的である

加害者に対する刑事制裁の措置を伴う法規制

効果的ではない	1	2	3	4	5	6	7	8	9	10	効果的である

加害者に対する不十分な管理をしていた従業員の上司に対する刑事制裁の措置を伴う法規制

効果的ではない	1	2	3	4	5	6	7	8	9	10	効果的である

企業に対する刑事制裁の措置を伴う法規制

効果的ではない	1	2	3	4	5	6	7	8	9	10	効果的である

加害者に対する民法上の損害賠償

効果的ではない	1	2	3	4	5	6	7	8	9	10	効果的である

第Ⅲ部　海外6か国の報告書

加害者に対する不十分な管理をしていた従業員の上司に対する民法上の損害賠償

効果的ではない	1	2	3	4	5	6	7	8	9	10	効果的である

企業に対する民法上の損害賠償

効果的ではない	1	2	3	4	5	6	7	8	9	10	効果的である

b）貴社に関するコンプライアンス措置

法規制および制裁措置について従業員に対して説明する。

効果的ではない	1	2	3	4	5	6	7	8	9	10	効果的である

法規制の背後にある倫理的な根拠について従業員に対して説明する。

効果的ではない	1	2	3	4	5	6	7	8	9	10	効果的である

雇用以前における従業員に対する審査

効果的ではない	1	2	3	4	5	6	7	8	9	10	効果的である

内部監査および管理

効果的ではない	1	2	3	4	5	6	7	8	9	10	効果的である

外部監査

効果的ではない	1	2	3	4	5	6	7	8	9	10	効果的である

協力者および経営陣に支持される企業における優良な道徳的基準の確立

効果的ではない	1	2	3	4	5	6	7	8	9	10	効果的である

違法行為および問題について通報する手続（例：通報するための特別な専用ホットライン）

効果的ではない	1	2	3	4	5	6	7	8	9	10	効果的である

内部告発者の特別な保護（機密保持の規定を含む）

効果的ではない	1	2	3	4	5	6	7	8	9	10	効果的である

総合的なコンプライアンス・マニュアル

効果的ではない	1	2	3	4	5	6	7	8	9	10	効果的である

コンプライアンスに関する研修セミナー

第 1 章　ドイツの経済犯罪の防止のためのコンプライアンス・プログラム

| 効果的ではない | 1 | 2 | 3 | 4 | 5 | 6 | 7 | 8 | 9 | 10 | 効果的である |

E教育（CD-ROM，電子メール，オンライン等）

| 効果的ではない | 1 | 2 | 3 | 4 | 5 | 6 | 7 | 8 | 9 | 10 | 効果的である |

コンプライアンス責任者の選任

| 効果的ではない | 1 | 2 | 3 | 4 | 5 | 6 | 7 | 8 | 9 | 10 | 効果的である |

コンプライアンスの問題に対する経営陣の関与（「経営陣のコミットメント」）

| 効果的ではない | 1 | 2 | 3 | 4 | 5 | 6 | 7 | 8 | 9 | 10 | 効果的である |

企業内における社内の制裁措置制度

| 効果的ではない | 1 | 2 | 3 | 4 | 5 | 6 | 7 | 8 | 9 | 10 | 効果的である |

様々な職務に対する給与（賞与等）の基準としてのコンプライアンス

| 効果的ではない | 1 | 2 | 3 | 4 | 5 | 6 | 7 | 8 | 9 | 10 | 効果的である |

17. 貴社のコンプライアンス活動に関する有効性

貴社のコンプライアンス・プログラムが確立された年度または実質的に改善された年度をご記入ください。

確立された年度：＿＿＿＿＿＿＿＿＿＿＿＿＿＿＿＿

実質的に改善された年度：＿＿＿＿＿＿＿＿＿＿＿＿＿＿

貴社のコンプライアンス・プログラムの確立は，企業における違法行為の防止および探知を強化しましたか。

| ほとんど変化がない | 1 | 2 | 3 | 4 | 5 | 6 | 7 | 8 | 9 | 10 | かなり変化した |

貴社のコンプライアンス・プログラムが実質的に改善されたことによって，企業における違法行為の防止及び探知が強化されましたか。（年度別で区別してください。）

| ほとんど変化がない | 1 | 2 | 3 | 4 | 5 | 6 | 7 | 8 | 9 | 10 | かなり変化した |

改善した理由を教えてください。

☐ 法規制に伴う修正

☐ 他の企業に対する捜査

☐ 自社に対する捜査

第Ⅲ部　海外6か国の報告書

- [ ] 外部の助言（例：監査役，弁護士等）
- [ ] 貴社のイメージアップ
- [ ] 公開討論
- [ ] 他の理由（具体的にご記入ください）_____

貴社に関する現在のコンプライアンス・プログラムが，犯罪の防止および探知に対してどれぐらい効果的であると思いますか。

| 効果的ではない | 1 | 2 | 3 | 4 | 5 | 6 | 7 | 8 | 9 | 10 | 効果的である |

コンプライアンス・プログラム（等）の変更を予定していますか。

- [ ] はい　- [ ] いいえ

仮に，「はい」と回答した場合，その変更の点について具体的にご記入ください。

_____
_____

18. コンプライアンス・プログラムに関する実施

どのような手段（モチベーション，制裁措置，報酬等）があれば，貴方および貴社に，従業員による犯罪の防止及び探知を目的としたコンプライアンス・プログラムの確立を促すことができますか（貴社および他の企業に対する犯罪を含む。）。

a）一般的な考慮事項

下記の一般的な考慮事項の重要度についてお答えください。

倫理的な考慮事項

| 低いモチベーション | 1 | 2 | 3 | 4 | 5 | 6 | 7 | 8 | 9 | 10 | 高いモチベーション |

貴社の（世論に関する）企業の評判

| 低いモチベーション | 1 | 2 | 3 | 4 | 5 | 6 | 7 | 8 | 9 | 10 | 高いモチベーション |

株主による期待

| 低いモチベーション | 1 | 2 | 3 | 4 | 5 | 6 | 7 | 8 | 9 | 10 | 高いモチベーション |

ビジネス・パートナーの期待

| 低いモチベーション | 1 | 2 | 3 | 4 | 5 | 6 | 7 | 8 | 9 | 10 | 高いモチベーション |

市場の期待

第1章　ドイツの経済犯罪の防止のためのコンプライアンス・プログラム

| 低いモチベーション | 1 | 2 | 3 | 4 | 5 | 6 | 7 | 8 | 9 | 10 | 高いモチベーション |

b）直接的な執行

コンプライアンス・プログラムを確立する法規制の重要度についてお答えください。

コンプライアンス・プログラムを確立する法的義務
（確立していない場合，特別な制裁を伴わない法的義務）

| 低いモチベーション | 1 | 2 | 3 | 4 | 5 | 6 | 7 | 8 | 9 | 10 | 高いモチベーション |

確立していない場合，民事上の特別な制裁を伴う法的義務

| 低いモチベーション | 1 | 2 | 3 | 4 | 5 | 6 | 7 | 8 | 9 | 10 | 高いモチベーション |

確立していない場合，刑事制裁を伴う法的義務

| 低いモチベーション | 1 | 2 | 3 | 4 | 5 | 6 | 7 | 8 | 9 | 10 | 高いモチベーション |

c）間接的な執行

立法者がコンプライアンス・プログラムを確立する義務を要する法規制を設けない場合，従業員による犯罪の防止および検出を目的としたコンプライアンス・プログラムを確立するために，下記の措置の重要度についてお答えください。

犯罪を犯した従業員に対する刑事制裁

| 低いモチベーション | 1 | 2 | 3 | 4 | 5 | 6 | 7 | 8 | 9 | 10 | 高いモチベーション |

不十分な監督に基づいた従業員の上司に対する刑事制裁

| 低いモチベーション | 1 | 2 | 3 | 4 | 5 | 6 | 7 | 8 | 9 | 10 | 高いモチベーション |

従業員の犯罪に基づいた企業に対する刑事制裁の措置

| 低いモチベーション | 1 | 2 | 3 | 4 | 5 | 6 | 7 | 8 | 9 | 10 | 高いモチベーション |

従業員が違反行為をした場合において，刑事責任に関して企業に優遇を与えること

| 低いモチベーション | 1 | 2 | 3 | 4 | 5 | 6 | 7 | 8 | 9 | 10 | 高いモチベーション |

第1の選択肢：効果的なコンプライアンス・プログラムが存在する場合，従業員の犯罪における企業に対する刑事制裁の免除

| 低いモチベーション | 1 | 2 | 3 | 4 | 5 | 6 | 7 | 8 | 9 | 10 | 高いモチベーション |

第2の選択肢：効果的なコンプライアンス・プログラムが存在する場合，従業員の犯罪に対する企業に対する企業の刑の減軽の可能性

第Ⅲ部　海外6か国の報告書

| 低いモチベーション | 1 | 2 | 3 | 4 | 5 | 6 | 7 | 8 | 9 | 10 | 高いモチベーション |

第3の選択肢：効果的なコンプライアンス・プログラムが存在する場合，従業員の犯罪について企業に対する刑事手続の停止

| 低いモチベーション | 1 | 2 | 3 | 4 | 5 | 6 | 7 | 8 | 9 | 10 | 高いモチベーション |

犯罪を行った従業員に対する民事上の損害賠償

| 低いモチベーション | 1 | 2 | 3 | 4 | 5 | 6 | 7 | 8 | 9 | 10 | 高いモチベーション |

不十分な監視に基づいた従業員の上司に対する民事上の損害賠償

| 低いモチベーション | 1 | 2 | 3 | 4 | 5 | 6 | 7 | 8 | 9 | 10 | 高いモチベーション |

従業員の犯罪についての企業に対する民事上の損害賠償

| 低いモチベーション | 1 | 2 | 3 | 4 | 5 | 6 | 7 | 8 | 9 | 10 | 高いモチベーション |

従業員が違反行為をした場合，民事責任に関して企業に優遇を与えること

| 低いモチベーション | 1 | 2 | 3 | 4 | 5 | 6 | 7 | 8 | 9 | 10 | 高いモチベーション |

他の手段（具体的にご記入ください）：

| 低いモチベーション | 1 | 2 | 3 | 4 | 5 | 6 | 7 | 8 | 9 | 10 | 高いモチベーション |

19．法規制および自主規制

　立法者がコンプライアンス・プログラムを導入するために，法的義務または優遇を確立した場合，犯罪の防止において次の中どれが一番効果的だと思いますか。

　　□　自主規制の余地をほとんど残さない正確かつ詳細な規制

　　□　自主規制の余地を残す一般基準の導入

　　□　正確かつ詳細な規制を導入しないこと

20．他の側面

　企業におけるコンプライアンス・プログラムを改善もしくは実施するために，または企業の犯罪を防止または探知するために，他の提案はありますか。

第 2 章　　中国企業の社会的責任と法令遵守

中国社会科学院法学研究所
「企業の社会的責任・コンプライアンス等に関する調査」グループ〔2009 年 10 月〕
〔早稲田大学 GCOE 刑事法グループ訳〕

I　概　説

1　企業の社会的責任の歴史と歩み

　企業の社会的責任（Corporate Social Responsibility）という概念は，1924 年，アメリカのオリバー・シェルドン（Oliver Sheldon）によって最初に提唱された。シェルドンは，産業内および産業外の様々な人の需要を満たそうとする企業経営者の責任を企業の社会的責任と結び付け，企業経営者の経営戦略によって地域に向けて提供されるサービスが地域の利益の増進につながるものであり，そして評価基準として，地域の利益は企業利潤より高い，と主張する[1]。企業が株主の利益の実現だけでなく，企業と関連のある他の者の利益にも注意を向けるべきだという点については，企業の社会的責任が提唱された当初においてすでに強調されている。従来の企業法理論では，企業を投資者の利益を実現するための営利組織である，と定義する。企業法理論において，投資者の権利が最高の権利であり，投資者利益の最大化を図ることが企業活動の目的である，とされている。一方，企業の社会的責任理論においては，注意が向けられる受益者の範囲が，投資者だけに止まらず，債権者，顧客，従業員，そして周囲の地域にまで広がってきた。企業の社会的責任理論は，個人の利益と社会の利益との間の協調という考え方の具体的な表れである。企業の社会的責任という観念が確立されると，20 世紀の 50 年代において，企業の社会的責任の中身について，具現化と類型化に関する研究が研究者らによって進められてきた。同時に，企業と利害関係者に関する理論が絶えず深められ，投資者の利益のみならず，他の利益関係者，例えば，従業員，顧客，債権者，そして周辺地域および地域政府の利益にまで，企業が注意を向けるべきである，と当該理論は主張する。

　1　劉俊海：《公司的社会責任》（『公司の社会責任』），法律出版社，1999 年，第 2 頁。

第Ⅲ部　海外6か国の報告書

　20世紀の80年代以降，先進国においては，企業の社会的責任に関する運動が始められるようになった。この運動は，環境保護，従業員の権益，そして人権の保障など多くの領域に及ぶ。それを受けて，製品の品質，環境の質と量，従業員の健康，そして労働環境の保障問題などが注目を受けるようになってきた。企業の社会的責任を貿易と結び付けようという呼びかけは，社会的責任，そして人権などを活動のテーマとする一部の非政府機関によって絶えずなされてきた。社会の変動に応じて，先進国における多くの多国籍企業では，社会的責任を守るための規則を制定し，それを遵守して行動することを社会に向けて宣言し，また，環境，職業上の健康，および社会的責任の認証を通じて，利益集団からの要求に応えるようにしている。

● 2　企業の社会的責任の定義

　企業同士間では，企業が社会的責任を果たすべきだという共通認識がすでになされている。しかし，学者の間では，企業の社会的責任に関する具体的な統一的定義がなされていない。企業の社会的責任の定義に関する議論は，それが提唱された当初から絶えずなされてきた。多くの学者は，企業の社会的責任は道徳的な要素（道徳的な責任）を含むべきである，と認めている。そして，今日では，学者らが挙げてきている企業が果たすべき道徳的な責任のうち，少なくない道徳的な責任が法律責任としてすでに認められるようになってきている。環境保護や，合格製品の生産，そして消費者および労働者権益の保護などは，法律責任として認められるようになった道徳的な責任の一例である。企業の社会的責任は，法律が企業に対し要求する義務，すなわち企業の法律責任を含むべきである，と一部の学者は主張している。一部の学者は，企業が果たすべき社会的責任の中で，企業の経済的責任，慈善の責任を独立して取り上げている。そして，企業が果たすべき経済的責任や慈善的責任は，法律責任および道徳責任によって基礎づけすることができるとする。

　2005年に改正された「会社法」第5条は，「会社が経営活動に従事するにあたっては，法律，行政法規を遵守し，社会の公徳，商業道徳を遵守し，誠実に信用を守り，政府と一般公衆の監督を受け，社会的責任を負わなければならない。」としている。中国の立法において，会社の社会的責任に関する規定を明確に打ち出したのは，これが初めてである。企業の中で最も大切な組織形態である会社の社会的責任について明確な規定を打ち出すことは，中国企業の社会

第2章　中国企業の社会的責任と法令遵守

的責任の立法として，大きな意義がある。そして，その意義の重大さは，疑いの余地のないものである。

　本報告書は，法学の観点より，企業の社会的責任について研究を進めていくものである。「企業の社会的責任」という概念は，英米法において発生したのであるが，中国の立法は，大陸法系および制定法を背景にしているほか，既存の理論も大陸法からの影響を強く受けている。そのため，中国の立法に企業の社会的責任という概念を導入するにあたっては，中国の既存の理論から離れ，英米法の理論を吟味もしないで，そのまま導入するわけにはいかない。英米法における企業の社会的責任という概念については，中国のこれまでの理論との整合性を図らなければならない。とりわけ注意しなければならないのは，企業の社会的責任という理論が提唱された当時，企業法以外の法部門において，消費者保護，環境保護，労働者保護等に関する研究がまだ浅く，それらの問題に対する検討を企業の社会的責任という観点から進めていかなければならなかったことである。しかし，今日では，消費者保護法，環境保護法，労働法などの立法が完成されつつあり，それに関連する法部門理論の研究も，日を追うごとに完成度が高まっている。関連する法部門理論の研究成果を無視し，企業と関わりをもつ社会問題のすべてを「企業の社会的責任」という枠に入れようとする行為は，客観的な状況を考慮せず，主観だけに頼って物事を行おうとするやり方になってしまう。したがって，今日という時代背景の中で，企業の社会的責任という議論は，時代の進化に合わせて，他の法部門の知識を踏まえたうえで行わなければならない。

　本報告書は，多方面にわたって「企業の社会的責任」を把握しようとするものである。本プロジェクト・グループが作成した質問票では，下記の多方面にわたる義務を企業の社会的責任の外延としている。それは，児童労働の排除，セクシャル・ハラスメントの防止，安全で働きやすい職場環境の提供，自由・公正・透明な取引・競争，雇用機会の平等，品質が保証される製品の提供，消費者の個人情報の保護，知的所有権の保護，環境の保護，そして公益事業への参加，である。上記の義務においては，公益事業への参加義務を除き，残りの義務のすべてが各法部門の定める法律義務である。言い換えると，本報告書では，企業の社会的責任について，法律義務および道徳義務の立場から把握しようとしている。

　本報告書では，企業の社会的責任について，投資者，その他の利益主体，社

277

会，そして国家に対して企業が履行しなければならない義務と，公益事業の増進といった企業が自発的に行う道徳上の義務である，と定義してみたい。したがって，企業が社会的責任を負うことは，企業が株主の投資に対する利益の還元に注意を向けるだけでなく，社会公益，社会福利の増進，そして弱者利益の保護に対しも注意を向けることを意味する，と思われる。

企業の社会的責任における法定義務は，企業の履行を要求するものであり，企業による自発的な行為ではない。各法部門の理論がしっかりと浸透してきている今日では，これらの法定義務について，社会のために企業が負うべき義務という角度から理解しようとすることには無理がある。企業が負う消費者権益の保護，環境の保護，欠陥のない製品の製造，労働者権益の保護などの義務に関する解釈は，各法部門の理論を用いたほうが，より簡潔で，説得力を増す。本報告書で，各法部門において定められている多くの法定義務を「企業の社会的責任」という概念の下に置いたのは，これらの概念を用いて企業が負うべき法定義務を引き出して説明し，「概説」的に各項の法定義務を観察し整理するつもりでいるからである。これらの義務は「企業の社会的責任」において発生したものである，と説明するつもりはない。

企業の社会的責任の概念を用いて，企業が負うべき各項の法定義務を統轄することは，国家，社会，利害関係者，そして企業自身による企業全体の操業状況や法律の遵守状況への認識，把握および評価に有利である。本報告書では，「企業の社会的責任」を綱目とし，各項の法定義務に関する中国企業の履行状況について調査し，全体的に把握しようとしている。このほか，中国では，多くの企業がその企業の「社会的責任に関する報告」を定期的に公表するようになり，各項の法定義務に関するその企業の履行状況について紹介し，企業の社会的イメージを高めようと試み，その広報活動をするようになっている[2]。

企業の社会的責任は，道徳義務を含む。それは，強制力はないが，裁判官の司法活動ではよく指導されている。従来の理論では，企業の責任者は投資者の委託した人である，とされている。したがって，企業の責任者は，法律規定に

2　例として，中国交通建設股份有限公司が公表した 2007 年度企業の社会的責報告書，中国南方航空股份有限公司が公表した 2007 年度の企業の社会的責任報告書，中国工商銀行股份有限公司が公表した 2007 年度企業の社会責任報告書，そして，中国華電集団公司が公表した 2007 年度企業の社会的責任報告書がある。一方，中国平安保険会社が公表する企業の社会的責任に関する報告書では，『2007 中国平安企業公民報告』のように「企業公民報告」という表現を使用している。

定める各項の職務を遂行するほか，投資者の委託授権に基づき経営活動を行わなければならない。企業責任者が委託協定に違反した場合には，当該行為の無効認定または当該行為の取消し，および損害賠償請求を投資者が裁判所に申し出ることができる。しかし，地震で被害を受けた大衆のために企業が寄付した場合には，投資者が協定違反を理由に，法定義務でない企業による自発的な寄贈行為の無効認定を裁判所に申し出たとしても，裁判所が，「企業の社会的責任理論」に基づき，企業の責任者が行った寄贈行為が社会の公益に役立ち，長い目で見れば，企業自身の利益にもつながるという理由で，当該寄贈行為の有効性を認めることになる。裁判所が寄贈行為の有効性について認定するに際して，企業自身の規模や寄贈の額など様々な状況について価値評価を行う。

　企業の社会的責任は，法律義務と道徳義務の2つに分かれるが，それを単に併せたものではない。抽象的な概念として，企業の社会的責任自体は，様々な利益の釣合いを図る働きをする。このような作用は，具体的に立法に表われることがあるほか，司法に表われることもある。立法自体が，一種の利益の調和過程である。企業立法においては，株主利益と社会利益との間の調和を重視するという中身を拠り所にし，企業の責任者は，様々な利益関係者の利益の調和を図らなければならない。片方の利益をおろそかにしてはならないし，社会利益のために，営利組織としての企業価値の実現にも影響を与えてはならない。司法においては，企業の社会的責任の理論が，指導的な働きをする。20世紀の80年代の英米においては，株式会社の買収騒動があった。買収側が買収される側の株を高値で買い取り，会社を再編し，会社の経営方針を改め，従業員を大量に解雇したが，この一連の買収から会社の株主は多額の利益を得ることになる。具体的な法律規則から見た場合には，この類の投資行為は合法行為である。しかし，従業員の大量解雇は，社会問題になる。このようなことは，われわれに株主と従業員との関係について考えるよう促す。そして，深層レベルにおける会社の性質，会社の目標，引き受ける責任の範囲についてわれわれに反省するよう促す。明確な規定が立法においてまだなされていない状況の中では，裁判所は，会社買収における法律行為の効力に対し，企業の社会的責任理論に依拠して価値評価をする。

● 3　企業の社会的責任の内容

　企業の社会的責任は，大きく，従業員に対する責任，消費者に対する責任，

債権者に対する責任，環境保護および資源の有効利用の責任，地域に対する責任，公益事業に従事する責任などに分かれる。

（1）**従業員に対する責任**　従来の企業法理論では，企業に従属する従業員は，企業労働者であり，企業と労働者は雇用関係によって結び付けられている，と認められている。しかし，労働者の権利を主張する運動が盛んに行われるに連れ，労働者の権益を保護することが企業の共通認識となってきている。労働者としての従業員は，企業における大切な利害関係者であり，労働者に対して，企業は，社会的な責任を負い，労働者の権益を保護すべきである。

（2）**消費者に対する責任**　消費者は，企業の生産する製品，および企業の提供するサービスの受益者である。企業にとっては，消費者は神様である。企業の提供する製品およびサービスの品質が消費者の人身・財産の安全に影響を及ぼすものである。そして，企業が提供する製品，およびサービスの品質，種類，価格などが，消費者の生活水準および生活の品質をも大きく左右するものである。したがって，企業にとっては，消費者も，大切な利害関係者である。消費者に対して，企業は，社会的責任を負わなければならない。企業は，欠陥のない製品を生産し，消費者の人格・尊厳を尊重し，消費者の個人情報を保護し，消費者の人身および財産の安全を守らなければならない。

（3）**債権者に対する責任**　企業の債権者は，企業が取引をする相手方であり，企業に対しその債権を保有する。企業と債権者は，債権・債務関係で結び付けられる。債権者に対して，企業は，社会的責任を負わなければならない。企業は，法律規定および契約を守り，債権者に対し債務を履行しなければならない。債務を履行する際に，企業は，法律規定や契約に従い，債務の本旨に従って債務を履行しなければならない。正当な理由がないにもかからず，履行期を過ぎたり，履行を拒否したり，そして内容不完全な履行をしたりしてはならない。債務履行の名目で債権者の利益を侵害するような真似は，なおさらしてはならないのである。債権者に対して負う企業の社会的責任は，下記の義務の履行を企業に求める。企業が相手方と取引する際に，誠実に信用を守るという原則に従い，相手方の人身，財産の安全を守り，相手方を騙したり，脅迫したりせず，告知義務を相手方に履行する。相手方との取引が成立した後，企業は，債務履行のために準備を十分にし，出資金を取り崩したり，債務から逃れようとしたりしてはならない。

（4）**環境保護および資源の有効利用の責任**　企業の生産製造は，富を成

すと同時に，資源を大量に消耗し，それによる環境への汚染や破壊が深刻となる。もし，企業が，生産時において，資源消耗に対し制限を加えず，ひいては資源の浪費をするようなことをしてしまうと，今後の世代の生活や，社会全体の経済活動の持続的発展に影響を及ぼしてしまう。環境，資源を保護し，それを活用することは，企業の社会的責任のひとつの典型である。生産技術の改善を図り，再生不可能資源の消耗を削減し，資源浪費を防ぎ，再生可能資源の開発や活用を加速し，環境への汚染や破壊が深刻な生産技術，加工方法および設備を淘汰し，環境保護に力を入れるといった責任は，企業にある。

（5）**地域に対する責任**　企業とその所在地域との間には，密接な関わりがある。企業の生産は，一般に所在地域の経済を動かすが，所在地域の住民の利益に影響を及ぼしてしまう可能性もある。企業には，所在地域の住民の生活の妨げにならないようにする責任がある。地域に対して企業が引き受ける社会的責任とは，地域住民の生活を妨げるようなことを極力減らし，所在地域の街づくりに積極的に参加することである。企業が所在地域の住民を雇用することによって，地域住民の就職難を解消することや，住民との文化交流を強化することが，その例である。

（6）**公益事業に従事する責任**　企業が公益事業に従事する責任は，一般に道徳的責任とみなされ，その履行は，法律による強制を受けず，企業の自発性に委ねられている。ただし，法律では，公益事業に従事する行為を激励するための仕組みが一般に構築され，それによって公益事業に従事するよう企業を導いている。例えば，公益寄付をした企業や，心身障害者に就職の機会を与えた企業を，税収優遇措置の適用対象にしている。企業が従事する公益事業は，多くの内容を含む。具体的には，病院のような医療施設，病人，生活苦の者または，事故や災害そして犯罪の被害者といった，助けを必要とする人に慈善金を寄贈することや，心身障害者や技術の少ない者または他の就職のできない者を雇用することや，教育機構に奨学金または他の助成金を提供することや，科学技術の研究・開発を支持するために研究機構に研究資金を提供することや，犯罪防止に実際に参加するか犯罪防止のために資金を提供することや，文化芸術事業やスポーツ事業や衛生事業を支援することなどがある。

第Ⅲ部　海外6か国の報告書

Ⅱ　調査概況

● 1　本調査の構想設定

　2008年9月には，中国企業の社会的責任というテーマについて，中国社会科学院法学研究所と共同研究を進めていきたいという提案が早稲田大学の田口守一教授からあった。その後，本調査の目的および質問票の作成といった事項については，双方が電子メールのやりとりを通じて意見交換を重ねてきた。そして，2008年11月には，早稲田大学で，中国社会科学院法学研究所法治国情調査研究室主任の田禾教授ならびに憲法・行政法研究室の呂艶濱助教授が早稲田大学の田口守一教授ならびに甲斐克則教授と会い，中国における企業の社会的責任の調査について話し合う場を持った。

　意見交換の結果として，中国で実施する調査の形態については，質問票を主とし，代表的な地域または企業へのインタビューを補助的にすることで双方の意見が一致した。

　中国で実施する「企業の社会的責任・コンプライアンス等に関する調査」との質問票の作成は，［2004年に］早稲田大学が日本で調査を実施した際に使用したものを踏まえたうえで作成している。日本で実施された調査において，各企業には1部の質問票を配布しそして回収するようにしている。しかし，本調査の目的は，企業の社会的責任に対する各関係方面の認識の調査と，企業が社会的責任を負う現状の調査である。関連問題に対する認識や解釈においては，同一企業に所属する階級の違う従業員同士で，相違が出る可能性がある。また，中国では，各企業を1人の調査協力者とし，質問票を配布しそして回収するようにすると，質問票の回収率に影響を及ぼす可能性がある。そこで，本調査グループは，日本側と連絡をとったうえ，中国で調査を実施する際に，地位の異なる複数の従業員を調査対象にすることに決めた。そのため，中国で使用される質問票は，中国企業の法制度の現況を踏まえ，調査対象の状況という部分に修正を加えた。

　質問票で言及される設問は，主に以下の6種類に分かれる。

　第1種は，調査協力者および調査協力企業という2つの変数に関わる設問である。調査協力者の個人情報に関する設問は，主に協力者の性別，年齢，担当職務，学歴，勤続年数を尋ねるものである。調査協力企業に関する設問は，主に企業の創立年度，資本金，企業の性質，企業の形態，上場済みか否か，従業

員数，そして扱う主な業務について尋ねている。

第2種は，企業の社会的責任に関わる設問である。主に企業の社会的責任という概念に対する調査協力者の認知の度合いや，企業の社会的責任の履行の実態を尋ねている。

第3種は，企業の法令遵守に関わる問題である。企業については法令違反の経歴の有無，社内規定については法令順守に関する明確な規定の有無，社内については従業員や投資者を対象にした教育制度や広報制度の有無について，主に尋ねている。

第4種は，他社の法令違反によって損害を被った経験について調査協力者に尋ねるものである。企業には，他社の法令違反で損害を被った経験の有無，被害を被った原因，そして法令違反企業への処罰，すなわち現行の民事，行政，刑法による刑罰という状況に満足している否か，について主に尋ねている。

第5種は，法的処分に関わる設問であり，法令違反で法的な処分を受けた企業を対象に，法的な処分を受けたのち，いかなる行動でもって企業を改善し，法令違反行為がもたらす悪影響への埋め合わせていくか，について尋ねている。

第6種は，今後の法制度の整備に関わる設問である。今後の法整備について，社会的責任を普段より真剣に履行している企業が法令違反行動をとった場合には，その企業に対する処分を軽くするべきかという見方がある。ここでは，主に法整備に関する見方に賛同するか否かについて，調査協力者に尋ねている。

● 2　本調査の方法

本調査を進めるために，法学研究所は，法治国情調査研究室を拠り所として，「企業の社会的責任・コンプライアンス等に関する調査」の国情調査グループを立ち上げ，法治国情調査研究室主任田禾教授をグループ・リーダとすることになった。本調査グループのメンバーは，中国社会科学院法学研究所，中国社会科学院社会学研究所，四川大学法学院，広州大学法学院，復旦大学社会学学部，南開大学周恩来政府管理学院，煙台大学法学院といった機構に所属する研究者によって構成される。そして，メンバーの研究分野は，憲法，行政法，刑事法，経済法，商法，民法，労働法，法理，社会学などにわたる。

調査初期における調査地域の選択については，日本側と話し合った結果，四川，北京，上海，天津，そして広州の5箇所にすることになった。現地の大学の専門家に現地での調査活動の協力要請をした。質問票の記入が円滑に行われ

るように，調査グループは，調査に協力する企業に調査員を派遣して調査を進めるという方法をとった。具体的には，現地の学者の協力を得て，調査員として選ばれた現役の大学生・大学院生10数名を集め，質問票の内容および調査方法を中心に，調査員のオリエンテーションを各地で行った。各地で選ばれた調査員は，さらに，3人で構成するチームに分けられ，チーム単位で調査に協力する企業に入り調査する。チーム単位で行動するという方法を採れば，調査中にチームのメンバー同士が互いに監督し合うことができる。調査協力者を募る際には，高級管理職，中堅管理職，そして一般職に就く従業員をそれぞれ5名前後募り，調査の協力をしてもらう。それから，各企業で募った協力者の数は，15名～20名になるように確保した。

中国企業を代表するような企業を調査対象にするために，企業の規模，経営内容，そして企業の性質といった条件を考慮に入れ，各地域で代表的な企業を50社くらい選び出し，本調査の調査企業とした。

回収される質問票の有効性を確保するために，同一企業から回収される質問票において，企業の基本情報を尋ねる設問（質問票の設問でG1，G2のようなGから始まる設問）に対する回答の内容が必ず一致するように，確認の指示を調査員に出す。また，確認が終了したのち，指定のスペースに調査員にサインをさせる。

調査を進める中で，煙台市経済技術開発区が企業の社会的責任を考査・評価する制度を推進しているとの情報を入手したので，煙台市を急遽調査地域に加えた。煙台市経済技術開発区管理委員会を通じて，調査に協力してくれる企業に質問票を配布し調査を行った。

本調査では，質問票のほかに，一部の調査地域において，インタビューによる調査も行った。インタビュー調査に選ばれた4つの地域は，四川省の自貢市，広東省の広州市，山東省の煙台市，遼寧省の大連市である。インタビュー調査では座談の形を採り，現地の企業を主管する政府機関のスタッフや，一部の企業代表を招き，主に企業の社会的責任という理念に対する企業代表者の認知の度合いや，企業の社会的責任の履行の実態について尋ねた。

● 3 　本調査結果のまとめ

2009年1月1日より，調査グループは，相前後して6つの地域，四川，北京，上海，広州，天津そして煙台に出向き，合計4,560部の質問票を配布し，

第 2 章　中国企業の社会的責任と法令遵守

調査を実施した。各地域に配布した質問票の数については，四川が 860 部，北京が 850 部，上海が 900 部，広州が 850 部，天津が 800 部，煙台が 300 部であった。そして，回収された質問票の数については，四川が 698 部，北京が 832 部，上海が 894 部，広州が 800 部，天津が 474 部，煙台が 102 部であった（図 1）。北京で回収された 1 部の質問票に，不正記入がみられたため，その質問票を無効とした。それを受けて，6 地域で回収された有効質問票は計 3,800 部となる。煙台で行った質問票による調査は，調査が終了する直前に急遽追加したものである。本報告書の提出期限までに，煙台では，他の地域と同じく，同一企業に所属する階級の異なる従業員を対象にする調査の実施が難しかった。そこで，現地の政府機関を通じて，各企業には 1 部の質問票を配布するようにした。

　質問票の集計結果を分析する際に，調査協力者の意向で回答を拒否されたものや，指示に従い，調査協力者に該当しない設問が回答されなかったものがみられた場合には，それをすべて有効回答であるとみなした。指示より多くの回答を選び回答してしまったもの，調査者が自分に該当しない設問を誤って回答してしまった場合には，その回答をすべて無効とした。

　調査協力者の性別を訪ねる設問では，男性か女性について回答した質問票が 3,760 部みられ，男性との回答が 2181 部，女性との回答が 1,579 部みられた。また，当該設問への回答を拒否した質問票は 40 部みられた（図 2）。

　調査協力者の年齢を尋ねる設問では，回答拒否がみられた質問票が 18 部あった。残りの 3,782 部においては，調査協力者がそれぞれの年齢について回答している。それによると，本調査の協力者の最年長は 70 歳で，最年少は 18 歳である。調査協力者の年齢分布を示す図 3 によれば，23 歳から 45 歳までの

図 1：中国の各調査地域で回収された質問票の数

煙台, 102
北京, 832
天津, 474
広州, 800
上海, 894
四川, 698

□北京　■上海　■四川　□広州　■天津　■煙台

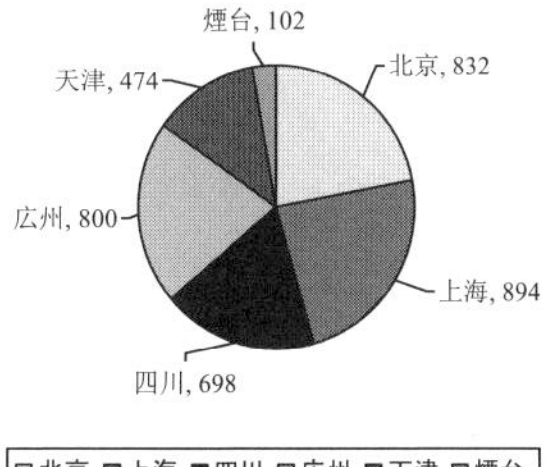

図 2：調査協力者の性別

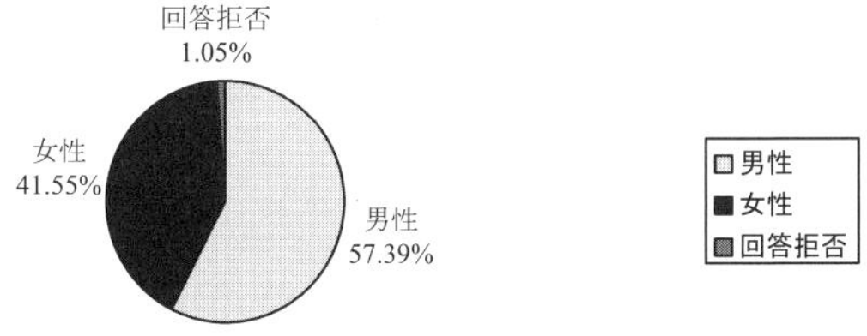

回答拒否 1.05%
女性 41.55%
男性 57.39%

□男性
■女性
■回答拒否

図3：調査協力者の年齢分布

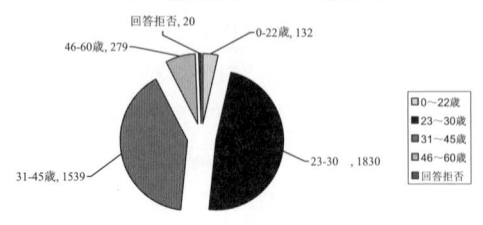

回答拒否, 20
0-22歳, 132
46-60歳, 279
31-45歳, 1539
23-30, 1830

- 0〜22歳
- 23〜30
- 31〜45
- 46〜60
- 回答拒否

協力者の数が最も多い（図3）。

有効質問票3,800部のうち，高級管理職の調査協力者によるものが272部，中堅管理職によるものが1,865部，一般社員によるものが1,653部，そして回答拒否がみられた質問票が10部あった（図4）。

調査協力者の最終学歴については，回答拒否がみられた13部を除き，残りの3,787部において当該設問に対する回答がすべてみられた。それによると，調査協力者の学歴は，小卒が8名，中卒が73名，高卒が413名，高等専門学校卒が981名，大学学部卒が1,859名，大学院卒以上が453名いた（図5）。

現在勤務する企業での勤続年数を尋ねる設問では，回答拒否がみられた8部を除き，残りの3,792部において当該設問に対する回答がすべてみられた。それによると，調査協力者の最短勤続年数が1年で，最長勤続年数が47年であることがわかった（図6）。

本調査に協力した企業は計326社であり，地域別にみると，四川の企業が45，北京が73，上海が56，広州が50，天津が32，煙台が70であった。煙台での調査では，現地の政府機関を通じて，各企業に質問票を1部のみ配布し調査を行った。つまり，煙台では，他の地域と異なり，調査員を調査企業に派遣して調査するような方法を採らなかった。その結果，他の地域と比べ，調査に協力してくれた煙台の企業数は多いが，回収された質問票の数は少ない。

図4：調査協力者の担当職務

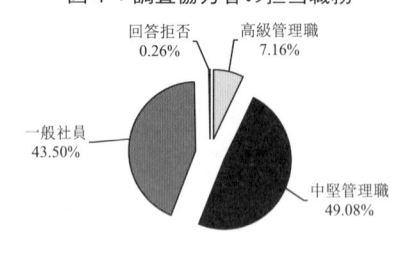

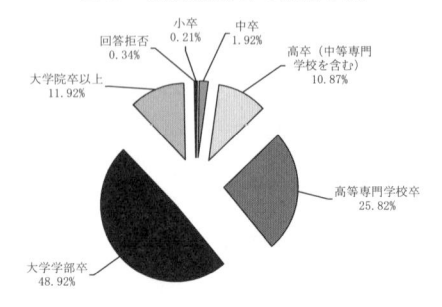

- 回答拒否 0.26%
- 高級管理職 7.16%
- 一般社員 43.50%
- 中堅管理職 49.08%

□高級管理職 ■中堅管理職 ■一般社員 □回答拒否

図5：調査協力者の最終学歴

- 小卒 0.21%
- 中卒 1.92%
- 回答拒否 0.34%
- 大学院卒以上 11.92%
- 高卒（中等専門学校を含む）10.87%
- 高等専門学校卒 25.82%
- 大学学部卒 48.92%

第2章　中国企業の社会的責任と法令遵守

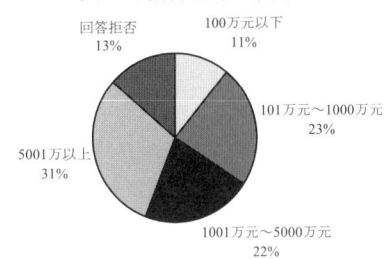

　企業の設立年度を尋ねる設問では，326の協力企業のうち，55の企業を除き，残りの271の企業のすべてが当該設問を答えている。それによると，設立年度の最も古いのは1861年で，設立年度の最も新しいのは2008年であることがわかった。設立年度に関する回答の集計は，以下の5つの区分に分類してから行った。それは，1980年より前，1981年から1990年，1991年から2000年，2001年から2005年，そして2006年以降の6区分である。集計の結果，1980年より前に設立した企業は19社（5.8％），1981年から1990年の間に設立した企業は26社（8％），1991年から2000年の間に設立した企業は121社（37.1％），2001年から2005年の間に設立した企業は81社（24.8％），そして2006年以降設立した企業は24社（7.4％）見られた（図7）。

図6：調査協力者の勤務中の企業での勤続年数
- 6-10年, 70%
- 11-20年, 24%
- 21-30年, 10%
- 31年以上, 2%
- 回答拒否, 8
- 5年以下, 27%

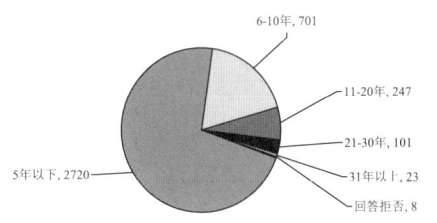

図7：協力企業の設立年度
- 1980年より前 5.8%
- 1980～1990年 8.0%
- 1991～2000年 37.1%
- 2001～2005年 24.8%
- 2006年以降 7.4%
- 回答拒否 16.9%

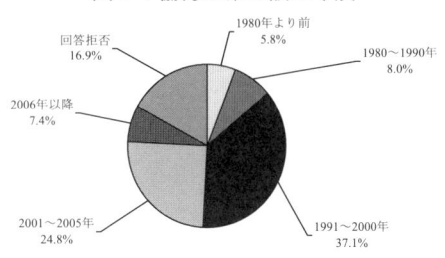

図8：協力企業の資本金
- 100万元以下 11%
- 101万元～1000万元 23%
- 1001万元～5000万元 22%
- 5001万以上 31%
- 回答拒否 13%

　企業の資本金に関する設問では，326の協力企業のうち，44の企業を除き，残りの282の企業のすべてが当該設問に答えている。資本金に関する回答の集計は，100万人民元以下，101万～1,000万まで，1,001～5,000万元，5,001万元以上という4つの区分に分類してから行った。集計の結果，資本金が100万元以下の企業は35社（10.7％），資本金が101万元～1,000万元までの企業は76社（23.3％），資本金が1,001万元～5,000万元までの企業は71社（21.8％），資本金が5,001万元以上の企業は100社（30.7％）見られた（図8）。

　協力企業の所有権を尋ねる設問に回答した企業数は，272見られた。それによると，国有企業は75社（23％），集体企業は5社（1.5％），民営企業は135社（41.4％），外資系企業は57社（16.6％），当該回答拒否した企業は54社

図9：協力企業の所有権
- 国有企業 23.0%
- 集体企業 1.5%
- 民営企業 41.4%
- 外資系企業 17.5%
- 回答拒否 16.6%

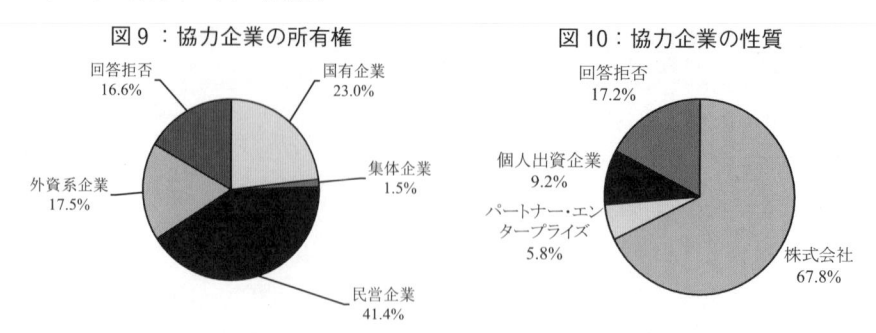

図10：協力企業の性質
- 株式会社 67.8%
- パートナー・エンタープライズ 5.8%
- 個人出資企業 9.2%
- 回答拒否 17.2%

図11：協力企業の上場状況
- 上場企業 9.5%
- 非上場企業 72.7%
- 回答拒否 17.8%

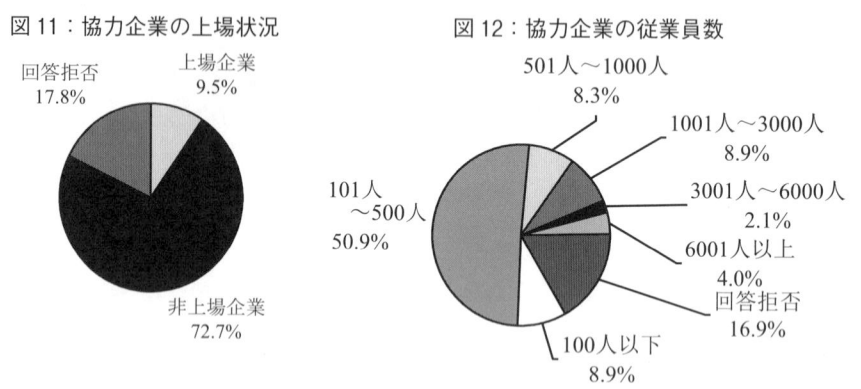

図12：協力企業の従業員数
- 100人以下 8.9%
- 101人～500人 50.9%
- 501人～1000人 8.3%
- 1001人～3000人 8.9%
- 3001人～6000人 2.1%
- 6001人以上 4.0%
- 回答拒否 16.9%

(16.6%)見られた（図9）。

企業の性質を尋ねる設問に回答した企業は270見られた。それによると、株式会社の企業は221社（67.8%）、パートナー・エンタープライズの企業は19社（5.8%）、個人出資企業は30社（9.2%）、回答を拒否した企業は56社（17.2%）あった（図10）。

326の協力企業が、上場企業か非上場企業かという設問に回答した。それによると、上場企業であると回答した企業は31社（9.5%）、非上場企業であると回答した企業は237社（72.7%）、回答を拒否した企業は58社（17.8%）見られた（図11）。

協力企業の従業員数を尋ねる設問において、回答を拒否した55の企業を除き、残りの271社の企業では回答がすべて見られた。それによると、従業員数が100人以下の企業は29社（8.9%）、101人から500人までの企業は166社（50.9%）、501人から1,000人までの企業は27社（8.3%）、1,001人から3,000人までの企業は29社（8.9%）、3,001人から6,000人の企業は7社（2.1%）、6001人以上の企業は13社（4%）である（図12）。

第 2 章　中国企業の社会的責任と法令遵守

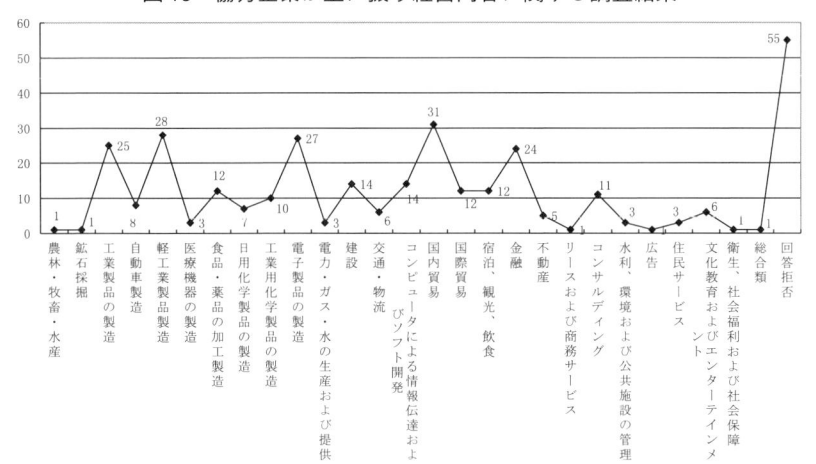

図13：協力企業が主に扱う経営内容に関する調査結果

協力企業の経営内容を尋ねる設問において，55社の企業を除き，残りの271社の企業がすべて回答している。それによると，企業が扱う主な経営内容は，下記の領域にわたる。それは，農林・漁業・牧畜，鉱石の採掘，工業製品の製造，自動車製造，軽工業製品の製造，医療機器の製造，食品加工，家庭用化学工業品の製造，工業用化学工業品の製造，電子製品の製造，電力・ガス・水資源の生産および提供，建築，交通・物流・倉庫・郵政，コンピュータによる情報伝達およびソフト開発，国内貿易，国際貿易，宿泊・観光・飲食業，金融，不動産，リース及び商務サービス，コンサルティング，水利・環境および公共施設の管理，金融，住民サービス，文化・教育・エンターテインメント，衛生，社会福祉および社会保障，そして総合企業である。中国の市場経済の発展に連れ，企業が扱う業務内容の範囲がますます広くなり，多くの企業は，複数の種類の業務を扱うようになっている。そのため，企業が扱う業務の区分は，企業が主に扱う業務内容に基づいて行うようにしている。複数の種類の業務を扱っているが，主に扱う業務が目立たない企業を総合企業にまとめることになった。図13は，協力企業が主に扱う経営内容に関する調査結果である。

Ⅲ　中国における企業の社会的責任の取組み

企業の社会的責任を主張することは，社会的責任を負う主体が企業であるべきことを意味する。しかし，企業が社会的責任を負うよう推し進める原動力は，社会における各方面の主体，政府，消費者としての個人，企業自身，商業パー

トナーとしての他の企業，行政組織，そしてマスメディアなどを含む社会の主体から来ている。

　政府は，企業が社会的責任を負うよう推し進める大切な原動力となる。このような歴史的な流れが，何世代にもわたる中国人に影響を与えている。企業に対し社会的責任の履行を促す取組みにおける政府の役割は，他のものが取って代わることのできない存在である。そうさせているのは，中国の歴史および中国の国情である。まず，社会的責任の履行意識を強化するよう，政府は，これまで企業を指導する役割を発揮してきている。1956年から，中国では，社会的経済体制の改革が始まり，それを受けて，私営企業という企業形態が中国から消えてしまった。その間，中国では，計画経済の体制が実施されて，国営企業と集体企業しかなかった。そして，長期にわたり，政府が国営企業と集体企業の経営活動に関与してきた。当時，企業が負う社会的責任は，政府の行政指令の執行および社会の役割を果たすことであった。この歴史的な流れは，数世代の中国人に深遠な影響を与えている。改革開放後，中国の経済体制が複数の所有制の共存に転換したのちにも，そのような影響は続き，簡単に払拭できるようなものではなかった。中国が社会主義市場経済に移行したのち，政府が企業の経営活動を直接的に関与するような現象はすでに見られなくなったが，政府からの間接的な影響は，依然，強く残っている。社会的責任を自主的に履行するような意識がまだ希薄な企業には，マクロ的な面における政府の誘導や，政府の奨励する政策といった取組みが必要である。

　つぎに，社会的責任の履行について，政府は，国策や国民生活に密接に関わる国有企業を指導して，企業の社会的責任の履行を着実に推し進めている。目下，国策や国民生活に密接関わるエネルギー，電気通信，公的事業などの領域において，中国政府は，国有企業が主導するという政策を採っている。このような領域において，企業が要求される社会的責任は，他の市場競争が十分に行える領域と比べて，間違いなく多いものである。このような領域の企業にとっては，企業自身のための利益の追求も大切であるため，企業が企業利益の最大化と社会的責任の着実な履行の両立を図るにあたっては，政府によるマクロの面での導きやミクロの面での必要な指導がさらに必要とされる。ついで，政府は，企業が社会的責任を履行するよう監督することである。企業は，所有権の形態に関係なく，企業である以上，利益の最大化を図る点で共通している。しかし，社会的責任の履行にあたっては，企業がそれ相応のコストをかける必要

第2章　中国企業の社会的責任と法令遵守

がある。社会的責任の履行と利益の最大化は，よく対立する。したがって，企業の社会的責任の履行にについては，必要な監督をすることが必要であり，企業の自発性，自由意思に完全に委ねてはいけない。その中で，政府が支配する公共資源が大きいため，政府による監督は，企業にとっての最も有効な他律的な力になりうる。この点は，目下の中国で実証されている。本報告書の後半で紹介する，企業の社会的責任の履行を考査・評価する制度を推進する煙台市の経験からは，政府による監督が有効な他律的な力であることが十分に証明できている。

図14：法令違反を防止するための社内教育制度等を持っている状況

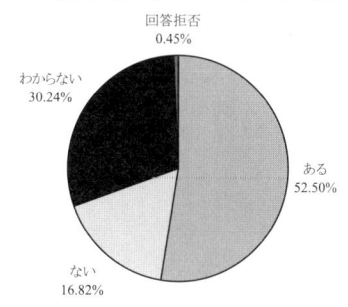

- 回答拒否 0.45%
- わからない 30.24%
- ある 52.50%
- ない 16.82%

企業が社会的責任を負う主体であることは，明らかである。そのため，企業は，以下のような取組みをしなければならない。

まずは従業員の社会的責任の意識を高め，日ごろの勤務を通して，望ましい勤務習慣を身につけるようにすることである。多くの中国企業では，以下のような取組みで，従業員の意識を高めるようにしていることが調査を通じてわかった。それは，社員の行為または企業活動の法令違反を防止するための社内教育制度などを設置すること（図14），違反防止システムの内容の周知・徹底を図るために，職務研修，社内セミナー，社内報または宣伝用のパンフレット

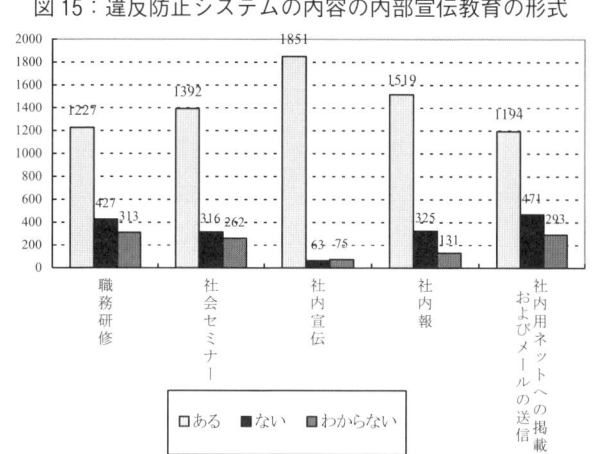

図15：違反防止システムの内容の内部宣伝教育の形式

形式	ある	ない	わからない
職務研修	1227	427	313
社会セミナー	1392	316	262
社内宣伝	1851	63	78
社内報	1519	325	131
社内用ネットへの掲載およびメールの送信	1194	471	293

図16：社員からの法令違反行為
　　　の通報に関する処理制度
　　　や専門機構の設置

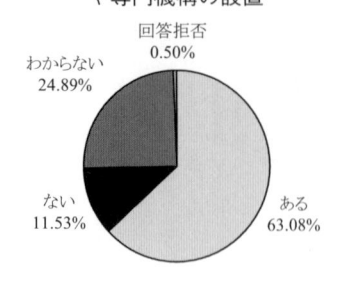

回答拒否 0.50%
わからない 24.89%
ない 11.53%
ある 63.08%

の作成，社内のネットに関連内容を掲載するか電子メールで従業員に送信するなどの方法をとること（図15），法令違反の可能性あるケースについて，社員から通報があった際に，それを処理するための制度や専門機構を設置すること（図16），といった取組みである。

　つぎに，社会的責任の履行にかかるコストについて，企業は正しく理解しなければならない。社会的責任の履行にかかるコストを会社にとっての負担であると安易に考えず，それが社会の発展のみならず，企業自身の発展にとっても必要なものであると，企業は認識しなければならない。それから，商業パートナーを選ぶ際には，パートナー会社の社会的責任の履行状況についても重視すべきである。各企業は，自社が負う社会的責任を確実に履行するほか，社会的責任の実績のある会社をパートナーとすることなどを含め，利用可能な手段をすべて駆使すべきである。調査を通じて，他の企業の社会的責任の履行状況に対し，中国企業は，すでに注意を向けるようになってきているが，まだ十分でないことがわかった。調査結果によると，在籍の企業が国内の取引先またはパートナーに対して，社会的責任の履行状況について照会を行ったことがある，と回答した中国企業の協力者は，全体の36.5％程度であり，在籍の企業が国外の取引先またはパートナーに対して，社会的責任の履行状況について照会を行ったことがある，と回答した中国企業の協力者は，全体の25.8％程度に留まる。

　つぎに，企業の社会的責任の履行を推進する取組みにおける消費者の働きは，取って代われないものである。市場経済では，消費者は，企業の死活や存続を決める大切な要因である。市場経済における消費者の大切さは，企業の管理者や従業員にはすでに認識されている。「お客様は神様」という理念は，ほとんどの企業に受け入れられ，そして広く宣伝される。このような状況においては，企業が社会的責任を負うという理念に対する消費者の賛否は，企業の行動様式に多大な影響を及ぼす。企業の社会的責任の履行に対し，多数の消費者が重視せず，または企業の社会的責任の履行状況が実際に消費者の行動に影響を及ぼさないという状況に置かれた際に，企業は，社会的責任の履行によるコストの増加を懸念し，社会的責任の不履行または履行を控える行動に走りやすい。反

対に，企業の社会的責任の履行に対し，多数の消費者が重視し，または企業の社会的責任の履行状況が消費者の行動に影響を直接に及ぼすという状況に置かれた際に，企業は自身の利益への確保に基づいて，消費者の支持を得るために，社会的責任を着実に履行するようにする。目下，経済発展に見られる不均衡からの影響を受け，中国の消費者はまだ均質化せず，多様である。まだ一部ではあるが，企業の社会的責任の履行に注意を向け始め，消費者自身の消費の選択行為を企業の社会的責任の履行と意図的に結び付ける消費者が見られるようになった。しかし，ほとんどの消費者は，企業の社会的責任の履行に対する十分な関心を払わず，まだ企業の提供する製品または提供するサービスだけに注意を向けるような段階にある。社会的責任の履行の必要性を十分に理解しているにもかかわらず，その履行に対しては，まだ消極的である企業が多く存在する。このような状況を招く要因は，まさに企業の社会的責任の履行に対し，多くの消費者が注意を十分に向けていないことにある。

　また，企業の社会的責任の履行を推し進めるに当たっては，商業パートナーの果たす働きを過小評価してはならない。多くの先進国や地域では，商業パートナーを通じて，企業，とりわけ国外の企業の社会的責任の履行を監督する方法が重要視されている。さらには，一部の国は，法律を通じて，本国の企業に対し，国外のパートナーが環境保護や従業員待遇といった面における履行状況について，審査するよう要求している。そして，上記の社会的責任の履行において，重大な違法のある企業，または社会的責任の履行に違反した行為をした企業との間の取引は，禁止されている。しかし，現在，中国の法律では，商業パートナーの社会的責任の履行状況への確認や督促が，中国の企業に対し要求されていない。また，中国の企業に対しては，上記のような社会的責任の履行に違反した行為をした企業との間の取引も禁止されていない。このことは，法律において，商業パートナーの社会的責任の履行への監督義務を中国が持たないことを意味する。

　しかし，市場経済では，ほとんどの企業はそれぞれ自身の信用および評価を重視するだけでなく，取引の際には，自社企業と密接な関わりを持つ商業パートナーの信用および評価をも考慮に入れている。したがって，商業パートナーの社会的責任の履行状況についての確認や督促について，法律を通じて，企業に対して要求することは，その社会において，企業の社会的責任の履行を重視し提唱するという気風の確立に役立つ。

第Ⅲ部　海外6か国の報告書

　企業の社会的責任の履行の推進においては，企業の自治および自律組織としての業界組織の果たす機能が重要である。現在，中国政府は，体制改革の深化を図りつつあり，計画経済時代において政府が履行していた職責の多くを業界組織に移行し，行使してもらうようにしている。それによって，企業の社会的責任の履行への監督における業界組織の持つ影響力が今後さらに強まっていく。法律規制外の重要なものとして，企業の社会的責任の履行の推進における業界自治規則の果たす機能が大きい。中国大連市で推進されている個人情報保護の評価制度は業界組織が重要な機能を果たす典型的事例である。

　マスメディアは，現代社会の第4権力と言われている。企業の社会的責任の履行を推進するに当たっては，マスメディアの果たす機能がきわめて大きい。中国では，マスメディアは，主に3つの行為で職能を履行することが可能である。まずは，宣伝を通じて，企業，消費者，そして大衆全般に対し，啓蒙する役目を果たし，社会的責任に対する意識を強化することである。つぎに，関連情報の公表で，社会的責任をきちんと履行している企業とそうでない企業が，それぞれ社会からの表彰・奨励と，社会からの非難を受けられるようにする機能である。それによって，社会的責任をきちんと履行する企業の数を増やしていく。最後は，世論の力で，公的権力機関を監督する機能がある。つまり，世論の監督によって，公的機関に対し，企業を監督・管理する権力の行使は，法律に依拠して行うよう促すことである。このことは，間接的ではあるが，社会的責任を企業が積極的に履行したい，また適切に履行しやすい環境の形成を推進する効果がある。

　現代市場経済体制の下で，中国企業の社会的責任の履行を監督する力は，中国の法律ならびに政府による監督・管理，業界組織による自治・自律，消費者や世論や社会における他の組織による外的な監督，そして企業自身による制約の全体によって構成される。

Ⅳ　企業の労働保護および職業安全

● 1　中国労働立法の背景およびその発展

　1994年7月に中国で採択された「労働法」では，就職の促進および労使関係の調整に関わる各方面の内容について規定を打ち出している。規定の内容は，就職促進，労働契約ならびに集団契約，勤務時間ならびに休憩・休暇，賃金，労働環境の安全・衛生，女性従業員ならびに未成者の従業員に対する特別保護，

職業訓練，社会保険ならびに福利，労働紛争，監督検査などに言及し，「労働法」の採択は，中国における労働法体系の確立を表している。

21世紀に入り，工業化，都市化，そして経済構造を調整する歩調が加速に伴い，企業制度の改革が絶えず深化し，企業態様および労使関係が日を追うごとに多様化し，労働雇用の領域における新しい事情，新しい問題，そして労働者の合法的な権益が侵されるような事件の発生が時々みられる。こういった現象は一部の地域，業界，そして企業においてとりわけ深刻であり，それが安定した労働関係にまで影響を及ぼしている。

最初の問題は，労使契約率が低いため，労使紛争時の労働者の合法権益が有効に保全されないことである。2005年に，全国人民代表大会常務委員会は，労働法執行の検査中に，中小企業および非公有制企業における労働契約の締結率が20％に満たず，自営業組織の契約締結率がさらに低いという実態を突き止めた。次の問題は，労働契約の短期化現象や労働関係の不安定現象である。全国人民大会常務委員会の前記検査が示す結果では，60％以上の雇用単位［組織体］が労働者との間で短期間の労働契約を締結している。短期間の労働契約では，多くが労働期間が1年である。残りは，労働期間が数か月のものもあり，それを受けて，労働者が1年にわたって同一企業で働こうとした場合には，契約の締結を数回しなければならない。労働契約の短期化現象の裏には，2つの原因がある。1つは，雇用単位が短期労働契約を利用して，労働者を自由に選択する権利の最大化を図ると同時に，労働契約の解除によって発生する労働者に支払う補償金を減少するためである。もう1つは，雇用単位が労働関係における自身の強い立場を利用し，労働者の合法権益を侵すことである。わが国にみられる労働力の供給が需要を上回る現状は，今後も存続するであろう。このような状況の中で，雇用単位が労働関係における自身の強い立場を利用し，労働者の合法権益を侵すような現象がしばしば発生する。中には，雇用単位による試用期間の濫用現象，法律および法規規定に違反し，労働者に支払う賃金の遅延やピンはねをする現象，国が定める規定に従い，労働者が加入する社会保険の費用を納付しない現象，労働定額基準を執行せず，労働時間を任意に延長し，それ相応の残業代の支払いをしない現象が見られた。それが，安定した労使関係に深刻な影響を及ぼしていた。当時の国家労働・社会保障部の統計結果によると，1995年から2006年までの12年の間に，労働紛争案件の数が過去の13.5倍まで増加し，集団労働紛争案件数が過去の5.4倍増という大幅な増

加が見られた[3]。問題解決のために，実践の中から得られた経験を踏まえ，2007年6月に「中華人民共和国労働契約法」が可決され，2008年1月1日に実施されることになった。

「労働契約法」は，国内外の良い経験を参考にし，中国の労使関係の実情の重視を基礎とし，労使関係における労働者と雇用単位双方の立場や実力の格差を十分に考慮し，労使双方の利益の擁護を基本とし，労働者が有利になる立法原則を貫き，一連の労働者保護制度を規定している。「労働契約法」の中心的な内容は，次の8つに分かれる。（1）書面によって労働契約を締結するよう要求すること。「労働契約法」では「労働関係の成立に当たっては，書面労働契約を締結しなければならない」（第10条）と規定している。（2）固定期限のない労働契約の適用を奨励し拡大すること（第14条）。（3）違約金に関する条項の適用に制限を加えること（第25条）。（4）競争制限に関する条項の適用に対し規範をさらに設けたこと（第24条）。（5）経済的補償金の適用を適度に拡大すること。労働契約が終了した場合にも，雇用単位が労働者に対し，経済補償をしなければならない（第46条）。（6）労務派遣契約の形式を厳しく規制すること。「労働契約法」では，労務派遣の地位を肯定すると同時に，労務派遣に対し，適切な制限を加えている（第57条〜67条）。（7）雇用単位の規則制度および集団契約制度（第4条，第51条〜56条）。（8）行政機関の監督検査職能および責任の追及制度（第73条〜79条）。

2007年8月に，「中華人民共和国就業促進法」が発布された。「就業促進法」では，就業促進において政府が負う責任を明確に打ち出し，職業の斡旋機構に対する規範化を計らい，就業差別に対する禁止をさらに明確にし，就業サービスおよびその管理，職業教育ならびに職業訓練，そして就業への援助を強化している。労働紛争案件の解決が迅速かつ適切になされるよう促進するために，2007年12月に，中国は，「労働紛争調停仲裁法」を採択し，労働紛争を解決するための体制がさらに整備された。

中国の立法機構は，労働安全，衛生の立法も非常に重視している。1992年，全国人民代表大会常務委員会で採択された「鉱山安全法」は，わが国にとっての初の労働保護のための専門法である。1994年に発布された「労働法」では，

---

3 《全国人大法律委员会主任委员解读劳动合同法》（「全国人民代表法律委員会主任委員による労働契約法の解読」），新華網，2007-07-23，http://www.xinhuanet.com/zhibo/20070723/wz.htm。

専ら労働安全，衛生を扱う章が盛り込まれた。2001年の全国人民代表大会で「職業病防止法」が採択され，2002年の全国人民代表大会で「安全生産法」が可決された。このような立法の可決によって，安全生産および職業健康に関する法的な枠組みが中国において構築された。このほか，国務院，当時の労働部（労働・社会保障部），衛生部，国家安全生産管理監督総局では，安全生産および職業健康に関する行政法規，ならびに部門ごとの規則が多数採択された[4]。

職業病の予防および治療に関わる立法においても，中国では大きな発展を遂げた。「職業病予防法」では，職業病の前期予防，労働過程における防止・保護および管理，職業病の診断および職業病患者の保障などに関する基本的な制度を規定している。基本的な制度の規定が職業病の予防および治療に役立ち，それを受けて，衛生部門も，行政責任を積極的に履行するようになった。例えば，2008年，「職業病防止法」を徹底して執行し，職業病を防ぎ，労働者の健康権益を擁護するために，各地域の衛生部門は，衛生部の統括的な配置に従い，現地の状況に合せて，職業衛生監督検査および職業病報告管理といった取組みをした。

労働法制度は，不断に改善され，雇用単位や労働者ひいては社会全体が持つ労働者の権益の擁護意識を高め，法律に基づき雇用単位が労働者の合法権益を守るよう推進している。

2 企業の社会的責任の履行状況から見た労働保護および職業健康

中国「会社法」（2005年）の規定では，「企業は従業員の合法権益を擁護し，法律に基づき従業員と労働契約を締結し，社会保険に加入し，労働保護の強化を図り，安全生産を実現していかなければならない。」とある。したがって，企業に対して，従業員の保護を求めているのは，「労働法」だけでない。「会社法」においても，企業に対し，社会的責任の履行を要求している。

「労働法」が不断に改善されるに伴って，労働保護という取組みにおいて，中国が収めてきた成果は少なくない。労働者の権益の擁護に対し，企業がすでに十分な注意を向けていることは，今回の調査の結果からでも読み取れる。

本調査を通じて，労働者の合法権益の保護は，企業が履行すべき大切な社会

4　郭捷ら編集，《劳动法与社会保障法》（『労働法及び社会保障法』），法律出版社，2008年版，212-214頁。

的責任の1つであることが，多数の調査協力者により認められていることが分かる。企業が負うべき社会的責任の中身を見ると，未成年者の使用禁止に賛同する人が調査協力者全体の98.29％，セクシャル・ハラスメントの発生防止に賛同する人が84.97％，健康で安全な労働環境に賛同する人が98.53％，就業機会の平等の保証に賛同する人が90.57％をそれぞれ占めている。そのほか，企業は従業員に支払う賃金の遅延をしてはならないという点については，97％の調査協力者が認めており，従業員が社会保障制度に加入後，企業側が負担すべき分の料金の滞納またはその分の費用の支払いを従業員に押し付けてはならないという点については，93.8％の調査協力者が認めている。

　調査結果によると，多数の中国企業においては，労働者の合法権益を擁護するためのそれ相応の内部メカニズムがある。調査協力者の回答によると，児童労働の禁止規定は，調査協力者全体の82.1％を占める協力者の在籍企業に設けられており，セクシャル・ハラスメントの発生防止規定は，全体の43.69％を占める協力者の在籍企業に設けられており，安全で働きやすい環境の提供に関する規定は，全体の83.43％を占める協力者の在籍企業に設けられており，雇用機会の平等を保証する規定は，全体の60.02％を占める協力者の在籍企業に設けられており，従業員の賃金の支払いの遅延を禁じる規定は，全体の64.91％を占める協力者の在籍企業に設けられており，社会保険の納付を従業員に押し付けることまたは納付の遅延を禁ずる規定は，全体の41.16％を占める協力者の在籍企業に設けられていることが判明した。

　調査協力者の在籍企業が最も重視している企業の社会的責任について協力者に尋ねた結果では，「児童労働の禁止」を選んだ調査協力者は4.4％，「セクシャル・ハラスメントの発生防止」を選んだ協力者は0.7％，「健康で安全な労働環境の提供」を選んだ協力者は20.9％，「雇用機会の平等」を選んだ協力者は1.9％であった。「在籍の企業が最初に定めた内部規則はどれか」という設問に対し，「児童労働の禁止」を選んだ協力者は6.3％，「セクシャル・ハラスメントの発生防止」を選んだ協力者は0.3％，「健康で安全な労働環境の提供」を選んだ協力者は13％，「雇用機会の平等」を選んだ協力者は0.9％であった。

　近年来，国家立法の進化に連れ，関係の主管部門の努力により，中国の安全生産および職業健康における取組みは，大きな進歩を遂げてきている。中国において，安全生産事故の発生がまだ時折見られるが，全体を見た場合，安全生

第 2 章　中国企業の社会的責任と法令遵守

産事故による死傷者数の減少傾向が見られた。例えば，2008 年，中国全土で起きた各種の事故件数の合計が 413,752 件，それによる死亡者数が 91,172 名であった。この数を例年と比べると，事故 92,456 件の減少と死亡者数 10,308 名の減少が見られ，それをポイントに直すと，それぞれ 18.3％減と 10.2％減になる。各主要業界（領域）で発生した事故件数および死亡者数は，2007 年と比べ，減少傾向が見られた。業界（領域）ごとに事故件数および死亡者数の減少ポイントについて見ていくと，炭鉱では 19.3％と 15.1％，金属と非金属鉱では 23.9％と 5.7％，建築生産業では 0.5％と 0.7％，化学危険物業では 5.2％と 2.5％，花火および爆竹業では 13.5％と 20.7％，火災では 16.2％と 2.9％，道路交通では 19.0％と 10.0％，水上交通では 18.6％と 5.6％，鉄道交通では 41.1％と 27.7％，農業機械では 34.9％と 35.3％，漁業船舶では 13.7％と 2.4％の減少が見られた。農業企業における重大事故の発生は，これまで見られなかった。民用航空は，飛行安全記録を引き続き維持している[5]。2007 年，中国全土で起きた各種の安全生産事故件数の合計が 506,376 件，それによる死亡者数が 101,418 名であった。この数を例年と比べると，事故 120,853 件の減少と死亡者数 11,399 名の減少が見られ，それをポイントに直すと，それぞれ 19.3％減と 10.1％減になる[6]。当然，発生した安全生産事故のすべてが労働保護の不十分が原因ではなく，中には，技術などが要因となって事故を引き起こした案件がある。そして，事故の犠牲者の全員が労働者というわけでもない。

　中国の 30 の省，自治区（チベット自治区を除く。），直轄市および新疆生産建設兵団が出した職業病報告によると，2008 年の各種の職業病の新発症数の合計は，13,744 件である。発症数の多い順に業界（領域）を 3 つ示すと，炭鉱，有色金属，そして建築の順になる。また，各業界の発症数が全体に占める割合は，それぞれ 39.81％，13.05％，そして 6.90％になる。

　2008 年の全国職業病報告によると，わが国の職業病がもたらす危害の状況が依然深刻であることが判明した。深刻な被害状況は，次の 3 つにまとめられ

5　国家安全生産監督管理総局，《安全生产统计简报（2008 年第 12 期）》(『安全生産統計ニュース（2008 年 第 12 号）』)，http://www.chinasafety.gov.cn/newpage/Contents/Channel_6478/2009/0408/56330/content_56330.htm.

6　国家安全生産監督管理総局，《安全生产统计简报（2007 年）》(『安全生産統計ニュース（2007 年）』)，http://www.chinasafety.gov.cn/newpage/Contents/Channel_6478/2008/0117/4984/content_4984.htm.

る。まずは，高いじん肺病の発症率が下がらず，集団性じん肺が時折発生し，発病までの期間が短縮している状況である。2008年に報告されたじん肺病の新発症件数が，報告された職業病発症件数合計の78.79％を占めている。各地で報告された職業病に関する状況によると，2001年以来，じん肺病の新発症件数が，報告された職業病発症件数合計に占める平均は，75.11％以上であり，その最高が82.64％に達している。2008年，各地で報告された職業病に関する状況によると，じん肺病と診断された100名を超す集団性の発症例は，13件あった。そして，2008年に，じん肺病と診断された新発症者の粉塵吸入年数の平均は，17.04年であり，2007年と比べ，2.35年の短縮見みられた。そして，実際に，10年を満たない勤続期間中に発症した件数が3,420件であり，発症件数の全体の31.58％を占める。次に見られる深刻な危害状況は，職業中毒がいくつかの業界に集中して発生する傾向が見られたことである。急性職業中毒では，一酸化炭素，塩素，そして硫化水素による中毒の状況が最も深刻であり，それが主に化学，石炭，冶金業に分布している。慢性職業中毒では，主に鉛およびその化合物，ベンゼンおよび二硫化炭素による中毒が比較的深刻であり，それが主に有色金属，機械，化学などの業界に分布している。最後に見られる深刻な危害状況は，中小企業に見られる高い職業病の発症率である。2008年の職業病報告に示されたデータによると，過半数を超える職業病の発症件数が中小企業に分布していることが判明した。とりわけ慢性職業病については，発症件数合計の69.85％を占める件数が中小企業に分布している。

　それでは，一応の結論を以下に3つにまとめてみよう。まず，労働保護に対する企業の管理者および従業員の意識はかなり高い，と言える。企業は，労働者の労働の権利を守り，安全で働きやすい労働環境および平等な雇用機会を労働者に提供し，規定に基づき労働者に報酬などを支払うことは，労働者の重要な権利である。このことについては，一般大衆がすでに意識するようになってきている。つぎに，労働保護は，企業の社会的責任における中心的な内容である，と認められている。このことは，企業が労働者を保護すべきであり，労働者保護が企業の社会的責任における中心的な内容である，という観点に対し，会社の管理層および従業員がみな認めていることを物語っている。それから，企業内部の規則制度は，ほぼ労働保護や社会保障に言及している。企業の社会的責任における中心的な内容として，労働保護は，企業の管理層および従業員によって認められ，企業により重要視される度合いもかなり高い。

第 2 章　中国企業の社会的責任と法令遵守

　上記の結論は,「労働契約法」の執行状況によってある程度裏づけられている。「労働契約法」が執行された 2008 年以降,「労働契約法」の実施効果, とりわけ企業に与える影響は常に, 注目を浴びてきている。国務院の関連部門がまとめた 2008 年 9 月のデータによると,「労働契約法」の徹底執行は, 段階的な成果を収め, それは「二昇一降」と表現することができる。「二昇」とは, 労働契約の締結率の上昇と, 社会保険加入者数および保険積立金の徴収収入の上昇のことである。まず, 労働契約の締結率の上昇について, 26 の省区市で実施された調査結果によると, 2008 年上半期の企業労働契約の締結率は, 90％〜96％に達し, 2007 年と比べ, 3％〜8％の増加が見られた。それから, 社会保険の加入者数および保険積立金の徴収収入の上昇について, 2008 年 1 月から 6 月の間には, 全国の養老保険, 失業保険, 医療保険, 労災保険, 生育保険に加入した従業員数の増加が見られ, そして増加した数がそれぞれ 770 万人, 365 万人, 875 万人, 852 万人, 677 万人であった。また, 上に述べた 5 種類の保険積立金の全国総収入が 6,105 億元に達し, 昨年 2007 年の同期と比べ, 31％の収入増が見られた。「二昇一降」における「一降」とは, 短期間の労働契約の締結率が次第に下降したことを表している。各地で, 労働期間が 1 年以内の労働契約件数の減少が顕著に見られ, 労働期間が 3 年から 5 年の契約件数および固定期限のない労働契約件数の増加が顕著に見られた[7]。

　当然, 中国の労働法制には, 多くの問題がまだ残る。問題は, とりわけ職業病の発生防止において突出して見られる。職業病の発生防止のための立法においては, 中国は, 大きな成果を収めてきている。しかし, 中国の職業安全立法においては, 不十分な点や改善すべきところがまだある。例えば, 雇用単位［組織体］が関連資料を提供せず, 労働者に職業病の診断およびその診断に対する鑑定に協力しない場合には, いかなる行政罰を下すか, 職業病の鑑定機構が独占的な立場にあるという状況を踏まえ, 競争メカニズムを職業病鑑定機構に導入するか否か, 鑑定機構の発行した鑑定書に対して当事者が納得しない場合には, いかにして有効な救済が受けられるか, 職業病に罹る危険性のある職場について, 関係部門への申告を怠った雇用単位に対し, 処罰をいかにして強くするか, が問題点である。また, 中国には, 衛生部門, 労働部門, 安全生産

---

[7]　周剣初,《劳动合同法实施取得"两升一降"效果》(『労働契約法の実施で得られた「二昇一降」効果』),《金融时报》(『金融時報』), 2008 年 9 月 20 日, 2 面。

部門を含み，職業安全および職業病の予防治療を主管する部門が数多くある。こういった主管部門の持つ監督管理機能が効果的に発揮されるために，複数の主管部門の持つ職能の協調をいかにして取るかは，中国が直面するもう1つの課題である。

V 企業誠信の構築

■1 企業誠信の概念と定義

　誠信という概念の核心は，生産および経営活動の中で，契約に約定される義務をしっかり履行し，他人や社会に対し，契約に規定していない責任を着実に負うよう，企業主体に求めることにある。一般的に，企業の誠信という概念は，主に4つの内容を含む。

　その1つは，消費者に対する責任，誠意を尽くし信用を守るという責任のことである。この責任は，企業が存続し成長していく根本である。市場経済という状況の下，激しい市場競争の中で，1つの企業が自分の足場をしっかり作れるか否か，そして絶えず成長できるか否かは，企業ブランドに対する消費者の認可および信頼を企業が獲得できるか，に係っている。消費者の認可および信頼を獲得するための取組みは，主に(1)規格に合う製品の生産，(2)正直な商業宣伝，(3)消費者の個人情報の保護などを含む。その中で，製品の品質は，とりわけ消費者に注目される。本調査で得られた有効回答において，調査協力者全体の97.10％と93.77％を占める調査者は，それぞれ「高品質の製品の提供」と「消費者の個人情報の保護」を企業の社会的責任である，と認めている。

　その2は，同業者に対して負う，誠実に信用を守るという責任である。「同業者は仇」ということわざがある。しかし，調和の取れている秩序をもった社会主義市場経済は，同業者同士の良い意味での競争を必要とし，そしてそれが同業者同士間の信頼関係を維持する。良い意味での競争は，主に(1)自由正当な競争および公平取引，(2)工業財産権および商業秘密の保護などを含む。

　その3は，従業員に対して企業が負う誠信という責任である。企業と従業員との間の雇用労働関係は，労働契約の保護および制約を受ける。そのため，企業は，従業員に対し，契約を厳しく履行するという誠信責任を負わなければならない。これは，主に(1)従業員の労働に見合う報酬の期限までの支払い，(2)従業員が加入する社会保険の積立金の期限までの納付，(3)従業員が受ける福利の保障などを含む。それと同時に，労働契約を取り決める過程において，人に平

第 2 章　中国企業の社会的責任と法令遵守

等に接し，労働者の雇用機会の平等を保障するといった責任を負う。このほか，中国の伝統文化からの要求を踏まえ，契約において明文で規定している約定のほかに，従業員をなるべく気遣い，いたわるような道義的な責任を企業は負う。

　その 4 は，政府に対して企業が負う誠信という責任である。社会主義市場経済という状況の中で，政府に対して企業は依然として誠信という責任を負い，法令遵守をしなければならない。企業に対してそのような要求をする狙いは，社会や市場における基本的な秩序を維持するところにある。そのため，政府に対し企業が誠信という責任を負うことも，企業の社会的責任の一部となる。政府に対して負う責任は，法に基づいて納税する責任や，商工，衛生，消防，治安，そして環境保護などにおいて，政府機構による監督および管理を受け入れる責任などを含む。

● 2　企業誠信の樹立効果およびその挑戦

　絶えず深化する経済体制の改革および絶えず推進する対外開放の歩調に伴い，政府部門のサポートおよび指導の下，企業誠信を樹立する取組みにおいて，中国の企業は，著しい成果をすでに上げてきている。そして，今後行われる，社会における誠信体制の樹立および整備のために，強固な基礎が打ち立てられた。企業による誠信の樹立がもたらした効果は，主に 3 つに現れる。

（1）　企業誠信法体系の初歩的構築

　改革開放後，中国では，企業誠信に関する一連の法律が次々と制定され施行され，企業誠信の樹立および成長が力強く推進されてきた。例えば，消費者に対し企業が負う誠信責任に関する法律では，主に「製品品質法」（1993 年），「契約法」（1999 年），「消費者権益保護法」（1994 年），「広告法」（1995 年），「農産物品質安全法」（2006 年），「食品安全法」（2009 年）などが見られる。同業者に対し企業が負う誠信責任に関する法律では，主に「不正競争禁止法」（1993 年），「反独占法」（2008 年），「商標法」（2001 年），「特許法」（1985 年）などが見られる。従業員に対し企業が負う誠信責任に関する法律では，主に「労働法」（1995 年），「労働契約法」（2008 年），「労働紛争調停仲裁法」（2008 年）などが見られる。政府に対し企業が負う誠信責任に関する法律では，主に「企業所得税法」（2008 年），「消防法」（2009 年），「価格法」（1998 年）などが見られる。

　それと同時に，政府の各省庁および各級の地方政府は，次々に制定され執行

される法律に合わせ，関連する法規および規則を制定した。例えば，ここ数年，国務院は，「食品安全法の実施条例」（2009年），「営業税の臨時条例」（2009年），「増値税の臨時条例」（2009年），「乳製品の品質安全監督管理条例」（2008年），「労働契約法の実施条例」（2008年），「従業員の年次有給休暇条例」（2008年），「価格の違法行為に対する行政処罰規定」（2006年）などの行政法規を次々と公布して，それによって企業誠信法体系のさらなる成長および整備に役立ててきた。

（2）　ほぼ形成された企業誠信に関する社会の共通認識

ここ数年で，マスコミによる世論および法規範の宣伝によって，企業誠信という観念は，大衆の意識に深く浸透し，各業界で広く認められるようになった。一部の企業による行為，例えば，悪質な競争を回避するために自律する価格連盟を作った行為が，果たして誠信に背くか否かについては，意見の相違および論争が依然として見られる。しかし，企業誠信に関する内容のほとんどについて，中国企業の認識は統一された。本調査の結果において，消費者に対して企業が負う誠信責任について，「高品質の製品の提供」という責任を認めた調査協力者は97.10％，「消費者の個人情報の保護を重視する」という責任を認めた協力者は93.77％，「規格に合わない製品の生産・販売を販売しないこと」を認めた協力者は96.61％，「企業が商品の内容及びサービスの内容についてありのままかつ十分に説明すべき」という責任を認めた協力者は92.84％，「真の情報を隠し消費者に誤解を与えるような価格表示をしてはならない」という責任を求めた協力者は91.53％それぞれ見られた（図17）。

同業者に対して企業が負う誠信責任に対する調査協力者の認識を調べた結果として，「自由正当な競争および公平な取引を保障する」という責任を認めた調査協力者が92.71％，「納付の遅延があってはならない」という責任を認めた調査協力者が78.42％，「知的所有権を尊重し保護する」という責任を認めた協力者が93.18％，「コピー製品の製造をしてはならない」という責任を認めた協力者が85.11％，「類似商標，意匠または商号を使用してはならない」という責任を認めた協力者が88.71％，「価格カルテルを結んではならない」という責任を認めた協力者が75.79％，「不当廉売をしてはならない」という責任を認めた協力者が80.76％，「入札談合をしてはならない」という責任を認めた協力者が90.53％，「高額なリベートの支払いをしてはならない」という責任を認めた協力者が87.32％それぞれ見られた（図18）。

図17：企業が消費者に負う誠信責任の内容　　図18：企業が同業者に対して負う誠信責任の内容

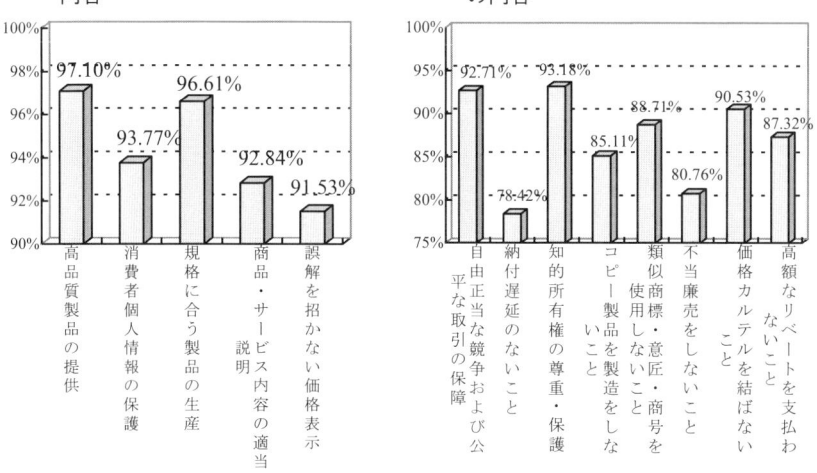

図17データ：
- 高品質製品の提供：97.10%
- 消費者個人情報の保護：93.77%
- 規格に合う製品の生産：96.61%
- 商品・サービス説明内容の適当：92.84%
- 誤解を招かない価格表示：91.53%

図18データ：
- 自由正当な競争および公平な取引の保障：92.71%
- 納付遅延のないこと：78.42%
- 知的所有権の尊重・保護：93.18%
- コピー製品を製造しないこと：85.11%
- 類似商標・意匠・商号を使用しないこと：88.71%
- 不当廉売をしないこと：80.76%
- 価格カルテルを結ばないこと：90.53%
- 高額なリベートを支払わないこと：87.32%

　従業員に対して企業が負う誠信責任に対する調査協力者の解釈を調べた結果として，「雇用機会の平等を保障する」という責任を認めた調査協力者が90.18％，「従業員の加入する社会保険の積立金の納付は遅延しないまたは従業員に押し付けない」という責任を認めた協力者が93.76％それぞれ見られた。

　政府に対して企業が負う誠信責任に対する調査協力者の解釈を調べた結果として，「租税回避してはならない」という責任を認めた協力者が72.24％，「監督管理機構に対し状況をありのまま説明しなければならない」という責任を認めた協力者が91.42％それぞれ見られた。

(3)　企業の誠信における自律メカニズムの初歩的形成

　市場経済の成長および企業ブランドの樹立意識が強まるに連れ，中国企業の誠信構築は，主に政府による監督管理に頼る他律的モデルから，企業または業界組織の主導に頼る自律的なモデルに移行しつつある。ここ数年，中国企業は，内部の規則制度を絶えず整備し，それによってブランドの樹立を目標とする誠信構築のブームを作り上げている。

　消費者に対して負う誠信責任に関する社内規則制度の制定状況について調べた結果として，「高品質の製品の提供に関する社内規定がある」と回答した調査協力者が82.88％，「消費者の個人情報の保護を重視する社内規定がある」と回答した協力者が64.86％，「規格に合わない製品の生産・販売をしないと定める社内規定がある」と回答した協力者が78.39％，「企業が商品の内容及

びサービスの内容についてありのままかつ十分に説明すべきと定める社内規定がある」と回答した協力者が61.83％，「真の情報を隠し消費者に誤解を与えるような価格表示をしてはならないと定める社内規定がある」と回答した協力者が52.79％それぞれ見られた。

同業者に対して負う誠信責任に関する社内規定の制定状況について調べた結果として，「自由正当な競争および公平な取引を保障するという内容の社内規定がある」と回答した調査協力者が66.74％，「納付の遅延があってはならないという内容の社内規定がある」と回答した協力者が47.05％，「知的所有権を尊重し保護するという内容の社内規定がある」と回答した協力者が69.15％，「コピー製品の製造をしないという内容の社内規定がある」と回答した協力者が52.99％，「類似商標，意匠または商号を使用しないという内容の社内規定がある」と回答した協力者が54.43％，「価格カルテルを結ばないという内容の社内規定がある」と回答した協力者が39.33％，「不当廉売をしないという内容の社内規定がある」と回答した協力者が44.81％，「入札談合をしないという内容の社内規定がある」と回答した協力者が49.29％，「高額なリベートの支払いをしないという内容の社内規定がある」と回答した協力者が55.61％それぞれ見られた。

従業員に対して負う誠信責任に関する社内規定の制定状況を調べた結果として，「雇用機会の平等を保障するという内容の社内規定がある」と回答した協力者が62.72％，「従業員の加入する社会保険の積立金の納付は遅延しない，または従業員に押し付けないという内容の社内規定がある」と回答した協力者が62.22％それぞれ見られた。

政府に対して企業が負う誠信責任に対する社内規定の制定状況を調べた結果として，「租税回避してはならないという内容の社内規定がある」と回答した協力者が41.16％，「監督管理機構に対し状況をありのまま説明しなければならないという内容の社内規定がある」と回答した協力者が53.68％それぞれ見られた。

しかし，中国企業の誠信構築は，大きな挑戦に直面している。ここ数年，中国では，企業の信頼失墜行為が引き起こす重大な不祥事が多発している。重大な不祥事の発生件数は，毎年1～2件程度から，毎年4～5件程度まで増加した。2008年，中国全土を驚かせた「三鹿」粉ミルク事件は，関連企業の誠信構築に対して警鐘を鳴らした。コピー商品といった偽商品問題のほかに，関連

第 2 章　中国企業の社会的責任と法令遵守

企業が引き起こす不祥事を度々耳にする。例えば，金融業における顧客データの漏洩問題，建築業における出稼ぎ農民の賃金未払い問題，「コピー」を専門とする企業による工業製品の知的財産権の侵害問題，上場企業の金融の管理監督における背信行為の発生問題，そしてよく見られる企業の租税回避，ひいては脱税行為の問題などが挙げられる。企業による不祥事の多発で，企業の誠信の底辺のありかが問いただされている。

本研究の調査結果を踏まえ，当面，企業の誠信構築に関する取組みを妨げる主な要因は，次の3つにまとめられる。

(1)　企業誠信の確保に関わる法体系がまだ十分でないこと

企業誠信のための法体系はすでに構築されたが，さらなる改善が待たれる。まず，一部の法律法規がまだ十分に整備されないため，実践の中で少なくない不備が現れており，それに対する改定および補充が速やかに行われる必要がある。例えば，「労働契約法」が公布されたのち，各方面からの非難および論争に直面しなければならない状況に陥った。つぎに，法律の執行力を強めていく必要がある。主観要因および客観要因のため，中国における法の執行効果は，終始思いどおりのものにならなかった。それを受けて，一部の状況において，企業誠信のための法体系は，名ばかりの存在になり，法体系のもつ保障および監督機能を着実に果たせなくなる。本調査では，「被害を受けた側として，現行民事法に規定される加害者への責任追及に満足していますか」という設問に対し，「満足している」という回答を選んだ調査協力者は158名（記入方法に従い，当該設問を回答せず次の設問に進んだ協力者は2,821名あった。）見られ，当該設問を回答した協力者全員の16.14％を占める。「被害を受けた側として，行政処分，行政による調停等の法制度に満足していますか」という設問に対し，「満足している」という回答を選んだ調査協力者は，当該設問に回答した協力者全員の15.52％を占める。「損害を被った側として，現行刑事法に規定の損害賠償や加害者の他社への制裁に満足しています」という設問に対し，「満足している」という回答を選んだ調査協力者は，当該設問を回答した協力者全員の14.92％を占める。現状に満足していない理由として，証拠提出が困難であること，処理にかかる時間が長いこと，処理にかかるコストが高すぎること，不正行為をされる可能性があること，など挙げられている。

期間の短い市場競争において，企業は，誠信責任を逸脱した行動を取ったとしても，コスト面での競争優位性を生かすか「災いを他人に押し付けて自分の

利益を図る」手段を取れば，多額の利益を市場から奪い取ることが可能である。それによって，競争の中で，誠信責任を遵守する企業と比べて優位に立つのである。そのため，「信用を失う」行動をとった企業に対し，有効な懲戒を速やかに当該行為の再発を制止しなければ，「企業は誠信責任の遵守をやめる行動を取る」という問題を引き起こす可能性がある。つまり，利益に駆り立てられたせいか，または競争で受けたプレッシャーのせいか，誠信責任を遵守する企業の一部，とりわけ競争力が相対的に弱い中小企業は，誠信責任の遵守を放棄し，「信用を失う」手段を取り，市場競争に参入していく問題を引き起こす可能性がある。したがって，企業による「信用を失う」行動の多発を食い止めないかぎりでは，企業誠信の構築およびその成長に「信用を失う」行動による悪影響を及ぼすことが避けられない。

(2) 企業誠信の構築のための社会による有効な監督システムが欠如していること

「信用を失う」行動を取った企業は，短期間において多額の利益を得ることができるにしても，市場における長期的な競争の中では，必ず淘汰される。「信用を失う」行動を取った企業が淘汰される時期については，当該企業の関連情報の公表と直接的に関わっている。関連情報の公表によって，「信頼を失う」行動は，一般の消費者にまで広く知られる。「信頼を失う」行動を取った企業の製品およびサービスに対して，消費者が集団となって拒むようにして，市場の淘汰機能がはじめて働く。したがって，完成される社会の監督システムの構築や，企業による「信頼を失う」行動をタイムリーに公表することは，企業の誠信構築における大切な前提条件である。「信頼を失う」行動を取った企業，ひいては地方の役人による「隠ぺい工作」に対する放任は，真実を隠し，消費者の権益を侵害してしまう。このような状況が長く続くと，企業の誠信，ひいては業界の誠信に対する消費者の期待を無にしてしまい，その結果，企業誠信の構築およびその成長にまで悪影響を及ぼす。例えば，「三鹿」の粉ミルク事件の隠ぺい工作が公表されたのち，中国国内において，知名度のある乳製品企業の「蒙牛」，「伊利」，「三元」は，それぞれ衝撃を多かれ少なかれ受け，乳製品業界全体の信用まで傷つけられた。

調査結果を見るかぎりでは，中国社会の監督システムがまだ強力的でないため，システムの持つ問題発見機能および情報公表機能が有効に働かない。中国消費者協会，各業界の協会，そして少なくない民間組織は，大切な社会監督機

能をそれぞれ発揮しているが，人的資源，技術力，そして法律の授権などの制限を受け，実際に発揮できる力に限りがある。とりわけ，一部地域において，地方保護主義者の干渉を受けたため，上記のような組織が発揮する，思いどおりの社会監督効果が得られなかった。

(3) 企業誠信に対する企業の自律意識の向上が待たれること

企業誠信という観点は，中国の企業においてすでに広く認められている。そして，誠信を徹底するために，企業内部においては自律するシステムの構築が始められている。しかし，実践を通して，企業の自律意識はまだ貧弱であるように見える。そのため，まず，企業内部における従業員を対象にした自律意識の強化訓練をしなければならない。本調査の結果では，「社員の行為または企業活動の法令違反を防止するための社内教育制度等はありますか」という設問に対し，調査協力者全員の52.5％を占める協力者が「ある」と回答している。また，その3分の1を占める協力者は，「企業内部の規則制度」の内容についてまったくわからない，と回答している。この結果から，企業誠信という観点に対する従業員の理解は，明確でなく，曖昧であることがわかった。企業誠信に対する理解が明確でないままでは，仕事の中で，従業員の行動を指導また規範化する当該理念の持つ働きが発揮しにくくなる。つぎに，情報を公表するシステムの整備が待たれる。企業の評判にマイナスのイメージを与える可能性のある情報の処理では，各企業は，通常，覆い隠そうとし，自ら公開しようとしない。本調査の結果によると，調査協力者全員の19.53％を占める協力者は，「在籍の企業は，法令違反により法的な処分（行政処分ないしは刑事刑罰）を受けた事実を自主的に公表したことがある」と回答している。取るべき責任を取らずにして逃れようとする企業の行動は，短期間において企業ブランドの維持に役立つ。しかし，長期的に見た場合，企業の誠信に対し，深刻かつ実質的な損害を与えてしまう。

Ⅵ 企業の環境保護

改革開放政策が実施されて以来，中国経済は，目覚ましい成長を遂げてきている。それと同時に，資源の過剰開発など生態系の維持に不利になる開発や資源の低い利用率が環境の悪化問題をもたらしている。環境の悪化は，経済の持続的な成長を妨げるだけでなく，人類の生存や健康まで脅かしている。他の国々で起きていた悲劇，すなわち「環境の整備は汚染してから取り組む」とい

第Ⅲ部　海外6か国の報告書

う悲劇が中国で起きないよう，中国政府は，環境保護の大切さを重ねて強調してきている。しかし，政府の力だけに頼り，中国が直面する深刻な環境問題を本質的に解決するには無理がある。一般民衆は，環境汚染の被害者であると同時に，時と場合によって加害者の立場に立つこともありうる。民衆は，自身の権益が侵されないようにするため，または過去に取った行動を懺悔し反省するために，環境を保護するための「自分で救済する行動」に関与していく。このような状況の中で，環境保護の法整備を中心とした，複数の主体が共同で関与する環境保護モデルが現れてきた。

● 1　企業による環境保護の現状

　生産過程において，企業は，資源を大量に消耗し，それによって環境に影響を与え，場合によっては環境を汚染し，破壊してしまうことがある。資源の消耗に対し，企業が適当な措置を取らずに，ひいては資源を無駄にするような行動を取るならば，次世代の生活や，社会経済の持続的成長に悪影響を及ぼす。環境，資源に対する企業の保護および有効利用は，企業が負うべき社会的責任である。本調査の結果によって，環境保護が企業の社会的責任であるという点について，95.1％の調査協力者が認めている。いま，中国は，環境保護を基本的な国策の1つとし，1996年以来，水汚染の予防および整備，海の環境保護，空気汚染の予防および整備，環境騒音の予防および整備，固形の廃棄物の予防および整備，放射性物質による汚染の防止および整備などを網羅する環境保護法の制定または改正をしてきた。国務院は，建築業環境保護管理条例，水による汚染の防止および整備の実施細則，危険物化学薬品の安全管理条例，廃棄物処理にかかる費用の徴収および利用条例，危険廃棄物経営許可書の管理方法，野生植物の保護条例など50余りの行政法規を制定または改正してきた。このほか，中国は一連の国際環境条約に加盟している。国務院の関係部門，地方人民代表大会および地方人民政府は，各自の職権に合せて，700余りの規則制度および地方法規を制定そして公布してきている。

　工業汚染の予防および整備は，中国の環境保護における中心的な取組みである。そして，環境を保護する取組みにおける企業の責任は，他人に譲れないものである。生産技術の改良，再生できない資源の利用削減，資源を無駄にする行為の防止，再生可能な資源の開発および利用の加速，環境を著しく汚染・破壊する生産技術および設備の淘汰，環境保護への取り組みの強化責任は，すべ

第2章　中国企業の社会的責任と法令遵守

て企業が負う責任である。それと同時に、中国は、循環経済を図る企業に対し奨励するようにしている。循環経済とは、製品を生産する全過程において、企業が資源の十分利用を図り、廃棄物を最小化、資源化、そして無害化する。工場など工業生産が集中する地域において、ある企業が出す廃棄物が他の企業生産の原材料となるような、生態工業に取り組み、企業間で資源の最大利用を実現する。長年の努力の結果、汚染地域での取組みは、大きな成果を上げてきている。環境保護に対する中国企業の意識は、かなり高まってきた。

　しかし、中国の環境保護の成り行きに対しては、まだ楽観視できない状況である。中国の水資源の消費量および廃棄物の排出量は、ともに世界ランキングの1位につけ、エネルギー消費量および二酸化炭素の排出量は、ともに世界ランキングの2位につけている。中国経済の持続的成長を果たすためには、各企業が環境保護政策を厳しく実施しなければならない。本調査の結果では、在籍企業には環境保護に関する内部規則制度がある、と回答した調査協力者は、70.9％見られた。しかし、目下の中国経済の成長がまだ粗放型から脱出し切れていないため、環境保護のための体制作り、システムの構築、法律の執行プロセスなどの改善は、まだ本格的になされていない。

　目下、多くの中国企業、とりわけハイテクノロジーを用いない業界の企業の環境保護への取組み方は、消極的である。一部の企業では、環境を保護するための施設を導入しているが、コストを下げるために、施設を意図的に稼働させないことがある。実際に、社会環境の保護をサポートする取組みにおいても、企業によって大きな差が見られた。海外において、ほとんどの民間環境保護活動の運営を支える中心的な財政源は、営利機構によって提供される。今日の中国では、企業から支持を得ている民間環境保護活動は、その全体の40％程度である。現段階では、企業からの支援が民間環境保護社団の財政経費の30％を占める程度だが、その割合は、今後さらに伸びる見込みである。しかし、注目しなければならないのは、企業からの高額の寄付は、主に外資系からのものである。外資系企業と比べ、中国企業からの寄付額は、まだ小さい。環境保護に関与している営利機構が最も注目しているのは、営利機構の事業の成長に環境保護事業がいかなる利点をもたらすかという点である。しかし、今日の中国の商業機構においては、環境保護事業の持つ意義や価値に対して正しく認識している機構が非常に少ない。そして、環境保護事業に積極的に取り組む企業に対する奨励システムは、まだ少ない。このような状況は、民間発の環境保護運

動の成長に影響を及ぼす。

■2　企業による環境保護の問題点

　中国全体の状況から見た場合，エネルギーの節約および廃棄物の排出量の減少といった圧力は，注意すべきである。これまでの2年か3年の間に，一部の地域における二酸化炭素の排出量は，上昇する一方である。それは，鉄鋼業やセメント製造業など一部汚染程度が高く，エネルギー消耗の高い業界が過度の成長を見せたからである。鉄やセメントの高い需要を支えているのは，GDPを上げるために，各地で起きている建設ブームである。こういった業界の過度な成長が資源の無駄遣い問題や環境汚染問題を引き起こし，その結果，突発的な環境汚染事件が上昇する勢いを見せるようになった。環境汚染事件の多くは，企業の安全事故に起因し，一部は，企業生産による廃棄物の排出に起因している。歴史上の原因で，中国では，少なくない石油化学工場が飲用水の水源地および人口が密集する都市部にある。この特徴は，表にはまだ現れていない深刻な危機である。統計によると，中国には，石油化学工場の数が2万強あり，その45％が長江の沿岸部にあり，その13.3％が黄河の沿岸部にある[8]。

　中国企業が実施した環境保護の取組みに見られる問題点は，次の4つにまとめられる。

　まず，エネルギーの消費が高くて，収益が低く，そして汚染度が高いといった特徴のある事業に従事する中国企業の数が多い。この非合理的な産業構造が問題である。改革開放政策が実施されて以降，中国産業は，早いスピードで成長を遂げてきているが，産業構造の構造に関しては，目標までの道のりがまだ長い。中国産業では，労働密集型の企業が多く，企業技術においてハイテクノロジーを用いる部分が少ない。そのような特徴の企業は，主に価格の優勢に頼り，市場競争の中で勝ち抜いていくため，利潤率が低い。そのような企業にとっては，環境保護に捻出するコストが大きな負担となる。

　次の問題点として，経済成長が均衡的でないことが挙げられる。多くの消費者は，消費の際に価格をまだ過分に重視している。製品の持つ環境保護要素に対する消費者の関心が薄いほか，環境保護責任の履行のため，上昇したコスト

---

[8]　張彦寧ら主編,《2007 中国企業社会責任発展報告》(『2007 年中国企業の社会的責任の発展報告』),中国電力出版社，2008 年，80 頁。

の分を価格に上乗せすることは，なおさら消費者に嫌がられる。

その次の問題点は，一部地域の地方政府が，全体でなく部門という部局の利益を重視するばかりに，高額納税企業に対し，環境保護面の法の執行が緩やかになり，その結果，地方政府の持つ，環境保護に対する企業意識の向上を監督する機能や，社会的責任を自発的に引き受けるよう企業を監督する機能が果たせないことである。

最後の問題点は，企業の環境管理体制に欠陥があることである。1988年，中国政府は，「建設プロジェクト環境保護管理条例」を発布し，「環境影響評価制度」および，同時設計，同時施工，同時操業使用を表す「三同時」制度を打ち出している。「三同時」に違反した企業は，厳しい取締まりを受ける。環境保護面における「三同時」制度の働きは，無視できないものである。しかし，別の角度から見た場合，新しく立ち上がる企業のすべてが「三同時」制度に従って整備施設を建てた。しかし，利潤がまだ上がらない設立初期において，コスト削減のため，企業は，汚染を処理する設備をしばしば操業停止にする。また，汚染を防止し整備する施設の技術が基準に達していない。設計上の不合理な点や，プロジェクトの品質の悪さが原因で，環境保護設備の持つ機能を十分に果たせなくする。現在中国で実施されている「濃度指標」を悪用するさらに悪質な業者がいる。汚染廃棄物の濃度を薄めて排出する方案を取り，徴収金の納付を避けるか減らそうとする。このほか，汚染廃棄物を排出した業者に対して徴収する徴収金の基準が非常に低いため，罰金を払うお金はあっても，汚染対策に使うお金はない企業が一部見られた。

● 3　企業による環境保護の発展動向

経済の急成長に伴い，高まる資源需要および環境汚染への対応から来るプレッシャーが大きくなり，人類と自然との対立が深まる。環境破壊は，改革開放政策の実施によって中国の得られた成果をある程度打ち消してしまっている。この点については，中国政府は，十分に認識しており，2007年において，無理なく発展することを中心とする「科学発展観」の理念を打ち出している。「科学発展観」は，経済および社会の発展を統率し，資源節約型の，環境との調和が取れる友好型の社会の建設を速め，人類と自然の調和を高める。今後の経済発展の計画においては，環境保護は，かつてない重要な位置に付けられる。企業にとっては，環境保護の責任は，回避できない法的な責任である。現在，中

国の環境汚染は，主に企業がもたらしている。したがって，中国における環境保護の取組みは，企業が環境の整備義務を果たして社会的責任をきちんと履行するか否かにかかる。

そのため，中国企業は，以下のことを求められる。まずは，企業が環境保護の責任制度を定着させ，誤った方策を取った責任者，監督の不行き届きのあった責任者に対し，責任を厳しく追及することである。次は，合計排出量のコントロール制度を企業が実施することである。その次は，新しい汚染問題の発生を防ぐために，新設プロジェクトの環境に対する評価を企業が強化することである。その次は，環境のための法の執行の強さを企業が増すことである。最後は，環境保護に対する財政を含む投入を企業が増やすことである。国は，環境保護のための財政支出を財政支出の重点とし，環境保護に対する財政投入を奨励する。それによって，環境保護を支える財源が多元化する。

Ⅶ 企業の慈善行為

● 1　企業関与の慈善事業の現状

慈善事業とは，一定の組織または個人が金銭，物品，時間，体力，および知識などを社会に無償で提供する活動のことを言う。慈善事業の実質は，社会の富の再分配に当たる。具体的に言うと，慈善事業は，災害救助，貧困者への救済，身体障害者など，困っている社会団体および個人への扶助活動や，教育，科学，文化，衛生，スポーツ，環境保護，公共施設の建築や社会の成長および進歩への関与その他の公益事業並びに福利事業のことである[9]。

社会主義市場経済の成長に伴い，企業の社会的責任に対する意識が日増しに浸透し，かつて「宗教行為および資本主義の偽善」であるとされていた企業による慈善活動が，国や社会の認可および支持を得られるようになり，次第に市場および政府以外の大切な力として成長し，「市場がしない，政府ができない」社会領域において重要な役割を果たしている。

近年，中国企業による慈善事業の成長には次の特徴が見られた。

まず，慈善事業に関する政策が次第に整備されるようになってきていることである。近年以来，政策の面において，政府は，企業による慈善事業の成長に対し，積極的にサポートし奨励している。2005年，中国民政部は，「中国慈善

9　《公益事業捐贈法》(『慈善事業寄贈法』) (1999年) 第3条。

事業発展指導綱要（2006～2010年）」を制定し，公布した。慈善事業については，2007年に開かれた中国共産党第17回全国代表大会報告において，中国の都市部および農村部住民をカバーできる社会的保障体系の補充である，と明言され，人民の生活の改善を重点とする社会建設の欠かせない構成部分である，と定義されている。同年，国家民政部は，特に慈善事業の協調指導グループおよび慈善事業協調部門を設置した。より大きな出来事は，2008年，「企業所得税法」の正式施行により，長い間，企業を困らせていた，慈善事業への支出に関する寄付金控除問題の解決が一応見られたことである。それまでの「企業所得税暫時施行条例」（1993年）第6条の規定では，「納税者による慈善，救済への寄付について，納税者が納付すべき所得税額の3％以内の部分は控除をしてもよい。」としていた。ただし，控除額が低すぎるため，慈善事業に関与する企業の意気込みをくじいてしまった。これに関して，新しい「企業所得税法」第9条の規定では，「企業による慈善的な寄贈のための支出について，年度の利潤総額の12％以内の部分は，課税所得額の計算時に控除することを許可する。」としている。このような改善は，慈善事業に関与する企業の意欲をさらに呼び起こすことができる。

　次に，慈善事業に対する意欲は，高まる一方である。「企業公民」意識の確立に伴い，慈善事業に関与する中国企業の意気込みが絶えず高まっている。慈善事業が大切な社会的責任であるという観点は，中国企業の共通認識となっている。本調査の結果では，92.34％の調査協力者が，慈善事業への関与が企業の社会的責任である，と回答している。そして，63.34％の調査協力者が，在籍企業には，慈善事業への積極的な関与に関する規定がある，と回答している。このほか，関係部門の統計結果によると，2009年上半期において，各企業からの寄贈額が54.57億元に達しており，それが中国本土における金品の寄贈額の60.3％を占める。その中で，民営企業からの寄贈が最も多く，金品による寄贈の額が38.9億元を上回り，中国本土における金品の寄贈額の43％を占める[10]。また，2008年の大雪災害，汶川大地震，そして北京オリンピック期間中に，中国企業からの寄贈額は，史上最高額をさらに塗り替えた。

　つぎに，慈善事業への関与モデルが，日を追うごとに完成されている。中国

10　民政部社会福利と慈善事業促進司，中民慈善捐助情報センター，《2009年上半年全国慈善捐贈情况分析報告》（『2009年上半期全国慈善寄付金状況の分析』）。

第Ⅲ部　海外6か国の報告書

企業の慈善事業への関与度の上昇に伴い，関与モデルにおいても，初期の粗放型の持つ特徴が変わり始めて，長期化，理性化，そして戦略化の方向に移行しつつある。慈善事業への関与モデルの完成は，まずテーマの扱い方の変化に見られる。慈善事業の網羅する領域が非常に広くて，災害救助や貧困者への救済から，環境保護のための新事業の立ち上げなどのすべてが該当する。そして，各領域においては，慈善事業の個別性と必要性がそれぞれ見られ，社会の発展にとっては，それは，きわめて重要な意義を持つ。それぞれの企業において，慈善事業にかけられる様々な資源には限りがあるため，慈善事業に関与していく最も有効なやり方は，各企業にとって最も得意とする分野に資源を投入し，それによって投入および産出の最大化を図ることである。決してあらゆる領域に関与していく方法ではない。関与する慈善事業の選択について，Amway Corporationの総裁Doug Devos氏は，「選択できる慈善事業の内容は非常に多い。しかし，その関与によって少しでも変われる事業がどれかについて確認することだ」と述べている。ここ数年，慈善事業のテーマに向ける中国企業の関心が絶えず強まっている。例えば，情報通信会社である中国移動集団会社は，2006年から2008年の間に，「中国移動西部農村中小学校校長の研修」というプロジェクトを実施し，それにテーマの持つ特徴がよく現れている。当該プロジェクトに決定したのは，政府の社会主義新農村の建設により大きな力を投入しようという呼びかけに応じるためである。当該プロジェクトの中で，中国移動集団会社は，教育分野および教育部，中国教育発展基金を選び，共同で当該プロジェクトを実行した。もう一方の理由は，当該プロジェクトの中で，中国移動集団会社が自身の技術面における特色を活かせたからである。中国移動集団会社は，情報化の進化，応用，そして体験という3つの次元において，農村の情報化，教育の情報化の進化を中国西部農村の中小学校校長に全面的に体験してもらい，著しい成果を上げてきた。つぎに，慈善事業への関与モデルの完成を表す特徴は，持続性が増してきていることである。慈善事業の建設には，長期にわたる緩みなき努力が必要である。そこで，慈善事業に対する企業の投入は，根気よく続けていかなければならない。かつて，慈善事業に関与した企業において，継続性のない関与の仕方をした企業は少なくない。短期間の投入額の規模が相当だったが，継続性がなかったため，効果が現れ始めた慈善プロジェクトは，結局，継続されずに終了する。中国企業に対し，外資系企業は，慈善事業への継続的な投入をより重視する。例えば，コカ・コーラ社は，1993

年に「希望プロジェクト」の協賛に関与して以来，それを今日まで続けている。今日まで，コカ・コーラ社は，寄贈で希望小学校と名づけられる小学校を50余り，希望書庫と名づけられる書庫を100余り建てた。このほか，「コカ・コーラ希望の星」と名づける高校のクラスの創立を2つ協賛し，貧しい農村家庭に生まれた大学受験の合格者を扶助するために，800万元を寄贈した。ここ数年，中国本土の企業も，相次ぎ慈善事業に関与する長期計画や事業への継続投入を重視するようになってきている。その次に，慈善事業への関与モデルの完成を表す特徴は，多元化する発展である。長きにわたり，中国における非政府組織による慈善事業への取組みは，単一であった。多くの企業にとっては，慈善事業に関与する重要なまたは唯一の方法は，金品の寄贈であった。しかし，ここ数年，慈善事業に対する非政府組織の理念や方式の進化により，慈善事業への関与方式の多元化傾向が見られる。資金や物品だけでなく，時間，経験，そして専門技術も，寄贈する大切な資源となってきている。とりわけ中小企業にとっては，単純な資金投入と比べ，時間や専門技術による投入において，実際の効果が見られる。そして，時間や専門技術による直接な投入方式として，ボランティアがまさに企業の慈善事業が成長する重要なポイントになろうとしている。例えば，2008年，ウォルマートは，中国全国において，各地域および各慈善プロジェクトでの寄付額の合計が3,000万元弱となっている。そして，ウォルマートの従業員も，地域の慈善事業に積極的に関与し，投入の累計が1.4万時間となっている。最後に，慈善事業への関与モデルの完成を表す特徴は，連動性の確立である。通常，慈善事業の効果は，かなりの規模の人的および物的の次ぎ込みをしてからはじめて現れるものである。そのため，特定のテーマの慈善事業を広く展開するためには，少なくない企業は，業界内で共同活動のできる企業を求める。例えば，中国移動集団会社は，モトローラやノキアと共同で，「グリーン・ボックス環境保護計画――廃棄する携帯電話および部品の回収」と名づける慈善活動を始めた。この活動は，中国移動集団会社の営業所1,000か所，モトローラとノキアのセールス・センター150店舗ずつ，そして修理サービスセンターのネットワークといった資源を整合し，長期にわたって，廃棄した携帯電話やその部品を回収する「グリーン・ボックス」の設置を通じて，環境保護および公益宣伝といった社会目的を見事に成し遂げている。

■2　企業関与の慈善事業が直面する現実問題

近年，中国企業の慈善事業は，大きな成長を遂げてきている。しかし，その成長を制約する現実問題はまだ多く残る。

まず，「企業公民」という意識の向上が待たれる。中国企業の間では，慈善事業の持つ社会性および必要性に関する共通認識がすでに確立されたが，慈善事業の持つ企業価値に関する中国企業の認識はまだ十分でない。本調査でのインタービューを通じてわかるように，少なくない中国企業は慈善事業への関与を単純な責任または義務であるとみなし，慈善事業への関与がコストの面で企業に負担がかかるものである。しかし，慈善事業は，社会の安定および民衆の福利になるため，それへの関与は「企業公民」として当然の行動である。ほかには，慈善事業への関与を商業広告の代わりであると認識している中国企業の数は，少なくない。企業にとっては，金品による寄付が余分な支出となる。しかし，その分の支出は，納税額の差引きといった税政優遇政策の利用でコストに変えることができるほか，政府やマスメディアの宣伝によって広告効果が得られる。このような認識が慈善事業に関与する一部の企業，とりわけ中小企業の役割を受け身的で消極的なものに変えている。その結果，企業は，慈善事業への関与を定期また不定期の金品の寄付によって，政府の表彰およびマスメディアの称賛を手に入れる交換手段であると理解し，企業自身のもつ特徴を活かし，慈善事業に関与する形式や方法を積極的に開拓し，積極的に慈善事業に関与する試みは，あまりなされていない。

このような状況をもたらしている原因の1つは，企業が置かれている成長過程にある。中国においては，市場経済が確立してからの期間がまだそう長くない。一部の外資系企業および国有企業を除き，多くの民営企業は，ほとんど創業期または成長期の段階に留まり，円熟期をまだ迎えていない。このような成長過程の企業には，完成した企業文化が欠如するほか，激しい市場競争の中で敗れる可能性が常に付きまとう。そのため，このような企業にとっては，企業文化およびブランドの樹立を視野に入れ，慈善事業に長期的に関与していくことに関心を示さず，目前の功利を求めるような関与の仕方をすることから免れない。もう1つの原因は，市場社会の発展状況からの制約にある。中国は，長きにわたり計画経済体制下に置かれている。それを受けて，市民社会の発展が立ち遅れていて，社会の自治観念が欠如している。問題が起きた時に，政府に助けを求めるのに慣れている。また，経済体制が移行する過程において，多く

第 2 章　中国企業の社会的責任と法令遵守

の慈善事業は，政府の支持を得て実施されているため，広い意味で言うと，政府の職能の領域に入る。これまでの長い間，このことが中国企業，とりわけ民営企業には，慈善事業に積極的に関与するという「主体」意識の欠如をもたらし，慈善寄付という形の変えた「納税」行為で政府慈善組織の提供する慈善サービスを受けられるようにするというやり方を習慣づけてしまった。

　つぎに，税収面での優遇政策の完成が待たれる。新しい「企業所得税法」では，慈善事業への支出に適用する差引き税率を 3 ％から 12 ％までに調整したが，寄贈に関する規定が厳しいため，慈善事業に捻出した多くの企業の支出が税収面の優遇政策に反映されないでいる。「企業所得税法実施条例」(2008 年) 第 51 条の規定では，「企業所得税法第九条に規定の慈善のための寄贈は，慈善社会団体または県以上の人民政府ならびにその各部門を通じて，『中華人民共和国公益事業寄贈法』に規定する慈善事業に使う寄贈のことを言う。」としている。同第 52 条の規定では，「本条例第五十一条が言及する慈善社会団体は，下記の条件を満たすファンド，慈善組織などの社会団体を言う。(1) 法に基づき登録し，法人資格を有すること，(2) 慈善事業の展開を主旨とし，なお営利を目的としないこと，(3) 資産のすべておよびそれによる価値の上昇が法人の所有となること，(4) 収益および事業運営の残高を主に当法人の創立目的に一致する事業に使うこと，(5) 停止後の剰余財産がいかなる個人または営利組織にも帰属しないこと，(6) 創立目的と関わりのない業務を経営しないこと，(7) 健全な財務会計制度を有すこと，(8) いかなる形であっても寄贈者は社会団体の財産分与に参加してはならないこと，(9) 国務院財政，税務主管部門が国務院民政部門などの登記管理部門と共同で定めたその他の条件」としている。これでわかるように，政府を通じて，または政府の認可を受けている慈善組織を通じての寄贈でなければ，慈善事業に捻出した企業の支出が租税収入の優遇政策に適用されず，奨励されないでいる。本調査が行ったインタービューの中で，租税収入の優遇政策の実行しづらさが企業の慈善事業関与の発展を制約する大きな障害となっているという意見は，少なくない調査協力企業から出た。

　最後に，政府の持つ職能の改善が待たれる。中国の慈善事業の創設および発展の過程において，政府が終始「指導者」という大切な役割を果たしている。政府の果たす機能に対し，ある報告は，「2007 年度，慈善事業に対する政府の推進力が再度露わにされた。周知のとおり，毎年の 11 月〜12 月は各地政府が

主に推進する『慈善月』である。この2カ月の間,『暖を送り届け,愛を捧げる』,『慈善一日寄付』などのような,政府が全力を挙げて提唱する大規模な寄付勧誘活動が素晴らしい勢いで展開される。」と紹介している。12月だけで,全国民政系統に届く社会からの寄贈額が19.7億元に達し,その金額が1月～11月の合計に相当する。この数は,義援金を募る活動に政府の介入が与える影響の大きさを物語っている。このほか,各級の慈善会の運営実行も現地政府の強力なサポートを頼っている。2007年,山東省,江蘇省,そして重慶市に見られた「慈善嵐」が,総額50億元の義援金を集めた。これには,政府からの支持および激励が役立っている[11]。事実上,「慈善事業寄贈法」第4条では,「強制的な割当てまたは形の変えた割当てを禁ずる。」と明確に定めているが,上記の報告が紹介しているように,政府が先頭に立って義捐金を募る活動は,そう少なくない。また,義捐金を募る活動における政府の影響力は,抜群である。

確かに,社会慈善という意識がまだ普及されていない期間において,政府が先頭にたって慈善事業を推し進めるようなやり方は,短時間でより大きな成果を確実に上げることができる。しかし,慈善事業の本質は,市場および政府から離れて独立した第三の力であり,その目的は「市場がしない,政府ができない」という社会領域のブランクを補うことにある。そのため,慈善事業が始動するに伴って,それに応じて政府が慈善事業の直接の「指導者」から間接的な「推進者」と速やかな職能転向をしなければ,社会慈善事業の自治の確立に遅れをとり,慈善事業の担う社会的役割が果たせなくなる。

Ⅷ 企業犯罪およびその制裁

1 企業の社会的責任と企業犯罪との関わり

企業の社会的責任の本質は,利潤を追求する責任以外に,企業に求める社会および公衆に対する責任もあることである。企業の社会的責任は,ただの法律責任でもなければ,ただの道徳責任でもなく,それは,法定の社会的責任と道義上の社会的責任の双方を包括するものである。企業の社会的責任における道徳の属性が明らかであり,それが商業責任との区別をつける鍵でもある。この

---

11 民政部慈善事業協調弁公室,中民慈善捐助情報センター,《2007年度中国慈善捐贈情況分析報告》(『2007年度中国慈善捐贈状況分析報告』)。

第2章　中国企業の社会的責任と法令遵守

ほか，企業の社会的責任には，法律責任という性質があることも否定できない。2005年，中国が新たに改正した「会社法」では，社会的責任における企業の立場をその主体であると明確に打ち出している。このことが，企業の持つ従来の役割または目標に対する位置づけへの突破口であり，中国企業の社会的責任における法律責任という属性の重要な表れでもある。

　企業犯罪は，企業が負うべき社会的責任から外れたものであり，企業が取るべき最も厳しい法律責任である。社会的責任と企業犯罪の関わりは，以下のことに集中して現れる。刑事法の明文規定がある中，企業が社会的責任に違反し，その経緯が重大な行為は，刑事犯罪とされる可能性があり，それによって刑事責任を負わなければならない。例えば，環境法の規定に違反し，排出してはならない汚染物を企業が排出した場合，環境資源を保護するという企業の社会的責任が行政法律責任に転じ，企業に対し関係の行政機関が処罰を与える。企業が有毒物質や危険廃棄物を垂れ流し，排出し，公的・私的財産に多大な損失を与え，または死傷者を出すという重大な結果をもたらした場合には，中国刑法第388条が規定する重大環境汚染事故罪が適用される。

● 2　市場競争における企業の社会的責任と関わった犯罪の現状

　現在，中国の市場経済の制御および管理面における法整備は，かなり整っている。しかし，社会の持つ制御能力や，法の執行プロセスにおける問題が多いことや，市場経済の競争条件が望ましくないといった消極的な要因があるため，市場競争において，社会的責任と関わった企業犯罪が時々発生する。いくつかの領域においては，企業犯罪の現象が深刻である。

（1）　**企業犯罪にみられる主なタイプ**

　市場競争に参入する過程において，一部の企業は，非合法の競争行為を行う可能性がある。企業は，様々な非合法手段やルートを通じて，消費者およびその他の競争相手，商業パートナーの利益を侵害し，暴利をむさぼる。その行為が他の競争相手および公衆に深刻な危害を及ぼし，その経緯が重大なものは犯罪とされる。例えば，一部の企業は，偽りのある製品や品質の粗悪な製品を生産し，消費者に深刻な損害を与え，深刻な結果をもたらしている。2008年，中国全国を仰天させた河北省三鹿集団毒入り粉ミルク事件が当該案件の典型である。三鹿集団が生産した乳幼児向けの粉ミルク製品にはメラミンが混入されていた。その製品が全国のマーケットに出回り，多くの消費者，とりわけ乳幼

321

児の健康，生命の安全に対し，重大な損害を与えた。衛生部の統計によると，今回発生した重大な食品安全事故が29万人余りの乳幼児の泌尿器官に異常を来し，6名の死亡者を出した[12]。2009年，被告企業である石家市三鹿集団股份有限公司は，偽造製品・粗悪製品の生産・販売罪を問われ，一審判決で4,937万元の罰金が下された[13]。一部の企業は，経緯が重大で，脱税の額が巨大な脱税行為を行っていた。その行為が，国家の租税収入に重大な損害を与えた。例えば，2009年3月30日，安徽省界首人民法院は，以下のとおり，安徽沙河酒業有限公司ならびに安徽沙河酒工場に対し，正式判決を下した。安徽沙河酒業有限公司，安徽沙河酒工場は，2006年の9月より2008年の4月までの間，納付すべき税金を減らすために，販売収入を減らした申告をした。その結果，申告漏れによる脱税額が3,325万元にもなる。安徽沙河酒業に対し，1.1億元という巨額の罰金判決を下し，安徽沙河酒業の法人代表姜傑には懲役5年の判決を言い渡した[14]。一部の企業は，様々な方法で，商業賄賂といった不正行為を行って，競争の中で優位な立場に立とうとする。不法な利益を獲得するために，一部の企業は，他人の商標権，特許権といった知的財産権を重大に脅かした。また，競争相手に打ち勝つために，他の競争企業の商業信用，商品信用に傷つけるような行為を行う企業もある。さらに，労働法の法規規定に重大に違反し，従業員に労働を強制し，または相応の労働安全やそれを保障する生産設備がない状況の中で，従業員に労働を強制し，その結果，重大な労働安全事故を引き起こした企業，または深刻な結果をもたらした企業がある。

（2） 企業の社会的責任と関わりのある企業犯罪の罪名

中国刑法に基づき，市場競争における企業の社会的責任と関わりのある犯罪の罪名はかなり多くみられ，それは，主に次の6種類に分かれる。

1．商業賄賂罪である。主に刑法第163条に規定の，非国家職員収賄罪，非国家職員への贈賄罪，収賄罪，単位［組織体］収賄罪，贈賄罪，単位への贈賄罪などを含む。

2．商業秘密の侵害罪，商業信用毀損罪，商品信用毀損罪，契約詐欺罪である。主に刑法第219条に規定の商業秘密の侵害罪，第221条に規定の商業信用，

---

12 中新網報道：http://news.sina.com.cn/c/2009-01-22/153517097983.shtml。
13 新華網報道：http://news.xinhuanet.com/legal/2009-01/22/content_10702780.htm。
14 《沙河酒業偸税案調査》(『沙河酒業脱税事件調査』)，《21世紀経済報道》(『21世紀経済報道』) に掲載，2009年5月14日。

商品信用毀損罪，第224条に規定の契約詐欺罪などを含む。

3．脱税罪である。主に刑法第201条に規定の脱税罪，第204条に規定の輸出を振興するために設置された輸出還付金を騙し取った罪，第205条に規定の増値税専用の領収書を偽って発行し，輸出還付金の騙取に使用した罪，税金控除に使用した罪などを含む。

4．知的財産権を侵害した犯罪である。主に刑法第213条に規定の登録商標の不正使用罪，第216条に規定の特許の不正使用剤，第217条に規定の著作権侵害罪などを含む。

5．偽装・粗悪製品罪である。主に刑法第140条から148条に規定の粗悪製品の生産，販売罪，偽医薬品販売罪，有毒，有害食品の生産，販売罪假などを含む。

6．児童を就労させた罪，安全生産面の犯罪である。

(3) 調査結果から見た企業犯罪の状況

中国の刑法分野において，企業犯罪に関する実証研究はきわめて少ないため，企業犯罪の全体像に関する情報を正確に捉えるのは，大変難しい。本調査は，はじめて行われた広範囲にわたる企業犯罪の実証研究である。調査結果に反映している状況は，中国全国の状況を代表できないかもしれないし，サンプルのデータの持つ説得力も十分でないかもしれない。しかし，はじめて試みる企業犯罪の実証研究として，本調査の持つ意義がきわめて大きいと言っても過言ではない。

多くの統計データや研究が報告している状況と類似するように，犯罪は，最も深刻な違法行為の1つとして，常態から逸脱した非常態的な社会行為である。同様に，非常態的な企業として，中国の企業犯罪現象は，それほど日常化されていない。今回の調査結果によると，企業犯罪の数および犯罪率は，常に低い水準を保っていることがわかった。

本調査の結果によると，多くの調査協力者は，在籍企業の犯罪歴について，わからない，または，ない，と回答している。この結果から，実際の企業犯罪状況は，それほど深刻でない，と言える。2005年以降，在籍企業が刑事制裁を受けたことがあるか否か，という設問に対し，受けたことがある，と回答している協力者の数は，調査協力者全体の1.6%である。そして，在籍企業は刑事処罰を受けたことがない，と回答している協力者の数は，調査協力者全体の63.8%である。このほか，わからない，と回答している協力者の数は，全体の

32.7％である。当該設問の回答を拒否している協力者は，全体の1.8％である。

　企業に在籍する従業員にとっては，企業犯罪は，慎重になってしまいがちなテーマである。本調査は，このことを考慮に入れ，質問票の設問を作る際に，従業員が在籍している企業の犯罪行為について尋ねるというよりも，他の企業の犯罪行為がもたらした被害について多く尋ねるようにした。したがって，今回の調査で得られた企業犯罪のデータおよびそれに基づいて出した結論には，信ぴょう性があると言える。

● 3　企業犯罪の防止メカニズム

　中国では，企業犯罪の発生を防止するための法的メカニズムとして，企業内部の規則制度，業界内部の犯罪発生防止準則，関連の企業管理行政法律，法規，規則，そして刑法がある。

　本調査の結果によると，企業行為を規範化させ，企業の法令遵守および社会的責任の履行を確保するために，大部分の企業には，内部規則があることが判明した（図19と図20を参照されたい）。

　これだけでなく，多くの企業では，違法防止制度に合せて，弁護士など第三者が関与する評価制度が設置されている。本調査の結果によると，在籍企業には第三者が関与する評価制度がある，と回答した調査協力者の数は，全体の51.3％である。そして，従業員から法令違反行為に関する通報があった際に，それを処理するための制度や専門機構がある，と回答した協力者の数は，全体の63.1％を占める。

　日を追うごとに整備される企業内部の管理システムおよび内部の予防システムは，企業の社会的責任の履行，違法犯罪の発生防止を確保するための主な取組みであると言える。

　刑法において，企業犯罪に制裁を加える処罰の方法として，罰金刑および資格刑が，企業犯罪の予防および制裁における最も重要な刑罰の種類である。

　中国刑法においては，犯罪単位［組織体］に科す資格刑は現在まだない。犯罪者個人に対する資格刑は，主に政治的権利の剥奪および強制出国である。学界の共通認識では，現在，中国は，資格刑を付加刑として利用している。そして，刑法の条文に現れている資格刑には，政治的権利の剥奪と強制出国の2つ，すなわち刑法第34条と第35条の規定である[15]。

　中国刑法が規定する単位［組織体］犯罪に対し，原則的に単位自身に刑事責

第 2 章　中国企業の社会的責任と法令遵守

図 19：社会的責任の遵守の確保に関わる企業の内部規定

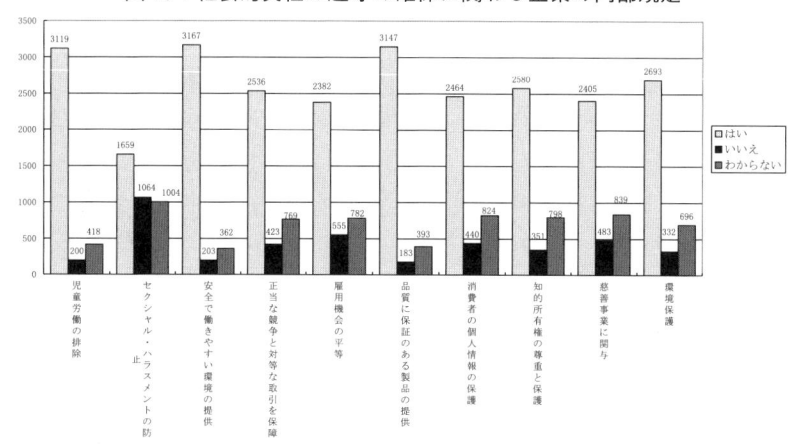

図 20：法令遵守を確保するための企業内部規定にみられる禁止行為

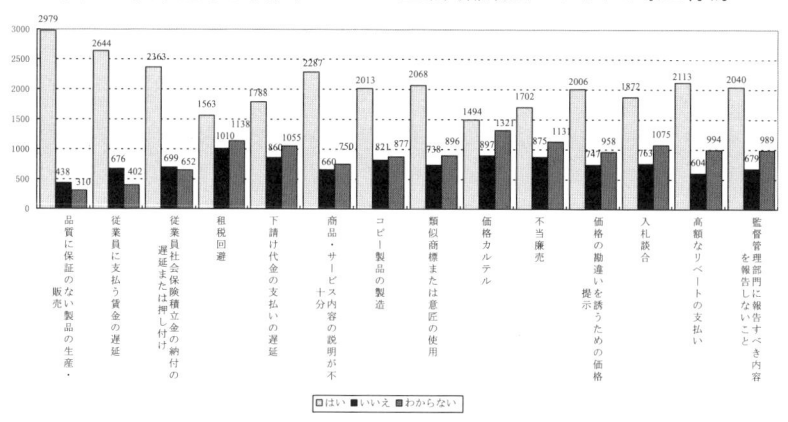

任を追及するほか，単位を主管する直接の責任者およびその他の直接の責任者に刑事責任を追及する，という二重処罰制度を採っている。刑法第 31 条の規定の前半では，「単位犯罪の場合，単位に対し罰金を課し，直接の主管責任者および他の直接の責任者に対し，刑罰を下す。」としている。ここでは，2 つ状況に分かれる。(1)単位に対し，罰金を科し，直接の主管責任者およびその他の直接の責任者に対し刑罰を下し，つまり自然人による犯罪の法定刑と同じで

15　張珊珊，《论中国资格刑立法设置的完善》（『中国資格刑立法設置の整備について論じる』），《才智》（『才智』）2009 年第 6 期に掲載。

325

ある（刑法第150条を参照されたい）。(2)単位に対し罰金を科し，直接の主管責任者およびその他の直接の責任者に対し，自然人による犯罪に適用する法定刑より軽い法定刑を規定している（刑法第386条と第387条を参照されたい）。

刑法第31条の規定の後半では，「本法の分則およびその他の法律に別段の規定がある場合，当該の定めによる。」としている。一部の犯罪に対し，刑法の条文では単位犯罪と述べるが，刑法の規定では，直接の責任者に対してのみ処罰を下し，単位に対しては処罰を下さない。刑法の規定から見ると，単独処罰制度は，3つの状況に分かれる。(1)本単位のために利益を獲得しようとしたものでなく，単位の名義でひそかに実施した国家資産の分割，没収された財物の分割罪（こういった犯罪が単位犯罪に属するか否かについては，検討の余地が残る。）に対し，二重処罰を加えない。主管の直接責任者およびその他の直接責任者に処罰を下すのみである。(2)単位による過失犯罪に対し，直接の責任者に処罰を下し，二重処罰はしない（刑法137条を参照されたい。この類の犯罪が単位犯罪に属するか否かについては，さらなる議論が必要である。）。(3)単位犯罪ではあるが，単位に処罰を下すと，罪のない人の利益に危害を及ぼすため，二重処罰はしない。主管の直接責任者およびその他の直接責任者に対し，処罰を下すのみである。刑法第161条の定めるとおり，会社が出資者および社会公衆に対し，嘘や偽りのある財務報告をした場合，主管の直接責任者およびその他の責任者に対し，処罰を下すのみである。というのは，会社の取った行為が，すでに出資者の利益を侵しているからである。会社に対し罰金を科すと，出資者の利益をさらに侵害することになるからである[16]。

中国刑法における罰金規定は，刑法第34条であり，付加刑に属する。主刑に付加して適用できるほか，単独の適用も可能である。罰金は，財産刑の一種であり，処罰の性質，適用する対象，適用するプロセス，適用する主体，適用する根拠などにおいては，行政の過料，損害賠償などの処罰措置との間には，明らかな違いがある。中国刑法の規定によると，罰金は，犯罪単位に適用する唯一の刑罰である。

● 4 企業犯罪の発生防止に残る問題点

本調査の結果によると，企業犯罪の発生件数および全体に占める割合が共に

---

16 張明楷，《刑法学》(『刑法学』)（第二版），法律出版社，2004年版。

第2章　中国企業の社会的責任と法令遵守

低い水準を維持していることが明らかになり，中国の法体系における関連制度が比較的有効で健全であると言える。しかし，企業犯罪の発生を予防する現在の取組みにおいては，強化する必要のある点がいくつかあり，それを次の5点にまとめてみた。

　1．資格刑に関する問題がある。中国刑法においては，犯罪単位に適用する資格刑の規定がないため，企業犯罪行為の発生防止および打撃のために有効でない。調査結果によると，資格刑に対し，より多くの調査協力者がプラスの評価を与え，積極的な期待をしていることが判明した。他の企業に侵害された側として，刑事損害賠償および違法制裁に満足していない理由を尋ねる設問に対する有効回答において，資格刑の欠如を理由として挙げた調査協力者の数は，有効回答の46.05％を占める。

　2．被害者への損害賠償および被害者の訴訟関与問題がある。刑事司法に対し，調査協力が最も満足していない，と回答しているのは，被害者訴訟中における被害者の関与の欠如，および損害賠償の基準設定の低いことである。刑事損害賠償および違法制裁に満足していない理由を尋ねる設問に対する有効回答において，被害者の救済システムの欠如を理由として挙げている協力者は，有効回答の64.73％を占める。そして，被害者の関与プロセスというシステムが健全でないことを理由として挙げている協力者は，有効回答の58.33％を占める。

　3．罰金刑の金額の問題がある。中国法において，罰金刑の金額に関する明確な規定はない。そして，司法判決の中で，金額が低すぎるというような問題は，実際に存在する。企業犯罪の多くは，金もうけを目的とする犯罪であるため，低い金額の設定で，一部の企業犯罪を有効に抑止できないのは明らかである。刑事損害賠償および違反制裁に満足していない理由を尋ねる設問に対する有効回答において，罰金刑の基準が低すぎることを理由として挙げている協力者は，有効回答の57.3％を占める。このことは，他の設問に対する回答にも反映されている。刑事損害賠償および違法制裁に満足していない理由を尋ねる設問に対する有効回答において，違反者に対する処理が軽すぎることを理由として挙げている協力者は，有効回答の57.3％を占める。

　4．起訴を見合わせるかという問題がある。「企業内部に犯罪の発生を予防するための効果的な制度があり，捜査にも積極的に協力した場合には，社員ないしは企業自身の過失で犯罪行為をした場合，当該企業に対し起訴を見合わせ

てよいかどうか」について尋ねたところ,「起訴を見合わせてよい」と回答した調査協力者は1,513名で,全体の39.8％を占める。「起訴を見合わせてはいけない」と回答したのは1,659名で,全体の43.6％を占める。この調査結果から,起訴を見合わせるかどうかについて調査協力者の意見が分かれていることが読み取れる。そして,「起訴を見合わせてよい」の回答者数と「起訴を見合わせてはいけない」の回答者数との差は,わずかである。このことは,起訴を見合わせる制度に企業を適用させるかどうかということ自身に議論があることを意味する。事実上,中国法学界では,現在,起訴を見合わせる制度の適用に関する論争がかなり激しい。

中国現行の刑事訴訟法には,起訴を見合わせる制度に関する規定がない。しかし,1992年から,末端検察機関が未成年者および現役大学生に対して行った刑事検察活動の中で,起訴を見合わせる制度,および「一時的不起訴」か「条件付き不起訴」制度の試行を始めた。ここ数年,全国の3分の1を占める検察機関は,起訴を見合わせる制度を実行中または実行済みである。某市の人民検察院が定める「未成年の犯罪者に実行する起訴を見合わせる制度の規定」によると,起訴を見合わせる制度は,以下の内容を含む。その一,適用対象は未成年である。その二,適用する実体の条件として,1．犯罪経緯の軽いもので,下される判決が3年以下の有期懲役になる可能性のある者,2．犯罪者を教育し改める状況がかなり整っているもの,3．確定された3から12カ月にわたる試験期間中,新たな罪を犯していない者,である。プロセスに関する条件として,1．未成年の容疑者が保証書を作成すること,2．保護者が保証書を作成し,検察機関と補導に関する合意書を結ぶこと,3．検察長の指示によって起訴を見合わせるか否かを決めること,4．保釈手続をとったこと,5．定期的な補導および点検を行うこと,である。その三,2つの結果が考えられる。新たな罪を犯した者に対して不起訴という決定を下すこと,または,新たな罪を犯した者に対し起訴する手続を取ることである[17]。

中国の刑事訴訟法には,起訴を見合わせる制度に関する規定がない。ここ最近,進行中の刑事訴訟法の再改正が大きな問題を抱えている。その中で,起訴の見合わせ制度を導入する可能性は,高くない。

5．企業犯罪の発生防止に関する政府発の指導公文書に関する問題がある。

17　劉広三,《犯罪控制視野下的暫緩起訴裁量権》,『当代法学』2007年第6期に掲載。

現在の中国には，企業犯罪の発生防止に関する政府発の指導文書がない。国家職員による汚職犯罪防止にとっては，政党や党の発布した公文書が非常に参考に価する。関係の政府部門は，各業界に対し，相応の犯罪防止準則および規範を制定することを試みてもよい。そして，準則と規範は，それぞれの業界の特徴に合せて制定され，現実性と指導価値のあるものでなければならない。

Ⅸ　関係地方における企業の社会的責任の推進事業

　近年，社会主義市場経済の継続的な発展に伴い，企業の活動が目覚ましくなり，そこにおける自主性も増してきている。人々の関心は，富を作り出す経済の能力や水準だけでなく，さらに個人や社会や国に対する企業の寄与度に向かうようになった。とりわけ，ここ数年，しばしば起きている食品安全事件，安全生産事件，環境汚染事件，労使紛糾事件は，企業の営利能力に目を向けさせると同時に，企業の社会的責任の履行に対してより多くの関心を払わせ，そして企業の社会的責任の履行を指導し監督するシステムの確立の必要性について，われわれに繰り返して教えてくれている。ここでは，多くの地方政府および業界組織が，自身の果たす役割を意識し，企業の社会的責任を推進するための取組みを数々試みてきている。そこで，中国の煙台市および大連市の実践例について簡潔に紹介する。

■ 1　煙台市の「企業の社会的責任の考査・評価」制度

　煙台市推進の「企業の社会的責任の考査・評価」制度を調査するために，2009年7月に，本調査グループは，煙台市経済技術開発区に行き，開発区管理委員会および区内の一部の企業を訪問し，調査を行った。

　「企業の社会的責任の考査・評価」制度は，煙台市経済技術開発区が2008年に打ち出したものである。当該制度は，政府が企業を監督管理するモデルの改革であり，社会主義市場経済における政府の職能の転換のための新しい構想を示してくれている。

　改革開放政策が実施された30年の間に，いかにすれば，政府の職能が社会主義市場経済を確立するという需要に適応するか，いかにすれば，法による行政を推進し，サービス型の政府を構築していけるかは，つねに中国の行政改革の重要な課題とされてきた。ここ数年，政府は，一連の改革措置を推進し，政府の持つ職能の転換を推進してきている。それによって，政府による市場への

過剰関与や，社会自身の力で解決できることへの政府関与はなくなる。しかし，近年しばしば現れている食品安全事件，安全生産事件，環境汚染事件，労使紛争が引き起こす集団事件が，われわれに，絶えず，ある種の警告サインを出してきている。それは，市場経済体制下で，政府による監督管理の不十分さが市場経済の合理的成長および社会の調和にマイナスの影響をもたらすことを防ぎ，政府による監督管理の不在を防がなければならない，との警告である。煙台市経済技術開発区が推進する「企業の社会的責任の考査・評価」が示すように，政府による適当な管理監督は，あってもなくてもよいものではなく，欠かせない存在である。政府による職能を転換する鍵は，政府による管理監督の位置づけを正確に捉えることにあり，科学的な監督管理方式を採ることにある。

　2008年までには，他の地域と同様，煙台市経済技術開発区で行われた企業業績の考査と評価は，利益分の納税額，利潤高，輸出量ならびに外貨獲得など，経済的指標を基準にしていた。経済指標のみを基準にした考査・評価制度においては，政府の関心点は，現地企業がより多くの経済価値を挙げられるか，にあり，政府による管理の目的および目標が主に企業の利潤を高めることにある。しかし，多くの企業は，企業自身の生き残りや発展だけに関心を向け，経済利益を最大限に追求し，法律遵守や社会全体への企業の寄与度を無視してきた。それが，経済指標のみを基準にした考査システムによるマイナス効果の表れである。それを受けて，環境汚染，製品の品質に関わる事件，労資紛争，ひいては他の企業との間の経済紛争など，他の企業の利益や社会公衆の利益に損害を与える問題が頻発した。公衆は，問題の解決を求めて，企業に解決してもらえない問題を政府に持ち込み，それに関連した陳情や集団的事件が時々発生し，「金もうけをするのは企業なのに，始末するのは政府である」という結果になる。事件発生後，政府は，一刻も休まず，企業が違法に引き起こした問題の解決に走り，それにかかった管理コストも非常に高く，社会にもたらす不安定な要因も多い。このような状況の中で，政府がつねに経済の「レスキュー役」に回れるとは限らないことを意識し始め，別の監督管理方法を探さなければならない，と決めた。「企業の社会的責任の考査・評価」は，このような状況の中で生まれた。煙台市が当該システムを設置した目的は，政府による監督管理責任を確認し，企業がよりよく法令遵守を履行し，社会に寄与するよう導くことである。

　煙台市経済技術開発区が推進する「企業の社会的責任の考査・評価」は，法

第 2 章　中国企業の社会的責任と法令遵守

による行政の理念と合致している。長い間，企業の社会的責任の履行は，金品による寄付のような慈善事業である，と思われていた。実際のところ，それが狭義の解釈である。企業が社会的責任を履行する際に，まず法律を遵守しなければならない。法令遵守を前提にして，企業が価値を作り上げ，社会に報いることである。煙台市推進の考査・評価は，広い領域をカバーできるシステムであり，何の根拠もなく作り上げられたものではない。当該制度は，現行の各種の法理法規を踏まえ，企業が遵守すべき制度を 8 種類の体系に具体化している。それは，経済発展責任，省エネ排出削減責任，誠実守法責任，従業員保障責任，社会的事業責任，貧困者幇助責任，計画出産責任，安定防犯責任の 8 つである。そのうち，33 の指標は，日ごろ企業が遵守すべき法律法規であり，それも政府が企業を監督管理する主な拠り所である。煙台市がこの 33 の指標を拠り所にしているのは，関連の制度の強化を視野に入れているからである。この 33 の指標もまた，政府に対する監督管理責務の厳格な履行要求である。当該制度では，企業の参加を強制しないうえ，企業に余分な負担もかけず，企業に新たな義務および責任も設定していない。しかし，当該制度は，政府による監督管理を強化した。

　煙台市経済技術開発区推進の「企業の社会的責任の考査・評価」は，政府の法に基づいた監督管理と，企業による自己規制の双方が共に役割を果たすように考案されたシステムである。当該制度が推進されて以来，開発区は，かつての各種考査指標を廃止し，企業の工業総生産高，輸出入総高，納税額などを重視するようなやり方を改め，これらの指標が考査システム全体に占める比重を下げ，全面的に成長するよう企業を奨励する。当該制度が推進されるまでは，企業は，法律遵守に注意を向けるものの，経済効果と利益に対する関心のほうが高かった。また，当該制度が実施されて以来，政府の評価体系が大きく転換したことなどが，今回の調査を通じて明らかになった。政府に導かれて，社会全体への企業の寄与度に対する関心が高まり，企業では，法令遵守や，合法的な手段による価値の創出，社会奉仕に対する関心が高まった。そして，もう 1 つ注目しておかなければならないことは，当該制度は企業に強制的に受けさせるものではない点である。企業は，各自の意思によって考査を受け，考査の結果が望ましくなくても，政府による制裁を受けるような結果にはつながらない。ただし，政府が推進している当該制度がより高い信頼性と影響力があるため，ほとんどの企業が積極的に考査を受け，結果もかなり気に留めている。かつて，

工業総生産高，輸出入総高，納税額が重視されていた頃，多くの民営企業や中小企業は，よい評価がなかなか得られなかった。新しい考査・評価システムが導入されたのち，多くの民営企業や中小企業は，慈善事業への積極的な関与，整備された内部管理システムおよび高い管理水準によって，考査成績の良い企業に仲間入りした。そうした企業は，当該制度を受けることによって，社会からのプラス評価をより多く受け，企業の社会的責任を履行する熱い意欲がさらに高まった。

煙台市経済技術開発区推進の「企業の社会的責任の考査・評価」は，政府による社会と企業の管理重点を企業活動に移行し，問題になってから処理するという受動型の監督管理方式を，問題の発生防止を主眼にする能動型の監督管理方式に変えていった。改革開放政策が実行されて 30 年の間に，中国の社会主義法体系の完備は，相対的になされ，当面の主な問題は，基づく法があるのにその法に基づかないことや，法の執行が緩いことであり，依拠できる法がないことではなくなった。このことは，すでに現実の中で繰り返して証明されている。政府による監督管理の過程においては，執行が緩かったり，監督管理が行われなかったりすると，様々な社会問題の頻発をもたらし，合理的発展にマイナス影響を及ぼす。しかし，煙台の実践は，現行法律法規の持つ働きを十分に活かすことを踏まえ，政府の監督管理の水準を高め，政府による監督管理の重点を年度末の総括および考査にせず，企業の日常的な経営活動に置くのである。このような考査は，開発区内の企業同士の総合競争力の向上，開発区のソフト面を外資にとっても魅力のあるものにすることにとって，重要な推進効果をもたらしている。

煙台市経済技術開発区の「企業の社会的責任の考査・評価」は，企業の社会的責任に対する社会の関心を高め，企業の社会的責任の全面履行を推し進める有益な実践であり，社会主義市場経済における政府の職能の転換に対する有益な模索と挑戦である。今後の中国政府の職能転換への推進，法に基づいた行政活動の推進，サービス型政府の確立にとってみれば，当該制度から，次のような経験がまとめられる。

まず，市場経済の発展，企業の社会的責任の履行を推し進めるに当たっては，政府による監督管理を緩めてはならない。社会主義市場経済体制を作り上げる過程において，市場の働きを活かすことと，政府による監督管理がよく対立する両極端に置かれる。市場経済が発展することが政府による監督管理を緩める

第2章　中国企業の社会的責任と法令遵守

ことであると解釈され，問題が生じたら，解決を市場に任せるだけで十分であると思われている。しかし，最近，頻発する食品安全事故，とりわけ2008年の下半期にアメリカで起きた世界規模の金融危機は，われわれに次のことを教えてくれている。それは，市場にも弱点があり，政府による必要な監督管理を放棄し，すべてを市場に任せてしまうと，必ず深刻な経済問題，社会問題を引き起こし，その結果，経済社会の健全な成長を制約するのである。そのため，社会主義市場経済を展開する過程において，政府による必要のない管理監督を厳しく防ぐと同時に，政府による監督管理の不存在をも厳しく防がなければならない。というのは，政府による過剰な監督管理がなされると，企業の生産および経営が直接的に干渉され，企業に余分な負担をかけてしまうことになる。一方，政府による監督管理がなくなると，政府が市場に及ぼす矯正効果が働かなくなるからである。煙台市経済技術開発区推進の企業の社会的責任の考査・評価制度は，既存の法律法規を踏まえ，考査を日常の法の執行と有機に結び付け，政府に監督管理という職責を厳格に履行するよう推し進めている。

　つぎに，市場経済の体制下で，政府は，市場主体が積極的に法を守るよう導くことと，様々な矛盾や紛争の発生を防止することを仕事の重点とすべきである。現在，政府による管理の中で，多くの政府部門は，問題が起きてから処理に向かうという態勢でいる。政府による管理は，消極的かつ受動的である。数々の小さな対立が激化して社会問題となったのち，政府がはじめて介入して問題の処理をする。このようなやり方では，危害が大きい。数々の対立や紛争が一旦激化すると，しばしば深刻な社会危機を引き起こし，社会安定の維持に深刻な影響を及ぼす。問題を処理する最適のタイミングを見逃し，遅れて問題の解決に介入した場合には，コストが非常に高くなる。とりわけ，経済の急速な成長に伴い，いまは数々の対立や紛争が頻繁に現れる時期にあり，頻繁に行われる対処で政府機関が疲労を重ね，通常業務に深刻な影響を与える。

　煙台がなした試みは，われわれに良いヒントを与えてくれている。それは，政府が積極的に市場システムに介入して適当な管理権力を行使すべきことである。それは，既存の法律法理の執行をこなし，企業の法令遵守を導き監督管理し，企業の違法行為がもたらす社会の対立を初期段階において解消することである。これは，政府による法に基づいた行政活動の重要な内容であり，政府の管理コストが余分にかかることもなく，反対に，様々な社会問題を受動的に対応する際にかかる政府のコストを下げ，安定した社会の維持に役立つ。

最後に，政府の監督管理職能を強化し，観点の転換によって政府が持つ職能の転換を求め，政府による監督管理モデルを次第に改善し，命令や強制を主とする従来のやり方から，導きや奨励を主とする方法に変える。国家の強制力に頼り，命令や強制を手段とするやり方は政府による監督管理の常用するやり方であるが，唯一のやり方ではないはずである。もちろん，命令や強制でもって企業の法令遵守を監督することができる。しかし，実施するためのコストが高い。また，この方法では，企業の生産および経営プロセスの全過程をカバーすることができない。市場経済の下で，政府による監督管理は，法の執行を厳格にし，違反者に制裁を加えるほか，指導という役割をも果たす。

煙台での試みでは，政府が表に立って全力を傾けて宣伝した。政府の取組みは，社会的責任を，企業がブランドを立ち上げる際の重要な拠り処に変え，それを企業自身が成長する潜在能力に変え，「法律を守る」という企業の持つ意識を「法律を守りたい」という意識に変えた。したがって，社会主義市場経済を発展させる時代においては，政府が職能を転換する際に，導きや奨励といった手段を確実に把握しなければならない。導きや奨励といった手段によって，強制力に頼るような無理な法律の執行モデルを変えるのである。

● 2　大連ソフト業界協会の個人情報保護評価制度

質問票に示されているように，個人情報の保護も，企業が履行すべき社会的責任の1つである。大連ソフト界が実施する個人情報保護評価制度は，業界協会が中心となって，企業の社会的責任の履行を推進するもう1つの典型的な事例である。

2009年5月に，大連のソフト業界で，個人情報の保護評価制度について調査した。調査を進めていくうちに，大連のソフト業界は，企業による個人情報の保護および管理への強化を通じて，個人情報の保護の面で企業が社会的責任を負うべきという意識およびその管理水準の強化を図っていることが判明した。大連ソフト業界の経験は，まとめるに値するものである。

大連税関の統計が示すとおり，2009年1月から2月に，大連市の外国貿易総輸出入高は，例年より16.2％の減少を見せているのに対し，ソフト業の輸出高は，例年より30.9％の増加を見せている。輸出業の不振状況で，大連ソフト界がこれだけの成長を遂げているのは，ここ数年，大連ソフト界の業界協会が展開している個人情報保護の評価という取組みと密接に関わっている。

第 2 章　中国企業の社会的責任と法令遵守

　大連市が当該取組みを積極的に進めたのは，主に中国のソフトおよび国際貿易のための情報サービスに海外の個人情報の保護制度がもたらすマイナスの影響に応対するためであった。目下，国境を越えた個人情報の処理業務は，現代の国際的な商業活動にとっての欠かせない存在となっている。個人情報の収集および処理は，製造業やサービス業などを含む各業界にとって，欠かせない存在である。小売販売で消費者の注文を処理する時，製造企業が消費者に提供する販売およびアフタ・サービスする時，銀行および保険などの金融業者が顧客との取引，セールならびにアフタ・サービスを提供する時は，常に大量の個人情報を処理しなければならない。各業種の経済実体は，経営の中で企業内部または他の経済実体との情報共有をしなければならない。共有の情報には，膨大な個人情報が含まれている。世界経済が一元化するに伴って，多くの経営活動が国境を越えて行われている。それを受けて，世界という大きな市場の中で行われる，国境を越えた個人情報の処理は，経済活動にとって欠かせない存在となった。

　現在，国境を越えた個人情報の処理形態としては，主に国境を越えた情報交換や，国境を越えた情報処理の外注業務などがある。一部の国際企業，金融機構，法律事務所などは，業務を展開する中，本部と海外の支店・支部との間，または海外の支部同士間で，大量の個人情報の交換および共有をしばしば必要とする。このほか，データの処理量が激増するに連れ，データ処理にかかるコストの削減や，データ処理の専門化を図るために，多くの経済実体は，専門業者に自分が受け持っていたデータ処理業務を外注するようになった。それが，情報処理の外注業務の展開を推進した。調査を通じて，大連のソフト関係企業においては，かなりの割合を占める企業が情報処理の外注業務に従事していることが明らかになった。これらの企業の多くは，日本企業の委託を受けて情報の処理サービスを提供している。金融危機による影響を受けてから，情報処理にかかるコストを削減するために，多くの日本企業は，情報処理業務を大連に移行するようにしている。そうすることによって，大連の労働力の持つメリット，すなわち低賃金，高い教養といったメリットを十分に利用できる。一部の企業は，コール・センターなど本社のデータ処理部門まで大連に移行している。

　各国において，日ごとに強化される個人情報の保護制度がすでに国際経済のやりとりに影響を及ぼす主な要因となっていることは明らかであり，そしてそのことが，中国の国外貿易に影響をすでに与えている。日本の「個人情報保護

第Ⅲ部　海外6か国の報告書

図21：大連で実施された個人情報保護評価のプロセス

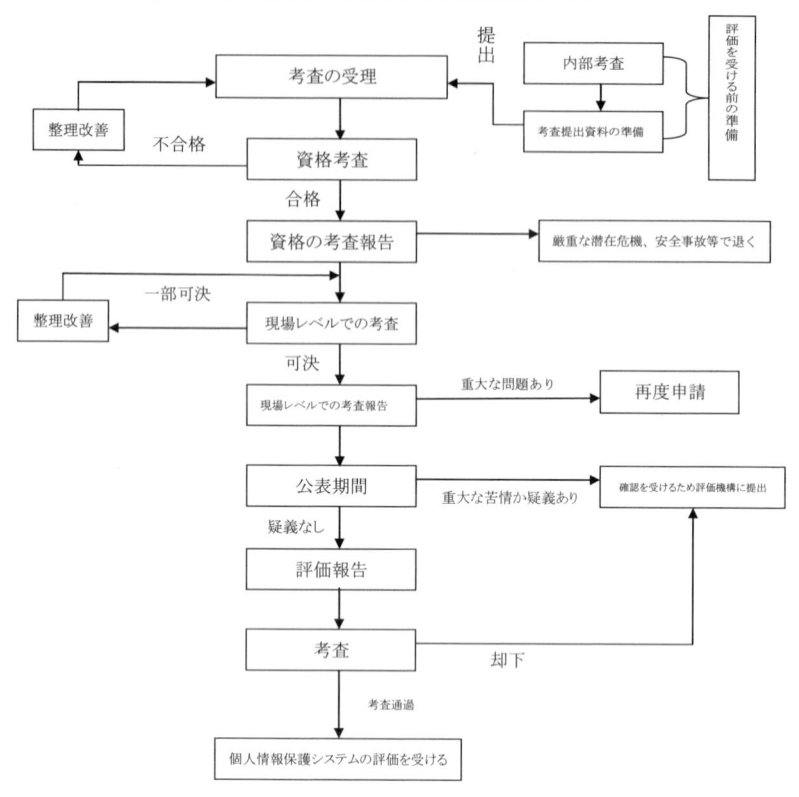

```
                    提出
        ┌──────→ 考査の受理 ←────── 内部考査 ←── 評価を受ける前の準備
        │              │                │                  │
   整理改善 ←不合格── 資格考査      考査提出資料の準備 ←──┘
                       │合格
                  資格の考査報告 ──→ 厳重な潜在危機、安全事故等で退く
        ┌─一部可決──┤
   整理改善        現場レベルでの考査
                       │可決
                  現場レベルでの考査報告 ──重大な問題あり──→ 再度申請
                       │
                    公表期間 ──重大な苦情か疑義あり──→ 確認を受けるため評価機構に提出
                       │疑義なし
                    評価報告
                       │
                     考査 ──却下
                       │考査通過
              個人情報保護システムの評価を受ける
```

法」の成立が大連のソフト業界に重要な影響を与えて、大連のソフト業界の輸出高の大幅な減少をもたらしている。大連への情報処理業務の発注に対し、日本企業は、より慎重になる。ソフトの加工業務を発注する際には、テスト・データでさえ、本当のものを提供しないようにしている。また、個人情報の保護に関しては、情報の処理業務を引き受ける企業に対し、具体的な要求を求める。場合によって、専任者を長期間にわたり大連に派遣し、現地企業で行われる個人情報の保護を監督することもある。

　国外貿易環境のソフト面の改善を図るために、そして、ソフトの輸出および情報処理の外注業務における現地企業の競争力を高めるために、大連市ソフト業界協会組織は、2007年、「大連ソフトおよび情報サービス業界の個人情報保護規範」と「大連ソフトおよび情報サービス業界における個人情報保護の評価方法」を公表し、大連ソフト業界の個人情報保護評価（Personal information protection assessment, 略称はPIPA) システムを立ち上げ，運営を開始した。現在，当システムは，主にソフトおよび情報サービス，とりわけ外注を受ける企業を奉仕対象にしており，そういった企業の個人情報保護の能力に対し評価している。企業は，まずPIPAの評価を受ける。考査に通過した企業，条件を満たしている企業には，個人情報保護合格証書が授与され，PIPAマースの利用資格が与えられる。そのうえに，当該認定システムは，日本の個人情報保護P-Mark認証システムとの間の相互認証を実現した。大連のPIPAと日本のP-Markとの間の相互認証の実現によって，大連のソフト企業は，スムーズに日本の市場に参入することができ，日本の関連企業との間の取引を展開する中で，妨げとなりうる個人情報保護に関わる障害が取り除かれた。

2009年8月までには，情報サービスの外注企業30社，情報サービス企業2社，教育訓練機構1社が，すでに個人情報保護評価を受け，PIPA資格を取得している。そして，個人情報の保護評価を申請している企業または考査中の企業は，12社ある。それには，大連の現地企業が40社，その他の中国国内地域の企業が5社ある。このほか，PIPAのオフィスと評価を受けるための連絡を取り合っている企業は，30社ほどある。情報サービス外注企業は，PIPA資格を取得すると同時に，日本のP-MARK認証が受けられ，日本市場への参入許可が得られるのである。

この制度の実施によって，大連のソフト業界および情報サービス業界においては，日本向けの貿易高の大幅な上昇が見られた。多くの日本企業は，データ処理作業に隠れているリスクを懸念する必要がなくなり，監督のために専任者を大連企業まで派遣するというコストも省いた。そのようなことがあったため，日本企業は，大連の企業に，より多くの業務を委託するようになった。整備された個人情報管理システムを確立した大連のソフト企業および情報処理企業には，日本企業からの委託業務の受注数が継続的に増加し，それによって，企業の経営規模が絶えず拡大してきた。わずか数年で，従業員数が発足時の数十名から千名にまで増え，従業員の最終学歴が中等専門学校卒以上であるのが一般的であるというほどの規模に成長した。企業の産業は，かつての労働密集型から知識密集型に移行し，それによって，国および社会をより豊かにできるほか，大量の職場を社会に提供することができた。

いくつかの大連ソフト企業，とりわけ日系企業を尋ねて調査した。調査を通じて，多くの日系企業は大連以外の中国国内都市またはアジアのその他の国に，

支店・支部または協力パートナーを持っていることが判明した。しかし，調査に協力してくれた日系企業は，日々完成に近づく個人情報の保護システムが大連にあるから，大連企業に業務を委託するのを好む，と本音を明かしてくれた。

　個人情報の保護という領域で推進される業界自律の実践および個人情報の濫用現象から見ると，企業の社会的責任を推進する中で，業界の自律は，きわめて重要な働きをしている。個人情報保護が引き起こす国外の経営圧力を受けたのち，一部の大連企業は，自発的に企業自身の個人情報保護システムの強化を図ったことがあるが，効果があまり見られなかった。その試みがあったにもかかわらず，まずは，ほとんどの企業の個人情報保護に関わる管理システムおよび従業員の意識において，本質的な改善が見られなかったからである。それから，多くの企業には，個人情報保護システムの強化を図る原動力および能力がないからである。結局企業各自が内部管理システムを確立させたとしても，商業パートナーおよび消費者に認めてもらえないからである。ソフト業界協会が中心となって，個人情報保護評価制度を立ち上げた。その後，業界協会の支援および監督を受け，企業の個人情報の保護レベルは，質的な向上を遂げ，その他の機構および個人に認められるようになった。大連ソフト業界協会の関与がなければ，現地企業の個人情報保護レベルの質的な向上は得られない，と言ってもよい。

　それから，企業の社会的責任の履行の推進において，業界の自律は，政府による監督管理と理想的な関係，すなわち相補う関係を築いている。政府による監督管理は，主に各種の非政府機関にできることと，できないことについて明確に提示しているが，それが，各業種の企業がいかにすれば社会的責任の履行をこなすか，の解決になっていない。それに対し，業界自律システムの導入は，各部門が社会的責任をどのようにして負うか，という問題の解決に役立つものである。言い換えると，自律システムの導入は，指導および規範化といった働きをより多く発揮し，個人情報に対する各部門の意識を高め，整備される内部の個人情報保護システムの構築に役立つ。大連市ソフト業界協会が推進する個人情報保護協会システムの実施状況についての調査を進める中，当該制度を推進する大連市の取組みは，考査を通過した企業に個人情報保護マークを与えることに留まらず，企業に整備された個人情報保護の内部管理システムの構築に支援することを取組みの重点にしていることが判明した。申請で認証を受けられた企業に対し，大連ソフト業界協会の個人情報保護評価オフィスは，企業に

第2章　中国企業の社会的責任と法令遵守

支援および指導を提供し，個人情報保護の管理機構および管理システムをまず企業に確立してもらう。それから，書類考査および現場レベルでの考査を通じて，個人情報を保護するための取組みにみられた問題点および整理・改善意見を企業に伝え，改善を督促する。この一連の取組みは，個人情報管理に対する企業管理者および一般従業員の意識を高めるほか，細部から個人情報保護のレベルを高める方法を企業に明確に伝えている。これらのことは，政府の監督管理に単に頼っていてはできないことである。また，たとえできたとしても，それにかかる管理コストが非常に高いものになる。

X　結　論

　この１年間で，中国社会科学院法学研究所は，中国の北京，天津，四川，上海，広州，煙台，大連などを含む７つ地域を訪れ，現地の中国企業を対象に企業の社会的責任というアンケート調査，現地の政府機関および一部の企業を対象にインタビュー調査を無事に終えた。調査の状況から見て，企業の社会的責任という面において，中国は，いくつもの成長を遂げてきている。それは，企業の社会的責任の履行については，その責任が規範化されていない状態から規範化される状態までに変わり，社会的責任に対する曖昧であった認識が明確なものに変わり，そして政府が中心となって推進する企業の社会的責任のための取組みが，社会が全面的に関与して推進する取組みへと変わってきた，という成長である。成果が見られたと同時に，社会的責任を履行する企業の側では，問題が依然として残り，多くの面での改善を必要としている。

（１）　企業の社会的責任に関する理論および実践で共に大きな進展を成し遂げたこと

　理論上では，企業は，社会的責任を履行すべきだという観点がすでに中国企業の共通認識として定着している。しかし，企業の社会的責任が指し示す具体的な内容への認識の統一まである，とは言えない。

　中国では，企業の社会的責任という用語およびそれを理念として提起されたのは，実はまだ近年のことである。2005年に改正された「会社法」第５条の規定では，会社という組織形態の企業が負うべき社会的責任を明確に打ち出した。しかし，このことは，これまでの「会社法」では，社会的責任の履行を企業に要求しないことを意味するものではない。または，「会社法」以外の法律規定では，社会的責任の履行を企業に要求しないことを意味するのでもない。

実際には，21世紀に入る前から，さらには改革開放の前から，関連の法律規定では，企業に対し，労働用工登記制度の遵守，製品の品質の確保，消費者権益の保護，誠実に信用を守ることの履行を求めている。したがって，法令遵守や社会的責任の遵守に及ぶ規定は，これまでの様々な法律・法規に分散していたと言える。

市場の管理監督者および社会の管理者として，企業の社会的責任の推進における行政機関の役割は，きわめて大きい。法律法規が授与する職権に基づき，行政機関は，行政許可，行政処罰，そして行政強制などの手段で，企業の法令遵守と社会的責任の履行を具体的に監督してきている。

また，司法活動において，司法機関は，法に基づき社会的責任を十分に履行していない企業に対し，民事責任を追及することができる。さらには，刑事法が定める規定に基づき，犯罪と認定された企業に対し，刑事責任を追及することが可能である。このような方法を用いて，社会や市場の安定を図り，法律の定めるとおり営業活動を行い，社会的責任を遵守する企業の合法権益を守る。

（2）企業の社会的責任の法整備には依然として解決を早急に要する問題が存在すること

中国における企業の社会的責任に関する法体系は，すでにでき上がったが，多くの面においてさらなる整備が待たれる。まず，一部の法律法規は，もともと整備されておらず，それを受けて，実践の中で現れてきた法律の不十分な点が少なくない。したがって，法律法規の改正および増補を早急に行う必要がある。「会社法」では，企業の社会的に責任について，大まかな規定のみを提示している。企業が社会的責任をどのようにして履行するか，また社会的責任を確実に履行しない企業に対しいかなる制裁が加えられるか，についての規定は，詳細ではない。企業の社会的責任は，異なる法律および法規，例えば，環境保護法，労働組合法，労働契約法，消費者権益法などの法律および法規においてそれぞれ規定される。これらの法律法規は，内容が異なり，その内容をつなぎ合わせるのは難しい。したがって，全体としての企業の社会的責任の履行は把握しづらい。そして，各法律法規における関連規定の調整がとりにくいため，法律法規の持つ効果が自然と割り引かれる。それから，法の執行力の強化が待たれる。主観要因および客観要因のため，中国における法執行の効果は，つねに思いどおりのものになっていない。それを受けて，一部の状況において，企業誠信のための法体系は，名ばかりの存在になり，法体系のもつ保障および監

督機能を着実に果たすことができなくなっている。さらに，いくつかの領域においては，法律が欠如するという状況が依然として続いている。したがって，中国は，企業の社会的責任に関する法整備において，次の点から努力すべきである。

まず，整備された法体系を確立し，「会社法」を中心にし，全民所有制工業企業法，パートナー・エンタープライズ企業法，個人出資企業法，環境法，労働契約法，安全生産保護法，消費者権益保護法，寄贈法，税法および刑法を補助的にする体系を確立する。つぎに，企業の社会的責任に関する法の執行を厳しくすることである。企業の社会的責任が十分な法律責任になるためには，訴えることのできる一連の法律規則がなければならない。そして，法律のプロセスを通じて確認および保障ができることである。最後に，社会的責任が履行されるよう，政府は，絶えず企業を奨励し導くような措置を取るべきである。

（3） 企業の社会的責任を企業の管理システムに取り入れ，企業の社会的責任の履行を促す有効なやり方

企業は，社会的責任を管理システムおよび日常の経営活動に取り入れ，企業経営を構成する有機的な構成部分にすべきである。企業の社会的責任の管理システムは，次の内容によって構成されるべきである。まずは企業の社会的責任の基準，すなわち行動基準の樹立である。この点では，海外の経験を参考にしてもよいが，中国の実情とにらみ合せて経験を取り入れるべきである。その他の内容は，社会的責任に関する指標システムの制定，企業の社会的責任に関する評価システムの構築，企業の社会的責任に関する機構および制度の保障を含む監督システムの構築である。

企業の社会的責任と企業経営との完全融合は，優れた企業にとって避けて通ることのできない道である。法律を遵守した企業運営，従業員への尊重，調和のとれた職場作り，環境保護重視，消費者権益の保護，社会慈善事業に対する熱心さは，優れた企業としてなくてはならない要素である。このほか，企業の社会的責任の履行は，企業の高級管理職に就く従業員だけのことではなく，企業全体の従業員が積極的に関与することである。つまり，従業員全員に企業の社会的責任の管理に関与してもらい，社会的責任の履行の大切さを従業員全員に知ってもらうことである。それによって，仕事の中で，企業の生産・経営における各プロセスの合法性について従業員が積極的に監督するようになり，企業による社会的責任の着実な履行が確保される。

企業を評価する際に、社会は、企業の社会的責任の履行状況を重要な評価指標として立てるべきである。中国の一部地域、例えば、山東省の煙台市では、企業の社会的責任の履行が企業管理および評価システムにすでに取り入れられている。これは、大変良い試みである。企業が社会に対する寄与度を測る唯一の基準でなくしたことが、社会的責任を着実に履行する各種の規模の企業に対する大きな奨励になる。社会全体の安定した成長にとって、その意義は、きわめて重大である。

（4） 中国企業の誠信意識を強化する必要性はまだあること

経済体系の改革の深化および開放過程の絶え間のない前進に伴い、政府部門の支持および指導の下で、中国企業は、企業の誠信構築において著しい成果を上げてきており、それが今後の社会誠信体系のさらなる発展および整備のために、しっかりした基礎を固めてきた。その著しい成果は、主に、企業誠信に関する法体系の構築の初歩的完成、企業誠信という社会における共通認識のおおよその形成、企業誠信という自律システムの初歩的な形成に現れている。

しかし、企業誠信の確立も、大きな挑戦を必要としている。誠信が継続的に成長する企業の力を大きくすることができるため、企業は、誠信意識を強化しなければならない。誠信の確立を強化するための取組みにおいて、中国は、まず法制度を完備し完全にするだけでなく、企業誠信に関するコーパスを構築し、企業の取った信頼失墜行為に対し、制約および懲罰をすぐに与えなければならない。つぎに、企業誠信の構築において、政府は、主要な役割を果たさなければならない。最後に、業界協会の持つ役割を十分に発揮させ、業界協会に企業のとった信頼失墜行為に対する指導および制約をしてもらう。

（5） 環境保護の社会的責任は企業が負うべき法定義務であること

企業は、社会を豊かにする。一部の企業は、産業の性質上のことで、富を作り出すと同時に、環境をある程度破壊してしまう。中には、環境の復元を不可能にしてしまうほど破壊状況が深刻なものがある。改革開放政策が実施されて以来、中国は、世界の工場と化し、一部汚染度の高い産業が先進国から中国に移転してきた。豊かになると同時に、われわれの環境をいかにして保護するかは、多くの企業にとって避けられない問題である。こういう意味では、企業は、経済組織であると同時に、社会組織である。したがって、経済責任のほかに、社会的責任をも負わなければならない。

企業は、まず環境保護を企業自身が履行しなければならない法定義務である

ことを明確に知っておかなければならない。企業の環境保護に対する意識の進歩の度合，および環境保護に関わる社会的責任の履行状況は，法整備の状況と密に関わっている。20世紀90年代以来，環境保護面における中国企業の進歩の過程は，中国の民主的な法治を確立する歩みと互いに引き立てあっている。いま，環境保護という社会的責任の履行を促す取組みが苦しい立場に回されている原因の多くは，関係する法整備が相対的に立ち遅れている点にある。この点を踏まえ，中国国内での実践を分析し，そしてその他の国の経験を参考にしたうえで，以下の方面で法律の改革を進めるべきである。

　まず，税政の優遇システムを制定し，民間の環境保護運動に経済的援助をした国内外の企業を奨励する。企業は，利潤を目的とし，企業行動は，利益という要素による影響が大きい。自ら進んで民間の環境保護団体に経済的援助をするよう企業に期待するのは，客観的法則および実際の国情に沿わない。現在，中国の税収管理法律法規では，慈善事業または民間非営利団体への寄付をした企業が税収の減免といった特別扱いが受けられることについて規定していない。これは，企業が民間の環境保護団体への経済的援助は企業が納税後，純利益から捻出していることを意味する。言い換えると，企業の援助行為は，環境保護に対する意識および長い目で環境保護を見る見方によって支えられる。このような経済的援助の維持は，経済の発達が不十分で，企業の実力がまだ強くない，環境保護に対する国民全体の意識がまだ初歩状態の中国では，困難なことである。目下，民間の環境保護団体に広く見られる財政難は，まさにそのことの現れである。そのため，中国は，立法を通じて慈善援助を奨励する制度をなるべく早く確立すべきである。企業および個人は，慈善事業に寄付した寄付金を営業税および所得税の納税額に計上しない。そして，公益の度合いに対し，累計型の税収減免奨励を与える。当然，相応の監督管理システムを同時に整え，偽装献金，偽社会団体を利用した脱税行為を防ぐ。経済面での激励システムのほかに，栄誉賞による奨励システムを成立させることである。両者が互いに補完し合い，よりよい効果が得られる。

　つぎに，行政規制を緩和し，民間の環境保護の社会団体により多くの活動空間を提供することである。民間の環境保護社団における行政規制は，他の民間社団，とりわけ政治色のある社団および利益を求める社団と比べて緩やかである。しかし，他の国や地域における民間環境保護社団と比べて，行政規制が厳しすぎる面がまだある。行政規制が厳しすぎると，社会，経済，文化の発展お

よび国民の民主的な自治能力の育成に不利であり，政府の高い執政効率にも不利である。また，政府機構の膨張および役人の数が減らせないことになり，公共財政にかける負担を増加させ，むやみな税金徴収など民と利を争う行為の発生を間接に触発し，政府と国民との間の利益抗争を招いてしまうことさえある。環境保護領域について，あまりにも厳格な行政規制は，民間の環境保護団体の登録の難易度を高くし，活動する空間を制限し，資金の出所が単一になり，民間環境保護団体の成長および環境保護事業の発展に不利である。そのため，政府は，「緩和規制」の方針をさらに実施すべきである。環境保護団体の具体的な状況を考慮に入れ，審査許可をする際に，「同一行政地区内で，業務範囲が同じまたは類似する社会団体がすでに存在した場合には，原則的に許可しない」という一般の社会団体に適用する審査許可原則にこだわることなく[18]，民間の環境保護団体の設立に，奨励するような態勢で臨むべきである。

それと同時に，中国の国情に合わせて，当面の財政難を解決するために，民間環境保護団体に多種の「自分で自分を助ける」措置を取らせるべきでる。営利を目的としないことを前提に，社団自身の建設および環境保護活動に用いることを目的とする，民間環境保護団体による環境保護産業の創設および有料サービスの提供を許可すべきである。これに対し，政策面での優遇を，また適切に与えるべきである。

それから，環境保護に関わる企業および環境保護産業のために制度上の優位を作り出し，民間環境保護団体の発展を間接的に促進する。目下，中国における国家環境保護強制基準には，範囲が狭い，完備されていない，標準が低いと

---

18 《社団登記管理条例》(『社会団体登記管理条例』)の第十三条規定では，同一行政地区内で，業務範囲が同じまたは類似する社会団体がすでに存在し，設立する必要のないものには，登記管理機構は設立準備を許可しない，としている。実践の中で，当該条例における行政立法の意図は，社団の数を制限し，管理に都合が良い，と理解されている。しかし，この理解は，妥当ではない。そのうえ，結社の自由は，憲法が明確に規定している公民の基本権利であり，行政立法は『社団法』の授権を得ていない状況の中で，行政判断または管理に都合が良いといった理由で，公民の憲法権利に対し制限を加えるのは違憲の疑いがある。法理上では，「設立する必要の有無」という判断の主体は，権利主体としての申請者であり，「人民の奉仕人」または「公共サービス機構」の政府およびその他の職員ではない。行政管理は，権利主体の行為の規範化を通じて，主体の利益の協調，人権保護をより良くするという目的を果たす。決して権利の制限および管理の方便を主旨としていない。「権利の実現は，行政管理より優先される」という考えは，各国の政府改革の基本指導構想となっている。かつて，各級政府および職員によくみられる「管理優先」の観念が変わらなければ，社会の発展および人民の権利に対する要求に適応しにくくなる。

第 2 章　中国企業の社会的責任と法令遵守

いった欠陥が見られる。主観および客観要素による制限を受けるため，実施の過程において，法の執行を厳格に行うことができないという問題が存在する。これを受けて，制度上の優勢（メリット）がないため，環境保護企業は，市場競争の中で相対的に不利な立場に回されてしまう。環境保護産業も，制度上の欠陥がもたらす市場需要の深刻な不足を受けて，急速に成長できない。先進国の経験，環境保護企業および産業の急速な成長の考察は，国家が立法を通じて全面的に高水準の環境保護強制基準を制定し，実践の中で法の執行を厳格にすることと密接に関わる。

　中国における現在の国情および人民の実情という状況において，環境保護製品に対する需要を社会の自覚に任せ，環境標準の設定を経済要素を踏まえた企業の自覚に任せるだけでは，環境および国民の健康権利を保護する水準に達するのに不十分である。そのため，立法を通じて，比較的全面的な高い水準の強制環境保護基準を確立し，厳格な法の執行を確保することは，環境保護企業および産業が健全に成長するための実効性のある唯一の方策である。強制環境保護基準の設定は，先進国の規準を完全には参考にできないが，基準をなるべく厳しくしなければならない。このような厳しい基準があって，環境保護を目標とした需要が伸びるよう市場に刺激を与え，市場の中で環境保護技術を利用する企業および産業が「制度面での優勢（メリット）」を獲得し，環境保護にかけるコストの見返りとして手厚い経済効果をもたらすことができる。環境保護技術の利用の普及は，環境保護観念の普及に有利であり，これが民間環境保護団体のためにより広い活動空間を作り出す。民間の環境保護団体は，専門知識での優勢を活かしながら社団の実力を上げ，財源を広く開拓し，経済規則を運用し，民間の環境保護団体の成長を促進する効果をもたらす。

（6） 労働者権益に対する保護，従業員の職業健康に対する擁護は企業の社会的責任の重要な内容であること

　労働者の合法権益を着実にかつ有効に擁護し，調和した労使関係の構築を推進することは，企業の社会的責任における重要な内容である。本調査が示しているように，労働者の合法権益に対する保護においては，中国企業が多くの取組みを進めてきている。労働者権益の保護に対して，中国が全国規模で行ってきた取組みには，労資関係の調整システムの初歩的確立，労働契約制度および集体契約制度の順調な推進，広い範囲における調和した労使三者関係（通常労働部門を代表とする政府，雇用者，労働者の三者）システムの確立，強化された

345

労働紛争処理のための取組み，最低賃金制度および賃金指導ライン制度の確立が見られた。しかし，改めるべき点が依然として残る。とりわけ，経済情勢や社会構造変化に伴って，様々な社会問題，例えば，貧富差の拡大，就職難，賃金分配制度が合理的でない点，一般の労働者層と企業の高級管理層との関係の緊張化，不正な長時間残業，労働者賃金の納付遅延または上前を取る現象などが次第に目立ってきている。現在，社会的責任を履行し従業員の権益を擁護する企業は，大きなプレッシャーに直面している，と言ってもよい。

企業は，実際の状況に即して，労働者に対する保護水準を高めていくべきである。整備された国家法律および制度の枠組み，政府の主導および支持，業界企業の促し，マスメディアおよび公衆による有効な監督は，企業の社会的責任の履行，および労働者の合法権益への擁護を保障するための重要な条件である。当然，労働者権益の保護水準の設定は，国家の経済発展が到達する段階，地域，そして経済企業の発展レベルに反してはならない。適切な水準より高い設定または低い設定は，共にマイナスの効果をもたらす可能性がある。設定水準が高すぎると，企業がそれを受け入れられなくなる。設定水準が低すぎると，労働者の合法権益が有効に守られず，社会対立を引き起こす恐れがある。

同じく，安全生産および従業員の健康に対する保障も，企業の履行する社会的責任の主な内容である。生産および経営の中で，安全生産および従業員の健康に対してあまり十分に重視されていない企業は，まだ多く存在している。その結果，一部の企業では，重大な安全事故が頻発し，職業病現象が多く目立っている。職業病に関して言うならば，それに関する法規が整っていないうえ，法規の執行効果が低い。一部の企業においては，職業病の発症を防ぐ有効な制度がまだ確立しておらず，職業病に対する労働者自身の認識が不十分で，権益が保障されていないこと，職業病の発症例数の観測情報の滞り，などがすべて問題である。

そのため，安全生産を保障する取組みにおいて，企業は，次のことをしなければならない。それは，企業安全生産責任者制度の履行，国家および各級部門の安全法律法規の徹底執行，従業員に対する安全教育の強化，従業員の安全意識の向上，警告の予報および救援システムの確立，安全防犯の強化，安全に関する激励および賞罰システムの確立，安全生産保障，などである。

職業病を予防する取組みにおいて，企業は，次のことをしなければならない。それは，法制観念の強化，法に基づく職業病予防と治療への取組み，健全な職

業病予防・治療のための監督および責任体系の確立，従業員健康教育の強化，従業員認識の向上，職業衛生を労災保険と結び付けること，職業病予防を主とすること，特別な配慮を必要とする者への保護の強化，立ち遅れた技術の淘汰，職業病を引き起こす主な要因の除去，などである。

要するに，安全生産および労働者の健康は，企業が持続的成長を遂げる前提であり，新しい時期に突入した中国の発展方針である科学的発展観および人を基本とする観点に求められている基本的な要求である。

(7) 慈善事業への関与は企業の履行する社会的責任であり，社会に報いる重要なルートであること

企業履行の慈善事業の改善をより一層図るために，次の点から改善を進めるべきである。まずは，企業が慈善事業に関与する法制度の整備である。いまの状況から見れば，次の3つの内容から，中国企業の慈善事業の法制度の整備を早急に行なわなければならない。

その1は，なるべく早く「慈善事業法」を公布することである。それによって，法律において，慈善組織の法律地位，慈善金の募集の主体，慈善金募集の監督システム，慈善事業の主管部門，慈善金募集活動のプロセス，明確な慈善金の寄贈者，寄贈の受納者，そして受益者の権利および義務を明確にし，慈善事業への参入，評価，監督管理，公益財産権の定義および譲渡，投資，引退などを規範化すべきである。その2は，慈善事業に支出した企業に対し，税政面での優遇政策をしっかり実施することである。法規の改定およびプロセスの調整を通じて，企業が慈善事業に使用した支出をなるべく全部税収控除の範囲に入れ，企業の慈善事業に関与した企業に対する奨励の効果を高めるべきである。その3は，地方の各級政府における慈善事業に関連する法規および規則制度の制定と執行を積極的に推進し，慈善事業の発展に役立つ多重構造の法体系をより一層整備することである。

次の改善すべき点は，政府がなす補助的な機能を強化することである。企業の慈善事業が社会による自治という範疇に入るため，政府部門は，従来の「指導者」という役割の転換を適時に行うべきである。しかし，補助的な取組みにおいて，政府は，重要な役割を長期的に果たす。政府が果たす役割は，主に3つに分かれる。

その1は，政府の宣伝効果を強化することである。知名度のあるメディアによる強力な宣伝を通じて，企業の「公民」としての意識の向上について工夫す

べきである。それを受けて，企業は，社会環境と企業の成長という相互的な観点から，企業の長期的な発展にとっての慈善事業の意義およびその意義の重大さに本当に気付くことによって，企業の慈善事業に対する見方が「関与を求められる事業」から「私が関わっていきたい事業」に変わり，企業の自主的な奨励システムの着実な向上を促すべきである。

その2は，政府の監督機能を強化することである。社会の監督システムの長年の不備から，社会寄贈者の間で，慈善組織に対する危機感が募ってきた。慈善金は果たして有効に利用されたのか，不正行為はあったのか，という疑問は，慈善事業に影を落とし，企業の慈善事業の成長に直接的な影響を及ぼす。四川汶川大地震では，慈善金の監督管理問題が終始社会の注目を受けてきている。したがって，現段階においては，政府がなす外部監督システムを強化する必要がある。それによって，慈善組織に対する企業の信頼および支持を高めていく。

その3は，政府の協調機能を強化することである。中国でも市民社会が形成されつつあるが，大部分の社会的資源は，依然として政府の支配下にある。企業の慈善事業がスムーズに推進されるためには，政府の各部門の調査および協力が欠かせない。それを受けて，民政部門が先頭に立って，教育，文化，財政，税務，税関，労働組合，中国共産党青年団委員会，婦人連合会などを含む部門が共同で，慈善事業の補助的な協調システムの確立を推進することは，目下の企業の慈善事業の発展に見られる行き詰まり現象を解消する重要な手段にすでになっている。

最後の改善点は，慈善組織の設立を促すことである。企業，とりわけ大手企業には，自主的に慈善事業を展開する実力がある。しかし，物的，人的，そして技術および経験といった点に関して，企業と比べ，専門の慈善組織のほうが明らかに優位に立っており，短時間でより大きな成果を上げる実力を備えている。したがって，企業の慈善事業にとって，慈善組織の設立を促す取組みは，基盤作りのような重要な意義がある。慈善組織の設立において，慈善事業に従事する職員の育成訓練がとりわけ大切である。それによって，慈善組織における人的資源の建設を確保する。このほか，中規模および小規模の民間末端慈善組織の展開を奨励し扶助する。事務所の設置，組織を立ち上げる際の初期費用，プロジェクトの展開などといった面でなされる必要なサポートは，企業の慈善事業が多元化する発展の遂行に役立ち，大規模な慈善組織の手落ちを繕い，慈善事業の奉仕体系をより一層整備していく。

（8） 企業の違反防止および犯罪防止の取組みには困難な課題があること

　市場経済という条件で，企業に対する業界組織の監督管理を強化して，健全かつ有効な監督管理を行うことは，企業犯罪の発生を防止する前提である。

　現代の企業制度の確立を通じて，企業内部の監督システムを強化すべきである。企業内部の監督システムは，企業犯罪の発生を予防する最も大切な関門である。健全な企業内部監督システムは，罪を犯そうとする企業を有効に制約し，企業犯罪が発生する可能性を減らすことができる。また，企業犯罪の発生を防止する業界基準および規範の確立を推進すべきである。

　企業犯罪に適用する刑罰の種類の整備をしなければならない。目下，主に資格刑の確立を考えるべきである。数万元または数億元に上る大金が絡む企業犯罪や，手口が複雑で変化に富んでいる企業犯罪と比べて，罰金刑は無力に見える。刑罰の種類が単一のうえ，罰金の執行が困難な現状において，既存の刑罰種類では，日々深刻化する企業犯罪に応対するすべがない。このままでは，犯罪行為がもたらした危害の度合い，犯罪者の刑事責任，そして刑罰の三者が相応すべきという原則の要求を満たせないだけでなく，企業犯罪への抵抗および予防の機能も果たせない。

　ある学者は，以下の処罰方法を犯罪単位［組織体］に下す処罰に加えるべきと主張する。それは，犯罪単位の権利能力および行為能力を永久に消滅させる方法，すなわち単位組織の解散である。一定の期間または永久に，犯罪単位が直接的または間接的に犯罪と関連のある職業または社会活動に従事することを禁止する，すなわち，特定の職業に従事することや，社会活動への関与を禁止するという方法である。その他の処罰方法は，犯罪単位に対する通告訓戒や休業整備などがある[19]。

　上記の措置の一部は，行政処罰の範疇に入る。刑罰方法としての資格刑は，犯罪企業に対し，特定の業務に従事するのを制約すべきことになる。加える制約は，具体的に4つに分かれる。(1)経営内容の制限である。犯罪企業に対し，ある内容またはある種類の業務活動に従事することを禁止する。例えば，輸出入業務の中で，為替の不法転売で罪を犯した企業に対し，当該業務に従事することを禁止する。(2)活動区域の制限である。すなわち，犯罪企業に対し，経営

19　馬松建，《论单位犯罪的立法完善》（『単位犯罪に関する立法の完成性について論じる』），『鄭州大学学報（哲学社会科学版），2001年第2期。

活動の行える区域を指定して定めることである。これは，地域間の格差を利用し，とりわけ政策面での格差を利用し犯罪行為をした企業があったからである。(3)業務上の取引相手の制限である。すなわち，企業に対し，ある人またはある種類の法人または自然人との間の取引を許可する，または許可しないという制限をする。これは，企業と企業，企業と自然人が互いの異なる状況または身分を利用し，結託して国家利益を損なうような企業犯罪が見られたからである。例えば，ある企業が，対外貿易を展開しているのを機に，密輸入，外貨の闇取引などの犯罪行為をした場合には，業務上の取引相手の制限を加えることである。(4)その他の特定業務活動の制限。上記の各条項に含まれていない事項で，制限を加えるべきだという法律判断が出されたものが，それに相当する。企業犯罪にかかるコストが増加し，企業犯罪によって得られる収益を減らすのである。これは，捜査機関に対し，より高い刑事事件の解決率の達成を求めることになる。そこで，犯罪企業を抑止する効果が高まると思われる。このほか，罰金刑の額を上げるべきである。犯罪行為で得られた収益に対し，一定の割合で罰金刑の額を算出する。このような方法で，犯罪企業の犯罪収益を下げることができる。

　さらに，被害者の権利に対する保障も強化すべきである。これは，主に賠償額および執行方法，被害者の訴訟参加問題，被害を蒙った企業への賠償額が損失分を十分に補填できること，刑事訴訟の過程で，被害者の訴訟参与権利を強めることに関わる。

第 2 章　中国企業の社会的責任と法令遵守

〈付録 1〉企業の社会的責任・コンプライアンス等に関するアンケート調査

　本調査は，中国における企業の社会的責任・コンプライアンスに対する認識およびその実態を調査し，その結果を，関係する法制度の整備に寄与させることを目的とします。
　本調査は，匿名のアンケート調査です。回答内容は，あなたやあなたが在職する企業への評価とは無関係なので，お考えや実際の状況について率直にお答えください。
　本調査には，お名前やご在職企業の社名等の情報に関する質問はありません。回答内容に含まれるその他の個人情報につきましては，第三者に漏れることのないように慎重に扱いますので，ご安心ください。
　ご協力のほど，宜しくお願いいたします。

〔調査実施〕中国社会科学院法学研究所法治国情調査研究室・アジア法研究センター
〔企画〕早稲田大学グローバル COE プログラム《企業法制と法創造》総合研究所
〔協力〕日本国内閣府経済社会総合研究所

2009 年 1 月

アンケートの記入方法
　ご注意　回答内容は，あなたやあなたが在籍する企業への評価とは無関係です。

> ➤ このアンケートは，多肢選択の質問と記述用の質問を併用しています。
> ➤ 多肢選択の質問の記入方法について
> 　　——本アンケートにおける多肢選択の質問は，すべて単一選択の質問です。提示される複数の回答から適切だと思われるものを 1 つ選び，④のように当該の回答の番号を○で囲んでください。
> 　　——表形式になっている質問には，多肢選択の質問が複数含まれています。そのすべてについて，実際の状況と一致する回答を 1 つ選び，①のように当該の回答の番号を○で囲み，回答してください。
> ➤ 記述用の質問の記入方法について　実際の状況に基づきご記入ください。
> ➤ アンケートにおける「その他」の記入方法について
> 　　実情について，「その他」に続く下線部または用意された空欄に詳細をお書きください。

第Ⅲ部　海外6か国の報告書

【アンケート調査の実施日：＿＿＿＿年＿＿＿＿月＿＿＿＿日】

【企業の所在地：＿＿＿＿省＿＿＿＿市＿＿＿＿県（区）】　□□□□

A1　あなたの性別：1　男性　2　女性　□

A2　あなたの年齢：満＿＿歳　□□

A3　担当職務　□
1　高級管理職　2　中堅管理職　3　一般社員（デスクワークと現場労働者を含む）

A4　最終学歴：　□
1　小卒　　　　　　2　中卒　　　　　　3　高卒（中等専門学校を含む）
4　高等専門学校卒　5　大学学部卒　　　6　大学院卒以上

A5　現在の企業での勤続年数：＿＿＿年　□□

B1　企業は社会的責任を負うべきだと思いますか　□
1　はい　　　　　2　いいえ　　　　　3　わからない

B2　下記の内容をお読みのうえ，質問Aと質問Bにお答えください。

通し番号	内容	質問A：以下の項目の内容が企業の社会的責任に含まれると思いますか			質問B：貴社では以下の項目の内容を社内規定または行動規範等として定めていますか		
		はい	いいえ	わからない	はい	いいえ	わからない
B2.1	児童労働の排除	1	2	3	1	2	3
B2.2	ハラスメント防止	1	2	3	1	2	3
B2.3	安全で働きやすい職場環境の提供	1	2	3	1	2	3
B2.4	自由・公正・透明な取引と競争	1	2	3	1	2	3
B2.5	雇用機会の平等	1	2	3	1	2	3
B2.6	品質が保証される製品の提供	1	2	3	1	2	3
B2.7	消費個人情報の保護	1	2	3	1	2	3
B2.8	知的所有権の保護	1	2	3	1	2	3
B2.9	公益事業	1	2	3	1	2	3
B2.10	環境保護を重要視する	1	2	3	1	2	3

第2章　中国企業の社会的責任と法令遵守

| B2.11 | その他（ありましたら右の欄にできるだけ詳しくお書きください） | |

B3　上記の企業の社会的責任に関する内容であるB2.1～B2.11のうち，貴社が最も重視している項目の番号は＿＿です。　□□□□

B4　上記の企業の社会的責任に関する内容であるB2.1～B2.11のうち，貴社が最初に社内規則として定めた内容は＿＿です。　□□□□

B5　貴社では，国内の取引先に対して社会的責任の照会を行ったことがありますか。　□
1．ある　　　　　2．ない　　　　　3．わからない

B6　貴社では，海外の取引先に対して社会的責任の照会を行ったことがありますか。　□
1．ある　　　　　2．ない　　　　　3．わからない

B7　貴社がこれまでに参加したまたは企画した，利益を市民社会に還元する活動について教えてください。

_____

_____

_____

C1　下記の内容をお読みのうえ，質問Aと質問Bにお答えください。

通し番号	内容	問題A：以下の行為は企業が行ってもよいものだと思いますか			問題B：貴社が定めた社内規定または行動規範は以下の行為を含めていますか		
		はい	いいえ	わからない	はい	いいえ	わからない
C1.1	欠陥品の生産および販売	1	2	3	1	2	3
C1.2	従業員への賃金払いの遅延	1	2	3	1	2	3
C1.3	従業員が社会保障制度に加入した際，企業側が負担すべき分の料金の滞納	1	2	3	1	2	3
C1.4	租税回避	1	2	3	1	2	3
C1.5	下請代金の支払い遅延	1	2	3	1	2	3

第Ⅲ部　海外6か国の報告書

C1.6	商品・役務内容等の虚偽表示	1	2	3	1	2	3
C1.7	コピー製品の製造	1	2	3	1	2	3
C1.8	類似商標，意匠または商号の使用	1	2	3	1	2	3
C1.9	価格カルテル	1	2	3	1	2	3
C1.10	不当廉売	1	2	3	1	2	3
C1.11	価格の勘違いを誘うために，情報の一部のみまたは嘘の情報を消費者に提示すること	1	2	3	1	2	3
C1.12	入札談合	1	2	3	1	2	3
C1.13	高額なリベートの支払い	1	2	3	1	2	3
C1.14	監督機関に報告すべきことを報告せず，または嘘の報告をすること	1	2	3	1	2	3

C2　貴社では，C1.1～C1.14の内容について設けた，社員行為または企業活動の法令違反を防止するための社内教育制度等はありますか。　□

1．ある　　　　　　　2．ない（C4へ）　　　3．わからない（C4へ）

C3　貴社では，C1.1～C1.14の内容と関連する社内教育制度を定めた最初の年は西暦＿＿＿＿年です。　□□□□

C4　貴社が違反防止システムの内容の周知・徹底を図るために取った方法について教えてください。

通し番号	取った方法	はい	いいえ	わからない
C4.1	研修	1	2	3
C4.2	社内セミナー	1	2	3
C4.3	社内トレーナー制度	1	2	3
C4.4	社内報，パンフレット	1	2	3
C4.5	イントラネットへの掲載，メール	1	2	3
C4.6	特段公示されていない	1	2	3
C4.7	その他（あれば詳細にお書きください）			

C5　貴社は，法令違反の社内防止システムの存在と内容について，投資家に対し

第2章　中国企業の社会的責任と法令遵守

周知を図っていますか。
1．図っている　　　　2．図ってない（C7へ）　3．わからない（C7へ）

C6　貴社が社内の法令違反防止システムの存在を投資家に周知してもらう方法は

C7　貴社の法令違反の防止システムでは，システム自体が有効に機能しているのを検証するために社外の第三者（弁護士等）が参与する評価制度はありますか。

1．ある　　　　　　　2．ない　　　　　　　3．わからない

C8　貴社の法令違反の防止システムでは，社員から，法令違反の可能性があるケースについて通報があった際に，それを処理するための制度や専門機構はありますか。

1．ある　　　　　　　2．ない　　　　　　　3．わからない

D1　2005年以降，貴社は他社の法令違反等によって損害を被ったことがありますか。

1．ある　　　　　　　2．ない（E1へ）　　　3．わからない（E1へ）

D2　貴社に損害を被らせた原因について教えてください。

通し番号	損害を被らせた原因	はい	いいえ	わからない
D2.1	価格カルテル	1	2	3
D2.2	入札談合	1	2	3
D2.3	不当廉売	1	2	3
D2.4	再販売価格の拘束	1	2	3
D2.5	下請代金の支払い遅延	1	2	3
D2.6	商品・役務内容等の虚偽表示	1	2	3
D2.7	特許侵害	1	2	3
D2.8	類似商標，意匠または商号の使用	1	2	3
D2.9	欠陥品の製造または販売	1	2	3
D2.10	贈収賄	1	2	3
D2.11	監督機関に報告すべきことを報告せず，または嘘の報告をすること	1	2	3

D2.12	その他（あれば詳しくお書きください）

D3 被害を受けた側として，現行民事法に規定される加害者への責任追及に満足していますか。　□
1．はい（D5へ）　　2．いいえ　　　　3．わからない（D5へ）

D4 被害を受けた側として，現行民事法に規定される加害者への責任追及に満足していない理由は

通し番号	満足していない理由	はい	いいえ	わからない
D4.1	過程が複雑	1	2	3
D4.2	証拠提出が困難	1	2	3
D4.3	責任追及が不公平	1	2	3
D4.4	費用などのコストが高すぎる	1	2	3
D4.5	処理にかかる時間が長すぎる	1	2	3
D4.6	賠償の範囲や基準が合理的でない	1	2	3
D4.7	その他（あれば詳しくお書きください）			

D5 被害を受けた側として，行政処分，行政による調停等の法制度に満足していますか。　□
1．はい（D7へ）　　2．いいえ　　　　3．わからない（D7へ）

D6 被害を受けた側として，行政処分，行政による調停などの法制度に満足していない理由は

通し番号	満足していない理由	はい	いいえ	わからない
D6.1	案件の受理，立案の条件が厳しすぎる	1	2	3
D6.2	証拠提出が困難	1	2	3
D6.3	処分が不公平	1	2	3
D6.4	処分が軽すぎる	1	2	3
D6.5	処分の過程が複雑すぎる	1	2	3
D6.6	行政機関に与える自由裁量権が	1	2	3

	大きすぎる			
D6.7	その他（あれば詳しくお書きください）			

D7　損害を被った側として，現行刑事法に規定の損害賠償や加害者の他社への制裁に満足していますか。　□
1．はい（E1へ）　　　2．いいえ　　　　3．わからない（E1へ）

D8　被害を被った側として，現行刑事法に満足していない理由は

通し番号	満足していない理由	はい	いいえ	わからない
D8.1	被害者への救済システムの欠如	1	2	3
D8.2	罰金刑の基準が低すぎる	1	2	3
D8.3	処罰が不公平	1	2	3
D8.4	加害者への処罰が軽すぎる	1	2	3
D8.5	加害者が処罰されるまでの過程が複雑すぎる	1	2	3
D8.6	資格刑に関する規定の欠如	1	2	3
D8.7	被害者の参与システムの不完備	1	2	3
D8.8	直接の責任者への処罰が軽すぎる	1	2	3
D8.9	その他（詳しくお書きください）			

E1　貴社では，法令違反により法的な処分（行政処分ないしは刑事刑罰）を受けることになった場合，当該事実を自主的に公表する制度がありますか。　□
1．ある　　　　　　　2．ない　　　　　　3．わからない

E2　2005年以降，貴社が行政処分を受けたことはありますか。　□
1．ある　　　　　　　2．ない（E4，E5を答えないでください）
3．わからない（E4，E5を答えないで下さい）

E3　2005年以降，貴社が刑事処罰を受けたことがありますか。　□
1．ある　　　　　　　2．なし（E4，E5を答えないでください）
3．わからない（E4，E5を答えないでください）

E4　2005年以降，貴社は受けた行政処分または刑事処罰を自主的に公表したこと

がありますか。

1．ある　　　　　　　2．ない　　　　　　3．わからない

E5　貴社がこれまでに行政処分または刑事処罰を受けたあと，社会的信頼を回復するために行った活動について教えてください。

通し番号	行う活動	はい	いいえ	わからない
E5.1	コンプライアンス・プログラムの新たな策定	1	2	3
E5.2	既存のンプライアンス・プログラムの周知の強化	1	2	3
E5.3	社内通報制度の整備	1	2	3
E5.4	ボランティア活動等の市民社会への貢献	1	2	3
E5.5	その他（あれば詳しくお書きください）			

F1　企業が法令遵守に配慮し，企業活動に伴う法令違反を防止する効果的な社内制度を整備していたり，捜査に協力した場合には，万が一，社員ないしは企業自身が法令に違反する活動をしても，当該企業への行政処分を軽減または免除してもよいと思われますか。

1．はい　　　　　　　2．いいえ　　　　　　3．わからない

F2　企業が法令遵守に配慮し，企業活動に伴う法令違反を防止する効果的な社内制度を整備していたり，捜査に協力した場合には，万が一，社員ないしは企業自身が法令に違反する活動をしても，刑事訴追自体を控えるべきだと思われますか。

1．はい　　　　　　　2．いいえ　　　　　　3．わからない

F3　企業が法令遵守に配慮し，企業活動に伴う法令違反を防止する効果的な社内制度を整備していたり，捜査に協力した場合には，万が一，社員ないしは企業自身が法令に違反する活動をしたときには，企業を刑事訴追し，有罪認定をしたうえで，刑事処罰の軽減または免除をしたほうが良いと思われますか。

1．はい　　　　　　　2．いいえ　　　　　　3．わからない

F4　企業活動に伴う法令違反を防止する効果的な社内制度は，各業界において，共同制定されるべきだと思われますか。

1．はい　　　　　　　2．いいえ　　　　　　3．わからない

第2章　中国企業の社会的責任と法令遵守

F5　企業活動に伴う法令違反を防止する効果的な社内制度は，政府の主導の下で，一定の基準・ガイドラインが提示されるべきだと思われますか。　□
1．はい　　　　　　2．いいえ　　　　　　3．わからない

F6　法令違反した企業に対し，相応する行政処分や刑事制裁を加えるほかに，以下の制裁をも併せて加えるべきだと思われますか。

通し番号	制裁の内容	はい	いいえ	わからない
F6.1	企業名を公表する	1	2	3
F6.2	企業を監視・監督下に置く	1	2	3
F6.3	企業の資質を降格する	1	2	3
F6.4	関係資格を制限する	1	2	3
F6.5	営業を一時的停止し，是正させる	1	2	3
F6.6	その他（あれば詳しくお書きください）			

＊＊＊＊＊＊＊＊＊＊＊＊＊＊＊＊＊＊＊＊＊＊＊＊＊＊＊＊＊＊＊

　下記のGの質問については，調査員が企業の責任者へのインタビューに基づき，当該企業に配布する各質問票に一括して回答をあらかじめ記入いたします。各調査グループは，メンバーを指定して企業の責任者へのインタビューおよびGの回答の記入を担当させるものです。多数のグループが1社の企業で調査を行う場合には，あるグループのメンバーをインタビューと回答記入の責任者として指定するものです。調査および記入の結果については，グループの責任者が確認のうえで，署名するものです。

　同一企業より回収される質問票におけるGの質問は，回答内容のすべてが一致しているはずです。万が一，Gの問題の回答において，質問表によって違いが見られた場合には，当該企業より回収される質問票のすべてが無効とされることがあります。

調査グループの担当調査員（署名）：＿＿＿＿＿＿

G1　企業の設立年度：＿＿＿年＿＿＿月　　　　　　　　　　□□□□
G2　企業の資本金：＿＿＿＿＿＿人民元　　　　　　　　□□□□□□
G3　企業の性質：　　　　　　　　　　　　　　　　　　　　　　□
1　国有企業　　　2　集体企業　　　3　民営企業　　　4　外資系企業

第Ⅲ部　海外6か国の報告書

G4　企業形態：　　　　　　　　　　　　　　　　　　□
1　株式会社　　　2　パートナー・エンタープライズ　　　3　個人出資企業

G5　企業が上場会社であるか：1　はい　　2　いいえ　　□

G6　従業員の数：_____人　　　　　　　　□□□□

G7　企業の主な業務：　　　　　　　　□

〈付録2〉「企業の社会的責任・コンプライアンス調査」の調査員用マニュアル

一．調査対象について
1. 本調査では，従業員数が100名以上（100名を含む）の企業を調査対象とします。中国本土において駐在事務所を設置する外資系企業については，本調査から外します。
2. 各企業では16名の従業員（一般職，中堅管理職，そして高級管理職に就く従業員によって構成される）に調査の協力をしてもらいます。調査に協力する一般職の従業員の人数については，基本的に3名を超えないものとします。なお，一般職の従業員が，調査に協力する従業員全体16名に占める割合については，他と比べて最も低いものでなければなりません。しかし，調査に参加する中堅管理職および高級管理職につく従業員の人数配分については指定しません。

二．調査票記入時の注意事項について
1. 本調査では，回答者からの回答について正誤を問うつもりはありません。しかし，回答には，調査に協力する従業員の実際の状況や考えがそのとおりに反映されていなければなりません。
2. 調査票の記載内容については，調査員が読み上げて，従業員に伝えるのが基本です。ただし，調査表の内容について自分の目で確認したいという要望が従業員から出た場合には，従業員に調査票を渡し，直接に読んでもらってもかまいません。しかし，調査表の記入は，必ず調査員が行わなければなりません。
3. 調査員が，調査票を，調査に協力する従業員の所属企業に渡して記入してもらおうとしてはなりません。また，調査票の記入を，調査に協力する従業員にしてもらおうとしてもなりません。
4. 調査実施中，調査表に記載される質問や回答用の選択肢の内容について，従業員の理解が十分でない場合には，実例を含めて，必要とされる解釈や説明を調査者が提供してもかまいません。ただし，説明時，調査者は中立性を保ち，偏りのある態度を取ってはなりません。また，従業員を誘導・干渉し，従業員の判断の独立性まで影響を及ぼすような調査員の説明があってはなりません。
5. 選択用の質問の回答方法については，提示される複数の回答より適切だと思われるものを選び，①のように回答の番号を○で囲んでください。記述用の質問については，下線部または用意された空欄に実際の状況や数を書き込むようにしてください。
6. 選択用の質問の回答変更について，調査に協力する従業員本人から変更要望が出た場合には，調査員がまず二重線または修正液を使い，これまでの回答を消してください。その後，回答として新たに指定された選択肢の番号を○で囲み，

選択用の質問の変更を行ってください。変更があったため、回答がはっきりせず、読み取りにくくなった場合には、当該の回答は無効とされます。
7. 本調査表では、調査対象の実態に該当しない質問については、回答せず、次の設問に進むようにその都度回答方法に関する指示を出してください。この類の質問を扱う際には、調査対象の実態に該当しない質問のほかに、次に進むべき質問に対しても、調査員が十分な注意を払わなくてはなりません。そうでなければ、調査対象に回答してもらわなければならない質問を漏らしたり、調査対象の実態に該当しない質問をしたりするような誤りを招いてしまう場合があります。
8. すべての質問の終りに数値を入れるための枠が設けられています。それは、データの入力作業用に設けられるもので、調査段階では、その枠への記入はしないようにしてください。
9. 各調査表における「調査の実施日」と「企業の所在地」の記入は、必ず行うようにしてください。
10. 本調査表におけるオープンクエスチョンのA5、B3、B4、B7、そしてC6において、調査に協力する従業員が答えたくない質問が見られた場合には、「わからないから答えたくない」なのかそれとも「答えたくないから答えない」なのかについて、従業員に確認したうえで調査票に明記するようにしてください。
11. 選択用の質問について、インタビューされる従業員からの回答が本調査の提供する選択肢のリストに含まれていない場合には、「その他（　）」という選択肢を選び、回答を括弧（　）内に書き入れてください。選択肢のリストに「その他（　）」という選択肢が設けられていない場合には、最後の選択肢のあとの余白を利用し、従業員からの回答を記述するようにしてください。従業員からの回答をどの選択肢として処理してよいかについて、判断がつきにくい場合には、当該設問の余白部分を利用し、従業員の回答をそのとおりに書き記してください。

三．設問解説
1. 本調査では、B2、C1、D2、D6、そしてD8の下位の質問に見られる質問形式が数回みられます。その形式に関する説明は、基本的に初回時に行ないます。2回目以降に現れたものに関しては、初回の説明に参照するようにしてください。
2. 設問A3における「あなたが担当する職務」では、選択肢の「高級管理職」とは、各部門の責任者より上の職務のことを言います。会社の株主、企業所有権の取得者、取締役会長、社長などのほかに、管理職務を兼ねる技術職務を含みます。「中堅管理職」とは、各部門の責任者およびその副職のことを言います。

第 2 章　中国企業の社会的責任と法令遵守

人事責任者，セールス責任者，そして技術総監督者がそれに含まれます。「一般社員」とは，職務のない一般の従業員のことを言います。秘書，各部門のスタッフ（人事部門や仕入れ部門の一般の従業員），工場に勤める一般の作業士，運転手，清掃スタッフなどがそれに含まれます。

3．設問Ａ４の「あなたの最高学歴」では，中等専門学校，中等職業高校，そして職業高等学校の卒業は，すべて「高卒」として扱います。学位を複数取得された場合には，高いほうを選び回答してください。

4．設問Ａ５の「現在の企業での勤続時間」は，現在の企業での勤務年数の累計をさします。他の企業での勤務年数は，これに加算されません。一度やめたあとに現在の勤務企業に戻ってきた従業員の場合には，やめるまでの勤続時間と復職後の勤続時間の合計がそれになります。

5．Ｂ2.7における「消費者の個人情報の保護を重視する」とは，企業が製品を生産販売する過程において，収集・処理した消費者の個人情報を乱用しないことです。個人情報の収集は，消費者の同意を得てから行うこと，本来の目的を超えない範囲内で個人情報を利用すること（アフター・サービスのために収集した消費者の連絡方法をセールスに流用することが乱用に当たる），無断で消費者の個人情報を他の企業に提供しないこと，個人情報の漏洩防止管理をきちんとすることが，消費者の個人情報の保護の重要な点です。

6．質問のＢ2.11において，従業員からの補足内容が複数あった場合には，そのすべてを従業員の口述のとおり記録してください。

7．Ｂ３とＢ４は単一選択用の質問であり，選ばれる回答は１項目のみです。Ｂ３とＢ４の回答として，Ｂ2.11が選ばれ場合には，調査員がまずＢ2.11の中身について確認しなければなりません。Ｂ2.11に含まれる内容が１項目のみの場合には，質問Ｂ３とＢ４の回答欄に回答の通し番号Ｂ2.11と記入してください。しかし，Ｂ2.11において，複数の内容が含まれる場合には，まず従業員に複数の内容から１項目を回答として指定しもらってください。そして質問Ｂ３とＢ４の回答欄に，通し番号Ｂ2.11でなく，従業員の指定した内容を表現１つ変えずに記入してください。

8．設問のＢ５とＢ６における表現の「国内の取引先」とは，中国本土で登記済の企業であり，中国の国内の外資投資企業（例えば，トヨタ（中国）自動車公司）を含みます。しかし，海外で登記済の中国企業（例えば，アメリカに登録しているハイアール（Haier））は，それに含まれません。

9．Ｂ５とＢ６における「国外の取引先」とは，中国本土以外の地域で登記済の企業のことです。海外で登記済の中国企業，そして中国の香港，マカオ，台湾で登記済の企業がそれに含まれますが，中国国内で登記済の外資投資企業は，それに含まれません。

10．Ｂ７における「得られた利益を市民社会に還元する活動」とは，地域社会の発

展を推進するためにこれまでに企業が払ってきた努力のことを言います。例えば，苦学生を助成するための寄付，助けを必要とする人への現金や物の寄付，助けを必要とする人への無料サービスの提供（身体障害者に提供する修理の無料サービスなど），被災者を救済する活動への参加，環境保護活動への参加，などがそれです。

11. C1.3における「従業員が社会保障制度に加入した際，企業側が負担すべき分の料金を滞納したり，またはその分の支払いを従業員に押しつける行為」とは，関連規定に従わず，企業が負担すべき分の支払いを期限までに支払わないで，または企業が負担すべき分の支払いを従業員に押しつける行為のことを言います。関連規定によると，従業員が社会保障制度に加入した際には，加入費用の全部または一部を企業側が負担すべきことになります。

12. C1.5の「代金の支払い遅延」とは，約束された代金の支払い期日までに，商品の提供する側に商品の代金を支払わない行為や，下請けに代金を支払わない行為のことを言います。いわゆる商品代金や下請け代金の遅延のことです。

13. C1.6「商品・役務内容等をありのままに説明すること」とは，商品の割引方法，商品の種類，商品の成分，商品の有害性について詳細に説明しないことや，サービス内容の詳細についてありのままに説明しないことを言います。

14. C1.8「類似商標，意匠または商号の使用」とは，消費者を惑わすために，他者の取得済の商標，商号または意匠を模倣して使用する行為のことを言います。例えば，「親親」というお粥の商標を模倣し，「新新」という類似商標を使用したり，「全聚徳」に類似した「金聚徳」を商標として利用することが，それに当たります。

15. C1.9「価格カルテルの結び」とは，同一業種の企業が商品の最高価格，最低価格または価格を下げないことについて協定を結ぶことを言います。例えば，ミルクの生産販売企業がミルクの最低販売価格について協定を結ぶ行為がそれに当たります。

16. C1.10「不当廉売」とは，商品またはサービスをコストよりはるかに低い価格で提供することを言います。

17. C1.11「価格に対する勘違いを誘うために，情報の一部または嘘の情報を消費者に提示する行為」とは，「シャンプー液を1本買うと歯ブラシを1本差し上げる」という内容を「1つ買うともう1つもらえる」として表現し，それを読んだ相手に「シャンプー液を1本買うともう1本もらえる」という誤解を与えるような行為がその例です。

18. C1.12「入札談合」とは，例えば，入札する中，入札を競うある業者が入札を募る企業と結託して，その他の入札競争者を排除する手口のことを言います。または，競争するはずの競争者同士が結託して，入札価格についてあらかじめに協定することを言います。それによって，企業同士の競争性をなくすような

第2章　中国企業の社会的責任と法令遵守

手口のことです。
19. C1.13「高額のリベートの支払い」とは，営業販売中に，企業またはスタッフがその他企業または個人から受け取る割戻し，見返りのこと，または，企業またはスタッフがその他企業または個人に割戻し，見返りを与えることを言います。
20. C1.14「監督機関に報告すべきことを報告せず，または嘘の報告をすること」とは，企業は生産および経営する過程に起きた問題について，監督管理機関に報告するよう求められているが，企業は故意にそれを怠り，監督管理機構を騙すことを言います。例えば，医薬品に副作用が見られた場合，それを監督管理機構に如実に報告しないことや，生産ラインには環境を破壊するリスクがあるにもかかわらず，それを環境保護部門に告知しないことです。
21. C5，C6「投資人」とは，大口株主と小口株主のことを言います。
22. D1「損害」とは，物的，経済的な損害のほかに，企業の名誉が毀損されたことで受けた損害も含みます。
23. D3「加害者」とは，違法行為を行い，調査協力者の在籍する企業に損害を与えた企業のことを言います。
24. D4「民事責任」とは，借金で，相手の権益に損害をもたらした（例えば，相手の人身に死傷をもたらし，物品の損傷などをもたらすなど）ため，平等な関係にある個人同士，企業同士，または個人と企業との間で，相手に損害を賠償して，原状回復を果たし，謝罪などして謝ることを言います。
25. D5「行政処罰」とは，国家の法律規定に個人や企業が反し，それに対し，政府が罰金，留置，営業許可書の取上げなどの懲罰という措置を加えることを言います。懲罰を加えることができるのは，政府機関（行政機関）であり，裁判所ではありません。
26. D6.4「処罰が軽すぎる」とは，現行の法律規定では，違反者に対して科せられる処罰などの制裁が軽すぎることを言います。例えば，罰金の額が低すぎるため，企業にとって処罰の効果がほとんどないということです。つまり，違法行為で払わされる代価は，違法行為で獲得した利益よりはるかに軽いからです。
27. D6.6「行政機関に与える自由裁量権が大きすぎる」とは，法律が行政機関に与える裁量，すなわち自由決定権の幅が大きすぎることを言います。例えば，「1万元から100万元」の間で行政機関が処罰する金額を実際に決められることです。
28. D8.1「被害者への救済システムの欠如」とは，被害者が加害者による犯罪行為のため，生命，人身，財産などが損害を受ける結果になったが，刑事の裁判ののち，加害者に弁償する能力がないため，被害者の権益の救済が得られない結果を招くことを言います。
29. D8.4は，D6.4と同じです。

30. D8.6「資格刑」とは，刑罰の中で，企業または個人がある経営活動に従事する資格をはく奪または制限される刑罰のことを言います。例えば，違法行為を犯した企業に対し，一定期間内または永久にある業務に従事することを禁止します。また，一定期間内または永久に，ある職業，例えば，証券会社の高級管理職，弁護士，会計士など従事することを禁止します。
31. D8.7「被害者の参与システムの不完備」とは，犯罪容疑者に対して行う刑事裁判の過程において，被害者が裁判に関与するシステムの欠如のこと，または裁判に関わるデータのすべてが得られないことを主に言い，それを受けて，被害者が自身の合法権益を守れないことを言います。
32. F6.3「企業の資質を降格する」とは，資質が1級だった企業が2級に降格されることを言います。
33. F6.4「関係資格を制限する」とは，ある企業が違法行為を行ったあと，入札できる業務内容で制限が加えられることを言います。
34. G4「企業の形態」の記入について，ここでは，企業の営業許可証に記載されている関連情報を正確なものとします。調査員は，必ず企業の営業許可証のオリジナルまたはコピーで当該情報の確認を取るようにしてください。

「公司」は，有限責任公司，股份有限公司，一人有限公司を含みます。営業許可証名称は，「企業法人営業執照」ですが，「企業類型」の欄では，「有限責任公司」，「股份有限公司」，「自然人独資」，または「法人独資」と明記されるはずです。

「合伙企業（パートナー・エンタープライズ）」について，営業許可証名称は，「合伙企業（パートナー・エンタープライズ）営業執照」ですが，「企業類型」の欄では，「普通合伙」，「特殊普通合伙」または「有限合伙」と明記されるはずです。

「個人独資企業」について，その営業許可証名称は「個人独資営業執照」です。

四．調査実施中の注意事項について

1. 本調査では，記入方法を参照しなかったため，結果的に記入方法に誤りが見られた回答に対し，すべて無効とします。誤りと見られる回答の中には，○を使わず指定外の印で回答を指し示したもの，回答の記入は水性か油性ペンでという規定に従わずペンシルを使用したもの，使用する水性か油性ペンの色は紺色または黒色という規定に従わず赤色を使用したもの，所定のスペースでなく，データの入力用に設けられている枠のスペースに回答を書き込んだものなどが挙げられます。
2. 調査対象に該当しない質問に対し回答してしまった場合には，その質問と関連のある設問の回答が無効とされます。
3. 質問に対する回答の内容において，矛盾が見られる場合には，当該の回答が無

効とされます。同一の質問に対し，相反する回答の双方，すなわち「はい」と「いいえ」が選択された回答がその例です。回答の変更で回答がはっきりと読み取れなくなった場合には，当該質問の回答が無効とされます。
4. 無効の出現頻度が極端に高い場合には，状況に応じて調査表の有効性について判断を下します。
5. Gの質問は，企業情報に関するものです。同一の企業調査で使用したすべての調査表では，Gの回答が一致するはずです。そうでなければ，当該企業から回収される調査表のすべてが無効とされます。Gの部分の記入は，調査員が一括して記入するようにしてください。
6. 調査後に実施する，調査表の有効性に対する評価を行うために，ある企業での調査が終了したあと，記入済のすべての調査表を1つの資料袋に入れ，封を閉じるようにしてください。
7. 調査表を収納する資料袋には，調査した企業の名称を全称で書き記さなければなりません。
8. グループ調査の全過程，および調査表の有効性の責任については，各調査グループの責任者が負います 。

第Ⅲ部　海外6か国の報告書

〈付録3〉「企業の社会的責任・コンプライアンス調査」質問票集計データ

注：ここでは，質問票の質問ごとに集計データを示す。示される集計データが質問票のどの質問に該当するかがわかるように，各図表の表題の終わりには，該当する設問の番号を括弧にくくって示す。

図1：中国の各調査地域で回収された質問票の数
- 北京, 832
- 上海, 894
- 四川, 698
- 広州, 800
- 天津, 474
- 煙台, 102

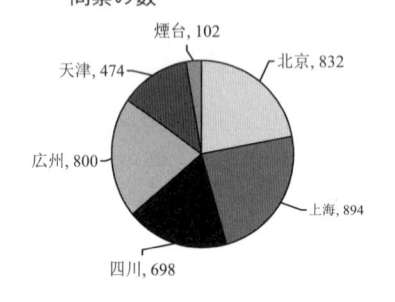

図2：調査協力者の性別について（A1）
- 男性 57.39%
- 女性 41.55%
- 回答拒否 1.05%

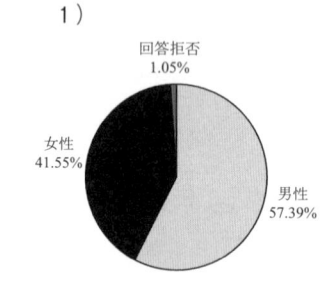

図3：調査協力者の年齢分布（A2）
- 0-22歳, 132
- 23-30歳, 1830
- 31-45歳, 1539
- 46-60歳, 279
- 回答拒否, 20

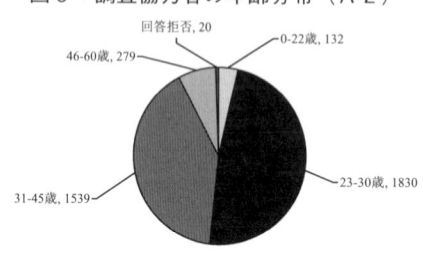

図4：調査協力者の担当職務（A3）
- 高級管理職 7.16%
- 中堅管理職 49.08%
- 一般社員 43.50%
- 回答拒否 0.26%

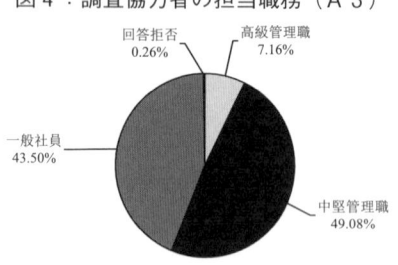

第 2 章　中国企業の社会的責任と法令遵守

図 5：調査協力者の最終学歴（A 4）
- 小卒 0.21%
- 中卒 1.92%
- 高卒（中等専門学校を含む）10.87%
- 高等専門学校卒 25.82%
- 大学学部卒 48.92%
- 大学院卒以上 11.92%
- 回答拒否 0.34%

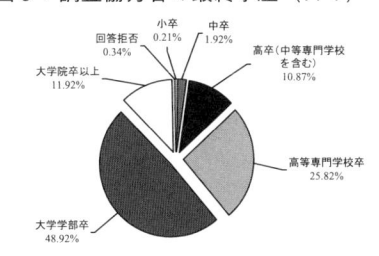

図 6：調査協力者の勤務中の企業での勤続年数（A 5）
- 5年以下, 2720
- 6-10年, 701
- 11-20年, 247
- 21-30年, 101
- 31年以上, 23
- 回答拒否, 8

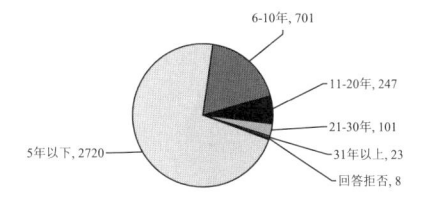

□5年以下　■6〜10年　■11〜20年　■21〜30年　■31年以上　■回答拒否

□小卒　■中卒
■高卒（中等専門学校を含む）　□高等専門学校卒
■大学学部卒　□大学院卒以上
■回答拒否

図 7：協力企業の設立年度（G 1）
- 1980年より前 5.8%
- 1980〜1990年 8.0%
- 1991〜2000年 37.1%
- 2001〜2005年 24.8%
- 2006年以降 7.4%
- 回答拒否 16.9%

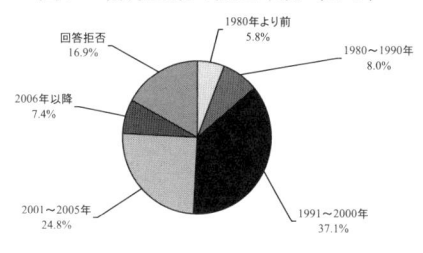

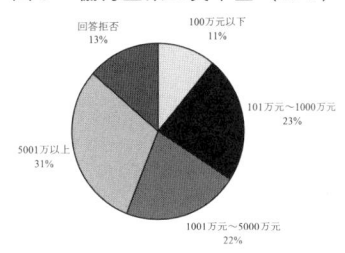

図 8：協力企業の資本金（G 2）
- 100万元以下 11%
- 101万元〜1000万元 23%
- 1001万元〜5000万元 22%
- 5001万以上 31%
- 回答拒否 13%

図 9：協力企業の所有権（G 3）
- 国有企業 23.0%
- 集体企業 1.5%
- 民営企業 41.4%
- 外資系企業 17.5%
- 回答拒否 16.6%

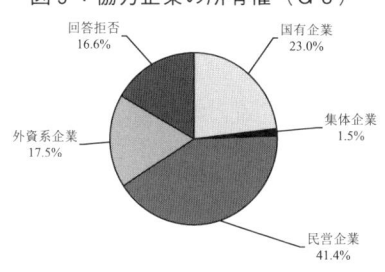

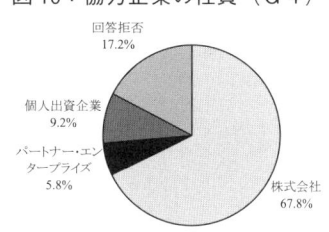

図 10：協力企業の性質（G 4）
- 個人出資企業 9.2%
- パートナー・エンタープライズ 5.8%
- 株式会社 67.8%
- 回答拒否 17.2%

第Ⅲ部　海外6か国の報告書

図11：協力企業の上場状況（G5）

- 上場企業 9.5%
- 非上場企業 72.7%
- 回答拒否 17.8%

図12：協力企業の従業員数（G6）

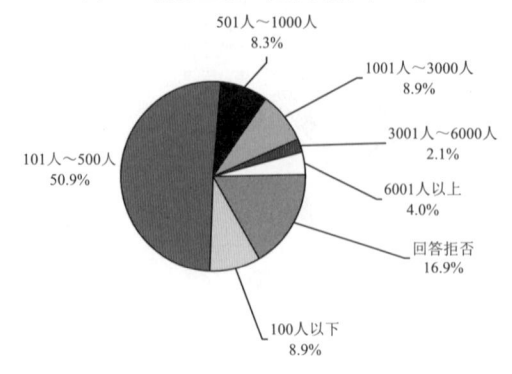

- 100人以下 8.9%
- 101人～500人 50.9%
- 501人～1000人 8.3%
- 1001人～3000人 8.9%
- 3001人～6000人 2.1%
- 6001人以上 4.0%
- 回答拒否 16.9%

図13：協力企業が主に扱う経営内容に関する調査結果（G7）

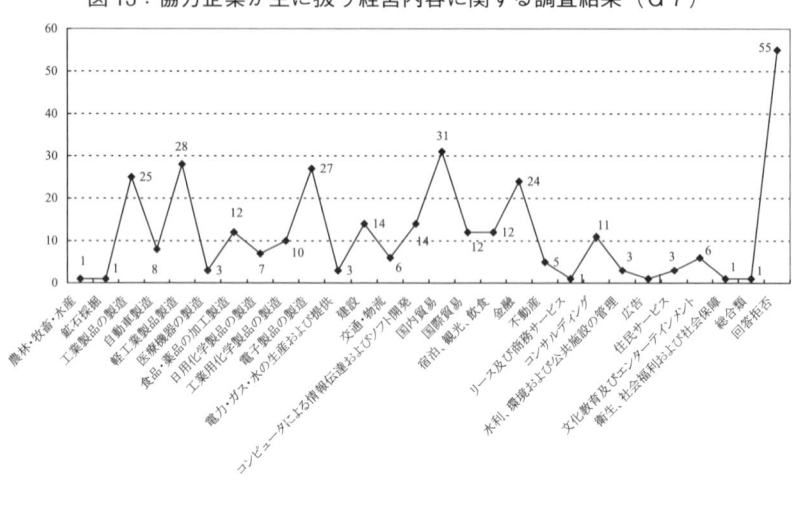

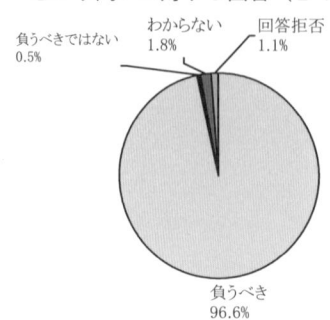

項目	値
農林・牧畜・水産	1
新・石採掘	1
工業製品の製造	25
自動車製品製造	8
軽工業品製造	28
医療機器の製造	3
食品・薬品の加工製造	12
日用化学製品の製造	7
電子製品の製造	10
工業用化学製品の製造	27
電力・ガス・水の生産および提供	3
コンピュータによる情報伝達およびソフト開発	14
建設	6
交通・物流	14
国内貿易	31
国際貿易	4
宿泊、観光、飲食	4
金融	12
不動産	24
リース及び商務サービス	5
コンサルティング	1
水利、環境および公共施設の管理	11
広告	3
住民サービス	3
文化教育及びエンターテインメント	6
衛生、社会福祉および社会保障	1
総合類	1
回答拒否	55

図14：企業が社会的責任を負うべきか否かという問いに対する回答（B1）

- 負うべき 96.6%
- 負うべきではない 0.5%
- わからない 1.8%
- 回答拒否 1.1%

第 2 章　中国企業の社会的責任と法令遵守

図15：提示内容が企業の社会的責任にそれぞれ含まれるか否かという問いに対する回答（Ｂ２Ａ）

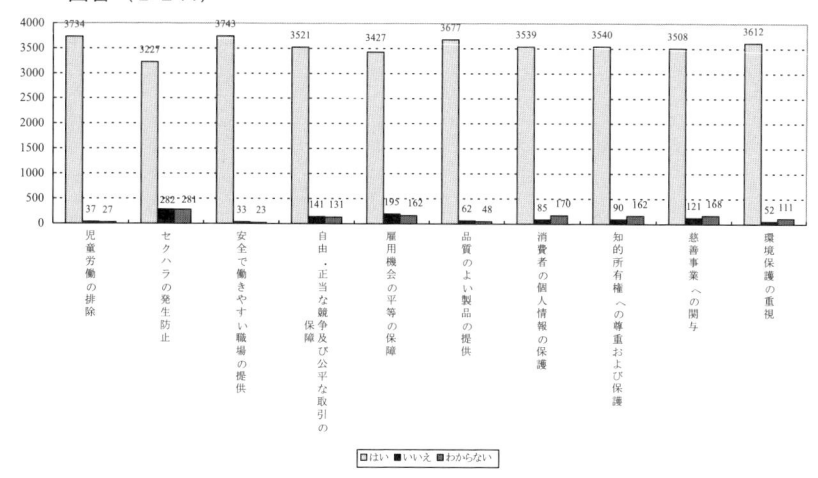

項目	はい	いいえ	わからない
児童労働の排除	3734	37	27
セクハラの発生防止	3227	282	281
安全で働きやすい職場の提供	3743	33	23
自由・正当な競争及び公平な取引の保障	3521	141	131
雇用機会の平等の保障	3427	195	162
品質のよい製品の提供	3677	62	48
消費者の個人情報の保護	3539	85	70
知的所有権への尊重および保護	3540	90	162
慈善事業への関与	3508	121	168
環境保護の重視	3612	52	111

図16：提示内容が社会的責任・コンプライアンスに関する貴社内部規定に含まれるかに対する回答（Ｂ２Ｂ）

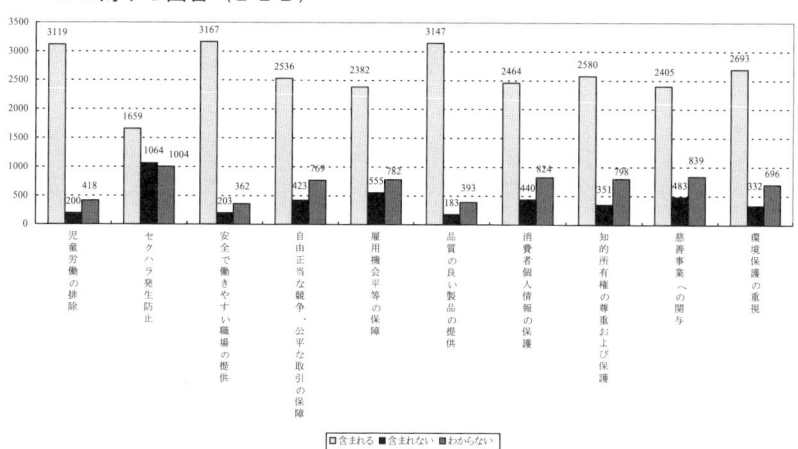

項目	含まれる	含まれない	わからない
児童労働の排除	3119	200	418
セクハラ発生防止	1659	1064	1004
安全で働きやすい職場の提供	3167	203	362
自由正当な競争・公平な取引の保障	2536	423	769
雇用機会平等の保障	2382	555	782
品質の良い製品の提供	3147	183	393
消費者個人情報の保護	2464	440	824
知的所有権の尊重および保護	2580	351	798
慈善事業への関与	2405	483	839
環境保護の重視	2693	332	696

第Ⅲ部　海外6か国の報告書

図17：在籍する企業が最も重視する社会的責任・コンプライアンスを尋ねる問いに対する協力者の回答（B3）

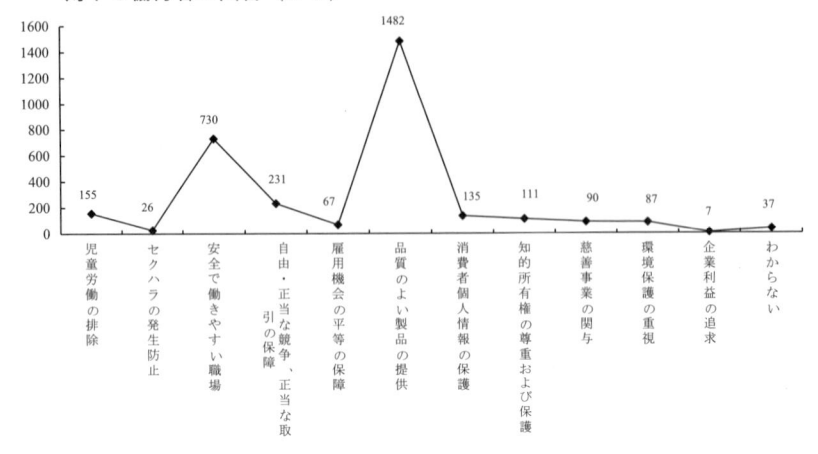

項目	人数
児童労働の排除	155
セクハラの発生防止	26
安全で働きやすい職場	730
自由・正当な競争、正当な取引の保障	231
雇用機会の平等の保障	67
品質のよい製品の提供	1482
消費者個人情報の保護	135
知的所有権の尊重および保護	111
慈善事業の関与	90
環境保護の重視	87
企業利益の追求	7
わからない	37

図18：社内規則として最初に定められた社会的責任・コンプライアンスの内容の調査結果（B4）

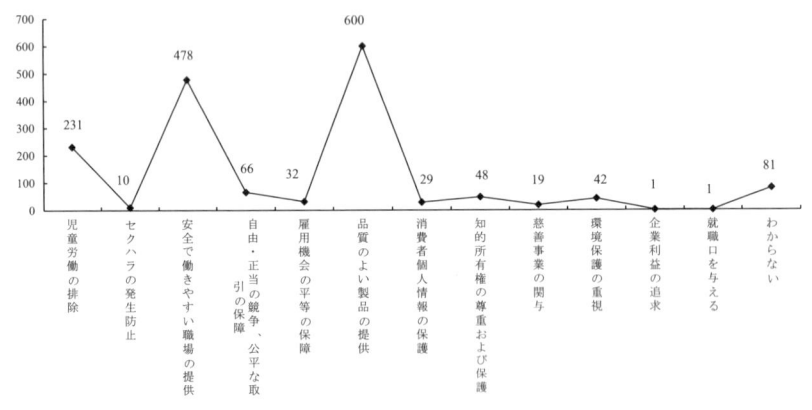

項目	人数
児童労働の排除	231
セクハラの発生防止	10
安全で働きやすい職場の提供	478
自由・正当な競争、公平な取引の保障	66
雇用機会の平等の保障	32
品質のよい製品の提供	600
消費者個人情報の保護	29
知的所有権の尊重および保護	48
慈善事業の関与	19
環境保護の重視	42
企業利益の追求	1
就職口を与える	1
わからない	81

第 2 章　中国企業の社会的責任と法令遵守

図 19：調査協力者の在籍企業が国内の取引先またはパートナーの社会的責任・コンプライアンスの履行状況について照会した経験があるか否かに対する回答（B 5）

- 回答拒否 0.47%
- ある 36.53%
- ない 16.05%
- わからない 46.95%

図 20：調査協力者の在籍企業が国外の取引先またはパートナーの社会的責任・コンプライアンスの履行状況について照会した経験があるか否かに対する回答（B 6）

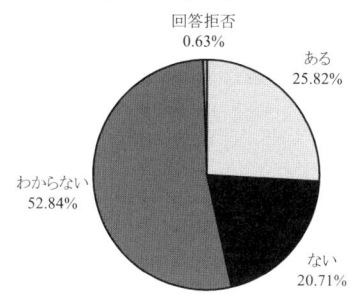

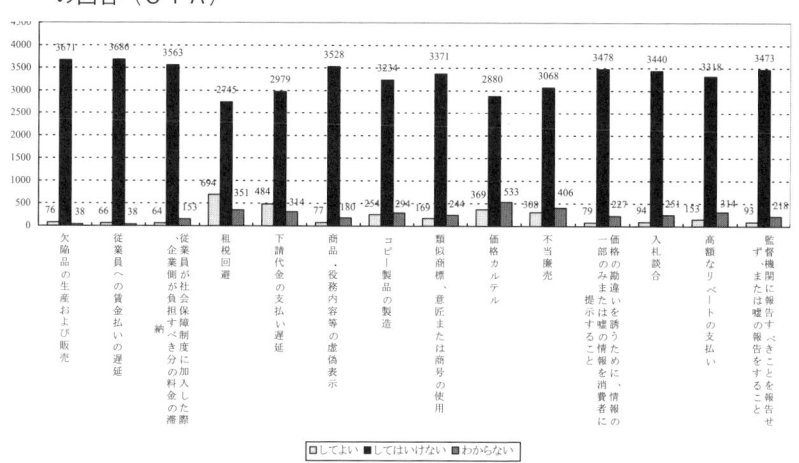

- 回答拒否 0.63%
- ある 25.82%
- ない 20.71%
- わからない 52.84%

図 21：企業として提示された行為内容をしてよいかという問いに対する調査協力者の回答（C 1 A）

行為内容	してよい	してはいけない	わからない
欠陥品の生産および販売	76	3671	38
従業員への賃金払いの遅延	66	3686	38
従業員が社会保障制度に加入した際、企業側が負担すべき分の料金の滞納	64	3563	153
租税回避	694	2745	351
下請代金の支払い遅延	484	2979	344
商品・役務内容等の虚偽表示	77	3528	180
コピー製品の製造	254	3234	294
類似商標、意匠または商号の使用	169	3371	244
価格カルテル	533	2880	368
不当廉売	406	3068	79
価格の勘違いを誘うために、情報の一部のみまたは嘘の情報を消費者に提示すること	227	3478	94
入札談合	254	3440	155
高額なリベートの支払い	314	3318	93
監督機関に報告すべきことを報告せず、または嘘の報告をすること	218	3473	

第Ⅲ部　海外6か国の報告書

図22：企業内部規則では提示された行為内容の禁止をしているかという問いに対する調査協力者の回答（Ｃ１Ｂ）

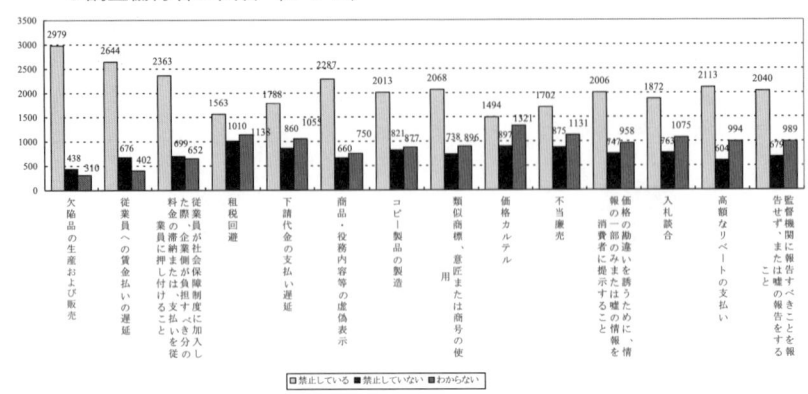

行為	禁止している	禁止していない	わからない
欠陥品の生産および販売	2979	438	310
従業員への賃金払いの遅延	2644	676	402
従業員が社会保障制度に加入した際、企業側が負担すべき料金の滞納等、支払いを分割で従業員に押し付ける	2363	699	652
租税回避	1563	1010	138
下請代金の支払い遅延	1788	860	1058
商品・役務内容等の虚偽表示	2287	750	660
コピー製品の製造	2013	821	877
類似商標、意匠または商号の使用	2068	738	896
価格カルテル	1494	897	1321
不当廉売	1702	875	1131
価格の勘違いを誘うために、報の一部のみまたは嘘の情報を消費者に提示すること	2006	747	958
入札談合	1872	763	1075
高額なリベートの支払い	2113	604	994
監督機関に報告すべきことを報告せず、または嘘の報告をすること	2040	670	989

図23：企業には社員行為または企業活動の法令違反を防止するための社内教育制度等があるかという問いに対する回答（Ｃ２）

- ある 52.50%
- ない 16.82%
- わからない 30.24%
- 回答拒否 0.45%

図24：企業の社会的責任・コンプライアンスに関連する社内教育制度を定めた最初の時期を尋ねる問いに対する回答（Ｃ３）

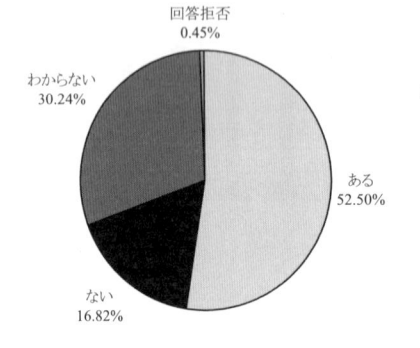

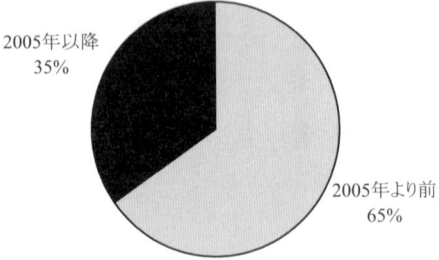

- 2005年以降 35%
- 2005年より前 65%

374

第 2 章　中国企業の社会的責任と法令遵守

図 25：企業では違反防止システムの内容の周知・徹底を図るために提示された方法を使っているかに対する回答（C 4）

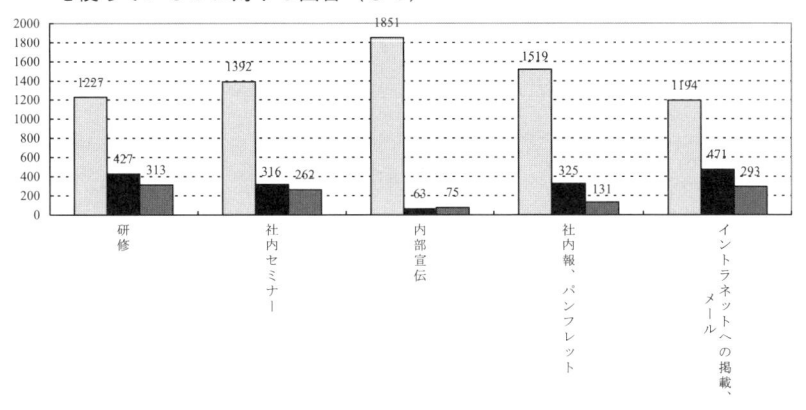

方法	使っている	使っていない	わからない
研修	1227	427	313
社内セミナー	1392	316	262
内部宣伝	1851	63	75
社内報、パンフレット	1519	325	131
イントラネットへの掲載、メール	1194	471	293

□使っている　■使っていない　■わからない

図 26：企業が法令違反の社内防止システムの存在と内容について、投資家に対し周知を図っているかに対する回答（C 5）

- 図っている 23%
- 図っていない 21%
- わからない 55%
- 回答拒否 1%

図 27：企業には，自社の法令違反の防止システムが有効に機能しているのを検証するために社外の第三者（弁護士等）が参与する評価制度があるかに対する回答（C 7）

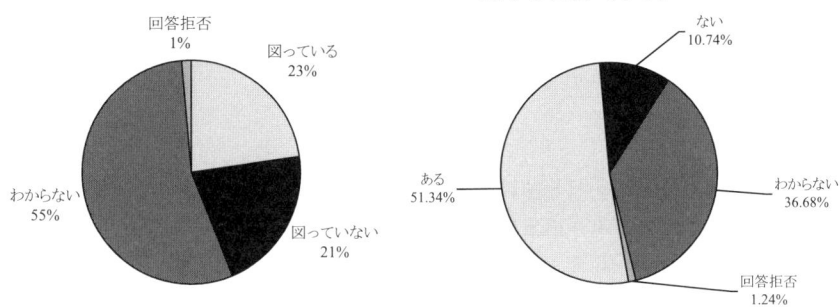

- ある 51.34%
- ない 10.74%
- わからない 36.68%
- 回答拒否 1.24%

第Ⅲ部　海外6か国の報告書

図28：社員から，法令違反の可能性があるケースについて通報があった際に，それを処理するための制度や専門機構はあるかに対する回答（C8）

- ある 62%
- ない 12%
- わからない 25%
- 回答拒否 1%

図29：企業が2005年以降他社の法令違反等によって損害を被ったことがあるかに対する回答（D1）

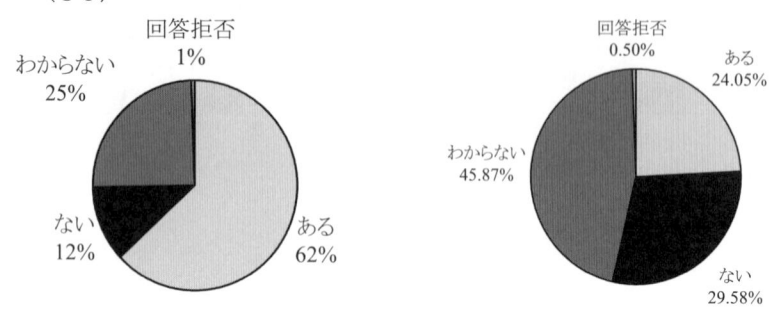

- ある 24.05%
- ない 29.58%
- わからない 45.87%
- 回答拒否 0.50%

図30：企業に損害を被らせた原因に対する回答（D2）

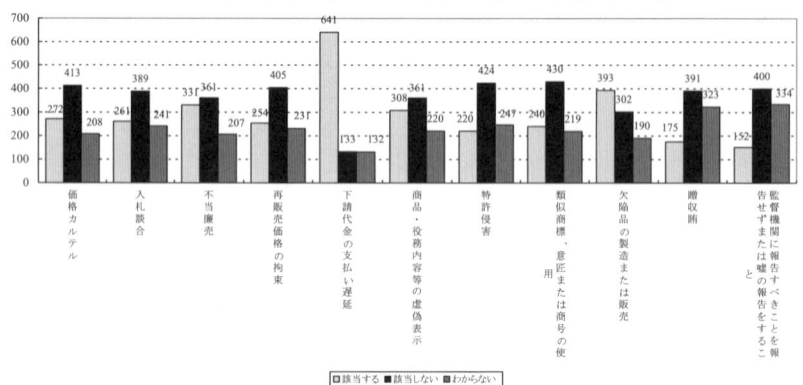

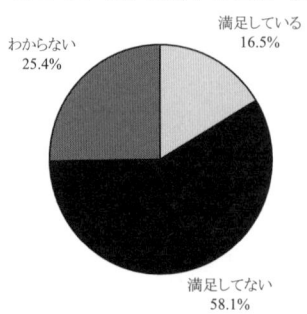

原因	該当する	該当しない	わからない
価格カルテル	272	413	208
入札談合	261	389	241
不当廉売	331	361	207
再販売価格の拘束	254	405	231
下請代金の支払い遅延	641	133	132
商品・役務内容等の虚偽表示	308	361	220
特許侵害	220	424	247
類似商標・意匠または商号の使用	246	430	219
欠陥品の製造または販売	393	302	190
贈収賄	175	391	323
監督機関に報告すべきことを報告せずまたは嘘の報告をすること	152	400	334

図31：被害を受けた側として現行民事法に規定される加害者への責任追及に満足しているかに対する回答（D3）

- 満足している 16.5%
- 満足してない 58.1%
- わからない 25.4%

第2章　中国企業の社会的責任と法令遵守

図32：現行民事法に規定の加害者責任の追及に満足していない理由（D４）

棒グラフのデータ：
- 過程が複雑：402、97、63
- 証拠提出が困難：382、120、63
- 責任追及が不公平：368、114、77
- 費用などのコストが高すぎる：429、78、65
- 処理にかかる時間が長すぎる：477、49、46
- 賠償の範囲や基準が合理的でない：391、75、97

凡例：該当する／該当しない／わからない

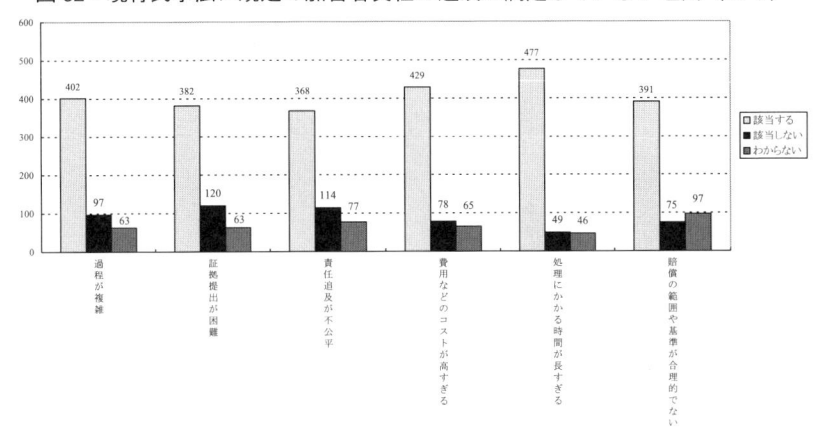

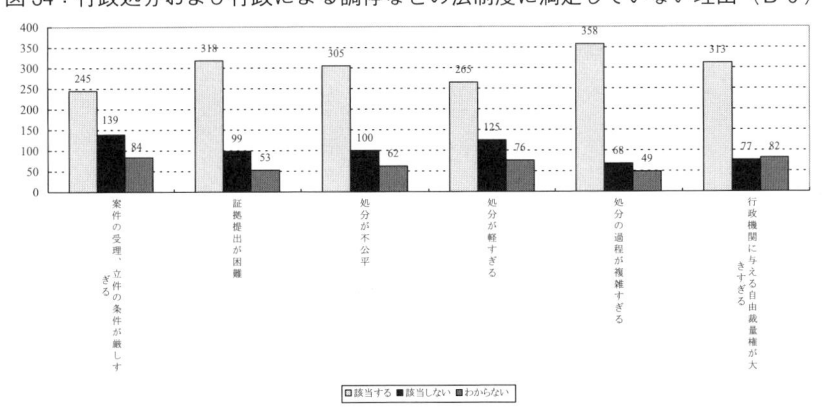

図33：被害を受けた側として，行政処分および行政による調停等の法制度に満足しているかに対する回答（D５）

円グラフ：
- 満足している　16.08%
- わからない　34.50%
- 満足していない　49.41%

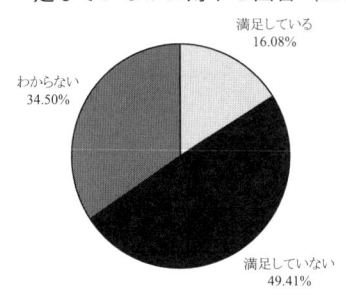

図34：行政処分および行政による調停などの法制度に満足していない理由（D６）

棒グラフのデータ：
- 案件の受理、立件の条件が厳しすぎる：245、139、84
- 証拠提出が困難：319、99、53
- 処分が不公平：305、100、62
- 処分が軽すぎる：265、125、76
- 処分の過程が複雑：358、68、49
- 行政機関に与える自由裁量権が大きすぎる：313、77、82

凡例：該当する　該当しない　わからない

377

第Ⅲ部　海外6か国の報告書

図35：損害を被った側として，現行刑事法に規定の損害賠償や加害者の他社への制裁に満足しているかに対する回答（D7）

- 満足している 16%
- 満足していない 42%
- わからない 42%

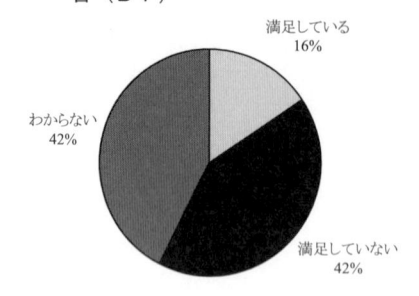

図36：現行刑事制裁に満足していない理由（D8）

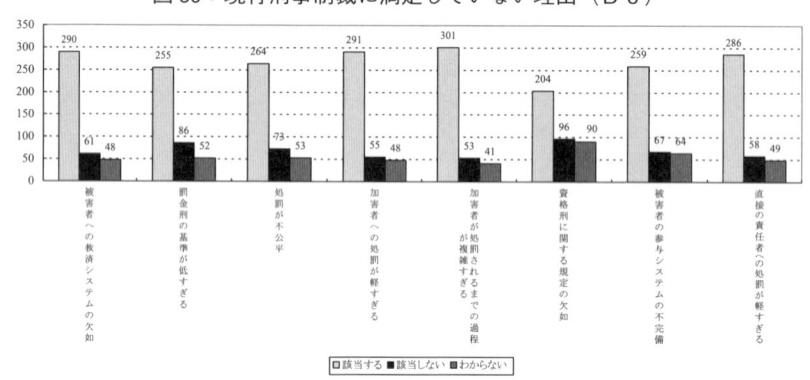

項目	該当する	該当しない	わからない
被害者への救済システムの欠如	290	61	48
罰金刑の基準が低すぎる	255	86	52
処罰が不公平	264	73	53
加害者への処罰が軽すぎる	291	55	48
加害者が処罰されるまでの過程が複雑すぎる	301	53	41
資格刑に関する規定の欠如	204	96	90
被害者の参与システムの不定備	259	67	64
直接の責任者の処罰が軽すぎる	286	58	49

図37：法令違反により行政処分ないしは刑事刑罰を受けることになった場合，当該事実を自主的に公表する制度が企業にあるかに対する回答（E1）

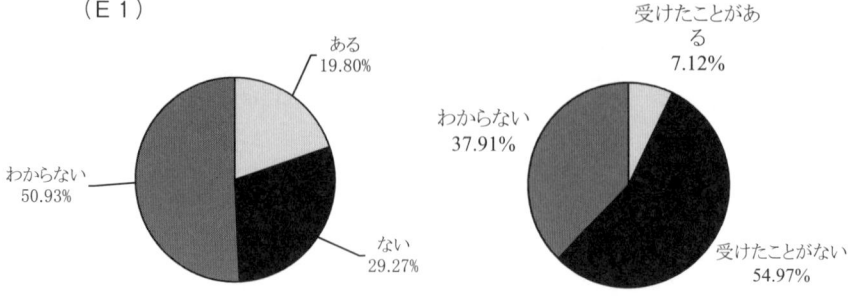

- ある 19.80%
- ない 29.27%
- わからない 50.93%

図38：2005年以降，企業が行政処罰を受けたことがあるかに対する回答（E2）

- 受けたことがある 7.12%
- 受けたことがない 54.97%
- わからない 37.91%

第2章　中国企業の社会的責任と法令遵守

図39：2005年以降，企業は刑事処罰を受けたことがあるかに対する回答（E3）

- 受けたことがある　1.58%
- わからない　33.29%
- 受けたことがない　65.13%

図40：2005年以降，企業が受けた行政処分または刑事処罰を自主的に公表したことがあるかという問いに対する回答（E4）

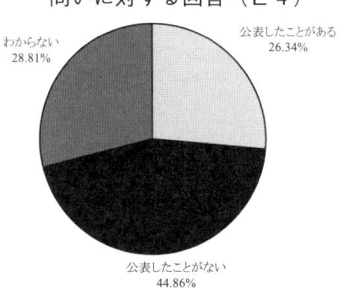

- 公表したことがある　26.34%
- わからない　28.81%
- 公表したことがない　44.86%

図41：行政処分か刑事処罰を受けたあと，社会的信頼を回復するために調査協力者の在籍する会社が行った活動の調査結果（E5）

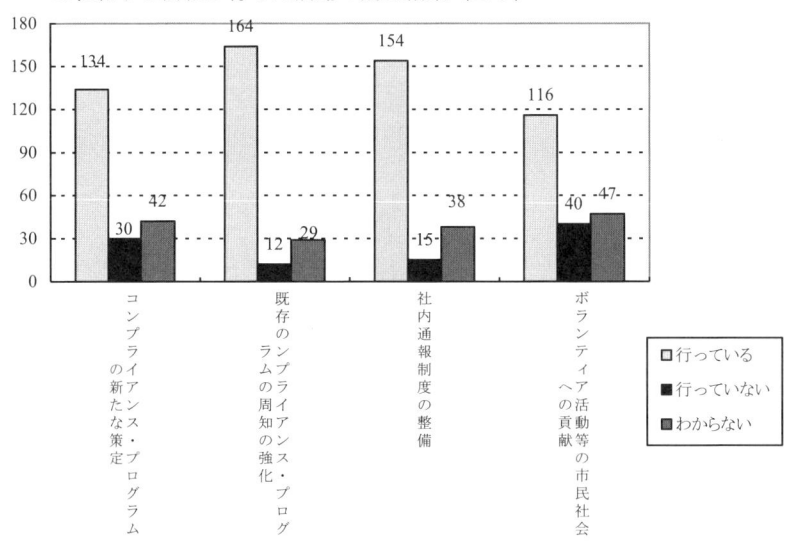

項目	行っている	行っていない	わからない
コンプライアンスの新たな策定・プログラム	134	30	42
既存のコンプライアンス・プログラムの周知の強化	164	12	29
社内通報制度の整備	154	15	38
ボランティア活動等の市民社会への貢献	116	40	47

379

図42：法令遵守に配慮し，企業活動に伴う法令違反を防止する社内制度を整備している会社に対し，社員ないしは企業自身が法令に違反する活動をしても，当該企業への行政処分を軽減または免除してもよいかという問いに対する回答（F1）

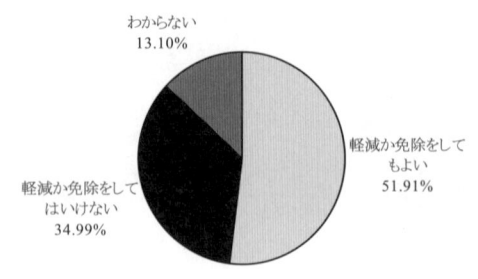

- わからない 13.10%
- 軽減か免除をしてはいけない 34.99%
- 軽減か免除をしてもよい 51.91%

図43：法令遵守に配慮し企業活動に伴う法令違反を防止する社内制度を整備している企業に対し，社員ないしは企業自身が法令に違反する活動をしても，刑事訴追自体を控えるべきかという問いに対する回答（F2）

- わからない 16.36%
- 控えるべきではないと思う 43.74%
- 控えるべきと思う 39.89%

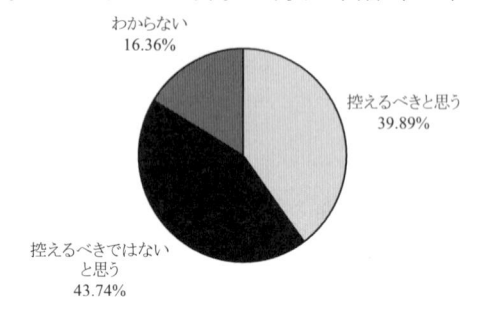

図44：法令遵守に配慮し，企業活動に伴う法令違反を防止する社内制度を整備している会社に対し，社員ないしは企業自身が法令に違反する活動をしたときには，刑事処罰の軽減または免除をしてよいかという問いに対する回答（F3）

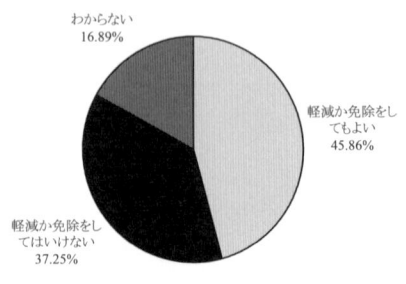

- わからない 16.89%
- 軽減か免除をしてはいけない 37.25%
- 軽減か免除をしてもよい 45.86%

図45：企業活動に伴う法令違反を防止する社内制度は各業界で共同制定されるべきかという問いに対する回答（F4）

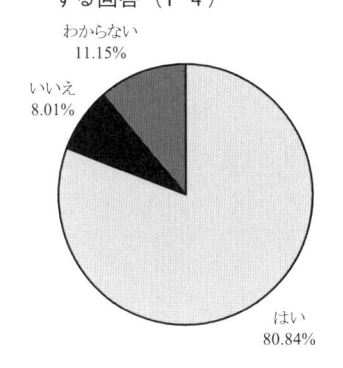

- わからない 11.15%
- いいえ 8.01%
- はい 80.84%

図46：企業活動に伴う法令違反を防止する社内制度は政府主導下で一定の基準・ガイドラインが提示されるべきかという問いに対する回答（F5）

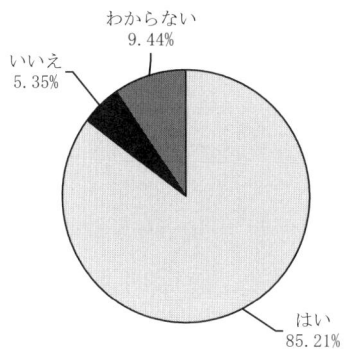

- わからない 9.44%
- いいえ 5.35%
- はい 85.21%

図47：法令違反した企業に対し，相応する行政処分や刑事制裁のほかに提示される制裁をも併せて加えるべきかという問いに対する回答（F6）

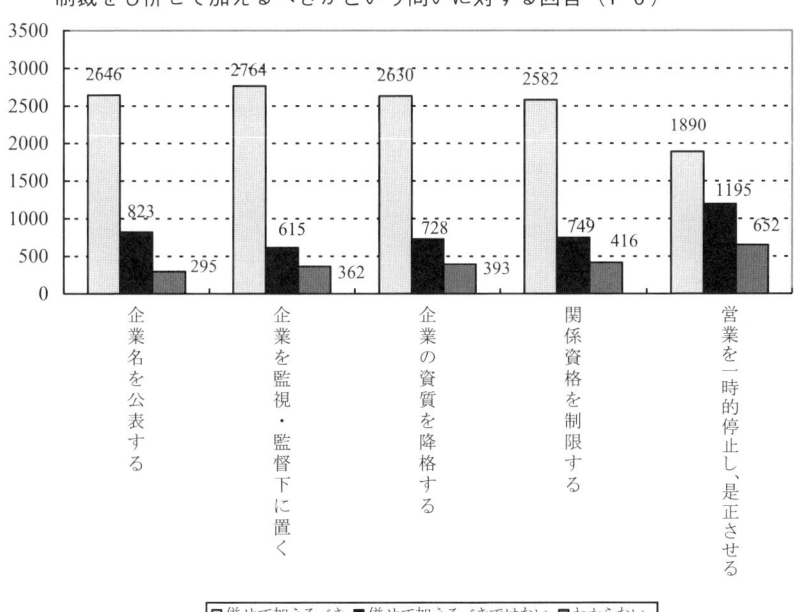

	併せて加えるべき	併せて加えるべきではない	わからない
企業名を公表する	2646	823	295
企業を監視・監督下に置く	2764	615	362
企業の資質を降格する	2630	728	393
関係資格を制限する	2582	749	416
営業を一時的停止し、是正させる	1890	1195	632

第3章　英国における企業関連犯罪

マーク・ワトソン‐ガンディ教授

［早稲田大学 GCOE 刑事法グループ訳］

I　概　略

　イギリスの大衆は，昔から犯罪に関しては怖いもの見たさで興味津々である。刑事裁判手続を細部にわたって取り上げた小説，映画やテレビシリーズが大好きだ。

　しかし，企業関連犯罪は，他の凶悪な犯罪並みにトップ記事扱いされることはない。

　企業関連犯罪への興味が薄いのは，一般大衆に限ったことではない。

　弁護士やビジネスマンも，おばあさんがこん棒で殴られたとか車のスピード違反の通報があればすぐさま駆けつける地元の警察官が，どんなに有罪が明らかな事件でも，なぜか企業関連犯罪にはやる気が薄いことに昔から不満を言ってきた。「企業」という言葉を聞いたとたん，明らかに視線が曇り，すぐさま「これは民事事件みたいです」と陰気な声でつぶやき始める警察官のケースは，後を絶たない。

　このような考え方は，裏づけに乏しいものではない。

　2007年の犯罪司法研究センター（Centre for Crime and Justice Studies）の委託調査報告書によると，企業不正行為（corporate fraud）の実態を統計化することに政府は消極的である。統計上，犯罪率が明らかに上昇し，政治家が広い範囲で社会的不正に取り組む必要に迫られるというのがその理由であって，「この広い社会的不正領域の大部分は，政府によって放置されている。」[1]。

　犯罪司法研究センターのリチャード・ガーサイド所長の発言を引用する。

「ホワイトカラー犯罪が実際に被害者に与えるコストと影響を正確に統計化していたら，重大犯罪から市民を守ることに対する政府の姿勢と能力が大きく疑問視されることになるであろう。」

1　Basia Spalek, University of Birmingham, The Times August 20th 2007.

しかし，英国の産業界にとっては，企業関連犯罪の影響は，甚大である。企業不正行為の件数は，急激に増えつつある。国家詐欺取締局（National Fraud Authority）の最近の推計によると，企業関連犯罪による被害額は，年間300億ポンド以上である。英国警察長協会（Association of Chief Police Officers）が3年ほど前に発表した試算では，130億ポンドであった[2]。CIFASは，不正行為の報告件数が2005年と比較して75%増えた，と発表している。

英国の安全保障大臣であるネヴィル・ジョーンズ氏は，サイバー犯罪被害に関する英国初の公的推計において，産業スパイと知的財産侵害によるイギリス産業界の損失は年間170億ポンドにものぼる，と発表した[3]。

大規模なホワイトカラー犯罪の被害は，窃盗や身体的暴行よりも壊滅的であることが少なくないのに，「表面に現れにくく，関心を持たれない」ままであることが指摘されている[4]。

企業関連犯罪の被害は，さらに広く，消費者や販売店に対して社会的・心理的影響を与える（「負債の悪循環」[5]に陥ることなど）。イギリスの判例では，企業関連犯罪に関わった企業にそうと知らずに雇用され，職務経歴に汚点がついた従業員に対する損害賠償が認められたことがあり，従業員への持続的な被害までもが認められている[6]。

II 捜査機関と訴追機関

ユースタス・ロスキル判事は，25年前に「ロスキル・レポート」を発表し，複雑な詐欺，汚職，金融市場犯罪への対処方法を改善する方策について徹底した提言を行い，一元的な機関を設置することを提案した。

それから25年経ってもなお，企業関連犯罪の捜査は，以下をはじめとする

---

2 Times May 11 2010, Jonathan Fisher QC.
3 Financial Times 18 February 2011.
4 Farepack victims speak out: an exploration of the harm caused by the collapse of Farepack, Dr Basia Spalek and Sam King, University of Birmingham published by the Centre for Crime and Justice Studies, The Times August 20th 2007.
5 Farepack victims speak out: an exploration of the harm caused by the collapse of Farepack, Dr Basia Spalek and Sam King, University of Birmingham published by the Centre for Crime and Justice Studies.
6 こうした判決は，英国裁判所によって，破綻した国際商業信用銀行（BCCI）に関連して下されたものである。

第3章　英国における企業関連犯罪

様々な当局が管轄している。

- 各警察当局
- ビジネス・イノベーション・職業技能省（Department of Business, Innovation and Skills）
- 債務超過局（Insolvency Service）
- 金融サービス機構（Financial Services Authority）
- 歳入関税庁（Her Majesty's Revenue and Customs）
- 公正貿易局（Office of Fair Trading）
- 民間機航空安全局（Civil Aviation Authority）
- 環境食糧省（Department for the Environment, Food and Rural Affairs）
- 労働・年金省（Department for Work and Pensions）
- 環境局（Environment Agency）
- 食品安全管理局（Food Standards Agency）
- 賭博委員会（Gambling Commission）
- 保健安全局（Health and Safety Executive）
- 海事安全局（Maritime and Coastguard Agency）
- 公正貿易局（Office of Fair Trading）
- 鉄道管理局（Office of Rail Regulation）
- 歳入関税公訴局（Revenue and Customs Prosecutions Office）
- 重大詐欺局（Serious Fraud Office）

　違反者を起訴するための捜査機関も多い。外部者から見れば，犯罪者を裁判にかける管轄当局はどれなのか，迷うであろう。
　英国の主な捜査当局には，次のようなものがある。

- 検察局（Crown Prosecution Service）
- ビジネス・イノベーション・職業技能省（Department of Business, Innovation and Skills）
- 公正貿易局（Office of Fair Trading）
- 法務長官局（Attorney General's Office）
- 民間機航空安全局（Civil Aviation Authority）
- 環境食糧省（Department for the Environment, Food and Rural Affairs）

- 労働・年金省（Department for Work and Pensions）
- 環境局（Environment Agency）
- 食品安全管理局（Food Standards Agency）
- 賭博委員会（Gambling Commission）
- 健康安全局（Health and Safety Executive）
- 海事安全局（Maritime and Coastguard Agency）
- 鉄道管理局（Office of Rail Regulation）
- 歳入関税公訴局（Revenue and Customs Prosecutions Office）
- 重大詐欺局（Serious Fraud Office）
- 軍訴追局（Service Prosecuting Authority）

このリストには，もちろん，私人訴追（private prosecution）は含まれていない。これは，英国法で認められている，政府機関ではなく被害者個人が費用自己負担で刑事訴追を提起する制度である。控訴院（Court of Appeal）判例では，会社も，設立書類（基本定款，通常定款等）で認められているかぎり，私人訴追を行うことができる，とされている[7]。

単純な例を挙げて説明する。

検察局は，英国の主要な訴追機関であり，詐欺罪，贈収賄罪，マネー・ローンダリング罪，汚職の罪をはじめ，犯罪全般を取り扱う。

一方，ビジネス・イノベーション・職業技能省は，より専門性の高い見地から，主に個人・会社倒産に関連する様々な犯罪を捜査し，犯人を訴追する。同省が訴追を担当する最も典型的な事件は，次のとおりである。

- 破産者による，破産命令の前または後に行われる違反行為[8]。
- 会社役員による，有限責任会社の解散・清算の開始前または期間中の違反行為[9]。
- 清算会社の名称の，後継会社（phoenix company）による再利用に関する犯罪[10]。
- 取締役資格停止命令（disqualification order），破産命令および破産手続停

---

[7] R v McInerney, Court of Appeal.
[8] 1986年破産法第353条乃至第360条，2006年詐欺法。
[9] 1986年破産法第206条乃至第211条，2006年詐欺法。
[10] 1986年破産法第216条。

第 3 章　英国における企業関連犯罪

止命令（bankruptcy restriction order）の違反[11]。
・詐欺的取引（fraudulent trading）[12]。
・会社財務諸表の作成・備置に関する取締役の違反行為[13]。

　ビジネス・イノベーション・職業技能省が訴追を担当する犯罪の大部分は，刑の上限が 2 年から 10 年の拘禁もしくは罰金，またはこれらの併科である。
　金融サービス機構は，詐欺または不誠実行為（dishonesty）および市場における逸脱行為（market abuse）に関わる犯罪を捜査し，起訴する。最近の控訴院判決では，金融サービス機構の職務権限にはマネー・ローンダリングに関する起訴も含まれることが確認された[14]。
　一方，重大詐欺局は，著しく重大で複雑な案件の起訴のみを担当する。詐欺罪，贈収賄罪および汚職の罪を取り扱う。
　重大詐欺局の 2010 年度の職員数は 303 名，1 年間の事件数はわずか 86 件，予算は 4460 万ポンド（英国民 1 人当たり 73 ペンス）である[15]。とはいえ，同局の取り扱う事件はすべて，必ず 1 回は有罪判決が出ている。正式審理された被告人の 91％が，有罪判決を受けている[16]。
　この混乱した状態を，「経済犯罪局（Economic Crime Agency）」の創設によって解消することが検討されている。この新しい一元的な「スーパー当局」の狙いは，金融サービス機構と重大詐欺局の訴追部門，ロンドン市警察の経済犯罪局，さらには検察局の詐欺チームを統合して，ホワイトカラー犯罪を取り締まることである。この「経済犯罪局」は，1 年以内に，立法を待たずに暫定的な形で活動開始できる見込みである[17]。

Ⅲ　裁判官および陪審員

　成人の刑事裁判は，刑事法院（Crown Court）または治安判事裁判所（magistrates' court）で行われる。

11　1986 年会社取締役資格停止法第 11 条乃至第 13 条。
12　2006 年会社法第 993 条。
13　1985 年会社法第 221 条乃至第 222 条並びに 2006 年会社法第 387 条及び第 389 条。
14　R v McInerney, Court of Appeal.
15　SFO Key results and figures in 2009-10.
16　SFO Key results and figures in 2009-10.
17　The Times, 24 June 2010.

第Ⅲ部　海外6か国の報告書

　事件が起訴されると，まず，治安判事裁判所で手続が開始される。少年犯罪はすべて，治安判事裁判所で扱われる。

　治安判事裁判所は，治安判事（justice of the peace）で構成される[18]。治安判事のほとんどは，無給で，非法律家の男性と女性である（法曹資格を有する治安判事補佐官（clerk）によって補佐される。）少数ではあるが，法曹資格を有する有給の地方判事（district judges）もいる。治安判事裁判所の刑事裁判権の大部分は，非法律家の判事2名以上で構成される合議体の公開法廷で執行しなければならない。しかし，実際には地方判事1名の単独法廷であることがほとんどである。治安判事は，女王の代理人としての大法官（Lord Chancellor）によって，女王の名において任命される。大法官は，原則として地方の諮問委員会の助言をもとに行動する。

　治安判事は，法曹資格などの特別な資格を有している必要はない。もっとも，新任の治安判事は，任命1年以内に，自分の執行する職務の基礎研修を受けることが義務づけられている。地方判事以外の判事は，無給であるが，交通費，飲食宿泊費，収入の填補は支払われる。

　治安判事裁判所で有罪判決を受けた者は，無罪の答弁をした場合には，その有罪判決と量刑の両方について刑事法院に上訴することができる。有罪答弁を行った場合には，上訴ができるのは，量刑についてのみである[19]。治安判事裁判所の判決に対する上訴は，刑事法院において2名から4名の判事で構成される合議体が審理する。この判事は，上訴された判決に関与した者であってはならない[20]。

　重大な犯罪（正式起訴（indictment）を要する犯罪）は，治安判事裁判所で手続を扱い，つぎに刑事法院での審理（trial），答弁（plea），さらに量刑（sentence）のために送致される。正式起訴犯罪の事件の審理については，刑事法院が専属管轄となる。

　刑事法院は，多岐にわたる分野の裁判を行うが，単一の裁判所とみなされる。刑事法院は，その位置づけという面ではやや曖昧である。高等法院（High Court）と同様に上級裁判所（Senior Court）であり，また，上位の正式記録裁

18　「判事（justice）」，「治安判事」という役職は，「軽罪判事（magistrate）と相互に入れ替えが可能である。
19　1980年治安判事裁判所法第108条。
20　1981年上級裁判所法第74条第1項。

第3章　英国における企業関連犯罪

判所（superior court of record）でもある。刑事法院は，法廷侮辱，判決の執行などについては高等法院と同様の権限を有している[21]。刑事法院の判決に対する上訴は，控訴院（刑事部）のみに対して行うことができ，これは，高等法院の判決に対する上訴を控訴院（刑事部）が管轄するのと同様である。一方，刑事法院の判決のうち，正式起訴犯罪の事件以外のもの（例えば，治安判事裁判所の決定に対する上訴についての判決）は，合意事実記載書（case stated）または司法審査手続（judicial review）を申し立てる方法により，高等法院で争うことができる[22]。このように，刑事法院は，一定の目的においては高等法院と同等の立場にあるが，それ以外の目的では，高等法院の治安判事裁判所に対する監督権限と同一の権限が及ぶ。

　正式事実審理（trial）は，判事と陪審員の両方によって執り行われるのが通例である。

　法適用の問題に関する判断は，判事，法曹資格を有するレコーダー（recorder），巡回判事および高等法院判事が下す。

　事実認定（すなわち被告が有罪か無罪かの判断）は，一般人から選ばれた12人の陪審員が行う。

　原則としては，年齢が18歳から70歳までの，議会または地方議会の有権者登録がされている者で，13歳に達した後に5年以上英国に定住したことのある市民はすべて，陪審員の適格を有するものとされ，呼出しがあれば，陪審員業務のために出頭する義務を負う[23]。この適格者の例外は，精神的な疾患を有する者，一定の前科者，および，他の刑事裁判において公判前の保釈中の者だけである。

　陪審員は，担当事件を処理する能力が十分でないこともある。このため，イングランドとウェールズでは，「非陪審審理による正式起訴裁判（trial on indictment without a jury）」という新しい概念がある[24]。

　当然のことながら，陪審員となるには，訴訟書類を読んで理解する学識教養があることは要件とされていない。ましてや，取り扱っている事件の詳細を理解できる能力も求められていない。さらに，多くの詐欺事件の裁判は，非常に

21　1981年上級裁判所法第45条第4項。
22　1981年上級裁判所法第28条第2項および第29条第3項。
23　1974年陪審法第1条。
24　2003年刑事裁判法第43条乃至第50条。

長びく。雇い主は，従業員が陪審員公務のために2週間休むのはしぶしぶ認めるとしても，6ヶ月も仕事に穴をあけられるのはもっと困るであろう。

重大または複雑な詐欺事件の場合には，訴追側当事者は，刑事法院で非陪審審理（単独裁判官による審理）を請求することができる[25]。

この請求は，刑事法院で審理を担当する高等法院判事に対して行う。この請求に対する決定は，予備的弁論の際に下される。審理が長期間にわたるか複雑なため陪審審理とすると過度の負担がかかり，正義の利益（interest of justice）の観点から，高度な配慮に基づいて非陪審審理が適当であると裁判所によって認められることが必要である。

この決定をするには，判事は，審理を短縮または簡素化する合理的な方策がないかどうか，検討しなければならない。もっとも，この検討にあたっては，訴追手続を著しく阻害するような方策は合理的と判断してはならない。判事が，正義の利益の観点から，高度な配慮に基づいて非陪審審理が適当であると認める場合であれば，自己の自由裁量にて非陪審審理を命ずる。しかし，この命令には，高等法院首席裁判官（Lord Chief Justice）またはその指名する判事の承認が必要である。

この規定は，議会の両院による可決が得られるまで施行されない[26]。

現在のところ，他にも2006年詐欺非陪審審理法案による法制度化の取組みがあるが，それにもかかわらず刑事裁判法第43条は施行されていない。

この制度には理論上のメリットがあるが，陪審員審理を受ける機会を失うことは，いまだに感情的には問題である。陪審員審理は，英国民の自由を厳重に守る制度であり，それは，迅速さとか経済的観点などのために犠牲にすべきではない，と考える人は多い[27]。裁判で鍛えられた非情な判事や治安判事よりも，陪審員によって審理されるほうが被告の無罪率がはるかに高くなる，という事例証拠があることも確かである。

---

25 2003年刑事裁判法第43条。
26 2003年刑事裁判法第330条(5)(b)。
27 "Reid attempts to get serious fraud trials held without jury", by A Travis, (2006) Guardian, 17 November 2006, p 18, "A balancing exercise", by D Kirk, J Crim L 2007, vol 71(1), p 1.

第3章　英国における企業関連犯罪

内務省統計：2009/2010年度におけるイングランド・ウェールズの犯罪（2010年7月作成）

犯罪		1997	1998/99	1999/00	2000/01	2001/02	2002/03	2003/04	2004/05	2005/06	2006/07	2007/08	2008/09	2009/10	% change 2008/09 to 2009/10
41	従業員による窃盗	17,156	17,900	17,468	17,487	17,120	17,530	17,700	27,251	17,048	16,323	15,852	15,464	13,181	-15
51	会社取締役による詐欺	15	159	165	152	106	27	80	51	626	101	162	815	87	-89
52	不正会計	1,820	1,304	1,103	1,043	1,033	880	721	541	487	462	249	146	158	8
53B	その他存置された詐欺罪、廃止された詐欺罪（2006年詐欺法施行前）	124,389	122,437	145,448	155,547	144,436	169,639	171,002	141,667	128,182	127,854	—	—	—	—
53C	虚偽表示による詐欺（小切手、クレジットカード、インターネット銀行口座）	—	—	—	—	—	—	—	—	—	—	23,285	25,593	27,139	2
53D	虚偽表示による詐欺（その他）	—	—	—	—	—	—	—	—	—	—	118,392	122,439	113,802	-7
53E	情報非開示による詐欺	—	—	—	—	—	—	—	—	—	—	265	303	362	19
53F	地位濫用による詐欺	—	—	—	—	—	—	—	—	—	—	672	923	1,159	26
53G	不誠実な方法で便益を得る行為	—	—	—	—	—	—	—	—	—	—	1,880	1,151	1,063	-8
53H	詐欺に用いられる物品の作成または提供	—	—	—	—	—	—	—	—	—	—	183	608	860	41
53J	詐欺に用いられる物品の所持	—	—	—	—	—	—	—	—	—	—	1,109	1,466	1,541	5
55	破産・倒産に関する罪	—	23	82	10	15	11	9	11	93	14	31	15	13	—

Ⅳ 統計的な動向

英国の企業関連犯罪の傾向を示す信頼性あるデータは,あまりにも少ない。

しかし,内務省の統計を見れば,ここ数十年間における詐欺ベースの企業関連犯罪の変化と,そうした犯罪の傾向を知ることができる。

しかし,この分析結果は,期待するほど完全なものではない。

英国刑事司法制度の主な公式情報ソースである英国犯罪統計調査(British Crime Survey)[28]では,企業・店舗からの窃盗,詐欺などの商業的被害は対象としていない。

警察届出犯罪の統計(警察に通報された犯罪の統計で,英国犯罪統計調査が扱う犯罪の42%を占めると考えられている)[29]では,企業関連犯罪は扱っていない。たとえ扱っていたとしても,警察は,イギリスでは企業関連犯罪を扱う捜査当局のうちの1つにすぎない。

このため,こうしたソースからの情報をもとにしている,英国の国家統計局(Office of National Statistics)が公表する数値も,当然に限定的な情報となる[30]。

もっと小規模な集団における統計的傾向については,CIFAS(245社の英国大手企業調査を行う会員制団体)が実施している統計調査が,実態解明に役立つ。

2009年にCIFAS加盟企業によって把握された詐欺の件数は,2008年と比べて約10%増となった。2009年にCIFASデータベースに記録された詐欺件数は,235,000件以上にも上る。

CIFAS加盟企業による詐欺届出件数を,以下に示す[31]。

	2008	2009	上昇率
第一四半期(1月-3月)	52,286	60,481	15.67%
第二四半期(4月-6月)	52,262	59,348	13.56%
第三四半期(7月-9月)	53,365	56,323	5.54%
第四四半期(10月-12月)	56,429	59,300	5.09%
届出件数合計	214,342	235,452	9.85%

---

28 Office of National Statistics, Publication Hub.
29 Office of National Statistics, Publication Hub.
30 これとは逆に,国家統計局では,自転車窃盗については正確な統計を取っていることは皮肉に思われるかもしれない。自転車窃盗のほうが,英国経済に及ぼす影響がはるかに少ないであろう。

第3章　英国における企業関連犯罪

これらの詐欺事件は，以下のようなタイプ別に区分することができる[32]。

詐欺の類型	2008	2009	上昇率
虚偽申告	77,023	57,825	－24.93％
保険金詐欺	433	670	54.73％
身分詐称	77,642	102,327	31.79％
真正なアカウント保有者によるアカウント不正利用	39,447	50,512	28.05％
第三者によるアカウント乗っ取り行為	19,275	22,387	16.15％
無権利者による取引行為	522	532	1.92％

CIFASでは，さらに，会員企業の従業員による犯罪行為のデータも提供している。その内訳は，次の通りである[33]。

従業員詐欺の類型	2008 件数	2008 全体に占める割合	2009 件数	2009 全体に占める割合	変動率
アカウント詐欺	13	5.53％	38	10.83％	192.31％
窃盗・欺罔により利益を図る不誠実行為	112	47.66％	215	61.25％	91.96％
虚偽申告（既遂）	10	4.26％	13	3.70％	30.00％
虚偽申告（未遂）	84	35.74％	50	14.25％	－40.48％
事業データの不正取得・開示	1	0.43％	3	0.85％	200.00％
個人情報の不正取得・開示	15	6.38％	32	9.12％	113.33％
詐欺件数合計	235		351		49.36％

従業員による，窃盗・欺罔を通じて自己の利益を図る不誠実行為をさらに詳しく分析すると，以下のようになる[34]。

31　CIFAS Fraudscape Feb 2010.
32　CIFAS Fraudscape Feb 2010.
33　CIFAS: Staff Fraudscape 2010.
34　CIFAS: Staff Fraudscape 2010.

第Ⅲ部　海外6か国の報告書

届出の理由	2008 件数	2008 全体に占める割合	2009 件数	2009 全体に占める割合	変動率
顧客からの現金窃取	12	9.60%	80	27.12%	566.67%
虚偽申告の幇助	6	4.80%	36	12.20%	500.00%
申告・プロポーザル・請求の不正操作	1	0.80%	33	11.19%	3200.00%
雇用主からの現金窃取	17	13.60%	31	10.51%	82.35%
第三者アカウント不正操作	19	15.20%	20	6.78%	5.26%
自己アカウント不正操作	7	5.60%	16	5.42%	128.57%
詐欺的取引の幇助	11	8.80%	12	4.07%	9.09%
自己アカウントの負債を抹消	8	6.40%	10	3.39%	25.00%
第三者アカウントの負債を抹消	15	12.00%	9	3.05%	-40.00%
ボーナス・報酬制度の不正操作	13	10.40%	8	2.71%	-38.46%

従業員によるアカウント詐欺[35]（顧客のアカウントを無断で操作する行為）について詳しく調査したところ，次のような傾向があることが分かった。

詐欺行為	2008 件数	2008 全体に占める割合	2009 件数	2009 全体に占める割合	変動率
アカウント不正引出し	3	23.08%	22	48.89%	633.33%
第三者アカウントへの不正な振替え	5	38.46%	14	31.11%	180.00%
従業員アカウントへの不正な振替え	5	38.46%	9	20.00%	80.00%

　身分詐称の件数の伸びが著しい。コンピュータがますます身近になり，日常生活への影響も増大していることが，この現象を後押ししている。詐欺犯は遠隔操作ができるようになり，犯人を突き止めることがますます困難になっているためである。
　とはいえ，この身分詐称は新しい犯罪というわけでは決してない。
　2002年のスティーブン・スピルバーグの大ヒット映画「キャッチ・ミー・イフ・ユー・キャン（Catch Me If You Can）」は，フランク・アバグネイルと

35　CIFAS: Staff Fraudscape 2010.

いう詐欺常習犯の人生をもとにした映画である。アバグネイルは，1960年代に飛行機パイロット，医者，弁護士などになりすまし，250万ドルの偽造小切手を行使した。

また，マイケル・オースティンとジョン・ウェルズが監督した1994年の映画「プリンセス・カラブー」は，1817年に実際に起こった事件をもとにしている。道に迷った，異国の言葉を話す若い女性が現れ，自分はインド洋にある「ジャヴァス島」という島国の王女だと言い張った。海賊に捕われて，船からブリストル海峡に飛び込んで岸まで泳ぎ着いたのだという。地元の人々はこの女性を丁重にもてなしたが，やがて，ニール夫人という女性が「ブリストル・ジャーナル」紙に掲載された肖像に気が付き，この女性を世話している家の主人に知らせた。自称「王女」はメアリー・ベイカー（旧姓ウィルコックス）という靴職人の娘で，デヴォン州ウィセリッジというごく平凡な村の出身であることがばれてしまった。

企業関連犯罪の認知に関するCIFASの統計的分析は，特に興味深いものである[36]。

認知手段	2008	2009
顧客からの通報	19.73%	32.45%
内部調査・監査	63.27%	43.38%
法律に基づく取締り	2.72%	5.30%
その他	2.04%	3.97%
従業員	9.52%	11.26%
従業員（内部告発）	2.72%	3.64%

認知の手段として，内部調査がいまだに重要であるのは喜ばしいことであるが，顧客からの通報の重要度が高まっていることを問題視すべきである。CIFASは，認知手段に関するこの傾向について，おそらく詐欺的行為のタイプの変化を反映しているのであろう，と説明する。2009年のほうが，2008年と比較して，顧客の金銭的損害に直結した詐欺の件数が増えており，このため顧客が第一発見者であるケースが増加しているという。

このような現象が，雇用者にとって問題であることは明らかである。企業の

36　CIFAS: Staff Fraudscape 2010.

スタッフが信用できないというイメージを顧客が抱くようになると，深刻な評判ダメージにつながるためである。

内部告発が，認知手段の中でも頻度が最低にとどまっていることも，注目に値する。

もう1つ，明らかに読み取れるのは，警察に認知され全国的統計に反映されているのは実際の詐欺件数のうちわずかな割合である，という点である[37]。この事実は，従業員による詐欺行為の大部分は警察に通報されず，また，通報された場合でも，雇用者である企業による通報だという，CIFASのデータ[38]からも裏づけられる。警察に通報されないケースは，2008年には全体の77.5%であり，2009年には72%であった。この数字は，通報率の上昇を示すように見えるが，通報された詐欺事件のタイプも考慮する必要がある。2008年と2009年には，虚偽申告未遂（これは刑事犯罪に該当する）のうち，警察に通報されたケースはゼロであった。警察が捜査に着手するかどうかの判断基準は，発生した損害の程度であるから，このような犯罪は，警察の捜査優先順位が低いというイメージがあるのであろう。

また，実務的観点から言えば，通報に当たっては，告発を受け付けてくれる捜査・起訴当局が明確であることが必要である。事例証拠としては，訴追機関が，企業が期待するほどに機敏であることはほとんどない，と言える。被告人有罪の際の没収命令（confiscation order）（あとの説明を参照）を申し立てれば，今度は被告人が民事上の損害賠償をする資金が足りない事態となるため，被害者は，慎重な姿勢をとらざるをえない[39]。

2008年と2009年に警察に通報された事件の割合は，以下のとおりである[40]。

---

37 Paragraph 4.7, Crime in England and Wales – Findings from the British Crime Survey and police recorded crime, 3rd Edition 2009/2010, Home Office July 2010.
38 CIFAS: Staff Fraudscape 2010.
39 もっとも，民事裁判所では様々な高度な手段を採用して，被害者から犯人に対する詐欺収益の引渡請求（民事上の請求としての構成が可能なものに限る）に利用可能なリソースを支援することができる。例えば，資産凍結命令，財産の保全管理人選任，捜索命令，さらに，1986年破産法第423条に基づく，債権者を欺罔する取引の取消権限などである。
40 CIFAS: Staff Fraudscape 2010.

第 3 章　英国における企業関連犯罪

従業員詐欺のタイプ	未通報		顧客による通報		企業による通報		その他の者による通報	
	2008	2009	2008	2009	2008	2009	2008	2009
アカウント詐欺	15.38%	51.28%	—	—	84.62%	43.59%	—	5.13%
窃盗・欺罔により利益を図る不誠実行為	72.22%	73.02%	—	0.47%	27.78%	25.12%	—	1.40%
虚偽申告（既遂）	80.00%	61.54%	—	—	20.00%	23.08%	—	15.38%
虚偽申告（未遂）	100.00%	100.00%	—	—	—	—	—	—
事業データの不正取得・開示	100.00%	66.67	—	—	—	33.33%	—	—
個人情報の不正取得・開示	46.67%	51.52%	—	3.03%	46.67%	33.33%	6.67%	12.12%

　この数字は，企業が，不正をしたスタッフを解雇すれば十分であり，特に不況でスタッフの業務負担が増えている昨今，警察に通報すれば面倒な仕事が増えて，その割にはメリットが少ないと判断したためと考えられる。

　警察への通報がなければ，詐欺を行った従業員は，過去の不祥事を新たな雇用主に気づかれずに新しい職場に移れることになる。すると，雇用主は，求職者を審査するとき，犯罪記録管理局（Criminal Records Bureau）への前科照会のみを頼りにすることはできないこととなる。

V　法制上の展開

　これから，特に企業関連犯罪に関連して，刑事法規の重要改正となった3つの法律を手短に紹介する。

1　犯罪に対する企業の責任

　登記されている会社の活動は，自然人と同様に刑事法の適用対象となる。
　したがって，会社であっても，主観的要素，すなわちメンズ・レア（mens rea）を成立要件とする犯罪も含め，コモン・ロー[41]と制定法[42]の双方に基づく犯罪の主体として罪に問うことができる。

イギリス法上の犯罪の多くは，その成立要件としてメンズ・レアが必要とされている。人工的な主体である会社についてどのように故意または認識を観念すべきかが，興味深い論点となっている。

この問題に対して裁判所が下した結論は，次のようなものである。すなわち，メンズ・レアを成立要件とする犯罪については，その犯罪の実行が業務過程において，かつ，会社業務に対する支配権を有する者によって行われた場合には，会社を罪に問うことができる，とされた。また，この支配権は，会社がその者を通じて判断・行動したと合理的に認められ，その者の行為と意思が会社の行為と意思と同一視できる程度であることが必要とされている。

したがって，自然人でない被告人は，重過失による過失致死罪については，それと同一視できる自然人が罪を犯したことの証拠がないかぎり，罪に問うことができない[43]。控訴院の判例によれば，過失致死罪についての法人の責任は，もっぱら「同一視」(identification) 理論に基づく，とされている。また，この「同一視理論」は，ちょうど，アクトス・レウス（悪しき行為，actus reus）とメンズ・レア（悪しき内心状態）との関係に相当し，刑事上の重過失に相当する，法人と同一視される自然人の行為を法人に帰することができないかぎり，コモン・ロー上は会社を過失致死罪で有罪とすることはできない，と判示されている[44]。

このような目的においては，「会社の意思主導者（directing mind and will）」が会社自体であるとみなされる[45]。

「会社の意思主導者」は，その職務権限を他人に委任することもある。しかし，刑事責任を問うためには，その行為が会社の行為と同一視される者が，単に支配人，代理人または上級職員であるというだけでは足りない[46]。組織に属さない清掃人のような者の行為について，会社が刑事責任を問われることはない。

---

41 R v Great North of England Rly Co (1846) 2 Cox CC 70（公益に対する不法妨害），R v ICR Haulage Ltd [1944] KB 551（詐欺行為の共同謀議）。
42 Worthy v Gordon Plant (Services) Ltd [1989] RTR 7, DC（自動車専用時間帯に関する交通安全法規の違反），R v Gateway Foodmarkets Ltd [1997] 2 Cr App Rep 40, CA（労働安全衛生法の違反）。
43 A-G's Reference (No 2 of 1999), Court of Appeal.
44 A-G's Reference (No 2 of 1999), Court of Appeal.
45 Tesco Supermarkets Ltd v Nattrass, House of Lords.
46 Tesco Supermarkets Ltd v Nattrass, House of Lords.

しかし，このような判例の独創性にも限界がある[47]。
「その本来の性質上，法人による実行がありえない犯罪のケースもありうる。例えば，偽証罪は，代位理論では実行行為が構成できないし，また，重婚罪については，代位理論であろうとなかろうと，自然人でない有限責任会社が実行するのは不可能である。」。

● 2　2007年法人故殺罪・殺人罪法（Corporate Manslaughter and Homicide Act 2007）

この法律により，コモン・ロー上の犯罪である重過失故殺罪（manslaughter by gross negligence）が，法人との関係では廃止された。

この2007年法では，法人その他類似の組織が，業務を管理または組織化する行為の態様が人の死亡をもたらし，それが，当該組織が死亡者に対して負う関連する注意義務の重大な違反に相当する場合には，法人故殺罪に問われる。もっとも，高い地位にある職員（senior management）が業務を管理または組織化する行為の態様が，当該違反行為の重要不可欠な要素となっている場合に限る[48]。

「会社の意思決定者」の判断に帰責するという従来の抗弁方法は，実際に興味深い結果をもたらしている。

ワンマン会社の取締役が不注意に配置した棚が横倒しになり，店に入ってきた客を死亡させた場合であれば，会社に罪を問うのは容易である。

しかし，大規模なスーパーマーケットのチェーン店で，同様の不注意による棚の転倒事故により不運な客が死亡した場合であれば，その棚の配置が取締役会の決定事項ではなく，数多くいる下位の業務管理者に委任された事項だということを陪審員に立証できれば，そのスーパーは罪に問われないであろう。

しかし，本法では，組織における「高い地位にある職員」とは，組織の活動の全部または重要部分の管理または組織化に関する決定，あるいはそれらの実際の管理または組織化に重要な役割を果たす者を意味する。

ここで言う，組織との関係での「関連する注意義務」とは，民法の過失規定に基づく具体的な義務を基準として確定される。注意義務違反に当たるとされ

47　R v ICR Haulage Ltd, Court of Appeal.
48　2007年法人過失致死罪・殺人罪法第1条。

る行為が，具体的な状況下で当該組織に合理的に期待される程度を大きく下回る場合には，当該組織による注意義務違反は，「重大な」過失と認められる。組織の注意義務違反が「重大」であるかどうかを判定する際には，陪審員は，その組織による労働安全法令の不遵守があったかどうか，その注意義務不履行の深刻性，死亡リスクの発生程度，また，その不履行が及ぼす影響などを考慮しなければならない[49]。

法人故殺罪に問われた組織は，正式起訴犯罪として罰金刑に処せられる。

もっとも，法人故殺罪の有罪判決を下す裁判所は，矯正命令（remedial order）を発する権限を有する。これは，組織に対して，当該違反行為，それが原因で発生したと裁判所が認める事項，死亡の原因になったと裁判所が認める事由，さらに，組織の方針，体制および運営における労働安全衛生上の不備のうち，違反の兆候が認められる事項の是正に向けた具体的措置を命ずるものである。

法人故殺罪の有罪判決を下す裁判所は，さらに，公告命令（publicity order）を出すこともできる。これは，組織に対して，犯罪により有罪判決を受けた旨，犯罪の具体的な内容，科された罰金の額および矯正命令の内容を一定の方式で公告することを命ずるものである。この命令の目的は，犯罪の抑制と処罰にある。

この法律に基づく最初の有罪事件が公表されている。ゴッツウォルド・ジェオテクニカル・ホールディングス社（Cotswold Geotechnical Holdings Ltd）がウィンチェスター刑事法院で有罪判決を受け，385,000 ポンドの罰金刑に処せられている[50]。

■3　2006年詐欺法（Fraud Act 2006）

重要な改革の1つは，2007年1月15日に施行された「2006年詐欺法」である。

驚かれると思うが，この法律が施行されるまで，イギリスの刑事法には「詐欺」という具体的な類型の犯罪がなかった。詐欺罪ではなく，窃盗，欺罔による財物・サービスの取得，公的歳入の不正利用といったさまざまな類型の犯罪によって起訴されていた。

---

[49] 2007年法人過失致死罪・殺人罪法第2条。
[50] Financial Times 18 February 2011.

第3章　英国における企業関連犯罪

本法では、次の3通りの態様による一般的な詐欺罪を規定している。

・虚偽表示。
・情報の非開示。
・地位の濫用。

また、次のような新しい類型の犯罪が導入されている。

・不誠実な態様による便益の取得。
・詐欺目的で用いられる物の所持、製造および供給。
・非法人の事業者に適用される詐欺的取引。

虚偽表示による詐欺は、被告人が、利益を図りまたは他人に損害もしくはそのおそれを及ぼす意思をもって、不誠実な方法で虚偽表示を行うことで成立する[51]。

利益または損失が実際に生じたことは、要件とはされていない。

事実に反するか誤認を生じさせる表明がなされた場合であって、その表明者が、そのことを知っているか、そのおそれがあると考えている場合には、意思表示は虚偽とみなされる。この意思表示は、事実または法律に関するものかを問わず、さらに、ある者の心理状態に関するものでもよい。明示的か黙示的かも問わない。言葉で表明される場合もあるし、ある者の行動によって表明される場合もある。このため、詐欺犯が人を騙して口座情報を開示させるため、銀行を騙ったメールを送る行為である「フィッシング」なども含まれる。また、意思表示が人間を対象とすることも求められず、半導体チップや暗証番号装置も、本法に基づく犯罪の適用対象に含まれる。

この類型の適用上、不誠実な行為に当たるかどうかの判断基準は以下のとおりである。

・被告人の行動が、合理的で誠実な者の通常の基準から見て不誠実だと判断されるかどうか。
・被告人が、自分の行動が不誠実であり、合理的で誠実な者によって不誠実

51　2006年詐欺法第2条。
52　R v Ghosh.

だと判断されることを認識していたかどうか[52]。

情報の非開示による詐欺は，被告人が，利益を図りまたは他人に損害もしくはそのおそれを及ぼす意思をもって，不誠実な態様で他人への情報開示を怠ることで成立する[53]。

この犯罪類型に該当するためには，法律上の情報開示義務が課されていることが必要である。ここで言う法律上の情報開示義務とは，契約上の義務も含まれる。このため，生命保険契約において健康状態の情報開示を怠ると，契約の無効原因となるだけでなく，契約申込者は，詐欺罪で刑事訴追されうる。

この条項に規定される，法律上の情報開示義務が生じる関係としては，以下のようなものが挙げられる。

・取締役の会社に対する関係。
・会計士・弁護士のクライアントに対する関係。
・従業員の雇用者に対する関係。

地位の濫用による詐欺は，被告人が，他人の金銭的利益を守ること，またはそれに反する行為をしないことが期待される立場にある場合に成立する[54]。ある者が，利益を図り，または他人に損害若しくはそのおそれを及ぼす意思をもって，不誠実な態様で地位を濫用する場合には，詐欺罪が成立する。

この類型の対象とされる地位には，以下のようなものが挙げられる。

・従業員・取締役の会社における地位。
・専門家のクライアントに対する地位。

また，信認義務違反とされるのは，例えば，以下のようなケースである。

・取締役がその地位を濫用し，会社の資金をすべて自分の年金ファンドに移してしまった場合。
・従業員が雇用者の損失において，ビジネスチャンスをライバル会社に与えてしまった場合。

---

53 2006年詐欺法第3条。
54 2006年詐欺法第4条。

本法では，さらに，詐欺関連目的に利用する物を所持または支配することは，違法行為に該当する，と定めている。ある物が詐欺の用途で設計または改変されたものであることを知りながら，あるいは詐欺の実行または幇助の目的で利用する意図を有しながら，物の作成，改変，供給または供給の申出を行うことも，犯罪に該当する。

このような物には，コンピュータプログラム，コンピュータファイルなども含まれる。

本法では，さらに，事業が会社によって債権者の欺罔その他の詐欺目的を意図して実施されていることを知りながら，詐欺的な事業の実施当事者となることは，犯罪に該当する，と定めている[55]。本規定に定める犯罪は，会社を通じた詐欺的事業の実施に係る既存の犯罪とは競合関係となる[56]。

従来の会社犯罪に関する判例法をもとに，次のようなポイントをまとめることができる。これらは，こうした新しい類型の犯罪にも適用可能と考えられる。

・不誠実さは，犯罪の成立に不可欠な要素である。
・犯罪は，債権者を騙すことに限られない。
・一回の取引だけでも，犯罪は成立しうる。
・犯罪の主体となるのは，会社において一定の支配権限または管理権限を有する者のみである。

また，支払いを免れる意思をもって，有償のサービスを不誠実な態様で取得した者は，犯罪を行ったものとされる[57]。その者が，そのサービス提供が料金支払いを前提とするか，その可能性があることを知っていたことが要件となる。不作為のみを根拠に，この犯罪が成立することはない。犯罪が成立するのは，不誠実な行為が，本来のサービス対価支払いを免れる意図で行われた場合に限られる。

この犯罪は，従来の，欺罔により便益を取得する罪に代わるものである[58]。

もっとも，欺罔は，犯罪の成立条件から外されている。このため，本来ならダウンロード料金がかかることを知りながら，ソフトウェアをライセンスなく

55　2006年詐欺法第9条。
56　2006年会社法第993条。
57　2006年詐欺法第11条。
58　1978年窃盗取締法第1条。

利用した者，もしくは他人に許可した者も，犯罪を行ったものとみなされる。

2006年詐欺法によれば，会社が犯罪を行った場合には，その会社だけでなく，会社において一定の役割を果たしており，かつ，会社による犯罪行為の実行の当事者であった者も併せて訴追することが可能である。

このような者には，会社の取締役，マネージャー，秘書役その他これに類似する役職の者が含まれると考えられる。会社を経営しているのがその持分保有者または株主である場合，経営に関わった者も訴追の対象となる。

詐欺に関連する用途の物の所持および作成の罪，また，欺罔による便益取得の罪は，5年以下の拘禁刑によって処罰される。

これ以外の詐欺罪は，10年以下の禁固刑に処せられる。2006年会社法第993条に定める刑も同様に引き上げられ，10年以下の拘禁刑となった。

● 4　贈収賄および汚職の罪

2008年に経済協力開発機構（OECD）の作業部会が，イギリスの贈収賄禁止法令はOECDの汚職防止条約に沿ったものでないとして，イギリスを厳しく批判した[59]。イギリスによる条約批准から10年が経過しているのに，会社が外国公務員贈収賄（foreign bribery）で立件されたケースが1件もないことが作業部会によって指摘されている[60]。

2010年贈収賄防止法により，汚職に関する制定法上およびコモン・ロー上の犯罪はすべて廃止され，外国公務員に関する「能動的（active）」犯罪が新しく導入された。さらに，賄賂提供の防止を怠ったことが新たに犯罪とされ，法人の刑事責任に関する法規定に対する重要な例外も導入された。諜報機関や軍隊による贈収賄行為も認められるようになった。

同法では，贈賄罪が規定されており[61]，供与者が次の2つの条件を充たす場合に，金銭その他の利益を提供し，またはその提供の申出もしくは約束をしたときに成立する。

・供与者が，本来であれば中立性，信義誠実および信頼性が期待される職務（「職務に関連する期待」）の不適切な実施に対する誘引または報酬の意図を

59　Times May 11 2010, Jonathan Fisher QC.
60　Times May 11 2010, Jonathan Fisher QC.
61　2010年贈収賄防止法第1条。

有していること。
・その収受行為自体が「職務に関連する期待」に反することを，供与者が知っているかそのように確信していること。

また，収賄罪も規定されており[62]，次の条件を充たす場合において，収受者が金銭その他の利益を要求し，収受し，またはその収受に同意したときに成立する。

・「職務に関連する期待」が求められる職務が，結果的に不適切に実施されることを供与者が意図していること。
・要求，収受または収受の同意自体が不適切であること。
・要求，収受または収受の同意が，過去の不適切な行為の見返りであること。
・収受者その他の者が，収受者による利益の要求，収受または収受の同意を期待して，またはその結果として不適切に職務を実施したこと。

これらの犯罪は両方とも，10年以下の拘禁刑もしくは罰金刑またはこれらの併科により罰せられる。外国公務員に対し，外国公務員としての職務権能上の影響を与えることを意図して賄賂を供与した者は，犯罪を行ったものとして有罪とされる。さらに，供与者が，取引の獲得または維持，あるいは業務実施上の利益の獲得または維持を意図していることが要件となる。供与者が公務員に賄賂を供与したと認められるのは，以下の条件を充たす場合に限られる。

・供与者が直接または第三者を介して，公務員に対して，または当該公務員の要求，同意もしくは黙認に基づき他の者に対して，金銭その他の利益を提供しまたはその提供の申し出もしくは約束をしたこと。
・当該公務員に適用される成文法上，そのような申出，約束または贈与によって外国公務員としての職務権能上の影響を受けることが許容されておらず，または義務づけられてもいないこと[63]。

この犯罪により有罪判決を受けた自然人は，10年以下の拘禁刑もしくは罰金刑またはこれらの併科により処罰される。

自己の行為が合法であると合理的に信じていたとても，それは抗弁としては

---

62 2010年贈収賄防止法第2条。
63 2010年贈収賄防止法第6条。

認められない。また，一般的な行政手続の迅速化を図ろうとしたにすぎない（facilitation payment 訳注：手続の円滑化のみを目的とした少額の支払い），という抗弁も許されない。

会社は，代理人がその会社の「意思の主導者」である場合には，その代理人による贈賄行為について責任を負う。ただし，会社がそのような行為を防止すべく適切な手続を整備していた場合には，例外とされる[64]。

法人の「上級役員（senior officer）」も，会社による犯罪行為の実行に同意しまたはそれを黙認していた場合には，個人的に責任を負う。

民法も，贈収賄行為を思い止まらせる強力な手段であることを念頭に入れておくことが重要である。賄賂の収受は信認義務違反となる。また，イングランド法上，雇用者は従業員に対して，不正な利益を会社に戻すよう命じる権利がある[65]。

● 5　その他の救済手段

取締役の資格停止（Directors Disqualification）

会社の組織化または経営管理に関連する一定の犯罪で有罪とされた者について，量刑を行う裁判所は，15 年を限度に，その者の取締役への就任資格を停止しまたは他の会社で経営に関与することを禁止することができる[66]。

この制度は，会社犯罪のみに限られるものではない。次のような場合にも取締役の資格を停止することができる。

・取締役が破産した場合には，当然に資格停止される。
・民事裁判所が，以下のような場合に，被告の資格停止命令を下した場合。
　―2006 年会社法の違反行為が継続している場合。
　―取締役が会社経営への関与には不適任であると認められる場合。
　―会社が独占禁止法令に違反している場合。

取締役の資格が停止された場合には，次のような禁止規定がある[67]。

64　この具体的内容に関するガイダンスはまだ定められていない。
65　Abdel Hadi Al Qahtani & Sons v Antliff, Jonthan Hirst QC. サウジアラビアの炭酸飲料メーカーが，従業員の受領した賄賂の回収を求める訴訟で勝訴した。
66　1986 年会社取締役資格停止法第 2 条。
67　1986 年会社取締役資格停止法第 1 条。

(a) その都度裁判所の許可を得ないで，会社の取締役となること，会社財産の管理人として行動すること，もしくは方法を問わず直接的または間接的に会社の設立または経営に関与もしくは参加することはできない。
(b) 倒産実務家（insolvency practitioner）として行動することはできない。

この規定が，被告による取締役就任を阻止する効果があると一般的には考えられている。しかし，被告に対する実際の制約は，「方法を問わず直接的または間接的に……会社の経営に関与もしくは参加することはできない」という部分にある。

どのようなことが会社の「経営への関与」に当たるのかは，いまだに明らかではない。しかし，取締役や業務執行担当者でなくても，会社経営に関与することが可能なのは明らかである。控訴院判例では，自営業の経営コンサルタントが，この法規定の適用上，会社経営に関与したと判断されたことがある[68]。

取締役資格停止命令の違反は，それ自体が犯罪に該当する。命令違反に対する量刑の目安は，6ヶ月の拘禁刑（immediate custodial sentence）である。これは，不誠実さが立証されない場合であっても，同様である[69]。

また，民事責任も追及されうる。違反者は，次の期間中に発生した一切の会社債務について個人的に弁済責任を負うこととなる。

・その者が，資格停止命令または資格停止確約書（disqualification undertaking）に違反していた期間中，または，
・その者が，資格停止命令または資格停止確約書の対象者または免責されていない破産者であることをその時点において知っていた別の者が裁判所の許可なく与えた指示に従って，会社経営に関与する者として行動し，またはそのような意思を有していた期間中[70]。

2001年4月2日に導入された資格停止確約書の制度により，資格停止件数は，24％増加した。そのうち57％は，資格停止確約書によるものである。

「資格停止確約書」とは，裁判所命令に代わる，裁判所に差し入れる法的拘束力ある約束のことである。

68　R v Campbell, Court of Appeal.
69　R v Attenbury, Court of Appeal.
70　1986年会社取締役資格停止法第15条。

この制度は，命令より望ましい代替的手段だと一般に考えられている。取締役に資格停止命令が下されることで「面子がつぶれる」ことを防ぐためである。

しかし，資格停止命令も確約書も法的な効果は同じである。

確約書も，多少の汚点となることは確かである。国務大臣が，不適切行為を認める文言がなく，専ら報道対応目的で作成された資格停止確約書の受理を拒否できるのは明らかである[71]。

● 6　没収命令（Confiscation Orders）

刑事裁判所は，被告人に有罪判決を言い渡す際に，没収命令を下し，犯罪利益を引き渡すよう命ずる権限を有する。

貴族院（House of Lords）の見解では，没収命令は，犯罪利益の回収に役立つだけでなく，犯罪抑止効果もある，とされている[72]。実質的には，没収命令は，犯罪で得た利益または被告人の資産の時価のうちいずれか低いほうを下限とする罰金となる[73]。

控訴院判例では，「利益」とは犯罪により得た収益を意味するわけではない，とされている。裁判所が，(1)犯罪により得られた利益と，(2)処分可能な資産を計算した場合には，命令を軽減する裁量はない[74]。裁判所は，被告人が得た利益を推算することが可能である。

付加価値税の未納詐欺によって得た利益が728万ポンドで，そのうち500万ポンドが帳簿に未計上である場合で，被告が犯罪利益の残りを隠蔽したのではないことを蓋然性の優越基準（balance of probabilities）によって立証できない場合には，裁判官は，被告人に対して100万ポンドの没収命令を下すことができる，とされた[75]。

これにより，取締役資格停止命令の違反により生じた利益をどのように計算すべきかという，興味深い論点が生まれた。刑事法院は，取締役が会社を通じて取り引きし，物品を販売する機会が生まれたことが利益に当たる，と理由づけ

71　Secretary of State for Trade and Industry v Vernon Davies（Blackspur Group 事件）(2001).
72　R v Rezvi and Benjafield, House of Lords.
73　R v Rezvi and Benjafield, House of Lords.
74　R v Roisseter, Court of Appeal.
75　R v Durgesh Mehta, Court of Appeal.

た。そうすると，真の利益の価額は，取締役の地位が資格停止命令に違反していた期間中の売上額であることとなる。

　控訴院は，この判断は楽観的にすぎる，と考えた。取締役資格停止命令または取締役として行動しない旨の確約書に違反して，取締役としての会社経営を行った罪に問われた者に対する没収命令の目的上，被告が得た利益の価額は必ずしも会社の売上額とは限らず，被告個人が得た実際の利益である，と判示した[76]。この実際の利益とは，その者の給与，取締役報酬その他の雇用給付を指す。

Ⅵ　結　語

　企業関連犯罪の全貌と，英国経済に及ぼす影響は，はっきりとは分からない。

　国家詐欺取締局（National Fraud Authority）の最近の推計では，詐欺が英国経済に及ぼす損失は，年間300億ポンド以上に上るという。しかし，これは，全体像ではない。

　企業関連犯罪に関しては，国の犯罪統計は，捜査・起訴管轄の重複したまったく別の官庁からなる複雑なルートの1つに過ぎない警察を，もっぱら情報源としている。

　しかし，企業関連犯罪のもたらす影響には，被害企業の金銭的損失に止まらず，「債務の悪循環」など消費者や従業員に対する社会的・心理的な影響も含まれる。従業員に対する影響としては，雇用者が犯罪の被害を受けたことによって職を失うこと，また，企業関連犯罪に関わった会社にそうと知らずに雇われたことで次の就職が不利になること等，が挙げられる。

　企業関連犯罪の大半は，通報されない。被害者の告発を受け付ける一元的で明確な捜査・起訴当局がなければ，犯罪の通報につながらない。

　詐欺罪と金融関連犯罪の捜査・起訴をめぐる制度設計の改革は，長い間未決着のままになっている。

　英国経済が最も深刻な課題に直面している今こそ，この機会を利用するべきである。

76　R v Blatch, Court of Appeal.

第4章　イタリアにおける経済犯罪防止に向けた
　　　　　コンプライアンス・プログラム

チーム：マウロ・カテナッチ，マルタ・アゴスティーニ，ジュリア・ファロティーコ，ステファーノ・マンティーニ，フェデリコ・メログラーノ

[早稲田大学 GCOE 刑事法グループ訳]

I　本研究の目的

　問題を正確に解説するためには，まず，本研究の主要目的が法人責任に関する 2001 年 6 月 8 日委任立法令第 231 号（以下「2001 年法」という。）により導入された規定の影響，内容および効果の考察にあることを強調しておく必要がある。

　この観点から，本プロジェクトでは，企業が 2001 年法に基づく義務を実効的に遵守しているかどうか，およびコーポレートガバナンスの関連データに及ぼす影響の検証を試みる。

　背景を説明すると，本研究の目的は，企業の経営陣または従業員による法規範の違反（特に経営組織体制に関する規範の違反）から生じる刑事責任について，一定の影響に着目して考察を加えるにあたって基礎となる適切な事実と情報を入手することにある。

　企業は，それぞれ，完全に独自の判断で組織体制や業務・責任分担を確立している。これは，時間やリソースの無駄をなくして費用効率の高い成果を上げるという永遠の課題と結び付いた，ビジネス志向の価値判断に基づいたものである。

　2001 年法の適用対象となる企業（特に大会社）は，企業に所属する者による犯罪実行の防止を図るためのコンプライアンス・プログラム整備のため，企業の組織体制の変革を迫られている。

　こうした法規定とその影響の考察を通じて，イタリア産業界の特徴を踏まえつつ，また，この新しい法規制を調査する費用対効果を考慮して，この法規制の実効性と効率性に関する詳しい報告書をまとめた。

Ⅱ 2001年法によって新たに導入された法人責任

イタリアでは，2001年法よって新たな類型のいわゆる「法人責任」が導入された。この責任は，会社，さらには法人格の有無を問わず企業体（上場企業か，また，もっぱら営利目的か等を問わない）や団体に適用される。

この2001年法は，会社に対して，犯罪の実行者に対して裁判所が科す刑罰に加え，2001年法に定める様々な行為を防止するためのプログラム整備を義務づけるものである。

以上のことを念頭に置きつつ，この改革が明らかに近年で最も重要な法改正であることに注目すべきである。この改革を通じて，イタリアは，企業が関係してくる事件に対するさらにバランスのとれたアプローチへの移行を目指している。

取締役，業務執行者，代理人または従業員が，会社の利益のために，2001年法に定める犯罪を行った場合については，同法に具体的な法人責任が定められている。

当然のことながら，犯罪の重さによって異なるが，制裁は，次のように区別することができる。

(i) 金銭制裁（150万ユーロを上限額とする）。
(ii) 法律上の禁止措置（営業停止命令，官公庁許認可の停止，官公庁との契約禁止，免税措置・資金助成・支援の適用除外または取消，商品・サービスの広告禁止など）。
(iii) 犯罪の対価または収益（会社が違反行為によって得た利益）の没収。
(iv) 判決の公示。
(v) 会社の強制管理。

実際，2001年法では，会社が犯罪を助長したのではなく防止に最善の努力を払ったことを立証できる場合には，刑事責任を免除している。

特に，会社が立証を求められるのは，以下の点である。

ⅰ）犯罪の実行前に，会社の利益のために行動する者の不正行為の防止を目的としたコンプライアンス・プログラムを効率的かつ現実に導入していること。

第4章　イタリアにおける経済犯罪防止に向けたコンプライアンス・プログラム

　ⅱ）　独立的権限を有し，コンプライアンス・プログラムの導入と効率的な遵守のチェック業務を担う監視機関を設置していること。
　ⅲ）　犯罪の実行者の不正行為によりコンプライアンス・プログラム違反が行われたこと。
　ⅳ）　監視機関が業務を的確に実施していること。

　監視機関が設置されていない場合でも，コンプライアンス・プログラムを効果的に実施していれば，これが，2001年法が主として要求する義務の履行の代わりとなり，会社の利益のために行動する者が犯罪を行った場合に法人責任の減免を受ける。

　同様に，会社は，法規範を守る義務，および，個々のケースにおいて2001年法に定める行為の防止に向けたコンプライアンス・プログラムを整備する義務を負う。

　コンプライアンス・プログラムが，現実に発生する犯罪の防止に適したものでなければならないことは当然である（2001年法第6条）。この目的のため，2001年法では，コンプライアンス・プログラムに以下の事項を含めなければならない，とされている。

— いわゆる「リスクを伴う事業活動領域」の特定。
— 意思決定の具体的手続。
— 社内の監視機関の設置。
— 監視機関への通報義務。
— 社内懲戒制度。
— 財源管理制度。

　これ以外の具体的な要件は会社の特徴に応じて異なるため，刑事弁護士や，コンプライアンス・プログラム整備を担当する企業法務専門弁護士による専門的な評価を経て選択される。

　この制度的枠組みにおいては，コンプライアンス・プログラムの策定担当者は，2001年法に定める対策に取り組んでいる会社の組織体制，特徴，経緯を比較分析し，問題点に最も適切に対応できるよう，キーポイント（リスクマッピング，監視機関の職務と構成，さまざまな分野での意思決定プロセス等）を特定することが求められる。

第Ⅲ部　海外6か国の報告書

この特定作業において注意すべき点として，次のようなものが挙げられる。

ⅰ）監視機関の構成と権限：監視機関の構成が，強大な権限に加えて一般的なスキル（企業法務専門弁護士や統計データ専門家等）と特殊スキル（相対的な独立的地位を与えられ，公式な会計監査を実施する会計士等）をバランスよく備えていればいるほど，コンプライアンス・プログラムは適切で効果的と判断される。

ⅱ）会社の意思決定の分担範囲：経営陣が閉鎖的であれば，犯罪助長のリスクは高まる。このリスクは意思決定機関の規模に比例して減少する。このため，コンプライアンス・プログラムが共同した職責を課す制度の確立を図るものであれば，より「適切」と判断される。

2001年法で義務づけられる会社スキームを正確に素早く理解し，イタリアの法的背景の全体像を把握するため，本件に関するイタリアのルールの大まかなチャートを示すのが有益であろう。

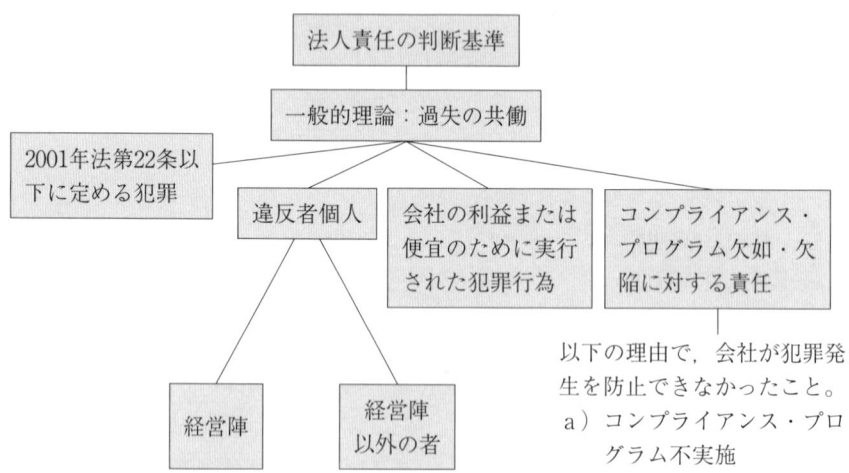

```
                    法人責任の判断基準
                           │
                   一般的理論：過失の共働
                           │
    ┌──────────────┬──────────────┬──────────────┐
2001年法第22条     違反者個人    会社の利益または    コンプライアンス・
以下に定める犯罪                  便宜のために実行    プログラム欠如・欠
                    │            された犯罪行為      陥に対する責任
              ┌─────┴─────┐
            経営陣      経営陣
                        以外の者
```

以下の理由で，会社が犯罪発生を防止できなかったこと。
　a）コンプライアンス・プログラム不実施
　b）コンプライアンス・プログラムの効果的な導入をチェックする監視機関が設置されていない
　c）監視機関が任務を果たしていない

注：犯罪の実行者が，業務を管理し意思決定を行う者である場合には，会社が法人責任の免責を立証する必要がある。
　　また，犯罪実行者が経営陣以外の従業員の場合には，会社の過失を検察官側で立証しなければならない。

第4章　イタリアにおける経済犯罪防止に向けたコンプライアンス・プログラム

Ⅲ　関連する判例

　イタリア破棄院（普通司法裁判所の最上級裁判所）の法人責任関連判例は，2009年までに273件ある。

　そのうち22件は，コンプライアンス・プログラムの適切性という争点に関わるケースである。

　破棄院は，コンプライアンス・プログラムを導入・実施しなかった会社が経営陣による犯罪について免責（第5条第2項）されるのは，実行者が専ら自らまたは第三者の利益を図るために行動した場合に限られる，と判示した（2009年7月9日破棄院判決第36083号）。

　一方，刑事裁判所が民事的側面において，会社の社長と常務取締役に対してコンプライアンス・プログラムの不整備による損害賠償責任を認める判決を下している（2008年2月13日ミラノ地方裁判所判決）。

　もっとも，コンプライアンス・プログラムを策定（第6条および第7条）しただけでは足りないことに注意すべきである。判例上，コンプライアンス・プログラムは，業務分野のリスク（特に犯罪の「兆候的」要素，例えば，秘密の海外当座預金口座の存在，支払元を特定困難にする外国の仲介業者の利用，会社による入札公告と密接に関連する支払い等）を把握するための適切な手段を備えるべきことが明確にされている（2004年10月28日ミラノ地方裁判所判決）。

　前述したとおり，ミラノ地方裁判所によれば，コンプライアンス・プログラムは，次の要件を充たすものでなければならない，とされている。ａ）犯罪が発生しうる具体的な事業活動領域。ｂ）犯罪防止に関する企業の意思決定のための具体的な手順。ｃ）犯罪防止のための財源管理。ｄ）コンプライアンス・プログラムの整備と実施チェックを担当する監視機関への通報義務の遵守。ｅ）違反行為に対する制裁のための社内懲戒制度の実施。

　簡潔にまとめると，コンプライアンス・プログラムは，企業関連事象に対する現実的かつ経済的なアプローチに基づく，具体的で，かつ，明白な活動性を有するものでなければならない。

　コンプライアンス・プログラムの策定者は，上記のことを踏まえて，会社の事情を考慮し，さらに，リスク要因の明確な検証を行う必要がある（2004年9月20日ミラノ地方裁判所判決）

　会社が得た利益（第5条第1項）に関しては，相場操縦関連事件において，

会社が時価を上回る価格で株式を購入した場合でも，上昇トレンドを利用して株価を安定させることで利益を得たとして法人責任が認定されたケースがある（2007年2月26日ミラノ地方裁判所判決）。

さらに，コンプライアンス・プログラムは，2001年法に定める法的制裁の枠組みにおいて別の重要な役割を果たす。第17条は，会社が組織体制上の不備を解消し，犯罪防止に適したコンプライアンス・プログラムを導入した場合には禁止措置を免れる機会を与えている。

もっとも，破棄院は，(i)損害の完全な賠償，(ii)犯罪により生じた結果の除去および(iii)犯罪により得た収益の提供が，2001年法に定める行為の防止に十分なものと判断されるのは，会社が他の類似犯罪防止に向けたコンプライアンス・プログラム実施手段の組織的欠陥を克服した場合に限られる，と判示している（2009年10月10日破棄院判決第40749号，2006年6月23日破棄院判決第32627号，2004年4月27日ミラノ地方裁判所判決）。

また，裁判所は，会社が犯罪の実行後になって，犯罪を助長した組織運営上の欠点を解消するためにコンプライアンス・プログラムを導入したような場合には，コンプライアンス・プログラムの適切性判断をより厳格に行うべきだ，と判示している（2003年4月14日ローマ地方裁判所判決）。

一般的には，コンプライアンス・プログラムを実施したのが公判の前である場合には，金銭制裁は軽減される（2002年11月4日ポルデノーネ地方裁判所判決）。

最後に，イタリアで営業している外国会社は，その本国では上記のような規制的枠組みがない場合であっても2001年法が適用される，というのが判例である（2004年4月27日ミラノ地方裁判所判決）。

IV 経済犯罪

重要な点として，2001年法では，下の表の通り，犯罪を構成する行為（第5条に定める個人の犯罪）で会社に刑事責任が問われるものを列挙している。

特に，2001年法では次のような犯罪類型が考慮されている。

ⅰ）経済犯罪：「詐欺及び窃盗」，「経済犯罪」，「資金洗浄」，「トラスト規制に反する行為」，「製品安全性に関する違反」
ⅱ）人に対する犯罪：「職場での過失致死傷」，「児童ポルノグラフィ」，「奴

第4章 イタリアにおける経済犯罪防止に向けたコンプライアンス・プログラム

隷的拘束」,「知的財産権及び著作権侵害」

ⅲ) 官公庁または公の秩序に対する犯罪:「汚職」,「テロリズム」(テロリズムへの資金提供等),「組織犯罪およびその関連犯罪」

法律に掲げる具体的な犯罪類型の理解に役立てるため,次の表を参照されたい。

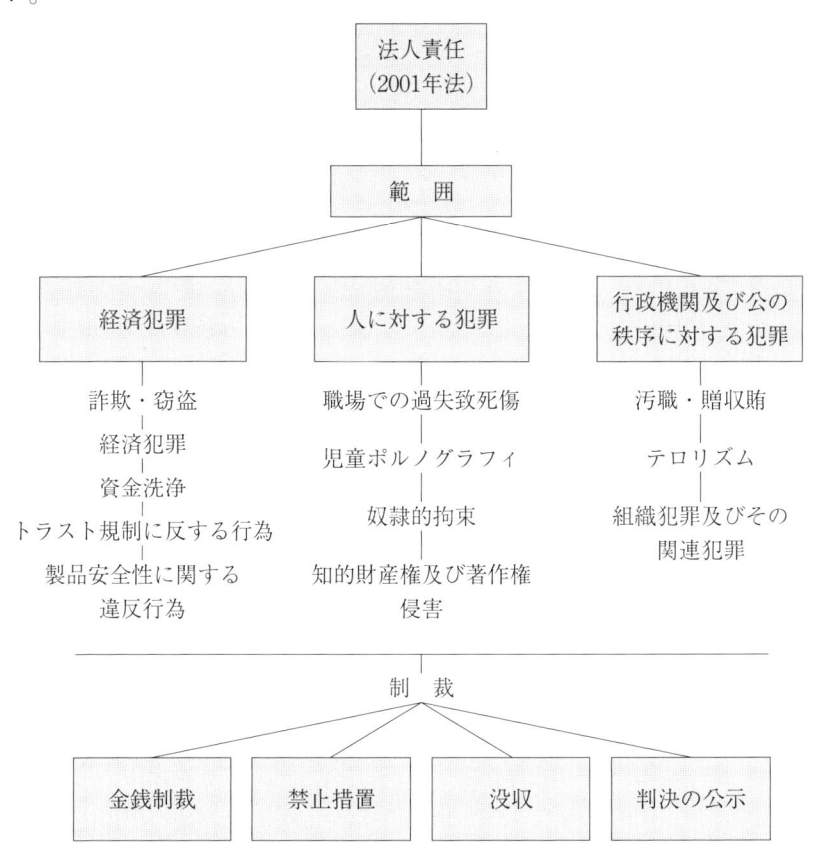

```
                    法人責任
                   (2001年法)
                       │
                     範 囲
          ┌────────────┼────────────┐
      経済犯罪      人に対する犯罪    行政機関及び公の
                                    秩序に対する犯罪

    詐欺・窃盗      職場での過失致死傷    汚職・贈収賄
    経済犯罪        児童ポルノグラフィ    テロリズム
    資金洗浄        奴隷的拘束            組織犯罪及びその
    トラスト規制に反する行為              関連犯罪
    製品安全性に関する   知的財産権及び著作権
    違反行為            侵害

                    制 裁
        ┌──────┬──────┼──────┬──────┐
     金銭制裁  禁止措置   没収    判決の公示
```

Ⅴ 研究の実施体制:判断基準及び前提条件

本研究のため,本グループは,特に以下のようなミーティングを定期的に開催し,対象活動期間中に行うべき手順を確認した。

── カテナッチ教授の指導により,プロジェクトとスケジュールの確認のた

めのミーティング・電話会議を数回行った。
— カテナッチ教授の指導により，アンケート作業のためのミーティング・電話会議を数回行った。
— 調査対象会社の選択基準を決定するためのミーティングを数回行った。
— 特にアンケートの配布に関して，プロジェクトを説明し研究期間中の協力を取り付けるため，イタリア工業連盟（イタリアの製造業者・サービス業者の主要な代表機関，以下「CONFINDUSTRIA」という。）およびイタリア銀行協会（イタリアの金融・銀行システムを代表し，促進を図るための機関，以下「ABI」という。）の担当者とのミーティングを数回行った。
— 実施された活動の報告と，アンケートの配布後に回収されたデータ処理のためのスケジュール設定を目的としたミーティング・電話会議を数回行った。

今回の調査対象となった企業による，法人責任をめぐる新たな規定の遵守状況については，統計的手法が適切かつ有益なモデルである，と判断した。

この観点から，本グループでは，東京の早稲田大学から提供された一般的なスキームをベースとしつつ，イタリアの規制的枠組みに合わせて調整したアンケートを利用し，下記の基準に従って選定した会社に送付した。

このアンケートは，4部構成となっており，17項目にわたる選択式の質問で構成されている。

アンケートを正確に理解してもらうため，簡潔で正確かつ具体的な質問のみを選んだ。さらに，データの整理をしやすくするため，回答の大部分はあらかじめ用意した。回答者は，自社の方針に適合していると思われる選択肢に「X」をつければよい。

作成したアンケートの内容は，以下のようなものである。

— 第1部（セクションA）には，調査対象企業の会社概要データに関する質問が含まれている（特に，法的形態，主な事業分野，従業員数，会社の代表者の業務および職責，国内外の市場，国内外の人員配置，売上高，回答者の業務経験，回答の権限等）。
— 第2部（セクションB）は，企業が導入している，経営支配者・意思決定者による違反行為，または経営陣以外の従業員による違反行為の防止に向けた制度的措置（コンプライアンス・プログラム）に関するものである。

第4章　イタリアにおける経済犯罪防止に向けたコンプライアンス・プログラム

　この点に関連して，本研究では，次の事項を主に取り上げた。(i)コンプライアンス・プログラムの適切な整備を監督するための監視機関の設置。(ii)従業員に対する犯罪防止措置の周知と研修。(iii)従業員による職務遂行上の不祥事に対する懲戒手続。(iv)企業が採用している，犯罪発見のための一般的な手段（内部監査，外部監査，コンプライアンス・オフィサーの任命等）および法令違反があった場合の社内手続。

― 第3部（セクションC）では，以下の点について，回答者が自社での効率性をどう評価するかを質問する

　ⅰ）企業犯罪防止に向けた個別的・一般的な法的手段（刑事制裁，民事上の損害賠償等）

　ⅱ）会社が具体的に講じている措置があれば，その措置（例えば，従業員を雇う前に前歴をチェックする，従業員に対して法規制と制裁を周知する，法規定の道徳的趣旨を説明するなど）。特に，本グループでは，調査対象企業がコンプライアンス・プログラムを導入した実際の動機に着目する（倫理上の配慮，会社の評判，導入しない場合には法律上の制裁があるためなど）着目する。

― 第4部（セクションD）では，回答者に他の手段（電話による問合わせ，個人面談等）によって追加情報提出を依頼してもよいかどうか，また，自身が協力した研究成果の詳細を知らせてもよいかどうか，を質問する。

Ⅵ　調査対象企業の選定基準

　本研究の目的のため，本グループでは，上記で説明したCONFINDUSTRIAおよびABIの担当者と数回ミーティングを行い，2001年法に定めるルールの具体的性質に照らして適切と思われる調査対象企業の選定基準を特定した。

　上記で説明したミーティング・電話会議をもとに，さらに，イタリアの銀行システム上で入手可能な情報も加味して，調査の対象を<u>大規模または平均的規模の会社・金融機関</u>（複数の市場枠組みの下で業務を行っている会社，<u>非常に複雑な組織構造により金融サービスを提供している企業等。多国籍企業も含む</u>）に限定するのが適切である，と判断した。

　イタリアの産業界には中小企業（SMB）が多いため，他国の産業構造とは区別すべきである。

　2003年5月6日付の欧州委員会勧告第1422号により，「中小企業」の定義

に必要なルールおよび条件が改訂されている。

具体的には，企業は，以下のように定義される。

— 「中規模企業」とは，(i)従業員が250人未満，または，(ii)年間売上高が5000万ユーロ以下または資産が4300万ユーロ以下である企業を指す[1]。
— 「小規模企業」とは，(i)従業員が50人未満，または，(ii)年間売上高または資産が1000万ユーロ以下である企業を指す[1]。
— 「零細企業」とは，(i)従業員が10人未満，または，(ii)年間売上高または資産が200万ユーロ以下である企業を指す[1]。

以下に説明する理由により，小規模企業および零細企業は，法令に定めるコンプライアンス・プログラム導入には非常に消極的であり，今回の研究目的にはふさわしくない，と思われる。

「組織構造上の」観点から小規模・零細企業を見ると，こうした企業はコンプライアンス・プログラムの導入が必要だとは考えていない（特にコスト増大防止の観点から）。使用者が従業員とほぼ毎日密接に仕事をしており，また，外部者との関係は使用者が個別的に管理するのが通常だからである。

経済的観点からは，法に定める措置の実施はコストの無用な増大につながり，売上高が上限額以下の会社にとっては維持できないと思われている。

上記で説明した理由から，本研究のための調査に適していると思われるのは大規模・平均的規模の企業のみである。実際に，こうした会社では，組織体制の機能上の複雑さと多様性による違法行為のリスクが当然に存在することをふまえ，新たな法規定で導入された法人責任を非常に重視している。

今まで説明したような経済的観点と，本研究の時間が限られていることに鑑み，本グループでは，研究の射程範囲を，イタリアの大企業で複雑な組織構造を有し（いわゆる「ホールディングカンパニー」），主要産業分野で活動を行っているものに限定した。これらの大企業だけで，GDPの10%以上を占めている。

アンケートは，最終的に，CONFINDUSTRIAおよびABIの貴重なご協力により，この企業グループに属する50社に対して送付された。こうした会社が，ここで詳しく取り上げる法的ルールの主な名宛人である。

疑義を回避するために申し添えておくと，さらに正確で具体的な情報を収集

---

[1] 上位区分の企業に分類されるためには，(i)または(ii)のいずれかの基準を超えれば足りる。

第4章　イタリアにおける経済犯罪防止に向けたコンプライアンス・プログラム

する目的でも，本グループでは100社以上を調査することは予定していない。

　当然のことながら，本グループがコンタクトを取ったのは，対象企業の担当者のうち，業務活動の監督者であり，専門的で有効なサポートを行っている者である。

Ⅶ　前提事項

　まず，背景から説明すると，イタリアでは，法人責任を定めたる2001年法が導入される前に，他のヨーロッパ諸国と同様に，より適切で機能的なビジネスの意思決定に向けた一連の原則と統一的手続を定める必要性が強く認識されていたという点が重要である。

　特に，経済協力開発機構（OECD）加盟国では，すでに1990年代後半に業界団体や事業者によっていわゆる「ベストプラクティス行動規範」が試験的に導入され，発展していた。

　こうした行動規範には，会社の組織的活動を規律することを目的とした一連の基準，さらに情報管理手続やコンプライアンス手続等が盛り込まれている。

　国際的な視点からは，経営の透明性および説明責任を確保する必要性を背景に，OECDによっていわゆる「コーポレートガバナンス原則」（1999年）（「グッド・ガバナンス」の基準およびルールとされる）が作成されたことが，特に注目に値する。

　いくつかのヨーロッパ諸国では，具体的な規範を定めることにより，そのような傾向に対応した。例えば，フランスの「コーポレートガバナンス委員会勧告」（1999年），イギリスの「グッド・ガバナンス原則およびベストプラクティス行動規範」（*Principles of Good Governance and Code of Best Practice*）に関連する「統合規範」（*Combined Code*）などが挙げられる。

　イタリアでは，「コーポレートガバナンス委員会による上場会社規則」（イタリア証券取引所が1999年に公表）が，公平な経営管理と株主，少数株主および会社債権者の利益保護という理想を体現し，透明性の確保手続に関するルールを導入する最初の試みとなった。

　この規則の導入は会員企業の判断に任されたため「任意的」なものであった。この規則により，イタリアのコーポレートガバナンス関係規制の国際的な比較可能性が向上し，また，行動のミニマム・スタンダードの遵守につながった。このようなスタンダードが株主にとっての価値を生み出すのに不可欠であることには，異論がない。

　また，犯罪の抑制対策をさらに具体的に進めるため，イタリア議会が2001年にアメリカのいわゆる「コンプライアンス・プログラム」のモデルに倣った手法を導入した。

　アメリカでは，量刑委員会（量刑のために設立された独立的な連邦政府機関）が

第Ⅲ部　海外6か国の報告書

　1991年に企業犯罪向けに策定した「連邦量刑ガイドライン」（ガイドライン）を通じて，企業によるコンプライアンス・プログラムの自発的な実施と整備をベースとした新たな「犯罪抑制」アプローチが生まれている。
　ここで取り上げるのは，従業員による犯罪が発生した場合に有利な措置を受けるために企業が導入する，具体的な組織モデルおよび犯罪抑止モデルである。
　1960年前半から，アメリカ企業は，倫理規範を自発的に採用するようになり，このガイドラインは，それを背景にしたものである。このガイドラインには，犯罪的行為を適切かつ効果的に防止し，犯罪が発生した場合に処罰の減免を受けるために不可欠な条件が定められている。
　アメリカ式モデルを契機に，イタリアは，「自主統制」（コンプライアンス・プログラム）による企業の自主的取組みをベースとした犯罪防止システムに移行した。
　ここで，いくつかの点を明確にしておく必要があると考える。
　アメリカの制度では，組織的プログラムを導入し効果的に実施した場合に会社が受けられる利益は，刑の軽減のみである。一方，イタリアでは，2001年法により，コンプライアンス・プログラムが犯罪防止に適したものであれば，犯罪が発生した場合であっても，会社の責任は完全に免除される。
　このため，本研究は，2001年法の実施から10年経過後の影響とその範囲を考察することをテーマとする。
　本研究目的に利用する手段および判断基準は，前に述べたとおりである。
　調査対象企業の選定方法としては，イタリア工業連盟（CONFINDUSTRIA）及びイタリア銀行協会（ABI）という2つの業界団体と協議した。
　2001年法の実効的な適用の鍵を握るABIとCONFINDUSTRIAがすでに用意していたアンケートを用いた。

第4章　イタリアにおける経済犯罪防止に向けたコンプライアンス・プログラム

〈付録1〉セクションA

セクションA
——調査対象会社および回答者の基本データ

Q1．会社の基本データ

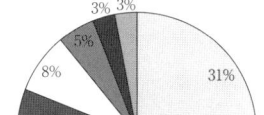

1．法的形態
- 公開株式会社：84%
- 有限責任会社：10%
- 相互会社：3%
- 無回答：3%

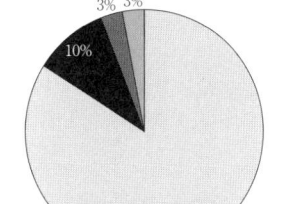

2．主な事業分野
- 銀行・金融：31%
- 医薬品：15%
- 不動産：15%
- 繊維・高級品：10%
- ガス・水道・電気，エネルギー：10%
- 電気・通信：8%
- 機械：5%
- 郵便・物流：3%
- 無回答：3%

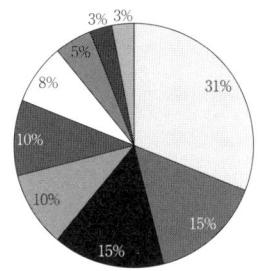

3．市場
- 主に国内：57%
- 主に国外：2%
- 両方：39%
- 無回答：2%

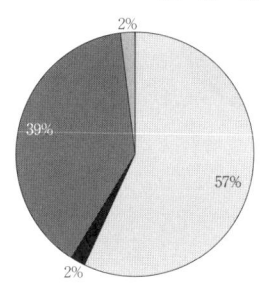

4．従業員数（国内）
- 250人未満：13%
- 250人以上，1千人未満：18%
- 1千人以上，1万人未満：25%
- 1万人以上：42%
- 無回答：2%

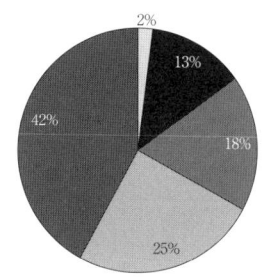

5．従業員数（国外）
- 250人未満：10%
- 250人以上，1千人未満：5%
- 1千人以上，1万人未満：18%
- 1万人以上：64%
- 無回答：3%

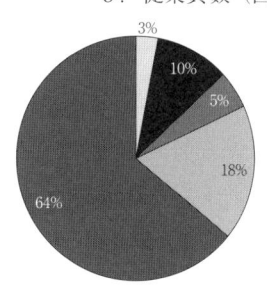

6．国内売上高（現地通貨，単位：100万）
- 50未満：5%
- 50以上，250未満：8%
- 250以上，1000未満：10%
- 1000以上，5000未満：13%
- 5000以上：62%
- 無回答：2%

423

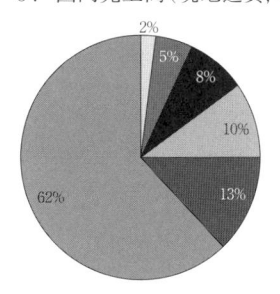

第Ⅲ部　海外6か国の報告書

7．国外売上高（現地通貨,単位：100万）

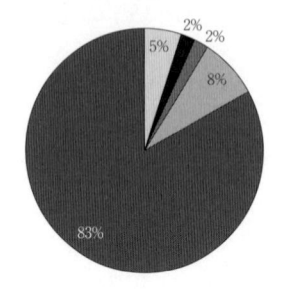

- 250未満: 2%
- 250以上、1000未満: 2%
- 1000以上、5000未満: 8%
- 5000以上: 83%
- 無回答: 5%

Q2．回答者の役職

現在の役職

経営管理職	20.5%
法務部門	46%
内部監査担当役員	8%
コンプライアンス担当役員	18%
監視委員会	2.5%
その他	2.5%
無回答	2.5%

現在の役職，その他コンプライアンス関係の役職の経験年数

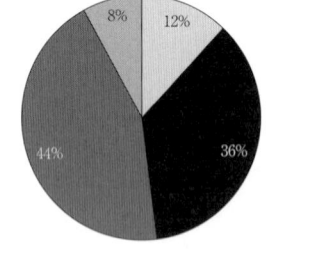

- 5年未満: 12%
- 5年以上10年未満: 36%
- 10年以上: 44%
- 無回答: 8%

所　轄

コンプライアンス部門	10%
最高経営執行部門	49%
法務部門	26%
内部監査部門	5%
無回答	10%

第4章　イタリアにおける経済犯罪防止に向けたコンプライアンス・プログラム

〈付録2〉セクションB

セクションB
――調査対象会社のコンプライアンス対策の内容

Q3．プログラムの種類

「貴社では，次のような目的のプログラムその他の手順（一または複数）を定めていますか。」

- ☐ 従業員に対する法令コンプライアンス（2001年法に定める，いわゆる「コンプライアンス・プログラム」）の教育。
- ☐ 法定要件を上回る倫理的基準（いわゆる「倫理規範」「ビジネス倫理」）を適用する。
- ☐ 社会活動や慈善活動への取り組み（学校の支援等，いわゆる「CSR活動」）。
- ☐ 会社の組織および管理体制を策定し，特に株主に公表する（コーポレートガバナンス）。

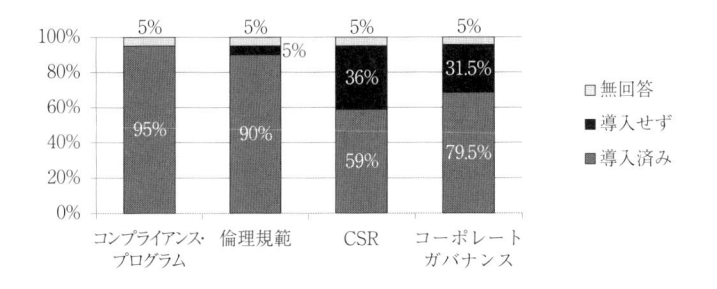

	コンプライアンス・プログラム	倫理規範	CSR	コーポレートガバナンス
導入済み	95%	90%	59%	79.5%
導入せず		5%	36%	31.5%
無回答	5%	5%	5%	5%

　調査対象企業の大部分が回答した。どのボックスも無回答であった会社は，わずか5％であった。

　会社は，複数のボックスをチェックすることができるため，チェックのないボックスは，否定的回答とみなされる。

　この表からは，調査対象企業がすべて，2001年法に定めるルール遵守に向けた従業員教育目的の措置を実施している，と回答している。

　ここに示すデータは，驚くにあたらない。規制的枠組みを理解し遵守することは，社会的な関心事項である。

　当然のことながら，法令に定める犯罪抑止力ある組織管理体制を，本来の意味で実施すれば，会社の責任が免除される（2001年法第6条及び第7条）。

　これとは別に，驚くべきデータがある。高い割合（90％）の会社が，法律上課された義務の水準を上回る倫理基準（コンプライアンス・プログラムに付随する倫理

基準など）を実施するためのプログラム・手順を整備している，と回答している。

このデータは，コーポレートガバナンスのための制度がある，と回答した会社さえも（わずか約10%だが）上回る。

ただし，社会的活動や慈善活動のための制度がある，と回答した会社は，わずか59%であり，明らかな対比をなしている。

Q４．コンプライアンス・プログラムの対象項目

貴社に従業員の不法行為または反倫理的行為を防止するための制度がある場合，その対象分野はどれですか。		最も重要な対象分野を３つ挙げてください。			
		I	II	III	合計
経済犯罪（市場濫用等）	98%	25%	36%	5%	66%
汚職	98%	25%	2%	10%	37%
詐欺・窃盗	85%		14%	15%	29%
過失致死傷	79%	8%	2%	2%	12%
資金洗浄	77%	18%	16%	10%	44%
知的財産権および著作権の侵害	59%			2%	2%
反競争行為（トラスト規制違反）	54%	8%		5%	13%
テロリズム（テロリズム資金提供等）	46%	2%		5%	7%
組織的犯罪	36%				
製品の安全性	31%		2%	2%	4%
児童ポルノグラフィ	25%				
奴隷的拘束	21%				
その他（コンピュータ犯罪）	8%			2%	2%
無回答		14%	28%	42%	

上記の表によると，ほぼすべて（98%）の会社がリスクマッピング項目に汚職と経済犯罪を挙げていることがわかる。

詐欺・窃盗（85%），過失致死傷（79%）および資金洗浄（77%）という第１グループの３つの選択肢は，アンケート回答の80%でマークされていた。

これらの犯罪は，ビジネスリスクの対象項目に当然含まれる分野である。唯一の例外は汚職であり，これは会社が「裁判リスク」との関連で特に重視しているようである。2001年法に定める責任をめぐる訴訟で最も頻繁に見られるのは，汚職事件

第4章　イタリアにおける経済犯罪防止に向けたコンプライアンス・プログラム

である。

　第2グループの犯罪は，1番目ほどではないが，ほとんどの回答者がマークしていた。著作権および知的財産権侵害（59％）と独占禁止法令の違反（54％）がある。

　リスク項目としてテロリズムまたはテロリズム資金提供を挙げた会社は，半分以下（46％）であった。一方，組織的犯罪（36％）と製品の安全性（31％）を挙げた会社は，3分の1であった。

　児童ポルノグラフィ，奴隷的拘束といった重大犯罪の防止に配慮している会社は，それぞれわずか4分の1と5分の1であった。こうした犯罪は，本来の業務活動の射程内で実行される可能性は低い，と推測される。

　また，「その他の犯罪」のカテゴリーでは，企業の8％がコンピュータ犯罪と回答した。

　右側の表を左側の表と比較すると（特に，合計を示した右端の欄），事業活動の背後に隠れた資金洗浄活動を重視する企業が次第に増え，44％となっていることが特に注目に値する。

　さらに，右側の表に示す他の2つの選択肢については，対応する比率が大幅に低くなっていることは明らかである。

　詐欺・窃盗をコンプライアンス・プログラムにおいて特に重要と位置づけた企業は，わずか30％である。また，いわゆる「職場での死亡」と業務上の傷害を減らす意識向上キャンペーンが適切に実施されていることを考えると，過失致死傷を重要視する，と答えた企業は，わずか12％という低い数字であったのは，意外なことに思われる。

　この観点からは，労働災害防止ルール違反の制裁を強化する最近の法規制に注目していただきたい。

　この法規制では，職場での事故，従業員の健康被害，職業病等に関する法令違反に対する「地位に基づく」による処罰可能性が導入されている（2008年5月23日緊急政令第92号第1条，2008年7月24日法律第125号に転換）。

Q5．コンプライアンス・プログラムを通じて適用されるルール

　「貴社が違法行為または非倫理的行為防止のためのプログラムを定めている場合，適用の対象となっているのはどのようなルールですか。」

第Ⅲ部　海外6か国の報告書

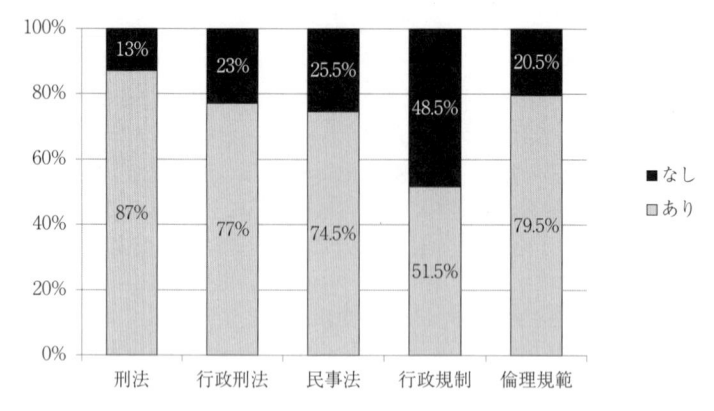

	刑法	行政刑法	民事法	行政規制	倫理規範
なし	13%	23%	25.5%	48.5%	20.5%
あり	87%	77%	74.5%	51.5%	79.5%

すべての調査対象企業が質問に回答した。

収集されたデータからは，法定ルールか，民事・刑事・行政法上のルールか，あるいは倫理上のルールかを問わず，コンプライアンス・プログラムに適用されるすべてのルールを大部分の企業が重視する傾向にあることに注目すべきである。

Q3からも分かるように，倫理規定が法律に定められていないにもかかわらず非常に尊重されていることは，興味深い。返送されてきたアンケートでは，倫理規定は刑法上のルール（87%）に次いで79.5%という高い数字を示している。とはいえ，行政刑法（77%）や民事上の損害賠償を定める民事ルール（74.5%）との差はわずかである。

アンケートの5つの選択肢のうち，行政規制を選んだ企業は最も少なく，51.5%であった。このことから，企業が法的ルールを踏まえた倫理的ガイドライン，さらに損害賠償を伴うルール（民事，行政刑法）を重視していることがわかる。

Q6．コンプライアンス・プログラムに対する組織的責任

貴社が違法行為・反倫理的行為防止のためのプログラムを定めている場合，その実施と管理を担当する部門はどれですか。	
コンプライアンス部門	56%
法務部門	51%
監査役部門	41%
財務部門	8%
その他：社内監視委員会，2001年法上の監視委員会，監視機関，コンプライアンス職	23%

コンプライアンス部門を統括する部門はどこですか。	
CEO	64%
法務部門	23%
監視機関	5%
チーフリスクオフィサー	2%
無回答	15%

第4章　イタリアにおける経済犯罪防止に向けたコンプライアンス・プログラム

当グループが回収した回答からは，調査対象企業ごとに，コンプライアンス・プログラムの実施の「機能」を備えた部署に明らかな違いがあることが分かる。

コンプライアンス・プログラム専門の部門のほかに，法務部門，監査役部門，また，わずか8％であるが，財務部門を挙げた企業もある。

統括部門が多くの場合CEOであることは，興味深い。

また，法務部門のみを挙げた企業は，統括が同一部門であることが多い。

企業がこのような選択をしたのは，コスト効率からの価値判断と結び付いているものと推測される。

しかし，この事実は，コンプライアンス・プログラムの実施と監視を担う機構が不当に混合されていることを示している。

監視機関，2001年法上の監視委員会，社内監視委員会を，コンプライアンス部門とは別のものであるかのように，「その他」の自由記入欄に入れるのが適切だと判断した会社があるのは，特筆に値する。

おそらく，コンプライアンス部門は，2001年法に定めるコンプライアンス・プログラムと犯罪防止の目的で特別に設置された部門という意味ではなく，一般的な意味で取られたのであろう。

実施と監視の業務が分離されており，別の機関が反倫理的行為，不法行為，犯罪等を取り締まっていると回答した企業でも，このような意味に取った可能性がある。

Q7．周知および研修の方法

「貴社が違法行為・反倫理的行為防止のためのプログラムを定めている場合，その周知と実施のためにどのような措置を採っていますか。このような措置の，貴社における重要性はどのぐらいですか。」

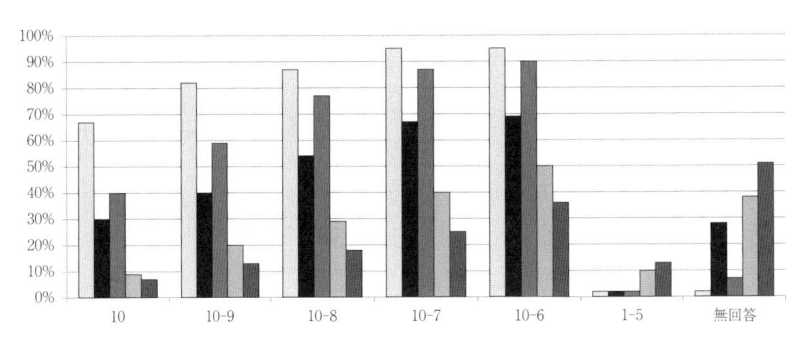

□特別なコンプライアンスマニュアル　■それ以外の書面による規範　■セミナー・研修開催
■電子的手段　■個人的なコミュニケーション

この質問の趣旨は，コンプライアンス・プログラムの周知と実施のために調査対象企業が採用している手段の重要性を1から10までのスコアで把握することである。

企業が回答したスコアは、ほぼ6から10までであり、すべての手段が相当程度に重要視されていることが分かる。

回答の分布をより詳しく把握するため、ピークである10からスタートして、10と回答した企業と、その次に低いスコアを回答した企業を合計したデータを比較することとした。これにより、10-6のスコアを回答した企業数を把握することができる。

右端の欄では、方法別に無回答の企業数を示した。

このチャートからは、コンプライアンス・マニュアルのスコアが特に高く、調査対象企業の多くがこれを最も重視していることが窺われる（67％の企業が10を付けており、10-9と10-8の範囲では、それぞれ82％と87％に達する）。

また、研修会やテストを通じた従業員教育に10を付けた企業は、40％であるが、次の10-9、10-8の範囲では、それぞれ59％と77％に達しており、考慮されていることが分かる。

重要度の順位では、倫理規範も含めた「その他の書面による規範」が第3番目の手段となっている。予想どおり、倫理規範は、法人責任の枠組みにおいて重要な役割を果たしている。

しかし、このデータは有意義だが、その価値はかなり減殺される。10を付けた企業はわずか30％であり、10-7まで範囲を下げないと高い数値（67％）が得られないためである。

さらに、コンプライアンス・マニュアルの場合には、これと同程度の割合の企業が10を付けていることに注意すべきである。

この情報化の時代に、電子的手段がいわゆる「伝統的」手段よりも軽視されているのは、驚くべきことである。50％を超えるには、最も低い範囲（10-6）までレベルを下げなければならない。

個人的なコミュニケーションは、さらに関心が低い。価値創出につながらないと考えている企業が約半数あり、また、十分な価値をみとめるとする会社は、わずか36％であった。

さらに、これらの3類型の手段は、次のように特徴づけられる。高いスコアを付けた企業が少なく、逆に無回答の企業数が多い（個人的なコミュニケーションが51％、電子的手段が38％、その他の書面手段が28％）ことに注意する必要がある。

このようなデータは、こうした手段への関心の低さを裏づけている、と考えられる。

最後に、本グループは、企業の間では個別的な手段よりも一般的手段の重要性認識が高まっており、また、ITや個人的なコミュニケーションよりも、紙媒体のマニュアルや集団研修といった伝統的な手段を好む傾向にある、と推察する。

しかし、コンプライアンス・プログラムを効率的に実施するこれら以外の手段を見落としている可能性もある。

第4章　イタリアにおける経済犯罪防止に向けたコンプライアンス・プログラム

Q8．不祥事・反倫理的行為を把握するための措置

Ⅰ）「不祥事（特に犯罪）の把握のために貴社が利用している措置はどれですか。このような措置の，貴社における重要性はどのぐらいですか。」

a）内部監査

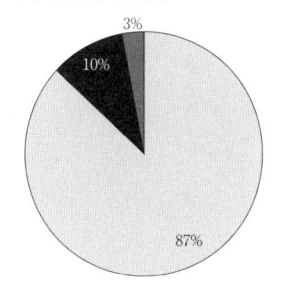

b）外部監査

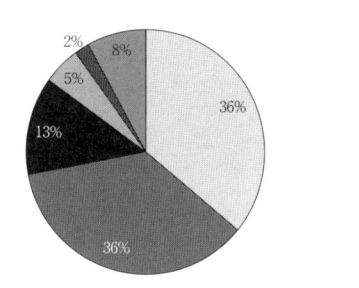

c）従業員が秘密裏にオンブズマンに相談できる

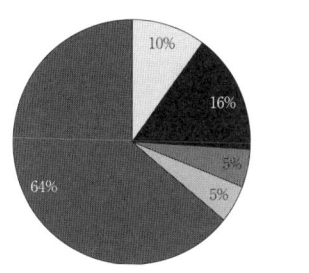

d）不祥事通報のため，従業員が特別の専用ホットラインを利用している

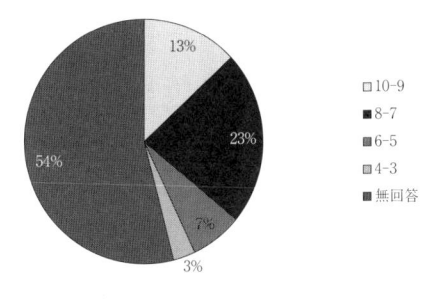

e）不祥事を匿名で秘密裏に，処罰なく通報できる制度（内部通報制度）

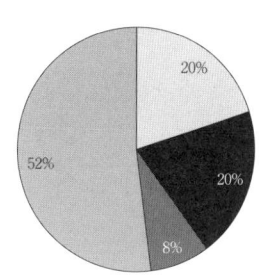

f）情報提供に対する報奨を与える

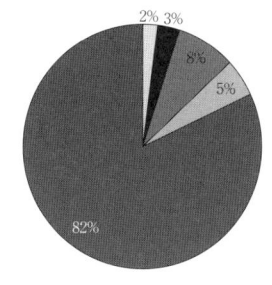

431

第Ⅲ部　海外6か国の報告書

g) コンプライアンスオフィサー，コンプライアンス部門の設置

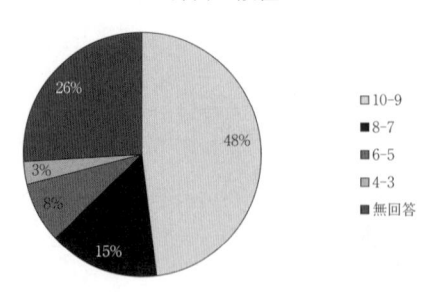

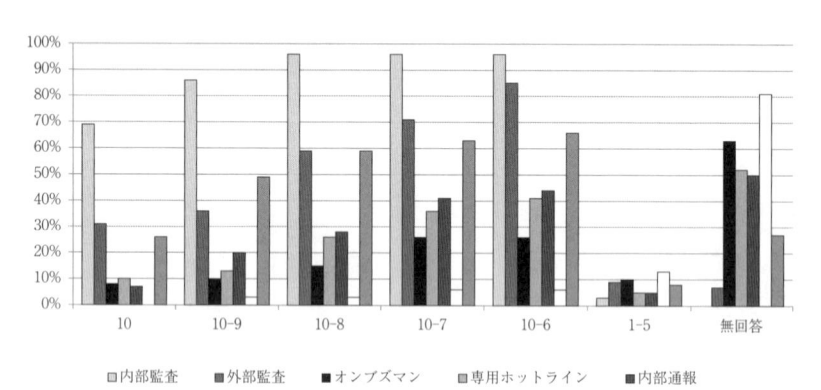

Ⅱ) 「A—貴社では，従業員による自主的な通報は年間何件ぐらいありますか。」
「B—会社の利益のために行われた犯罪はどのぐらいの割合を占めていますか。」

Ⅱ) A—通報件数

Ⅱ) B—会社のために行われた犯罪の割合

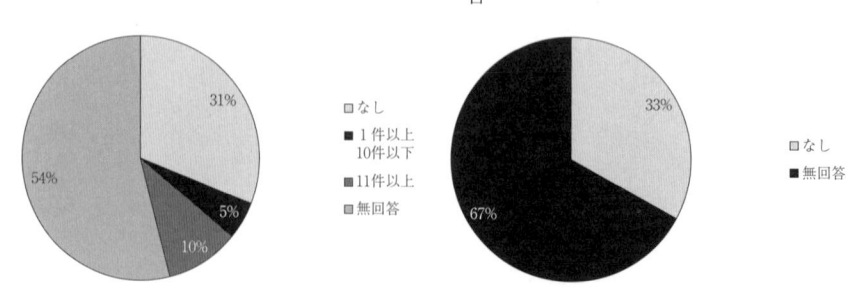

この質問は，2つのセクションで構成されている。

第1部では，不祥事（特に犯罪）を把握するための手段の重要性を1から10まで

第4章　イタリアにおける経済犯罪防止に向けたコンプライアンス・プログラム

のスコアで回答するよう求めた。

　第1部の選択肢は，3つのブロックに分かれている。最初のブロックは，監査業務に関するもので，内部監査と外部監査の2つに分かれており，それぞれチャートa）とb）で示す。

　その次は，不祥事通報に従業員が直接関与する場合を示したもので，チャートc），d），e）およびf）の4つである。

　最後の1つは，コンプライアンスに関連するものである（チャートg））。

　また，企業が必要と判断するその他の措置を追加できるようにした。

　質問の第2部では，従業員による自発的な通報の件数と，そのうち会社の利益のための事件数を尋ねた。

　収集されたデータからは，いくつかの結論を導き出すことができる。

　質問の第1部に関しては，他の項目よりも監査業務が重要視されていることは，明らかである。

　最初の2つのチャートa）およびb）が示すとおり，この枠組みにおいては，対象企業は，外部監査よりも内部監査に重きを置いているようである。内部監査のスコアを10-9とした企業は，87％であった。外部監査については，この比率は低く，35％であった。

　この差は，その下の棒グラフの各欄のギャップからも窺うことができる。この表では，内部監査と外部監査のスコアが近づくのは，最も広い10-6の範囲だけである。

　この差は，低い値の組合わせでも見られる。

　さらに，内部監査に関しては全企業から回答があったが，外部監査に関しては企業の8％が無回答であった。

　結局，企業は，外部監査よりも内部監査のほうがはるかに実効的だと考えている印象を受ける。もっとも，重要度という点では内部監査に次ぐ手段だと考えられており，外部監査が効果的だと考えている企業も多いことは，明らかである。

　また，イタリアでは，会社は一定の条件のもと，適切な登録簿に登録された特別の監査人による監査を受ける義務がある。

　こうした点は，EU指令2006/43/EC（「EUにおける法定監査に関する指令」）の実施法令である，2010年1月27日委任立法令第39号による最新改正に準拠する。

　コンプライアンスを担当する専門の役員や部門を設置することは，重要度の点では外部監査に及ばず，第3番目とされている。

　質問6および質問7に対する回答からは，この手段は会社の組織体制における位置づけ上は非常に重要なものとされている。また，コンプライアンス・プログラムの実施機能と，不法行為・反倫理的行為の把握と防止のための監視機能（企業自体の組織の内外を問わず）の組織を分離することも重要視されている。

　従業員による直接関与に関する4つの選択肢を見ると，上記の3つよりも重要度がきわめて低い。もっとも半分以上を占める無回答の企業は，考慮されていない。

433

第Ⅲ部　海外6か国の報告書

　このような「無回答」は，情報提供に対する報奨制度については81％というピークに達しており，この手段について会社が悩んでいることは間違いがない。

　無回答の企業の割合が高いことの真の意義を分析するのは，容易ではない。おそらく，こうした手段を備えていないか，自分の会社での重要度が低いことに気が付いた回答者が，恥じて回答を控えたせいであろう。

　いずれにしても，企業の大半は，個人が任意で利用する制度（例えば、オンブズマン，専用ホットライン，報奨制度，内部通報制度，情報提供に対する報酬等）よりも，「組織的」で整備された管理システムが効率的だと考えている，と結論づけてよい。

　最後に，「その他」のカテゴリーでは，いわゆる「会社関係者」と内部監査に高いスコア（1-10段階のうち8）を付けた回答企業が1社あったことに注意していただきたい。

　特に，「会社関係者」とされる広い異質なカテゴリーの者（株主，社債保有者，サプライヤー，ユーザー，消費者等）が，内部監査を実施する社内部門に正式に直接関与し，社内部門がこれらの者から受け取った通報の検討義務を負う仕組みは，興味深いものである。

　質問の後半には回答しないこととした企業が多かった。

　不祥事の任意通報件数を問う質問構成に対して，「無回答」の割合が高いことは，質問の前半（個人が任意で利用する手段に関する質問）への回答結果と整合したデータを示している，と考えられる。

　すなわち，企業のこうした措置への取組みへの関心と自信の低さが，運用レベルにも反映されていると言える。

　問題の全体像を明らかにする必要がある。

　対象企業の15％が，従業員による任意通報によって年間の一定の「不祥事件数」を把握したことを認めているが，そのうち会社の利益のために実行された犯罪を具体的に尋ねたところ，それについて回答した企業は，ゼロであった（アンケートの3分の2は無回答，3分の1では回答があった）。

　無回答の多さから考えると，最後の質問の分析にあたっては，訴訟リスクを心配する企業が回答を控えたことを無視することはできない。

　実際，犯罪が会社の利益のために実行されたという要件は，2001年法においては法人責任を問うための要件の1つである。

　このため，企業は不祥事を把握していた事実の告白による「自己告発」を避けるため，この質問を飛ばして次の質問に移ったのであろう。

　最後の結果を質問6および7と比較し，また，対象企業の回答も勘案すると，従業員による違法行為・反倫理的行為の防止に向けたコンプライアンス・プログラムに関しては，次のような概要をまとめることができるであろう。

第4章　イタリアにおける経済犯罪防止に向けたコンプライアンス・プログラム

— 組織体制上の観点からは，企業はコンプライアンス・プログラムの実施と監視を担当するそれぞれ異なる組織を設置している。
　具体的には，主な組織としてはコンプライアンス専門部門，その次に監査部門・法務部門が挙げられる。
— 実務上の観点からは，企業は個別的手段よりもコンプライアンス・マニュアルを好む（これに次いで，ワークショップやセミナーを通じた従業員研修，「倫理規定」などその他の書面マニュアル）。
— 運用上の観点からは，企業は，内部監査を最重要視しており，外部監査とコンプライアンス部門の設置がそれに続く。
　また，関係者は，従業員が直接利用するコントロール手段は実効性が低い，と考えている。

Q9．社内的制裁

「従業員による法令違反があった場合，どのような社内的制裁が適用されますか。」

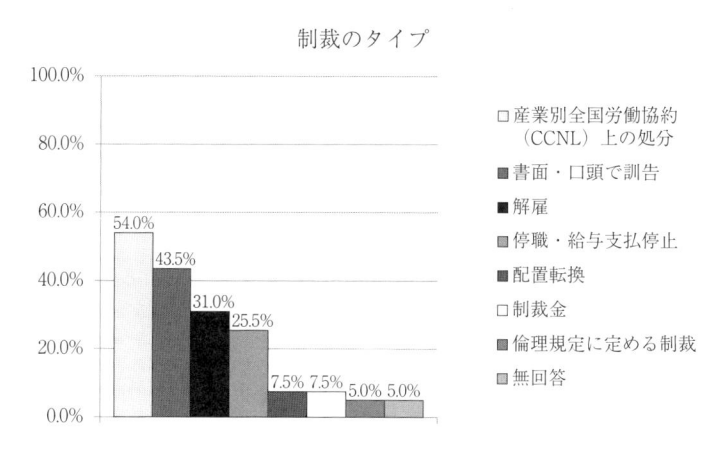

制裁のタイプ

種類	割合
産業別全国労働協約（CCNL）上の処分	54.0%
書面・口頭で訓告	43.5%
解雇	31.0%
停職・給与支払停止	25.5%
配置転換	7.5%
制裁金	7.5%
倫理規定に定める制裁	5.0%
無回答	5.0%

「貴社における社内的制裁処分の重要度はどれぐらいですか。」

区分	割合
10-9	61%
8-7	28%
6-5	3%
4-3	5%
無回答	3%

「従業員による刑事法令の違反があった場合，警察や検察に届け出ますか。」

区分	割合
10-9	15%
8-7	18%
6-5	10%
4-3	5%
2-1	21%
無回答	31%

この質問は，企業が2001年法上コンプライアンス・プログラムに盛り込むことが義務づけられている社内的制裁（第6条第2項，第7条第4項）に関するものである。

特に，質問の前半は自由回答欄で構成されており，企業は，法令違反の場合に適用される制裁を複数記入することが可能である。

95％の企業が回答し，複数の制裁を記載した。

回答された制度のうち，最も高い数値を示したのは，産業別全国労働協約（Contratto collettivo nazionale del lavoro，以下「CCNL」という。）に規定する一般的な懲戒制度であり，その次は，口頭・書面での訓告等，解雇である（これらはすべてCCNLに定めがある。）。

判例上，イタリアの刑事制度は，犯罪とその刑罰は法律で明記されたものでなければならない，という罪刑法定主義に従うものとされている。

このため，この法原則を遵守していない制度（CCNLをもとに，さらなる具体的な規定によらずに懲戒処分を引き出すこと等）は，会社の免責事由として適切とはみなされない。

質問の後半では，2つのチャートのうちの1つ目で10-7の数値を示した企業は，89％であり，回答企業が社内的制裁処分を重視していることが分かる。

また，2つ目の表は，別の観点（判明した犯罪を管轄当局に通報しているかどうか）を示している。3分の1をやや下回る企業が「沈黙」を守り，回答しなかった。3分の1以上の企業は，定期的かつ頻繁に行っている，と回答している。3社のうち1社は，定常的またはきわめて頻繁に通報を行っている。

改善すべき点は多いものの，この割合は，「心強い」データと見なしてよいと考える。従業員による犯罪を当局に通報すれば，会社は，直接の訴訟リスクにさらされるにもかかわらず通報している。

最後に，制裁制度に関しても，監視制度に関しても，回答企業の間には，外部的よりも社内的な対策を好む傾向があるようである。

第4章　イタリアにおける経済犯罪防止に向けたコンプライアンス・プログラム

Q10. 経営陣の取り組み

「貴社の経営陣は，自らコンプライアンス問題に取り組んでいますか。」

- 10-9: 69%
- 8-7: 21%
- 2-1: 2%
- 無回答: 8%

「貴社のトップ経営陣によるコンプライアンスへの取組みは，従業員にはどの程度可視的ですか。」

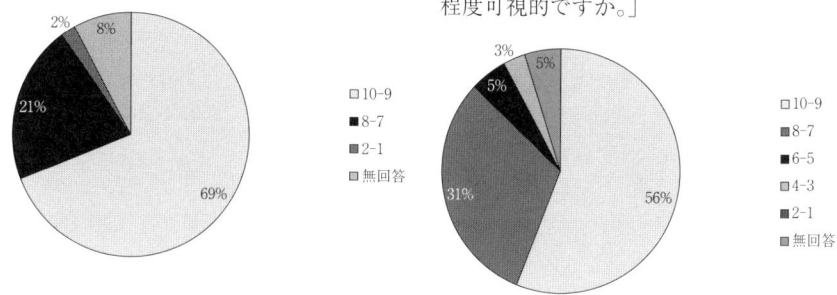

- 10-9: 56%
- 8-7: 31%
- 6-5: 5%
- 4-3: 3%
- 2-1: 5%
- 無回答: —

「コンプライアンス分野でのトップ経営陣の取り組みはどのようなものですか。」

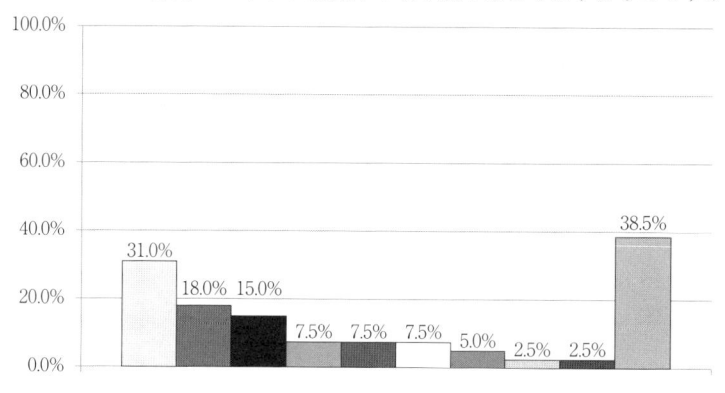

- 2001年法の実施: 31.0%
- 情報提供／コンプライアンス・倫理の実現: 18.0%
- 管理業務: 15.0%
- 倫理規定の実施: 7.5%
- 会議，報告: 7.5%
- 社員の意識向上活動: 7.5%
- 内部連絡体制の確立: 5.0%
- 方針・手続の承認: 2.5%
- 聴取: 2.5%
- 無回答: 38.5%

　上の2つのチャートでは，対象企業の大半において，経営陣トップが法人責任に真剣に取り組んでいること（89%），そのような取組みは多くの従業員に可視的であること（87%），が示されている。

　得られたデータの数値が高いことから，経営陣がコンプライアンスの柱の1つであると推測できる。

　予想したとおり，このような取組みは，経営陣の活動であっても社内的透明性を可能なかぎり確保するため，従業員にも可視的なものとされている。

　しかし，コンプライアンスの場面における経営陣の具体的関与を尋ねたところ，回答は一貫していなかった。

第Ⅲ部　海外6か国の報告書

このような重要でしかも一般的な質問に対して，40％もの企業が無回答であるのは驚くべきことである。

上記の点を踏まえると，質問の後半は，最初の2つのチャートで得られたデータ（外観上は非常にポジティブ）の価値に疑問を投げかけるものである。

すなわち，経営陣がコンプライアンスに積極的に取り組んでいるという回答が真実であるとしても，このような取組みの基礎となる活動に関する情報がないかまたは曖昧であるため，経営陣の関与は実質的なものではなく，形式的なものにすぎないか，まだ実現されていない希望だという推測に結び付く。

この点に関しては，2001年法では，具体的な情報が盛り込まれていないため，経営陣による犯罪があった場合に責任を問う複数の制度を示すことができず（第5条および第6条），コンプライアンス活動に経営陣を関与させるための規定が明確ではないことに注目すべきである。

Q11. 企業の文化と価値観

「次の活動について，貴社または従業員はどの程度はっきりと認容または拒絶していますか。」

a）会社のために少額の贈答または賄賂（500ドル程度）を供与すること

b）会社に対する軽微な窃盗・詐欺行為（500ドル程度）

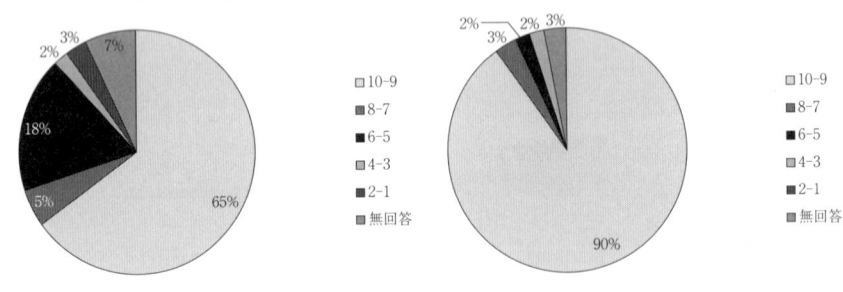

第4章　イタリアにおける経済犯罪防止に向けたコンプライアンス・プログラム

c）「貴社では，社内の倫理的社風と従業員による法令遵守姿勢を向上させるための特別な手続を整備していますか（上記の一般的なコンプライアンス手段の設置の有無を問いません。）。」

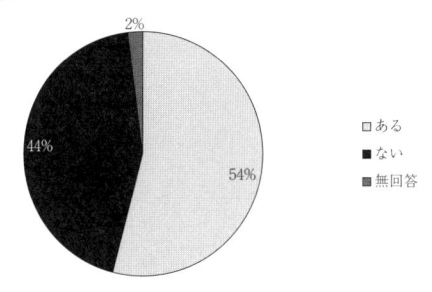

- ある 54%
- ない 44%
- 無回答 2%

d）「あると回答した場合，どのような措置ですか。」

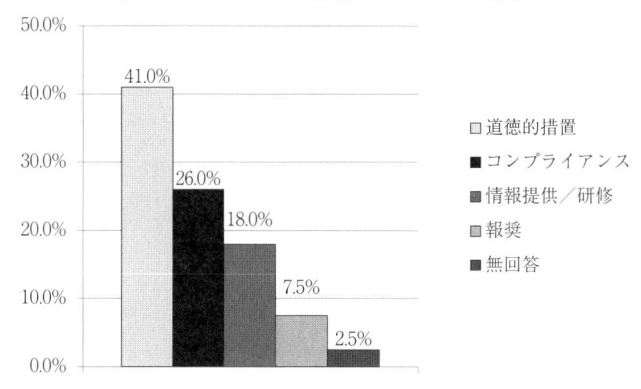

- 道徳的措置 41.0%
- コンプライアンス 26.0%
- 情報提供／研修 18.0%
- 報奨 7.5%
- 無回答 2.5%

e）「貴社の経営陣（CEO，取締役等）は，道徳的価値観の確立において，従業員に可視的な役割を果たしていますか。」

- 10-9　72%
- 8-7　25%
- 6-5　3%

f）「貴社では，関係法令と財務目標だけでなく，道徳観や価値観の醸成も重視していますか。」

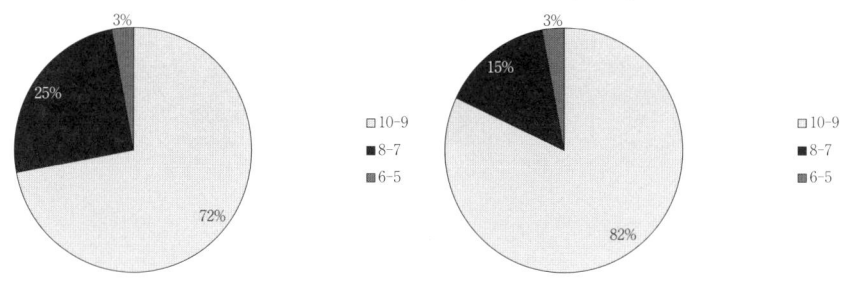

- 10-9　82%
- 8-7　15%
- 6-5　3%

g）「この目標のため，具体的にどのような措置を採っていますか。」

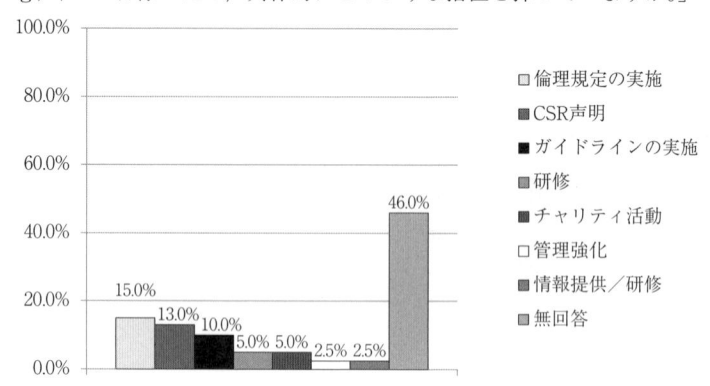

グラフの値：
- 倫理規定の実施：15.0%
- CSR声明：13.0%
- ガイドラインの実施：10.0%
- 研修：5.0%
- チャリティ活動：5.0%
- 管理強化：2.5%
- 情報提供／研修：2.5%
- 無回答：46.0%

h）「貴社では，公益のために特別の貢献（学校への寄付その他の社会的活動）を行っていますか。」

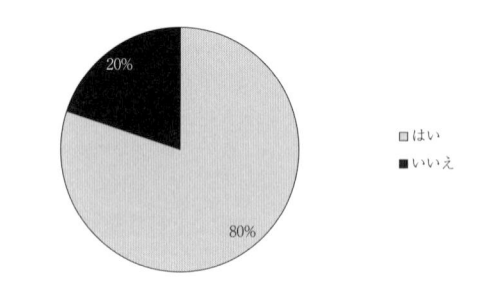

- はい：80%
- いいえ：20%

i）「はい」とお答えの場合，具体的な活動をお聞かせください。

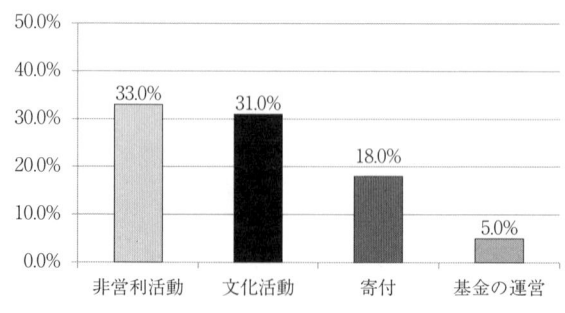

- 非営利活動：33.0%
- 文化活動：31.0%
- 寄付：18.0%
- 基金の運営：5.0%

　この質問は，企業内における文化的・道徳的価値観の普及と重要性に関するものである。

　最初に掲げた2つの表では，1-10の値により，会社の利益のために少額の贈答や

第 4 章　イタリアにおける経済犯罪防止に向けたコンプライアンス・プログラム

贈賄をすること，また，会社に対する少額の窃盗・詐欺の許容度を示した。

　それぞれ金額は 500 ドル程度とし，財産的損害という面で重要性の低い犯罪を選んだ。

　得られたデータからは，許容する，と回答したのは 4 ％であり，会社の金の使い込みの許容度はほとんどゼロであることが明らかとなった。

　会社の利益のための少額の贈答や賄賂については，回答の 18％は概ね寛容な意見を示したが，当グループは，許容度ゼロ，と判断した（許容する，と回答したのは企業のわずか 6 ％）。

　こうした犯罪に対する許容度のなさは，道徳観の普及と訴訟のおそれが原因になっていると思われる。

　その次のパートでは，道徳的な社風と従業員の法令遵守姿勢の向上に向けた具体的な手続があれば，前にすでに質問したコンプライアンス措置と重複していても，かまわず述べてもらうこととした。

　この質問に関しては，回答企業のうち 44％が否定的な回答をした。これは，ビジネスに有形的な利益をもたらさない価値観の醸成には無関心であることを示している。

　それでも，次のチャート f ）では，企業の 97％が法律で定めのない道徳的価値観の向上がきわめて重要だ，と回答している。

　しかし，過半数の割合（54％）の企業が，道徳的価値の実現に向けた具体的な手続を定めている，と回答しており，心強い。

　改善の余地は大いにあるものの，企業は法令上のルールを守るだけでなく，文化的で法律以外の価値観を尊重する組織体制と業務活動を目指すべきだという考えがある。

　また，棒グラフで最も高い数値を示した回答が，一般的な倫理規定の実施に次いで，いわゆる企業の社会的責任（CSR）であることも有望な材料である。

　さらに，このような会社方針（環境保護方針等）を適切に公表することで，イメージや収益という点にも大きな効果が期待できる。

　チャート e ）のデータは，特にポジティブである。97％の企業において，経営陣が道徳的価値観の構築に取り組むことで「良い手本」を示そうとしている。もっとも，すでに指摘したとおり，このような取組みが外見上だけでなく，実効的なものであるかどうかは，明らかではない。

　質問の最後の部分では，予測に反して高い（歓迎すべき）データが得られた。対象企業の 80％が，公益のために具体的な貢献をしており，公的団体よりも民間団体に対する慈善的寄付を優先している。

第Ⅲ部　海外6か国の報告書

Q12. コンプライアンス・プログラムのその他の構成項目

「すでに質問しましたが，犯罪防止に向けたコンプライアンス・プログラムの構成項目としては，(1)周知と研修（コンプライアンス・マニュアル等），(2)不祥事・反倫理的行為の把握手段（内部通報制度），(3)社内的制裁，(4)コンプライアンス問題に対する経営陣の具体的な取組み，さらには(5)各企業内での価値観醸成に向けた措置，が挙げられます。

貴社では，これ以外に，コンプライアンスと犯罪防止の推進のための措置を採用していますか。」

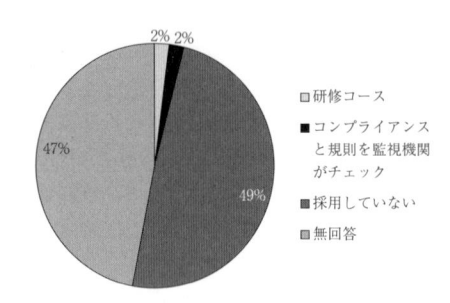

- 研修コース 2%
- コンプライアンスと規則を監視機関がチェック 2%
- 採用していない 49%
- 無回答 47%

この質問では，対象企業が，アンケートに掲げるもの以外で，コンプライアンス・プログラム実施と犯罪防止のための措置を採っているか，を問うものである。

上のチャートを見ると，否定的な回答をした企業と無回答の企業にほぼ二分されていることが分かる。

ごく少数の対象企業が回答した2つの措置（研修システムと，監視機関によるチェック活動）は，前の質問ですでに検討済みである。

Q13. 会社が被害者となる事件

「ここ数年で，貴社が犯罪（詐欺等）の被害者となった事件を何件把握していますか。」

従業員による犯罪
- なし 21%
- 1件以上10以下 7%
- 11件以上 5%
- 無回答 67%

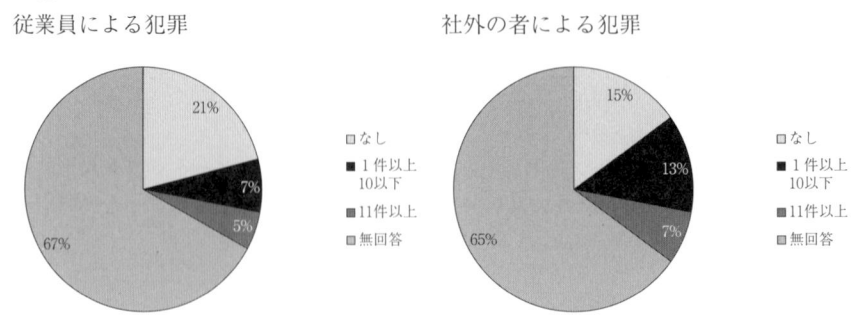

社外の者による犯罪
- なし 15%
- 1件以上10以下 13%
- 11件以上 7%
- 無回答 65%

第 4 章　イタリアにおける経済犯罪防止に向けたコンプライアンス・プログラム

犯罪による影響が特に大きいのは，どの分野ですか。

従業員による犯罪	
横領	13%
詐欺	8 %
汚職	2 %
金融サービス	2 %
郵便サービス	2 %
損失配分	2 %
無回答	77%

外部の者による犯罪	
詐欺	20%
文書偽造	10%
コンピュータ犯罪	8 %
金融サービス	5 %
強盗	2 %
資金洗浄	2 %
不法な支払要求	2 %
無回答	74%

　セクションB最後の質問として，犯罪があればその件数を記載したうえで，内部者と外部者に分け，犯罪の類型を具体的に述べるように求めた。

　回答は，無回答の割合の高さ（質問の性質上，ある種の羞恥心からきているのだろう）と，犯罪件数を回答した企業の少なさが特徴である。従業員や外部者による犯罪の被害にあったことを認めた企業は，それぞれ13％と21％であった。

　具体的な犯罪に関しては，無回答の割合がそれぞれ77％と74％に増えている。

　従業員による犯罪については，横領と詐欺が最も高い数値を示している。

　また，外部者による犯罪については，詐欺，文書偽造，コンピュータ犯罪，金融犯罪が最も多い。

第Ⅲ部　海外6か国の報告書

〈付録3〉セクションC

セクションC
——コンプライアンス措置の評価

Q14. コンプライアンス・プログラム構成項目の実効性

「法的ルールと道徳的ルールの両方のコンプライアンスを確立する方法をめぐっては，意見が大きく分かれています。従業員の犯罪防止のため，以下のような措置はどの程度実効的だと思いますか。」

a）法的措置

1．法令の規定

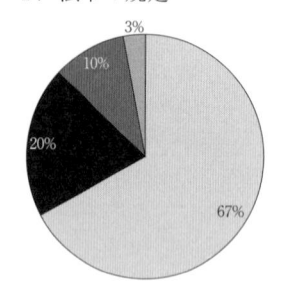

- 10-9: 67%
- 8-7: 20%
- 6-5: 10%
- 無回答: 3%

2．違反者に対する刑事罰を定めた法令

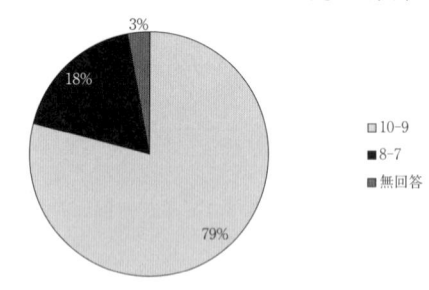

- 10-9: 79%
- 8-7: 18%
- 無回答: 3%

3．貴社に対する刑事制裁を定めた法令

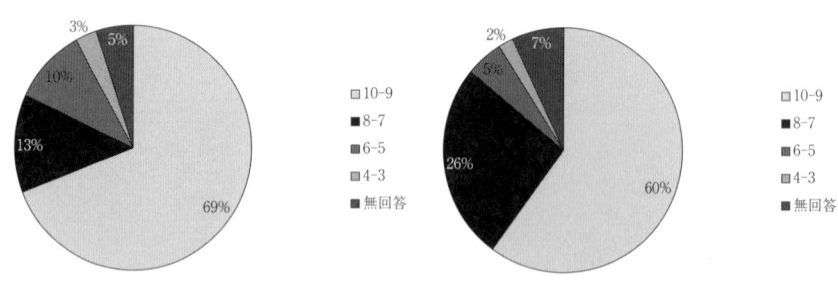

- 10-9: 69%
- 8-7: 13%
- 6-5: 10%
- 4-3: 3%
- 無回答: 5%

4．違反者に対する民事法上の損害賠償請求

- 10-9: 60%
- 8-7: 26%
- 6-5: 5%
- 4-3: 2%
- 無回答: 7%

第4章　イタリアにおける経済犯罪防止に向けたコンプライアンス・プログラム

5．貴社に対する民事法上の損害賠償請求

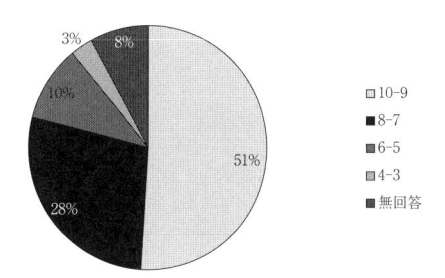

（円グラフ: 10-9 51%、8-7 28%、6-5 10%、4-3 3%、無回答 8%）

　対象企業の選べる選択肢は，2種類に分類される。1つは刑事制裁の実効性を，もう1つは民事制裁の実効性を評価するものである。
　これらの双方において，さらに人に対する措置と会社に直接課せられる制裁とを選べるようにした。
　この観点から概略的に述べると，対象企業の大半は，企業の従業員による犯罪防止のためには刑事制裁が最も適切で有益な手段と一般に考えており，法的手段の実効性については肯定している，と考えるのが適当と思われる。
　この点を念頭に入れると，犯罪実行者に対する直接の刑罰のほうが，不正行為の防止効果が上がるかのような印象を与える。しかし，企業が関係する事件では，やはり法人に対する刑事制裁が具体的な意義をもっている。
　コンプライアンス・プログラムの実際の有効性に関しては，民事的手段（最終的には，犯罪被害者に対する賠償責任も含め）の価値と関心度が低いのは，おそらく，刑事訴訟よりも実際は複雑で，負担が大きく時間のかかる民事訴訟制度に対する一般的な「不信感」にあると思われる。
　この意味では，上記に述べたことは，民事上の「実質的な」救済手段に対する不信感によるものではなく，その救済手段を確保すべき手続に対する不信感が根本にあると思われる。
　この観点から，民事訴訟はその期間の長さと複雑さからすれば，民事責任をめぐる規制的枠組みにおいて，法律上のルール実現の確保手段としては適切とは思われない。

b）貴社のコンプライアンス措置

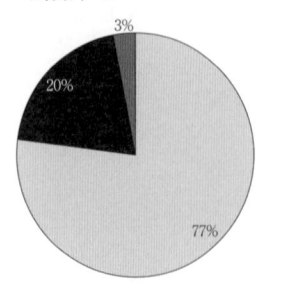

1．従業員に対して法令と制裁について周知する

- 10-9: 77%
- 8-7: 20%
- 6-5: 3%

2．従業員に対して法令の背景にある道徳的趣旨を説明する

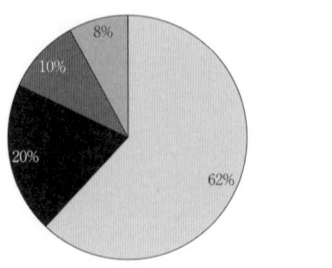

- 10-9: 62%
- 8-7: 20%
- 6-5: 10%
- 無回答: 8%

3．従業員を雇用する前に前歴をチェック

- 10-9: 59%
- 8-7: 28%
- 6-5: 10%
- 4-3: 3%

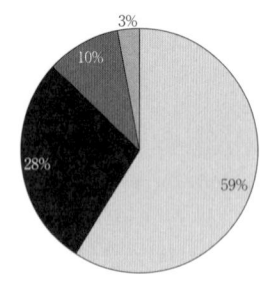

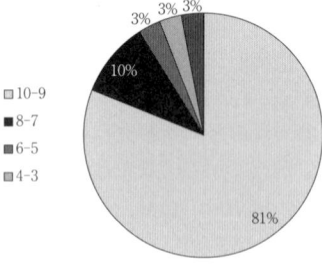

4．社内監査とコントロール

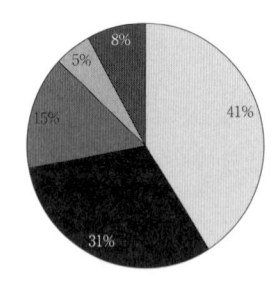

- 10-9: 81%
- 8-7: 10%
- 6-5: 3%
- 4-3: 3%
- 無回答: 3%

5．外部監査

- 10-9: 41%
- 8-7: 31%
- 6-5: 15%
- 4-3: 5%
- 無回答: 8%

6．社内で良好な価値観を確立する

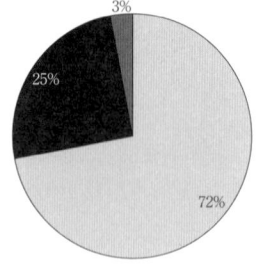

- 10-9: 72%
- 8-7: 25%
- 無回答: 3%

第4章　イタリアにおける経済犯罪防止に向けたコンプライアンス・プログラム

7．不祥事や問題点があった場合の通報手続（ホットライン等）

- 10-9: 33%
- 8-7: 33%
- 6-5: 13%
- 4-3: 3%
- 2-1: 3%
- 無回答: 15%

8．内部通報者の特別保護（秘密保持等）

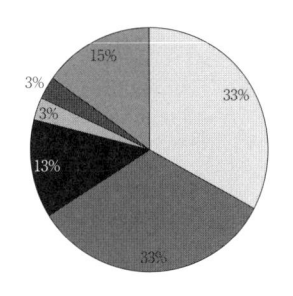

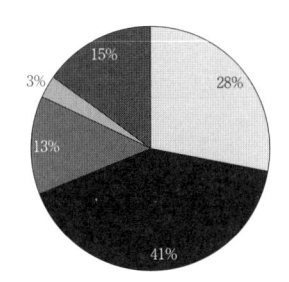

- 10-9: 28%
- 8-7: 41%
- 6-5: 13%
- 4-3: 3%
- 2-1: 0%
- 無回答: 15%

9．総合的なコンプライアンス・プログラム

- 10-9: 59%
- 8-7: 31%
- 6-5: 7%
- 4-3: 3%

10．コンプライアンスに関する研修・テスト

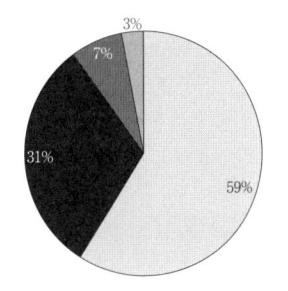

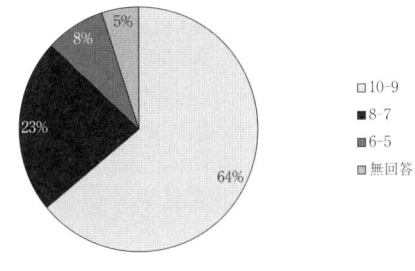

- 10-9: 64%
- 8-7: 23%
- 6-5: 8%
- 無回答: 5%

11．コンプライアンス・オフィサーの選任

- 10-9: 67%
- 8-7: 26%
- 無回答: 7%

12．コンプライアンス問題に対するトップ経営陣の取り組み

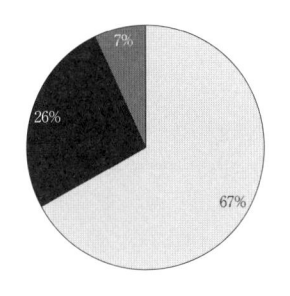

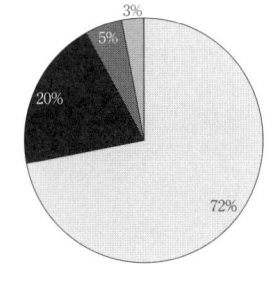

- 10-9: 72%
- 8-7: 20%
- 6-5: 5%
- 無回答: 3%

447

第Ⅲ部　海外6か国の報告書

13. 社内的制裁制度

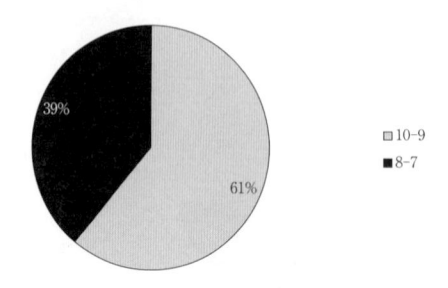

　　　　　　　　　　　□ 10-9
　　　　　　　　　　　■ 8-7

39%
61%

　アンケート対象企業が回答した，2001年法に定める法的ルールと制裁についての従業員への周知・研修の相対的な重要度は，「ミスリーディングな」データの可能性がある。

　特に，収集された回答は，会社の組織的自律性に基づく自由な選択によるものではなく，法的義務からのもののようである。実際に，このような周知の手続は，法令（2001年法等）で直接的に要求されている。

　この点で，回答は，信頼性と整合性が完全に備わっているものとは言えない。

　しかし，従業員の就職前の採用手続に関するデータは，裏づけがある可能性が高い。

　これは，法令上の義務ではないため，この措置を重視する判断は完全に「自然な」意思によるものである。収集されたデータからは，企業の犯罪防止に向けた実際の取組みに対する姿勢とアプローチを導き出すことができる。

　従業員と経営陣が実践する社内的価値観体系の構築を目指した取組みの実効性について，同じように論じることも可能である。

　より一般的には，経営陣による，コンプライアンス・プログラムに関連する価値の実現への取組みを検討する必要がある。

　当然，回答には，アンケート対象企業が経営陣に2001年法により課せられた重大な役割とそれに伴う業務・責任を認識していることが反映されている。

　このため，2001年法が，経営を支配し意思決定を行う者の「良いお手本」に大きく依拠していることは，驚くにはあたらない。

　このような手段は，組織の下位レベルにおいて従業員のみを対象とする他のシステム（管理，苦情，防止，研修，周知）よりも高い効率性をもたらす（ホットライン，内部通報制度，ワークショップ・テスト，コンプライアンス・マニュアル等）。

　アンケート対象企業が回答した社内監査の意義を見ると，このデータが裏づけられる。次のようなチェックとコントロールのシステムは，犯罪防止の観点からは正式な通報となるだけでなく，規範の意義を「再確認」する真の手段となる。

　すなわち，規範の遵守に対するコントロールが実効的であればあるほど，その規範の価値が再確認される。

第4章　イタリアにおける経済犯罪防止に向けたコンプライアンス・プログラム

この意味では，社内監査制度の実施は，犯罪を防止するため，また，法人責任を問う規範によって示される価値観を向上させるため，適切に設計されたものである。

Q15. 貴社のコンプライアンスへの取組みの実効性

1．貴社のコンプライアンス・プログラムが導入された年，または大幅に改善された年はいつですか。

- 2001: 10%
- 2002: 13%
- 2003: 23%
- 2004: 18%
- 2005: 8%
- 2006: 8%
- 2007: 8%
- 2008: 2%
- 2009: 2%

2．その改善により，貴社における違法行為の防止・把握が向上しましたか。

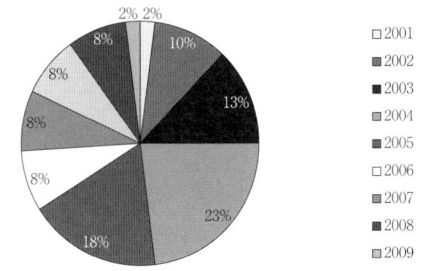

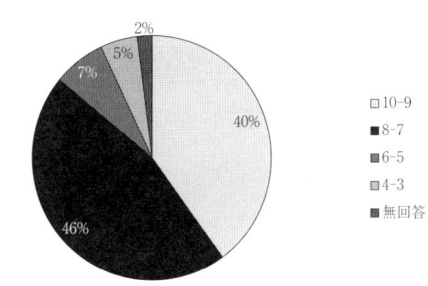

- 10-9: 40%
- 8-7: 46%
- 6-5: 7%
- 4-3: 5%
- 無回答: 2%

3．貴社の現在のコンプライアンス・プログラムは，犯罪の防止・把握にどの程度効果があると思いますか。

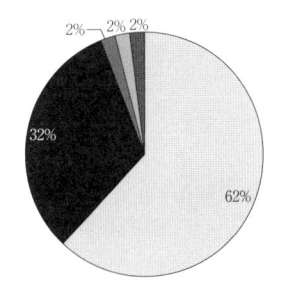

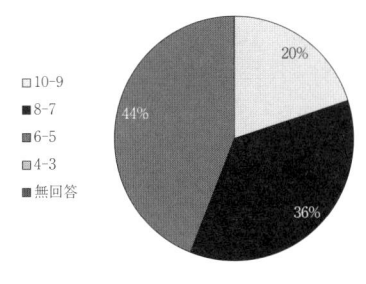

- 10-9: 62%
- 8-7: 32%
- 6-5: 2%
- 4-3: 2%
- 無回答: 2%

4．コンプライアンス・プログラムの修正予定はありますか。

- はい: 20%
- いいえ: 36%
- 無回答: 44%

449

5．「修正の予定がある場合，方法を教えてください。」

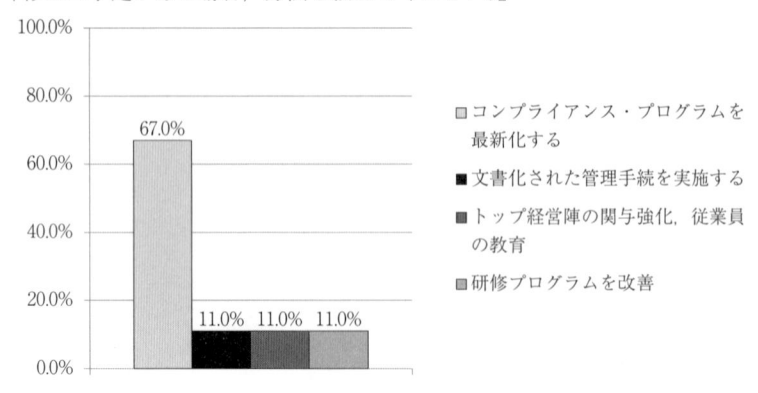

- コンプライアンス・プログラムを最新化する: 67.0%
- 文書化された管理手続を実施する: 11.0%
- トップ経営陣の関与強化，従業員の教育: 11.0%
- 研修プログラムを改善: 11.0%

　この質問では，非常に理にかなった正確な回答が得られた。まず，コンプライアンス・プログラムの導入または改善を行った時点を質問し，つぎに，違法行為の防止・把握が前より向上したかどうか（コンプライアンス・プログラムの実施前と比較して）を質問した。

　また，コンプライアンス・プログラムの機能性と現時点での有効性に関する意見を求めた。さらに，コンプライアンス・プログラムに関する将来的な変更について尋ねた。

　大部分の企業は，2003年から2005年にかけてコンプライアンス・プログラムの導入または改善を行った，と回答した。

　このような回答結果を検討する際には，イタリアでは，2001年法により，いわゆる「法人責任」が導入されており，企業は犯罪防止プログラムの整備を義務づけられていることを念頭に入れるべきである。

　入手したデータからは，イタリアで活動する大・中規模の企業が，比較的短期間に新たなルールの実施と遵守を求められたことが分かる。

　コンプライアンス・プログラムがなくとも，そのことのみを理由として会社が直接責任を負うことはない。しかし，犯罪の防止に向けた実効的なコンプライアンス措置を導入するという簡単な「負担」で，会社の防衛的システムの導入及び実施に十分役立つということは，特筆されるべきであろう。

　コンプライアンス・プログラム導入後の犯罪抑止効果の改善については，回答結果データは，「前向き」で良好なものであり，イタリアの現在のコンプライアンス制度の効率性と有効性に関するＱ３と結果的には完全に調和している。

　特に，回答結果からは，イタリア企業が，2001年法に定めるシステムを「無益」ではなく「実践的」で有効なものと考えている，と理解できる。

　2001年法による規制は，法的・道徳的ルールの遵守確保に向けた組織体制の強化をサポートし，違法で不適切な行為を防止するのに貢献しているようである。

第4章　イタリアにおける経済犯罪防止に向けたコンプライアンス・プログラム

　社内コンプライアンス・プログラムに対する将来的な変更については，アンケート対象企業の大部分が姿勢を明らかにしていない。

　この回答結果は，2001年法への対応期間が短かったことを考慮すれば説明できる。コンプライアンス・プログラムが実際にどの程度完全なものかを検証するには，さらに長い時間がかかるためである。

　現在のものに加えて，犯罪防止に役立つ他の新しい手段を見つけるためには，おそらくまだ時間がかかるであろう。

　当グループの質問に対して肯定・否定いずれの回答もないことは，アンケート対象企業が現時点ではまだコンプライアンス・プログラムを修正すべきか，また，その修正方法を決めていないことを示している。

Q16.　コンプライアンス・プログラムの実施

「従業員による犯罪の防止のためのコンプライアンス・プログラム実施の契機となるもの（理由，制裁，メリット）は，以下のうちどれですか。」

　a）前提となる考慮事項

　アンケート対象企業が選べる選択肢は，次のように区分される。道徳的配慮（独立したカテゴリー）と，市場だけでなく株主との関係における評判を含めた会社イメージに関する評価である。

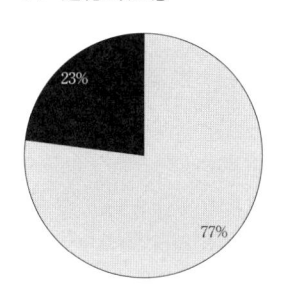

１．道徳的配慮　　　　　　　　　２．会社の評判（社会一般）

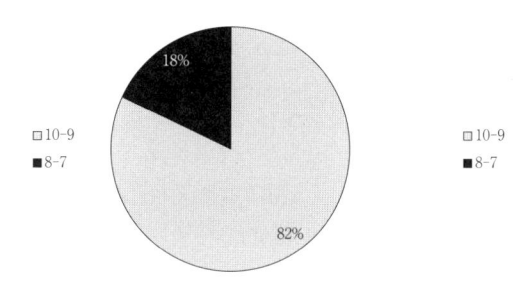

道徳的配慮: 10-9 が 77%、8-7 が 23%

会社の評判（社会一般）: 10-9 が 82%、8-7 が 18%

3．株主の期待

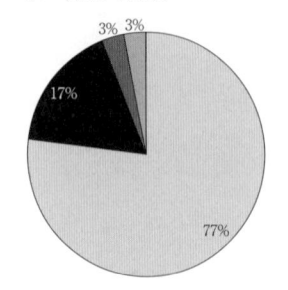

- 10-9: 77%
- 8-7: 17%
- 6-5: 3%
- 4-3: 3%

4．市場の期待

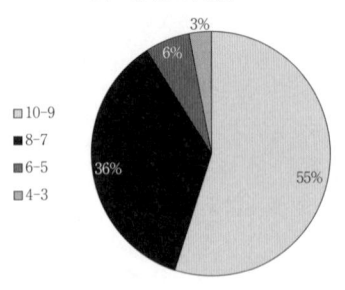

- 10-9: 55%
- 8-7: 36%
- 6-5: 6%
- 4-3: 3%

　最初の統計データでは，アンケート対象企業が一般的な道徳ルールの遵守に慎重な理解を示し，注意を払っていることが分かる。

　これとの関連で，法律上の禁止規定とは別の倫理規定を社内自主規制として導入することは，会社の当然の選択である。

　同様に，企業が一連の道徳規定を実践するのは，利益を図ったり罰を免れたりするためではなく，公正さや適切性をもたらす共通の価値観を守るためである。

　法人責任に関する規定（従業員による犯罪が発生した場合に一定の処罰を免れるには十分なもの）が導入されたにもかかわらず，イタリア企業が，従来的な法制度に加えて「前法律的」規範の適用を重視することを選択したのは，興味深い。

　しかし，会社が犯罪の把握・防止に向けて体制を整備する動機は，別のところにある。回答結果によれば，重要なのは，会社の評判である。

　会社の評判は，まず，会社が法的・経済的に安定して適切に機能することに対する株主の期待度（「内部的」要因）と市場の期待度（「外部的」な要因と利害関係）に左右される。

　アンケート対象企業は，道徳的な要求事項に慎重な注意を払っているが，企業が犯罪防止に向けたコンプライアンス・プログラムを整備する第1の理由となるのは，やはり企業イメージを守ることである。

　ここでは，純粋に道徳的・法律的な観点よりも，「実利的な」観点が優先されていると言える。

　実際，コンプライアンス・プログラムは，それを義務づける法規定がなくとも正当化されるようである。すなわち，企業がコンプライアンス・プログラムを導入するのは，従業員による犯罪の「刑事的リスク」を回避するためよりむしろ，企業イメージ・評判と不可欠に結び付いた利害関係を守るためである。

第4章　イタリアにおける経済犯罪防止に向けたコンプライアンス・プログラム

b）直接的な実施

1．コンプライアンス・プログラムを導入する法的義務（導入しない場合に具体的な罰則なし）

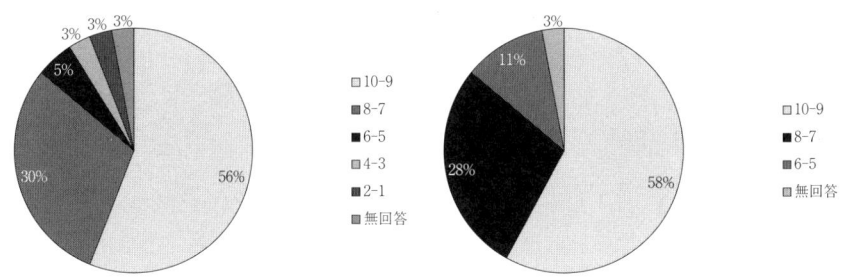

2．法的義務（導入しない場合に具体的な罰則あり）

3．法的義務（導入しない場合には刑事罰あり）

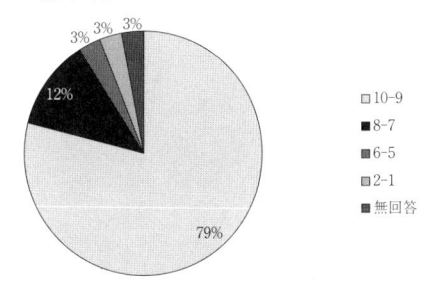

　すでに分析したデータを確認すると，法令に違反した場合に企業に直接科される刑事罰が，事業者が実質的かつ効果的な犯罪防止に取り組む最も強い動機となっているかに着目することが適切と考えられる。

　さらに，アンケート対象企業は，企業によるコンプライアンスシステム遵守を促進するためには，企業に法令上直接に課される手段の中では刑事制裁が最適だと考えている。

第Ⅲ部　海外6か国の報告書

c）間接的な実施

1．従業員に対する刑事罰

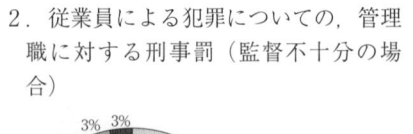

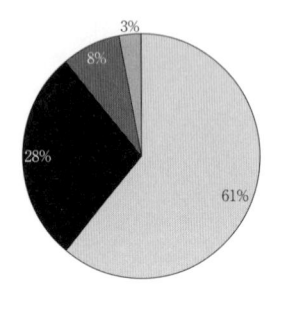

- 10-9: 61%
- 8-7: 28%
- 6-5: 8%
- 無回答: 3%

2．従業員による犯罪についての，管理職に対する刑事罰（監督不十分の場合）

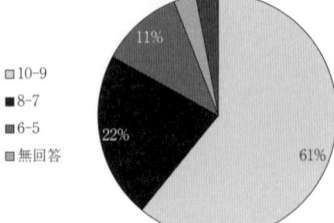

- 10-9: 61%
- 8-7: 22%
- 6-5: 11%
- 4-3: 3%
- 無回答: 3%

3．従業員の犯罪について会社に対する刑事罰

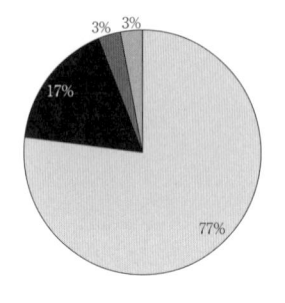

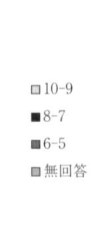

- 10-9: 77%
- 8-7: 17%
- 6-5: 3%
- 無回答: 3%

4．効率的なコンプライアンス・プログラムがある場合には従業員犯罪について会社を免責する

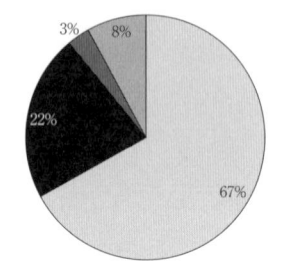

- 10-9: 67%
- 8-7: 22%
- 6-5: 3%
- 無回答: 8%

5．その他（詐欺防止，コンプライアンス強化）

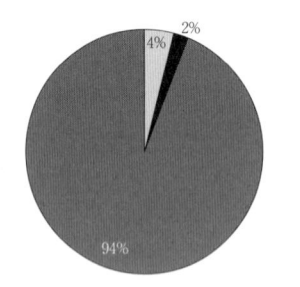

- 8-7: 2%
- 6-5: 4%
- 無回答: 94%

第4章　イタリアにおける経済犯罪防止に向けたコンプライアンス・プログラム

Q17. その他の要素

「企業犯罪の防止・発見のための社内コンプライアンス・プログラムの改善または実施のため，他にアイディアはありますか。」

□ある
■ない
■無回答

3%
23%
74%

回答	数
全従業員を対象とした教育を引き続き改善する	1
業務部門とコンプライアンス部門の関係を強化する	1
株主がコンプライアンスに関与し，監督する	1

〔参考文献一覧は割愛した：編者〕

第5章 オーストラリアにおけるコーポレートガバナンスの最近の展開

松 浦 華 子
[早稲田大学 GCOE 刑事法グループ訳]

I 序 論

1　オーストラリアでは，特に 2001 年以降にコーポレートガバナンスに注目が集まるようになった。これは，2000 年と 2001 年にアメリカ（エンロン事件，ワールドコム事件等）とオーストラリア（HIH 保険事件，One. Tel 事件等）で企業の深刻な経営破綻事件が数件発生したことが背景になっている。オーストラリア政府とオーストラリア証券取引所（Australian Securities Exchange（ASX））は，コーポレートガバナンスの強化を目指して，以下のようなルールをそれぞれ導入し改革を進めている。

(a)　「2004 年企業法経済改革プログラム（監査制度改革および企業情報開示）法」（*Corporate Law Economic Reform Program*（*Audit Reform and Corporate Disclosure*）*Act 2004*（Cth））（いわゆる「CLERP 9」）

(b)　2003 年の「良きコーポレート・ガバナンスと最善の実践の原則」（*Principles of Good Corporate Governance and Best Practice Recommendations*）

2　これらの改革およびその背景，さらに，オーストラリアにおける企業の刑事責任の概要については，甲斐克則＝田口守一編『企業活動と刑事規制の国際動向』（2008 年・信山社）所収の甲斐克則「オーストラリアにおける企業活動の規制システム」で取り上げられている。

3　オーストラリアにおけるコーポレートガバナンスに関する最近の展開として，重要なものをいくつか紹介する。

(a)　取締役（director）および役員（officer）が，会社の重要意思決定について，他人に委任しまたは他人の判断に依拠することが認められる範囲には制限がある，という判決が下された（*Morley v Australian Securities and In-*

457

vestments Commission [2010] NSWCA 331）(「James Hardie 判決」)。
(b) 取締役の義務の明確化と監査役の法的義務拡大を通じた，経営悪化取引（insolvent trading）の防止。
(c) 規制機関，特にオーストラリア証券・投資委員会（Australian Securities and Investment Commission（ASIC）），オーストラリア競争・消費者保護委員会（Australian Competition and Consumer Commission（ACCC））の権限強化。
(d) 企業の社会的責任（CSR）に対する意識の向上。

4 本稿は，オーストラリアにおけるコーポレートガバナンスに関する下記の論点について最近の展望を検証し，2008年に甲斐教授が作成したサマリーのアップデートを行うことを目的とする。

(a) パートⅠ—最近の*James Hardie*事件判決を踏まえた取締役および監査役の義務について（義務の主体，抗弁，刑罰等）
(b) パートⅡ—経営悪化取引—取締役および監査役の義務（世界的な金融危機を背景に）
(c) パートⅢ—規制機関—権限および最近の動き（ASIC, ASX および ACCC）
(d) パートⅣ—企業の社会的責任
(e) パートⅤ—「企業文化」("Corporate culture") の概念とコンプライアンス・プログラム

パートⅣ及びパートⅤのテーマは，コーポレートガバナンス関連法の中心的論点ではないが，甲斐教授のリクエストに応じて大まかな概略を説明することとする。

──────────── パート 1 ────────────

Ⅱ 取締役及び監査役の職務および義務

1 取締役および監査役の義務は，コーポレートガバナンスの中核的メカニズムの1つである[1]。最近のJames Hardie判例を詳しく取り上げる前に，オーストラリア法に定める取締役・監査役の主要な職務および義務のうち，こ

第5章　オーストラリアにおけるコーポレートガバナンスの最近の展開

の事件に関連する事項の概略を述べる。

2　取締役は，会社法，独占禁止法，消費者保護法，労働法（労働安全法，差別・ハラスメント禁止法等を含む），その他業務に関連する特別の事業法規など，判例法および制定法に基づき，様々な職務が課されている。本稿で主に取り上げるのは，2001年連邦会社法（以下「会社法」という）に定める取締役の職務についてである。

概　略

3　大まかに説明すると，会社法および判例法では，取締役および役員には以下のような職務が課せられている。

(a) 当該法人において同一の地位にあり，同一の責任を有する合理的な者が当該会社の置かれている状況において果たすと考えられる義務と同程度の善管注意義務（duty of care and diligence）をもって，その権限を行使し，かつ，職務を遂行しなければならない（第180条）。
(b) 当該法人の最善の利益を図るため，さらに，適切な目的のために，誠実にその権限を行使し，かつ，職務を遂行しなければならない（第181条）。
(c) 当該法人における自己の地位，またはその地位に伴い得られた情報を不正に利用して，自己または他人の利益を図り，もしくは法人に損害を与えてはならない（第182条および第183条）。
(d) 取締役が会社に対して負う義務と，当該取締役の個人的利益との相反またはそのおそれが発生しないようにしなければならない（判例法）。
(e) 会社業務に関連する事項について重大な個人的利益を有する場合には，それを他の取締役に対して開示しなければならない（第191条）。
(f) 会社による経営悪化取引を回避しなければならない（第588G条）。

職務委任および依拠

4　取締役は，その権限および機能の一部を他人に委任し，当該他人が具体

1　Ian Ramsayは，I Ramsay (ed), *Corporate Governance and the Duties of Company Directors*, Centre for Corporate Law and Securities Regulation (1997) において，これ以外のコーポレートガバナンスのメカニズムとしては，取締役会の構成，監査役，機関投資家，企業買収，会社による情報開示，会社が事業を行っている製品マーケット，資本市場，経営管理職の労働市場，役員報酬，経営管理職・取締役による株式保有，株主の集中度，会社の財務方針，議決権を有する構成員，構成員による訴訟，規制当局による介入がある，と述べている。

的な状況下において当該機能を適切に履行するものとして依拠することができる。取締役の権限委任が可能な範囲，さらに，受任者による権限行使に関して取締役が免責される状況をめぐって，重大な問題が生じる。

5　第198D条では，「会社の設立基本書類に別段の定めがないかぎり，取締役は自己の権限を取締役委員会，各取締役，会社従業員その他の者（受任者）に対して委任することができる。」と規定している。取締役は，自ら権限を行使した場合と同様に，受任者による権限行使に対して責任を負う（第190条第1項）。ただし，以下の要件を充たす場合にはその責任を免除される。

(a) 当該取締役が，合理的な根拠に基づき，当該受任者が，会社法および会社基本書類（あれば）により会社取締役に課される義務に従い権限を行使するであろうと常に信頼していたこと。
(b) 当該取締役が，合理的な根拠に基づき，適正な調査を経て（状況から判断して調査が必要とされる場合），授権された権限に関しては当該受任者が信頼に足る能力を有する者である，と誠実に信頼していたこと。

6　取締役が，受任者または専門アドバイザー（会計士，弁護士等）の提供した情報に依拠することが合理的と認められる場合もある。ただし，本稿のパラグラフ5で詳しく取り上げる最近の *James Hardie* 判例に注意すべきである。

7　第189条は，取締役が情報またはアドバイスに依存することは，その依存が下記の状況でなされた場合には，合理的であって義務違反にあたらないと推定される，と定めている。

(a) 誠実に（in good faith）依拠したこと。かつ，
(b) その情報またはアドバイスについて，会社に関する当該取締役の知識，さらには会社の構造および業務の複雑性に照らし，独自の調査を行ったこと。

経営判断の原則（Business Judgment Rule）

8　CLERP 9 では，法文上の「経営判断の原則」が導入されている（第180条第2項）。この規定は，取締役に対して，以下のすべてを充たす場合には，経営判断に関して善管注意義務（第180条第1項）の違反があっても個人的責任を負わないという抗弁を認めるものである。

第5章　オーストラリアにおけるコーポレートガバナンスの最近の展開

(a) その判断を，適正な目的のために誠実に下したこと。
(b) その判断の対象事項について，重大な個人的利益を有していないこと。
(c) その判断の対象事項について，合理的に適切と確信できる程度の知識を有していたこと。かつ，
(d) その判断が会社の最良の利益にかなったものであると合理的に確信していたこと。

9　法定の経営判断原則の導入に伴う法案趣旨説明（Explanatory Memorandum）では，このルールの目的を，以下のように説明している。

　経営判断原則の基本的な趣旨は，取締役の任務遂行における権限を保護することであり，取締役を免責することにあるわけではない。取締役が高度な説明責任を負うことは，一般に認知されている。しかし，取締役が誠実かつ勤勉に行った決定については責任を負わないことを明確に認めておかなければ，会社および取締役が責任を伴うリスクのある取引機会の活用をためらう結果につながりかねないためである[2]。

10　このルールがはじめて裁判所で詳しく取り上げられたのは，*Australian Securities and investments Commission v Rich*（2009）27 ACLC 2,139 の事件においてである。取締役その他の役員が「その判断の対象事項について，合理的に適切と確信できる程度の知識を有していたこと」を要件とする第180条第2項に関しては，以下の要素を勘案して，何が適切であるかに関する取締役の合理的な確信を判断することが可能だという判例が出されている。

(a) 行われようとする経営判断の重要性。
(b) 情報収集に利用できる時間。
(c) 情報収集関連コスト。
(d) 対象事項の調査および説明を行った者に対する，取締役の信頼。
(e) 当時の会社事業の状況，さらに，取締役会で検討された競合提案の性質。

11　しかし，導入後10年間において，このルールを適用して取締役を免責

2　Explanatory Memorandum to the *Corporate Law Economic Reform Program Bill 1998*, para 6.3.
3　Marie McDonald, Bruce Dyer and Lane Kylie of Blake Dawson, *Company Law & Governance Update: CLERP anniversary — where to now?*（April 2010）.

した公表判例は，見当たらない[3]。取締役が会社行為について個人責任を問われる事例は，全般的に増加している。

III　職務および義務を負う主体は誰か

1　会社法では，「取締役」(director) および「役員」(officer) の定義に関しては「形式より実質」というアプローチを取っている。こうした概念を下記の表1で示した。のちほど，さらに詳しく説明することとする。

表1

「役員」の定義には，以下の者が含まれる。		
以下の者をはじめとする「取締役」 ・正当に選任された取締役 ・事実上の取締役 ・影の取締役（shadow director）	会社秘書役 (company secretary)	その他，以下に該当する者 ・会社の業務の全部または重要部分に影響を及ぼす決定をし，あるいはその決定に関与する者 ・会社の財務状態に重大な影響を及ぼす権能を有している者

事実上の取締役

2　会社法第9編では，「取締役」を広く定義し，有効に選任された者だけでなく，以下に該当する者も含むものとしている。

(a)　取締役に選任されているが，取締役としての肩書きのない者，または，
(b)　取締役の地位において行動しているが，取締役として有効に選任されていない者。

3　このような者は「事実上の取締役」と呼ばれている。事実上の取締役は，例えば，以下の義務など，取締役としての通常の義務を負う。

(a)　取締役を辞任したが，会社債権者との交渉をはじめ，会社において積極的な役割を引き続き果たしている者。この役割には，会社を代理して所轄の税務局長（Deputy Commissioner of Taxation）との合意を交渉することなどが含まれる。こうした業務は，通常は取締役が行うことが期待される

4　*Deputy Commissioner of Taxation v Austin*（1998）16 ACLC 1, 555; 28 ACSR 565.

上級業務である[4]。
(b) 会社のコンサルタントと称しているが，通常は取締役が行うことが期待される業務を引き受けている者[5]。

影の取締役（shadow director）

4 会社法第9編では，さらに，取締役の定義には「影の取締役」も含むものとしている。これは，会社の取締役が，取締役として有効に選任されていない者の指示または希望に従って行動することが慣例になっている場合のその者を指す。影の取締役も，取締役としての通常の義務を負う。

5 最近の *Chameleon Mining NL v Murchison Metals Limited* (2010) FCA 1129 では，「影の取締役」の概念に関して，以下の5つの成立要件をまとめた。

(a) 専門家アドバイザー以外の者で，会社のコーポレート関係業務に実際の影響または支配を及ぼしている者[6]。
(b) 各取締役個人ではなく，取締役会全体がその影の取締役の希望に添うことが慣例になっていること[7]。
(c) 影の取締役の指示または意向が，会社のコーポレート関係業務の全分野にわたる必要はない。第9条(b)(ii)では，取締役会が指示または意向を受けた時点で，影の取締役の指示または意向に従うことが慣例となっていることが要件とされているのみである[8]。
(d) 取締役が「行動することが慣例となっている」と言えるためには，その都度の一回限りでなく，一定の期間にわたる，定例的な行為であることが必要である[9]。
(e) また，影の取締役が関与する事項に関して正式な指示または意向が示されることも，要件とはされていない。背景にある考え方は，第三者が音楽を演奏し，取締役が取締役としての立場において「踊らされて」いるとい

---

5 *Mistmorn Pty Ltd (in liq) v Yasseen* (1996) 14 ACLC 1,387; 21 ACSR 173.
6 *Ho v Akai Pty Limited (in liq)* [2005] FCAFC 265; (2006) 24 ACLC 1,526 at 1,531 (Finn, Weinberg and Rares JJ).
7 *Re Lo-Line Electric Motors Limited* [1988] Ch 477 at 488; *Emanuel Management Pty Limited (in liq) v Foster's Brewing Group Limited* [2003] QSC 205; (2003) 178 FLR 1 ("*Emanuel*") at [265] (Chesterman J).
8 *Australian Securities Commission v AS Nominees* [1995] FCA 1663; (1995) 133 ALR 1 at 52 (Finn J).
9 *Emanuel* at [266]; *Unisoft* at 620.

6　第201B条(1)により，会社自体を他の会社の取締役に選任することは禁じられている。しかし，会社（持株会社等）が他の会社の影の取締役となることは可能である。*Standard Chartered Bank of Australia Ltd v Antico*（1995）13 ACLC 1,381: 18 ACSR 1 では，持株会社が影の取締役であると認定され，したがって取締役として経営悪化取引を回避する義務を負うことと，子会社の一定の債務につき責任を負うことが判示された。本事件については，本稿パラグラフ1.8.4において改めて詳しく取り上げることとする。

7　日本の読者の参考のため，日豪プレス（2010年12月）に掲載された，「影の取締役」概念に関する日本語による簡潔な説明を別紙1として添付する［割愛：編者］。

役員（Officer）

8　「役員」（officer）とは，もう一つの広い概念であり，法人の取締役，会社秘書役などであるが，以下のように，他のカテゴリーの者にも拡大されている。

(a)　法人の業務の全部または重要な一部分に影響を及ぼすような決定を下し，またはその決定に関与する者。
(b)　法人の財務状況に重要な影響を及ぼす権能を有する者。
(c)　その者の指示または希望に従って取締役が行動するのが慣例となっている者（影の取締役）。

9　*James Hardie*事件判決では，法律顧問と最高財務責任者（いずれも取締役ではない）が会社の役員に当たるとされ，したがって善管注意義務を負うものと判示された（パラグラフ I.5.17参照）。

10　第180条，第181条，第182条及び第183条に定める義務が取締役だけではなく，取締役以外の会社の「役員」にも適用されるという点が重要である。表2で簡潔にまとめた。

10　*Australian Securities Commission v AS Nominees Ltd* at 52 citing *Harris v S*（1976）2 ACLR 51 at 64 per Wells J.

第 5 章　オーストラリアにおけるコーポレートガバナンスの最近の展開

表 2

法律上の義務	取締役	役員
善管注意義務（第 180 条）	✓	✓
誠実さ，適正な目的（第 181 条）	✓	✓
取締役の地位または情報を不正利用しない義務（第 182 条及び第 183 条）	✓	✓
経営悪化取引を回避する義務（第 588G 条）	✓	×

Ⅳ　制　裁

民事的制裁

1　取締役および役員の義務に関する法規定の多くは（第 180 条，第 181 条，第 182 条，第 183 条，第 588G 条など），民事的な制裁規定である。ASIC は，法人による民事制裁規定の違反があった場合には，民事裁判所に提訴することができる。蓋然性の優越の基準に照らして違反が立証された場合，裁判所は，違反の宣言判決（declaration of contravention）を下すことができる。

2　実務上は，オーストラリア裁判所が取締役に刑事責任を課すケースはあまりない。それよりも，罰金（pecuniary penalty）や資格停止命令（disqualification orders）といった民事的な制裁が課されるのが通常である。

罰　金

3　ASIC は，20 万ドル以下の罰金の支払命令，資格停止命令，または賠償命令を申し立てることができる。違反行為によって被害を受けた法人も，賠償命令を申し立てることができる。

4　第 1317G 条では，裁判所が罰金の支払いを命じることができるのは，違反の宣言判決が下された場合であって，かつ，その違反が下記の条件のいずれかに該当する場合に限られるとされている。

(a)　法人またはその構成員の利益を著しく害する場合。
(b)　法人の債権者に対する支払能力を著しく害する場合。
(c)　違反が深刻である場合。

5　民事上の制裁規定違反に対する罰金は，刑事上の罰金刑と同様に，違反により生じた損失または利益の額を基準とするのではなく，違反の重大性を勘

案して決定される。

取締役の資格停止

6　オーストラリアでは，資格停止命令はかなり頻繁に利用されており，資格停止期間は一定ではない。本稿では資格停止命令に関する詳しい考察をいくつか行うこととする。

7　第206C条の規定により，裁判所は，ASICからの申立に応じ，一定の者の会社経営の資格を，裁判所が適切と認める期間中停止する命令を下すことができる。この命令には，その者が民事上の制裁規定に違反した旨の宣言判決が下されており，かつ，その資格停止命令に正当な理由があると裁判所が判断することが必要とされる。資格停止に正当な理由があるかどうかを判断する際には，裁判所は，以下の点を考慮することができる。

(a)　その者による，会社の経営，業務または財産に関連する行為。
(b)　その他裁判所が適切と認める事項。

8　さらに，第206D条は，以下の条件をすべて充たす場合には，裁判所がASICからの申立に応じ，一定の者の会社経営資格を20年以下の期間中停止することができると定めている。

(a)　直近7年以内に，その者が役員を兼任していた2つ以上の法人が「破綻（failed）」した場合（「破綻」とは，会社が債務超過その他これに類する事情によって解散されることをいう。）。
(b)　会社の経営方法が，会社の破綻の全部または一部の原因となっていると裁判所が認める場合。
(c)　その資格停止命令に正当な理由がある場合。

9　さらに，第206E条は，ある者が会社法の違反行為を繰り返す場合には，裁判所が，適切と認める期間中はその者の会社経営資格を停止する権限を有するものと定めている。

条　件

10　裁判所は，HIH Insurance Ltd (in prov liq) に関する *Australian Securities and Investments Commission v Adler* (2002) 42 ACSR 80（控訴の大部分は棄却された。*Adler v ASIC* (2003) 46 ACSR 504）（「HIH Insurance事件」）におい

て，資格停止命令に関する以下の条件を検討した。*ASIC v Adler* [2002] NSWSC 510; *Adler v ASIC* [2002] NSWCA 303.

11　Santow 判事は，以下の条件が，第206C条および第206E条に関する判例から導かれると指摘した。

(a) 資格停止命令の趣旨は，法人組織の有害な利用や適切な取引基準に反する利用から社会一般を守ることにある。
(b) 資格停止命令の趣旨は，会社の透明性と説明責任，さらには取締役の適任性に対する公共の利益保護を図ることを通じて，社会一般を守ることにある。
(c) 社会一般の保護には，消費者，債権者，株主，投資家をはじめ会社と取引する個人の保護も想定されている。
(d) 資格停止命令は，法人組織の悪用またはそのおそれを防ぐ効果がある。
(e) 資格停止命令は懲罰的なものではないが，個人に対する抑止的効果がある。しかし，*Australian Securities and Investments Commission v Vines* (2006) 58 ACSR 298; [2006] NSWSC 760 at [35]-[36] では，Austin 判事が，この条件は2004年のオーストラリア最高裁判所（High Court of Australia）の *Rich v Australian Securities and Investments Commission* (2004) 220 CLR 129; 209 ALR 271; 50 ACSR 242; [2004] HCA 42（資格停止命令は罰則を課す趣旨も含むと解すべきだと判示された）に照らし，再考の必要がある，と述べている。
(f) 一般的な抑止的効果という目的の達成も図られている。

12　さらに，資格停止命令を下す際に裁判所は以下の8つの基準を検討しなければならない，とされた。

(a) 被告の性質。
(b) 違反行為の性質。
(c) 会社の組織体制および会社業務の性質。
(d) 株主，債権者および従業員の利益。
(e) 被告が会社取締役として引き続き在任することにより，他者に及ぼすリスク。
(f) 被告の誠実さと能力。

(g) 被告の被る不利益と，被告の個人的利益および経済的利益。
(h) 将来違反があれば訴訟につながることに対する被告の認識[11]。

資格停止の期間

13 原則として，取締役が不誠実である場合など，違反行為の性質が重大なケースでは，資格停止期間は長くなる。取締役の受ける不利益と，公共の利益さらに違反の再発から社会一般を保護する必要性のバランスを図ることが求められる。例えば，*HIH Insurance* 事件判決では，裁判所は，同社の非業務執行取締役（non-executive director）であった Rodney Adler に対する 20 年間の資格停止命令を下した。Adler は，取締役としての義務と市場操縦規制に違反して，自身が支配する会社に 1000 万ドルを送金させ，HIH の株式を購入しようとした，と認定された。

14 判例では，適切な資格停止期間を決定する際に考慮すべき要因が挙げられている（表3参照）[12]。

表3

期間	最長期間 （25年以上）	7年間から12年間 （深刻であるが，「最悪のケース」ではない場合）	最短期間 （3年以下）
要因	・多額の金銭的損失。 ・被告が類似の行為を行う性向が強い。 ・活動の対象が，経営・金融コンサルタントなど，多大な金銭的損失が発生する可能性の高い分野である。 ・改悛や反省がみられない。 ・法令を無視し，社内規則も遵守していな	・能力と責任感の重大な欠如 ・重大な損失 ・被告が，他者の損失において自己の利益を図るための行動を故意にとったが，不誠実さの程度は比較的軽い。 ・故意かつ継続的に法律に違反し，また，法的義務を無視した。 ・改悛の情または責任	・被告がその行為により個人的利益を得たが，不正流用した資金の全部または一部を返済すべく努力している。 ・被告に，近い将来にまたは明らかに会社経営者の地位を保有する意思がない。 ・あるケースでは，被告が改悛と反省の情を示し，専門家のア

---

11 *Commissioner for Corporate Affairs（WA）v Ekamper*（1987）12 ACLR 519;（1988）6 ACLC 90.
12 Ibid.

第5章　オーストラリアにおけるコーポレートガバナンスの最近の展開

い。 ・不誠実で，詐欺の故意がある。 ・類似の活動について過去に有罪となり，または違反したことがある。	を引き受ける姿勢がないが，更生の見込みはある。	ドバイスに従って行動し，訴訟では争わなかった。

15　これらの条件が適用されたケースは多い。もっとも，これはあくまで手引きであり，各事例に応じた考慮が求められる[13]。

資格停止の経済的影響

16　オーストラリアでは，刑事上の制裁よりも，資格停止制度の方がよく利用されている。資格停止が個人に及ぼす経済的影響は，深刻である。資格停止された者は，直ちに取締役の地位を失うため，職務経歴，評判，収入能力に実際に傷が付いてしまうこととなる。上訴によって資格停止命令が取り消されたとしても（本稿で後に紹介する *James Hardie* 事件など），少なくとも資格停止期間中は，その者は，このような悪影響を被ることになる。

刑　事　責　任

17　一般的には，刑事制裁の目的は，2つある。1つ目は，不正な行為を行った者に対する処罰であり，2つ目は，社会一般に対して不正な行為をしないよう抑止することである。

18　会社法第184条では，会社の取締役その他の役員が次のいずれかに該当する場合には，犯罪を構成する，と定めている。

(a)　重大な過失を有しまたは故意的に不誠実であり，かつ，誠実にまたは適正な目的のために職務を遂行しない場合。
(b)　自己の利益を図りまたは会社に損害を与える意図をもって自己の立場を不誠実に利用した場合，あるいは当該利用が原因でかかる結果を生じることについて未必の故意をもって，自己の立場を不誠実に利用した場合。
(c)　自己の利益を図り，または会社に損害を与える意図をもって，取締役，役員または従業員としての現在または過去の地位により取得した情報を利

13　*Australian Securities and Investments Commission v Beekink* (2007) 241 ALR 141; 61 ACSR 305; [2007] FCAFC 7 at [112].

用した場合，あるいは当該利用が原因でかかる結果を生じることについて未必の故意をもって，そのような情報を利用した場合．

V　*JAMES HARDIE* 事件判決

1　*James Hardie* 事件は，オーストラリアにおけるコーポレートガバナンスと会社役員の義務について扱った最近の主要判例のうちの1つである．

2　上記で説明した，取締役・役員の義務に関する原則が変更されたわけではない．もっとも，本件の主な争点は，事実認定であり，また，どの会社の取締役会でも議題となる共通事項（告示，議事録，取締役が意思決定の際に他人に依拠することなど）について検討がなされた．

背　景

3　James Hardie Industries Limited（JHIL）とその子会社数社は，1937年から1987年にかけて，アスベスト製品の製造および販売を行っていた．製品に含まれるアスベストの被曝が原因で，アスベスト関連疾患に苦しむ患者からの損害賠償請求が増えていた．2001年にJHIL社は，Medical Research and Compensation Foundation（以下，「財団」）の設立をはじめとする会社リストラクチャリングを行った．その目的は，アスベスト関連の損害賠償責任を財団に移すことにより，賠償請求を受けており，また今後も引き続き受けることとなるグループ会社群からJHIL社を分離することにあった．財団の事業目的は，アスベスト関連疾患の患者に対してJHILに対する請求について補償し，また，疾患の治療方法発見のための医学研究を助成することであった．当時ASXの上場会社であったJHILは，この会社リストラクチャリングに関する告示をASXに対して行った．

4　ASXの告示では，財団の事業開始時の資産は2億8500万ドルであり，将来発生するあらゆる損害賠償請求に対応できる「十分な資金」があり，正当な請求権を有する患者に「安心感」を与えるものだ，と書かれていた．また，財団が社外専門家（保険数理人等）の「専門的アドバイス」を得て設立されたことが書かれていた．しかし，実際には，専門的アドバイスは，取締役会に提出された，キャッシュフローモデルの限定的な前提条件に基づくものであった．

5　2007年2月に，ASICは，ASX告示に記載された財団資金の十分性に関して，ASX告示が虚偽で誤認を生じさせるものであるとして，JHILの元取

締役および役員を相手方とする訴訟を提起した。また，これとは別に，ASXに対するディスクロージャー義務に関連して，JHILの親会社に対しても訴訟を提起した。

事実審（Trial）

6　*ASIC v Macdonald*（2009）NSWSC 287 では，ニュー・サウスウェールズ州上級裁判所（Supreme Court）の第1審裁判官は，ASX告示が誤認を生じさせるものである，と認定した。告示には，財団に供される資金の安定性および十分性に関する断定的で限定的条件の付されていない記載が含まれており，取締役もそれが誤認を生じさせるものであることを認識していたはずだ，というのがその理由である。第1審裁判官は，JHILグループから2つの子会社を分離させたことは「危険を伴う措置」であり，JHILにとってはASX告示に対する市場の反応がきわめて重要であったことを指摘した。

7　第1審裁判官の判示は，以下のとおりである。

(a) 元取締役ら（最高経営責任者，7名の非業務執行取締役，役員（法務担当役員兼秘書役），最高財務責任者）が，誤認を生じさせるASX告示原案を取締役会で承認したのは，会社法第180条第1項に定める善管注意義務違反に当たる。

(b) 法務担当役員兼秘書役と最高財務責任者（取締役としての有効な選任はされていない）は，会社法に定義する「役員」に当たる。業務の全部または重要な部分に影響を及ぼす決定に参加しており，したがって，会社法第180条第1項に定める義務に服するためである。

8　元最高経営責任者は，第180条第1項違反という主張に対する抗弁として，経営判断の原則（business judgement rule）の援用を試みた。しかし，その経営判断が会社の最善の利益にかなうものだと最高経営責任者が合理的に判断したことの証拠が見当たらない，と第1審裁判官が認定したため，結局，その抗弁は認められなかった。

9　第1審裁判官は，表4のとおり，JHIL社の元取締役及び役員に対して資格停止命令と罰金の支払いを命じた。

表 4

名称（役職）	第一審判決（2009 年 4 月）		控訴審判決（2010 年 12 月）
	資格停止命令	罰金	
James Hardie Industries NV	—	$80,000	敗訴
Peter Macdonald（元最高経営責任者）	15 年間	$350,000	（控訴せず）
Peter Shafron（元法務担当役員兼秘書役）	7 年間	$75,000	一部勝訴
Philip Morley（元最高財務責任者）	5 年間	$35,000	敗訴
非業務執行取締役 7 名	（5 年間）	($30,000)	勝訴

控訴裁判所（Court of Appeal）

10　2010 年 12 月 17 日に，ニュー・サウスウェールズ州控訴裁判所によって 2 件の判決が下された。1 件は元取締役・執行役員に関する判決（*Morley & Ors v Australian Securities and Investments Commission* [2010] NSWCA 331）で，もう 1 件は会社に関する判決（*James Hardie Industries NV v Australian Securities and Investments Commission* [2010] NSWCA 332）である。いずれも裁判官の全員一致による。

11　控訴の主要争点は，次のようなものである。

(a)　ASX 告示原案が提出され取締役会で承認された事実の立証に必要な重要証人を，ASIC が呼び出さなかったのかという点。

(b)　元法務担当役員兼秘書役と元最高財務責任者が会社法に定義する「役員」に該当するかという点。

(c)　JHIL 社の重要意思決定を行う際に，取締役およびその他の役員が他者や外部専門家に依拠してよいのはどの程度かという点。

非業務執行取締役——ASIC が重要証人の呼出しをしなかったこと

12　7 人の非業務執行取締役による控訴は認容され，これらの者に対する第一審判決は破棄された。控訴裁判所は，ASIC が，民事的制裁手続上の立証責任を果たすため明白で説得力ある証拠の提出義務を負うにもかかわらず，非業務執行取締役が ASX 告示原案可決の取締役会決議を実際に承認した事実を証

第5章　オーストラリアにおけるコーポレートガバナンスの最近の展開

する重要証人（JHIL の顧問弁護士の1人で，本件に関連する事項に深く関与していた Robb 氏）の呼出しをしなかった，と認定した。

元法務担当役員兼秘書役と元最高財務責任者——「役員」の定義

13　元法務担当役員兼秘書役と最高財務責任者は，いずれも会社法に定める「役員」に当たり，したがって，第180条第1項に定める善管注意義務を負うという第1審裁判官の認定は維持された。

14　パラグラフ3.1で述べたとおり，会社法第9条では法人の「役員」を広く定義しており，これには取締役や会社秘書役も含まれ，さらに，(i)法人の業務の全部または重要な部分に影響を及ぼすような決定を下し，またはその決定に関与する者，または(ii)法人の財務状況に重要な影響を及ぼす権能を有する者も含まれる。

15　元法務担当役員兼秘書役は，当時これらの役職を兼任していたものの，ASIC の主張する意味での「役員」ではない，と主張した。また，争点となっている事項については，会社秘書役ではなく法務担当役員として行動したと主張した。さらに，本件に関連する決定を行っておらず，その決定に参加もしていないこと，そのような権限を有しないこと，決定者の要請に応じてアドバイスと補助をしただけである，と述べた。

16　また，元最高財務責任者は，キャッシュフローモデルの提出の際には「役員」として行動したのではないと主張した。決定を行いまたはその決定に参加したのは取締役会であり，しかも取締役会は自分の指示や希望に従って行動したわけでもない，と述べた。当時これらの役職を兼任していたものの，また，自分の役割は，取締役会が採決するキャッシュフローモデルを提出することだけであった，と主張した。

17　控訴裁判所は，以下の事実に基づいて，元法務担当役員兼秘書役と最高財務責任者はいずれも，その役割の性質，通常実施している職務，さらには意思決定プロセスにおける関与の程度に鑑み，いずれも会社法に定める「役員」に当たると，判示した。

(a) 元法務担当役員兼秘書役は，JHIL が指名した保険数理人を選任し，最高経営責任者による取締役会資料作成と，リストラクチャリング案の立案・実施を補助した。

(b) 元最高財務責任者は，JHIL の序列が2番目か3番目の上級役員であり，

2000 年と 2001 年の取締役会にすべて出席し，キャッシュフローモデルの作成を担当し，また，リストラクチャリング案に関する一般市民および市場への対応戦略に関する連絡を受け取っていた。

18　控訴審裁判官は，この結論を下すにあたり，「本争点に関する第 1 審裁判官の認定を支持することは，業務執行担当者やアドバイザーが法が定義する役員とされる範囲を不当に広めることにつながる」という主張を却下した。控訴審は，「実際上，取締役会決議その他の重要決定に最終的意思決定者以外の者が関与していることは，会社にとっては当然である」と述べた。控訴審裁判官は，元最高財務責任者が法人の財務状況に重大な影響を及ぼす権能を有しており，したがって，もう 1 つ別の定義からも「役員」に当たるという点も考慮した。控訴審裁判官は，最高財務責任者の一般的な権能と役割ではなく，その元最高財務責任者個人の権能と役割に着目して，この点を重視した。

法務担当役員兼秘書役の役割——法務担当役員による外部専門家への依拠

19　控訴裁判所は，元法務担当役員兼秘書役が，James Hardie グループ会社による財団設立に関する補償・約定事項の情報（以下「DOCI 情報」という。）が記載された「約定事項および補償に関する書面（Deed of Covenant and Indemnity）」について，JHIL から ASX に対する開示の要否を検討すべきことを取締役会に対してアドバイスしなかったため，会社法第 180 条第 1 項に定める義務に違反したとする第 1 審裁判官の事実認定を支持した。

20　元法務担当役員兼秘書役は，知的能力が高く業務経験豊かなビジネスマンである取締役および最高経営責任者に対して自明の理を指摘する必要はなかったこと，さらに，JHIL は，外部の経験豊富な弁護士を選任していたのであるから，法務担当役員が外部弁護士のアドバイスを批判したり，先回りして忠告したりすることを期待するのは合理的ではないことを主張した。ASX への DOCI 情報開示の要否という点について，元法務担当役員兼秘書役は特に質問せず，また，弁護士も問題にしなかった。元法務担当役員兼秘書役は，外部専門家への依拠が許容されること，さらに，アドバイスがなかった以上は開示が不要と推測するのも許容されることだ，と主張した。控訴裁判所は，この主張を退け，以下のように判示した。

(a)　元法務担当役員兼秘書役が DOCI 情報の開示に関するアドバイスを求

第5章　オーストラリアにおけるコーポレートガバナンスの最近の展開

めたという証拠も，弁護士が一般選任契約（general retainer）上そのようなアドバイスを求められていたという証拠も見当たらない。
(b)　元法務担当役員兼秘書役は，規制上の要求事項のコンプライアンスを確立する責任を負っており，単なる「外部弁護士アドバイスの伝達役」ではない。

21　さらに，控訴裁判所は，アスベストに関する損害賠償発生可能性の保険数理的試算に関する側面について，元法務担当役員兼秘書役が取締役会に対するアドバイスを怠った，と認定し，ASICの控訴審における反訴を一部認容した。元法務担当役員兼秘書役は，取締役会にアドバイスしなかったのは自明の理であるためだ，と主張したが，裁判所は，法務担当役員の責務を負う合理的な者であれば，取締役会に対して，自明であるが取締役会によって重要性が認識されずまたは無視されるような点を指摘したはずである，と指摘した。

最高財務責任者の役割

22　元最高財務責任者は，「理論上適切であり，技術的にも正確」なキャッシュフローモデルについて，その前提となった仮定条件までは外部レビューが及んでいないことは，知的能力が高く業務経験豊かな取締役会構成員にとっては自明の理であった，と主張した。控訴裁判所は，この主張を退け，元最高財務責任者が，キャッシュフロー分析のレビューが限定的な性質のものであるというアドバイスを怠った，と認定した。

James Hardie Industries NV

23　控訴裁判所は，James Hardie Industries NVが市場行動に影響を及ぼすような誤導的な告示を行い，また，一定の開示を怠ったという第一審裁判官の認定を支持した。控訴裁判所は，さらに以下のようにコメントした。

> ［関連情報］を開示しないというJHINVの戦略は綿密に練られたものである。市場に対してどのようなことを，いつ伝えるかも計画的に，慎重な検討のうえで意図的に行われた。JHINVの違法行為は誠実性と透明性を甚だしく軽視したものであって，法律上の義務を，自社の目的に都合良く解釈しようという主観的意図が看取できる。

取締役，法務担当役員，最高財務責任者に対する影響

24 控訴裁判所判決からは，以下のような教訓を得ることができる。

(a) 取締役が議事録を読み，承認する際には慎重な注意を払うべきである。ASIC が調査と提訴決定を行ったのは，取締役会議事録の内容上，ASX 告示の議案が可決された事実の記載が不正確であったことが主な理由である。裁判所は，例えば，米国に居住し電話で取締役会に出席した非業務執行取締役 2 名が，ASX 告示原案のレビュー用写しの送付を要求しなかった，と認定した。他の非業務執行取締役で取締役会に出席していた者も，ASX 告示をレビューし討議した記憶がなかった。

(b) 取締役が，業務執行担当者，外部専門家，他の取締役などの他人への依拠が認められる程度には制限がある。

(c) 法務担当役員と最高財務責任者が会社意思決定に参加するのであれば，その会社の「役員」として行動しているのと同然であり，会社法第 180 条第 1 項に基づく善管注意義務を負う。

(d) 取締役でない執行役員も，取締役会に対し，一定の事項について，それが自明と思われる場合であっても，アドバイスする義務がある[14]。

25 日本の読者の参考のため，日豪プレス（2011 年 3 月）に掲載された，James Hardie 事件に関する日本語記事を別紙 2 として添付する［割愛：編者］。

──────────── パート 2 ────────────

VI 経営悪化取引の回避──取締役の義務

1 会社法に基づいて取締役に課されるもう 1 つ重要な義務は，以下のような状況において会社債務の発生を防ぐ義務である。

(a) 債務の発生時点において，会社がすでに債務超過の状態にある場合，または，

---

14 Angela Pearsall and Penelope Kelton of Blake Dawson, *Litigation Update — James Hardie Civil Penalty Proceedings Appeal Decision*（December 2010）<http://www.blakedawson.com/Templates/Publications/x_publication_content_page.aspx?id=61007> at 22 December 2011.

(b) 当該債務，または当該債務を含む一連の債務が発生することにより，会社が債務超過に陥る場合（第588G条）。

2 第588G条では次の2段階の違反行為が定められている。

(a) 第1に，第588条第2項により，以下のような状況において債務の発生回避を怠った取締役には，民事的制裁規定（賠償命令，罰金支払命令及び資格停止命令）が適用される。
 (i) その取締役が，債務超過が疑われる理由が存在することを認識していたこと。または，
 (ii) 同様の地位にある合理的な者であれば，債務超過を疑うであろうこと。
(b) 第2に，第588G条第3項では，以下のような場合には犯罪が成立する，と定めている。
 (i) 取締役が，会社に債務が発生した時点において，会社が債務超過の状態にあるか，または当該債務の発生によって債務超過に陥るであろうと疑っていたこと。
 (ii) 取締役が会社の債務発生を回避しなかったことが不誠実に当たること。

影の取締役または親会社に対しても責任を問うことができる

3 第588G条の適用対象は取締役のみであり，これには「事実上の取締役」と「影の取締役」も含まれるが，役員は含まれない，という点が重要である。

4 1例を挙げると，*Standard Chartered Bank v ANTICO* (1995) 13 ACLC 1, 381; 18 ACSR 1 では，Giant Resources Ltd 株式の42％を間接保有していた Pioneer International 社が，Giant Resources Ltd の「影の取締役」である，と認定され（他の株主はすべて保有株式数が少なく，また，Pioneer International 社が Giant Resources Ltd 社に対して指名取締役を通じ強い経営支配力を行使していたという裁判所の事実認定に基づいた認定），したがって，Giant Resources Ltd が第588G条違反により負担した債務の一部について責任を負うものと判示された。このように，会社が影の取締役であるとされ第588G条の適用を受けることは，多くの資産を有する会社が，資産過少で負債を抱えた他社の「影の取締役」であるような場合には，特に大きな意義がある。

5 親会社も，子会社が債務超過の状態にあるときは取引をさせないという

法律上の義務を負う（第588V条）。

取締役が援用可能な抗弁

6　取締役が第588G条に反した場合であっても，民事上の請求に対する抗弁が認められる場合がある。すなわち，取締役が以下に該当することが立証された場合には，責任を負わない，とされている。

(a) 債務超過を予測する合理的な理由を有していたこと（第588H条第2項）。
(b) 会社の債務超過状態の有無を判断するため適切な情報を提供する責任を負う，能力があり信頼できる者から提供された情報に合理的に依拠したこと（第588H条第3項）。
(c) 病気その他の正当な理由で経営に関与していなかった場合（第588H条第4項）。または，
(d) 債務発生を回避する合理的な措置を取ったこと（第588H条第5項）。この措置について判断する際には，その者が会社業務執行者（administrator）の選定の際に取った行動，その行動の時期，さらに，その行動の結果が考慮される（第588H条第6項）。

7　第588H条第2項に定める抗弁の成立のためには，取締役が債務超過を予測する合理的な理由があることが必要である。一方，第588G条の違反の成立要件は「債務超過が疑われる合理的な理由」である。裁判所は，「予測する」と「疑う」という用語の違いについて，*Metropolitan Fire Systems Pty Ltd v Miller* (1997) 23 ACSR 699 at 711 で検討し，以下のように述べている。

　　何かを「疑う」ことは，「予測する」ことと比べて，求められる知識と認識の程度が低い。抗弁の成立を認めるには，「予測する」と単なる希望とは区別すべきである。この表現は，会社の債務超過状態についての確信の程度を表す。取締役は，基準日において会社が弁済期限の到来した債務の弁済が可能であったと判断する合理的な理由を有していることが必要となる。

8　しかし，第588H条に定める抗弁の立証には，複雑な法律的・事実的分析が必要であり，不確実なため適用が容易ではない，という批判がある。オーストラリア会社取締役協会（Australian Institute of Company Directors）は，経営判断の原則の適用対象を，第588G条の義務など他の取締役義務にも拡大す

るよう議会に陳情している。しかし，それにもかかわらず，パラグラフ2.8でも説明したとおり，第588G条違反には経営判断の原則の適用がない[15]。

9　ASICでは，不確実性の問題への対処として，取締役が経営悪化取引の避止義務を理解し遵守するのに役立てるため，2010年7月にRegulatory Guide 217 *Duty to prevent insolvent trading: Guide for directors* の確定版（「RG 217」）[16]を公表した。

10　RG 217では，取締役が注意すべき点として，次の4つの重要原則を挙げている。

(a) 重要原則1―取締役は会社の財務状態についてつねに情報を把握しておくべきである。
(b) 重要原則2―取締役は財務上の問題点を調査すべきである。
(c) 重要原則3―取締役は専門家のアドバイスを求めるべきである。
(d) 重要原則4―取締役はタイムリーに行動すべきである。

11　これらの重要原則には，それぞれ，多数の事例，具体的措置，遵守を確立するにあたって考慮すべき点が付されている。

12　取締役がこの4つの重要原則を遵守すれば，おそらくASICから提訴はされないであろう。しかし，会社清算人が，取締役を相手方として第588G条に基づく経営悪化取引の避止義務違反による債務の価額弁償を求める民事訴訟を提起すべきかどうかを判断する際には，RG 217を適用するかどうかは明らかではなく，注意が必要である[17]。

15　*Treasury Discussion Paper ― Insolvent trading: A safe Harbour for reorganisation attempts outside external administration* from John H C Colvin, CEO & Managing Director of the Australian Institute of Company Directors to The Treasury, 2 March 2010 <http://www.companydirectors.com.au/Director-Resource-Centre/Policy-on-Director-Issues/Policy-Submissions/2010/2010-04-Submission-to-Treasury-on-Discussion-Paper-Insolvent-Trading-Safe-harbour-for-reorgan> at 18 March 2011.

16　Australian Securities and Investments Commission, *Regulatory Guide 217: duty to prevent insolvent trading: Guide for directors* <http://www.asic.gov.au/asic/pdflib.nsf/LookupByFileName/rg217-29July2010.pdf/$file/rg217-29July2010.pdf> at 8 March 2011.

17　James Marshall and Daniel Solomons of Blake Dawson, *ASIC publishes regulatory guide on insolvent trading* (September 2010) <http://www.blakedawson.com/Templates/Publications/x_article_content_page.aspx?id=59845> at 8 March 2011.

Ⅶ 監査役の義務

ASIC に対する報告義務

1 CLERP 9により，会計報告制度の大幅改正が実施され，監査役の法的義務の一部が拡大された。大まかに説明すると，監査役には，2つの主要機能がある。第1の機能は，会社株主に対して会社の財務諸表に関する事項を報告し，会社から提出された財務情報と業況が信頼に足るものである旨の独立的な保証を与えることである。第2の機能は，CLERP 9により導入されたものであるが，会社による会社法の重大な違反があった場合には ASIC に直接報告することである。これは，会社財務諸表の正確性に対する主要な外部チェックとしての監査役の役割の重要性を踏まえたものである。

2 第311条第1項によると，個人の監査役は，次のいずれかの事由の場合には，それを知ったときから実務上可能な限り速やかに（ただし，いかなる場合でも28日以内に）ASIC に対して報告しなければならない，とされている。

(a) 当該監査役が，その事由が会社法違反に該当すると疑う合理的な理由を有している場合。
(b) その事由が，監査の実施に関与する者に不当な影響を与え，あるいはそのような者を強迫し，操作または誤認を生じさせようとする試みに相当すること。または，
(c) その事由が，その他監査の適正な実施を妨げる試みに相当すること。

3 ASIC に対し違反の疑いを報告する義務が生じるのは，違反が重大な場合のみである。重大な違反の疑いとは，経営悪化取引，会計基準の不遵守，会社役員または従業員による詐欺的行為などである。

4 *ASIC Regulatory Guide 34: Auditors' obligations — Reporting to ASIC*[18]（「RG 34」）は，2004年12月に Practice Note 34 として当初刊行され，一部修正を経て2007年12月に再刊されたものであるが，第311条に基づく強化された報告義務に関する監査役の指針となっている。RG 34 には，「監査役に期待されているのは，会社法違反のあらゆる可能性を体系的に調査すること

---

18 Australian Securities and Investments Commission, Regulatory Guide 34: Auditor's obligations: reporting to ASIC（December 2007）<http://www.asic.gov.au/asic/pdflib.nsf/LookupByFileName/rg34.pdf/$file/rg34.pdf> at 18 March 2011.

第5章　オーストラリアにおけるコーポレートガバナンスの最近の展開

ではなく、そのような違反の兆候に気づいた場合にそれを警告することである」と述べられている。

5　監査役がASICに報告する際には、名誉毀損罪に問われないという「特権（qualified privilege）」がある。この特権は、監査役が誠実な態様で、ASICに報告する法的義務の履行を専ら目的として行動した場合に認められるものである。

6　第311条を遵守しなかった監査役は、50刑罰単位（5,500ドル）または1年以下の禁固刑に処せられる。

監 査 基 準

7　CLERP 9により、監査基準の採択の仕組みにも変更があった。オーストラリア監査・保証基準委員会（Auditing and Assurance Standards Board (AUASB)）が再編されて連邦の法的機関となり、また、法的拘束力のある監査基準（第336条）の採用を担当することとなった。

世界金融危機——監査役に対する訴訟

8　2007年から2008年にかけての世界的金融危機により、オーストラリアでは、いくつかの会社が破綻した。これを受けて、ASICは、取締役および役員のみならず、監査役さらには会社破綻に関わった会計監査法人に対しても、投資家の利益のため、損害賠償を求める訴訟を提起するようになった。

9　KPMG／ウェストポイント——ASICが監査役を相手取って提訴した事件のうち、重要なものの1つは、2008年10月に開始された、KPMGを被告とする訴訟である。ASICは、KMPGを相手方として、Westpoint Groupのグループ会社の監査をめぐってヴィクトリア州上級裁判所に民事訴訟を提起した。これらのグループ会社は、2006年初めに経営破綻し、4,000人の投資家に3億8,800万ドルの負債を有していた。ASICは、Westpointグループの8社に代わり、KPMGが2002年、2003年および2004年度（6月末決算）に実施した複数のWestpointグループ会社の会計監査における過失行為に関して訴訟を提起した。この民事訴訟は、2001年オーストラリア証券・投資委員会法（*Australian Securities and Investments Commission Act 2001*（Cth））（「ASIC法」）第50条に基づいて提起された。同条は、ASICに対して、公共の利益のために民事訴訟を提起して損害賠償を求めることを認める規定である[19]。

10　ASICは、KPMGがWestpointグループ会社の会計監査の実施において、

会社の継続的な債務超過状態に関する事項を指摘せず，会社監査に限定的条件を付さなかったのは過失にあたる，と主張した。さらに，KPMG が第311条に基づき，Westpoint グループ会社には取締役の義務違反，経営悪化取引の避止ルール等の会社法違反が疑われる理由があることを ASIC に報告すべきであった，と主張した[20]。

11 2007年以降，ASIC は Westpoint グループの取締役・役員，さらには信託の受託者，認可金融サービス業者数社に対して，16件の民事訴訟を提起している[21]。請求額合計は，5億4,990万ドルに上る。Westpoint 関連訴訟は，現在もまだ係属中である。2011年3月18日の ASIC 報告によれば，清算人および清算対象外の Westpoint グループ会社から受けた支払額は7,850万ドル，訴訟による損害賠償額は9,295万ドル，合計返還額の推計は1億6,000万ドルから7,000万ドルである[22]。

―――――― パート3 ――――――

Ⅷ 規制機関

1 オーストラリアにおける企業活動の主な規制機関と，その管轄する法分野，さらに，規制対象となる企業の類型を表5に示す。

表5

規制機関の名称	管轄する法分野	主な規制対象
オーストラリア証券・投資委員会（ASIC）	会社関係法令，金融サービス関係法令[23] 金融サービスにおける消費者保護	会社及び登記可能な団体すべて（金融サービス機関等）。個人の監査役および清

---

19 Australian Securities and Investments Commission, *Media release 08-207 ASIC commences action against KPMG over Westpoint collapse*（13 October 2008）<http://www.asic.gov.au/asic/asic.nsf/byheadline/08-207+ASIC+commences+action+against+KPMG+over+Westpoint+collapse> at 18 March 2011.
20 Ibid.
21 Ibid.
22 Australian Securities and Investments Commission, *Westpoint Investors Site — Westpoint Milestone* <https://westpoint.asic.gov.au/wstpoint/wstpoint.nsf/byheadline/Westpoint+milestones?opendocument> at 18 March 2011.

第 5 章　オーストラリアにおけるコーポレートガバナンスの最近の展開

		算人
オーストラリア証券取引所（ASX）	会社関係法令，上場規則 コーポレートガバナンス	ASX 上場会社・企業体すべて
オーストラリア健全性規制庁（APRA）	金融サービス関係法令（健全性の監督）[24]	銀行，保険会社，年金団体等の金融サービス機関
オーストラリア競争・消費者委員会（ACCC）	反競争・消費者保護法令[25]	商品・サービスを提供するすべての企業体及び個人

ASIC の役割

2　ASIC は，2001 年オーストラリア証券・投資委員会法（*Australian Securities and Investments Commission Act 2001*（Cth））（「ASIC 法」）に基づいて設立された，独立した連邦政府機関である。その責務は，主に会社法に基づいて，消費者，投資家および債権者の利益のために会社と金融サービスの関係法令の適正な運用を確保することにある。

3　会社の規制に関する ASIC の主な機能は，以下のとおりである。

(a)　会社の登録。

(b)　会社情報の収集および公表。

---

[23]　*Corporations Act 2001*（Cth），*Competition and Consumer Act 2010*（Cth），*Australian Securities and Investments Commission Act 2001*, *Insurance Contracts Act 1984*, *Superannuation*（*Resolution of Complaints*）*Act 1993*, *Superannuation Industry*（*Supervision*）*Act 1993*, *Retirement Savings Accounts Act 1997*, *Life Insurance Act 1995*, *National Consumer Credit Protection Act 2009* and *Medical Indemnity*（*Prudential Supervision and Product Standards*）*Act 2003*.

[24]　*Australian Prudential Regulation Authority Act 1998*, *Banking Act 1959*, *Insurance Act 1973*, *Life Insurance Act 1995 and Superannuation Industry*（*Supervision*）*Act 1993*.

[25]　*Competition and Consumer Act 2010*（Cth），*Airports Act 1996*（Cth），*Australian Postal Corporation Act 1989*（Cth），*Broadcasting Services Act 1992*（Cth），*Copyright Act 1968*（Cth），*Radiocommunications Act 1992*（Cth），*Telecommunications Act 1997*（Cth），*Telecommunications*（*Consumer Protection and Service Standards*）*Act 1999*（Cth），*Trade Marks Act 1995*（Cth），*Water Act 2007*（Cth），*Water Market Rules 2009*（Cth），*Water Charge*（*Termination Fees*）*Rules 2009*（Cth）and *Wheat Export Marketing Act 2008*（Cth）.

(c) 会社・個人に対する法令教育。

(d) 会社監査役及び清算人の登録。

(e) 法律違反の調査。

(f) 法律の執行。

(g) 一定の事情がある場合には，クラス・オーダー（class order）という書面，規制ガイドライン等を発行することにより，一定の法規定の運用を変更しまたはその適用を免除すること。これにより，想定しうるあらゆる緊急事態や異常事態に備えた具体的な取り決めを，可能性がほぼゼロなのに会社法で定めておく必要がなくなり，法令を調整して特別の事情に対処することが可能となる。

4　表6は，2009年から2010年にかけてASICが取締対象とした企業体と個人の数を表している[26]。

表6

ASICの取締対象	2009-10
会社（全種類の会社） （新たに登録された会社）	1,768,526 (157,667)
オーストラリア認可金融サービス業者	4,874
登録された会社監査役	5,270
登録された清算人	664
登録された認可投資スキーム（信託）	4,339

ASICの権限

5　ASICは，会社法その他の法令に基づき，義務違反および経営悪化取引について調査し，さらに，民事訴訟または刑事訴訟を提起する権限を有する。最近になって，ASICの権限に以下のような変更があった。

(a) **インサイダー取引および市場操縦**

2010年会社法改正法（*Corporations Amendment (No 1) Bill 2010*）は，

26　Australian Securities and Investments Commission, *Annual Report 2009-10* (7 October 2010) <http://www.asic.gov.au/asic/pdflib.nsf/LookupByFileName/ASIC_AnnualReport-2009-10.pdf/$file/ASIC_AnnualReport-2009-10.pdf> at 18 March 2011

第5章　オーストラリアにおけるコーポレートガバナンスの最近の展開

会社によるインサイダー取引規定及び市場操縦規定の違反に対する刑事制裁を大幅に強化するものである。これにより，45,000刑罰単位（495万ドル），得た利益または免れた損失の3倍に相当する金額，または該当期間中の法人の売上額の10％に相当する金額のうち最も高い金額が罰金の上限となった（第1043条及び第1301条第1項）。また，この改正法によってASICには令状請求権限が与えられたため，事前に資料提出を命じる通知を発する必要なく，ASIC法に基づいて捜索令状を請求できることとなった。

(b)　オーストラリアの新たな消費者法令

　　オーストラリアの新たな消費者法令により，ASICには，あらゆる金融商品・サービスに影響を及ぼすような誤導的行為，欺罔的行為及び不当行為から消費者を保護すべく，強大な権限が付与されることとなった。パラグラフ8.39(a)参照。

強制執行力ある確約書（Enforceable undertaking）

6　ASICは「強制執行力ある確約書」と呼ばれる，柔軟性と矯正力の高いアプローチをとることもできる。

7　ASIC法の第93A条及び第93AA条では，ASICが「強制執行力ある確約書」の受理をもって以下の手段に代えることができると定めている。

(a)　裁判所に対して民事的命令（損害賠償または補償の決定，差止の決定等）を申し立てること。
(b)　行政的措置（認可の取消し等）をとること。
(c)　事件を他の行政機関に移送すること。

8　「強制執行力ある確約書」により，次のステップを通じて，柔軟性が高く効果的な態様で法令コンプライアンスを向上させ執行することが可能となる。

(a)　ASICが，適用法令の違反があったと合理的に判断する行為について調査を開始する。
(b)　ASICが，違反が疑われる行為を行った企業体または個人にアプローチし，これと協議する。
(c)　企業体または個人が，ASICとの協議を経て「強制執行力ある確約書」を提出する。

(d) ASICによって「強制執行力ある確約書」が受理され，ASICオンライン登録簿で公表されれば，裁判所による執行が可能となる。

9　協議に基づく「強制執行力ある確約書」には，以下をはじめとする数多くのメリットの可能性がある。

(a) 法令違反行為またはその疑いによって損失または損害を被った者に対する賠償のため，迅速な結果が得られる。
(b) 個人，会社または該当する企業体が，ASICへの報告義務を負う外部専門家の監視下で，強化されたコンプライアンス体制（コーポレートガバナンス体制，ディスクロージャー実務，スタッフ研修，公益通報制度の実施，新たなコンプライアンス・プログラムの実施状況をASICに定期報告することなど）を実施せざるをえなくなる[27]。

ASICによる2009年から2010年の主な処分
〈民事訴訟及び刑事訴訟〉

10　ASICは，連邦控訴局長室（CDPP）と協働して，23件の刑事訴追を行った。その結果，22名の犯罪者が有罪判決を受け，12名が収監された。ASICの提訴により，インサイダー取引，市場操縦，虚偽情報提供等の市場不正事件における3件の有罪判決につながった。ASICでは，さらに30件の民事訴訟を終結させ，2億8,700万ドル以上の損害賠償，費用償還及び罰金を得た。また，凍結された資産は，1,550万ドルに上る[28]。

11　ASICは，民事事件の94％，刑事事件の80％で勝訴した。全体平均では91％である。ASICは同年度に156件の訴訟を処理した[29]。

27　Australian Securities and Investments Commission, *Regulatory Guide 100: Enforceable undertakings* (March 2007) <http://www.asic.gov.au/asic/pdflib.nsf/LookupByFileName/EU_guide.pdf/$file/EU_guide.pdf> at 1 March 2011.

28　Australian Securities and Investment Commission, *ASIC Annual Report 09-10* (2010) <http://www.asic.gov.au/asic/asic.nsf/byheadline/Annual+reports?openDocument> at 24 February 2011.

29　Ibid.

第5章　オーストラリアにおけるコーポレートガバナンスの最近の展開

有罪判決	
拘禁刑	12
執行猶予／罰金刑	11

資格停止命令

12　ASICの提訴により，90名の取締役が資格停止された。資格停止された取締役の合計は，320名である。同年度にASICが得た有罪判決により，さらに22名が当然に会社経営資格を停止され，その資格停止期間の合計は，有罪判決日または釈放日から110年間である[30]。

13　これらの事件には，*James Hardie*事件の10名の取締役が含まれている。もっとも，この中には，7名の元非業務執行取締役が含まれており，これらの者に対する資格停止命令は，2010年の控訴審判決で取り消されている（パラグラフV.12参照）。これ以外の資格停止命令は，取締役による違法なフェニックス取引（phoenix trading）（取締役が，債務超過会社から別会社に資産を移すことによって債権者の追及を免れ，その後，その債務超過会社を倒産させる取引）への関与，会社経営破綻および市場操縦に関わるものであった[31]。

14　倒産関連犯罪が原因で，ASICによって会社経営の資格が停止された取締役は70名である。これは，2008-09年度と比較して43％の増加である[32]。

会社経営資格の停止	
3年以下	46
3年〜5年	40
5年〜10年	3
10年超	1
合計	90

15　2009-10年度のASICによる主な処分は，次のようなものである。

(a)　James Hardie—パラグラフVにおいて概要を説明した。

30　Ibid.
31　Ibid.
32　Ibid.

(b) Opes Prime—ASIC は，Opes Prime Stockbroking Ltd の経営破綻をめぐる問題点を調査した。元最高経営責任者兼取締役である Emini 氏が，Opes Prime 社から自身が取締役を務めている他の会社に対して有価証券（価額は1億ドル以上）を譲渡させた，とされた。ASIC は，一部仲裁を通じて Opes Prime 社の債権者のために2億5300万ドルの賠償を得た。クライアントが受領していたのは，年間37セントの配当金であった。Emini 氏は，有価証券の譲渡にあたって意図的に不誠実な行為をし，Opes Prime 社と当該別の会社の最善の利益のために信義誠実に従って義務を遂行しなかった，と ASIC に主張され，22件の刑事訴追を受けている。

(c) Centro—ASIC は，オーストラリア連邦裁判所に対して，Centro Properties Group および Centro Retail Group を構成する複数の会社の現在または過去における取締役および元最高財務責任者を相手方として，民事上の制裁を求める訴訟を提起した。ASIC の主な請求は，取締役および最高財務責任者が負う，財務報告書に記載され市場に開示される情報の正確性と適切な会計基準との適合性を担保し，誤認の生じないようにすべく合理的な措置を講じる責任に関連するものであった。

(d) Westpoint / KPMG—パラグラフⅦ.9で概略を説明したとおりで，2007年から係属している。

ASX

16　ASX は，政府の機関でも規制主体でもなく，民間の営利会社である。その目的は，上場公開会社，認可投資スキーム（信託）など上場されている企業体が発行体となる有価証券の売買を円滑化することにある。

ASIC との協働

17　ASX は，上場会社情報を ASIC に提供するなどして，ASIC の業務の執行に協力しなければならない（会社法第792D条）。また，ASX は，上場規則または会社法の違反者がいると判断する場合には，ASIC に通報する義務を負う。上場規則違反を根拠に，ASIC が上場会社の調査を開始することもある。

18　上場企業体はすべて，上場規則を遵守しなければならない。また，「ASX コーポレートガバナンスに関する原則および勧告（ASX Corporate Governance Principles and Recommendations）」を遵守しまたは検討しているかどうか，年次報告書で報告しなければならない。

第 5 章　オーストラリアにおけるコーポレートガバナンスの最近の展開

ASX 上場規則

ASX 上場規則では，投資家利益の保護と，公正で競争的なオーストラリア資本市場を維持することを目的として，企業体の上場の認可・廃止，有価証券の決済価格決定・廃止，上場企業体活動の一定側面に関する情報開示などを定めているが[33]，本稿では取り上げないこととする。

ASX コーポレートガバナンスに関する原則及び勧告

〈背景事情〉

19　「良きコーポレート・ガバナンスと最善の実践の原則」(「コーポレートガバナンス・ガイドライン第 1 版」) Principles of Good Corporate Governance Practice and Best Practice Recommendations (First Edition Corporate Governance Guidelines) は，2003 年 3 月に ASX コーポレートガバナンス委員会 (「ASX 委員会」) によって初刊された。同委員会は，21 の企業，投資ヴィークル，株主グループで構成される。その後，このガイドラインは「コーポレートガバナンス原則・勧告」に改称され (コーポレートガバナンス・ガイドライン第 2 版，「ASX 原則」)，Corporate Governance Principles and Recommendations (Second Edition Corporate Governance Guidelines (ASX Principles) 2007 年と 2010 年の改訂を経ている。

20　委員会は，ASX 原則が，オーストラリアのコーポレートガバナンスに対する柔軟で原則主義的なアプローチの耐久力を示すものであり，さらに，企業が自社ビジネスのために最適と判断する行動を通じて ASX 原則の「精神」の遵守を目指すサポートをするのがその目的である，と述べている[34]。

コンプライアンスの方法──'if not, why not?' アプローチ

21　会社はそれぞれその規模，種類，事業内容，文化において異なるため，「万能型」アプローチはコーポレートガバナンスには適さない。ASX では，"if not, why not?" (「やらないなら，理由を説明せよ」) というユニークなアプローチを採っている。

33　Australian Securities Exchange, *ASX Listing Rules* (2010) <http://www.asxgroup.com.au/media/PDFs/introduction.pdf> at 22 February 2011.

34　ASX Corporate Governance Council, ASX Corporate Governance Principles and Recommendations (2nd edition) (2007) <http://asx.ice4.interactiveinvestor.com.au/ASX0701/Corporate%20Governance%20Principles/EN/body.aspx?z=2&p=3&v=1&uid=> at 21 February 2011.

489

22　ASX原則は強制力がないため，上場企業は，ASX原則に定める勧告を採用する義務はない。しかし，採用しないのであればその理由を説明しなければならない（これは，"if not, why not?" アプローチと呼ばれている。）。このアプローチには，以下のようなことが含まれる。

(a)　勧告のうち，会社が従っていないものを特定する。
(b)　会社がその勧告に従わない理由を説明する。
(c)　会社のプラクティスと原則の「精神」を適合させる方法，会社が問題点を把握していること，代替アプローチの影響を検討したことを説明する。

23　委員会は，この "if not, why not?" アプローチに基づく報告実務は，オーストラリア企業に対し，強固であるが柔軟性に富んだガバナンス開示制度を提供するものであり，公募資本市場における真のガバナンスの利益調整を図るものだ，と考えている[35]。

24　ASX原則は，オーストラリアにおけるコーポレートガバナンスのグッドプラクティスと勧告を示したものである。このため，多くの非上場企業も，自社の組織体制におけるコーポレートガバナンス上の問題点や方針について検討する際に，ASX原則を指針として利用するようになってきている。

2007年改正——重大なビジネスリスクに着目した微修正[36]

25　ASX原則は，2007年8月に改訂された。原則に対する抜本的な変更はなく，数多くの上場企業，各種組織，個人から提出された意見を反映するための微修正であった。

26　第1に，「ベストプラクティス」という表現がタイトルと本文から削除され，「コーポレートガバナンス原則・勧告」として通用するようになった。タイトル変更の目的は，ASX原則が強行規範的なものであるというイメージを払拭し，さらに，企業に対して，各企業に適した 'if not, why not' ベースでの代替的プラクティス採用を奨励することにある[37]。

35　Ibid.
36　Blake Dawson, *Company Law & Update — The Revised ASX CGC Corporate Governance Principles and Recommendations*（August 2007）.
37　Australian Securities Exchange, *Media Release — Revised Corporate Governance Principles Released*（August 2007）<http://www.asx.com.au/documents/about/mr20070802_revised_corporate_governance_principles.pdf>at 19 March 2011.

27 第2に，第7原則の「重大なビジネスリスク」関連プロセスをめぐる，開示の強化に重点が移った。改訂後の勧告7.1は，会社に対して，重大なビジネスリスクの監視および管理の方針を確立し，その方針の概要を開示することを求めている[38]。

28 改訂後の勧告7.2は，取締役会は，業務執行者に対して，会社の「重大なビジネスリスク」を管理するためのリスク管理および内部統制制度を整備・実施し，さらに，このようなリスクが効率的に管理されているかどうか，報告を求めなければならない，としている。したがって，例えば，サステイナビリティ，気候変動または企業の社会的責任が会社のビジネスにとって重要な場合，これらに対するリスクが発生した場合には，そのリスクを勧告7.2に照らして検討しなければならない[39]。

29 勧告7.1のコメンタリーでは，企業に対して，より広い範囲のビジネスリスクを把握し報告することを奨励している。ASX では，コメンタリーに挙げるリスク分類に従って報告をチェックしている。2009年12月のレビューでは，表8に示すとおり，レビュー対象期間において環境，サステイナビリティおよび気候変動対策に関連するリスク報告の大幅な増加が，ASX によって指摘されている[40]。

表8

ビジネスリスクの分類	2009年12月	2009年6月	2008年	2007年
環境リスク	44%	20%	19%	8%
サステイナビリティ	11%	5%	3%	>1%
気候変動	4%	3%	1%	n/a
合計	59%	28%	23%	>1%

30 また，改訂によって，取締役の独立性評価の柔軟性が向上した。勧告2.1では，独立性の「定義」の代わりに，取締役の独立性に影響を及ぼす関係

---

38 Blake Dawson, *Company Law & Update — The Revised ASX CGC Corporate Governance Principles and Recommendations* (August 2007).
39 Ibid.
40 Australian Securities Exchange, *Analysis of Corporate Governance Disclosures in Annual Reports for year ended 31 December 2009* (August 2010) <http://www.asx.com.au/documents/about/corporate_governance_disclosures_31_dec_2009_analysis.pdf> at 2 March 2011.

を挙げている[41]。

2010 年改正――多様性

31　2010 年に ASX 委員会は，ASX 原則の最新改正を公表した。改正の内容は，取締役構成員の性別等（年齢，人種，文化的背景も含む）の多様性であり，上場会社の 2011 年 1 月 1 日以降に開始する最初の事業年度から適用されている。

32　第 3 原則（倫理観と責任を伴う意思決定の促進）では，上場会社は会社関係者の合理的な期待を考慮に入れ，これらの者の利益に関する行動規範を作成し開示しなければならない，と述べられている。また，新たな勧告 3.2 では，会社は，取締役会が定める性別等の多様性に関し，測定可能な目標を盛り込んだ多様性方針を採用してその全文または要約を公開すべきだ，とされている。コメンタリーでは，「測定可能な目標においては，例えば，会社の従業員，コンサルタント，上級管理職，取締役会に占める女性の割合など，性別等の多様性の達成度の測定方法を明確にすべきである」とされている。勧告 3.3 と勧告 3.4 も，新たに追加された。

33　この改正は，女性の上層リーダーシップ的役割への登用という点でオーストラリアが諸外国に遅れをとっているという意識を反映したものである。オーストラリア会社取締役協会（「AICD」）は，ASX 上場 200 社の取締役会における女性比率をリアルタイムに調査している。最近，AICD によって以下のような事実が報告されている。

(a) 2011 年 3 月 11 日時点での，ASX 上場 200 社の取締役会における最新の女性比率は，11.2％である。
(b) ASX 上場 200 社の取締役会における女性比率と，新任の女性の割合は，2010 年に急増した。
(c) ASX 上場 200 社のうち 85 社では，いまだに女性の取締役会メンバーが 1 人もいない[42]。

41　Blake Dawson, *Company Law & Update — The Revised ASX CGC Corporate Governance Principles and Recommendations* (August 2007).
42　The Australian Institute of Company Directors, *Statics-Appointments to ASX 200 Boards* <http://www.companydirectors.com.au/Director-Resource-Centre/Governance-and-Director-Issues/Board-Diversity/Statistics> at 19 March 2011.

第5章 オーストラリアにおけるコーポレートガバナンスの最近の展開

34 表9に,「ASX 原則・勧告」の最新版の見出し[43]と,最新の改正事項を記す.

表9

ASX コーポレートガバナンス原則及び勧告	2007年改正	2010年改正
第1原則─経営と監督のための強固な基盤確立 会社は,取締役と経営執行担当者の役割・責任分担を明確にし,これを公表すべきである.		
・勧告 1.1:会社は,取締役会に留保する権限と上級管理職に委任する権限を明確化し,これを公表すべきである.	✓	
・勧告 1.2:会社は,上級管理職の業務遂行の評価プロセスを公表すべきである.	✓	
・勧告 1.3:会社は,第1原則の報告ガイドラインに掲げる情報を提供すべきである.	✓	
第2原則─会社の価値を高める取締役会の体制構築 会社は,その責任と義務の履行に適した効率的な構成,規模および職務範囲を備えた取締役会を設置すべきである.		
・勧告 2.1:取締役会の過半数は独立取締役とすべきである.	✓	
・勧告 2.2:取締役会議長は独立取締役とすべきである.	✓	
・勧告 2.3:同一人物が取締役会議長と最高経営責任者の立場を兼ねることはできない.	✓	
・勧告 2.4:取締役会は指名委員会を設置すべきである.		
・勧告 2.5:会社は,取締役会,取締役会の委員会および各取締役による業務執行の評価プロセスを公表すべきである.	✓	
・勧告 2.6:会社は,第2原則の報告ガイドラインに掲げる情報を提供すべきである.	✓	
第3原則─倫理と責任を伴う意思決定の促進 会社は,倫理と責任を伴う意思決定を積極的に促進すべきである.		

---

43 ASX Corporate Governance Council, *ASX Corporate Governance Principles and Recommendations — with 2010 Amendments*（2nd edition）<http://www.asx.com.au/documents/about/cg_principles_recommendations_with_2010_amendments.pdf> at 24 February 2011.

・勧告3.1：会社は，以下に関する行動規範を定め，その全文または要約を公表すべきである。 　○会社の健全性に対する信頼維持に必要なプラクティス。 　○法的義務と会社関係者の合理的な期待を反映するために必要なプラクティス。 　○倫理に反するプラクティスの報告と調査に関して各自が負う義務と説明責任。	✓	
・勧告3.2：<u>会社は，多様性方針を定めその全文または要約を公表すべきである。この方針は，取締役会に対して，多様性達成に関する測定可能な目標設定と，目標とその達成状況の評価を義務づけるものとすべきである。</u>	✓	新規追加
・勧告3.3：<u>会社は，年次報告書において，多様性方針に沿って取締役会が設定した測定可能な目標と，その達成の進捗状況を公表すべきである。</u>	✓	新規追加
・勧告3.4：<u>会社は，年次報告書において，組織全体，上級管理職および取締役会それぞれに占める女性の割合を公表すべきである。</u>		新規追加
・勧告3.5：会社は，第3原則の報告ガイドラインに掲げる情報を提供すべきである。		
第4原則―財務報告の健全性確保 会社は，財務報告の健全性を独立的に検証し確保するための組織体制を整備すべきである。		
・勧告4.1：取締役会は，監査委員会を設置すべきである。	✓	
・勧告4.2：監査委員会は，次の要件を充たす構成とすべきである。 　○非業務執行取締役のみで構成されること。 　○独立取締役の過半数で構成されること。 　○取締役会議長以外の独立的な立場の者が委員長となること。 　○構成員が3名以上であること。	✓	
・勧告4.3：監査委員会は正式な委員会規則を定めなければならない。	✓	
・勧告4.4：会社は，第4原則の報告ガイドラインに掲げる情報を提供すべきである。	✓	

第5章　オーストラリアにおけるコーポレートガバナンスの最近の展開

第5原則―タイムリーでバランスのとれたディスクロージャー 会社は，会社に関するあらゆる重要事項について，タイムリーでバランスのとれた開示を推進すべきである。		
・勧告5.1：会社は，ASX 上場規則のディスクロージャー義務のコンプライアンスを確立するため，さらに，そのコンプライアンスに対する上層の業務執行者レベルでの説明責任を確立するための方針を書面で定め，その全文または要約を公表すべきである。	✓	
・勧告5.2：会社は，第5原則の報告ガイドラインに掲げる情報を提供すべきである。	✓	
第6原則―株主の権利尊重 会社は，株主の権利を尊重し，株主の権利の効率的な行使に協力すべきである。		
・勧告6.1：会社は，株主との効率的な連絡を促進し，株主の総会出席を促すための連絡方針を整備し，その全文または要約を公表すべきである。	✓	
・勧告6.2：会社は，第6原則の報告ガイドラインに掲げる情報を提供すべきである。	✓	
第7原則―リスクの把握と管理 会社は，リスクの監視，管理及び内部統制に関する健全なシステムを整備すべきである。		
・勧告7.1：会社は，<u>重大なビジネスリスクの監視および管理に関する方針を定め，その要約を公表すべきである。</u>	✓	
・勧告7.2：取締役会は，業務執行者に対して，会社の<u>重大なビジネスリスク</u>を管理するためのリスク管理および内部統制制度を整備・実施し，さらに，このようなリスクが効率的に管理されているかどうか，報告を求めなければならない。取締役会は，業務執行者から，重大なビジネスリスク管理の効率性に関する報告を受けたことを公表すべきである。	✓	
・勧告7.3：会社は，<u>会社法第295A条に従い提出された宣誓供述書（Declaration）</u>が健全なリスク管理制度と内統制制度に基づいたものであること，また，当該制度が財務報告リスクに関するあらゆる重要な面において効率的に	✓	

運営されていることについて，<u>最高経営責任者もしくは最高財務責任者（またはこれらに相当する役職の者）からの確認を受けたかどうかを公表すべきである</u>。		
・勧告7.4：会社は，第7原則の報告ガイドラインに掲げる情報を提供すべきである。	✓	
第8原則—公平で責任ある報酬支払い 会社は，報酬のレベルと構成が十分かつ合理的であり，職務執行との関連性が明確なものとなるようにすべきである。		
・勧告8.1：取締役会は，報酬委員会を設置すべきである。	✓	
・勧告8.2：監査委員会は，次の要件を充たす構成とすべきである。 　○独立取締役の過半数で構成されること。 　○独立的な立場の者が委員長となること。 　○構成員が3名以上であること。	✓	
・勧告8.3：会社は，非業務執行取締役の報酬体系と，業務執行取締役・上級役員の報酬体系とを明確に区別すべきである。		
・勧告8.4：会社は，第8原則の報告ガイドラインに掲げる情報を提供すべきである。		

APRA

35　APRAは，次の業務を通じて，オーストラリアの認可預金受入機関（銀行，住宅金融組合，信用組合等），生命保険会社，損害保険会社，再保険会社，共済組合，年金ファンド（自己信託の年金ファンド（SMF）を除く）の健全性監督を担当する。

(a)　監督対象の金融機関が行う支払約束を，安定性があり効率的で競争的な金融システムに適合させるための健全性基準及びプラクティスを定め，これを実施すること。

(b)　監督対象の金融機関に対してリスクの適切な管理を義務づけることにより金融の安定性を促進し，もって「受益者」（預金者，保険契約者，年金ファンドの持分保有者等）の金銭的損害発生のおそれを最小限に抑えること。

(c)　預金者・保険契約者保護機構（financial claims scheme arrangements）を

第5章　オーストラリアにおけるコーポレートガバナンスの最近の展開

運営すること。この仕組みは，預金受入機関が破綻した場合に預金者に対してタイムリーな預金払い戻し（ただし，上限額まで）を認め，また，損害保険会社が破綻した場合に，有効な保険契約者その他の債権者に対する保険金支払いのための資金を提供する制度である[44]。

36　APRA の健全性基準により，最低限度の資本要件とリスク管理要件が定められた。これらは，法的拘束力を有する[45]。

ACCC

37　オーストラリア競争・消費者委員会（ACCC）は独立した法的機関として 1995 年に設立され，その主な業務は，1974 年取引慣行法（*Trade Practices Act 1974* (Cth)）の運用である。同法は，2011 年 1 月 1 日をもって 2010 年競争・消費者法（*Competition and Consumer Act 2010* (Cth)）に全面改正されている。

ACCC の役割

38　ACCC の役割は，市場における競争と公正取引を促進し，消費者，事業者及び企業体と社会の利益を図ることである。また，全国的なインフラ事業の規制も行う。また，教育と情報提供を行い，さらに，可能な場合には裁判に代わる紛争解決を勧告し，一定の反競争的行為を許可し，また，必要に応じて法的措置をとることができる[46]。

ACCC の権限

39　ACCC の権限に対する最新の変更には，例えば，以下のようなものがある。

(a) 新たな 2010 年競争・消費者法
　　前にも述べたとおり，1974 年取引慣行法は 2010 年競争・消費者法

---

[44] Australian Prudential Regulation Authority, *Protecting Australia's depositors, insurance policyholders and superannuation fund members* (2010) <http://www.apra.gov.au/AboutAPRA/upload/APRA-Brochure-FINAL-08Jan2010.pdf> at 22 February 2011.

[45] Australian Prudential Regulation Authority, *Protecting Australia's depositors, insurance policyholders and superannuation fund members* (2010) <http://www.apra.gov.au/AboutAPRA/upload/APRA-Brochure-FINAL-08Jan2010.pdf> at 22 February 2011.

[46] Australian Competition and Consumers Commission, *What we do* <http://www.accc.gov.au/content/index.phtml/itemId/54137> at 3 March 2011.

（「CCA」）に改称され，2011年1月1日付けをもって構造的な大幅改正が施行された。CCAでは，合併，カルテル，排他的取引，第三者の製品との抱き合わせ（third line forcing），市場力の濫用（misuse of market power）といった独占禁止関連規定には変更が加えられていないが，新しいオーストラリア消費者法（Australian Consumer Law（ACL））に対応して，販売慣行（訪問販売や電話勧誘等による強引な消費者契約，分割払い契約，不当な価格），不公平な契約条件，品質保証（販売者，製造者，輸入者の責任等），さらに商品の安全性に関連して，消費者保護の強化を図っている。

ACLに基づいて，ACCC及びASICに対して下記のような広い権限が付与されている。

(i) 裁判所に対して，役員の会社経営資格を停止する命令，または消費者に対する損失もしくは損害の補償命令を申し立てること。
(ii) 裁判所において強制執行が可能な確約書を受理すること。
(iii) 事業者に対して，自己の行った表明事項を証明できる情報の提出を命ずる「文書提出命令」を発すること。
(iv) 罰金について定めた「違反通知」を発すること。
(v) 消費者保護に関する「警告告示」を発すること。

(b) カルテル関連規定

カルテル関連規定は2009年に改正され，はじめて刑事罰が導入された。関与した自然人は，10年以下の拘禁刑または22万ドル以下の罰金刑に処せられる。この改正により，ACCCに対して，捜索令状，電話傍受をはじめとする，広汎なカルテル調査の権限が与えられた。

カルテル関連規定に違反した会社に対する民事上の制裁は，次のいずれかである。

(i) 1000万ドル以下の罰金。
(ii) 1または複数の当事者が得た不法な利益の価額が確定できる場合には，その総額の3倍以下の罰金。または，
(iii) 不法な利益の価額が確定できない場合には，法人事業者（関連企業体も含む）の直近12ヶ月における売上額の10％以下の罰金。

さらに，自然人である会社役員が，不正な行為にそうと知りながら関与

した場合には，50万ドル以下の罰金を科すことができる。裁判所は，そのような取締役または役員の会社経営資格を停止することができる。

ACCCが，刑事訴追の可能性を判断し，重大なカルテル行為と比較的軽微な行為を区別するために事件をCDPPに移送するかどうかを判断する際には，以下の点が考慮される。

(i) その行為が継続的であり，あるいはその行為が行われた市場に対して重大な影響を及ぼしており，もしくはそのおそれがあったかどうか。

(ii) その行為によって，一般消費者もしくはその一定の層に対する重大な被害（もしくはそのおそれ）が発生したかどうか，またはカルテルに参加したとされる者の顧客に対して重大な損失もしくは損害（もしくはそのおそれ）が発生したかどうか。

(iii) カルテルに参加したとされる者が，過去に，民事上または刑事上のカルテル行為に参加し，もしくは参加に同意したと裁判所によって認定されたことがあるかどうか。

(iv) 影響を受けた取引の価額が，12ヶ月以内に100万ドルを超え，またはその見込みがあったかどうか（すなわち，カルテルの影響を受けた特定業種におけるカルテル参加者全員の合計価額が12ヶ月以内に100万ドルを超えたかどうか）。

(v) 入札談合行為の場合には，単独または一連の入札が12ヶ月以内に100万ドルを超えたかどうか[47]。

CDPPは，連邦の刑事訴追方針に従い，ACCCに対して訴追を開始すべきかどうかをアドバイスする。CDPPではACCCと同様の要素が検討される。

最近では，ACCCは，オーストラリア国内に止らず，国際的カルテル[48]（船舶用ホース事件等，本稿パラグラフ8.44参照）の発見と撲滅を担う独占禁止当局の世界的ネットワークの一翼として，カルテル行為の取締りをその法執行プログラムの重要優先事項と位置づけている。

---

47 Australian Consumer & Competition Commission, *Cartels — what you need to know — A guide for business* (2009) <http://www.accc.gov.au/content/index.phtml/itemId/897448> at 23 February 2011.

48 Ibid.

強制執行力ある確約書

40　ASIC（パラグラフ8.6参照）だけでなく，ACCCも，コストが高く時間のかかる裁判所手続の代替的手段として，CCAの第87B条に基づき，関与した企業または個人による確約書を受理することができる[49]。確約書の条項違反があった場合には，連邦裁判所は，その確約書を強制執行し，補償命令を下すことが可能である。

41　この確約書は，企業に対してコンプライアンス・プログラム確立義務を課すものであり，その受理の可否を判断する際，ACCCは，以下のような要素を考慮に入れる（あくまでも例示的である）。

(a) 違反行為の性質，重大性および範囲。
(b) 会社に取引慣行上のリスクを与える可能性のある従業員の人数および性質。
(c) 会社の規模，リソースおよび売上高。

42　2009-2010年度のACCC年次報告書によれば，ACCCが同年度に受理した，第87B条に基づく確約書は，56件であり，そのうち45件が消費者保護の事件であった。合併関係事件は，含まれていない[50]。

ACCCによる最近の措置

43　2009-2010年度に，ACCCは，競争関連事件において訴訟を10件提起した。これらはすべて，カルテル行為に関連する事件である。確約書の受理件数は11件であるが，これらは競争関連事件であり，合併関連事件は含まれていない[51]。この確約書の事例が多いのは，カルテル分野である。本稿では，

49　Australian Competition & Consumer Commission, *Section 87B of the Trade Practices Act*（September 2009）<http://www.accc.gov.au/content/item.phtml?itemId=263958&nodeId=92f8fbf65ed2a9bd80cf1a53eab3a16b&fn=Section%2087B%20of%20the%20TPA.pdf> at 1 March 2011.

50　Australian Competition and Consumer Commission, *Annual Report 2009-2010* <http://www.accc.gov.au/content/item.phtml?itemId=953971&nodeId=1a60fa6da637796f420151eb85773f2d&fn=ACCC%20Annual%20Report%202009-10_WEB.pdf> at 4 March 2011.

51　Australian Competition and Consumer Commission, *Annual Report 2009-10*（August 2010）<http://www.accc.gov.au/content/index.phtml/itemId/953971> at 3 March 2011.

第5章　オーストラリアにおけるコーポレートガバナンスの最近の展開

ACCC が 2009-2010 年度に行ったカルテル調査の概略を以下に記す。

44　2009-2010 年度に，ACCC は，カルテル行為事件の訴訟を 10 件提起した。そのうち 7 件では，航空貨物サービスの提供におけるカルテル被疑行為に対する徹底した調査が行われた[52]。

(a)　航空貨物サービス

ACCC に支払われた罰金は，航空貨物サービス関連事件だけで 4,100 万ドルに上る。多くの航空会社（ブリティッシュ・エアウェイズ，カンタス航空，エールフランス，エミレーツ航空，キャセイパシフィック航空，シンガポール航空等）が，航空貨物の国際運送に適用される燃料価格やセキュリティ・サーチャージについて価格協定を結んだとされた[53]。*Emirates v Australian Competition and Consumer Commission* [209] *FCA 312* では，ACCC が情報提出を強制する目的で行った法的通知書の有効性が争われたが，連邦裁判所は，オーストラリア国外での活動（オーストラリア路線と，国外の複数地点を結ぶ路線における航空貨物サービスの提供に関する協定）も ACCC の情報収集権限の範囲内である，と判示した。すなわち，取引活動がオーストラリアと関連する可能性があれば，オーストラリアの独占禁止法令が域外適用されうることが示された[54]。

(b)　船舶用ホース

オーストラリアの顧客に対する船舶用ホースの供給において，入札談合によるカルテル行為があったとして，824 万ドルを超える罰金が科された。船舶用ホースとは，沖合の係留所で燃料を移し替えるのに使う導管のことである。ACCC は，調査過程において，オーストラリアで行われた工事に談合によるカルテル行為があったという証拠をつかんだが，イギリスの公正取引庁からの情報入手がさらに必要であった。イギリス公正取引庁は，

52　Ibid.
53　Australian Competition and Consumers Commission, *ACCC Annual Report 2008-09*（September 2009）<http://www.accc.gov.au/content/item.phtml?itemId=898144&nodeId=764b4c4f4cc990f5d79e1ee222ac429e&fn=ACCC_Annual_Report_2008-09.pdf> at 4 March 2011.
54　Peter Armitage and Ross Zaurrini, Blake Dawson, *Competition Law News — Federal Court confirms extra-territorial activity within reach of ACCC information gathering powers*（April 2009）<http://www.blakedawson.com/Templates/Publications/x_article_content_page.aspx?id=54923> at 4 March 2011.

501

第Ⅲ部　海外6か国の報告書

法執行手続の完遂に重要不可欠な情報の提供に同意した。イギリスの公正取引庁が情報共有法令に基づいて外国の規制機関に情報開示したのは，はじめてのケースである。カルテルは，特に国際的な活動の場合には把握と捜査が困難である。しかし，各規制機関は，情報交換や，リニエンシー制度に対するアプローチの近接化を通じて，消費者と企業の利益を図るべく調査能力と国際的カルテルへの対応能力を強化している[55]。

(c) 空 調 設 備

西オーストラリア州の学校，病院，ショッピングセンターへの空調設備納入契約をめぐって，価格協定と入札談合があったとして，約927万ドルの罰金が科された。事件の多くは，それ以前の年度から係属していたものである[56]。

(d) 上 質 紙

コピー用紙の供給取引に関し，価格協定の禁止規定の違反により合計400万ドルの罰金が科された。別の相手方に対する訴訟も係属中である[57]。

──────── パート4 ────────

Ⅸ　企業の社会的責任

1　「企業の社会責任に関する議会合同調査委員会」は，企業の社会的責任という概念を「企業または組織が，自己の活動の経済的，社会的および環境的な影響を考慮し，管理しそのバランスを図ること」と定義づけている。

会 社 法

2　「企業の社会的責任」に関して，会社法上は，「会社取締役は誰に対して責任を負うのか」という問題が生じる。会社法第181条では，取締役は，他の誰でもなく，株主によって所有される会社の最善の利益にかなうよう行動する

55　Australian Competition and Consumers Commission, *ACCC Annual Report 2009-10* (October 2010) <http://www.accc.gov.au/content/item.phtml?itemId=953971&nodeId=1a60fa6da637796f420151eb85773f2d&fn=ACCC%20Annual%20Report%202009-10_WEB.pdf> at 4 March 2011.

56　Ibid.

57　Ibid.

義務を負う,とされている。ニューサウスウェールズ州特別委員会の調査において,James Hardie 社は,この原則を援用して自己の行為を正当化しようとした(アスベスト疾患に対する責任を免れようとした),と言われている[58]。

3　James Hardie 社は,ニューサウスウェールズ州,クイーンズランド州及び西オーストラリア州で 50 年にわたりアスベスト製品を作っている会社である。元従業員,鉱山労働者,工場労働者,社会の幅広い層の製品利用者など,アスベスト関連疾患の患者から損害賠償が提起されており,また,これからも提起される見込みである。James Hardie 社製品が社会に広く及ぼす健康上の影響の大きさからして,論者の中には,企業の社会的責任が欠如しているとして同社を批判し,企業の社会的責任を法律に盛り込むべきだと主張している者もある。

4　会社法に企業の社会的責任を盛り込むべきかという論点については,議会合同委員会の報告書「*Corporate responsibility: Managing risk and creating value*」において,また,オーストラリア政府の会社・市場監視委員会(Corporations and Markets Advisory Committee (CMAC))の報告書「The Social Responsibility of Corporations」において,2006 年に詳しく取り上げられた。

5　この 2 つの報告書については本稿では詳細を省くが,これらの報告書では,企業の社会的責任の法的位置づけに関する最新のコンセンサスが説明されている。すなわち,取締役が会社の最善の利益を考量するにあたり,会社法に定める取締役の善管注意義務(第 180 条)と忠実行動義務(第 181 条)からは株主以外の会社関係者の利益を勘案することが明示的に義務づけられまたは許容されるわけではないが,それを勘案するのが適切であるというのがコンセンサスである。

6　CMAC は,取締役の義務をめぐる現在のコモン・ロー上及び制定法上の原則上,取締役・役員が,自らの決定が環境その他社会に及ぼす影響に配慮することは十分に可能である,という見解を表明している[59]。

7　これらの報告書では,会社法を改正したり,イギリス式アプローチを導

58　The Hon Rob Hulls (Member of Parliament, Attorney-General, Victoria), 'Social Responsibility of Company Directors' (Opening speech delivered at the Workshop on the Social Responsibility of Company Directors, Monash University, 16 March 2005).

59　Corporations and Markets Advisory Committee, *The Social Responsibility of Corporations — Report* (December 2006) <http://www.camac.gov.au/camac/camac.nsf/byHeadline/PDFFinal+Reports+2006/$file/CSR_Report.pdf> at 19 March 2011.

入したりする必要はない、と結論づけている（イギリス会社法では，取締役に対して会社の株主の利益に沿った行動を義務づけているが，それと同時に，従業員，顧客，社会および環境にとっての利益など他の要因も「実務上合理的に可能な限り」配慮すべきとされている）。議会合同委員会は，イギリス式アプローチを採れば取締役の義務の範囲が不明確となり，義務の遂行のために取るべき行動の指針とならない，と指摘している。

ASX 原則

8 議会合同委員会では，その代わり，ASX 委員会に対し ASX 原則ガイダンスを追加するよう提言を行った。すなわち，会社が投資家に対してサステイナビリティリスクとリスク管理戦略を開示することで，会社のリスクプロファイルのうち財務面以外の重要点を知らせるべきだ，というものである[60]。

9 この議会合同委員会の提言に応じて，ASX 委員会はパラグラフ 8.29 で紹介したように勧告 7.1 の改訂を行った。性の多様性を盛り込んだ最新の ASX 原則改正は，広い社会的利益と企業の社会的責任に対する意識の高まりも反映している。

10 この結果，会社法で法的義務を定めるのではなく，ASX 原則を企業の社会的責任と倫理的行動の「指針」として柔軟に（"if not, why not" ベースで）活用することがこれまで以上に期待されている。ASX 原則の直接の適用対象が上場会社であることからすれば，このようなアプローチは，合理的なものと考えられる。上場会社の事業活動は，その従業員，債権者，顧客，消費者をはじめとする社会の広い層に対する影響力が大きいためである。

──────── パート 5 ────────

X 「企業文化」の概念を通じて法人に刑事責任を帰すること

1 2001 年 12 月には，法人に刑事責任を問うための明示的な制定法規定が

---

[60] The Joint Parliamentary Committee, *Corporate responsibility: Managing risk and creating value* (2006) <http://www.aph.gov.au/senate/committee/corporations_ctte/completed_inquiries/2004-07/corporate_responsibility/report/b02.htm> at 24 February 2011.

第5章　オーストラリアにおけるコーポレートガバナンスの最近の展開

1995年刑事法（*Criminal Code Act 1995*（Cth））（「刑事法」）に導入された。刑事法の第2.5編（法人の刑事責任）では，法人に刑事責任を法律上帰属させる際のルールが定められている。このルールは連邦法上の犯罪に関して適用される。

2　刑事法第12.3条第1項では，該当する犯罪の成立要件として責任的要素（fault）（意図，認識または未必的故意）の立証が必要とされる場合で，法人が「当該犯罪の実行を明示的または黙示的に承認または許容した」場合には，その要素は，法人に帰せられる。

3　刑事法第12.3条第2項では，以下のいずれかの場合には，会社が外国公務員贈収賄規定（刑事法第70.2条）の違反により責任を問われるものとされている[61]。

(a) その会社の取締役会または上級の経営管理職員（high managerial agent）が意図的に，認識しながらまたは未必的故意をもって，外国公務員贈収賄罪を実行した場合。

(b) その会社の取締役会または上級の経営管理職員が明示的，黙示的または暗示的に，会社代理人による外国公務員贈収賄罪の実行を承認しまたはこれを許容した場合。

(c) 会社代理人が賄賂を供与した場合であって，その会社において，外国公務員贈収賄罪の実行を指示し，奨励し，認容または主導する企業文化があったことが証明される場合。

---

[61] 贈収賄の罪の重大性と，オーストラリアの貿易及び評判に対する悪影響，さらに国際的なガバナンスに鑑み，1995年刑事法の贈収賄禁止規定違反に対する罰則が2010年2月に大幅に引き上げられた。法人処罰の上限は，刑罰単位による罰金と，贈収賄行為によって得た利益の価額または会社の年間売上額を基準に計算した比例的罰金のいずれかの形式とすることができる。贈収賄行為によって得た利益の価額が確定できる場合には，罰金は10万刑罰単位（110万ドル）またはその利益の価額の3倍に相当する金額のうちいずれか高い方である。贈収賄行為によって得た利益の価額が確定できない場合には，罰金は10万刑罰単位または法人の「年間売上額」の10％に相当する金額のうちいずれか高い方である。Australian Government, Attorney-General's Department, *Foreign bribery information and awareness pack: FACT SHEET 1- Why You Need To Know About Foreign Bribery and Its Implications*（2010）<http://www.ag.gov.au/agd/WWW/rwpattach.nsf/VAP/(4CA02151F94FFB778ADAEC2E6EA8653D)~Final+October+2010+Bribery_Fact+sheet+1.pdf/$file/Final+October+2010+Bribery_Fact+sheet+1.pdf> at 25 February 2011.

(d) 会社代理人が賄賂を供与した場合であって、その会社が、外国公務員贈収賄の防止に向けた所定の法令コンプライアンスを義務づけるような企業文化を創出し、これを維持していないことが証明される場合。

4 「企業文化」とは、「法人の全体、または法人のうち当該犯罪行為が発生した部門において存在する姿勢、施策、ルール、行動方針もしくは慣行」であると定義される（第12.3条第6項）。企業文化が一定の犯罪の実行につながったこと、またはコンプライアンスを義務づける企業文化がなかったことの立証にあたって考慮すべき要素には、従業員、代理人または役員が合理的な根拠に基づき、上級の経営管理職員が犯罪の実行を承認しまたは許容したと信じたかどうか、という点が含まれる（第12.4条(b)）。

5 こうした規定は、「会社の正式書類上はコンプライアンスが義務づけられているように見えても、実際にはコンプライアンスに反する行為が期待されていたようなケース」を捉えることを狙った趣旨であり、注目に値する[62]。実際には、形式上は書面のコンプライアンス方針があるのに、上級管理職にコンプライアンスへの強い姿勢や真摯なリーダーシップがなく、また、社内での定期的な方針見直しもコンプライアンス再研修もなく、実質的にはコンプライアンスに反しているケースはよくある。

6 刑事法第2編（法人の刑事責任に関する第2.5編も含む）に定める刑事責任の総則は、他の連邦法上の犯罪にすべて適用されるが、刑事法第12.3条が適用された公表判例は、今まで一件もない。しかし、最近の一部判例では、以下のように、裁判所によって「企業文化」に対する言及がなされている。

XI コンプライアンス・プログラム

1 法人の社内コンプライアンス・プログラムが強制的か任意的なものかは、主に会社が実施する事業の種類、性質および規模によって異なってくる。例えば、オーストラリア認可金融業者は、ASICが発行する数多くの規制ガイドラインで細かく定められた様々なコンプライアンス義務を負っている。また、規制の緩やかな小規模な会社または事業体は、必ずしも書面のコンプライアンス方針や制度的な研修プログラムを整備していないが、一部の法令によって一定

---

62 LexisNexis, *Ford's Principles of Corporations Law* (at 76-January 2011) 16.280.

第5章 オーストラリアにおけるコーポレートガバナンスの最近の展開

のコンプライアンス義務が課されている。

ASICおよびACCCによる取締まり

2　前にも述べたとおり，ASICやACCCのような規制機関は，会社または個人による，裁判所で強制執行可能な確約書を受理することができる。この確約書により，コンプライアンス・プログラムを確立し，これを公表し，既存プログラムを改善する義務，さらに，管理職と従業員向けに研修・コンプライアンスのプログラムを実施して会社法またはCCAに基づく義務を遵守させる義務が強制される。

裁判所によるコンプライアンス・プログラム評価方法

3　ACCCのガイダンス「*Cartels — what you need to know — A guide for business*」[63]では，カルテル行為に関する場面ではあるが，裁判所が会社のコンプライアンス・プログラムまたは企業文化について触れた見解と有益なコメントが紹介されている。

(a) 連邦裁判所は，会社のコンプライアンス文化に大きな比重を置いてきた。量刑の判断要素の1つは，次のようなものである。

　　会社が，取引慣行法のコンプライアンスに貢献する企業文化を有しているかどうか。これは，研修プログラム，違反が見つかった場合の懲戒処分等の是正措置などによって裏づけられる。(French判事，*Trade Practices Commission v CSR Ltd* (1991) ATPR 41-07)

(b) 裁判所では，コスト上の問題は実効的なコンプライアンス・プログラム欠如の正当理由とは認めていない。その理由は，次のとおりである。

　　不遵守のコストは，コンプライアンス・プログラムによる遵守のコストよりもはるかに高くつく (Emmett判事，*ACCC v MNB Variety Imports Pty Ltd* (1998) ATPR ¶41-617 at 40,758)。

---

[63] Australian Consumer & Competition Commission, *Cartels — what you need to know — A guide for business* (2009) <http://www.accc.gov.au/content/item.phtml?itemId=897448&nodeId=1e385b690dcc6b07143ce3a805b5f56f&fn=Cartels:%20What%20you%20need%20to%20know:%20A%20guide%20for%20business.pdf> at 7 March 2011.

(c) 裁判所は，プログラムがあることのみをもっては，刑罰の軽減理由とは見なさない。その理由は，次のとおりである。

十分に整備された一連の方針や手続があっても，会社役員（取締役を含む）の研修，または必要に応じた再研修という意味でのフォローアップがなければ，ほとんど無意味である（French 判事，*ASIC v Chemeq Ltd* ［2006］FCA 936）

4 このため，CCA の規定に違反した会社がコンプライアンス・プログラムを確立していなければ，ほとんどの場合，裁判所から実効的なプログラムの整備が命じられる，というのが ACCC の見解である[64]。

5 職場での差別・ハラスメント禁止法令の関係では，使用者が法令違反防止のため「あらゆる合理的な措置」を取っていない場合，従業員の行った違法行為について代位責任を負う，という判決が下されることが多い。*Sharma v QSR Pty Ltd trading as KFC Punchbowl* ［2010］NSWADT 166 では，従業員によるセクシュアルハラスメント行為について，方針，研修及び救済手続を定めていても，必ずしも使用者が従業員のセクシュアルハラスメント行為を防止すべくあらゆる合理的な措置を取ったとはいえない，と認定され，使用者が代位責任を負う，と判示された。

6 日本の読者の参考のため，日豪プレス（2009 年 11 月）に掲載された，別のセクシュアルハラスメント事件（*Poniatowska v Hickinbotham* ［2009］FCA 680）の概要を紹介した日本語記事を別紙3として添付する［割愛：編者］。この判例でも，適用法令の違反防止に向けた「あらゆる合理的な措置」について触れている。

7 最後に，ACCC では法令違反リスクを最小限に抑えるため，企業のコンプライアンス文化とプログラムの重要性を強調している。

コンプライアンス・プログラムの目的は，取締役と従業員全員に自己の法的義務を理解させることである。企業文化に根付いたコンプライアンス・プログラムにより，取引慣行法の違反リスクを大幅に軽減することが可能となる。会社の経営管理職は，強固なコンプライアンス・プログラムを賢明なリスク管理

---

[64] Australian Consumer & Competition Commission, *Cartels — what you need to know — A guide for business*（2009）<http://www.accc.gov.au/content/index.phtml/itemId/897448> at 23 February 2011.

第5章　オーストラリアにおけるコーポレートガバナンスの最近の展開

手段として位置づけるべきである[65]。

XII　結　語

1　本稿で取り上げたとおり，ここ数年のオーストラリアにおけるコーポレートガバナンスの傾向としては，次のようなものが挙げられる。

(a) 個人責任—James Hardie 事件に見られるように，裁判所および規制機関は，事実関係に法律を適用する際に形式的ではなく実質的なアプローチを採ることで，取締役だけでなく「役員」や監査役の個人責任もさらに積極的に追及するようになっている。
(b) 規制機関—ACCC の権限に対する最新の変更のところで説明したとおり，規制機関の権限と機能はさらに強力かつ柔軟となり，数多くの選択肢の中から適切なアプローチを任意に選んで法執行ができるようになっている。
(c) 企業の社会的責任—ASX 原則では，上場会社および組織に対して，企業の社会的責任の一定要素について，"if not, why not" ベースでの適用またはその検討を強く奨励するようになっている。

このような傾向は，全般的に続くものと思われる。

65　Ibid.

第6章　アメリカ合衆国における企業行動規範*

ヘンリー・N・ポンテル＝ギルバート・ガイス
［早稲田大学 GCOE 刑事法グループ訳］

　アメリカ法曹協会企業法（business law）部会企業コンプライアンス委員会は，事業行動規範を，以下のように定義する。

　　企業のコンプライアンス・倫理プログラムは，適用可能な法的規制・社内倫理基準の順守を達成するように作られた，組織内の行動規範・企業方針・処分手続から成る。それらを達成するために，企業は，次のことを行わねばならない。すなわち，第1に，企業の従業員に，法的規制および文化規範に則って行動するよう教育し動機づける，倫理的な企業文化の醸成，第2に，リスク査定・モニタリング・会計監査・適切な訓練を通じた，侵害の抑止・発見，がこれである（FitzSimon and McGreal, 2005: 1795）。

　簡潔な定義でもって，2人の法学者が，企業行動規範とは「複数の階級にまたがる企業の従業員の義務を示す，成文の倫理・規則・方針（またはそれらの複合体）のことである」とした（Pitt and Groskaufmanis, 1990: 1559）。
　アメリカ合衆国における近時の企業行動規範数の激増は，主として，仮に企業の従業員が，その職務に関連して侵害行為をなしたことが発見された場合であっても，〔企業には〕より寛容な処置を受ける見込みがあるということに動機づけられてきた。洗練された企業行動規範や，従業員に対してなされる企業行動規範についての献身的な啓発は，起訴猶予や，より緩やかな刑罰による制裁，民事制裁金の軽減という結果をもたらした。さらにまた，企業行動規範は，規制監督に比べてより効果的に，制裁の望まれない執行を抑止する可能性を与えるが，それは，潜在的な違反者に対して，一定の行動は企業方針によって禁止されている，と公式に事前警告をなしたがゆえである（Sigler and Murphy, 1991）。くわえて，企業行動規範の構築にあたっては，企業の幹部においてい

　＊　本稿は元々，早稲田大学における，経済犯罪防止のためのコンプライアンス・プログラムに関する国際シンポジウムのために準備されたものである。

かなる行動形式が——それが違法である場合だけでなく——，企業が維持しようと欲している道徳的・倫理的基準を侵害しているか，を定義する必要がある。さらに，企業行動規範は，その文言を全従業員の態度・行動に反映させるための，社内セミナーにおける議論トピックとしても有用となりうる。

かくして，企業行動規範は，仮に従業員が違法行為に従事するなとの明確な命令を受けていたとしても，ひとたび従業員が法律違反の業務を行えば，企業は刑法上の行為をなしたとして有罪となりうる，と宣言する合衆国裁判所が提示した代位責任理論を骨抜きにする，経済界の試みを代弁している。代位責任理論は，「企業刑法理論におけるブラックホール」と呼ばれてきた（Fisse, 1983: 1159）。そのリーディングケースである United States v. Hilton Hotels Corp., では，購買担当者が2度にわたり，旅行業を促進する基金への寄付を拒む業者との交渉拒否をしてはならない，と命じられていたところ，購買担当者である従業員は，その命令に背いたことを認め，そのような命令違背をなしたのは怒りからであって，当該業者に対して立腹したためである，と述べた。裁判所は，会社も有罪であることを認めて，その判示を以下の理由をもって正当であるとした。

> そのような重要な利益が危険にさらされていることに鑑みれば，立法府（Congress）が，企業体が当該職務を担当すべく選任した者の行為について，企業体に責任を課すことを意図していたと考えるのは合理的であって，それゆえ，そのような担当者が法律上の要件に従うよう，その他の者および管理職員に最大限の努力を奨励することは妥当である（United States v. Hilton Hotels Corp.,1973: 1005）。

連邦最高裁判所の判決は，初期の連邦控訴裁判所判決の立場を放棄した。1946年に下されたその連邦控訴裁判所判決は，Holland Furnace Company が，戦時製品委員会の規則に反して，暖房器具が修理を施すより以上にはまだ壊れていないにもかかわらず，顧客に対して新しい暖房器具を販売した販売員の戦時中の行為について，責任を負わない，としたものである（Holland Furnace Co. v. United states, 1946）。

代位責任への批判は，しっかりとしたコンプライアンス・プログラムを有する企業は，すでに，従業員が行う可能性のある違法行為（wrongdoing）の訴追に向け，あらゆる発見・抑止効果をも最大限に発揮してきた，という推定に基

づいている（Weissmann and Newman 2007; Walsh and Pyrich, 1995）。しかし，この観点には，いかにひいきめに見ても，異論がある。企業を訴追することは，従業員を誠実であるようにさせる努力を増加させ，かつ発展させるものとなり，このことは，その組織内で生じるような問題の犯罪を行うことのないよう，他の組織体に対し，そのコンプライアンス規範を再評価する方向へと誘うこととなろう。

I 反トラスト法違反行為

1890年シャーマン反トラスト法は，経済界における独占的傾向を克服するアメリカ合衆国の試みを表している。初期の西側諸国における最も著名な経済学者であるアダム・スミスは，価格操作の共謀により競争を排除する経済上の欲求について，印象的に述べていた。「同種の取引仲間は，それが娯楽のためであってさえ，しばしば会合を行っている。」とスミスは述べ，「しかし，そこでの会話は公共に反する共謀に至るか，あるいは，価格操作のたくらみに至るのである。」とする（Smith, 1776: bk. 1ch. 10, ¶82）。

1961年に発生した重大な反トラスト法違反の共謀は，アメリカ合衆国において企業行動規範を策定する第一波へとつながった。これらの規範は，その大部分が価格操作の点に関連しており，当初は，企業行動規範にとって最大の焦点とされる課題であった（Gable, Mansfeld and Houghton, 2009）。本件では，29の企業と45の個人が関与し，そこには産業界の巨人であるWestinghouse and General Electric社の副社長も含まれていた。被告人中7人には，30日の拘禁刑が科され，当時としてはとても過酷な結末をもたらした。

General Electric社の共謀者中の1人は，次のように述べる。「私の直属の上司はすべて競争をうまく処理するように私に指示を与えていた。それが一般的になり，そして数年にわたったため，そのことが違法であるという感覚を失ってしまった。」と（Geis, 1967, 145）。しかし，General Electric社は1946年に，連邦法で見られるものよりも，より強い口調で，価格操作に反対する企業方針を述べる指令第20.5を発していた。それは，次のように述べる。

> すべての点において，厳格に反トラスト法を順守するというのが企業方針である。この方針について例外があってはならず，また，企業のために，ないし，企業に代わって行為する従業員によって，妥協や修正がなされてはな

らない。従業員は決して，表明する場合と含意する場合とを問わず，また，公式であると非公式であるとを問わず，金額，取引条件，製品，配分，領域，顧客に関して，いかなる競争者との間でも，協定，合意，計画ないし企図を結んではならない。また，競争者と，金額，取引条件，その他の競争に係る情報を交換したり，話し合ったりしてはならない。さらに，反トラスト諸法に違反する企業顧問の意見に基づいた，いかなる行為にも従事してはならない（U. S. Senate, 1961: 17120）。

各管理者（manager）は，「私は，現在も企業方針を監視し，今後も監視する。」ということを明確にすることによって，この企業方針に則ることを明記するよう定期的に求められている（U. S. Senate, 1961: 16737）。しかし，ほとんどの従業員は，当該指令が，一般公衆や規制当局をなだめる体裁を整えたものにすぎない，と見ている（一般的には，Aguilar, 1994: 64 参照）。しかし，General Electric 社の従業員の 1 人は，当該文書への署名の後，価格操作に従事することを拒否した。価格操作に係る犯罪を捜査する合衆国上院委員会で証言に立ったある者は，何が起こったのかを次のように説明した。

　［私の上司は］私に次のように言いました。「彼はいいヤツだ。彼は非常に有能だよ。彼が仕事に対して寛容な心を持っていないという点を除いてはね。彼の上司たちは彼に伝えたにもかかわらず，彼は信心深いからそうしたのだろうが，いったん署名したら，自分はここに書かれていることをまったくすべきではないと考えたのだろう。それで，われわれは，面倒なことに巻き込まれているんだ」，と（Geis, 1967, 143）。

有罪とされた侵害者に対する帰結は，一部，General Electric 社の規範に反映された。同社は，共謀に関与した者全員を解雇した。起訴されたその他の企業は，内部規則なしに，犯罪者をそのまま雇い続けた（Herling, 1962）。

II　外国における契約を確実にするための賄賂

2 つの展開が，アメリカ企業の内部規則の発展を促進するものとなった。その第 1 は，Richard Nixon 大統領の再選のために働いていたグループによる Watergate 社への不法侵入事件であった。侵入に失敗したその窃盗事件の捜査は，大統領選挙戦に関する数多くの不法な企業献金を暴いた。これらの献金は，

会計上の戦略によって少額に分けられており，それは，そのようなやり方について，大まかなサンプリングをする以上のことはほとんどしない外部会計監査によって，ほとんど見破られないかたちに偽装されていた。

その第2の状況は，アメリカの諸企業は，海外の企業，政治家，政党に対して，契約を取るために巨額の献金を行っていた，というものである。恩赦の措置が400社以上に対して採られ，そこには，フォーチューン誌トップ500社に挙げられた117社が含まれていたが，その400社以上の会社には，海外機関（Foreign sources）に3億米ドル以上を拠出していたことが認められた。議会は，1977年に，これらの行為を犯罪とする海外汚職防止法（Foreign Corrupt Practices Act）を制定した。諸企業は，これらの両スキャンダルを受け，海外における賄賂を禁ずる社内ガバナンスルールを構築することで対応した（Biegelman and Biegelman, 2010; Goezler, 1988）。特に，被告企業は，合衆国証券取引委員会に対して，そのような行為が再発しないような措置を講じたことを保証しなければならなくなった（Spokin, 1998）。

くわえて，1988年には，インサイダー取引および証券取引詐欺規正法が，株式仲買人および証券アドバイザーに，資料や未公開情報の悪用を避けるためにその手続の詳細を考慮に入れるように合理的に設計された，成文の方針および成文の手続を，構築し，維持し，施行しなければならないことを委任した（Friedman, 1990）。このようなガイドラインがあるにもかかわらず，インサイダー取引の訴追が，しばしばその中心をなす法規（core law）に依拠してなされるのではなく，偽証といった周辺的侵害行為をとらえてなされるのも，うなずける（例えば，Hemenway, 2003参照）。その理由は，被疑者は，しばしば自分は常に取引に従事する意図を持っていたのであり，犯罪意思であるメンズ・レアを立証することはたいてい特に困難である，また，株式市場において暗示される大きな利益ないし損失に関する未公開情報を内心に意識する以前にその取引が行われたということはつじつまが合うと主張するであろうから，という点に求められる。

Ⅲ　企業行動規範は何を規定しているか？

企業行動規範は，より広範で，時の経過や上述の連邦政府による委任の点も手伝って，いくらかより複雑なものとなったが，その本質的な性質は，今日も第2次世界大戦以降の半世紀間に作られたそれと比べて異なるところはない。

第Ⅲ部　海外6か国の報告書

企業行動規範に関する先駆的な調査は，ロンドンや香港，上海にも事務所を有し，ニューヨークにその本部と事務所とを置く，国際的な企業法律事務所であるFried Frankによるものである。この調査は，3年後には，〔前回調査の〕およそ3分の1の企業が回答することで，アップデートされた。調査対象は，アメリカ合衆国における大企業500社としてフォーチューン誌に掲載されている企業である。回答企業は，おそらく，そのほとんどが企業行動規範を実施していたと思われるが（回答企業のうち90％の企業が実施していた），企業のプライバシーや企業秘密の観点から，回答はいくらか限定的なものとなった。

企業行動規範の共通テーマは，企業を責任から解放するという要望である。表1は，Fried Frankの〔第二回〕調査における，企業から寄せられた報告のカテゴリーを示している。

表1　企業行動規範として示される事項

事　項	パーセント（％）
利益相反	97
贈答品	87
秘密情報の悪用	83
海外における汚職への関与	83
政治献金	79
インサイダー取引	73
反トラスト法違反行為	64
労働関係	27
その他	29

出典：Siegel (2006: 1603). またBerenheim (1992); Mathews (1988); Cressy and Moore (1980); Sanderson and Varner (1984); White and Montgomery (1980). も参照。

Cressy and Mooreは，企業行動規範中，利益相反に関して，彼らのいわく「かなり不均衡な注目度」が与えられていることをも見いだした。彼らは，この食い違いが特に，非産業系の会社に関して見られる，と指摘する。彼らは，伝統的には会社を直接的に侵害する行為の排除が強調されてきたが，公共の利益については最近になってようやく目立ってくるようになったにすぎない，と解している（Cresse and Moore (1980: 16)）。

第6章　アメリカ合衆国における企業行動規範

Ⅳ　量刑ガイドライン

　コンプライアンス規則に関する動向は，1991年に急速なスピードで，法定刑の加重・減軽基準を定める，組織〔犯罪〕の量刑に関する合衆国量刑委員会ガイドライン（56 Federal Register 22, 762）の導入へとつながった。本ガイドラインは，「組織内の規制に関して，とても重要な力」を築いた（Godsmith and King, 1997: 4; Kaplan and Murphy, 1993 も参照）。最も重要な減軽要素は，「法律違反を回避し，探知する」プログラムの存在である。同委員会は，申し分ないコンプライアンス・プログラムを構築する努力に関して，後年「7つのステップ」と呼ばれるようになったものを定めた。これらのステップ（補遺Aに記載しておいた）は，「総じて効果的になるように，合理的に設計，適用，実施された」プログラムを要求する。「合理的に」とか「総じて」といったぼやかされた言葉は，明らかに，訴追上や裁判上の判断にとって柔軟な，上手い取扱い方法を提供するものであり，コンプライアンス・プログラム〔の存在〕を理由とした刑の減軽が容易に認められないことは，驚くに値しない。

　本ガイドラインの第1部（first set）は，特定の上級職員がコンプライアンス・プログラムを実施すべきことを具体的に指示している。わかりきった官僚的表現が激増する中で，この7つのステップは，そのようなプログラムには，彼らに「違法な活動に従事する傾向」とレッテル貼りされることを含めるべきではない，ということを示した。最終的に，本ガイドラインは，諸企業が，各企業の規模や，各企業の業種に応じてなされる一定形式の犯罪（wrongdoing）の傾向，ルールを設けるにあたって，各企業における一定の特質や各企業の違法行為（misconduct）の前歴を考慮すべきである，と述べている。

　数年にわたる研究と議論の後，2004年に量刑委員会は，ある特別委員会（ad hoc committee）の報告に応えて，量刑ガイドラインの射程を拡張し，「倫理およびコンプライアンスに関するプログラム（ethics and compliance program）」と名称を変えるかたちで，修正を行った。この新しい量刑ガイドラインは，補遺Bに示しておいたが，法令遵守に向けた努力の促進と，彼らがそれに従うに見合うインセンティブ条項とを推進した。新量刑ガイドラインはまた，いかなる過ちが行われたかを侵害後に調査することに初動段階で焦点を当てることを拡張するため，コンプライアンス・プログラムの有効性を継続的に査定することを要求した。新規雇用者の訓練，および，現在の従業員に対する再教

育講座 (refresher course) もまた，喫緊の課題とされるようになった。特に重要なのは，「倫理およびコンプライアンスに関するプログラムの内容および運用について知識を有し，かつ，その実施と有効性に鑑みて合理的な管理を行うこと」が要求されるようになった取締役会メンバー (members of Board of Director) に対する，より厳格な基準である。結局，新量刑ガイドラインは，ガイドライン中に強調されるべきそれらの問題を確定するために，リスク査定手続を要求したのである (Hess, McWhorter and Fort, 2006)。

様々な判事が，ほぼ同じ様な犯罪を遂行したとみられる犯罪者に対し，かなり異なる刑罰を科してきた，といった曖昧な証拠を理由に，この量刑ガイドラインには権限が与えられてきた。しかし，むしろ硬直的なガイドラインは，多くの判事を憤慨させるものであったが，それは判事らが，それらガイドラインを，判事らの適切な刑罰判断を阻害するものと解したからであり，判事らが以前から存在する法律体系を助言する単なるロボットの役割に縮減させられたからであった。この視点は，連邦最高裁判所が2004年に *United States v. Booker* 判決で，量刑ガイドラインは強制的なものではなく，助言的なものを規定したものである，とされたことで，判事らはようやく納得した。後年の研究によれば，*Booker* 判決に倣い，およそ70％の刑罰がガイドラインに基づいて下された。それにもかかわらず，司法の幅広い柔軟性は，包括的な企業行動規範の進展と導入から利益を得ることを，まさに企業に許容したのである。

企業行動規範のより大きな重要性は，取締役会構成員が，健康管理会社との間での違法行為に関する処理に失敗したか，あるいは，その違法行為を知っていたことで訴追された，*Caremark* 事件で説明された。デラウェア衡平法裁判所は，これが取締役会に過大の責任を問うものであると考えたものの，内部的な侵害を処理するための，いくらか精密な信認義務を取締役らに明示的に課す解決条項 (settlement stipulation) を支持した。裁判官は，このルールが，これまでにはっきりとつねに取締役の義務の一部とされてきたものを，明白に変更しなかったことに疑念を抱きつつ，以上のように判断したのである。その解決条項は，以下のように命じる。

　　取締役会は，4名の取締役から成るコンプライアンスおよび倫理委員会を設立し，そのうち2名は非経営陣取締役とする。同委員会は，これらの〔コンプライアンス〕方針を実施し，APRL〔リベートを禁ずる Anti-Referrals

Payment Law〕との間で，事業区分（business segment）の法令遵守状況を監督し，半期ごとに各事業区分によるコンプライアンスに関する報告を取締役会に提出するため，少なくとも年4回の会議を開く（In re Caremark, 1996: 966）。

アメリカ合衆国における企業ガイドラインとして，最も突出した注目を集めたのは，職場におけるセクシャルハラスメントに関するものである。合衆国連邦最高裁は，そのようなガイドラインを考慮するための司法機関による基準を提供した。すなわち，「従業員がコンプライアンス手続に則って反ハラスメント方針を広めていたという証明は，いかなる場合においても法律の問題として不要であるものの，雇用環境にふさわしい明示の方針（stated policy）の必要性は，被告人の防御の第1要素（the first element of the defence）を争う段階で，いずれにせよ適切に述べられるであろう」（*Burlington Industries v. Ellerth*, 1998: 762）。Kimberly Ellerth は，Burlington Industries 社シカゴ支店の販売員であり，上司による性的な申入れの嫌疑および，「打ち解けること（loosen up）」を Ellerth が拒んだことへの報復を暗にほのめかされた脅しについて，Burlington Industries 社を告発した。Ellerth は，同社の担当者に対して，自分の懸念を報告しなかった。連邦最高裁判所は，ここでの中心的問題は代位責任であり，また，Burlington 社は，自らの立場を防御するにあたって，その従業員によってなされたその種の行動を抑止するに適切な努力を行ったことを主張しうる，とした。連邦最高裁判所は，そのような防御について，2つのありうる要素を示した。すなわち，(1)同社は，性的に羞恥させるいかなる行為をも，回避し，それを適切に是正する合理的な手当てを実行していたこと，(2)従業員が不合理なかたちで，与えられた予防措置や是正機会を利用すること，あるいは，さもなければ〔そのような被害を〕回避することの，いずれもできなかったということである（Fair, 2000．職場におけるセクシャルハラスメントに関する経験的証拠の評価に裁判所が失敗したことに焦点を当てた議論については，Lawton, 2004 を参照）。

V タイソン社（TYSON CORPORATION）事件：事例研究

1997年12月，Tyson Foods, Inc. は，合衆国農務長官に対する1万200ドルにわたる贈答品の違法な寄付，およびフットボールの観戦チケットや旅行代金

の，食料品を含む違法な贈答品の寄付に係る数種の重罪に関する訴因につき，有罪答弁を行った。和解協定の一部として，全米27州およびその他数か国にその当時6万6000人の従業員を有していた同社は，数百万ドルの罰金を支払うこと，および，4年間にわたるプロベーション措置に置かれることに同意した。そして，同社は，倫理規定に関する事務所の設立および企業行動規範の策定を指示した。くわえて，本件事案を担当するよう任命された独立検察官によって，2人が起訴された。Tyson社の，あるロビイストは，賄賂罪の訴因については不起訴とされたが，連邦捜査官（federal agents）に対する偽証によって有罪とされ，少額の罰金刑を受けた。同社の広報担当幹部は，賄賂罪で有罪とされ，量刑ガイドラインの下で許容される最小限の量刑である，1年と1日の禁錮という刑罰が下された。農務長官はまったく審理されなかった。Tyson事件は，企業統治規定がどのように支持されるか，また，それがいかに運用されるかが，どれだけ緊密に監視されうるかについての知見を提供するものである。また Tyson事件は，政界で活躍する者に対してなされる恩恵の数々を物語るものでもある。

　ここでの和解協定は，Tyson社に四半期ごとに，連邦判事，プロベーションオフィサー，合衆国農務省，独立検察官局（これは1999年に廃止され，連邦司法省の一部局に改組された）に，その倫理プログラムを報告することを要求した。プロベーション措置に置かれた期間において，上記後者2つの機関の捜査官によって，70回を超える抜き打ちの企業視察が行われた。捜査官らは，倫理訓練活動の記録をチェックし，公益通報者のためのホットライン（hot-line for whistleblowers）の存在を宣伝するポスターを目立つように配置し，企業行動規範について従業員に無作為に調査するように指示した。捜査官は，Tyson社の企業倫理に対する取組みに不満を感じたため，プロベーション措置を無効にし，〔Tyson社に〕重い刑が科せられた。

　その改善プログラムの責任者は法律家（attorney）であったが，その責任者は，その同等の地位にある者のうち，法律家であるのは全米でわずか19％だけであり，わずか3％の者だけがセキュリティに関する職務のバックグラウンドを有しているにすぎない——そのほとんどは，それぞれの会社の管理職ランクから出ている——，と指摘する。その責任者は，企業行動規範は「理念を掲げるだけのもの以上」のものでなければならない，と強調し（Copeland, 2000: 335），企業行動規範は，もしそれが下記のトピックに関連するのであれば，そ

第6章 アメリカ合衆国における企業行動規範

のトピックを包含すべきである，と指摘する。すなわち，宣伝，反トラスト法に関連する不公平な競争，賄賂や不適切な支払，企業帳簿，利益相反，環境問題，平等な雇用機会，詐欺や不当表示，政府からの受注契約，国際的取引，政治献金，機密情報，証券取引である。国際公認不正検査士協会（International Association of Certified Fraud Examiner）の会長であり創設者のJoseph T. Wellsが開発した模範企業行動規範は，補遺Cに記載されている。

　この事件の驚くべき終焉は，両者が有罪判決に対して控訴している段階で訪れた。2000年後半および2001年の初頭，Bill Clinton大統領が，両者に対して全面的な恩赦を与えた（Copeland, 2001）。このことから分かるのは，ホワイトカラーによる賄賂は，些細なホワイトカラー犯罪と見られている，ということである。つまりは，結局のところ，種々のロビイストが，ロビイストらがその成立に重要な寄与を果したところの法律の範囲内に概ね正しく止るかたちであったが，継続的にその恩赦に関与していた。行動規範および違法行為を行った企業に対する厳格な監督が，賄賂という帰結に至りうることは，企業献金と，政治家の再選を賭けた戦いとの緊密なつながりを前提とすれば，おそらく最も予想されるところのものであろう。

Ⅵ　サーベンス・オクスリー法

　一般には米国企業改革法（Public Company Accounting Reform and Investor Protection）としてより知られている，2002年のサーベンス・オクスリー法は，Enronおよびその会計士や協力者を犯罪に巻き込んだ，周知の一連のスキャンダルの結果として制定されたものである。Arthur Andersen，また，World-Com, Tyco, Adelphia, HealSouth, その他有名な企業運営を行う会計事務所やコンサルティング事務所が関係している。同法は，公開会社に対して，それらの会社が，主たる財務責任者，会計監査役，主たる経理担当責任者に適用される倫理規定を有するか否かについて報告することを要求している。証券取引委員会（Securities and Exchange Commission）が同法を具体化する規則を公表した際，同委員会は，主たる役員を，企業の行動規範に従うよう義務付けられた者のリストに追加した。十分な企業行動規範であるためには，少なくとも次の5つの要素を含んでいなければならない。

　(1) 個人と専門家との間の実際上の，あるいは，明白な利益相反の倫理的な

取り扱いを含む，誠実で倫理的な規範。
(2) 登録人が証券取引委員会に提出ないし付託する（files with, or submits）報告書，および，登録人によって作成されたその他の広告（public communication）における，完全，公正，適格，時宜に適った，了解可能な開示。
(3) 適用される，国家による諸法・諸規則・諸規制の順守。
(4) 企業行動規範の違反に関して，当該規則で認められる適切な人物に対する，迅速な内部報告。および，
(5) 企業行動規範を支持していることの説明責任（17 CFR §229. 406a）。

仮に，ある企業が，このような規範を適用しないと決断した場合には，その企業はなぜそのような決断をしたかについて，明示しなければならない。もしある規範が適用された場合には，それは周知されうる状態にされねばならず，その内容に関するいかなる変更も，証券取引委員会に報告されねばならない。

Ⅶ 訴追者による見方

■1 トンプソン・メモ

2003年に，連邦司法省（The Federal Department of Justice（DOJ））は，企業行動規範が法律違反の疑いのあった企業文化の複雑な部分を成していたということに依拠する諸事案において，同省が，いかに対応しようとしていたかを示した。連邦司法省の声明は——それは，その公表時に署名が付された司法次官にちなんで，トンプソン・メモとして知られている——，連邦検察官が，捜査・起訴・企業との答弁取引を行うかを決するにあたり念頭に置くべき，9つの諸事項を挙げている。そのうちの3つの事項は，企業行動規範に関連している。

(1) 企業による，違法行為の適時かつ任意の開示，および，必要であれば企業の弁護士＝依頼人間の秘匿特権による保護（work product protection）の放棄を含め，捜査官に対し好意的に協力すること。
(2) 企業のコンプライアンス・プログラムの存在および相当性。および，
(3) ある効果的なコンプライアンス・プログラムの実施ないし現存するコンプライアンス・プログラムの改善に向けた努力を含め，経営責任者（responsible management）を交代させること，犯罪行為者を懲戒ないし解雇する（terminate）こと，損害賠償を支払うこと，適切な政府機関と協働す

ることといった，企業の救済的活動（http://www.justice.gov/dag.cftf/corporate_guidelines.htm）。

　トンプソン・メモは，事案の処理を決する際に考慮すべき企業行動規範の内容（ingredients）について，詳細に述べている。そのメモが述べる決定的な要素は，「コンプライアンス・プログラムが，従業員によってなされた違法行為を予防し，また，発見するに最善の有効性を持つように相当なかたちで策定されたか否か，および，企業の幹部が，コンプライアンス・プログラムを実施したか，ないしは，従業員に対し取引の目的を達成する行為に従事するよう暗黙裡に奨励したり，圧力をかけたか否か」である。トンプソン・メモはまた，言い換えれば，以下のようなポイントを繰り返し述べたのである。すなわち，その目標は，コンプライアンス規則が単に「紙の上でのプログラム」にすぎないのか否か，あるいは，コンプライアンス・プログラムが「効果的な方法で策定され，かつ，実施されるもの」であるのか否か，を決することである，というポイントがこれである。

　その企業を当局に通報することになる違法行為（infraction）がおそらく生じたであろうという事実は，もちろん，〔コンプライアンス・プログラムが〕有効なものとして設計され，実施されていたとのいかなる主張をも疑わせるものとなろう。さらに，「相当に（adequately）」や「最善の有効性（maximum effectiveness）」という文言は，明確性という点で大いに不十分さを残している。

● 2　マクナルティ・メモ

　弁護士＝依頼人間の秘匿特権による保護の放棄を強調したことは，企業組織および防御側弁護士ら（defense bar）から，嵐のような反論を巻き起こした。2006 年後半，トンプソン・メモの修正版において Paul McNulty 司法次官は，弁護士の典型的な特権を弱体化させるガイドラインへの批判に答えるかたちで，その条項に 3 つの要素を追加した。それらは，以下のものである。

(1) 企業は，その他の方法で必要な情報を提供できる場合には，その権利を放棄することなしに，協力を行うことができる。

(2) 権利放棄の要請（waiver request）は，「弁護士＝依頼人間の秘匿特権の法理に内在する重要な事項の検討と，国家（government）による捜査という法執行部門のニーズとの慎重な均衡」と定義される「正当なニーズ」が

存在する場合にのみなされるべきである。
(3) 権利放棄の要請は，探究される情報の敏感さ（sensitivity）によって変わるが，上級職員の承認を必要とする。

（http://www.usdoj/gov/dag/speeches/mcnulty_memo.pdf）

マクナルティ・メモが，訴追官をして権利放棄を得ようとする欲求をなくさせるに十分たり得るかは，疑わしい。ある論者が主張したように，マクナルティ・メモは，トンプソン・メモに比べると，訴追官が有罪判決を求め，かつ，有罪判決という結末を得るために，自分の持てる兵器庫より，入手可能なあらゆる武器を十分に使用できるであろう場合には，「違いの無い区別」とみなされ得るのである（Weigrd, 2008; Marks, 2006 も見よ。）。

Ⅷ　ドッド・フランク規制改革法（The Dodd-Frank Regulatory Reform Act）

2008年に生じはじめたいくつかの国際的金融危機は，アメリカ合衆国における最大規模かつとても影響力のある，数々の投資会社や銀行による，怪しげな行動を引き起こすものであった。それらには，Bear Sterns, Lehman Brothers, Merrill Lynch, Countrywide, AIG, そして Bank of America といった投資会社や銀行が含まれていた。この金融破綻は，次のような質問を前面に押し出すことを余儀なくされた。すなわち，それまでに行われてきた改革，特に許容可能な行為に関する企業の規範を強調するそれが，なぜこのような恐慌を回避することができなかったのか，という疑問である。William Laufer は，この憂慮すべき事柄について，以下のような言葉で述べた。

　われわれは，最先端のコンプライアンス方針や，良き企業市民としての歴史を有している最も評価を得ている当該企業らが，なぜ，巧妙な詐欺を，暗黙裡に容認し，それに積極的に関与したと疑われているかを，考えなければならない（Laufer, 2010; 457; Laufer, 2006 も見よ。）。

Laufer は，Wall Street で最も成功した投資会社である Goldman Sachs の事件に特に注目する。この事件は，裕福な投資家であるその顧客の1人に対して，彼自身は同種の金融派生商品を空売りしながらも，焦げ付いたサブプライム金融派生商品が Goldman Sachs の顧客に販売されるように仕向けることを許容

した，というものである。Goldman Sachs は，その違法行為（sin）について5億ドルを支払うことによって，証券取引委員会と和解したが，その額は，年間でチャリティとして寄付している額よりも少ないものであった。

しかし，2000頁以上に及ぶ基準であるが，ドッド・フランク・ウォールストリート改革および消費者保護法（The Dodd-Frank Wall Street Reform and Consumer Protection Act）について特筆すべきことは，この法律が，企業コンプライアンスについて，何ら注意を払っていないということである。その代わりに，この法律は，おそらく同法の支援者をして，企業行動規範は失敗したと信ずるような，あるいは，彼らが得たいと感じるほどの満足感や有用性があったと信ずるような印象を与えた。いずれにせよ，それは勝利を獲る上での規制上の足かせ（regulatory stock）でもなければ，自制のための報酬（self-regulatory carrot）でもないのである。

Ⅸ 結 論

企業行動規範の監査の中心には，2つの基本的な疑問が横たわっている。それは，第1に，そのような企業行動規範が，少なくとも当該企業が表面に見せている，当該企業が阻止しようとしている行為を抑止しているのか，という点である。第2に，仮に不法な行為が発生した場合であっても，そのような態度を回避しようとする企業の真摯な努力が，そのような事案がいかに扱われるべきかというその後の決断において，企業にとって有益なものと証明されるか，ということである。あるいは，他方で，著名な防御側弁護士である Gary Spence が主張したように，それら企業行動規範が「公衆に対する善というよりも，広報活動として適用されているのではないか。」（Spence, 1989: 277）。この問題は，経験的な判定を超えるものである。それは，企業の違法な態度における変化が，企業行動規範といった仲介変数の外観と相関関係を成しているように，企業の違法行為の明確なリストが存在せず，また，決して明確にもならないであろうからである。

同時に，ある論者は，次のように述べた。「企業倫理規定の歴史やその内容は知られているにもかかわらず，行為を規制する効果の面についてわずかにしか知られていないということは，何と驚くべきことか」と（Newberg, 2005: 266）。この論者は，その知られている少しのものでさえ「決定的でない」ことを指摘し，かつ，知識ベースではアンケートに応えた大学生やビジネススクー

ル専攻の学生の学習に主に依拠しているのであって，これは企業における日常の意思決定とは大きく異なるものである，と指摘する（Newberg, 2005: 266）。

　この見解は，同一の点を指摘する初期の見解を繰り返すものである。すなわち，「不幸にもそれら［すなわち，諸々の企業行動規範］が〔企業の〕倫理的な意思決定活動を促進するために効果があるか否かを発見するのに向けられた研究は，ごくわずかである。」(Clerk and Leonard, 1998: 619）。この２人の研究者は，倫理的な選択に関して学んでいる経営学の学生150人に聴取することで洞察を得ようとし，彼らは，企業の倫理規範が，倫理的な事項に関する状況では，個人の意思決定をなすにあたって，影響を及ぼさないということを発見した。この結論は，せいぜいもっぱら企業行動規範に向けられうる不備に対する示唆的なヒントであるにすぎないが，企業行動規範は，その他の５つの要素を持ち合わせるべきである，と主張する，２人の経営学研究者による初期の提案を強力に支持するものである。すなわち，(1)倫理的事項の特定の取扱いを独立に，また，排他的に述べるトレーニングプログラムの提供，(2)十分に構築されたシステムおよび抑制と均衡のシステムの提供による非倫理的活動に従事する機会の制限，(3)非倫理的活動に従事したものに課せられる，企業によるペナルティをその他の従業員に知らせること，(4)同僚や上司の行為態様が，どのように当該組織におけるその他の従業員に影響を及ぼすかという認識，(5)新たな事項を宣言するため，および，現存の行動規範や方針の設立に手を貸し，また，評価するための倫理委員会の展開，である（Ferrell and Gardiner, 1991）。

　全従業員が法を遵守する状況を作出することをねらいとした企業のデュー・デリジェンスを理由とする，訴追上のリニエンシーに関する問題について，Rockwell Corporationの弁護士によって提出された1989年のある訴状は，違法な二重請求に関する事案の量刑段階で，最善のコンプライアンスを有する努力を無視された企業の無念さを明示した。

　　本件は……，自己統治の核心に触れる問題を提起した。国防契約をなす者（defense contractor）が，Rockwell社が行っているような自己統治にできるだけ多くの時間，努力，金銭を費やしており，また，もしその者が従業員の違法行為の発生率について，Rockwell社が行っているように国家（government）の期待に完全に沿うかたちで対応しており，それでも，国家が通常反抗的行為に対して留保している罰による報復がなされるとすれば，以上の

第 6 章　アメリカ合衆国における企業行動規範

努力は報われるであろうか（United States v. Rockwell, 1989: 2)。

しかし，このことはもちろん，ある逸話的な話であって，企業行動規範がかなり強調されるようになるよりも前に起きたことである。諸企業は，強制し，または甘言を弄し，また，さもなければ服従させるというその公的努力が，適切に評価されず，また，適切な報奨を受けうるものではない，と信じつづけるであろうか，それとも，企業行動規範の急増が，企業による諸々の法律や諸法規の侵害に巻き込まれた企業体に，より良い保護を与えるのであろうか。

● 1　企業行動規範に基づく責任

企業行動規範に関して Gold および King（1997: 4）が「意図しないジレンマ」と呼ぶものが存在するが，それは，民事責任および刑事責任を生じさせるであろう負責資料（incriminating information）を厳密に規定するコンプライアンス・プログラムを新たに設けることによって，企業が規制に関するインセンティブに反応する場合に生じるものである。初期の，そしてしばしばあった，そのような不確定さ（waywardness）に関する企業の学識は，当局に彼らの問題を告知し，修正の協議をなし，問題（matter）を解決することにつながったかもしれない。今日，アメリカ合衆国において企業は，自分たちが獲得するであろうチャンスを算段しているように見受けられ，仮に勝算が彼らの側にある場合であっても，リスクを想定しようとしているように見受けられる。

このような転換の 1 つの理由は，状況が変化したこと，および，企業が，気づいてみると自己負罪から生じる民事訴訟の場に立たされるかもしれない，というところに求められる。

ある法律学教授が，「諸企業は，ときおり，自社が企業行動規範に定めた任意の基準を侵害したことの責任を負うことがあろう。そのような任意の基準が，法律によって企業に課せられた義務よりも高度の基準である場合も，そうなのである。」（Brown 2008: 386）と述べたごとくに，である。

このような訴訟は，企業行動規範が，そこでいわれていることをなすべき拘束力のある契約と特徴づけられてきたことによって，概して，虚偽広告や誤解を招くおそれのある広告，かつ，契約違反となっているとの主張に依拠してなされた。

実例となるのは，1980 年に国内工場を閉鎖し，シューズの製造をインドネ

527

シア，パキスタン，ベトナムといった地域に外部委託した Nike Corporation のケースである。10年後，Nike 社は，自社の海外供給業者工場の労働環境について，アメリカのメディアによって厳しく批判されていることを知るに至った。例えば，Nike 社は，一日にまともな食事をとるのに2ドル10セントかかるところを，ベトナムの労働者が，同国の最低賃金である一日60セントしか支払われていなかったとの報告を受けた（Murphy, 1998）。Nike 社は，当初，海外諸国の法的基準に則ることだけが同社の責任であるという立場を堅持していたが，このような立場では，同社製品の各国内における購買ボイコットという事態を回避することはできなかった。1992年に Nike 社は，自社の海外供給業者のための企業行動規範を採用し，最低賃金，時間外労働，被雇用者の検討と安全，環境保護といった事項に関し，Nike 社が果すべき責任を明確にした。同規範に委任されている行為は，その地域で要求されている要件からは程遠いものであった。例えば，シューズ制作の労働者は，18歳以上でなければならない，というものなどである。

それにもかかわらず，批判は，同規範が広報活動のジェスチャー以外の何ものでもない，という点に向けられた。1998年には，Nike 社は，同社の報告書が州法の禁止する虚偽広告に違反するものである，という主張の下に，カリフォルニア州の裁判所に提訴された。この訴訟は，韓国における製品製造の際に，危険な薬品が使用されていたことを示す報告書，および，労働環境が，企業行動規範において詳細に列挙されている事項に違反する，という主張によって支持された。Nike 社は，虚偽広告と言われているものは，合衆国憲法修正1条に規定される表現の自由の下で許容されている，との主張を行ったが，認められなかった。Nike 社は，同事件について，公正労働協会（Fair Labor Association）に150万ドルの寄付を行うことで和解した（Kasky v. Nike, Inc., 2002）。

Nike 事件は，企業が，企業の社会的責任（CSR）を企業行動規範の中に組み入れることを思い止まらせるおそれを作り出したと言われた。このことは，「少なくともいくつかの多国籍企業（MNCs）の内部で，先進国における潜在的に敵対する多国籍企業の活動の企業意識を高めることによって，また，社外グループがおそらくそれによってその取引活動（business）を測るであろう水準を構築することによって，文化的態度を新たに構築する助けとなる規範がまさに表れる報告書およびパンフレット」（Murphy, 2005: 421）と呼ばれるものに面して生じるのである。ある論者が概観したこれらの事項を考察してみよう。す

第6章　アメリカ合衆国における企業行動規範

なわち,「不幸にも, Nike 事件以降に, 何社が, CSR を企業行動規範に採用することを再考したかを測る経験的証拠は何ら存在しない」(Brown, 2008: 395)。同じ論者が, そのような企業行動規範に関して, 諸企業が近時直面した「追加的な法的義務の創出および, 敵対する者に仲直りのロープを提供すること」という問題について述べている (Brown, 2008: 421)。この事項に関する, さらなる, そして, 洗練された研究に向けた以上のような探究は, 早稲田大学グローバル COE の研究にとって, 特に重要な事項であるべきである。

● 2　示唆的な経験的データ

その後の行動について, 誠実であることを促進することの利用に関する経験的データに関して, 興味深いものではあるが, 正鵠を射た経験的データというものは, ほとんど存在していない。そのような研究の1つは,（もしそのうちのいくつかを思い出すことができたか, あるいは, その1つも思い出すことができなかったとしても）十戒をリストアップするよう求められた行為者らについては, 誠実性テストで不正を働くことなどなかったが, 他方で, そのような指示のなかった者については不正を働いていたというかぎりでは, 経験的データを示した。実験者が, このテストは（存在しない）大学倫理規定の条件下で行われてきたものであることを示した場合に, 同様の結論が維持された (Ariesy, 2008: 212a)。しかし, これらは, 比較的に重要ではないクライマックスを含んだ, 短期の結果にすぎない。アメリカ人暴露屋（muckraker）である Upton Sinclair は, 次のように述べた。すなわち,「ある者を何らかのことについて理解させることは, その者の給与が無理解に基づいている場合には, 困難である。」(Sinclair, 1935/1994: 109)。そして, 競争相手が法律に対して無責任であることによって, あなたのペースをかき乱す場合には, 誠実であり続けることは困難である。

〈補遺A〉

1991年コンプライアンス・プログラム基準
連邦量刑ガイドラインマニュアル8A1.2条
Application Note 3(k) (2002)

(k)「法律違反の防止および探知に関する効果的なプログラム」とは、一般的に犯罪行為を防止・探知するに効果的なように、合理的に計画され、適用され、実施されるプログラムを意味する。現に行われた犯罪の防止や探知に失敗したことそれ自体では、そのプログラムが功を奏しなかったことを意味しない。法律違反の防止・探知に関する効果的なプログラムを特徴づけるのは、組織体がその従業員や仲介者（agent）によって行われた犯罪行為の防止・探知をなすにあたって、デューデリジェンスをなしたということである。デューデリジェンスは、最低でも、組織体が下記の各段階を踏まえることを要する。

(1) 組織体は、従業員および他の仲介者によって遵守されるべき、犯罪行為の可能性を合理的に減少させることのできるコンプライアンス基準およびコンプライアンス手続を策定しなければならない。
(2) 組織体内部の上級職員をもって充てられる特定の担当者は、上記基準・手続でもって、コンプライアンスを監督する包括的責任が与えられなければならない。
(3) 違法行為に関与する傾向が見られる場合、組織体は、デューデリジェンスの実施を通じて、大幅な裁量に基く権限行使によることなく、相当の配慮をなすこと。
(4) 組織体は、その基準および手続について、すべての従業員および他の仲介者と効果的な対話をする機会をもたねばならない。例えば、トレーニングプログラムへの参加を要求することや、実際的な方式で、何が要求されているかを説明する印刷物によって周知することによって、など。
(5) 組織体は、その基準でもってコンプライアンスを達成する、合理的なステップを踏まねばならない。例えば、従業員および他の仲介者による犯罪行為の探知に向けて合理的に設計されたモニタリングシステムおよび監督システムを利用することや、従業員および他の仲介者が、他者による犯罪

第6章　アメリカ合衆国における企業行動規範

行為を社内での報復の恐れなく報告することができるように，報告システムを，適切に有し，かつ，周知すること。
(6) その基準は，必要に応じて，犯罪の探知を失敗した責任者たる個人の懲戒を含む，相当の懲戒手続によって，徹底的に適用されなければならない。犯罪について責任を負う個人に対する相当な懲戒は，基準の適用上の不可欠の要素である。しかし，適切とされるであろう懲戒の形式は，事案によって個別化されるであろう。
(7) 犯罪が探知された後，組織体は，法律違反を防止・探知するプログラムの必要な修正を含め，その犯罪に適切に対応し，また，将来における類似の犯罪を防止する，合理的なステップを踏まねばならない。

法律違反を回避・探知する効果的なプログラムのために必要な的確の行為は，いくつかの要素に依拠する。それらの関連する要素は，次のとおりである。

(i) 組織体の規模——法律違反の防止・探知のためのプログラムを公式化するに必要な程度は，組織体の規模によって異なる。すなわち，組織体が大きければ大きいほど，プログラムは一般的に，より公的なものであるべきである。規模の大きい組織体は，総じて，従業員およびその他の仲介者が順守する基準および手続を示す成文の方針を立てておくべきである。
(ii) その業務の性格から，一定の犯罪が生じる可能性——もし，組織体の業務の性格から，一定のタイプの犯罪が生じうる相当のリスクがある場合，管理者は，そのタイプの犯罪を防止・探知するステップを踏まねばならない。例えば，ある組織体が有毒物質を取り扱っている場合，その組織体は，いついかなるときも，それらの物質を適切に取り扱うように設計された基準および手続を立てていなければならない。もし，ある組織体が，値段の設定を融通することのできる販売員を雇用する場合，価格操作を防止・探知するように設計された基準および手続を立てていなければならない。もし，組織体が，製品の素材について融通して説明する販売員を雇用する場合，詐欺を防止・探知するように設計された基準および手続を立てていなければならない。
(iii) 組織体の前歴——組織体の前歴は，組織体が防止に向けて対応すべきであったタイプの犯罪について示していることがある。組織体が以前に関与

したものと類似の不正行為の再発は，組織がそのような不正行為を防止するようにすべての合理的なステップを踏んでいたかについて，疑念を抱かせるものである。

組織体が，関連の政府規制によって求められる，関連の業界慣行や基準を組み込むことや順守することに失敗することは，法律違反を防止・探知する効果的なプログラムという成果にとっては不利となる。

第6章 アメリカ合衆国における企業行動規範

〈補遺B〉

2004年修正コンプライアンス・プログラム基準
連邦量刑ガイドラインマニュアル8B2.1条（2004年）

　(a) 8C2.5条（責任の根拠）の小区分である(f)および8D1.4条（推奨される謹慎のための条件——組織）の小区分である(c)(1)の目的で，効果的なコンプライアンス・倫理プログラムを有するために，組織体は以下のことをなさねばならない。

(1) 犯罪行為を防止・探知するために，デューデリジェンスを実行し，かつ，
(2) その他の点においては，倫理的行動を奨励する組織文化，法令の遵守への約束を促す。

　そのようなコンプライアンス・倫理プログラムは，そのプログラムが一般に効果的に犯罪行為を防止・探知するように，合理的に設計され，適用され，実施されるべきである。現になされた犯罪の防止・探知に失敗したということが，必ずしも，そのプログラムが犯罪行為を防止・探知するにあたって，一般的に効果のあるプログラムではなかった，ということを意味しない。
　(b) デューデリジェンスおよび，小区分(a)の意味における，倫理的行動を奨励し，かつ，法令への順守を約束する組織文化の促進は，少なくとも，下記のことを要求する。

(1) 組織体は，犯罪行為を防止・探知する基準および手続を設ける。
(2) (A) 組織体の運用責任者（governing authority）は，コンプライアンス・倫理プログラムの内容と運用について知識のある者であるべきであり，コンプライアンス・倫理プログラムの実施と有効性に関して，合理的な監督を実施すべきである。
　　(B) 組織体の上級職員は，このガイドラインに記載されているように，組織体が，効果的なコンプライアンス・倫理プログラムを有していることを保証すべきである。上級職員のうち，特定の個人には，コンプライアンス・倫理プログラムに関して，包括的責任が帰せられるべきである。

(C) 組織体内部の特定個人は，コンプライアンス・倫理プログラムに関して，毎日の運用責任を委任されるべきである。運用上の責任を負う個人は，上級職員に対して，また，必要に応じて，運営責任者に対してや，運営責任者の適切な下位グループに対して，コンプライアンス・倫理プログラムの有効性につき，定期的に報告すべきである。そのような運用責任を果たすために，それら個人は，相当な要員，相応の権限，運用管理者や運用管理者の下位グループへの直接のアクセスが与えられるべきである。

(3) 組織体は，相応の努力を用いるべきであるが，その実質的な管理者には，デューデリジェンスを通じて，組織が知った，あるいは，組織体が知るべきであった，効果的なコンプライアンス・倫理プログラムに合致しない違法行為やその他の行為に関与した個人を含まない。

(4) (A) 組織体は，小区分(B)に言及されている個人に対して，効果的なトレーニングプログラムを実行し，かつ，その他のことについては，個人の個別の役割および責任について適切にその情報を周知させることによって，コンプライアンス・倫理プログラムの基準・手続およびその他の側面について，定期的かつ実践的な方法でやり取りをする相当のステップを踏むべきである。

(B) 小区分(A)に言及される個人は，運用責任者，上級職員，実質的な運用責任者，組織体の従業員，および，必要に応じて，組織体の仲介者のメンバーを指す。

(5) 組織体は，下記のステップを踏むべきである。

(A) 犯罪行為を探知するモニタリングおよび会計監査を含め，組織体のコンプライアンス・倫理プログラムが順守されていることを保証すること。

(B) 組織体のコンプライアンス・倫理プログラムの有効性を定期的に査定すること。および，

(C) 組織体の従業員および仲介者が，潜在的な犯罪行為や実際に行われた犯罪行為に関して，報復の恐れなく，報告ないし助言を求めようとする場合に，匿名性および機密性を認める構造を含むシステムを構築し，かつ，周知すること。

(6) 組織体のコンプライアンス・倫理プログラムは，コンプライアンス・倫理プログラムに従って適切なインセンティブを与えることを定める(A)を通

じて，また，犯罪行為に関与した者に対して，および，犯罪行為の防止・探知のための相応のステップを踏むことに失敗した場合についての適切な懲戒手続きを定める(B)を通じて，組織体の至るところで，徹底的に促進され，かつ，実施されるべきである。

(7)　犯罪行為が探知された後には，組織体は，犯罪行為に対し適切に対応し，かつ，組織体のコンプライアンス・倫理プログラムに必要な修正をなすことを含めた，将来における同様の犯罪行為を回避する相応のステップを踏むべきである。

(c)　小区分(b)を適用するにあたって，組織体は，定期的に犯罪行為のリスクを査定し，小区分(b)における各要件の設計，実施，ないし修正のための適切なステップを踏むことを，そのプロセスを通じて認識される犯罪行為のリスク低減のために，なすべきである。

第Ⅲ部　海外6か国の報告書

〈補遺C〉

企業倫理・行動規範のサンプル＊＊

◆序

　このセクションでは，高水準の企業活動の重要性を再確認する。すべての従業員がこの企業倫理・行動規範を遵守することは，われわれが公共の信頼および支持を得るに値する唯一の確実な方策である。

　われわれの多くは，ほぼすべてのありうる状況で，諸々の回答や方向性が提供される文化に根差していた。企業を管理することはそこまで複雑ではなかったし，われわれが直面するジレンマも——ほとんどの場合に——簡潔なものであり，決断をなすのも比較的に簡単であった。ところが，今日おそらく，諸状況を管理することは，そのように簡単なものではないことを，われわれのすべては認めるであろう。

　この企業倫理・行動規範は，業務上の手引きとして準備されたものであって，技術的な法律文書として準備されたのではない。それゆえ，特定の質問に対するあらゆる包括的回答を提供するというよりも，むしろ，簡潔さや，読み易さに重点が置かれている。例えば，「従業員」という文言は，最広義で用いられており，当該企業における全管理者および従業員，および，その補助職員にまで言及している。「法」という文言は，諸々の法律，規則，命令その他にまで言及している。

　この規範を概観してみると，そのほかの企業規範に見られるように，常識に取って代わるものではない。各従業員は，常識や，提示されたルールの文言および精神を完全に遵守することを目標とした態度に則ってこの規範を応用すべきである。

　企業の従業員として，われわれの方針を申し分なく実行し，かつ，従うこと，および，われわれの諸ルールを，その規定されているとおりに，または，時宜に応じて修正されたとおりに，遵守するということが，皆さん方に課せられて

　　＊＊　出典：Joseph T. Wells, Principales of Fraud Examination. Hoboken, NJ: John Wiley & Sons, 2005, pp.409-422.

第6章　アメリカ合衆国における企業行動規範

いることである。

　これらの諸々の方針およびルールは，効果的に企業を管理するために，また，市場において常に変化するニーズを充たすために，必要である。優れた実績と企業の諸ルールの遵守は，成功につながる。皆さんに就業チャンスを提供するわれわれの能力は，市場における我々の成功に完全に依存しているのであるから，先に述べた両者は，重要なものである。それにもかかわらず，経済変化，市場変化，技術変化は避け難い。就業チャンスは，実に，個々の諸企業間で多種多様となるであろう。このような理由から，皆さん方と，雇用をしかるべき一定期間において継続するであろうことを契約ないし含意することができない。皆さん方は，自己の雇用状態を，理由がある場合とない場合によるにせよ，いかなるときでも終結させ得るのであるから，われわれも同じ権利を保有している。この関係は，当該企業のしかるべき代表者の署名による成文なしには修正されることがないといえよう。

　この企業倫理・行動規範は，当該企業において許容できる，また，適切な行動の一般的な手引きであり，皆さん方には，その内容を遵守することが期待されている。しかし，この規範には，皆さんが雇用されている間に必要となるであろう詳細な情報のすべてが含まれているのではない。この規範や，その他のやり取りに含まれていないことは，雇用契約や雇用条件に示され，あるいは，含意されている。われわれは，定期的に我々の方針を再検討することに取り組む。それゆえ，この規範は，時宜に応じて修正・改正されることがある。

　皆さん方は，いかなる提案や行為が違反行為となるかを適切に見極めるべく，この規範に親しんでおく必要がある。各従業員は，自己の行動について責任を持たねばならない。違反行為は，解雇および刑事訴追を含む，懲戒処分を下される。誠実な従業員が違反行為や，違反行為と疑われる行為を通報したからといって，従業員に対する報復がなされることはない。

　一定の状況をカバーする特定の手引きの実践や指示の欠如は，法的義務を免除せず，また，従業員をして，当該諸状況に妥当する最高次の倫理基準の実践を不要とするものではない。

　ある従業員が，生じるかもしれない疑わしい状況に関して疑念を抱いた場合，従業員は，自身の上司や，より高次の者に対して即時に助言を求めるべきである。

第Ⅲ部　海外6か国の報告書

競争および反トラスト行為

公平な競争　企業は，質，サービス，価格に基盤を置く競争を支援する。われわれは，自己の取引を誠実，率直，公平に指揮するであろう。反トラスト法およびわれわれの公平な競争に関する方針を順守するため，従業員は，

- われわれおよび競争相手との間での競争に直接に関わるいかなる事項についても，競争相手と決して相談してはならない（例えば，小売価格（sales price），市場戦略（marketing strategy），市場占有率，販売方針など。）。
- 競争相手との間で，価格操作や市場の分配その他の方法によって競争を制限することに決して同意してはならない。
- 単純にその他の点では競争相手であるからという理由によって，他者との取引を専断的に拒否したり，他者からの商品やサービスの購入・入手を専断的に拒否したりしてはならない。
- 相手方から購入することに先立って，相手方に自分たちから購入することを要求してはならない。
- 顧客に対して，顧客が本当に得たいと考えているサービスを受けるために，顧客が望んでいないサービスを受けることを要求してはならない。
- 決して，産業スパイや商業上の贈収賄行為に関与してはならない。
- 顧客との取引は，正確かつ誠実でなければならず，商品・サービスの質，内容，入手可能性を正確に述べなければならない。

法令および取締規則の遵守　企業が運営されている各管轄に適用される法および取締規則は遵守されなければならない。各従業員には，潜在的な危険を認識し，いつ法的助言を求めるべきかを知るために，自己の義務に関する法律や規則の十分な知識を持つ責任が課せられている。

　特に，公務員と取引をなす場合，従業員は企業活動の最高次の倫理基準に合致しなければならない。われわれが，企業の利益に影響を与える，取締りに関する問題や政治的問題の解決を探る場合，われわれは，もっぱら，それらの担当者と共に，その事案の実体に即し，手続に則って，それらの解決をなさねばならない。従業員は，経済的価値や，将来の金銭的価値や利得の約束ないし期待の見返りとして，いかなる特別の取扱いをも，直接・間接を問わず，提案し，提供し，または，そそのかしてはならない。くわえて，合衆国政府の職員に対して，接待をするべきではない。

海外汚職防止法　いかなる従業員も，従業員ないし企業を，1977年海外汚職

第6章　アメリカ合衆国における企業行動規範

防止法に違反するおそれのある行為に関与させてはならない。海外汚職防止法は，企業の会計帳簿が正確かつ公正に全取引を反映していること，かつ，われわれが内部監査システム，経営者の権限に即した取引，会計記録が正確であることを維持すること，を要求する。いかなる従業員も，取引に関して虚偽の報告をなしたり，会計記録において虚偽の取引が存在したことの報告懈怠をなしたりしてはならない。バウチャーや請求書を含め，記録の正確性を保証する従業員は，その情報が正確かつ適切であることについて，合理的な知識を有するべきである。

　海外汚職防止法の下では，合衆国のいかなる企業体も，次のことをなすと連邦犯罪ともなる。すなわち，海外公務員，海外の政党や政党幹部，海外の公職に就こうとしている候補者に対して，公職の行為ないし決定に影響を及ぼす目的で，あるいは，取引（business）を勝ち獲る，維持する，あるいは，指導するために，海外の政府に影響を及ぼそうとして，企業あるいは個人に対して，直接・間接を問わず，贈答品，支払い，賄賂等の，価値のあるものを，提供したりすることが，これに当たる。たとえそれが，本国内では合法な支払であるとしても，それは同法によって禁止され，合衆国の法律に違反する。

◆ 利益相反

　利益相反を生じさせるかもしれない，いくつかの状況が存在する。最も一般的であるのは，業者（supplier），他社の従業員，他社あるいは他の取引の重要な役割をなすオーナー，他の業者と緊密あるいは家族的関係のある者から贈答品を受け取ること，および，競争相手と談合（communications with competitors）をすることである。潜在的な利益相反は，業者および競争相手との談合に関して認められる。また，潜在的な利益相反は，顧客や，友人，家族に対して個人的恩恵のやり取りをするにあたって，それらの者に対する特別の取扱いをなすことを許されているであろう業務の決定をなす従業員に関して認められる。

　それらの諸状況は，もっぱら企業の最善の利益のために決断をなす，従業員の能力を阻害するものとなり得よう。

贈答品と接待

贈答品の定義　「贈答品」とは，部外の第三者に対してなされる，将来的な価値を有する物品ないしサービスのことであるが，下記(1)ないし(4)に記載さ

539

るものを含まない。

1．食品や飲料といった，通常の業務の範囲における接待として提供される物品は，贈答品となみなされない。
2．最小限の価値を有するにすぎない物品，例えば，販売促進キャンペーンや，従業員へのサービス・安全・退職慰労として提供される物品は，本規範の目的とする贈答品とはみなされない。
3．公認の慈善活動組織や非営利団体に対する貢献や寄付は，贈答品とはみなされない。
4．年間で総計100ドルを下回る物品ないしサービスは，除外される。

業者の定義　「業者（supplier）」には，企業に対して，サービスや資材を提供する納入業者のほか，コンサルタントや金融機関，アドバイザー，その他，企業と取引をなすあらゆる個人ないし組織を含む。

贈答品　いかなる従業員，あるいは，その近親者も，すでに関係の生じている，または，将来的に関係の生じる顧客・業者から，いかなる対価，前借り（ただし，公知の金融機関や同一の基礎を有する個人からのものを除く。），贈答品，接待，その他，単なるお礼のしるしを超える特別の取扱いや，通常の必要経費処理の下では，従業員が通常にはその立場では等価のものを返すことができないであろう特別の取扱いを要求したり，受領したりしてはならない。

　いかなる状況においても，従業員の判断に影響を及ぼすであろう贈答品や接待を受けるべきではない。特に，従業員は，他の業者に比してかなりの程度業者を有利に扱うように，その業者から利益を得るなどということを避けねばならない。それがいかに小さなものであったとしても，価格のいかんによらず，従業員が業者に対して物品やサービスを提供するように要求したり，奨励したりすることは，企業行動規範違反である。われわれの業者らは，各従業員が厳格にガイドラインを遵守するかぎりにおいてのみ，わが社の公平さと高潔さに，信頼を見いだすのである。

贈答品の報告　本ガイドラインで禁止されている贈答品を，要求することなく受領した従業員やその家族は，それについて上司に報告し，かつ，贈答品を贈った者に対して返還するか，それが生鮮食品である場合には，非営利の慈善団体に贈るかのいずれかを行うべきである。

割引　従業員が，業者や顧客の製品を個人的に購入するにあたって割引し

てもらうのは，そのような割引が会社の購入価格に影響を及ぼさず，かつ，業者あるいは顧客との同種の取引関係を有する他者に対して，一般的に提供されている場合に限る。

ビジネスミーティング　　業者や顧客から提供される接待およびサービスを従業員が受けてよいのは，それらがビジネスミーティングに関連しており，かつ，業者や顧客がそれらを他者に対しても，通常の業務の一環としている場合である。そのような接待およびサービスの例は，業者や顧客との取引場所への送迎，接待用特別室，ゴルフ，業者や顧客との取引場所における宿泊，業者や顧客との取引場所に取引相手として招かれた際のビジネスランチおよびビジネスディナーである。

このサービスは，一般的に，会社の従業員によって通常利用されているタイプの，会社の利用可能な支出金額として許容されている範囲のものでなければならない。

社外での雇用

従業員として社外で雇用されてならないのは，(1)会社やその補助機関と競争し，または，会社やその補助機関にサービスを提供しているいかなる業務についても，および／または，(2)その会社の責任を果たすにあたって，その公平性に影響を及ぼすであろうあらゆる方法，および／または，(3)ここでの社外雇用が，超過勤務を含め，予定されている勤務時間と競合するか，もしくは，会社において課せられた職務の遂行に競合する場合である。

従業員は，会社における時間，資料，情報，あるいは，社外雇用と結び付く，その他の資産を使用してはならない。

業者および顧客との関係

商取引（business transaction）は，もっぱら会社の最善の利益になるものでなければならない，いかなる従業員も，直接・間接を問わず，従業員としての自己の地位，会社の販売，購入，その他の活動から利益を得てはならない。従業員は，会社に対する義務と自己の利益との間で生じる衝突，あるいは，衝突しそうなことに関与する状況を避けねばならない。

個人や会社との取引をなしている，あるいは，なそうとしている機関と取引を行ういかなる従業員，または，そのような取引に関して奨励するいかなる従業員も，

第Ⅲ部　海外6か国の報告書

1．担当者，管理者，従業員，あるいは，コンサルタントになるべきではない。
2．会社とのいかなる競争相手にも，あるいは，会社と取引をし，または，取引をしようとしているいかなる機関にも，重大な利益を有するべきではない。重大な利益とは，判断と行動に影響を及ぼしうる，あるいは，相応の影響を及ぼすと考えられる経済的利益のことを意味するが，公営企業の発行した有価証券の1％に満たない投資は，このかぎりではない。このブックレットに含まれている利益相反アンケートは，全従業員がこれを完成しなければならない。

くわえて，個人や会社との取引をなしている，あるいは，なそうとしている機関と取引を行ういかなる従業員，または，そのような取引に関して奨励するいかなる従業員も，

1．会社とのいかなる商取引にも，直接・間接を問わず，その他の個人的利益を得ることはできない（利益がもっぱら従業員関係や証券保有者であることを理由として生じる，消費者や取引としての企業商品およびサービスの従業員による通常の購入以外のもの。）。
2．遠隔通信あるいは情報提供・設備を，直接であると，会社の公平さや高潔さを疑わしくするような方法での転売者としてであるとを問わずに，提供することはできない。

われわれの方針は，従業員は，会社を代表して，緊密な私的な友人や親類と取引を行うことはない，というものである。しかし，そのような取引がまさに生じていることを認識した場合，それら取引は，利益相反アンケートにおいて報告されねばならない。

この方針は，各従業員の近親者の1人1人にも平等に適用されるが，その近親者には，通常，配偶者，子供およびその配偶者，父親，母親，姉妹，兄弟，家族全体が含まれる。

親類の雇用

従業員の親類は，その親類が直接に従業員の部署に属する場合や，従業員が直接に当該親類の雇用，配置，昇進，査定，給与に影響を有する場合，終身・

短期雇用としても雇用されない。

機密情報および通信の秘密

機密情報　機密情報には、それが専門的なもの、取引、金融に関するもの、あるいは、その他の、会社が機密ないし内密に扱い、および／または、公的には入手不可能であるか、入手不可能なものとされているものであるかを問わず、すべての情報が含まれる。

　機密情報には、また、顧客記録、同僚従業員、その他の個人や会社、従業員がその立場を理由として得た国家安全保障に関する情報といった私的情報、あるいは、それらに関連する私的情報のすべてを含む。

　企業方針および諸法律は、妥当と認められる企業方針およびその手続に厳格に従う場合を除いては漏示されてはならない企業機密情報の統合性（integrity）を保護する。企業機密情報を漏示してはならない義務とは、たとえ資料（material）が特別に機密とはみなされていない場合であっても、効力があり、また、その義務は、会社に雇用中も、雇用終了後も効力がある。

　禁止される行為のいくつかの例は、(a)企業機密情報の販売や、さもなければ、その使用、漏示、送信。(b)企業のビジネスチャンスを、私的利用のため意図的に転換するための、企業機密情報の利用。(c)従業員が、それが企業の利益であることを認識している不動産を得るための、企業機密情報の利用。(d)社外雇用もしくはその他の関係、または、その後継続する雇用もしくはその他の関係の過程における、あらゆる場合の、企業機密情報の利用、漏示、送信。(e)非公開情報に基づいての自社株もしくは他社株の取引、または、そのような非公開情報を、他者が当該株取引をなすことができるようにするための、その他者に対する漏示。インサイダー取引は、企業方針、連邦法、州法において禁止されている。

　従業員は、企業のいかなる機密情報または競争相手からの情報をも、追求し、受領し、利用すべきではない。特に、かつて競争相手の下で雇用されていた者を雇用しようとする場合、競争相手に関する機密情報を、その従業員から受領したり、その従業員に要求したりしてはならない。

国家安全保障に係る機密情報　政府の適切な許可があり、かつ、知る必要がある従業員に限って、国家安全保障に係る機密情報にアクセスする。安全防護対策のための、企業の指示に骨子が示されている政府規制は、遵守しなければ

ならない。権限なくそのような情報を開示することは，会社を退社した場合であっても，法律違反および行動規範違反となる。

政府の許可を有する従業員に関する有害情報は，当該許可について責任をもつ，法務部安全保障担当（Security of Law Department）の代表者に報告されねばならない。

◆ **会社の資産**

現金および銀行口座

すべての現金取引および銀行口座取引は，不適切さの疑いを払拭するために，管理されねばならない。すべての現金取引は，企業会計帳簿に記載されねばならない。

公認の公用立替金基金を除く，企業基金の全預金口座は，会社名または補助機関の１つの名において証明され，かつ，維持されるべきものであり，会社の役員会の権限によってのみ，開設ないし閉鎖される。公用立替金基金は，保管銀行の名において維持され，保管銀行が完全にこの基金の責任を負う。受領した現金のすべては，適切に記録され，会社ないし補助機関の口座に預金される。少額の現金を除いては，いかなる基金も現金のかたちでは保有されず，かつ，いかなる会社も匿名の（番号のみで登録された）口座を，いかなる銀行にも保有しない。会社が，番号のみで登録された口座に入金することは，ともすると不適切な取引となる者との関与の疑いに，会社をさらすことになる。それゆえ，番号のみで登録された口座あるいは，その所有権に関して会社に対しては明白に証明されていないその他の口座への，いかなる種の入金もなされえない。通常の認可された現金給与支払いおよび署名された領収書またはその他の適切な書面の存在する，少額の現金支払いのほかは，現金（通貨）支払いはなされえない。さらに，会社は，小切手を，「現金化」のために切ったり，「持参人払い」したり，それと類似のことをなすべきではない。

会社の資産および取引

所定の会計手続を遵守することは，いかなる場合にも要求される。会社の資産および取引を管理している従業員は，それらをかなり厳格な高潔さをもって取扱うことが期待され，かつ，すべての取引をかなりの厳格さをもって取り扱うことが期待されていることを保証し，また，すべての取引が管理者の権限に則って実行されることを保証することが期待されている。すべての取引は，的

確かつ公平に，企業の会計帳簿に，その合理的な詳細が記載されるべきである。
　従業員は，その管理している会社の基金について，個人的に説明責任を負う。会社の基金を費消している従業員は，会社がその見返りに重大な価値（good value）を得ていることを保証すべきであり，その支出について，的確な記録を有しなければならない。請求書もしくはバウチャーの正確性を保証し証明する従業員は，購入金額や総計が適切かつ正確であることを認識しているべきである。「虚偽の」インボイスや，その他の誤解を招きやすい書類を受領したり，作出したりすること，あるいは，架空の販売・購買・サービス・貸し付け実体・その他の経済的に有利な取り扱いを利用することは，禁止されている。
　従業員の私的な電話利用は，特別に受益者負担プログラムや受益者割り当て（benefit program or allowance）が設定されている場合を除いては，行ってはならない。

支出の弁済

　会社の取引を遂行するにあたって，従業員が実際に用いた支出は，会社の手続きに則って，支出報告書に記載されねばならない。支出報告書の準備にあたって，従業員は，取引支出を弁済するために提出されねばならないこれら文書の手続を，吟味すべきである。

会社のクレジットカード

　会社のクレジットカードは，会社の取引をなすにあたっての便宜として，従業員に対して用意されている。会社の手続によって特別に権限を与えられている場合を除き，いかなる私的な支出にも，会社のクレジットカードを利用することはできない。クレジットカード請求がなされるいかなる私的支出についても，〔利用した〕その従業員が迅速に支払わねばならない。業者に対する直接支払いに関する文書の準備を回避するために，会社のクレジットカードを使用するべきではない。現地の法律で認められている場合には，適切に承認された支出報告書に記載される会社のクレジットカードへの課金分が，従業員の雇用の終了までに弁済されなかった場合，従業員の最終の給与から控除される。会社は，本来従業員が支払うべきであるが，従業員の代わりに支払った合計額について，弁済を求める。

ソフトウェアおよびコンピュータ

　コンピュータ情報およびコンピュータソフトウェアは，無形のように見えるが，会社の価値ある資産であって，まさにその他の会社資産と同様に，濫用，窃用，詐欺，損失，権限なき利用，処分から保護されねばならない。

　汎用コンピュータの利用は，カスタマーサービスや業務に関連するものでなければならない。従業員は，自己の私的利用については，いかなる種の会社記録にもアクセスすることはできない。コンピュータ空間，時間，ソフトウェアの業務上横領には，権限なき業務を創出ないし遂行するためにコンピュータを利用することや，権限なき仕方でのコンピュータの運用，意図的に生じさせたいかなる種の運用上の支障が含まれ，また，それらに限られない。

　パーソナル・コンピュータは，会社が公認する教育プログラムに使用され得るほか，上司の許可を伴って，会社における業務に付随してなされる私的利用にも使用されうる。しかしながら，私的利用については，私腹を肥やすためである場合には，許容されない。

　くわえて，上司の許可を得た場合，パーソナル・コンピュータを，ときおり自宅で使用することができると解される。

◆ 政治献金

　連邦法および州法は，政党や政治家候補に対する，会社からの献金を禁じている。「政治献金」という文言には，直接的な現金での献金にくわえて，財産やサービスの寄付，資金集めイベントのチケット購入が含まれる。従業員は，個人の金員の直接的な寄付をすることができるが，そのような献金は払い戻し不可能のものである。くわえて，従業員は，会社が支援している政治活動委員会に対する献金を行うことができる。

　企業の政治献金が，州選挙，地方選挙，海外の選挙で合法とされている場合，そのような献金は，その目的のために割り当てられている基金からのみなされるべきであり，会社の社長がその献金について明文の許可を与えたものであるべきである。献金の総額は，社内割り当ての範囲内に収められるべきである。

　従業員が，自己の地位を利用して，政治家候補者を支援する目的や，立法に影響を及ぼす目的で，社内において他の従業員に政治献金を勧誘することは，不適切である。1人の従業員が，会社の名前において，政治献金を行うことも，不適切である。

第6章　アメリカ合衆国における企業行動規範

◆ 従業員の行為
会社の業務に関する行為
　会社敷地内における違法活動や会社の業務中の違法活動という不誠実さは，容認されることはなく，それらの行為には解雇や刑事訴追を含む，懲戒処分が下されうる。下記のものは，会社の方針に反する活動を示しており，会社敷地内，会社車両内，会社の業務従事中において，容認されることはない。

1．合法な許可を得，もしくは，社内担当者によって権限を与えられている場合を除き，アルコール性飲料の摂取および保管すること。
2．ドラッグやアルコールなどの規制物質の使用。規制物質の製造，提供，分配，所持，運搬，販売，購入，使用。
3．アルコールや規制物質の影響下で，車両を運転することや，会社の設備を運用すること。
4．違法な賭け事。
5．いかなる種であっても，会社敷地内，会社車両内，会社の業務従事中に，武器を携行すること。許可を得た，もしくは，免許を有する従業員であったとしても，会社敷地内，もしくは，会社の業務に従事中に，武器を携行することはできない。

　会社は，従業員が自己の所持品を保管するために使用している，いかなる所有物をも探索する権利を保有する。これには，机，ロッカー，会社が所有する車両が含まれる。禁制品，違法薬物，有毒物質，武器を会社の所有物に保管することは，会社の方針に対する違反である。

違反行為の報告
　全従業員は，この規則，基準，原則を遵守する責任を負う。倫理観，法律の遵守，礼儀正しさといった範囲において，全従業員は，社内の直属の通常の上下関係を超えて，会社に対する義務を有する。従業員は，会社のあらゆる場所で行われた行動規範のありうる違反をも警告するべきであり，迅速にそのような違反を報告することが奨励される。報告は，その従業員の上司，適切な警備組織（appropriate security），会計監査（audit），法務部職員，あるいはその他この状況が影響を及ぼす箇所に対してなされるべきである。従業員は，違法行為に対する捜査に協力することも望まれる。くわえて，重罪で有罪とされたい

547

かなる従業員も，このルールに関連していたか否かによらず，その事実を報告しなければならない。

　この行動規範に関連する疑わしい活動や，その他の潜在的に不適切な行為のすべては，適切な行為，懲戒，修正へのステップの方向に向けて再検証される。可能であればいつでも，会社は，違反行為の申立てが向けられた者のために，もしくは，その者に反対する従業員の識別を，違反行為が生じたことが確定されないかぎり，あるいは，違反行為が生じたことが確定されるまで，秘匿する。誠意をもって，違反行為や，違反と疑われる行為を報告した従業員に対する報復は，厳に禁止される。

　すべての従業員は，業務に関連して生じた，いかなる種の刑法違反による有罪判決についても，5日以内に報告することが要求される。くわえて，重罪で有罪判決を受けたいかなる従業員も，それがこのルールに関連するものであると否とを問わず，その事実を報告すべきである。

懲　戒

　この規範に対する違反は，企業，そのイメージ，信頼性，顧客からの信用に，深刻な帰結をもたらし，相当の罰金，将来的な営業の制限にくわえ，個々の従業員に対する罰金や拘禁刑の可能性にもつながりうる。それゆえ，会社は，違反行為が生じないように確証することが必要である。従業員は，会社がその規範を慎重に順守することにくわえて，以上のことに最善の利益が存することを認識すべきである。

　違反行為に関連する金員の総額は，違反行為の深刻さを査定するにあたっては重要でないが，それは，いくつかのケースにおいては，比較的わずかな金額に関連する違反行為をなした会社に対しても，重い刑罰が科されうるからである。

　懲戒処分は，適切な人事担当者と協動すべきである。個別の従業員に対して懲戒処分をなすにあたっては，事案の全体的な深刻さが考慮される。適切な人事期間によって再検証されるそのような処分には，次のものが含まれる。

・けん責
・謹　慎
・停　職
・減　給

・降　格
・上記処分の混合
・解　雇

これにくわえて，個別のケースでは，以下のものにも関連する。

・損失もしくは損害に関する弁済
・刑事訴追や民事訴訟への照会
・上記のものの混合

　懲戒処分は，違法行為や非倫理的行為が報告されたものの，それらを容認し，許可し，その認識があったにもかかわらず，それらに対する対応をなさなかった上司や重役（executive）に対してもなされる。懲戒処分はまた，この規範に対する違反行為の捜査に関連して，虚偽の陳述（false statement）をなした従業員に対してもなされる。
　問題の事案について適切になされる懲戒処分は，会社により，もっぱらその裁量で判断される。ありうる処分内容を列挙することは，あまり有益ではなく，そのことは，会社に特定の懲戒処分のステップ，処分過程，処分手続に従うよう義務づけることにはつながらない。
　従業員が適切な行為を取るようにすることに関する会社の規則や規制は，いかなる点でも，放棄されない。違反行為は，解雇を含む懲戒処分の発生原因である。すべての従業員は，この冊子に記載されている行動の基準に基づいて行動する。
　会社は，この規範に違反する行為をなすように従業員に権限を与えることや，そのような行為をなすよう従業員に指導することを行ってはならない。このような理解によれば，違反行為が，誰かほかの上級管理者によって指導されたものであるなどとして，違反行為の遂行を正当化することは不可能である。

◆ コンプライアンスレターおよび利益相反アンケート
　毎年，すべての会社幹部は，この規範に対する違反行為が幹部に対して報告されなかったことを，相当な注意を払ったあとで，明文で説明し，あるいは，そのような違反行為が生じた場合には，特定の書式で，そのような違反行為について開示する。
　毎年，各従業員は，会社の倫理・行動規範を再精査し，規範の確認書に署名

し，利益相反アンケートに署名する。いかなるときも，従業員の状況が変化した場合には，新たな利益相反アンケートや説明書類（letter of explanation）を完成しなければならない。

　企業の倫理・行動規範確認書は，署名され，かつ，あなたの人事書類を含んで，あなたの上司の下に送られるべきである。

参考文献・凡例

Aguilar, Francis J. (1994). *Managing Corporate Ethics: Lessons from America's Companies How to Supercharge Business Performance.* New York: Oxford University Press.

Ariely, Dan (2008). *Predictably Irrational: The Hidden Forces that Shape Our Decisions.* New York: HarperCollins.

Berenbeim, Ronald E. (1992). *Corporate Ethics Practices.* New York: Conference Board.

Biegelman, Martin T. and Daniel R. Biegelman (2010). *Federal Corrupt Practices Act Guidebook: Protecting Your Organization from Corruption and Bribery.* Hoboken, NJ: John Wiley.

Brown, Elizabeth F. (2008). No Good Deed Goes Unpunished: The Need for a Safe Harbor for Aspirational Corporate Codes of Conduct? *Yale Law and Policy Review,* 26:367-421.

Burlington Industries v. Ellerth, 524 U.S. 742 (1998).

Cleek, Margaret Anne and Sherry Lynn Leonard (1998). Can Corporate Codes of Ethics Influence Behavior? *Journal of Business Ethics,* 17:619-630.

Copeland, John D. (2000). The Tyson Story: Building an Effective Ethics and Compliance Program. *Drake Journal of Agricultural Law,* 5:305-353.

Copeland, John D. (2001). The Tyson Story: An Update. *Drake Journal of Agricultural Law,* 6:257-259.

Cressey, Donald R. and Charles A. Moore (1980). *Corporation Codes of Ethical Conduct.* New York: Peak, Marewick, and Mitchell Foundation.

Fair, Cynthia (2000). Burlington Industries, Inc. v. Ellerth and Faragher v. City of Boca Raton: A Step in the Wrong Direction? *Boston University Public Interest Law Journal,* 9:409-431.

Ferrell, O.C. and Garth Gardiner (1991). *In Pursuit of Ethics: Tough Choices in the World of Work.* . Springfield, IL: Smith Collins.

Fisse, Brent (1983). Reconstructing Corporate Criminal Law: Deterrence, Retribution, Fault, and Sanctions. *Southern California Law Review,* 56:1141-1246.

FitzSimon, Jean K. and Paul E. McGreal (2005). Corporate Compliance Survey. *The Business Lawyer,* 60:1759-1798.

Friedman, Howard M. (1990). The Insider Trading and Securities Fraud Enforcement Act. *North Carolina Law Review,* 68:465-494.

Gabel, Joan T. A., Nancy P. Mansfield and Susan M. Houghton (2009). Letter vs. Spirit: The Evolution of Compliance into Ethics. *American Business Law Journal,*

46: 453-486.

Geis, Gilbert (1967). The Heavy Electric Antitrust Cases of 1961. Pp. 139-150 in Marshall B. Clinard and Richard Quinney, eds., *Criminal Behavior Systems* New York: Holt, Rinehart and Winston.

Goelzer, Daniel L. (1998). Designing an FCPA Compliance Program: Minimizing the Risks of Improper Foreign Payments. *Northwestern Journal of International Law & Business*, 18:535-547.

Goldsmith, Michael and Chad W. King (1997). Policing Corporate Crime: The Dilemma Of International Compliance. *Vanderbilt Law Review*, 50:1-48.

Hemenway, Jane McLeod (2003). Save Martha Stewart? Observations about Equal Justice in U.S. Insider Trading Regulation. *Texas Journal of Women and the Law*, 12:247-285.

Herling, John (1962). *The Great Price Conspiracy*. Washington, D.C.: Robert B. Luce.

Hess, David, Robert S. McWhorter and Timothy L. Fort (2006). The 2004 Amendments To the Federal Sentencing Guidelines and their Implicit Call for a Symbiotic Integration of Business Ethics. *Fordham Journal of Corporate and Financial Law*, 11:725-764.

Holland Furnace Co. v. United States. 158 F.2d 2 (6th Cir. 1946).

In re *Caremark International Inc., Derivative Litigation*. 698 A.2d 959 (Delaware Chancery, 1996).

Kaplan, Jeffrey M.. and Joseph R. Murphy (1993). *Compliance Programs and Corporate Sentencing Guidelines* (rev. ed.). St. Paul, MN: Thomson/West.

Kasky v. Nike, Inc. 45 P.3d 243 (Cal.2002).

Laufer, William S. (2006). *Corporate Bodies and Guilty Minds: The Failure of Corporate Criminal Liability*. Chicago: University of Chicago Press.

Laufer, William S. (2010). Secrecy, Silence, and Corporate Crime Reforms. *Criminology & Public Policy*, 9:455-465.

Lawton, Anne (2004). Operating in an Empirical Vacuum: The Elleerth and Faragher Affirmative Defense. *Columbia Journal of Gender and Law*, 13:197-273.

Marks, Colin P. (2006). Corporate Investigations, Attorney-Client Privilege and Selective Waiver: Is a Half Privilege Worth Having At All? *Seattle University Law Review*, 30:155-194.

Matthews, M. Cash (1988). *Strategic Intervention in Organizations*. Newbury Park, CA: Sage.

Murphy, Sean D. (2005). Taking Multinational Corporate Codes of Conduct to the Next Level. *Columbia Journal of Transnational Law*, 43:389-433.

Newberg, Joshua A. (2005). Corporate Codes of Ethics, Mandatory Disclosures, and the Market for Ethical Conduct. *Vermont Law Review*, 29:253-295.

Pitt, Harvey L. and Karl A. Groskaufmanis (1990). Minimizing Corporate Civil and Criminal Liability: A Second Look at Corporate Codes of Conduct. *Georgetown Law Journal*, 78: 1559-1612.

Sanderson, Glen R. and Iris Verner (1984, July). What's Wrong with Corporate Codes of Conduct. *Management Accounting*, 68:28-35.

Siegel, Michael L. (2006). Corporate America Fights Back: The Battle Over the Waiver of the Attorney-Client Privilege. *Boston College Law Review*, 49:1-54.

Sigler, Jay and Joseph E. Murphy (1991). *Corporate Lawbreaking and Interactive Compliance: Resolving the Regulation-Deregulation Dichotomy*. New York: Quorum Books.

Sinclair, Upton (1935/1994). *I, Candidate for Governor: And How I Got Licked*. Berkeley: University of California Press.

Smith, Adam (1776). *An Inquiry into the Wealth of Nations*. London: W. Strahan and T. Cadell.

Spence, Gary (1989). *With Justice for None: Destroying an American Myth*. New York: Times Books.

Sporkin, Stanley (1998). The Worldwide Banning of Schmiergeld: A Look at the Foreign Corrupt Practices Act on its Twentieth Birthday. *Northwestern Journal of International Law and Business*, 60:269-281.

Torfoy, Ryan P. (1998). Now Playing: Corporate Codes of Conduct in the Global Theater: Is Nike Just Doing It? *Arizona Journal of International and Comparative Law*, 15:908-928.

United States Senate. Subcommittee on Antitrust and Monopoly of the Committee on the Judiciary (1961). Administered Prices. 87th Congress, 1st Session. Washington, D.C.: Government Printing Office.

United States v. Booker 543 U.S. 220 (2006).

United States v. Hilton Hotels Corp., 467 F. 2d 1000 (9th Cir. 1972), cert. denied 409 U.S. 1125 (1973).

United States v. Rockwelll Int'l Corp. (1989). Defendant's Sentencing Memorandum. No. 88-48-CBM (C.D. Cal.).

Walsh, Charles J. and Alissa Pyrich (1995). Corporate Compliance Programs as a Defense to Criminal Liability: Can A Corporation Save Its Soul? *Rutgers Law Review*, 47:605-692,

Weigard, Stephen A. (2008). Waiver of the Attorney-Client Privilege and Work Product Production from Thompson to McNulty. *University of Cincinnati Law*

Review, 76:1098-1118.

Weissmann, Andrew and David Newman (2007). Rethinking Corporate Criminal Liability. *Indiana Law Journal*, 82:411-451.

White, B. Joseph and B. Ruth Montgomery (1980, October). Corporate Codes of Conduct. *California Management Review*, 7:80-87.

〈編者紹介〉

甲斐克則（かい・かつのり）
　早稲田大学大学院法務研究科教授，
　広島大学名誉教授

田口守一（たぐち・もりかず）
　信州大学大学院法曹法務研究科特任教授，
　早稲田大学名誉教授

総合叢書
19

刑事コンプライアンスの国際動向

2015（平成27）年7月15日　第1版第1刷発行

編者　甲　斐　克　則
　　　田　口　守　一
発行者　今　井　貴
発行所　株式会社　信山社

〒113-0033　東京都文京区本郷 6-2-9-102
Tel 03-3818-1019　Fax 03-3818-0344
henshu@shinzansha.co.jp
エクレール後楽園編集部　〒113-0033　文京区本郷 1-30-18-101
Tel・Fax 03-3814-6641
笠間才木支店編集部　〒309-1611　茨城県笠間市笠間 515-3
Tel 0296-71-9081　Fax 0296-71-9082
笠間来栖支店編集部　〒309-1625　茨城県笠間市来栖 2345-1
Tel 0296-71-0215　Fax 0296-72-5410
出版契約№. 2015-5469-3-01010　Printed in Japan

Ⓒ編著者, 2015　印刷・製本／松澤印刷・渋谷文泉閣
ISBN978-4-7972-5469-3 C 3332 ¥12,800 E　分類 326.210-b006
p 576 012-035-005 〈禁無断複写〉

◆ 学術世界の未来を拓く研究雑誌 ◆

[2015春創刊] **法と哲学**　井上達夫 責任編集

憲法研究　　樋口陽一 責任編集　（近刊）

行政法研究　　宇賀克也 責任編集

民法研究　　広中俊雄 責任編集　第2集 大村敦志 責任編集

環境法研究　　大塚 直 責任編集

社会保障法研究　　岩村正彦・菊池馨実 責任編集

国際法研究　　岩沢雄司・中谷和弘 責任編集

ジェンダー法研究　　浅倉むつ子 責任編集

消費者法研究　　河上正二 責任編集　（近刊）

医事法研究　　甲斐克則 責任編集　（近刊）

法と社会研究　　太田勝造・佐藤岩夫 責任編集　（近刊）

EU法研究　　中西優美子 責任編集　（近刊）

信山社

◆ヨーロッパ人権裁判所の判例
戸波江二・北村泰三・建石真公子・小畑郁・江島晶子 編集代表
・ボーダーレスな人権保障の理論と実際。解説判例80件に加え、概説・資料も充実。来たるべき国際人権法学の最先端。

◆ヨーロッパ人権裁判所の判例Ⅱ 〔近刊〕
戸波江二・北村泰三・建石真公子・小畑郁・江島晶子 編集代表

◆ドイツの憲法判例〔第2版〕
ドイツ憲法判例研究会 編　栗城壽夫・戸波江二・根森健 編集代表
・ドイツ憲法判例研究会による、1990年頃までのドイツ憲法判例の研究成果94選を収録。ドイツの主要憲法判例の分析・解説、現代ドイツ公法学者系譜図などの参考資料を付し、ドイツ憲法を概観する。

◆ドイツの憲法判例Ⅱ〔第2版〕
ドイツ憲法判例研究会 編　栗城壽夫・戸波江二・石村修 編集代表
・1985〜1995年の75にのぼるドイツ憲法重要判決の解説。好評を博した『ドイツの最新憲法判例』を加筆補正し、新規判例を多数追加。

◆ドイツの憲法判例Ⅲ
ドイツ憲法判例研究会 編　栗城壽夫・戸波江二・嶋崎健太郎 編集代表
・1996〜2005年の重要判例86判例を取り上げ、ドイツ憲法解釈と憲法実務を学ぶ。新たに、基本用語集、連邦憲法裁判所関係文献、1〜3通巻目次を掲載。

◆フランスの憲法判例
フランス憲法判例研究会 編　辻村みよ子編集代表
・フランス憲法院(1958〜2001年)の重要判例67件を、体系的に整理・配列して理論的に解説。フランス憲法研究の基本文献として最適な一冊。

◆フランスの憲法判例Ⅱ
フランス憲法判例研究会 編　辻村みよ子編集代表
・政治的機関から裁判的機関へと揺れ動くフランス憲法院の代表的な判例を体系的に分類して収録。『フランスの憲法判例』刊行以降に出されたDC判決のみならず、2008年憲法改正により導入されたQPC(合憲性優先問題)判決をもあわせて掲載。

― 信山社 ―

法律学の森シリーズ
変化の激しい時代に向けた独創的体系書

新　正幸	憲法訴訟論〔第2版〕
大村敦志	フランス民法
潮見佳男	債権総論Ⅰ〔第2版〕
潮見佳男	債権総論Ⅱ〔第3版〕
小野秀誠	債権総論
潮見佳男	契約各論Ⅰ
潮見佳男	契約各論Ⅱ
潮見佳男	不法行為法Ⅰ〔第2版〕
潮見佳男	不法行為法Ⅱ〔第2版〕
潮見佳男	不法行為法Ⅲ（続刊）
藤原正則	不当利得法
青竹正一	新会社法〔第4版〕
泉田栄一	会社法論
小宮文人	イギリス労働法
高　翔龍	韓国法〔第2版〕
豊永晋輔	原子力損害賠償法

信山社

町野朔先生古稀記念
◆刑事法・医事法の新たな展開〔上・下〕
　　　　　　　編集代表　岩瀬徹・中森喜彦・西田典之

青竹正一先生古稀記念
◆企業法の現在　出口正義・吉本健一・中島弘雅・田邊宏康 編

毛塚勝利先生古稀記念
◆労働法理論変革への模索
　　　　　山田省三・青野覚・鎌田耕一・浜村彰・石井保雄 編

● 判例プラクティスシリーズ ●

判例プラクティス憲法【増補版】
　憲法判例研究会 編
　　　　淺野博宣・尾形健・小島慎司・宍戸常寿・曽我部真裕・中林暁生・山本龍彦

判例プラクティス民法Ⅰ〔総則・物権〕
判例プラクティス民法Ⅱ〔債権〕
判例プラクティス民法Ⅲ〔親族・相続〕
　松本恒雄・潮見佳男 編

判例プラクティス刑法Ⅰ〔総論〕
　成瀬幸典・安田拓人 編

判例プラクティス刑法Ⅱ〔各論〕
　成瀬幸典・安田拓人・島田聡一郎 編

―― 信山社 ――

井上正仁・渡辺咲子・田中開 編著　昭和刑事訴訟法編　〈最新刊〉
刑事訴訟法制定資料全集 11

山下泰子・辻村みよ子・浅倉むつ子・二宮周平・戒能民江 編
ジェンダー六法（第2版）

津田雅也 著
少年刑事事件の基礎理論

佐伯千仞 著　　　　　　　　　佐伯千仞著作選集 第二巻
違法性と犯罪類型、共犯論

ドイツ憲法判例研究会 編／鈴木秀美 編集代表　講座 憲法の規範力 第4巻
憲法の規範力とメディア法

渡辺咲子 著
刑事訴訟法講義（第7版）

高橋則夫 編
ブリッジブック刑法の考え方（第2版）

アルビン・エーザー 著／甲斐克則 監訳
「侵害原理」と法益論における被害者の役割

―― 信山社 ――

◆医事法講座◆

甲斐克則 編

法理論と医療現場の双方の視点から、また、日本のみならず、
広く世界の最新状況も見据え、総合的に医事法学の深化を図る待望のシリーズ

- ◆ 第1巻 ポストゲノム社会と医事法
- ◆ 第2巻 インフォームド・コンセントと医事法
- ◆ 第3巻 医療事故と医事法
- ◆ 第4巻 終末期医療と医事法
- ◆ 第5巻 生殖医療と医事法
- ◆ 第6巻 臓器移植と医事法　近刊

医事法六法

甲斐克則 編

学習・実務に必備の最新薄型医療関連法令集

信山社

甲斐克則・田口守一 編

企業活動と刑事規制の国際動向

〈第Ⅰ部〉 企業活動と刑事規制の国際調査
序　言　甲斐克則
第1章　アメリカ合衆国における企業犯罪の実態と企業犯罪への刑法上の対応/川崎友巳
第2章　生命・身体に危険を及ぼす企業活動の刑事的規制に関する一考察──イギリスにおける1974年労働安全衛生法を中心として/澁谷洋平
第3章　イギリスにおける法人処罰──その概観/今井猛嘉
第4章　イギリスの金融・証券市場における犯罪の規制/田中利彦
第5章　ドイツにおける企業活動の適正ルール形成のための法制度──特に制裁システムの現状/神例康博
第6章　ドイツにおける企業犯罪と秩序違反法/田口守一
第7章　イタリアにおける企業コンプライアンスおよび企業犯罪規制の状況/吉中信人
第8章　デンマークにおける企業犯罪/松澤　伸
第9章　オーストラリアの法人処罰/樋口亮介
第10章　オーストラリアにおける企業活動の規制システム/甲斐克則
第11章　EU競争法における行政制裁金制度/土田和博
第12章　EUにおける企業の不正行為に対する取組み/日山恵美
終　章　企業活動と刑事規制の国際比較/甲斐克則

〈第Ⅱ部〉 企業犯罪国際シンポジウム
企業の法的責任とコンプライアンス・プログラム──コンプライアンスの国際規準と日本の企業法制 /
開会宣言 田口守一　開会挨拶 上村達男　共催者挨拶 黒田昌裕
（基調報告）企業の法的責任とコンプライアンス・プログラム/今井猛嘉
基調報告へのコメント・その1 ダニエル・ブレイン
基調報告へのコメント・その2 アルブレヒト・シェーファー
基調報告へのコメント・その3 ウルリッヒ・ズィーバー
（討論）第1部　パネルディスカッション / 第2部　全体討論
（特別寄稿）企業犯罪防止のためのコンプライアンス・プログラム──経済犯罪の領域における刑法上の共同規制のための新たな試み/ ウルリッヒ・ズィーバー
（資料）資料1　企業アンケート概要 / 資料2　企業の社会的責任・コンプライアンスに関するアンケート調査

信山社